PAÍSES DE HABLA HISPANA

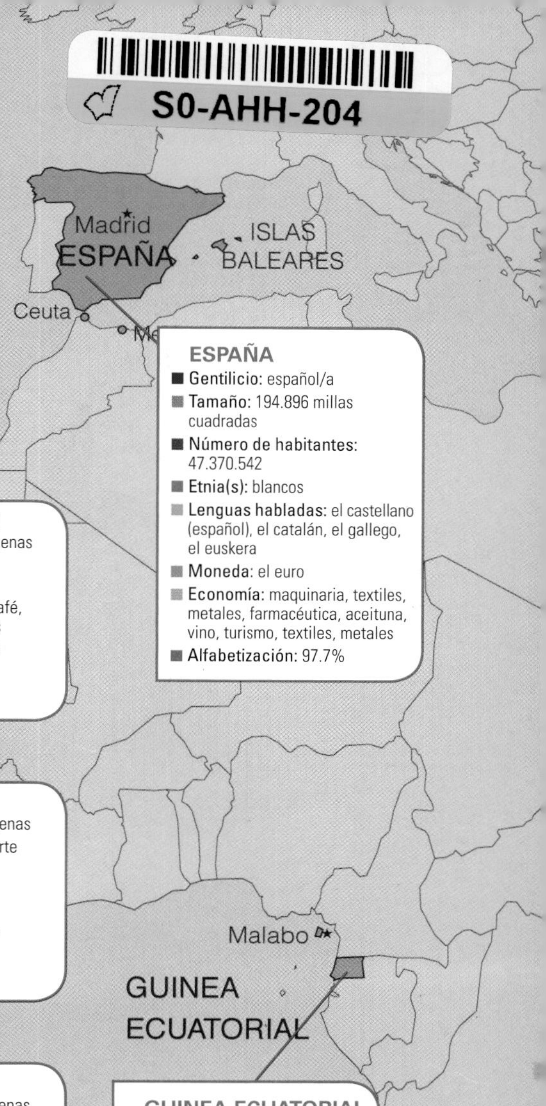

CUBA
- **Gentilicio:** cubano/a
- **Tamaño:** 44.218 millas cuadradas
- **Número de habitantes:** 11.061.886
- **Etnia(s):** blancos 37%, mulatos 51%, negros 11%
- **Lenguas habladas:** el español
- **Moneda:** el peso cubano, el peso convertible
- **Economía:** azúcar, tabaco, turismo
- **Alfabetización:** 99.8%

REPÚBLICA DOMINICANA
- **Gentilicio:** dominicano/a
- **Tamaño:** 18.816 millas cuadradas
- **Número de habitantes:** 10.219.630
- **Etnia(s):** mulatos 73%, blancos 16%, negros 11%
- **Lenguas habladas:** el español
- **Moneda:** el peso dominicano
- **Economía:** azúcar, café, cacao, tabaco, cemento
- **Alfabetización:** 90.2%

ESPAÑA
- **Gentilicio:** español/a
- **Tamaño:** 194.896 millas cuadradas
- **Número de habitantes:** 47.370.542
- **Etnia(s):** blancos
- **Lenguas habladas:** el castellano (español), el catalán, el gallego, el euskera
- **Moneda:** el euro
- **Economía:** maquinaria, textiles, metales, farmacéutica, aceituna, vino, turismo, textiles, metales
- **Alfabetización:** 97.7%

PUERTO RICO
- **Gentilicio:** puertorriqueño/a
- **Tamaño:** 3.435 millas cuadradas
- **Número de habitantes:** 3.674.209
- **Etnia(s):** blancos 76%, negros 7%, otros 17%
- **Lenguas habladas:** el español y el inglés
- **Moneda:** el dólar americano
- **Economía:** manufactura (farmacéuticos), turismo
- **Alfabetización:** 90.3%

HONDURAS
- **Gentilicio:** hondureño/a
- **Tamaño:** 43.277 millas cuadradas
- **Número de habitantes:** 8.448.465
- **Etnia(s):** mestizos 90%, indígenas 7%, negros 2%, blancos 1%
- **Lenguas habladas:** el español y lenguas indígenas amerindias
- **Moneda:** el lempira
- **Economía:** bananas, café, azúcar, madera, textiles
- **Alfabetización:** 85.1%

NICARAGUA
- **Gentilicio:** nicaragüense
- **Tamaño:** 50.193 millas cuadradas
- **Número de habitantes:** 5.788.531
- **Etnia(s):** mestizos 69%, blancos 17%, negros 9%, indígenas 5%
- **Lenguas habladas:** el español y lengua indígena (miskito)
- **Moneda:** el córdoba
- **Economía:** procesamiento de alimentos, químicos, metales, petróleo, calzado, tabaco
- **Alfabetización:** 78%

VENEZUELA
- **Gentilicio:** venezolano/a
- **Tamaño:** 362.143 millas cuadradas
- **Número de habitantes:** 28.459.085
- **Etnia(s):** mestizos 69%, blancos 20%, negros 9%, indígenas 2%
- **Lenguas habladas:** el español y lenguas indígenas
- **Moneda:** el bolívar fuerte
- **Economía:** petróleo, metales, materiales de construcción
- **Alfabetización:** 95.5%

COLOMBIA
- **Gentilicio:** colombiano/a
- **Tamaño:** 439.735 millas cuadradas
- **Número de habitantes:** 47.745.783
- **Etnia(s):** mestizos 58%, blancos 20%, mulatos 14%, negros 4%, indígenas 4%
- **Lenguas habladas:** el español
- **Moneda:** el peso colombiano
- **Economía:** procesamiento de alimentos, petróleo, calzado, oro, esmeraldas, café, cacao, flores, textiles
- **Alfabetización:** 93.6%

BOLIVIA
- **Gentilicio:** boliviano/a
- **Tamaño:** 424.165 millas cuadradas
- **Número de habitantes:** 10.461.053
- **Etnia(s):** mestizos 30%, indígenas 55%, blancos 15%
- **Lenguas habladas:** el español y lenguas indígenas (quechua, aymara)
- **Moneda:** el boliviano
- **Economía:** gas, petróleo, minerales, tabaco, textiles
- **Alfabetización:** 91.2%

GUINEA ECUATORIAL
- **Gentilicio:** guineano/a, ecuatoguineano/a
- **Tamaño:** 10.830 millas cuadradas
- **Número de habitantes:** 701.001
- **Etnia(s):** fang 86%, otras etnias africanas 14%
- **Lenguas habladas:** el español, el francés y lenguas indígenas (fang, bubi)
- **Moneda:** el franco CFA
- **Economía:** petróleo, madera, cacao, café
- **Alfabetización:** 94.2%

PARAGUAY
- **Gentilicio:** paraguayo/a
- **Tamaño:** 157.047 millas cuadradas
- **Número de habitantes:** 6.623.252
- **Etnia(s):** mestizos 95%
- **Lenguas habladas:** el español y lengua indígena (guaraní)
- **Moneda:** el guaraní
- **Economía:** azúcar, carne, textiles, cemento, madera, minerales
- **Alfabetización:** 93.9%

CHILE
- **Gentilicio:** chileno/a
- **Tamaño:** 292.257 millas cuadradas
- **Número de habitantes:** 17.216.945
- **Etnia(s):** mestizos 65%, blancos 25%, indígenas 5%
- **Lenguas habladas:** el español y lengua indígena (mapudungun)
- **Moneda:** el peso chileno
- **Economía:** minerales (cobre), agricultura, pesca, vino
- **Alfabetización:** 98.6%

URUGUAY
- **Gentilicio:** uruguayo/a
- **Tamaño:** 68.037 millas cuadradas
- **Número de habitantes:** 3.324.460
- **Etnia(s):** blancos 88%, mestizos 8%, negros 4%
- **Lenguas habladas:** el español
- **Moneda:** el peso uruguayo
- **Economía:** carne, metales, textiles, productos agrícolas
- **Alfabetización:** 98.7%

ARGENTINA
- **Gentilicio:** argentino/a
- **Tamaño:** 1.065.000 millas cuadradas
- **Número de habitantes:** 42.610.981
- **Etnia(s):** blanco 97%
- **Lenguas habladas:** el español y lenguas indígenas (mapudungun, quechua)
- **Moneda oficial:** el peso argentino
- **Economía:** carne, trigo, lana, petróleo
- **Alfabetización:** 97.9%

- Gentilicio: Nationality
- Tamaño: Size
- Número de habitantes: Population
- Etnia(s): Ethnic group(s)
- Lenguas habladas: Spoken Languages
- Moneda oficial: Currency
- **Economía:** Economy
- **Alfabetización:** Literacy

FRASES ÚTILES EN LA CLASE DE ESPAÑOL

Repita, por favor.
Más despacio, por favor.
No entiendo.
Tengo una pregunta.

Suggestion for **Frases útiles en la clase de español:** Have students repeat each of the phrases after you. Tie each phrase to a physical gesture or hand motion. For example: for "**No sé**" you shrug, "**Tengo una pregunta**" raise a hand, **"¿Cómo se dice?"** you could raise an index finger, etc.

Suggestion for **Frases útiles en la clase de español:** Use TPR giving commands to the class (demonstrating with gestures first) and have the students physically do the commands until they are familiar with them. All these phrases are intended to be learned as fixed expressions and not to be grammatically explained at this point. Like the previous list, it is good to tie it to a hand motion or gesture. For example: "**silencio**" = index finger over lips, "**escuchen**" = hand cupped behind the ear.

Tú

Tengo una pregunta.	*I have a question.*
Repita, por favor.	*Could you repeat, please?*
Más despacio, por favor.	*Slower, please.*
No entiendo.	*I don't understand.*
No sé.	*I don't know.*
¿Cómo se dice...?	*How do you say . . .?*
¿Cómo se escribe...?	*How do you spell . . .?*
¿Cómo?	*What did you say?*
¿Puedo ir al baño?	*May I go to the bathroom?*

Tu profesor/a

Atención, clase.	*Pay attention, class.*
Silencio, por favor.	*Quiet, please.*
Escuchen.	*Listen.*
Abran el libro en la página...	*Open your book to page . . .*
Cierren los libros.	*Close your books.*
Escriban este dictado.	*Write down this dictation.*
Pasen la tarea hacia el frente.	*Pass your homework to the front.*
Saquen una hoja de papel.	*Take out a piece of paper.*
Formen grupos de tres.	*Form groups of three.*
Ve a la pizarra.	*Go to the chalkboard.*
Levántense.	*Stand up.*
Siéntense.	*Sit down.*
Hablen con su compañero/a.	*Talk to your classmate.*

Annotated Instructor's Edition

Pura vida

Beginning Spanish

Norma López-Burton
University of California, Davis

Laura Marqués Pascual
University of California, Santa Barbara

Cristina Pardo Ballester
Iowa State University

WILEY

VICE PRESIDENT AND PUBLISHER	Laurie Rosatone
SPONSORING EDITOR	Elena Herrero
ASSOCIATE EDITOR	Maruja Malavé
PROJECT EDITOR	Jennifer Brady
EDITORIAL PROGRAM ASSISTANT	Alejandra Barciela
FREELANCE DEVELOPMENTAL EDITOR	Mercedes Roffé
EDITORIAL OPERATIONS MANAGER	Melissa Edwards
DIRECTOR, MARKETING COMMUNICATIONS	Jeffrey Rucker
MARKET SPECIALIST	Glenn A. Wilson
MARKETING MANAGER	Kimberly Kanakes
SENIOR PRODUCT DESIGNER	Thomas Kulesa
SENIOR PRODUCTION EDITOR	William A. Murray
MEDIA SPECIALIST	Anita Castro
PHOTO RESEARCH	Felicia Ruocco
SENIOR DESIGNER	Thomas Nery
COVER DESIGNER	Thomas Nery
COVER PHOTO CREDITS	Smartphone: © edel/Shutterstock Smartphone inset photo: Kimberly Morris Tablet: © A-R-T/Shutterstock Tablet inset photo: Christina Samson Camera: © Aeolos/iStockphoto Camera inset photo: Norma López-Burton

This book was set in 10/12 Sabon LT Std Roman by PreMediaGlobal and printed and bound by RR Donnelley.

Founded in 1807, John Wiley & Sons, Inc. has been a valued source of knowledge and understanding for more than 200 years, helping people around the world meet their needs and fulfill their aspirations. Our company is built on a foundation of principles that include responsibility to the communities we serve and where we live and work. In 2008, we launched a Corporate Citizenship Initiative, a global effort to address the environmental, social, economic, and ethical challenges we face in our business. Among the issues we are addressing are carbon impact, paper specifications and procurement, ethical conduct within our business and among our vendors, and community and charitable support. For more information, please visit our website: www.wiley.com/go/citizenship.

ISBN: 978-1-118-08710-7
BRV ISBN: 978-1-118-51476-4
AIE: 978-1-118-38170-0

Printed in the United States of America

10 9 8 7 6 5 4 3 2 1

About the Authors

Norma López-Burton

A basic human need is to be understood, and for the last thirty years this has guided me, no more than here in *Pura vida*.

My crusade of breaking stereotypes began in 1981 shortly after I started teaching Spanish at UC Davis. It was then that this Puerto Rican was surprised to learn that many assumed I liked spicy foods and celebrated *El día de los muertos*. That made me wonder: What other generalizations does this culture hold dear? Imagine further my shock when I saw *all* the textbooks of the day—and most still do—lump all sorts of people into one homogenous group: "Our Hispanic Friends!"

And so for twenty years as program coordinator I have purposefully built a curriculum in which all activities would be truly communicative, and all instructors would present culture in a sensitive and consistent manner. It turns out this has been my calling.

This passion extends to my writing. I was lead author for the graduate methodology text, *On Being a Language Teacher.* "My goal in all three texts is to elicit meaningful communication and teach skills of cultural competency."

I have shared the dream of *Pura vida* with two former graduate students, now colleagues: Laura Marqués Pascual and Cristina Pardo Ballester. I am indebted to these two extraordinarily hard-working authors who never wavered from giving their best. Thank you.

And finally, if anyone has met *my* need of being understood, it is my husband, Tom. I dedicate this book to him and look forward to sharing the fruits of *our* labor.

Laura Marqués Pascual

I studied Hispanic literature and linguistics at the Universidad de Alcalá, Madrid, Spain. During my time as a college student I spent a year in Durham, England, where I studied literature and linguistics with British students. It was during my year abroad that I got interested in how people learn languages. I later moved to the United States to complete my graduate studies. I earned a MA in teaching English as a second language from Bowling Green State University, and a PhD in Hispanic Linguistics from the University of California, Davis. I am now the language program director at the University of California, Santa Barbara, where I also teach Spanish and linguistics courses at various levels.

Dedico este libro a mis padres, Juan José y Teresa, por su inmensa paciencia y apoyo.

Cristina Pardo Ballester

I am from Granada, Spain where I received a bachelor's degree in translation and interpretation with a major in French interpretation and a minor in English translation. My passion for languages started in elementary school where I learned about French culture from my French teacher. This passion or languages led to spending an extensive amount of time in Belgium and to traveling around the world. Eventually, I settled in Reno, Nevada, where I received my M.A. in foreign languages and literatures at the University of Nevada, Reno, while teaching Spanish language courses. I moved to New York City to teach Spanish and French at various high schools. My teaching experiences led me to complete my PhD in Hispanic linguistics with an emphasis in second language acquisition from the University of California, Davis. I am currently an assistant professor of Spanish and the lower-division language program coordinator in the Department of World Languages and Cultures at Iowa State University. This textbook, *Pura vida*, represents my commitment to beginning language learners, and my passion for teaching the culture and the language of the Spanish-speaking world.

Dedico este libro a Albert y a nuestra hija Olympia y a mi querida hermana María Belén, por toda la paciencia y comprensión que tuvieron conmigo durante varios años de dedicación y esfuerzo escribiendo *Pura vida*.

Preface

¡Pura vida! In ***Pura vida*** (*Life is good*), Spanish is more than vocabulary and grammar, just as Spanish-speaking cultures are more than products and practices. In this learner-centered introductory program, the authors' commitment to a methodology based on true-to-life experiences brings Spanish to life ***Pura vida*** is the discovery of a Spanish-speaking world through the experiences of *real* people who share anecdotes and reflections on those experiences. Students relate to these people and make deeper, more meaningful connections between language and culture than in other programs, and acquire Spanish with an unparalleled sense of personal engagement.

In this 12-chapter introductory program, students don't learn Spanish only *for* real life, but also *from* real life. They discover that there is not just one homogeneous Hispanic culture, but rather, that each Spanish-speaking country has its own rich, unique culture and that the people who live in these countries speak one common language with different accents, characteristics, and idiosyncrasies. This first-edition program offers *truly* seamless integration of cultural notions and language instruction, and features 100 percent contextualized and personalized activities.

HALLMARKS OF THE PROGRAM

Cross-cultural approach. Culture is not just an add-on in ***Pura vida***. The national standards call for the integration of a particular content with language aims. With ***Pura vida***, students learn a new language and use it to learn about the different Hispanic cultures. Students discover cultural differences, rather than being told about them in disjointed, stand-alone "Did you know?" sidebars.

Pura vida takes a cross-cultural approach. In every *Una perspectiva/Otra perspectiva* section, cultural notions are introduced through the eyes of real people living in or visiting the target country. From the point of view of a visitor from the United States, students begin to observe cultural similarities and differences, which invite them to reflect on their own culture as they learn about the other. From the point of view of a citizen from the target country, students start to understand the other perspective and how people of that culture perceive them. This cross-cultural approach promotes cultural understanding and intercultural competence.

All vocabulary and grammatical structures are introduced in context through meaningful, comprehensible input stories *(La pura verdad)* based on real-life events as experienced by U.S. citizens living in Spanish-speaking countries. These input stories lend a reality lacking in most Spanish textbooks. PowerPoint® images and lecture scripts are provided for the instructor to aid in the narration. These input stories are written with the limited comprehension skills of first-year Spanish students in mind.

Contextualized, personalized, and task-based practice. Informed by research in second language acquisition, ***Pura vida*** places structures that have been shown to be acquired first by second language learners earlier in the grammar sequence. For example, **estar** + *location* is usually acquired before **estar** + *adjective*.

In keeping with widely accepted beliefs, we assume that the learner does not need to know every word s/he hears in order to understand the message directed at him or her. However, the learner must be able to understand most of the language for acquisition to happen (i.e., input has to be comprehensible and meaningful). In ***Pura vida***, grammar and vocabulary are introduced for the first time in context through the meaningful and comprehensible stories in *La pura verdad*. These stories, in turn, provide a context for the *Hablando de gramática* section, where all examples draw on the cultural notions and country explored in the chapter. Following the principle of comprehensible and meaningful input, starting very early in the program, all direction lines are in Spanish.

Research shows that for an activity to be communicative a real-life outcome is needed. In ***Pura vida,*** activities are rooted in the context of the real-life stories of Americans visiting Spanish-speaking countries, tap into students' own lives and perspectives, or are written to have students *do something* with the language from their own personal perspective. Practice for the sake of practice is not part of the ***Pura vida*** experience.

Modes of communication (interpretive, interpersonal, and presentational). Focused on developing interpretive skills, readings in *Entérate* are based on a variety of sources to cover a wide range of genres and incorporate the vocabulary, grammar structures, and cultural focus of each chapter. It also provides *Estrategias para leer* with strategic directions to guide the reading process. The accompanying activities help students build reading skills such as predicting content, understanding the main idea, or identifying supporting details. In addition, all readings are accompanied by pre- and post-reading activities that go beyond merely checking comprehension—language-focus tasks guide students through the actual process of interpreting written texts.

Writing tasks develop written presentational skills with a strategy and focused topic. *En tus propias palabras* includes *Estrategias para escribir*, a step-by-step guide through those aspects that are most problematic for our students. *Estrategias para escribir* emphasizes process to develop writing skills.

Oral expression, both interpersonal and presentational, is emphasized throughout the program, with the inclusion of guided collaborative tasks that require interaction and negotiation of meaning and that encourage students to report their findings to the class. *Estrategias para conversar* that accompany *Ponte en mi lugar* sections also provide students with key words, expressions, and phrases that will help them build oral fluency.

Recycling and reinforcement of content. Because language is inherently cumulative, ***Pura vida*** reinforces high-frequency vocabulary and key structures throughout the book. Starting in Chapter 2, there is at least one grammar or vocabulary topic recycled in every chapter.

Visual Walkthrough

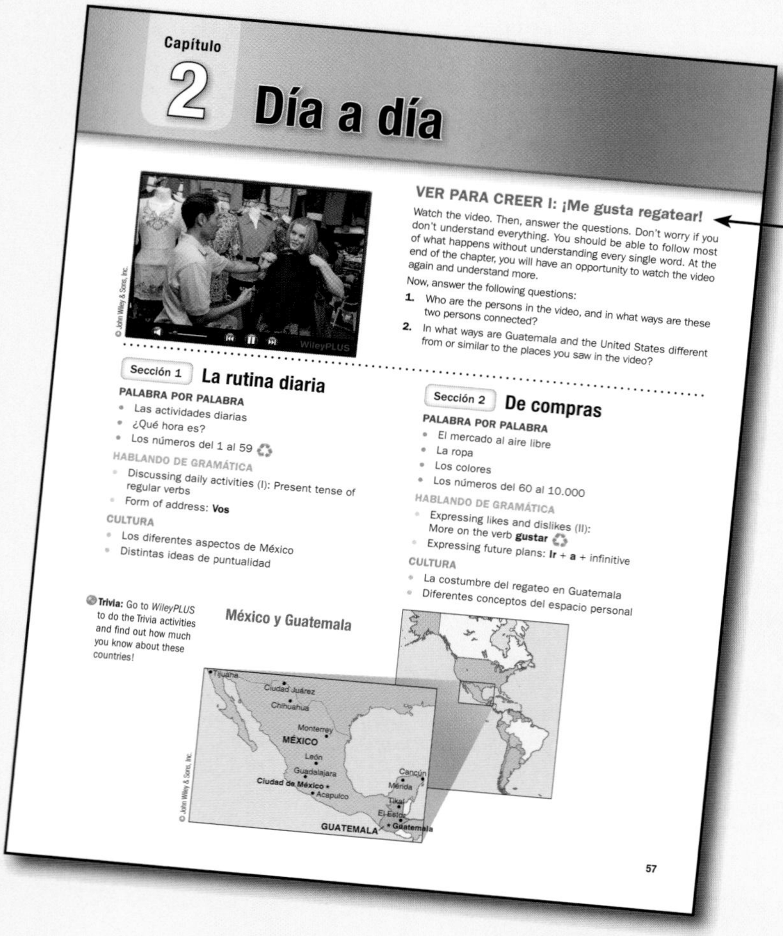

Capítulo 2

Día a día

© John Wiley & Sons, Inc.

VER PARA CREER I: ¡Me gusta regatear!

Watch the video. Then, answer the questions. Don't worry if you don't understand everything. You should be able to follow most of what happens without understanding every single word. At the end of the chapter, you will have an opportunity to watch the video again and understand more.

Now, answer the following questions:

1. Who are the persons in the video, and in what ways are these two persons connected?
2. In what ways are Guatemala and the United States different from or similar to the places you saw in the video?

Sección 1 La rutina diaria

PALABRA POR PALABRA
- Las actividades diarias
- ¿Qué hora es?
- Los números del 1 al 59

HABLANDO DE GRAMÁTICA
- Discussing daily activities (I): Present tense of regular verbs
- Form of address: **Vos**

CULTURA
- Los diferentes aspectos de México
- Distintas ideas de puntualidad

Sección 2 De compras

PALABRA POR PALABRA
- El mercado al aire libre
- La ropa
- Los colores
- Los números del 60 al 10.000

HABLANDO DE GRAMÁTICA
- Expressing likes and dislikes (II): More on the verb **gustar**
- Expressing future plans: **Ir** + **a** + infinitive

CULTURA
- La costumbre del regateo en Guatemala
- Diferentes conceptos del espacio personal

Trivia: Go to *WileyPLUS* to do the Trivia activities and find out how much you know about these countries!

México y Guatemala

© John Wiley & Sons, Inc.

57

Chapters open with the ***Pura vida*** video and questions that activate background knowledge and introduce the chapter theme in the context of the experiences of real people. This video highlights cross-cultural comparisons following the approach of the book. See p. 94.

Photos and questions further establish the chapter theme and extend the opportunity to tap into background knowledge as students continue their discovery of language and culture.

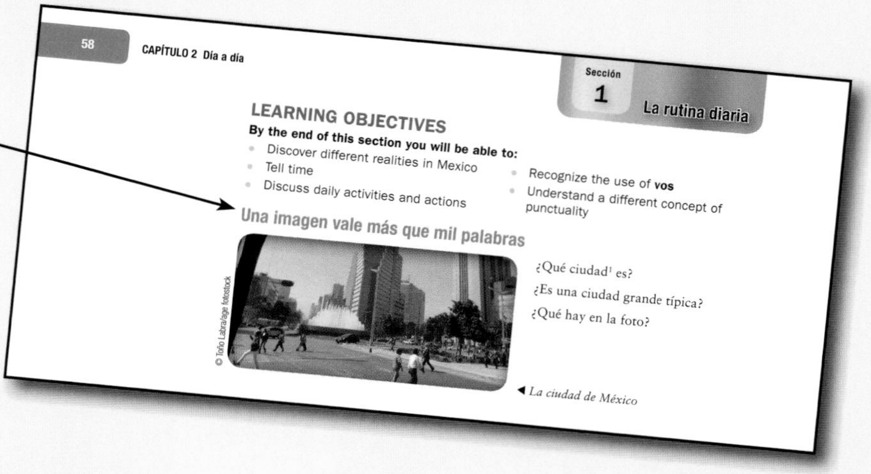

58 CAPÍTULO 2 Día a día

Sección 1 La rutina diaria

LEARNING OBJECTIVES

By the end of this section you will be able to:
- Discover different realities in Mexico
- Tell time
- Discuss daily activities and actions
- Recognize the use of **vos**
- Understand a different concept of punctuality

Una imagen vale más que mil palabras

© Tono Labra/age fotostock

¿Qué ciudad[1] es?

¿Es una ciudad grande típica?

¿Qué hay en la foto?

◀ *La ciudad de México*

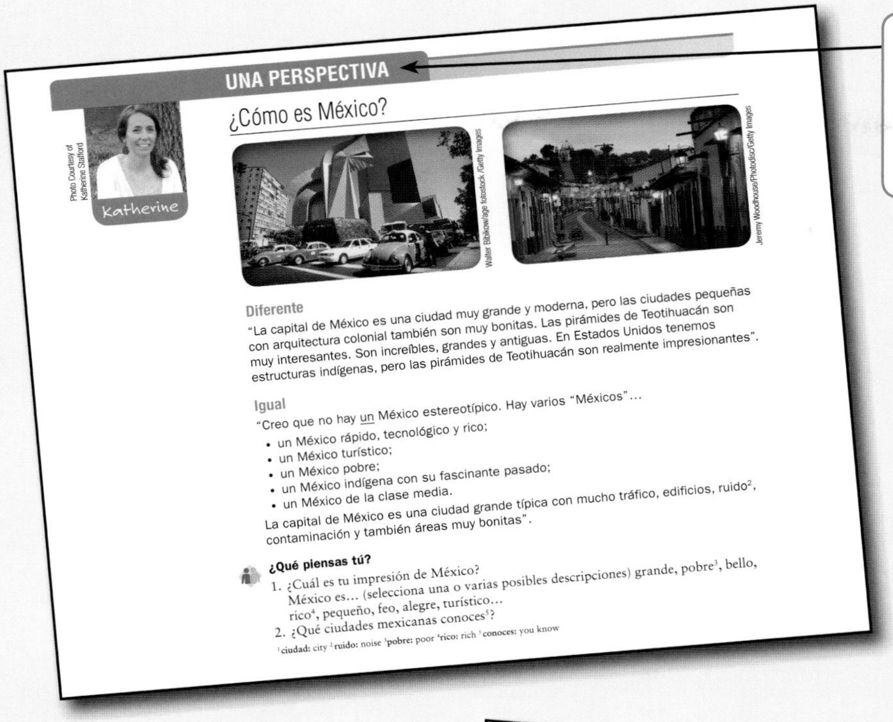

UNA PERSPECTIVA

¿Cómo es México?

Photo Courtesy of Katherine Stafford

Katherine

Walter Bibikow/age fotostock /Getty Images

Jeremy Woodhouse/Photodisc/Getty Images

Diferente

"La capital de México es una ciudad muy grande y moderna, pero las ciudades pequeñas con arquitectura colonial también son muy bonitas. Las pirámides de Teotihuacán son muy interesantes. Son increíbles, grandes y antiguas. En Estados Unidos tenemos estructuras indígenas, pero las pirámides de Teotihuacán son realmente impresionantes".

Igual

"Creo que no hay un México estereotípico. Hay varios "Méxicos"...

- un México rápido, tecnológico y rico;
- un México turístico;
- un México pobre;
- un México indígena con su fascinante pasado;
- un México de la clase media.

La capital de México es una ciudad grande típica con mucho tráfico, edificios, ruido[2], contaminación y también áreas muy bonitas".

¿Qué piensas tú?

1. ¿Cuál es tu impresión de México? México es... (selecciona una o varias posibles descripciones) grande, pobre[3], bello, rico[4], pequeño, feo, alegre, turístico...
2. ¿Qué ciudades mexicanas conoces[5]?

[1]**ciudad:** city [2]**ruido:** noise [3]**pobre:** poor [4]**rico:** rich [5]**conoces:** you know

Through the eyes of someone from the U.S. living in the featured country, students observe cultural differences first-hand, and reflect on their own culture in ***¿Qué piensas tú?***.

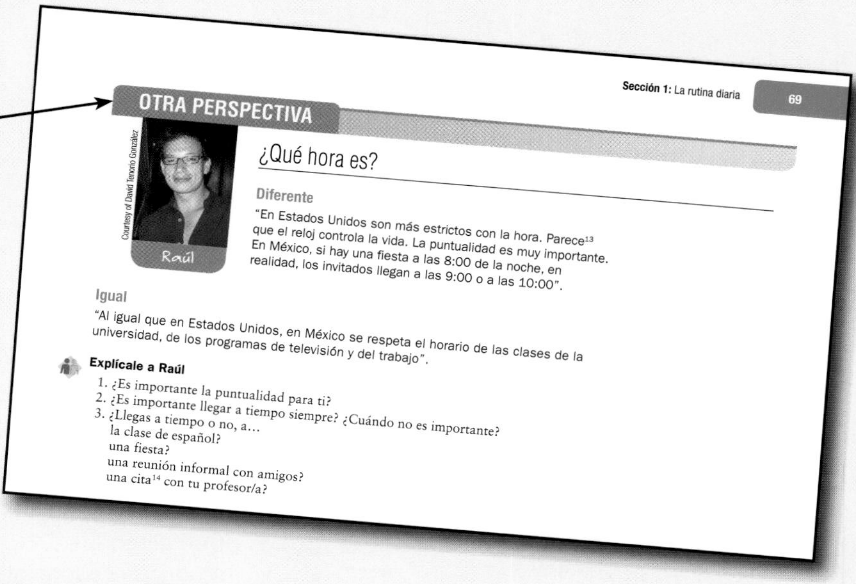

Sección 1: La rutina diaria 69

OTRA PERSPECTIVA

Courtesy of David Tenorio González

Raúl

¿Qué hora es?

Diferente

"En Estados Unidos son más estrictos con la hora. Parece[13] que el reloj controla la vida. La puntualidad es muy importante. En México, si hay una fiesta a las 8:00 de la noche, en realidad, los invitados llegan a las 9:00 o a las 10:00".

Igual

"Al igual que en Estados Unidos, en México se respeta el horario de las clases de la universidad, de los programas de televisión y del trabajo".

Explícale a Raúl

1. ¿Es importante la puntualidad para ti?
2. ¿Es importante llegar a tiempo siempre? ¿Cuándo no es importante?
3. ¿Llegas a tiempo o no, a...
   la clase de español?
   una fiesta?
   una reunión informal con amigos?
   una cita[14] con tu profesor/a?

Through the eyes of a visitor to the U.S., students find out how people from other countries perceive this country's practices and beliefs. **Explícale a...** compels students to reflect on their own culture.

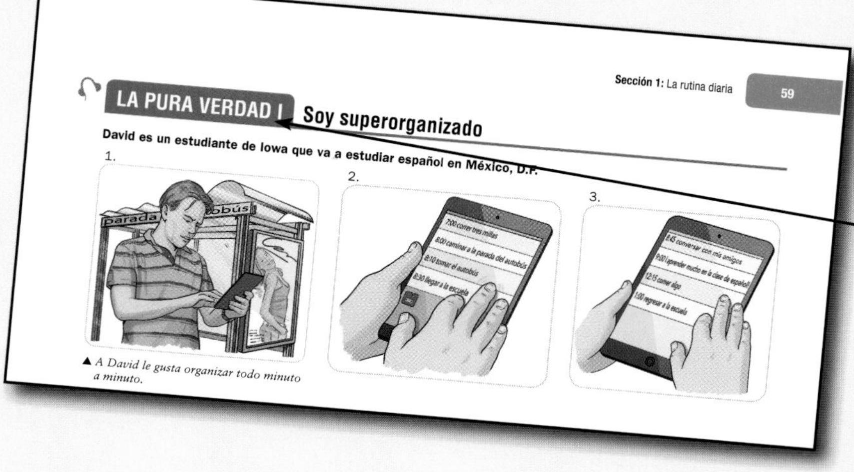

Sección 1: La rutina diaria 59

LA PURA VERDAD I Soy superorganizado

David es un estudiante de Iowa que va a estudiar español en México, D.F.

1. 2. 3.

▲ *A David le gusta organizar todo minuto a minuto.*

Graphic presentations introduce new vocabulary, linguistic structures, and culture in the context of *real-life* stories.

New vocabulary is reinforced in an illustrated context.

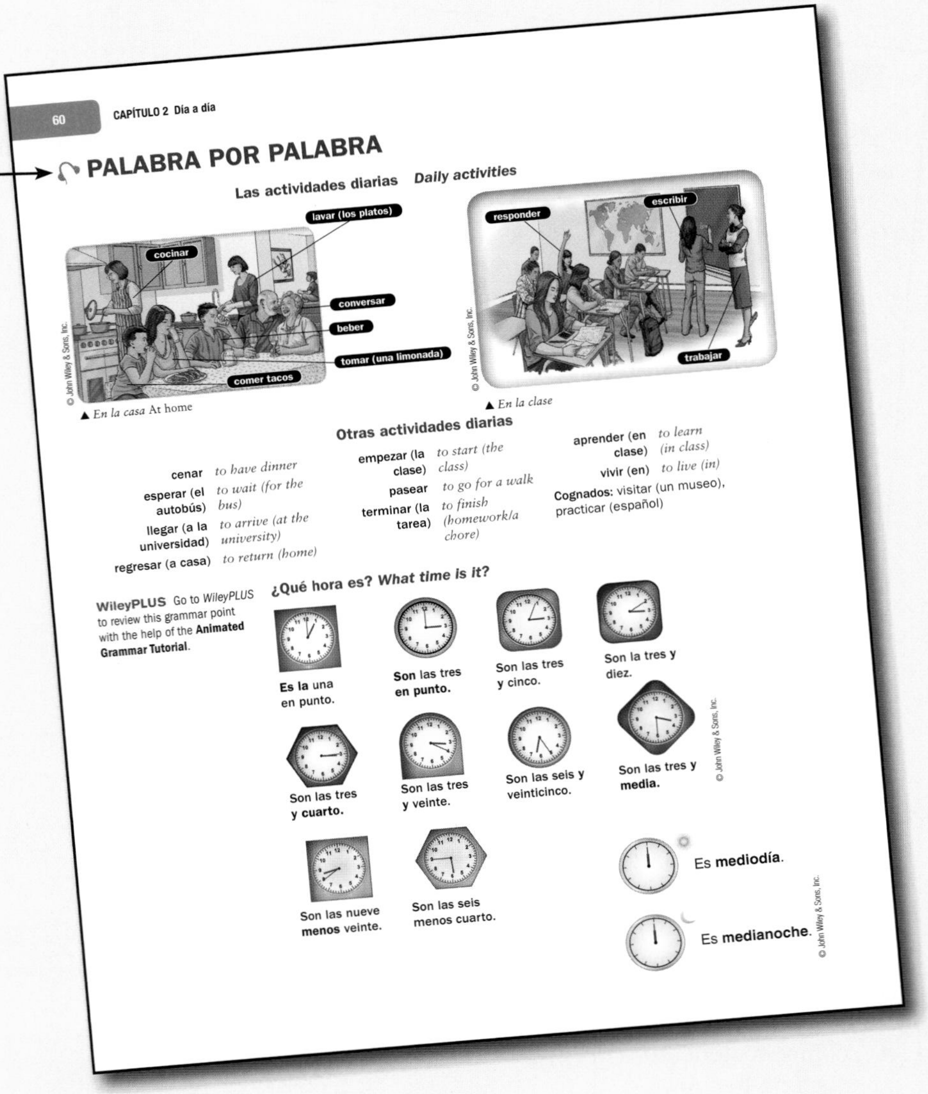
60 CAPÍTULO 2 Día a día

PALABRA POR PALABRA

Las actividades diarias *Daily activities*

▲ *En la casa* At home

▲ *En la clase*

Otras actividades diarias

cenar	*to have dinner*
esperar (el autobús)	*to wait (for the bus)*
llegar (a la universidad)	*to arrive (at the university)*
regresar (a casa)	*to return (home)*
empezar (la clase)	*to start (the class)*
pasear	*to go for a walk*
terminar (la tarea)	*to finish (homework/a chore)*
aprender (en clase)	*to learn (in class)*
vivir (en)	*to live (in)*

Cognados: visitar (un museo), practicar (español)

WileyPLUS Go to *WileyPLUS* to review this grammar point with the help of the **Animated Grammar Tutorial**.

¿Qué hora es? ***What time is it?***

Es la una **en punto.**
Son las tres **en punto.**
Son las tres y cinco.
Son la tres y diez.
Son las tres **y cuarto.**
Son las tres y veinte.
Son las seis y veinticinco.
Son las tres y **media.**
Son las nueve **menos** veinte.
Son las seis menos cuarto.
Es **mediodía**.
Es **medianoche**.

© John Wiley & Sons, Inc.

¿Qué dicen los...? introduces colloquialism, idiomatic expressions, or vocabulary used in the countries explored.

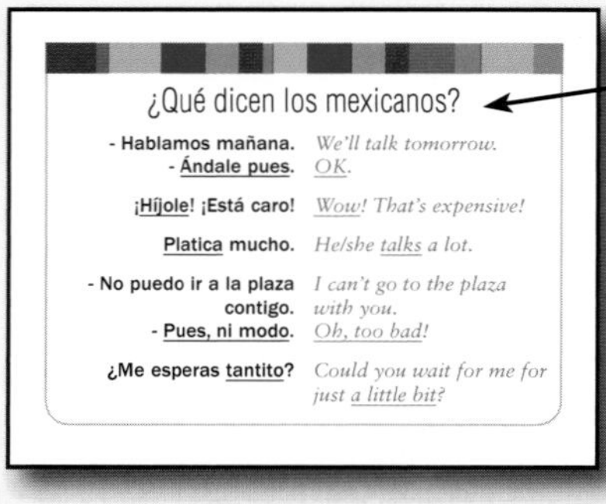
¿Qué dicen los mexicanos?

- Hablamos mañana. - Ándale pues.	*We'll talk tomorrow. OK.*
¡Híjole! ¡Está caro!	*Wow! That's expensive!*
Platica mucho.	*He/she talks a lot.*
- No puedo ir a la plaza contigo. - Pues, ni modo.	*I can't go to the plaza with you. Oh, too bad!*
¿Me esperas tantito?	*Could you wait for me for just a little bit?*

Role-play activities prompt the student to use Spanish in a realistic situation, complete with cultural nuance. **Estrategias para conversar** offers strategies for effective interaction, such as how to ask for details or clarification.

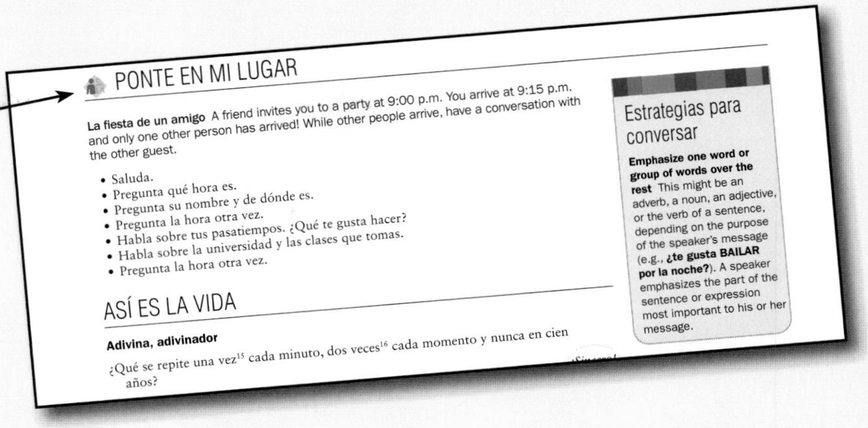

PONTE EN MI LUGAR

La fiesta de un amigo A friend invites you to a party at 9:00 p.m. You arrive at 9:15 p.m. and only one other person has arrived! While other people arrive, have a conversation with the other guest.

- Saluda.
- Pregunta qué hora es.
- Pregunta su nombre y de dónde es.
- Pregunta la hora otra vez.
- Habla sobre tus pasatiempos. ¿Qué te gusta hacer?
- Habla sobre la universidad y las clases que tomas.
- Pregunta la hora otra vez.

Estrategias para conversar

Emphasize one word or group of words over the rest This might be an adverb, a noun, an adjective, or the verb of a sentence, depending on the purpose of the speaker's message (e.g., **¿te gusta BAILAR por la noche?**). A speaker emphasizes the part of the sentence or expression most important to his or her message.

ASÍ ES LA VIDA

Adivina, adivinador

¿Qué se repite una vez[15] cada minuto, dos veces[16] cada momento y nunca en cien años?

ENTÉRATE

Antes de leer

1. **¿Qué tipo de texto es?** Whether you realize it or not, you quickly categorize texts by their format, layout, the images that accompany them, and also by their titles and subtitles. What is your first impression of the reading and its format, can you identify what the content might be?
   a. horoscope
   b. finding pen pals or email friends
   c. letters to the editor

Estrategias para leer

Cognates These words are similar in both languages. For example, **pasatiempos** and *pastimes*, or **música** and *music*, are cognates. Even at this level you may understand a lot of Spanish words because there are so many that are similar in English.

http://www.eldi.cl
Tus favoritos
• moda
• cine
Amigos en línea
TUS AMIGOS DEL CIBER
Adolfo Cano Soledad
23 años
adolfo@hitmail.com
Soy de Veracruz, México. Soy simpático, romántico y muy chistoso. Mis pasatiempos son soñar despierto, tomar fotografías, jugar videojuegos, hacer amigos; coleccionar cosas, escribir poemas y versos, y observar el cielo de noche con mi telescopio. ¡Ah! Siempre me gusta leer la revista *Tú mismo*. Escríbeme por favor.
Tú mismo

These readings focus on the vocabulary, grammar, and cultural notions of the chapter. **Estrategias para leer** develops reading skills through pre-reading and post-reading activities.

Writing tasks are accompanied by **Estrategias para escribir,** which offers strategies and stresses process to develop writing skills.

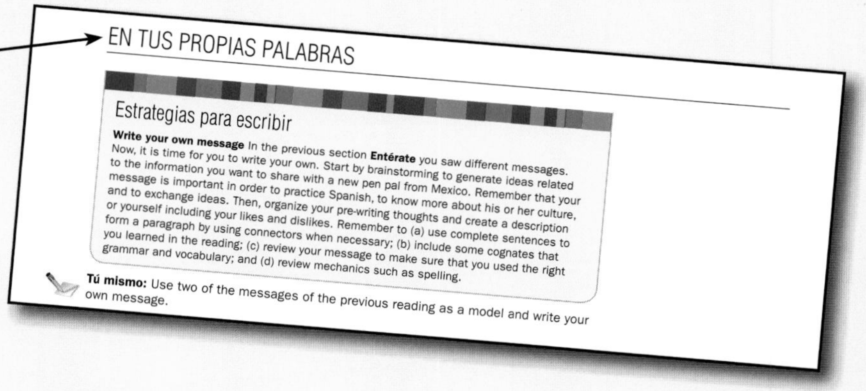

EN TUS PROPIAS PALABRAS

Estrategias para escribir

Write your own message In the previous section **Entérate** you saw different messages. Now, it is time for you to write your own. Start by brainstorming to generate ideas related to the information you want to share with a new pen pal from Mexico. Remember that your message is important in order to practice Spanish, to know more about his or her culture, and to exchange ideas. Then, organize your pre-writing thoughts and create a description or yourself including your likes and dislikes. Remember to (a) use complete sentences to form a paragraph by using connectors when necessary; (b) include some cognates that you learned in the reading; (c) review your message to make sure that you used the right grammar and vocabulary; and (d) review mechanics such as spelling.

Tú mismo: Use two of the messages of the previous reading as a model and write your own message.

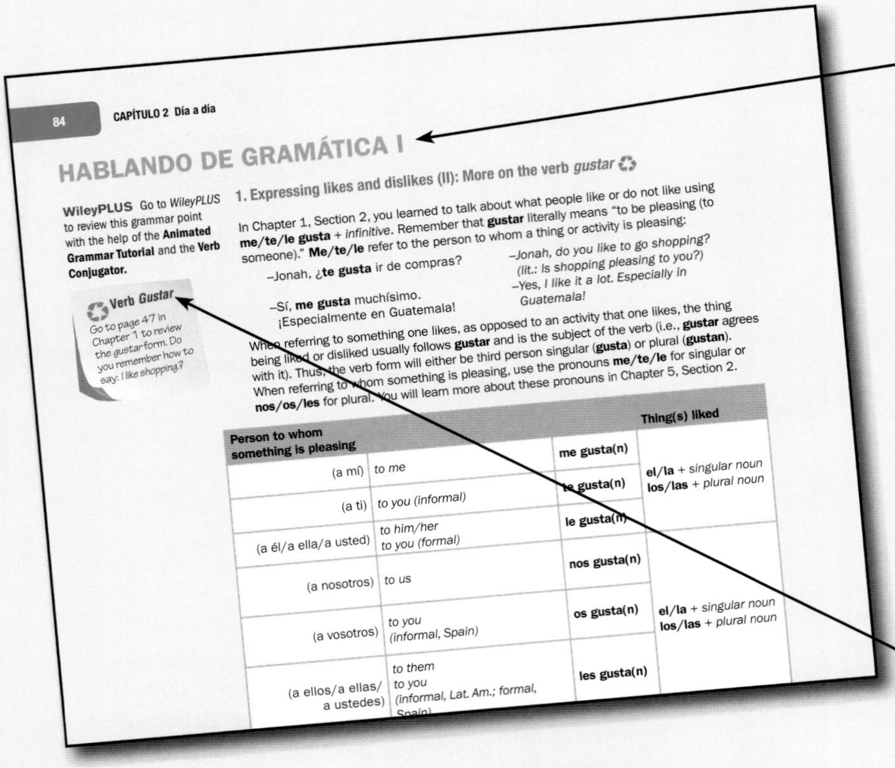
84 CAPÍTULO 2 Día a día

HABLANDO DE GRAMÁTICA I

1. Expressing likes and dislikes (II): More on the verb *gustar*

WileyPLUS Go to *WileyPLUS* to review this grammar point with the help of the **Animated Grammar Tutorial** and the **Verb Conjugator.**

Verb Gustar
Go to page 47 in Chapter 1 to review the *gustar* form. Do you remember how to say: I like shopping?

In Chapter 1, Section 2, you learned to talk about what people like or do not like using **me/te/le gusta** + *infinitive*. Remember that **gustar** literally means "to be pleasing (to someone)." **Me/te/le** refer to the person to whom a thing or activity is pleasing:

–Jonah, ¿**te gusta** ir de compras?	*–Jonah, do you like to go shopping? (lit.: Is shopping pleasing to you?)*
–Sí, **me gusta** muchísimo. ¡Especialmente en Guatemala!	*–Yes, I like it a lot. Especially in Guatemala!*

When referring to something one likes, as opposed to an activity that one likes, the thing being liked or disliked usually follows **gustar** and is the subject of the verb (i.e., **gustar** agrees with it). Thus, the verb form will either be third person singular (**gusta**) or plural (**gustan**). When referring to whom something is pleasing, use the pronouns **me/te/le** for singular or **nos/os/les** for plural. You will learn more about these pronouns in Chapter 5, Section 2.

Person to whom something is pleasing			Thing(s) liked
(a mí)	*to me*	**me gusta(n)**	**el/la** + *singular noun* **los/las** + *plural noun*
(a ti)	*to you (informal)*	**te gusta(n)**	
(a él/a ella/a usted)	*to him/her to you (formal)*	**le gusta(n)**	
(a nosotros)	*to us*	**nos gusta(n)**	**el/la** + *singular noun* **los/las** + *plural noun*
(a vosotros)	*to you (informal, Spain)*	**os gusta(n)**	
(a ellos/a ellas/ a ustedes)	*to them to you (informal, Lat. Am.; formal, Spain)*	**les gusta(n)**	

Grammar is presented in English and in easy-to-follow terms, allowing for independent study and review. Practice includes activities that follow progress from recognition and input processing, to controlled exercises designed to be completed outside of class, to more open-ended activities that require output and meaning negotiation.

Pura vida reinforces key structures and high-frequency vocabulary throughout the book.

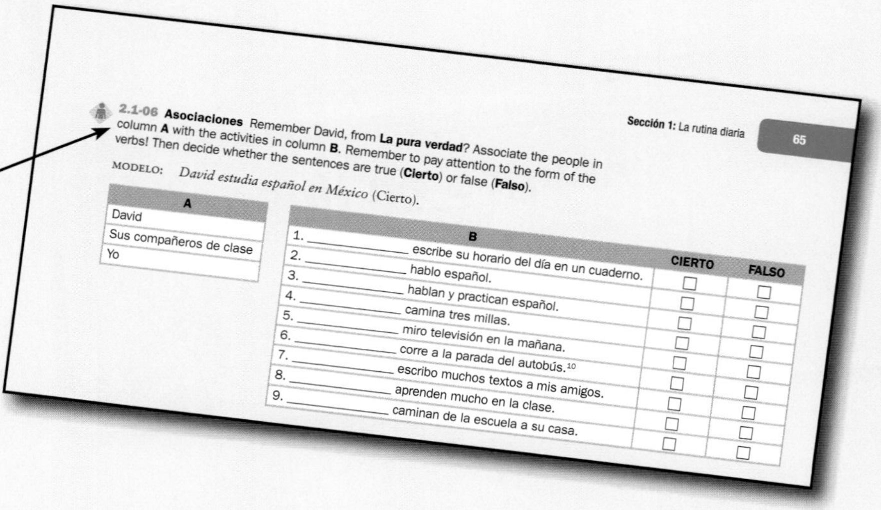
Sección 1: La rutina diaria 65

2.1-06 **Asociaciones** Remember David, from **La pura verdad**? Associate the people in column **A** with the activities in column **B**. Remember to pay attention to the form of the verbs! Then decide whether the sentences are true (**Cierto**) or false (**Falso**).

MODELO: *David estudia español en México* (Cierto).

A
David
Sus compañeros de clase
Yo

B	CIERTO	FALSO
1. ______ escribe su horario del día en un cuaderno.	☐	☐
2. ______ hablo español.	☐	☐
3. ______ hablan y practican español.	☐	☐
4. ______ camina tres millas.	☐	☐
5. ______ miro televisión en la mañana.	☐	☐
6. ______ corre a la parada del autobús.[10]	☐	☐
7. ______ escribo muchos textos a mis amigos.	☐	☐
8. ______ aprenden mucho en la clase.	☐	☐
9. ______ caminan de la escuela a su casa.	☐	☐

All activities, from those focused on input processing to those involving interpersonal communication, are entirely rooted in the context of the real people appearing throughout ***Pura vida*** or in the context of the students' own realities and experiences.

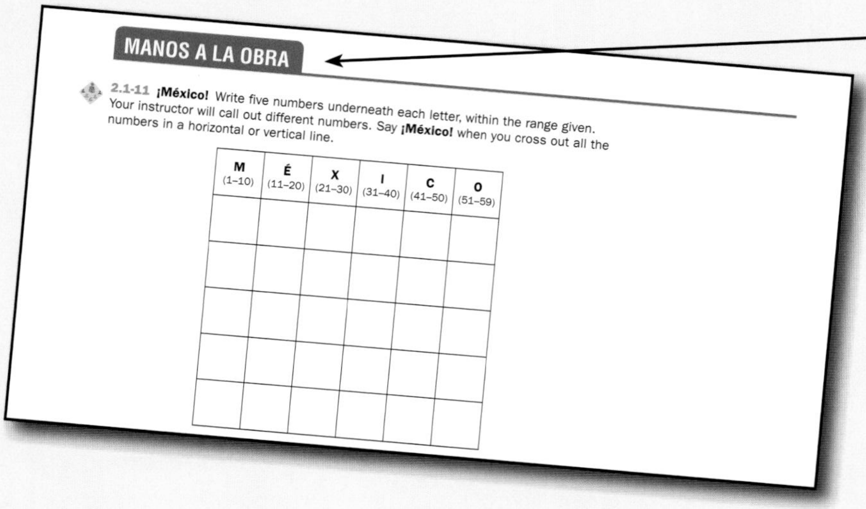
MANOS A LA OBRA

2.1-11 **¡México!** Write five numbers underneath each letter, within the range given. Your instructor will call out different numbers. Say **¡México!** when you cross out all the numbers in a horizontal or vertical line.

M (1–10)	É (11–20)	X (21–30)	I (31–40)	C (41–50)	O (51–59)

Communicative activities, tasks, and games offer a fun way for students to practice their Spanish working in pairs, small groups, or as a whole class. A culminating task-based activity that synthesizes content from the whole chapter anchors this section, which also includes **Presta atención** (listening) and **Por escrito** (writing) that tie together the new grammar structures, vocabulary, and cultural content of the chapter.

ASÍ ES LA VIDA

Adivina, adivinador

¿Qué se repite una vez[15] cada minuto, dos veces[16] cada momento y nunca en cien años?

Chiste

¿Qué le dice el 3 al 30?
Para ser como yo, debes[17] ser sincero (sin-cero).

3 ¡Sincero!

(e.g., **¿te gusta BAILAR por la noche?**). A speaker emphasizes the part of the sentence or expression most important to his or her message.

Sayings, simple jokes, and tongue twisters that are connected thematically or grammatically with the rest of the chapter reflect cultural beliefs and behaviors.

Internet activities immerse students in the real online world in Spanish. Specific instructions are highlighted as a way to navigate the web to find the desired sites.

@Arroba@

WileyPLUS Go to *WileyPLUS* to find more **Arroba** activities.

Las revistas Explore in your favorite browser information about "Revistas de México para adolescentes." Look for magazines you can find online. Then, check the website from the selected magazine. Answer the following questions:

1. ¿Qué temas presenta esa revista? Escribe cuatro temas.
2. Escribe cinco cognados de la página web. Modelo: foro – *forum*
3. ¿Qué temas son importantes para ti?
4. ¿Qué diferencias hay entre la página web de la revista en español y la página web de una revista en inglés?

This ***Pura vida*** video program highlights cross-cultural comparisons in the same way as the *Perspectivas* sections. Pre-viewing, viewing, and post-viewing activities support comprehension, linguistic analysis, and cultural comparisons.

94 CAPÍTULO 2 Día a día

VER PARA CREER II: ¡Me gusta regatear!

WileyPLUS Go to *WileyPlus* to see this video and to find more video activities.

Antes de ver

Answer these questions and compare your answers with a classmate:

1. ¿Vas a mercados al aire libre con frecuencia?
2. ¿A qué mercados al aire libre vas?
3. ¿Qué productos compras en los mercados al aire libre?
4. En los mercados al aire libre, ¿son fijos los precios de los productos?
5. ¿Qué es importante hacer para comprar el producto a mejor precio?
6. En los mercados al aire libre que conoces, ¿hay muchos productos para los turistas?

Después de ver

1. ¿Entendiste? What did you understand? Select an answer to see what you know about the information presented in the video.

1. ¿De dónde es Melanie?
   a. Melanie es de Guatemala.
   b. Melanie es de Antigua.
   c. Melanie es de Washington.
2. ¿Dónde vive Melanie ahora?
   a. Vive en Antigua.
   b. Vive en Washington.
   c. Vive en Estados Unidos.
3. ¿Por qué le gusta el mercado a Melanie?
   a. Porque le gusta caminar y regatear.
   b. Porque hay de todo y es barato.
   c. Porque le gustan las flores y ropa.
4. ¿Qué colores de blusas le muestra el vendedor?
   a. Morada, verde y negra
   b. Morada, negra y blanca
   c. Morada, azul y negra
5. ¿Qué tipo de diseño tiene la blusa que le muestra el vendedor?
   a. Tiene un diseño muy artesanal.
   b. Tiene un diseño muy moderno.
   c. Tiene un diseño muy joven.
6. ¿Cuántos quetzales quiere el vendedor por la blusa?
   a. El vendedor quiere 150 quetzales.
   b. El vendedor quiere 80 quetzales.
   c. El vendedor quiere 90 quetzales.

2. Comprar en los mercados Would you like to visit an open-air market in an Spanish-speaking country? Which one?

3. Enfoque cultural Do you bargain in the United States? When and where? What is the difference between bargaining in your country and in a Spanish-speaking country?

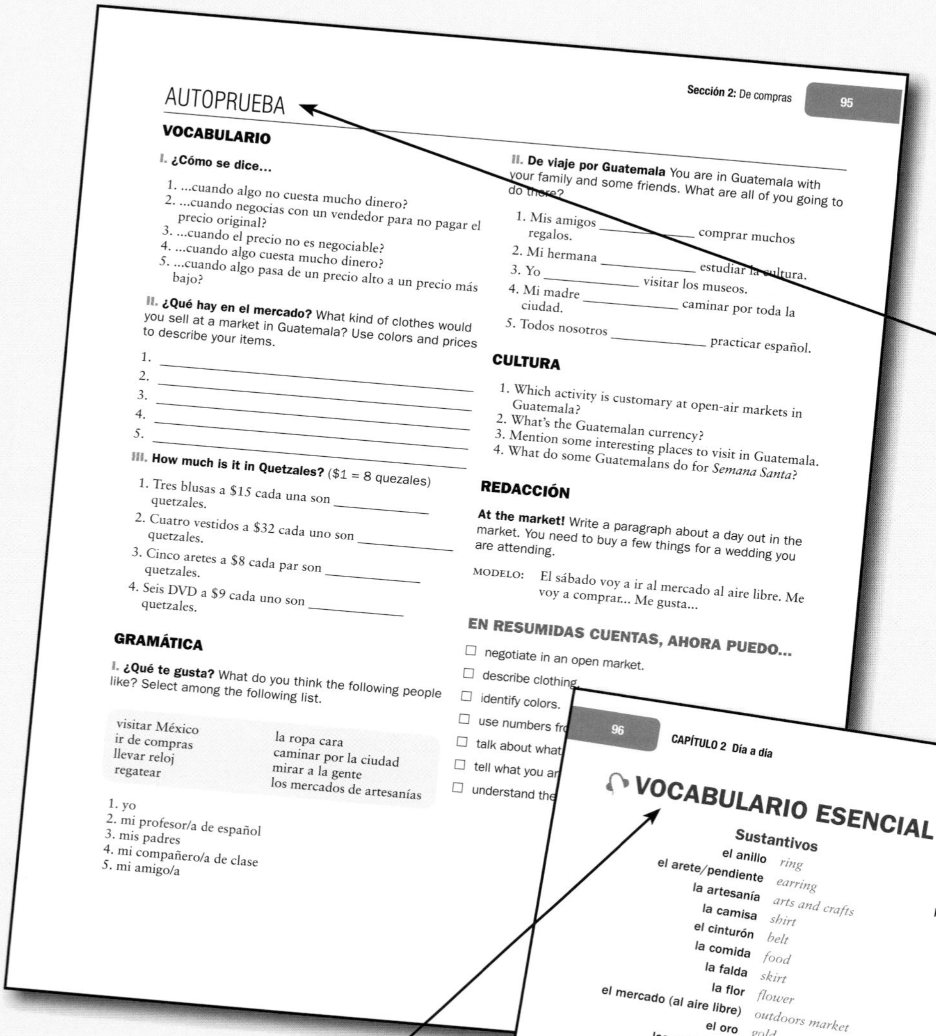

Sección 2: De compras 95

AUTOPRUEBA

VOCABULARIO

I. ¿Cómo se dice…

1. …cuando algo no cuesta mucho dinero?
2. …cuando negocias con un vendedor para no pagar el precio original?
3. …cuando el precio no es negociable?
4. …cuando algo cuesta mucho dinero?
5. …cuando algo pasa de un precio alto a un precio más bajo?

II. ¿Qué hay en el mercado? What kind of clothes would you sell at a market in Guatemala? Use colors and prices to describe your items.

1. ____
2. ____
3. ____
4. ____
5. ____

III. How much is it in Quetzales? ($1 = 8 quezales)

1. Tres blusas a $15 cada una son ____ quetzales.
2. Cuatro vestidos a $32 cada uno son ____ quetzales.
3. Cinco aretes a $8 cada par son ____ quetzales.
4. Seis DVD a $9 cada uno son ____ quetzales.

GRAMÁTICA

I. ¿Qué te gusta? What do you think the following people like? Select among the following list.

visitar México	la ropa cara
ir de compras	caminar por la ciudad
llevar reloj	mirar a la gente
regatear	los mercados de artesanías

1. yo
2. mi profesor/a de español
3. mis padres
4. mi compañero/a de clase
5. mi amigo/a

II. De viaje por Guatemala You are in Guatemala with your family and some friends. What are all of you going to do there?

1. Mis amigos ____ comprar muchos regalos.
2. Mi hermana ____ estudiar la cultura.
3. Yo ____ visitar los museos.
4. Mi madre ____ caminar por toda la ciudad.
5. Todos nosotros ____ practicar español.

CULTURA

1. Which activity is customary at open-air markets in Guatemala?
2. What's the Guatemalan currency?
3. Mention some interesting places to visit in Guatemala.
4. What do some Guatemalans do for *Semana Santa*?

REDACCIÓN

At the market! Write a paragraph about a day out in the market. You need to buy a few things for a wedding you are attending.

MODELO: El sábado voy a ir al mercado al aire libre. Me voy a comprar... Me gusta...

EN RESUMIDAS CUENTAS, AHORA PUEDO…

- ☐ negotiate in an open market.
- ☐ describe clothing…
- ☐ identify colors.
- ☐ use numbers fr…
- ☐ talk about what…
- ☐ tell what you ar…
- ☐ understand the…

This section includes a self-test and **En resumidas cuentas,** a checklist of what the learner is capable of doing, saying, and understanding at the end of the section.

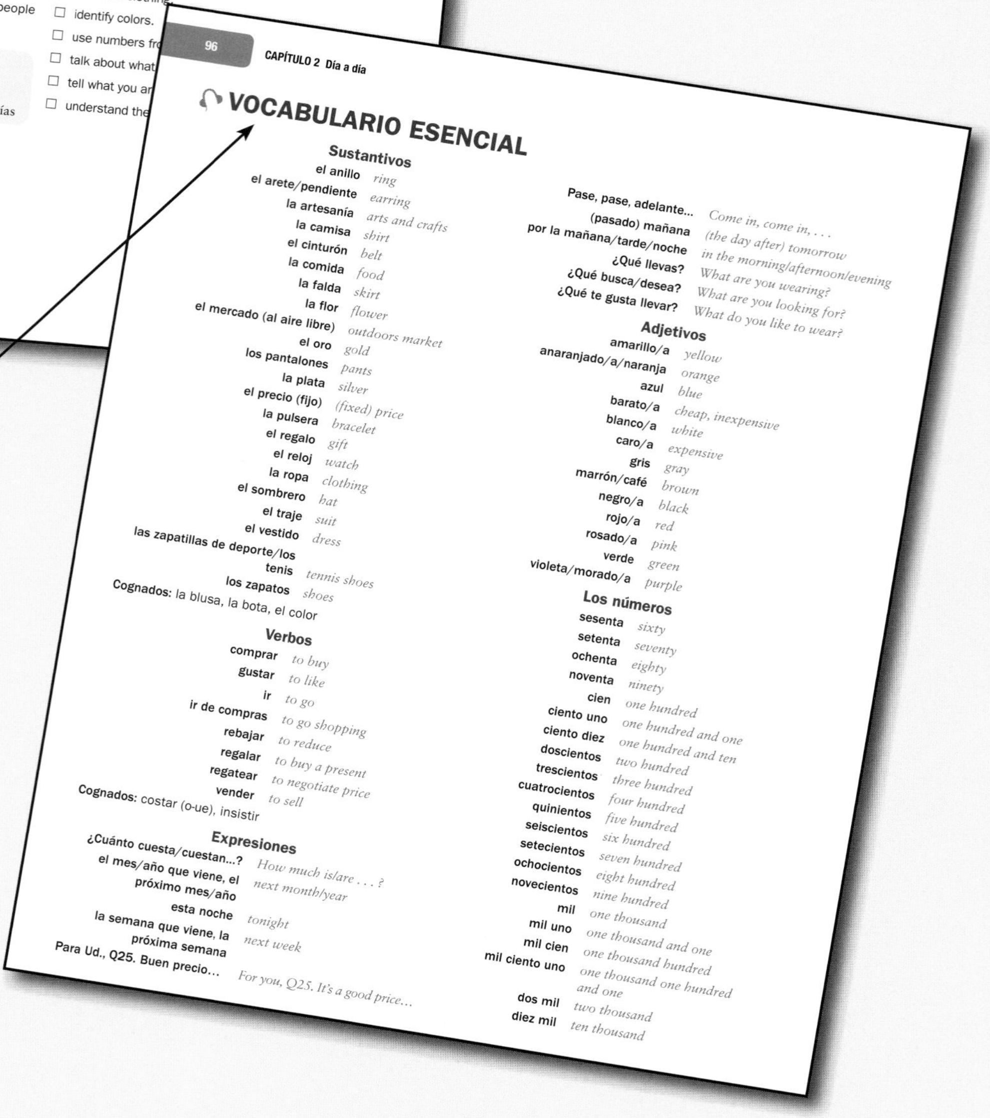

96 CAPÍTULO 2 Día a día

VOCABULARIO ESENCIAL

Sustantivos

el anillo	*ring*
el arete/pendiente	*earring*
la artesanía	*arts and crafts*
la camisa	*shirt*
el cinturón	*belt*
la comida	*food*
la falda	*skirt*
la flor	*flower*
el mercado (al aire libre)	*outdoors market*
el oro	*gold*
los pantalones	*pants*
la plata	*silver*
el precio (fijo)	*(fixed) price*
la pulsera	*bracelet*
el regalo	*gift*
el reloj	*watch*
la ropa	*clothing*
el sombrero	*hat*
el traje	*suit*
el vestido	*dress*
las zapatillas de deporte/los tenis	*tennis shoes*
los zapatos	*shoes*

Cognados: la blusa, la bota, el color

Verbos

comprar	*to buy*
gustar	*to like*
ir	*to go*
ir de compras	*to go shopping*
rebajar	*to reduce*
regalar	*to buy a present*
regatear	*to negotiate price*
vender	*to sell*

Cognados: costar (o-ue), insistir

Expresiones

¿Cuánto cuesta/cuestan…?	*How much is/are . . . ?*
el mes/año que viene, el próximo mes/año	*next month/year*
esta noche	*tonight*
la semana que viene, la próxima semana	*next week*
Para Ud., Q25. Buen precio…	*For you, Q25. It's a good price…*
Pase, pase, adelante…	*Come in, come in, . . .*
(pasado) mañana	*(the day after) tomorrow*
por la mañana/tarde/noche	*in the morning/afternoon/evening*
¿Qué llevas?	*What are you wearing?*
¿Qué busca/desea?	*What are you looking for?*
¿Qué te gusta llevar?	*What do you like to wear?*

Adjetivos

amarillo/a	*yellow*
anaranjado/a/naranja	*orange*
azul	*blue*
barato/a	*cheap, inexpensive*
blanco/a	*white*
caro/a	*expensive*
gris	*gray*
marrón/café	*brown*
negro/a	*black*
rojo/a	*red*
rosado/a	*pink*
verde	*green*
violeta/morado/a	*purple*

Los números

sesenta	*sixty*
setenta	*seventy*
ochenta	*eighty*
noventa	*ninety*
cien	*one hundred*
ciento uno	*one hundred and one*
ciento diez	*one hundred and ten*
doscientos	*two hundred*
trescientos	*three hundred*
cuatrocientos	*four hundred*
quinientos	*five hundred*
seiscientos	*six hundred*
setecientos	*seven hundred*
ochocientos	*eight hundred*
novecientos	*nine hundred*
mil	*one thousand*
mil uno	*one thousand and one*
mil cien	*one thousand hundred*
mil ciento uno	*one thousand one hundred and one*
dos mil	*two thousand*
diez mil	*ten thousand*

All the new vocabulary is collected with the English translations and cognates for quick reference.

THE COMPLETE PROGRAM

For a desk copy or electronic access to any of these program components, please contact your local Wiley sales representative, call our Sales Office at 1-800-CALL-WILEY (1-800-225-5945), or contact us online at www.wiley.com/college/lopezburton.

Student Textbook

978-1-118-08710-7

The textbook is organized into 12 chapters plus a Preliminary chapter, each of which is divided into two sections.

Annotated Instructor's Edition

978-1-118-38170-0

The Annotated Instructor's Edition includes a variety of marginal annotations with teaching tips, scripts for the listening activities, expansion activities, and answers to discrete point exercises.

Activities Manual

978-1-118-51474-0

The Activities Manual, both printed upon request and online through ***WileyPlus***, will provide much-needed, outside-the-classroom practice tools for listening, reading, writing, speaking, and learning cultural knowledge. The Activities Manual supports the structures, vocabulary, and cultural information presented in the textbook. The Answer Key appears at the end of the book. Electronic files for the Answer Key as well as for the audio scripts are available on the ***Pura vida*** Instructor Companion Site at www.wiley.com/college/lopezburton and in *WileyPLUS* as an Instructor Resource.

Video

To be used in the classroom or assigned as online work, *Pura vida* has one video per chapter featuring an American living in the target country and accompanied by locals, as s/he shows us something pertinent to the theme and grammar of the chapter. The student in the classroom will hear natural speech patterns in various Spanish accents. This video will highlight cross-cultural comparisons following the approach of the book. The textbook includes instructor and student support activities that present strategies for previewing, viewing, and post-viewing. Video segments are available digitally in *WileyPLUS* and on the Instructor and Student Companion Sites.

Explore Your Ordering Options

The textbook is available in various formats. Consider an eBook, loose-leaf binder version, or a custom publication. The textbook is also available through *All Access Pack,* which includes WileyPLUS access code, Wiley e-textbook for mobile devices, and the interactive activities included in the *Manos a la obra* section of the textbook. Learn more about our flexible pricing, flexible formats, and flexible content at www.wiley.com/college/sc/puravida/options.html.

WileyPLUS

www.wileyplus.com

WileyPLUS is an innovative, online teaching and learning environment, built on a foundation of cognitive research that integrates relevant resources, including the entire digital textbook, in an easy-to-navigate framework that helps students study effectively. Online *Activities Manual,* available in *WileyPLUS,* builds students' confidence because it takes the guesswork out of studying by providing a clear roadmap to academic success. With *WileyPLUS*, instructors and students receive 24/7 access to resources that promote positive learning outcomes. Throughout each study session, students can assess their progress and gain immediate feedback on their strengths and weaknesses so they can be confident they are spending their time effectively.

What Do Students Receive with WileyPLUS?

An easy-to-navigate, interactive online version of the textbook is organized by sections.

- Related supplemental material reinforces learning objectives.
- Innovative features such as self-evaluation tools improve time management and strengthen areas of weakness.

One-on-one engagement. With *WileyPLUS* for ***Pura vida,*** students receive 24/7 access to resources that promote positive learning outcomes. Students engage with related activities in various media, including:

- **Blackboard IM functionality:** Student collaboration tool with IM, whiteboard, and desktop sharing capabilities.
- **Audio Program:** The Audio Program includes recordings for the listening activities in the textbook, vocabulary in *Palabra por palabra* and in the list at the end of the chapters, and the listening activities in the *Activities Manual*. The Audio Program is available in *WileyPLUS* and on the Book Companion Site at www.wiley.com/college/lopezburton.
- **Wimba Voice Response Questions and Wimba VoiceBoards:** Recording functionality that allows instructors to test students' speaking skills.
- **Electronic Activities Manual:** Allows instructors to assign Workbook and Lab Manual activities which are then sent straight to the gradebook for automatic and manual grading options. Available in the assignment section in *WileyPLUS*.
- **In-text activities:** Assignable electronic versions of select textbook activities that test students' understanding of grammar and vocabulary.
- **Animated grammar tutorials:** Animation series that reinforces key grammatical lessons.
- **Map quizzes:** Interactive study tool that tests students' geographical knowledge of Spanish speaking countries and cities.
- **Audio flashcards:** Offers pronunciation, English/Spanish translations, and chapter quizzes.
- **Verb conjugator:** Supplemental guides and practice for conjugating verbs.
- **English grammar checkpoints:** Alphabetical listing of the major grammar points from the textbook that allows students to review their use in the English language.
- ***La pronunciación:*** Guide that offers basic rules and practice for pronouncing the alphabet, diphthongs, accent marks, and more.

Measurable Outcomes: Throughout each study session, students can assess their progress and gain immediate feedback. *WileyPLUS* provides precise reporting of strengths and weaknesses, as well as individualized quizzes, so that students are confident they are spending their time on the right things. With *WileyPLUS*, students always know the exact outcome of their efforts.

What Do Instructors Receive with *WileyPLUS*?

WileyPLUS provides reliable, customizable resources that reinforce course goals inside and outside of the classroom as well as tracking of individual student progress. Pre-created materials and activities help instructors optimize their time:

- **Instructor Resource Manual** (IRM) contains complete syllabi, teaching tips, and expansion on the cultural information, with helpful suggestions to implement a cross-cultural approach effectively, as well as keys for teaching grammatical structures that students find problematic. Crossword puzzles, Jeopardy-style games, and info-gap or task-based activities are also included for each chapter.
- **Sample Syllabi** are included for quarters and semesters.

- **PowerPoint Presentations:** The PowerPoint presentations complement some sections of the textbook such as *Ver para creer, La pura verdad, Palabra por palabra, Así es la vida,* and selected activities to do in class.
- **Image Gallery:** Collection of the photographs, illustrations, and artwork from each chapter of the textbook.
- **Prebuilt Question Assignments:** Available in a variety of options, these prebuilt electronic quizzes allow instructors to test students' understanding of vocabulary, grammar, and culture, as well as their reading, writing, listening, and speaking skills.
- **Test bank:** Collection of assignable questions that allow instructors to build custom exams; select Test bank questions are also available in Word documents.
- **Printable exams with answer keys, audio files, and scripts:** All of the components that instructors need to distribute printed exams in class. There are three different exam versions per chapter.
- **Lab Manual audio script:** Script for each of the listening activities in the chapter.
- **Gradebook:** *WileyPLUS* provides access to reports on trends in class performance, student use of course materials, and progress toward learning objectives, helping inform decisions and drive classroom discussions.

WileyPLUS with ORION—Adaptive Learning Tool

WileyPLUS is now equipped with an adaptive learning module called ORION. Based on cognitive science, *WileyPLUS* with ORION provides students with a personal, adaptive learning experience so they can build their language skills and use their study time most effectively. *WileyPLUS* with ORION helps students learn by learning about them. Powering our *Grammar Checkpoint,* ORION also gives students a personalized and adaptive way to brush up on the basic language concepts they need (What's a pronoun? What do adverbs do?) in order to learn how grammar works in the language they're studying.

The *En* vivo option

With the *En vivo* option, regularly scheduled, live, online coaching sessions reinforce language skills and further explore cultural notions. A special set of activities per each chapter provides a framework for conversation, and a native-speaking language coach encourages students to practice the Spanish they're learning in weekly coaching sessions. For more information, contact your Wiley representative or visit www.wiley.com/college/sc/envivo.

Spanish Reader

You can create your own cultural Spanish Reader to accompany ***Pura vida,*** choosing from a wide variety of authentic articles written by journalists and writers from the 21 Spanish-speaking countries. Visit mywiley.info/puntoycoma for more information.

Student Companion Site

www.wiley.com/college/lopezburton

The Student Companion Site contains complimentary self-tests, audio flashcards, the Verb Conjugator or System with practice handouts, accompanying audio for the textbook, and Lab Manual, map quizzes, and videos.

Instructor Companion Site

www.wiley.com/college/ lopezburton

The Instructor Companion Site includes the student resources mentioned above, plus handouts, answer keys, scripts, and audio files to accompany chapter level, mid-term, and final exams. It also includes a Word version of the Test Bank, an image gallery, answer keys for the Lab Manual, and audio and video scripts.

Acknowledgments

We, the authors of ***Pura vida,*** wish to express our heartfelt thanks to our amazing editor, Elena Herrero, for her expert guidance, dedication, patience, and friendship. Her contribution to ***Pura vida*** has been invaluable. It has been a privilege to work with her.

We would also like to express our gratitude to Glenn Wilson, a visionary who came in contact with ***Pura vida*** a few years ago and understood ***Pura vida***'s vision and potential. This book would not have been possible without him.

Furthermore, we want to thank Magali Iglesias for believing in us and Mercedes Roffé and Alejandra Barciela for their attention to detail.

Our deep appreciation goes to the rest of the team at John Wiley & Sons for their effort, professionalism, and expertise delivering the first edition of ***Pura vida***: the marketing team: Jeff Rucker, Kimberly Kanakes, Glenn Wilson; the production team: Bill Murray, Micheline Frederick; the media team: Tom Kulesa, Jennifer Brady, and Beth Pearson.

Our book would not be complete without our colleagues in charge of the *Instructors Resources Manual*: Jesús David Jerez Gómez, Ben Schmeiser, Debra Herrick, and Amy Bodrozic. The *En vivo* author: Helga Winkle. And the *Student Activities Manual* authors: Tasha Lewis, Marcus Welch, and Adolfo Carrillo Cabello. We appreciate their hard work and patience.

A special thanks to all listed below for sharing with us your wonderful stories and great photos for the *Perspectivas* sections: Shelley Cheney Ackermann, Catalina Adams, Mark Adams, Mark Ackermann, Elena Atanasiu, Fernando Aveiga, Isabel Baboun Garib, Noemia Melissa Binney, Héctor Bombiella Medina, Jonah Brown, Miranda Buseman, Leslie A. Burton, Thomas A. Burton, Thomas P. Burton, Aina Cabra Riart, Rebecca Conley, Consuelo Cervantes, Daniel Chui, Carolyne Crolotte Mesquita, Katie Clarkson, Melissa Corbett, Claudia Darrigrandi, Emily Davidson, Alfida Deaza, Sergio Díaz Luna, Annabelle Dolidon, Nicole Ellis, Chad M Gasta, Myriam Gonzales-Smith, Andronike Halbrook, Rachel Haywood Ferreira, Elias Hernández, Iris Hernández, Alexandra Hernández-Pardo, Natalia Hernández-Pardo, Juan Hernando Vázquez, Byron Hoy, Michael Harris, Claire Ihlendorf Burke, Cindy Irusta, Elizabeth Jara, Timothy Johnson, Emily Kuffner, Brad Langer, Olga Lazchuk y familia, Tania Lizarazo, Jesse Long, Megan Mayzelle, Juan Miranda, Julia Medina, Lola Miralles, Miguel Montesinos, Kimberly Morris, Kenny Ogorzalek, María Belén Pardo Ballester, María Pilar Pardo Ballester, Teresa Pascual García, Yolanda Jacqueline Peláez, Angélica Sofía Reina Páez, Wilma Isabel Pillot, Orlando Ríos Cabral, Flor Romero de Slowing, Brittany Schon, Ryan Sokol, David Tenorio González, Tracy Quan, Christina Sansom, Katherine Stafford, Albert Van Geelen, Ana Varela Tafur, Marta Vessoni de Lence, Eva Michelle Wheeler, Julie Wilhelm, Karina Zelaya.

We also wish to thank the following reviewers and contributors from across the nation for their observations, their important scrutiny, and their creative ideas.

Christina Agostinelli, *University at Buffalo, The State University of New York*
Felipe Hugueño Machuca Alfaya, *University at Buffalo*
Frances Alpren, *Vanderbilt University*
Laura Arribas, *University at Buffalo, The State University of New York*
Corinne Arrieta, *American River College*
Bárbara Avila-Shah, *University at Buffalo, The State University of New York*
Rene Baca, *New Mexico Highlands University*
Damián Bacich, *California State San Jose, San Jose*
Youngmin Bae, *Los Angeles City College*
Carmen Bárcenas, *Lone Star College–North Harris*
Maria Bauluz, *Santa Clara University*
Mónica Beviá, *Cornell University*
Adrián Pérez Boluda, *California State University, Northridge*
Sara Bostwick, *Lansing Community College*
Sara Blossom Bostwock, *Lansing Community College*
Joanna Bradley, *East Carolina University*
Tatiana Calixto, *University of Michigan*

Manuel Camacho, *San Joaquin Delta College*
Araceli Canalini, *Chicago State University*
Monica Cantero, *Drew University*
Juan Carlos, *Truman State University*
Lissette Castro, *Mount San Jacinto College*
Robert Chierico, *Chicago State University*
Beatriz Cobeta, *George Washington University*
Sandra Correa, *Arizona State University*
William Denver, *Armstrong Atlantic State University*
Oscar Diaz, *Middle Tennesse State University*
Isabel Domínguez, *University at Buffalo, The State University of New York*
Lucía Dzikowski, *Seminole State College*
Kimberley Eherenman, *University of San Diego*
María Encisco, *Saddleback College*
Luz Escobar, *Tarrant County College District South*
Addison Everett, *Dixie State College*
Ronna Felt, *Nassau Community College, SUNY*
Diane Forbes, *Rochester Institute of Technology*
Diana Frantzen, *University of Wisconsin–Madison*
Ellen Friedrich, *Valdosta State University*
Inés Vaño García, *University at Buffalo, The State University* of New York
Chad Gasta, *Iowa State University*
Amy Ginck, *Messiah College*
David Jerez Gómez, *California State University, San Bernardino*
Jesus-David Jerez-Gomez, *California State San Bernadino*
Jesús David Jerez Gómez, *California State University, San Bernardino*
Tania Gomez, *College of State Benedict*
María A. Gómez, *Florida International University*
Pedro Gómez, *University of Nevada, Reno*
Kate Grovergrys, *Madison Area Technical College*
Angela Erickson Grussing, *Saint John's University*
James Gustafson, *Southern Utah University*
Greg Harris, *Indiana Univ South Bend*
Mary Hartson, *Oakland University*
Heather Hennes, *Saint Josephs University*
Miriam Hernández Rodríguez, *University of California, Berkeley*
Todd Hernandez, *Marquette University*
Jerry Hoeg, *Pennsylvania State University, Fayette*
Carmen Jany, *California State University, San Bernardino*
Amarilis Hidalgo de Jesús, *Bloomsburg University*
Liliana Jurewiez, *Indiana University of Pennsylvania*
Liliana Elizabeth Jurewiez, *Indiana University of Pennsylvania*
Nieves Knapp, *Brigham Young University–Provo*
Lina Lee, *University of New Hampshire*
Marta Lence, *Iowa State University*
Sonia Llacer, *Tacoma Community College*
Sonia Zuniga Lomeli, *Santa Barbara City College*
Rosa López Cañete, *East Carolina University*
Tania Muiño Loureiro, *Northeastern University*
Jessica Lynam, *Christopher Newport University*
Bernard Manker, *Grand Rapids Community College*
Marcelino Marcos, *Lakeland Community College*
Rob Martinson, *Brigham Young University–Provo*
Lydia Masanet, *Mercer University*
Nancy Mason, *Dalton State College*
Fernando Mayoral, *Edison State College*
Fernando Mayoral, *Edison State College*
Marco Mena, *Massbay Community College*
Denise Minor, *California State University, Chicago*
Denise Minor, *California State University, Chicago*
Deborah Mistron, *Middle Tennessee State University*
Patricia Moore-Martinez, *Temple University*
Maria Yazmina Moreno-Florido, *Chicago State University*
María Gabriela Muñiz, *Butler University*
Janet Navarro, *Purdue University Calumet*
Robert Norton, *Missouri State University*
William Otañez, *Coastal Carolina University*
Charles Paus, *University Park Campus*
Tammy Pérez, *San Antonio College*
Corinne Pubill, *Salisbury University*
Judith García Quismondo, *Seton Hill University*
Judith García Quismondo, *Seton Hill University*
Rajiv Rao, *University of Wisconsin, Madison*
Scott Rex, *Southern Oregon University*
Duane Rhoades, *University of Wyoming*
María del Mar Rosa Rodríguez, *Carnegie Mellon University*
Angelo Rodríguez, *Kutztown University of Pennsylvania*
Linda Roy, *Tarrant County College District South*
karen Rubio, *University of Tulsa*
Christine Sabin, *Sierra College*
Laura Sanchez, *Bethel University*
José Sandoval, *Coastal Cardina Community College*
Alex Sandoval, *Coastal Carolina CC*
Kayrn Schell, *University of San Francisco*
Michael Schinasi, *East Carolina Univeristy*
Benjamin Schmeiser, *Illinois State University*
David Schuettler, *The College of Saint Scholastica*
Laura Ruiz Scott, *Scottsdale CC*
Laura Ruiz-Scott, *Scottsdale Community College*
Jason Smith, *Southern Utah University*
Alexander Steffanell, *Lee University*
Michael Tallon, *University of the Incarnate Word*
Carrie Tamburo, *Seattle Central Community College*
Daniel Trego, *Michigan State University*
Jan Underwood, *Portland Community College*
Victoria Uricoechea, *Winthrop University*
Phyllis VanBuren, *Saint Cloud State University*
Leonor Vázquez, *University of Montevallo*
Gloria Vélez-Rendón, *Purdue University Calumet*
Celines Villalba, *Rutgers, The State University of New Jersey*
Grazyna Walczak, *Valdosta State University*
Erin Weber, *Cedarville University*
Alice Weldon, *University of North Carolina at Asheville*
Marcus Welsh, *Pacific University*
Julie Wilhelm, *Iowa State University*
Elizabeth Willingham, *Calhoun Community College*
Mercedes Windver, *Lansing Community College*
Andrew Wiseman, *Cedarville University*
Catherine Wiskes, *University of South Carolina, Columbia*
Gabriela Zapata, *University of Southern California*
Teresa Zmurkewycz, *Saint Josephs University*
Eduardo Acuna Zumbado, *Missouri State University*
Eve Zyzik, *University of California, Santa Cruz*

Capítulo

Preliminar ¡A conocerse!

Use the PowerPoint slides found in the Book Companion Site and *WileyPLUS* to watch the video in class.

VER PARA CREER I *(Seeing is believing)*: ¡Bienvenido al mundo hispano!

In this video you will learn how to greet people in the Hispanic world. For now, pay attention to their gestures. Don't worry if you cannot understand everything. After watching the video, answer the following questions:

1. How do people in the video greet each other?
2. Are the people in the video from the same country?

Answers for **Ver para creer I:** 1. They give one kiss, two kisses, and they hug each other. 2. No, they are from different Hispanic countries.

Note for **Ver para creer I:** In Chapter 1, students will learn countries and nationalities: for now it's important that they know that different people speaking Spanish are from different places in the world.

PALABRA POR PALABRA *(Word by word)*

- Saludos y despedidas
- Presentaciones (informales y formales)
- Los números del 0 al 59

HABLANDO DE GRAMÁTICA *(Talking about grammar)*

- Formal and informal forms of address: Use of **tú** and **usted** (Ud.)
- The Spanish alphabet and pronunciation
- Identifying gender and number: Nouns and articles

CULTURA

- La diferencia entre *tú* y *usted*
- Distintos tipos de saludos

Note for **Capítulo preliminar:** Before starting this chapter, refer students to the beginning of the book to the Instrucciones para la clase page, so they can review with you the instructions for the classroom. You may want to play "Simon says". Have your students stand up. Give them commands from the vocabulary. They are supposed to act on it only if you say the words **por favor** before or after.

Mark Scott / Photographer's Choice / Getty Images

LEARNING OBJECTIVES

By the end of this section you will be able to:

- Greet and introduce others
- Understand the difference between **tú** and **usted**
- Spell words in Spanish
- Identify gender and number
- Count to 59

Una imagen vale más que mil palabras *(An image is worth a thousand words)*

In these photos, there are people from the United States, Latin America, and Spain. Can you guess where each of them is from?

Visage / Stockbyte / Getty Images

© Cardinal / Corbis

© Somos Images / Alamy

Note for **Una imagen vale más que mil palabras:** Students should identify the people in the photographs by the way they greet each other or stand next to each other rather than by their race. The two women walking arm in arm could be from Latin America or Spain. The two men shaking hands could be from anywhere of the three places. The women kissing on the cheek are probably from Spain or Latin America because in the US we are not accustomed to greeting each other with a kiss in a workplace environment. The couple talking with more personal space in between them could also come from any of the three places.

Answers for **CP-01:** 1. c; 2. c (Mandarin is #1, English is #2); 3. b; According to the most recent US Census Bureau projections, there are more than 50 million. 4. Commercials, foods, billboards, TV channels, posted translations, signs announcing "**se habla español**", etc.; 5. California, Nevada, Florida, Montana, Colorado. (**Ojo:** The words *Texas* and *Arizona* are not of Spanish origin. They entered Spanish via an indigenous language. The name *California* is the name of a fictitious land in a chivalry novel called **Las Sergas de Esplandián**). 6. There are many, but here are some: Toledo (Ohio); Amarillo, El Paso (Texas); Alburquerque, Santa Fe (New Mexico); Boca Ratón (Florida); Fresno, Sacramento, Los Angeles, San Francisco (California); Las Vegas (Nevada).

CP-01 ¿Por qué estudiar español?[1] In groups of three or four, take this quiz and together discover the historical and present-day facts that tie the Spanish language to the United States.

1. Spanish is a Romance language. Why is it called so?
   a. Because it is a romantic language.
   b. Because Spanish was spoken throughout the Roman Empire.
   (c.) Because Spanish is derived from Latin, a language spoken by the Romans.
2. Spanish is . . .
   a. the most spoken language in the world.
   b. the second most spoken language in the world.
   (c.) the third most spoken language in the world.
3. The number of Spanish speakers in the United States is approximately . . .
   a. 20 million.
   (b.) 50 million.
   c. 15 million.
4. How is the Spanish language present in your community?
5. Name five states that have Spanish names.
6. Name major cities in the United States with Spanish names.

© PNC / Brand X Pictures / Getty Images

[1] **¿Por qué estudiar español?:** Why study Spanish?

Use the PowerPoint slides found in the Book Companion Site and *WileyPLUS* to do this section in class.

PALABRA POR PALABRA

Saludos y despedidas *Greetings and expressions of farewell*

Hola, ¿cómo estás?
Más o menos.
Buenos días, ¿qué tal?
Bastante bien.
Hola, ¿cómo está usted?
Muy bien, gracias.
© John Wiley & Sons, Inc.

Suggestion for **Palabra por palabra:** These are fixed expressions and should be memorized and used as such. We suggest you don't explain the conjugations of the verbs **estar**, **sentirse**, or **estudiar** at this point. Before reviewing these expressions, write all possible responses to greetings on the board. Work the crowd and greet students, shaking hands. If they don't know how to answer, point at the board. Help them out with pronunciation by repeating their responses correctly.

Saludos	*Greetings*
Hola, ¿cómo estás?	*Hi, how are you? (informal)*
Hola, ¿cómo está usted?	*Hi, how are you? (formal)*
Buenos días, ¿qué tal?	*Good morning, how's it going?*
¡Fenomenal!	*Great!*
Bastante bien.	*Pretty good.*
Más o menos.	*So-so.*
Muy bien, gracias.	*Very well, thank you.*

Coloquialismos

¡Pura vida!	*Great! (Literally, "Pure life" or "nothing but life")*
¿Qué hubo?	*What's up?*
¿Cómo estamos?	*How are we doing?*
¿Qué me cuentas?	*What's going on?*
Pues, ahí nomás.	*Well, hanging in there.*

Note for **Palabra por palabra:** The greeting **¿Qué hubo?** is used primarily in Mexico. Other variations are **quihúbole** with a possible reply being **ahí tantito**. Other responses could include **¡Fenomenal!** in Spain, **¡Pura vida!** in Costa Rica, and **¡Chévere!** in Puerto Rico. To sound natural, we suggest you introduce yourself with the greetings and responses with which you feel most comfortable.

Suggestion for **Palabra por palabra:** Please explain to your students that unlike English, whereas *Good night* implies that you are saying farewell, **Buenas noches** is an expression used for both greeting and saying goodbye. Other greeting practices include shaking hands and kissing on both cheeks (Spain) or on one cheek (Latin America.)

Buenos días. ¿Cómo estás, Roberto?
Buenos días. Bien, gracias, ¿y usted, doña Carmen?
© John Wiley & Sons, Inc.

Buenos días.	*Good morning.*
Buenas tardes.	*Good afternoon.*
Buenas noches.	*Good evening./Good night.*

Hola, me llamo...	*Hi, my name is . . .*
¿Cómo te llamas?	*What's your name?*
Mucho gusto.	*Nice to meet you.*
Encantado/a.	*Nice to meet you.*

Hasta la vista.	*See you soon. (Lit. Until I see you again.)*
Que tengas un buen fin de semana.	*Have a nice weekend. (informal)*

Despedidas	*Expressions of farewell*
Adiós.	*Goodbye.*
Hasta pronto.	*See you soon.*
Hasta mañana.	*See you tomorrow.*
Hasta luego.	*See you later.*

Coloquialismos

(Ahí) nos vemos.	*See ya.*
Nos vemos mañana.	*See you tomorrow.*
Que la pases bien.	*Have a good time. (infor.)*
Que te diviertas.	*Have fun. (infor.)*

Presentaciones informales

Mi nombre es...	*My name is . . .*
Mi apellido es...	*My last name is . . .*
Te presento a...	*Let me introduce you to . . . (informal)*
Quiero presentarte a...	*Let me introduce you to . . . (informal)*
Gusto en conocerte.	*Nice to meet you.*
Encantado/a.	*Nice to meet you.*

Presentaciones formales

Titles of respect

Sr.	Señor	*Mister*
Srta.	Señorita	*Miss*
Sra.	Señora	*Mrs.*
D.[a]	Doña	*Title of respect used with first names (f)*
	Don	*Title of respect used with first names (m)*

Quiero presentarle a...	*I would like to introduce you to . . . (formal)*
Le presento a...	*I would like to introduce you to . . . (formal)*
Igualmente.	*Likewise.*

CP-02 Asociaciones Match the greetings with the answers.

__c__ 1. ¿Qué me cuentas?
__f__ 2. Hola, ¿cómo está?
__e__ 3. Hola, me llamo Clara. ¿Cómo te llamas?
__a__ 4. Mucho gusto.
__b__ 5. Hola, ¿qué tal?
__d__ 6. Nos vemos mañana.

a. Igualmente.
b. Más o menos, ¿y tú?
c. No mucho, ¿y tú?
d. Adiós.
e. Eduardo, gusto en conocerte.
f. Bastante bien, gracias, ¿y usted?

CP-03 Diálogos Complete this dialogue and practice it with a classmate.

Estudiante 1: Hola, me llamo ___(name of classmate)___. ¿Cómo ___estás___?
Estudiante 2: ___(Muy) bien___, gracias. Yo me llamo ___(name)___.
Estudiante 1: Mucho gusto.
Estudiante 2: ___Igualmente___.
Estudiante 1: ___Te presento___ a mi nuevo amigo de la clase de español, ___(name of friend)___.
Estudiante 3: Gusto en conocerte.
Estudiante 2: ___Encantado/a___.

Suggestion for **CP-04**: After students have introduced themselves to at least five classmates, ask the class who remembers all names, and ask the students: **¿Cómo se llama él? ¿Cómo se llama ella?** If they don't remember, make them ask their new acquaintances directly.

CP-04 ¡Mucho gusto!

Paso 1: Introduce yourself to five classmates.

MODELO: Estudiante 1: *Hola, me llamo Ana. ¿Cómo te llamas?*
Estudiante 2: *Me llamo Rubén.*
Estudiante 1: *Mucho gusto.*
Estudiante 2: *Encantado.*

Paso 2: Now, introduce the people you have met to the rest of the class.

MODELO: *Él/Ella se llama* ______________________.

Suggestion for **CP-05**: Bring a potato (or a ball, but they have more fun with the potato). Have students stand in a circle. As soon as one receives the potato, that person must say his or her name quickly (e.g., **Me llamo José**) and immediately pass it off by throwing it to someone else. After a few minutes, this becomes very simple, so you have to make it more challenging. When the student catches the potato, he or she has to say the name of the previous person and then his or her own name. For example: **Se llama Jane. Me llamo José.**

CP-05 Papa caliente When you receive the hot potato, introduce yourself:

MODELO: *Me llamo Victoria.*

After introducing yourself, repeat the names of the three classmates before you. Can you remember all names? If not, ask them.

MODELO: *Él se llama Lucas, ella se llama Amanda, él se llama... ¿cómo te llamas?*

CP-06 Hola, buenas tardes You meet the following people in the street. Greet them, ask them how they are, and say goodbye. Decide who will be **Estudiante 1** and who will be **Estudiante 2**. Each student will play the roles below.

MODELO: Estudiante 1 (as himself): *Buenas tardes, señor Mireles, ¿cómo está usted?*
Estudiante 2 (as Señor Mireles): *Muy bien, gracias, ¿y tú?*

Estudiante 1:
el/la profesor/a de español
el médico
Doña Teresa

Estudiante 2:
el señor Mireles
el/la mejor amigo/a
el presidente de Estados Unidos

The suggested narration for **La pura verdad** can be found in the Appendix. Please use this narration to go over each of the frames with your students. You can also find this section (frames and narration) in the PowerPoint slides, found in the Book Companion Site and *WileyPLUS*. This section introduces the new vocabulary and grammar in context.

LA PURA VERDAD *(Nothing but the truth)* ¿Tú o usted?

La mamá de la Srta. Silva visita la clase de español.

Suggestion for **La pura verdad:** Like many sections of **La pura verdad,** this is a true story that happened to one of the authors of this textbook, but you may want to embellish or change it a little. Add more description to the drawing or jokingly name the student who answered **Muy bien, gracias, ¿y tú?** as one of your students. Have students close their books while you narrate from the PowerPoint provided. Use repetition and ask comprehension check questions, such as: **¿Cómo se llama la profesora? ¿Cómo se llama la mamá? ¿Qué responde un estudiante de la clase?**

1.
2.
¡Hola!
3.
Clase, les presento a mi mamá, la Sra. Silva. Mamá, esta es mi clase de español.
4.
Hola, ¿cómo están?
5.
Muy bien, gracias, ¿y tú?
6.
7.
¡Usted, usted!
8.
¿Cómo está usted?
9.
Bien, muy bien, gracias.

CP-07 ¿Tú o usted? Listen to the questions and select a logical answer.

1. (a.) Porque el saludo es muy informal.
   b. Porque el saludo es muy formal.
2. (a.) ¿Cómo estás, mamá? ¿Estás bien?
   b. ¿Cómo está, mamá? ¿Está bien?
3. a. Muy bien, gracias, Srta. Silva.
   (b.) Bueno, hasta mañana, Srta. Silva.

Script for **CP-7:** 1. ¿Por qué la profesora y su mamá están paralizadas? 2. ¿Qué le dice la Srta. Silva a su mamá, generalmente? 3. ¿Qué le dice un estudiante a la Srta. Silva al final de la clase, generalmente?

HABLANDO DE GRAMÁTICA

WileyPLUS Go to *WileyPLUS* to review this grammar point with the help of the **Animated Grammar Tutorial**.

Note for **tú** and **usted**: The following might be pointed out to students. In some countries people may address each other as **usted** even if they've known each other for years and are close friends. In some places and, particularly, among the older generations, parents may address children as **tú** yet children address parents as **usted** (written also as **Ud.** or **Vd.**).

1. Formal and informal forms of address: Use of *tú* and *usted* (*Ud.*)

Spanish uses different forms of address, depending on the relationship between the people who are speaking. Factors such as age and social position play important roles. In English, we use *you* for both a formal or an informal relationship. This never changes, so we never really have to think about the type of relationship that the people who are talking have. In Spanish, **tú** is the usual form of address when the relationship is informal; **usted** is generally used when the relationship is more distant or formal. The following are only guidelines and vary from one Spanish-speaking country to another. In general:

- Children, parents, students, and friends usually address each other as **tú**:

¿Cómo estás, papá?	*How are you, Dad?*
¿Qué tal, mamá?	*How are you, Mom?*

- Outside the family, young people address older people as **usted.** The older person will probably address the younger as **tú**:

Young person: ¿Cómo se llama usted?	*What is your name (sir)?*
Older person: Me llamo Manuel Rivera, ¿y tú?	*My name is Manuel Rivera, and you?*

- Doctors, lawyers, professors, and other professionals are usually treated as **usted**, even if they are approximately the same age (or even older) and have the same social standing:

Dr. Lagos, ¿cómo está usted hoy?	*Dr. Lagos, how are you today?*
Profesor Cedeño, le presento a mi hijo Carlos.	*Professor Cedeño, I'd like to introduce you to my son, Carlos.*

- Students often address professors as **usted.** The professor may treat the student as **tú** or **usted.** This formal treatment is something that is changing in some countries, particularly in Spain where greater familiarity between professors and students has become more common. However, in many Spanish-speaking countries, the relationship between professors and students generally remains formal.

Buenos días, profesora Bonilla. ¿Cómo está?	*Good morning, Professor Bonilla. How are you?*
Buenas tardes, profesor Rojas. ¿A qué hora es la clase?	*Good afternoon, Professor Rojas. At what time is the class?*

- The general rule of thumb is, if in doubt, use **usted.** On the one hand, some people might be amused if you "incorrectly" treat them as **usted,** but they won't be offended. On the other hand, if you use **tú** and they expected to be treated as **usted,** they might feel that you are being disrespectful. Sometimes if you treat someone as **usted** who would like to be treated as **tú,** the person will say: **¿Por qué no nos tuteamos?** It means, "Why don't we treat each other as **tú?"** and it's like saying: "Call me by my first name."

Vosotros and **ustedes**

In Spain the plural of **tú** is **vosotros** but in the rest of the Spanish-speaking world the plural of **tú** is **ustedes** both in formal and informal situations:

¿**Vosotros** sois estudiantes? (in Spain)	*Are you all students?*
¿**Ustedes** son estudiantes? (in Lat. Am.)	*Are you all students?*
Vosotros sois muy pacientes. (in Spain)	*You are all very patient.*
Ustedes son muy pacientes. (in Lat. Am.)	*You are all very patient.*

In some countries people use **vos** instead of **tú.** In Argentina, Uruguay, Paraguay, and most of Central America (Costa Rica, El Salvador, Nicaragua, Guatemala, and Honduras) and in some parts of Colombia and Venezuela, people use **vos** instead of **tú**, but not **vosotros**.

CP-08 **¿Tú o usted?** Decide whether you should use **tú** or **usted** to address the following people:

1. The man at the corner kiosk who sells you the newspaper every day Ud.
2. An elderly lady to whom you have offered your seat in the bus Ud.
3. Your younger sister's best friend tú
4. Your dentist Ud.
5. A student you stop on campus to ask the time tú

Exercises labeled with an individual student icon in the **Hablando de gramática** section are intended to be assigned as homework.

CP-09 **Mucho respeto** Look at the drawings below and fill out their empty speech bubbles with their formal or informal greetings.

Possible answers for **CP-09:** 1. ¿Cómo está usted? 2. ¿Cómo estás? 3. Hola, ¿qué tal? 4. ¿Cómo está?

All illustrations © John Wiley & Sons, Inc.

CP-10 **¿Formal o informal?** Stand up, walk around the classroom, meet, and introduce your new acquaintances. Decide whether to use the formal or informal form of address.

MODELO: Estudiante 1: *Te presento a Eva.* o *Le presento a la profesora González.*
Estudiante 2: *Gusto en conocerte.* o *Mucho gusto.*
Estudiante 3: *Igualmente.* o *Encantado/a.*

Suggestion for **CP-10:** Divide the class in half. On one side are "**amigos y estudiantes**". On the other, "**profesores, doctores y profesionales**". Have the second group write their last names on a piece of paper and attach it to their shirts. That will let all know who requires formal treatment.

2. The Spanish alphabet and pronunciation

Go to *WileyPLUS* to hear how to pronounce these letters and to do some activities.

Below is the Spanish alphabet with its 27 letters. **Ñ *(eñe)*** is not in the English alphabet. The letter "h" is always silent in Spanish.

From country to country: The pronunciation of some letters like the *c, g, j, ll, r, x, y,* and *z* could vary from country to country. The letters *b* and *v* can also be called **be larga, be grande,** and **ve chica,** respectively. The letter *w* can also be called **doble ve.**

Pronounce these letters the way it feels most natural to you. That way you will be consistent throughout the course.

WileyPLUS Go to **La pronunciación** section in *WileyPLUS* to review the pronunciation through different audio activities.

Letra	Se dice	Ejemplo
a	a	**A**lberto; Ma**rí**a
b	be	**B**erna**b**é
c	ce	**C**armen; Mer**c**edes
d	de	**D**iego; ma**d**re
e	e	**E**milia; T**e**resa; Jos**é**
f	efe	**F**elipe; Al**f**redo
g	ge	**G**abriel; Vir**g**ilio
h	hache	**H**oracio; a**h**í
i	i (i latina)	**I**rene; Jac**i**nto; com**í**
j	jota	**J**ulia; Ale**j**andro
k	ka	**k**ilogramo
l	ele	**L**o**l**a; Migue**l**
m	eme	**M**arta; Car**m**en
n	ene	**N**orma; Her**n**á**n**
ñ	eñe	ni**ñ**a; Mu**ñ**oz
o	o	**O**livia; R**o**bert**o**
p	pe	**P**edro; Ló**p**ez
q	cu	**Q**ui**q**ue; Ro**q**ue
r	erre	**R**omán; Fe**r**nando
s	ese	**S**u**s**ana; Marco**s**
t	te	**T**eodoro; Vic**t**oria
u	u	**Ú**rsula; H**u**go; t**ú**
v	uve	**V**al**v**erde; u**v**a
w	uve doble	**W**álter; **w**hisky
x	equis	se**x**o; e**x**amen
y	ye o i griega	**Y**olanda; le**y**
z	zeta	**Z**oilo; Gon**z**alo, Pére**z**

¡OJO! *(Watch out!)*

The letter r

Although the letter **r** may be found at the beginning, middle, or end of a word, the pronunciation varies. If an **r** is found at the beginning of a word, it is trilled, while if a single **r** is found in the middle of a word, is softer.

CP-11 ¡A deletrear! With a classmate, take turns spelling out loud the following information to each other. Check to make sure your classmate spelled your information correctly.

1. Your last name
2. Your mother's maiden name
3. The name of your street
4. Your e-mail (@ is **arroba** in Spanish)
5. A cool website that you like

CP-12 Mensajes de texto Spell out loud the word in Spanish and the "texting" version to a classmate. Check each other's spelling to make sure you spelled it correctly.

MODELO: texto → *txt*
"texto" se deletrea te-e-equis-te-o y en texting *es te-equis-te*

Estudiante 1

1. fiesta → fsta
2. por favor → xfa
3. personas → pers

Estudiante 2

4. problema → prblm
5. excelente → exclnt
6. besos → bss

Helen Cathcart / Digital Vision/ Getty Images

*Nos vemos mañana en la fiesta.
See you tomorrow at the party.

WileyPLUS Go to *WileyPLUS* to review this grammar point with the help of the **Animated Grammar Tutorial**.

3. Identifying gender and number: Nouns and articles

A. Nouns

In both English and Spanish, nouns denote people, animals, or objects. Nouns are those words that can be preceded by an article such as "the" or "a" in English. In English, sometimes nouns have a gender. For example, a sailor will usually refer to a ship as *she*. And sometimes a noun helps to differentiate between male and female: *doe* and *buck*, *king* and *queen*.

Spanish is different—*all* nouns have gender, either masculine or feminine. **La mesa** (table) is a word with feminine gender. It does not mean that a table necessarily has feminine characteristics. **El libro** (book) is masculine—it does not mean the book itself is masculine. In Spanish, most nouns that end in **a** are feminine. Most nouns that end in **o** are masculine. When nouns do not end in **o** or **a**, and the noun has an adjective, we can often guess the noun's gender by looking at whether the adjective ends in **o** or **a**.

Here are some common masculine and feminine nouns:

Feminine Nouns		Masculine Nouns	
la cas**a**	*the house*	el niñ**o**	*the child*
la sierr**a**	*the sierra*	el univers**o**	*the universe*
la vid**a**	*the life*	el bañ**o**	*the bathroom*
la pizarr**a**	*the blackboard*	el aut**o**	*the car*
la fiest**a**	*the party*	el text**o**	*the text*

Gender benders

Language evolution creates exceptions to the rules, in this case, gender. It is important to become familiar with these special cases since the gender of a word impacts other words that refer to it. You will simply have to memorize these exceptions. The good news is that words with the same ending are usually of the same gender. For example, all words ending in **-dad** are feminine.

Some words that come from Greek and end in **–ma**, **–pa**, or **–ta** are masculine:

la activi**dad**	*the activity*
la libert**ad**	*the freedom*
la creativi**dad**	*the creativity*

el ma**pa**	*the map*
el plane**ta**	*the planet*
el siste**ma**	*the system*

The reverse is possible, too. A common feminine word that ends in **o** is **la mano** (*the hand*). There are also some common words that end in **o** but are feminine because they are abbreviations of words that end in **a**:

la fotografí**a**	la fot**o**	*the photo*
la motociclet**a**	la mot**o**	*the motorcycle*

And finally, here are some common words that don't end in either **o** or **a**.

Masculine		Femenine	
el cin**e**	*the cinema*	la universi**dad**	*the university*
el gara**je**	*the garage*	la estupid**ez**	*the stupidity*
el pape**l**	*the paper*	la lec**ción**	*the lesson*
el banqu**ete**	*the banquet*	la direc**ción**	*the direction*
el so**l**	*the sun*	la actit**ud**	*the attitude*
el avi**ón**	*the airplane*	la cost**umbre**	*the custom*

Plural of nouns

To form the plural of nouns, follow these two rules:

1. Add –**s** to a noun ending in a vowel:
   mapa → mapas, estudiante → estudiantes
2. Add –**es** to a noun ending in a consonant:
   actividad → actividades, lección → lecciones

Make your students aware of the accent change (and no written accent mark) on the plural of words that end in **–ión.**

B. Definite and indefinite articles

The definite article in English has only one form, *the*: *the* man, *the* woman, *the* children. In Spanish, the definite article varies, depending on the gender of the noun and whether it is singular or plural:

	Masculine	Feminine
Singular	**el** libro (*the book*)	**la** profesor**a** (*the teacher*)
	el niñ**o** (*the child*)	**la** secretari**a** (*the secretary*)
Plural	**los** libr**os** (*the books*)	**las** profesor**as** (*the teachers*)
	los niñ**os** (*the children*)	**las** secretari**as** (*the secretaries*)

When you learn a new noun, your life will be easier if you learn it with its definite article.

The indefinite article in English has two singular forms: *a* and *an*. The plural is *some*. In Spanish, gender and number determine the indefinite article, just as for the definite article.

	Masculine	Feminine
Singular	**un** libr**o** (*a book*)	**una** mes**a** (*a table*)
	un profesor (*a teacher*)	**una** ventan**a** (*a window*)
Plural	**unos** libr**os** (*some books*)	**unas** mes**as** (*some tables*)
	unos profesor**es** (*some teachers*)	**unas** ventan**as** (*some windows*)

Note that the indefinite article **un** is used when it is followed by a masculine noun: for example, ***un* libro**, not ***uno* libro** (a common mistake).

CP-13 Objetos de la clase Here is a list of objects and people that you can see in the drawing on p.13, but the article is missing. Place each noun with its corresponding item and add the masculine or feminine definite article as needed:

el bolígrafo	*pen*	la mochila	*backpack*
la calculadora	*calculator*	el papel	*paper*
el lápiz	*pencil*	la pizarra	*board*
el libro	*book*	la profesora	*professor*
el mapa	*map*	el pupitre	*desk*

CP-14 Lista de compras[2] Classes will be starting soon and you have to go out and do some shopping. Write a list of all the things you will need for class. You will need more than one of some items, so use the plural and place **unos** or **unas** in front of each noun, depending on the gender. You may only need one of other items, in which case use **un** or **una.**

CP-15 Clase de español With a classmate, look at the list below and decide what words are related to your Spanish class. Don't forget to add the feminine or masculine article. Then, report to the class. Can the class agree on which item or items do not belong to the Spanish class?

MODELO: *diccionario* el diccionario (✓)

universidad	la universidad (✓)	calculadora	la calculadora
mapas	los mapas (✓)	actividad	las actividades (✓)
fotografía	la fotografía	lápices	los lápices (✓)
problema	el problema	poema	el poema (✓)
lecciones	las lecciones (✓)	temas	los temas (✓)
libros	los libros (✓)	garaje	el garaje
bolígrafo	el bolígrafo (✓)	banquete	el banquete

[2]**Lista de compras:** Shopping list

Use the PowerPoint slides found in the Book Companion Site and *WileyPLUS* to do this section in class.

PALABRA POR PALABRA

Suggestion for **Números:** Introduce numbers by using them. Count ten of something out loud: female students, male students, books on top of desks at that moment, students with glasses, money or coins in your wallet, one at a time until 30. After you have used all the numbers, ask them to count something with you and then ask for volunteers.

Los números del 0 al 59 *(Numbers from 0 to 59)*

1	*uno*	11	*once*	21	*veintiuno*
2	*dos*	12	*doce*	22	*veintidós*
3	*tres*	13	*trece*	23	*veintitrés*
4	*cuatro*	14	*catorce*	24	*veinticuatro*
5	*cinco*	15	*quince*	25	*veinticinco*
6	*seis*	16	*dieciséis*	26	*veintiséis*
7	*siete*	17	*diecisiete*	27	*veintisiete*
8	*ocho*	18	*dieciocho*	28	*veintiocho*
9	*nueve*	19	*diecinueve*	29	*veintinueve*
10	*diez*	20	*veinte*	30	*treinta*
				40	*cuarenta*
				50	*cincuenta*

Answers for **CP-16:** 1. \$1,46; 2. \$2,21; 3. \$3,22; 4. \$2,27; 5. \$2,08

CP-16 En el restaurante You are at a restaurant with a group of friends. Calculate the tip you'll leave.

× → multiplicado por
= → son

MODELO: \$11,02 (20%) → *\$11,02 × 0,2 = \$2,20*
Once dólares y dos centavos multiplicado por cero coma dos, son dos dólares y veinte centavos de propina[3].

WileyPLUS Go to WileyPLUS to review this grammar point with the help of the **Animated Grammar Tutorial**.

1. \$8,12 (18%)
2. \$22,10 (10%)
3. \$29,25 (11%)
4. \$15,12 (15%)
5. \$16,02 (13%)

Suggestion for **CP-17:** Make a list of several articles in the classroom and price them as best as you can. Make sure all items chosen cost less than \$59 and deal with fewer than 59 cents. For example: **un cuaderno es \$2,29, un libro es \$27,10, un lápiz es \$1,50,** etc. Divide the class into groups of four and have each group guess a price. They must negotiate among themselves in Spanish to reach a consensus. The group closest to the price wins the turn.

CP-17 ¡El precio justo![4] Your instructor will show you several articles. In groups, decide how much each article costs. Then, decide which group is closer to the actual price.

MODELO: Grupo 1: *¿Cinco dólares?*
Grupo 2: *¿Diez dólares y 20 centavos?*

CP-18 ¿Qué es? Your instructor is going to say the number of certain objects that may be found in the classroom. As a whole class, try to guess what the object is.

Suggestion for **CP-18:** Let's say your classroom has three boards. You can say: "**Hay tres**" and your students have to guess "**pizarra**". **"Hay tres pizarras"**. Other possibilities: Spanish books, dictionaries, students, total students, doors, papers on your desk. . . . Remember not to use numbers above 59. Since your students' vocabulary will be limited, they might say the word in English, such as "dictionaries," in which case you should repeat it in Spanish: **"Sí, muy bien, hay dos diccionarios"**.

CP-19 Por escrito: Un diálogo Write a dialogue between you and a good friend. Include a greeting, your name, a question, and a farewell.

Tú: *¡Hola!...*
Tu amigo: ______________________________
Tú: ______________________________
Tu amigo: ______________________________
Tú: ______________________________

¡OJO! *(Watch out!)*

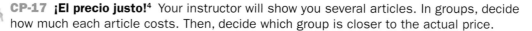

Introduce yourself

My name is Sonia.
Me llamo Sonia.
Me llamo ~~es~~ Sonia.

[3]**la propina:** the tip [4]**¡El precio justo!:**The price is right!

PONTE EN MI LUGAR *(Put yourself in my shoes)*

Una persona famosa Assume the personality of a famous person (e.g., Antonio Banderas or Sonia Sotomayor). Introduce yourself to others.

MODELO: Estudiante 1: *Hola, me llamo Antonio Banderas. ¿Cómo te llamas tú?*
Estudiante 2: *Me llamo Jennifer López.*
Estudiante 1: *Mucho gusto.*
Estudiante 2: *Encantada.*
Estudiante 1: (to another student) *Jennifer, te presento a Sofía Vergara.*
Estudiante 3: *Gusto en conocerte.*

Estrategias para conversar

Focus on familiar vocabulary Use the words you have already learned and do not translate from English.

ASÍ ES LA VIDA *(Such is life)*

Use the PowerPoint slides found in the Book Companion Site and *WileyPLUS* to do this section in class.

Expresión: ¡No entiendo ni jota!

Note for **Expresión**: The equivalent in English is: "It's all Greek to me."

▲ *¿Cuál es el equivalente en inglés?*

Rima *(Rhyme)*

–¡Hola, hola, Coca-Cola!
–¿Qué te pasa, calabaza?[5]
–Nada, nada limonada[6].

¿Hay una rima similar en inglés?

Answer to **Rima:** "See you later, alligator." "After awhile, crocodile."

Trabalenguas

Repeat this tongue twister as fast as possible.

"R" con "r" cigarro[7].
"R" con "r" carril[8].
Rápido corren los carros
por la carretera del ferrocarril[9].

Adivina, adivinador *(Riddle)*

Answers for **Adivina, adivinador:** 1. la letra *a*; 2. la letra *m*

1. ¿Qué hay siempre en el medio del mar?[10]
2. Un minuto tiene una, un momento tiene dos, un segundo ninguna[11].

@Arroba@

WileyPLUS Go to *WileyPLUS* to find more **Arroba** activities.

Note for **Arroba**: Answers for **Arroba** may vary. Encourage your students to do this activity at home and then share their results with their classmates.

Dímelo cantando Go online to your favorite video browser and look for songs in Spanish about greetings. Try for example "hola + songs" or other Spanish greetings to search for songs. Share your results with your classmates and instructor. Do you understand what they say? Do you dare to sing the song with your Spanish classmates?

[5]What is happening, pumpkin? [6]Nothing, nothing, lemonade. [7]An r with an r makes the word "cigar." [8]Two r's together make the word "track." [9]Cars go fast on the railroad tracks. [10]What is always in the middle of the sea? [11]A minute has one, a moment has two, a second has none.

ENTÉRATE *(Find out)*

Suggestion for **Entérate**: To prepare students, tell them to imagine that they have the opportunity to apply to a graduate school abroad and that they have to fill out a form to apply. In groups of three, tell them to list the questions that they would expect to be on the form. Then, write on the board what they have come up with. Expect them to use English because they are limited at this point, but simplify and rephrase what they say and write it on the board in Spanish. Encourage them to use some of the words that they already know or just learnt in the chapter.

Estrategias para leer

Cognados At this stage, you cannot expect to understand every word in every reading. Nevertheless, you can still comprehend a lot because you understand cognates that help you grasp the main idea.

Cognates are words that are similar in both languages. For example, **música** and *music* are cognates. Even at this level you can understand a lot of Spanish because there are many cognates that resemble words in English. As a matter of fact, 40 percent of the English vocabulary is Latin-based. Pay attention to the following differences in the cognates:

1. In Spanish, except for **rr** and **ll**, double consonants do not exist as in English. For example: **difícil** (*difficult*).
2. The combination *ph* in English is replaced in Spanish by **f** as in the word **filosofía,** and the combination *ch* is replaced by **c** or **qu**. For example: the words **rico** (*rich*) and **máquina** (*machine*).
3. Those words that in English end in *-ity, -ed, -tion,* or *-ly*, in Spanish end in **-dad, -ado, -ido, -ción,** or **-mente**. For example: city/**ciudad**, educated/**educado,** situation/**situación,** commonly/**comúnmente.**

Antes de leer

En la universidad Decide if the following senteces are true (Cierto) or false (Falso).

C	F	
☑		1. Para estudiar en la universidad, lleno[12] una solicitud.
	☑	2. Una solicitud no tiene información personal.
☑		3. Para estudiar en la universidad necesito prepararme bien.

application

SOLICITUD DE ADMISIÓN PARA PROGRAMAS DE POSGRADO

1. PROGRAMA DE POSGRADO

Apellidos ______________________________

(Apellido paterno) (Apellido materno)

Nombre(s) ______________________________

Programa de posgrado solicitado: ❑ Maestría ❑ Doctorado

Nombre del programa: ______________________________

2. FINANCIAMIENTO

¿Cómo va a financiar sus estudios? ______________________________

3. DATOS PERSONALES

Fecha de nacimiento (DD/MM/AA)		Lugar de nacimiento (Provincia y país)	
Sexo (H/M)		Nacionalidad	
Estado civil		Nº de pasaporte	

[12]**lleno:** I fill out

Contacto de emergencia:

Nombre	Teléfono

4. DOCUMENTOS QUE SE DEBEN ADJUNTAR

–Dos fotografías tamaño pasaporte. Escribir su nombre en el reverso.
–Dos fotocopias del documento de identificación.
–Una fotocopia de los diplomas universitarios obtenidos.
–En el caso de estudiantes extranjeros de países no hispanohablantes: Copia de certificación para acreditar dominio funcional del español.
–Currículum vítae.
–Dos cartas de referencia.
–Cumplir con los requisitos específicos según el programa.

5. DECLARACIÓN JURADA

Declaro que toda la información en esta solicitud es cierta.

______________________ ______________________

FIRMA FECHA

Nota: Esta solicitud con la información requerida debe ser entregada directamente o enviada a:
ESTUDIOS DE POSGRADO UNIVERSIDAD DE LA FUENTE Av. Paseo Colón 850, 4º Piso, Ala N

Después de leer

Suggestion for **Después de leer 1:** admisión, información, referencia, teléfono, programa.

1. En el texto Identify five cognates in the reading.

2. ¿Entendiste? Select the answers according to the reading. Sometimes there is more than one correct answer.

1. Muchos estudiantes hispanos tienen...
   a. el apellido del padre.
   b. el apellido de la madre.
   (c.) el apellido del padre y de la madre.
2. En la solicitud se requiere...
   a. el certificado de nacimiento.
   (b.) la fecha de nacimiento.
   c. el lugar de nacimiento.
3. La solicitud necesita...
   (a.) la firma del candidato.
   b. la firma del padre.
   c. la firma de la madre.
4. La solicitud...
   a. se envía por correo electrónico.
   (b.) se entrega directamente.
   c. se envía por correo tradicional.

EN TUS PROPIAS PALABRAS *(In your own words)*

Suggestion for **En tus propias palabras**: After you have the students fill in the blanks, review with them some of the questions that you think gave students the most trouble.

WileyPLUS Go to *WileyPLUS* to see this video and to find more video activities.

Go to *WileyPLUS* and the Book Companion Site to play the video in class. You can also find them in the PowerPoint slides.

Answers for **Después de ver: 2. Los saludos: Un abrazo:** When they know each other very well and they like each other (family or good friends); **Un beso:** To greet a friend or family member from Latin America (two females or male and female); **Dos besos:** Same answer but in Spain. **Dando la mano:** For a formal situation in Spain and Latin America and also two men greeting each other. **3. Enfoque cultural (a) ¿Cómo estás? ¿Qué tal?;** dos besos. **(b)** Answers may vary, but they will probably say **Hola, ¿cómo estás? ¿Qué tal?** and shake hands.

Estrategias para escribir

Meaning Use a dictionary and identify the meanings of the words you consider important to understand the **Entérate** reading. For example: **Nacionalidad** (feminine noun) is *Nationality*.

Fill out the form in pages 16–17 with your personal information.

VER PARA CREER II: ¡Bienvenido al mundo hispano!

Antes de ver

With a classmate answer the questions to be prepared before watching the video.

1. How do you greet your friends and family?
2. How do you greet your boss or your teacher?
3. In which countries is Spanish spoken?

Después de ver

1. ¿Entendiste? After watching the video select the correct answers.

1. Sofía and Daniel from Peru greet each other with...
   a. a handshake.
   (b.) a kiss.
   c. two kisses.
2. Two friends from Spain greet each other with...
   a. a handshake.
   b. a kiss.
   (c.) two kisses.
3. Two old friends greet each other with...
   (a.) a hug.
   b. a kiss.
   c. a handshake.
4. Physical contact is very important...
   (a.) at work, with family and with friends.
   b. only with family.
   c. only with old friends.

2. Los saludos When does a Hispanic greet with the following?
-un abrazo
-un beso/dos besos
-dando la mano

3. Enfoque cultural

a. If you were in Spain and your Spanish teacher introduces you to a Spanish girl of your own age . . .
   -How would you address her?
   -What do you do to greet her?
b. Now, you are in the United States and your Spanish teacher introduces you to another Spanish girl of your own age . . .
   - Do you greet her in the same way that you did in Spain?
   - Why?

AUTOPRUEBA *(Self-Test)*

VOCABULARIO

I. El banco de Argentina Write some checks to pay out your share of some bills while you were in Argentina. Write out the numbers in Spanish.

1. To El Ateneo bookstore: $29,18 veintinueve dólares y dieciocho centavos
2. To the store Chango mas: $14,21 catorce dólares y veintiún centavos
3. To your Argentinian roommate: $15,13 quince dólares y trece centavos

II. Minidiálogos Write a mini dialogue for each situation.

a. Saluda a tu profesor a las 2:00 de la tarde.
Tú: Buenas tardes, profesor, ¿cómo está usted?
El/La profesor/a: Bien, gracias, ¿y tú?
Tú: Muy bien.

b. Saluda, pregunta cómo está y despídete[13] de tu profesor a las 9:00 de la mañana.
Tú (saludo): Buenos días, profesor.
Prof. (respuesta): Buenos días.
Tú (pregunta): ¿Cómo está usted?
Prof. (respuesta): Muy bien, gracias. ¿Y tú?
Tú (despedida): Hasta la vista, profesor.
Prof. (respuesta): Hasta luego.

c. Presenta un amigo a otro amigo.
Tú: Quiero presentarte a mi amigo Juan.
Amigo 1: Mucho gusto.
Amigo 2: El gusto es mío.

GRAMÁTICA

Answers for **Gramática I:** 1. Hola, don Javier. ¿Cómo está usted? 2. Buenos días, ¿cómo se llama usted? 3. Doña Ángela, le presento a la Sra. Hierro.

I. Saludos y presentaciones Imagine that your friends are very important people. How would someone address them? Change the sentences below from informal to formal.

MODELO: *Elena, te presento a Irene.*
→ *Doña Elena, le presento a la profesora Irene García.*

1. Hola, Javier, ¿cómo estás?
2. Buenos días, ¿cómo te llamas?
3. Ángela, te presento a Liliana Hierro.

II. En el salón de clase Identify which objects are masculine and which are feminine. Write the indefinite article (*un, unos, una, unas*).

una tiza	una pizarra	un mapa
una mochila	unos papeles	unas ventanas
unos libros	unos números	una mesa
unas preguntas	un profesor	unos pupitres

III. ¿Cómo se escribe? You receive some text messages from abroad and you translate them to a friend.

MODELO: "K psa" es "Qué pasa?" → "Ka-pe-ese-a" *es "qu-u-e pe-a-ese-a"*

1. "fsta exclnt" es "la fiesta es excelente"
efe-ese-te-a e-equis-ce-ele-ene-te
2. "mi prblm tq" es "mi problema es que te quiero"
eme-i pe-erre-be-ele-eme te-qu
3. "salu2 a t2" es "saludos a todos"
ese-a-ele-u-dos a te-dos

CULTURA

Answers for **Cultura:** Some answers may vary. 1. usted; 2. tú; 3. usted; 4. tú; 5. usted; 6. usted; 7. usted; 8. tú

¿Tú o usted? Decide whether to address the following people in the formal or informal way.

MODELO: *el doctor* → *usted*

1. mi profesora de español
2. mi mamá
3. mi dentista
4. mi compañero de clase
5. el Sr. Rodríguez
6. mi profesora de historia
7. doña Elena
8. un niño

REDACCIÓN

Write a dialogue between you, your Spanish teacher, and a friend. Include a greeting, one question, one introduction, and a farewell.

EN RESUMIDAS CUENTAS, AHORA PUEDO... *(To sum up, now I can...)*

☐ greet and introduce others.
☐ understand the difference between **tú** and **usted**.
☐ spell words in Spanish.
☐ identify gender and number.
☐ count to 59.

[13]**despídete:** say goodbye

VOCABULARIO ESENCIAL

Sustantivos

el/la amigo/a	*friend*
el apellido	*last name*
el bolígrafo	*pen*
la despedida	*farewell*
el lápiz	*pencil*
el libro	*book*
la mochila	*backpack*
el nombre	*name*
la pizarra	*board*
el pupitre	*student desk*
el saludo	*greeting*
el/la señor/a	*Mr./Mrs.*
la señorita	*miss*
la ventana	*window*

Cognados: la actividad, la calculadora, el diccionario, el/la estudiante, la fotografía, la lección, el mapa, el papel, el problema, el/la profesor/a, el tema, la universidad

Números

uno	*one*
dos	*two*
tres	*three*
cuatro	*four*
cinco	*five*
seis	*six*
siete	*seven*
ocho	*eight*
nueve	*nine*
diez	*ten*
once	*eleven*
doce	*twelve*
trece	*thirteen*
catorce	*fourteen*
quince	*fifteen*
dieciséis	*sixteen*
diecisiete	*seventeen*
dieciocho	*eighteen*
diecinueve	*nineteen*
veinte	*twenty*
veintiuno	*twenty-one*
treinta	*thirty*
cuarenta	*forty*
cincuenta	*fifty*
Hay...	*There is . . . There are . . .*

Expresiones

Adiós.	*Goodbye.*
Bastante bien.	*Pretty well.*
Buenos días.	*Good morning.*
Buenas noches.	*Good evening./ Good night.*
Buenas tardes.	*Good afternoon.*
¿Cómo está usted?	*How are you? (formal)*
¿Cómo estás?	*How are you? (informal)*
¿Cómo te llamas?	*What's your name? (i)*
Encantado/a.	*Nice to meet you.*
¡Fenomenal!	*Great!*
Gracias.	*Thank you.*
Gusto en conocerte.	*Nice to meet you.*
Hasta la vista.	*See you soon. (Lit. Until I see you again.)*
Hasta luego.	*See you later.*
Hasta mañana.	*See you tomorrow.*
Hasta pronto.	*See you soon.*
Hola.	*Hi.*
Le presento a...	*would like to introduce you to*
Igualmente.	*Likewise.*
Más o menos.	*So-so.*
Me llamo...	*My name is . . .*
Mucho gusto.	*Nice to meet you.*
Muy bien, gracias.	*Very well, thank you.*
Nos vemos mañana.	*See you tomorrow.*
Por favor.	*Please.*
Que la pases bien.	*Have a good time.*
¿Qué tal?	*How's it going?*
Que te diviertas.	*Have fun (i).*
Que tengas un buen fin de semana.	*Have a good weekend (i).*
Quiero presentarte a...	*I'd like you to meet . . . (informal)*
Quiero presentarle a...	*I would like to introduce you to . . . (f)*
Te presento a...	*I'd like to introduce you to . . . (informal)*

Coloquialismos

(Ahí) nos vemos.	*See ya.*
¿Cómo estamos?	*How are we doing?*
¡Pura vida!	*Great! (Lit. Nothing but life!)*
Pues, ahí nomás.	*Well, hanging in there.*
¿Qué hubo?	*What's up?*
¿Qué me cuentas?	*What's going on?*

Capítulo 1 La sala de clases

Use the PowerPoint slides found in the Book Companion Site and *WileyPLUS* to watch the video in class.

Answers for **Ver para creer I:** 1. They are at a Mexican university, the UNAM. They study Spanish at the UNAM. 2. Answers may vary: Both universities have international students that study either Spanish or English. 3. Students already know: **Mi nombre es..., me llamo...**

VER PARA CREER I: Una visita a la UNAM

Watch the video. Then, answer the following questions. Don't worry if there are things you don't understand. You should be able to follow most of what happens without understanding every single word. At the end of the chapter, you will watch the video again and you will understand more.

Think about what you saw in the video and answer the following questions:

1. Where are the people in the video? What are they doing there?
2. From what you can see in the video, in which ways is this university in Mexico similar to a US university?
3. Which Spanish words did you understand?

Sección 1 ¿De dónde eres?

PALABRA POR PALABRA

- La descripción física y de personalidad
- Los países hispanohablantes y las nacionalidades

HABLANDO DE GRAMÁTICA

- Describing and identifying people, places, and things: The verb **ser** and subject pronouns
- Describing people, places, and things: Adjective agreement and position

CULTURA

- Diferencias en las formas de expresarse
- La diversidad racial de los países hispanohablantes

Sección 2 En clase

PALABRA POR PALABRA

- Los días de la semana y los meses del año
- Las clases y las carreras
- Los pasatiempos y las actividades en el tiempo libre

HABLANDO DE GRAMÁTICA

- Expressing likes and dislikes (I): **Gustar** + infinitive
- Requesting information: Interrogative words

CULTURA

- El sistema de evaluación académica en algunos países hispanohablantes
- Los calendarios académicos en escuelas y universidades en EE. UU. y países hispanohablantes

Los países hispanohablantes

Ver para creer I: To activate background knowledge and introduce students to the chapter theme, play the video from this chapter, with or without the audio. Ask students what they think the chapter is about and what kind of words they will learn. Use the video to motivate cultural discussion. At the end of the chapter, students can discuss whether their predictions about the chapter's content and their cultural comments were accurate.

Suggestion for **Una imagen vale más que mil palabras:** Have students guess where these photos were taken. Some may have several possibilities. Possible answers are: 1. Es Perú. 2. Accept any Caribbean country. 3. Accept any country with slopes on the Andes mountains (Colombia, Ecuador, Perú, Chile, Argentina). 4. Es México.

LEARNING OBJECTIVES

By the end of this section you will be able to:

- Describe and identify people, places, and things
- Tell and ask where you and others are from
- Name all of the Spanish-speaking countries
- Understand that there is a diverse variety of peoples in Spanish-speaking countries

Una imagen vale más que mil palabras

1.

Photo Courtesy of Ana Varela

2.

© Kreder Katja / Prisma / Age Fotostock America, Inc.

3.

© 2010 Ramiro Olaciregui / Flickr / Getty Images

4.

© Travel Ink / Gallo Images / Getty Images

Guess where these photos were taken!

UNA PERSPECTIVA

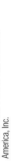

Photo Courtesy of Melissa Corbett

Note for **Una perspectiva:** Have your students pair up and give their opinion. All opinions are to be respected, of course, but not all stereotypes are true! This is your chance to gently break some stereotypes and make a distincion between a generalization and a stereotype. 1. US politicians learn to speak with their hands to enhance delivery. 2. That's a generalization that some Latin Americans and Spaniards make of the people from the United States. 3. Italians are "Latins," too. Ask if they think TV evangelists or preachers in the United States express themselves with a lot of emotion. 4. In Latin America, there are people who are very nice and people who are not nice at all, as in any other place in the world. 5. That's a generalization and a stereotype that may apply to some Americans, but obviously not all. Ask students if it applies to them: **¿Eres rápido/a? ¿Eres eficiente?** Since there may be students from different backgrounds in your class (Asian, Africans, Arabs, etc.) this could be a good opportunity to talk about their different perceptions.

Formas de expresarse

Diferente

"Mi impresión de los latinoamericanos es que son simpáticos[1] y amistosos. Mi amigo Carlos, que es ecuatoriano, se expresa con mucha emoción. Él habla con las manos[2]. Es muy expresivo".

Igual

"Un país no tiene el monopolio de una característica en particular. En todos los países hay personas buenas y malas, inteligentes y tontas, simpáticas y antipáticas".

¿Qué piensas tú? Read each of the following statements and place a check mark in the boxes that you think apply to each statement.

	Es una generalización.	Es un estereotipo cierto.	Es un estereotipo falso.
1. Los políticos estadounidenses hablan con las manos.	☐	☐	☐
2. Los estadounidenses son distantes y antisociales.	☐	☐	☐
3. Otros grupos, como los italianos, se expresan con mucha emoción.	☐	☐	☐
4. Los latinoamericanos son muy simpáticos.	☐	☐	☐
5. Los estadounidenses son rápidos y eficientes.	☐	☐	☐

[1]**simpáticos:** nice [2]**manos:** hands

The suggested narration for **La pura verdad** can be found in the Appendix. Please use this narration to go over each of the frames with your students. You can also find this section (frames and narration) in the PowerPoint slides, found in the Book Companion Site and *WileyPLUS*.

LA PURA VERDAD I ¿De dónde son?

En la clase de español de la Sra. Aponte, los estudiantes hablan sobre los latinoamericanos.

1.

2.

Necesito ideas para un proyecto sobre Latinoamérica para mi clase de sociología.

3.

Cinco personas trabajan en el laboratorio. Los dos técnicos son de Latinoamérica.

4.

Hay dos técnicos en el laboratorio ahora, pero no son latinoamericanos.

5.

Sí, sí son latinoamericanos. Juan es de Argentina y Ana es de Cuba.

1.1-01 ¿Cómo son? Listen to the narration and decide which adjectives cannot be attributed to the same person.

Script for **1.1-01**: 1. Melissa habla con sus nuevos amigos. Juan es serio, inteligente, organizado y chistoso. 2. José es de Argentina. Él es rubio, trabajador, simpático, perezoso e inteligente. 3. Melissa tiene una clase de sociología. Melissa es una persona antipática, sociable, entusiasta, trabajadora y religiosa.

1. chistoso y serio son opuestos.
2. Perezoso y trabajador son opuestos.
3. Antipática y sociable son opuestos.

Use the PowerPoint slides found in the Book Companion Site and *WileyPLUS* to do this section in class.

PALABRA POR PALABRA

La descripción física y de personalidad *Physical and personality description*

The word **moreno/a** in Spain is used to refer to people with black hair, **es moreno,** meaning he has black hair, and also to describe a person with darker skin or with a tan: **Está moreno por el sol**.

Suggestion for **Palabra por palabra:** This vocabulary list may seem long, but three-quarters of these words are cognates, which can be easily memorized and used for communication right away. Introduce this vocabulary in context. Describe yourself, your parents, siblings, spouse or students as examples, and encourage the students to do the same.

alto/a	*tall*	**divertido/a**	*fun*	**simpático/a**	*nice, likeable*
amistoso/a	*friendly*	**flaco/a**	*thin*	**tacaño/a**	*stingy*
antipático/a	*unpleasant*	**fuerte**	*strong*	**testarudo/a**	*stubborn*
atrevido/a	*daring*	**gordo/a**	*fat*	**tonto/a**	*silly/not smart*
bajo/a	*short*	**gracioso/a**	*funny*	**vanidoso/a**	*vain*
cuidadoso/a	*careful*	**guapo/a**	*pretty*		

Cognados: atlético/a, atractivo/a, conservador/a, creativo/a, curioso/a, (des)organizado/a, entusiasta, estudioso/a, expresivo/a, extrovertido/a, flexible, generoso/a, hipócrita, idealista, (im)paciente, (in)dependiente, inteligente, interesante, introvertido/a, (ir)responsable, liberal, modesto/a, optimista, pesimista, popular, religioso/a, romántico/a, sentimental, serio/a, sincero/a, sociable, talentoso/a, tímido/a

Tiene el pelo/Es de pelo...
He/She has (type) hair.

Tiene el pelo/Es de pelo...
He/She has (type) hair.

Tiene la piel/Es de piel...
His/Her skin is...

For expanded cultural information about these countries, refer your students to the map on the front inside cover of the book.

Los países hispanohablantes y las nacionalidades *Spanish-speaking countries and nationalities*

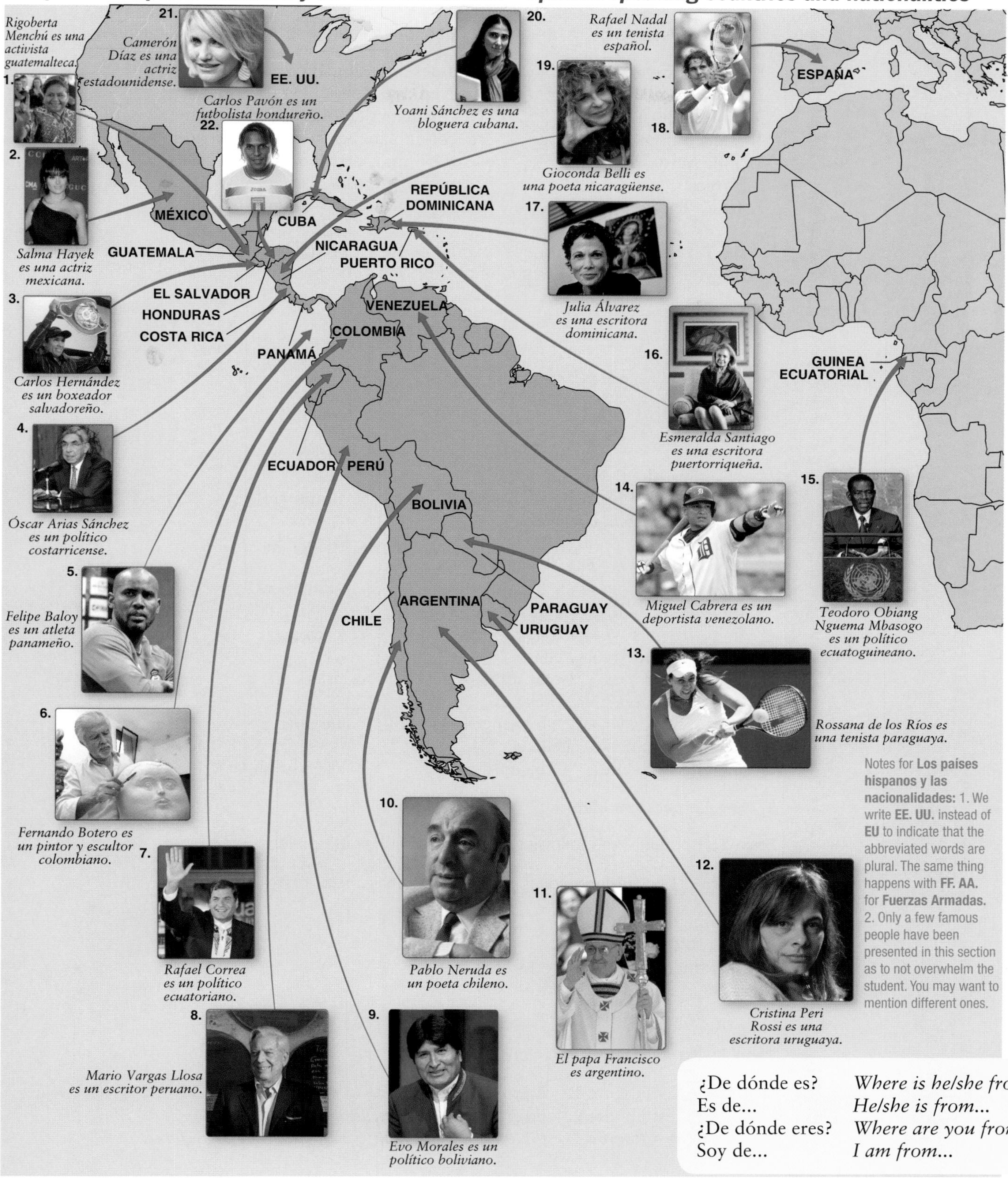

EE. UU.
MÉXICO
GUATEMALA
EL SALVADOR
HONDURAS
COSTA RICA
PANAMÁ
CUBA
NICARAGUA
REPÚBLICA DOMINICANA
PUERTO RICO
VENEZUELA
COLOMBIA
ECUADOR
PERÚ
BOLIVIA
CHILE
ARGENTINA
PARAGUAY
URUGUAY
ESPAÑA
GUINEA ECUATORIAL
1. *Rigoberta Menchú es una activista guatemalteca.*
2. *Salma Hayek es una actriz mexicana.*
3. *Carlos Hernández es un boxeador salvadoreño.*
4. *Óscar Arias Sánchez es un político costarricense.*
5. *Felipe Baloy es un atleta panameño.*
6. *Fernando Botero es un pintor y escultor colombiano.*
7. *Rafael Correa es un político ecuatoriano.*
8. *Mario Vargas Llosa es un escritor peruano.*
9. *Evo Morales es un político boliviano.*
10. *Pablo Neruda es un poeta chileno.*
11. *El papa Francisco es argentino.*
12. *Cristina Peri Rossi es una escritora uruguaya.*
13. *Rossana de los Ríos es una tenista paraguaya.*
14. *Miguel Cabrera es un deportista venezolano.*
15. *Teodoro Obiang Nguema Mbasogo es un político ecuatoguineano.*
16. *Esmeralda Santiago es una escritora puertorriqueña.*
17. *Julia Álvarez es una escritora dominicana.*
18. *Rafael Nadal es un tenista español.*
19. *Gioconda Belli es una poeta nicaragüense.*
20. *Yoani Sánchez es una bloguera cubana.*
21. *Camerón Díaz es una actriz estadounidense.*
22. *Carlos Pavón es un futbolista hondureño.*

Notes for **Los países hispanos y las nacionalidades:** 1. We write **EE. UU.** instead of **EU** to indicate that the abbreviated words are plural. The same thing happens with **FF. AA.** for **Fuerzas Armadas.** 2. Only a few famous people have been presented in this section as to not overwhelm the student. You may want to mention different ones.

¿De dónde es?	*Where is he/she from?*
Es de...	*He/she is from...*
¿De dónde eres?	*Where are you from?*
Soy de...	*I am from...*

1. ORLANDO SIERRA / AFP / Getty Images
2. Jeffrey Mayer/ WireImage / Getty Images
3. AP Photo/Luis Romero
4. Victor Baldizon/ LatinContent Editorial / Getty Images
5. Agencia EL UNIVERSAL/ Ramón Romero GDA via AP Images
6. Pool COCHARD / MERILLON / Gamma-Rapho / Getty Images
7. MARTIN BERNETTI / AFP / Getty Images
8. Europa Press/ Getty Images
9. © Europa Newswire / Alamy
10. Jean-Regis Rouston / Roger Viollet / Getty Images
11. FILIPPO MONTEFORTE/AFP/Getty Images
12. JMN / Cover / Getty Images
13. Quinn Rooney / Getty Images Sport / Getty Images
14. Mark Cunningham / Getty Images Sport / Getty Images
15. AP Photo/Richard Drew
16. Angel M. Rivera / GDA/El Nuevo Dia/Puerto Rico / AP Images
17. AP Photo/Ramon Espinosa
18. GLYN KIRK/ AFP / Getty Images
19. © Mary Evans/Oscar Elias/Iberfoto
20. isifa / Getty Images News / Getty News
21. AFP / Stringer / Getty Images
22. Jamie Squire - FIFA/ FIFA via Getty Images

1.1-02 Famosos In pairs, select the description that best fits each public figure.

1. Gloria Estefan	a. argentino, simpático, atlético
2. Carlos Santana	b. estadounidense, liberal, moreno
3. Lionel Messi	c. cubana, talentosa, de piel blanca
4. Sonia Sotomayor	d. colombiana, chistosa, de pelo largo
5. Sofía Vergara	e. mexicano, creativo, de pelo rizado
6. Barack Obama	f. puertorriqueña, lista, de pelo negro
7. Javier Bardem	g. español, atractivo, expresivo

1.1-03 Cita a ciegas[3] You have found a perfect match for a classmate. Answer your classmate's questions by describing the person in a positive light.

MODELO: serio/a
a. bonito/a b. sentimental c. chistoso/a

Estudiante 1: *¿Es seria?*
Estudiante 2: *No, ella es chistosa.*

1. ¿Es tacaño/a? No, él/ella es ________________.
   a. alto/a (b.) generoso/a c. alegre
2. ¿Es aburrido/a? No, él/ella es ________________.
   (a.) divertido/a b. guapo/a c. bonito/a
3. ¿Es tonto/a? No, él/ella es ________________.
   a. trabajador/a b. bueno/a (c.) listo/a
4. ¿Es antipático/a? No, él/ella es________________.
   a. malo/a b. cuidadoso/a (c.) simpático/a
5. ¿Es vanidoso/a? No, él/ella es________________.
   a. pelirrojo/a (b.) modesto/a c. curioso/a
6. ¿Es hipócrita? No, él/ella es________________.
   (a.) sincero/a b. amistoso/a c. atlético/a
7. ¿Es testarudo/a? No, él/ella es ________________.
   a. responsable b. generoso/a (c.) flexible
8. ¿Es pesimista? No, él/ella es________________.
   a. independiente (b.) optimista c. organizado/a

Suggestions for **1.1-04:** Have your students talk about this with a partner or in groups of three. Then, discuss this in a larger group (two groups together) to see if they share the same traits or attributes. Then, do a whole-class check.

Answers for **1.1-04:** Answers may vary.

1.1-04 La persona ideal

Paso 1: Complete the following statements with your opinion.

MODELO: El estudiante ideal es... *estudioso, organizado y cuidadoso.*

1. El amigo ideal es...
2. La profesora ideal es...
3. El compañero de cuarto ideal es...
4. El hombre o la mujer ideal es...
5. Los padres ideales son...

Paso 2: Now share your opinions with a classmate.

MODELO: Estudiante 1: *En tu opinión, ¿cómo es el estudiante ideal?*
Estudiante 2: *Es estudioso, organizado y cuidadoso.*
Estudiante 1: *¡Sí, para mí también!* o *No, para mí el estudiante ideal es...*

[3] **cita a ciegas:** blind date

1.1-05 ¿Cómo soy?

Paso 1: Using three adjectives, write a personal description of yourself on a piece of paper and turn it in to your instructor. It is important to be honest!

MODELO: *Tengo el pelo largo, soy inteligente y soy desorganizada.*

Paso 2: Your instructor will distribute the pieces of paper. Look for the person that matches the description in the piece of paper that you received. Ask your classmates to help you find the person that best matches the description.

MODELO: *¿Eres inteligente? ¿Eres desorganizada?*

Suggestions for **1.1-05:** Collect all their pieces of papers and redistribute them. Students should then stand up and ask around until they find the person described on their paper. Give them a time limit. Those who have not found the person described should read the description aloud so the class can help guess whose it is.

Answers for **1.1-05, 1.1-06** and **1.1-07:** Answers may vary.

1.1-06 Dilo con mímica[4]

Your instructor will tell you a personality trait. Act it out so that the rest of the class can try to guess what it is.

Suggestion for **1.1-06:** Divide the class in half and make this activity a competition. Write the name of the personality trait that the student will be acting out on a piece of paper and give a time limit for the groups to guess. Suggested personality traits to act out: **malo/a, sensible, sentimental, entusiasta, amistoso/a, creativo/a, introvertido/a**.

1.1-07 El horóscopo

Paso 1: Read to a classmate his or her horoscope. Your classmate will listen and write it down. You do the same.

Suggestion for **1.1-07, Paso 1**: Make sure that students read the correct gender-ending vowel (**-o/a**) when reading the horoscope's description. Have students cover one side or the other so they don't see their own horoscope and are forced to hear their classmates' description.

Piscis
Usted es muy independiente y trabajador/a. No es muy romántico/a y sus relaciones no son estables.

Aries
Usted es un/a líder, es entusiasta, agresivo/a y muy listo/a, pero impulsivo/a.

Tauro
Usted es muy paciente. No es cruel. Es muy sentimental y romántico/a. Usted es muy expresivo/a.

Géminis
Usted es muy sociable y artístico/a. Los amigos y la conversación son muy importantes en su vida.

Cáncer
Usted es una persona amable y simpática. Es una persona intensamente honesta y romántica.

Leo
Usted es persistente y agresivo/a. El dinero ($) es muy importante. Es trabajador/a y fuerte.

Virgo
Usted es una persona práctica y organizada. Es una persona seria y trabaja mucho. La puntualidad es importante para usted. No es muy sociable.

Libra
Usted es artístico/a, versátil y sociable. La conexión social por Internet es su adicción. No es impulsivo/a, pero es un poco triste.

Escorpio
Usted es romántico/a y persistente, pero es un poco tímido/a. Es una persona trabajadora y selectiva en sus relaciones.

Sagitario
Usted es optimista y alegre. Los amigos, la fiesta y la aventura son importantes para usted. Es una persona honesta y simpática.

Capricornio
Usted es una persona profunda, determinada y organizada. Su personalidad es muy atractiva. Es tímido/a y serio/a.

Acuario
Usted es una persona elegante, sofisticada y artística. No es una persona conservadora. Es amistoso/a y generoso/a pero un poco testarudo/a.

Paso 2: Ask whether the description fits or not.

MODELO: Estudiante 1: *¿Eres como la descripción del horóscopo?*
Estudiante 2: *¡No! No soy sociable, soy muy tímida.*

Paso 3: Report to class how the horoscope described your partner correctly or incorrectly.

[4] **dilo con mímica:** act it out

HABLANDO DE GRAMÁTICA I

WileyPLUS Go to *WileyPLUS* to review this grammar point with the help of the **Animated Grammar Tutorial** and the **Verb Conjugator**.

1. Describing and identifying people, places, and things: The verb *ser* and subject pronouns

A. The forms of the present tense of the verb **ser** *(to be)* are as follows:

Singular		
Yo	**soy**	*I am*
Tú	**eres**	*You are (informal)*
Él/Ella	**es**	*He/she is*
Ud.	**es**	*You are (formal)*

Plural		
Nosotros/Nosotras	**somos**	*We are*
Vosotros/Vosotras	**sois**	*You are (informal)*
Ellos/Ellas	**son**	*They are*
Uds.	**son**	*You are*

Notice that there is only one verb form for **él, ella,** and **usted** and only one verb form for **ellos, ellas**, and **ustedes**.

B. In English, subject pronouns always precede the verb because most of the times it would be impossible to know to whom the verb refers. Consider the following:

The verb *to take*	
I take	*We take*
You take	*You take*
He/she takes	*They take*

The conjugation is always the same except in the case of the *he/she* form. But if you look at the conjugations of the verb **ser** again, it is obvious that there are many differences. If subject pronouns are omitted, the only confusion could be with the third-person singular (**él, ella,** and **usted**) and plural (**ellos**, **ellas**, and **ustedes**). Context usually allows you to identify the person. Consequently, subject pronouns are only used for special emphasis. For example: ***Yo* soy el doctor, no él.** Using subject pronouns frequently sounds unnatural in Spanish.

C. You also use the verb **ser** to express:

a. Permanent physical or mental characteristics

Mi hermano Rafa **es** gordo, pero mi hermano Daniel **es** muy flaco. — *My brother Rafa is fat, but my brother Daniel is very thin.*
Pepe **es** inteligente. — *Pepe is intelligent.*
Gloria **es** generosa. — *Gloria is generous.*

b. Origin

Yo **soy de** Bolivia, pero mi amigo **es de** Paraguay. — *I am from Bolivia, but my friend is from Paraguay.*

c. To identify people and things

Gloria, mira, ella **es** mi amiga Ana. — *Gloria, look, this is my friend Ana.*
¿Qué **es** esto? **Es** mi libro de español. — *What is this? This is my Spanish book.*

1.1-08 Lola y Elena Lola is talking to her friend Elena. Which pronouns does she use to talk about the following people?

Exercises labeled with an individual student icon in the **Hablando de gramática** section are intended to be assigned as homework.

MODELO: Lola → *yo*

1. Lola y Elena ___nosotras___
2. Lola y su amigo Raúl ___nosotros___
3. unos amigos de Elena ___ellos___
4. Elena ___tú___
5. el profesor de Lola ___él___
6. una amiga de Elena ___ella___
7. unas amigas de Elena ___ellas___
8. Elena y su amigo ___ustedes/vosotros___

1.1-09 Diálogo Complete this dialogue with the correct forms of the verb **ser**.

Suggestion for **1.1-09:** You may want to use this activity in class as a model script or role-playing exercise.

John: Hola, ___soy___ John. ¿Cómo estás?

Clara: Bien, gracias. Yo ___soy___ Clara, gusto en conocerte. Ella ___es___ mi amiga Gloria. John, tú ___eres___ estudiante de español, ¿verdad?

John: ¡Sí, claro! Mi clase ___es___ muy divertida. Y ustedes, ¿___son___ estudiantes de español? ¡Hablan español muy bien!

Clara: No, no. ¡Nosotras ___somos___ de Argentina!

1.1-10 ¿De dónde eres?

Suggestion for **1.1-10:** Have students use their notes to report to the class. Jot down the Spanish names of places of origin of people in the class on the board. Later find out how many students in the class have the same origin. If there are different countries listed, you can use nationality adjectives: **¿Cuántos estudiantes son estadounidenses? ¿Cuántos son de origen puertorriqueño?** You may accept states of the United States as places of origin, so there is more variety.

Answers for **1.1-10:** Answers may vary.

Paso 1: Ask around the classroom to find out where your classmates are from. Write down the information.

MODELO: Estudiante 1: *¿De dónde eres?*
Estudiante 2: *Yo soy de...*
Estudiante 3: *¿Tú eres de _____? ¡Yo también!* o *Yo soy de...*

Paso 2: Now, report to the class.

MODELO: *Ellos son de...*
Nosotros somos de...
Él/Ella es de...

1.1-11 Los famosos de la clase Think about a famous person and assume their identity.

Paso 1: Prepare answers to the following questions. Think about one more question and answer it too.

Preguntas posibles:

1. ¿Cómo se llama?
2. ¿De dónde es?
3. ¿Cómo es su personalidad en público?
4. ¿Cómo es con su familia?
5. ¿Cuál es su característica física o de personalidad favorita?
6. ¿?

Paso 2: Then walk around the classroom and interview at least three famous people. Your classmates will interview you too. Remember to keep the interview in the **usted** form since these are famous people that you just have met.

Paso 3: Now, choose the most interesting person you have interviewed and introduce him/her to the class.

MODELO: *Ella se llama Sonia Sotomayor y es puertorriqueña. En público es muy seria y trabajadora, pero en casa es alegre y expresiva...*

The suggested narration for **La pura verdad** can be found in the Appendix. Please use this narration to go over each of the frames with your students. You can also find this section (frames and narration) in the PowerPoint slides, found in the Book Companion Site and *WileyPLUS*.

LA PURA VERDAD II ¿Amigo o amiga?

Gabriela es una estudiante de EE. UU. que habla con dos amigos de España. Gabriela describe a su amiga, pero sus amigos están confundidos.

Script for **1.1-12:** 1. Gabriela tiene varias amigas. Una amiga se llama María. Ella es de pelo corto y lacio. Es una muchacha seria y religiosa. La otra amiga es de pelo corto y rizado. Es atractiva, inteligente, pero aburrida. 2. El amigo de los muchachos se llama José María. Él es de pelo largo y rizado. Es muy alegre y simpático. También es muy fuerte.

1.1-12 ¿Cómo son? Listen to the description and draw the person.

Possible answers for **1.1–12:** 1. A: Image of a gal with short straight hair, downward or flat smile, and any religious symbol; B: Image of gal with short curly hair, glasses, yawning; 2. Image of guy with long curly hair, a smile and muscles.

[5] **por supuesto:** of course

HABLANDO DE GRAMÁTICA II

2. Describing people, places, and things: Adjective agreement and position

WileyPLUS Go to *WileyPLUS* to review this grammar point with the help of the **Animated Grammar Tutorial**.

Suggestion for **Hablando de gramática II:** You may want to refer your students to the map in page 25 and ask them to guess the masculine and feminine forms of the nationalities in the examples. Remind them that words like **costarricense** don't change in gender.

A. Placement: In Spanish and English, adjectives describe nouns. In English, adjectives precede the noun: a *big* house, an *intelligent* girl, *serious* students.

In Spanish, adjectives usually follow the noun they describe: **una casa *grande*, una muchacha *inteligente*, estudiantes *serios*.**

B. Gender and number agreement: In addition, adjectives must agree in number and gender with the noun they modify. Most adjectives have either a masculine form (ending in **-o**) or a feminine form (ending in **-a**):

	Masculine	Feminine
Singular	un bolígrafo negr**o** *(a black pen)*	una profesora argentin**a**
Plural	dos estudiantes cuban**os**	tres mujeres español**as**

Adjectives ending in **-e, -ista**, and most consonants have the same form for masculine or feminine: **un niño feliz / una niña feliz; un profesor paciente / una profesora paciente, un hombre pesim*ista* / una mujer pesim*ista*.**

To form the plural, add **-es** to adjectives that end in a consonant: **idea*l* → idea*les*; popula*r* → popula*res*.** Add an **-s** to adjectives that end in a vowel: **alt*o* → alt*os*; seri*a* → seri*as*; estadounidense → estadounidenses.**

C. Accents: If the masculine form of the adjective has a written accent in the last syllable, the feminine form does not need an accent:

un estudiante franc**é**s — una estudiante franc**e**sa

D. Adjectives of nationality: Notice that adjectives denoting nationality are written with a lowercase letter. The name of the country, however, is written with a capital letter:

Rubén es de **C**uba. Es **c**ubano. — *Rubén is from Cuba. He's Cuban.*
Inés es de **C**olombia. Es **c**olombiana. — *Inés is from Colombia. She's Colombian.*

E. *Muy*: You can intensify an adjective by placing the adverb **muy** in front of it:

Andrés es **muy** trabajador. — *Andrés is* very *hardworking.*
Amalia es **muy** generosa. — *Amalia is* very *generous.*

1.1-13 Asociaciones For each sentence, decide what the most appropriate ending is and complete the word with the right gender and number agreement.

Exercises labeled with an individual student icon in the **Hablando de gramática** section are intended to be assigned as homework.

Answers for **1.1-13:** 1. b: no es aburrid<u>a</u>, es muy interesant<u>e</u>; 2. d: son puertorrique<u>ños</u>; 3. f: es extrovertid<u>a</u>; 4. a: es muy pacient<u>e</u> con los estudiantes; 5. c: son muy chistos<u>os</u>; 6. e. son actrices muy famos<u>as</u>

MODELO: Antonio Banderas es un actor... *muy atractiv<u>o</u>.*

_____ 1. La clase de español...
_____ 2. Rafael y Lydia no son de Cuba...
_____ 3. Usualmente, una persona sociable...
_____ 4. El/La profesor/a...
_____ 5. Los estudiantes de español...
_____ 6. Salma Hayek y Penélope Cruz...

a. es muy pacient___ con los estudiantes.
b. no es aburrid___, es muy interesant___.
c. son muy chistos___.
d. son puertorriqueñ___.
e. son actrices muy famos___.
f. es extrovertid___.

Answers for **1.1-14:** 1. María es muy inteligente. 2. Juan es muy curioso. 3. Pepe es muy paciente. 4. Javier es conservador. 5. Bárbara es muy alegre.

1.1-14 Gente diferente Replace the prepositional phrases with nouns in the following sentences with adjectives to describe people. Replace **mucho/gran** with **muy** when necessary.

MODELO: Pedro habla con seriedad. → *Pedro es **serio**.*

1. María es una chica de gran inteligencia.
2. Juan es un estudiante con mucha curiosidad.
3. Pepe es un muchacho con mucha paciencia.
4. Javier es una persona de ideas conservadoras.
5. Bárbara es una niña con mucha alegría.

1.1-15 Las nacionalidades

Paso 1: With a partner, ask about the personality of the following people. Then try to think about someone else with the same nationality. Make sure to use the right gender and number agreement.

Answers for **1.1-15:** Answers may vary. Nationalities should be: 1. Boliviano. 2. Dominicano. 3. Guatemalteco. 4. Nicaragüense. 5. Puertorriqueño. 6. Español. 7. Argentino.

MODELO: Óscar Arias Sánchez es un nobel de la paz costarricense.
Estudiante 1: *¿Cuál es la nacionalidad de Óscar Arias Sánchez?*
Estudiante 2: *Es costarricense.*
Estudiante 1: *¿Hay más personas costarricenses famosas?*
Estudiante 2: *Sí, por ejemplo...*

1. Evo Morales es el presidente de Bolivia.
2. El beisbolista Robinson Canó es de la República Dominicana.
3. El músico Ricardo Arjona es de Guatemala.
4. Violeta Chamorro, primera presidenta mujer en Latinoamérica, es de Nicaragua.
5. Los padres de Marc Anthony son de Puerto Rico.
6. El baloncestista Pau Gasol es de España.
7. Lionel Messi es de Argentina.

Paso 2: Now, share your answers with your class. Which pair of students could add more names to each nationality?

Answers for **1.1-16:** Answers may vary.

1.1-16 Una descripción

Paso 1: Using the verb **ser**, write down the following information about yourself.

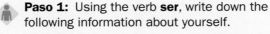

- The city you are from
- Your country of origin
- Your nationality
- Description of your personality (at least three characteristics)
- The color and length of your hair (*Mi pelo* ________________________).

Paso 2: Now read your description to a classmate. Listen for similarities or differences. Then, write a short paragraph together and report it to the class.

MODELO: ______ *y yo somos románticos/as.*
______ *es un poco tímido/a, pero yo soy muy sociable...*

1.1-17 El adivinador As one volunteer faces the class, the instructor will write the names of two students on the board and quickly erase them. The volunteer will solicit descriptions from the class so he can guess who they are.

MODELO: Estudiante: *¿Son altos?*
Clase: *Un estudiante es alto y la otra estudiante es baja.*

OTRA PERSPECTIVA

Courtesy of Consuelo Cervantes

El continente americano

Diferente

"Las personas de Estados Unidos se llaman a sí mismas[6] 'americanas' y el término no incluye a los canadienses, mexicanos, panameños, chilenos, brasileños, etc. Pero todas las personas nacidas en América del Norte, América Central y América del Sur son americanas. Yo soy de México y soy americana también".

Igual

"El nombre oficial de México es Estados Unidos Mexicanos. Es muy similar al nombre de Estados Unidos de América".

Explícale a Consuelo

1. En el resto del mundo, ¿cómo llaman a las personas de Estados Unidos?
2. ¿Qué países forman parte de América del Norte?
3. ¿Sabes[7] cuál es el origen del nombre "América"?

Answers for **Otra perspectiva:** 1. **americanos, norteamericanos** or **estadounidenses**; 2. Canada, United States and Mexico, but some geographers include all countries north of the Panama Canal; 3. It comes from the Italian explorer and cartographer Amerigo Vespucci.

MANOS A LA OBRA

1.1-18 Una fiesta en la Casa Internacional There is a party at the International House. Ask a classmate about the silhouettes in order to find out who they are.

MODELO: Estudiante 1: *¿Cómo es Suyapa?*
Estudiante 2: *Ella es* ____________.
Estudiante 1: *¿De dónde es ella?*
Estudiante 2: *Es hondureña.*

© John Wiley & Sons, Inc.

Use the PowerPoint slides found in the Book Companion Site and *WileyPLUS* to do this activity in class.

Suggestion for **1.1-18:** Have students pair up to complete this Information Gap activity. They can't look at each other's drawings. To ensure this, you may want to have them sit back-to-back, so they cannot use body language to communicate, and use only oral communication to complete the activity. After time is up, do a whole-class check.

Possible answers for **1.1-18:** 1. Suyapa es trigueña, tiene pelo negro, es bonita, alegre y conversadora. Es hondureña. 2. Ángel Luis tiene el pelo negro y lacio, es romántico y sentimental. Es puertorriqueño. 3. Diego es rubio y de piel blanca. Ella (su compañera) tiene el pelo negro. Es graciosa, popular y sociable, extrovertida y atractiva. Ellos son uruguayos. 4. Verónica es de pelo negro, largo y piel trigueña. Es aburrida, introvertida y seria. Es dominicana.

[6] **sí mismas:** themselves [7] **sabes:** do you know?

(Continued) Answers for **1.1-18:** 5. Yeon Mi es bonita, tiene el pelo color castaño, corto y lacio. Es vanidosa, sociable y popular. Es boliviana. 6. John Varela es atlético; tiene el pelo castaño. Es curioso, aburrido y fuerte. Es estadounidense. 7. Gabriela Ortega es de piel trigueña, de pelo negro largo. Es romántica, triste y religiosa. Es argentina. 8. Nemis y Ned: Nemis tiene el pelo negro y es de piel blanca. Ned tiene el pelo castaño y es de piel trigueña. Ella es seria, creativa y sentimental. Ellos son cubanos.

Suggestions for **1.1-19:** Tell the students to stand up, mingle, and ask these questions to various students, not just the same two or three closest to them. To get the students moving, record the first three students' names on the board who finish the activity, then stop the activity.

1.1-19 ¿Cómo son tus compañeros? Ask your classmates about their personalities.

MODELO: Estudiante 1: *¿Eres tímido?*
Estudiante 2: *No, no soy tímido.* o *Sí, soy tímido.*

	Nombre		Nombre
optimista	______	extrovertido/a	______
idealista	______	inteligente	______
romántico/a	______	cuidadoso/a	______
atlético/a	______	atrevido/a	______
conservador/a	______	curioso/a	______

Suggestion for **1.1-20:** Have students sit in a circle so they can all see each other. While they are writing their descriptions, spot-check for adjective agreement. Call for volunteers to read the descriptions. The class guesses which student is being described.

1.1-20 ¿Quién es? Select a classmate and write his/her description on a separate piece of paper. Then read it out loud; the rest of the class has to guess who the person is.

MODELO: *Este estudiante es de piel trigueña, de pelo largo y negro. Es sincero, romántico e inteligente. Es estadounidense. ¿Quién es?*

Note for **1.1-21:** The rhyme provided is the Latin American version of "Eenie meenie, minee, moe" (a counting-out game).

Answers for **1.1-19, 1.1-20** and **1.1-21:** Answers may vary.

1.1-21 ¡Grafología!

Paso 1: Write down the following passage and then pass it on to a classmate. He/she will analyze your handwriting.

De tin marín de dos pingüé, cúcara, mácara títere fue...

Paso 2: Now examine your classmate's handwriting in order to analyze his or her personality. Look at the graphology analysis in the Appendix.

¿Cómo es la 't'? ¿Cómo es la 'm'? ¿Cómo es la 'i'? ¿Cómo es la inclinación? ¿Cómo es el tamaño[8]? ¿Cómo es la personalidad de tu compañero/a?

Paso 3: Now discuss with your classmate your assessment of his/her personality based on your analysis.

MODELO: Estudiante 1: *Tú eres ambicioso/a, ¿no?*
Estudiante 2: *¿Ambicioso? No, no soy ambicioso...*

[8] **tamaño:** size

1.1-22 Presta atención: Marisa Listen to the audio twice and decide whether the information is true (**Cierto**) or false (**Falso**). If it is false, provide the correct information.

1. Marisa es colombiana. Cierto (Falso)
   Marisa es española.
2. Los padres de Marisa son españoles. Cierto (Falso)
   El padre es venezolano y la madre es colombiana.
3. Los padres de Marisa son simpáticos. (Cierto) Falso
4. Marisa y su padre son graciosos. (Cierto) Falso
5. La madre de Marisa es graciosa. Cierto (Falso)
   La madre de Marisa es seria.
6. Marisa y su madre tienen el pelo rubio. (Cierto) Falso

WileyPLUS Go to *WileyPLUS* and listen to **Presta atención.**

Script for **1.1-22, Presta atención: Marisa:** ¡Hola! Me llamo Marisa. Soy española, de Valencia. Mi padre es venezolano y mi madre es colombiana. Mis padres son muy buenos y simpáticos. Mi padre es muy gracioso, pero mi madre es un poco seria. Mi personalidad es como la personalidad de mi padre, porque yo también soy simpática y graciosa, pero mi físico es como el físico de mi madre porque ella tiene el pelo rizado y rubio. Yo también tengo el pelo rizado y rubio.

1.1-23 Por escrito: Un acróstico Using the vocabulary from **Palabra por palabra**, write an acrostic in Spanish. First, use your name or last name and match an adjective or noun with each letter of your name or last name. Then, write one sentence per word using the verb **ser**. Read your text to a classmate. He/she has to know how to spell your name or last name.

MODELO: *Cristina: C = cuidadosa, r = rizado, i = introvertida, s = seria, t = testaruda, i = irresponsable, n = negro, a = azul*

Cuidadosa	*Soy cuidadosa.*
Rizado	*Mi pelo es rizado.*
Introvertida	*Soy introvertida.*
Seria	*Soy seria.*
Testaruda	*No soy testaruda.*
Irresponsable	*No soy irresponsable.*
Negro	*Mi pelo es negro.*
Azul	*Mi color favorito es el azul.*

¡OJO!

Gender agreement

You already know some Spanish vocabulary. In this activity you are going to use a lot of descriptive adjectives. You have already learned that many adjectives change their ending in order to agree in gender with the object or person they refer to. Put this knowledge in practice when you write the **acróstico** in this activity and double check correct gender agreement when you're done.

@Arroba@

WileyPLUS Go to *WileyPLUS* to find more **Arroba** activities.

¿Cómo son los famosos? Explore using your favorite browser for information about one of the famous people below. Look for his/her picture and describe him/her using the vocabulary and grammar presented in the chapter. Don't forget to add their nationalities. Then share your description with your classmates.

Carlos Baute, Thalía, Paulina Rubio, Ricky Martin, Alejandro Sanz

Answers for **Arroba:** Answers may vary.

PONTE EN MI LUGAR

Estrategias para conversar

Using physical resources and nonverbal clues Use *physical resources* to boost the conversation. Objects, images, graphics, and diagrams can be used to "inspire" a conversation. These external elements help to break the ice and at the same time prevent you from getting stuck in a dialogue by bringing up new ideas or vocabulary words that otherwise would not come up.

Physical gestures can also help you to communicate. When learning a language, it is natural to not be able to understand at first a lot of what is said. There are many ways of communicating nonverbally using gestures. Let's try some:

To say you don't understand: Raise your shoulders and show the palms of your hands.

To say you agree: Smile and nod. Give the thumbs-up. **To say you disagree**: Shake your head. Give the thumbs-down.

¡Qué guapo/a! Imagine that you are in a party with one of your classmates. You both see an attractive person and go to meet him/her. Strike up a conversation. Introduce yourself and your classmate, ask where the person is from, tell where you and your classmate are from, and say something unflattering about your classmate because he/she is competing with you. Remember that you can use nonverbal gestures to help you communicate.

ASÍ ES LA VIDA

Answer to **Adivina, adivinador:** It means you are a good and/or generous person.

Use the PowerPoint slides found in the Book Companion Site and *WileyPLUS* to do this section in class.

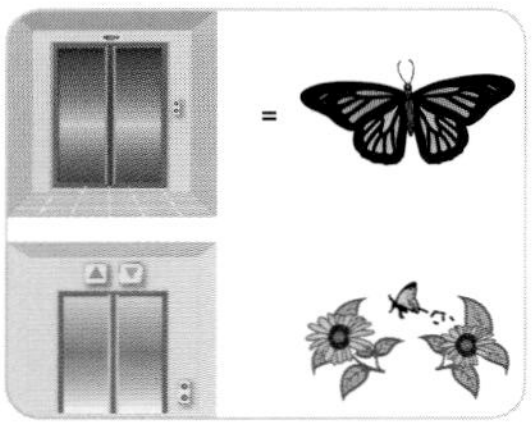

Adivina, adivinador

Si una persona dice "¡Eres un sol!", ¿qué quiere decir?

Chiste

¿Qué tienen en común un elevador y una mariposa[9]? Respuesta: ¡Los dos van[10] de "flor en flor"!

Suggestions for **Antes de leer:** Write on the board what they have come up with. Expect them to use English because they are limited at this point, but simplify by rephrasing what they say and write it in Spanish on the board. Here are some examples: **El grupo se separa; La cantante principal se casa; Contratan a un nuevo guitarrista.**

ENTÉRATE

Estrategias para leer

Predicting content When reading a text, understanding the title can help you better understand the content of the reading. The title usually informs about the main idea of the text. Visual aids such as photos, charts, graphics, or even the layout of the text are also a good source of information about the general topic of the reading.

Antes de leer

Answers for **Antes de leer:** Answers may vary.

1. ¿Qué tipo de texto es? Look at the text and answer the following questions.

a. By the looks of the text, decide what the text is going to be: an essay, a blog, a letter, or an email.
b. By the title, guess what the text will be about: something funny, something serious, something important.

2. ¿Cómo es tu grupo musical favorito? Now with a partner, talk about your favorite musical group using the following questions.

¿Cómo es? ¿De dónde es el grupo? ¿Cómo son sus fanes? ¿Cómo es su tipo de música?

3. Noticias In groups of three or four, imagine that you are groupies and are really obsessed with your favorite musical group. Then, come up with a list of ideas of news headlines that you could read in a magazine or the Internet.

MODELO: 1. *Un accidente en un concierto* 3. ____________

2. ____________ 4. ____________

[9] **mariposa** butterfly [10] **van** they go

Los Chistosos

Holly Harris/Stone+/ Getty Images

FORO

Elige tu Foro

Foro » Música » Punk » **grupo de fans de Los Chistosos**

Lista 1-15 de 160 1 2 3 4 5 » de 11 « Anterior | Siguiente »

Cris (Valencia, España) — Responder

Es mi grupo musical favorito. **Tengo recuerdos** de Los Chistosos de un concierto en la universidad. El grupo es interesante y gracioso. Soy feliz con mis recuerdos de la universidad y el grupo de Los Chistosos, pero hay un problema con el grupo.

I have memories

Ana (Madrid, España) — Responder

Yo también tengo recuerdos. ¿Cuál es el problema?

Javi (Georgia, EE. UU.) — Responder

Sí, ¿cuál es el problema? Los Chistosos son optimistas. No tienen problemas porque por ejemplo Andrea es muy sociable y sincera. También es dulce. Me gusta mucho. Me gusta su pelo rojo, me gusta su alegría y su paciencia. Es una mujer excelente. **La quiero**, pero también quiero a Violeta. Me gusta la música pop de Los Chistosos.

I love her, I care for her

Cristal (Sevilla, España) — Responder

¿Cómo? ¿Qué me cuentas, Cris? No entiendo.

Javi (Georgia, EE. UU.) — Responder

Sí, no entiendo ni jota.

Cris (Valencia, España) — Responder

En febrero hay un concierto en Madrid.

Cristal (Sevilla, España) — Responder

¿Y eso es un problema?

Javi (Georgia, EE. UU.) — Responder

Quiero fotos, quiero su música alegre en el concierto de Madrid. **Me gusta** mucho el grupo musical Los Chistosos.

I like

Cris (Valencia, España) — Responder

El problema es que Violeta y Jorge tienen un romance.

Cristal (Sevilla, España) — Responder

¿Cómo? Pero Andrea es la amiga íntima de Jorge, ¿no? ☺

Anwers for **Después de leer: 1. En el texto:** Excelente, ejemplo, universidad, memorias, grupo, musical, favorito, música, concierto, interesante, sociable, sincera, pop, febrero, problema.

Después de leer

1. En el texto In the preliminary chapter you learned about cognates. Identify ten cognates in the reading.

2. ¿Entendiste? Select the correct answer.

1. ¿Cómo es Andrea según la lectura?
   a. Es una mujer idealista.
   b. Es rebelde y tiene pocos fanes.
   (c.) Es sociable y habla con sinceridad.
2. ¿Quiénes no comprenden?
   a. Cris y Ana
   b. Ana y Javi
   (c.) Cristal y Javi
3. ¿Cuándo hay un concierto?
   a. en diciembre
   (b.) en febrero
   c. en agosto
4. ¿Cuál es el problema?
   a. El grupo musical Los Chistosos no tiene conciertos.
   b. La amiga íntima de Jorge se llama Ana.
   (c.) Andrea y Violeta no son amigas ahora.

EN TUS PROPIAS PALABRAS

Estrategias para escribir

Connectors Transition words allow us to connect ideas. It is important to use basic sentence connectors when writing a paragraph to give cohesion to those paragraphs and, in the end, to your text. Here are some frequently used connectors and their objective.

- To provide information that offers an alternative: **pero** (*but*)
- To joint related information: **y** (*and*)
- To add information: **también** (*also, too*)
- To clarify information: **por ejemplo** (*for example*), **es decir** (*that is*), **en otras palabras** (*in other words*)
- To give a reason: **porque** (*because*)

Courtesy María Belén Pardo Ballester

◀ *Natalia es...*

¿Cómo es Natalia? Use the connectors that you have learned in **Estrategias para escribir** to help you describe the person in the picture. Use your imagination when answering these questions:

- ¿Cómo es Natalia físicamente?
- ¿Qué otras características personales tiene?
- ¿De dónde es? ¿Cuál es su nacionalidad?

AUTOPRUEBA

VOCABULARIO

I. La persona ideal In your opinion, what are the characteristics of the ideal person?

MODELO: ¿Tiene el pelo largo? → *No, tiene el pelo corto.*
¿Es tacaño/a? → *No, es generoso/a.*
¿Es inteligente? → *¡Sí, claro!*

1. ¿Es antipático/a?
2. ¿Es aburrido/a?
3. ¿Es introvertido/a?
4. ¿Tiene el pelo rizado?
5. ¿Es serio/a?
6. ¿Es pesimista?
7. ¿Es conservador/a?
8. ¿Es responsable?
9. ¿Es hipócrita?
10. ¿Es pelirrojo/a?

Answers to **Vocabulario I:** Answers may vary depending on opinions, but opposites to the words on the list are: 1. simpático/a; 2. divertido/a; 3. extrovertido/a; 4. pelo lacio; 5. chistoso/a; 6. optimista; 7. liberal; 8. irresponsable; 9. sincero/a; 10. pelo negro o rubio

II. ¿De dónde son? What is the nationality of the following people?

MODELO: El rey Juan Carlos es de España.
→ *Él es español.*

1. Los padres de Jennifer López son de Puerto Rico.
2. Andy García es de Cuba.
3. Emilio Estévez es de Estados Unidos.
4. Jorge Ramos es de México.
5. La mamá de Benjamin Bratt es de Perú.
6. La mamá de Raquel Welch es de Bolivia.
7. Yo soy de...
8. Mi mamá y mi papá son de... Ellos...

Answers to **Vocabulario II:** 1. Ellos son puertorriqueños. 2. Él es cubano. 3. Él es estadounidense. 4. Él es mexicano. 5. Ella es peruana. 6. Ella es boliviana. 7. Answers may vary. 8. Answers may vary.

GRAMÁTICA

I. ¿Cómo son los amigos? Change the adjectives and verbs to write new sentences.

MODELO: Pepita es simpática y trabajadora. (Marco)
→ *Marco es simpático y trabajador.*

1. Dolores es lista y sociable. (Pedro)
2. Carlos es gordo y divertido. (Esteban y Paco)
3. Pedro es una buena persona y también es alegre. (Maite y Zulma)
4. Carmen y Ana son testarudas y tontas. (Rafael y Jorge)
5. Yo soy estudioso y bajo. (Mi mejor amigo y yo)
6. Tú eres muy atrevido. (Mis compañeros de clase)

Answers to **Gramática I:** 1. Pedro es listo y sociable. 2. Esteban y Paco son gordos y divertidos. 3. Maite y Zulma son buenas personas y también son alegres. 4. Rafael y Jorge son testarudos y tontos. 5. Mi mejor amigo y yo somos estudiosos y bajos. 6. Mis compañeros de clase son muy atrevidos.

II. ¿De dónde son? Write sentences to talk about these people's origin.

MODELO: Javier / Uruguay
→ *Javier es de Uruguay. Es uruguayo.*

1. Mercedes y Guillermo / Chile
2. Amanda y Pilar / Panamá
3. Mi profesor/a de español /¿?
4. Tú / Puerto Rico
5. Yo / ¿?

Answers to **Gramática II:** 1. Mercedes y Guillermo son de Chile. Son chilenos. 2. Amanda y Pilar son de Panamá. Son panameños. 3. Mi profesor/a de español es de ¿? 4. Tú eres de Puerto Rico. Eres puertorriqueño/a. 5. Yo soy de ¿?

CULTURA

¿Dónde se habla español? Name the Spanish-speaking countries that you have studied in this section.

1. Nombra dos países del Caribe.
2. Nombra tres países de América Central.
3. Nombra seis países de América del Sur.
4. Nombra un país de Europa y uno de África.

REDACCIÓN

Write a description of two people you admire or dislike. Include: name, origin, personality and some physical characteristics.

EN RESUMIDAS CUENTAS, AHORA PUEDO...

- ☐ describe myself.
- ☐ describe others.
- ☐ tell where I am from.
- ☐ ask where others are from.
- ☐ name all Spanish-speaking countries.
- ☐ understand that there is variety of peoples in Spanish-speaking countries.

Answers for **Cultura:** 1. Puerto Rico, República Dominicana y Cuba; 2. Nicaragua, Honduras, Guatemala, Panamá, El Salvador, Costa Rica; 3. Colombia, Venezuela, Perú, Ecuador, Bolivia, Argentina, Chile, Uruguay, Paraguay; 4. España, Guinea Ecuatorial

VOCABULARIO ESENCIAL

Adjetivos

aburrido/a	*boring*
alegre	*happy*
alto/a	*tall*
amistoso/a	*friendly*
antipático/a	*unpleasant*
atrevido/a	*daring*
bajo/a	*short*
blanco/a	*white (skin)*
bueno/a	*good*
castaño/a	*chestnut*
chistoso/a	*funny*
corto/a	*short (hair)*
cuidadoso/a	*careful*
divertido/a	*fun*
flaco/a	*thin*
fuerte	*strong*
gordo/a	*fat*
gracioso/a	*funny*
guapo/a	*pretty*
lacio/a	*straight*
largo/a	*long*
listo/a	*smart*
malo/a	*bad*
moreno/a	*black (skin or hair)*
negro/a	*black (skin or hair)*
pelirrojo/a	*redhead*
rizado/a	*curly*
rubio/a	*blonde*
simpático/a	*nice, likable*
tacaño/a	*stingy*
testarudo/a	*stubborn*
trigueño/a	*dark-skinned*
tonto/a	*silly/not smart*
vanidoso/a	*vain*

Cognados: atlético/a, atractivo/a, conservador/a, creativo/a, curioso/a, (des)organizado/a, entusiasta, estudioso/a, expresivo/a, extrovertido/a, flexible, generoso/a, hipócrita, idealista, (im)paciente, (in)dependiente, inteligente, interesante, introvertido/a, (ir)responsable, liberal, modesto/a, optimista, pesimista, popular, religioso/a, romántico/a, sentimental, serio/a, sincero/a, sociable, talentoso/a, tímido/a

Nacionalidades de los países hispanos

argentino/a	*Argentine*
boliviano/a	*Bolivian*
chileno/a	*Chilean*
colombiano/a	*Colombian*
costarricense	*Costarican*
cubano/a	*Cuban*
dominicano/a	*Dominican*
ecuatoriano/a	*Ecuadorian*
español/a	*Spanish*
estadounidense	*American*
guatemalteco/a	*Guatemalan*
ecuatoguineano/a	*Equatoguinean*
hondureño/a	*Honduran*
mexicano/a	*Mexican*
nicaragüense	*Nicaraguan*
panameño/a	*Panamanian*
paraguayo/a	*Paraguayan*
peruano/a	*Peruvian*
puertorriqueño/a	*Puerto Rican*
salvadoreño/a	*Salvadoran*
uruguayo/a	*Uruguayan*
venezolano/a	*Venezuelan*

Verbos y expresiones

¿De dónde eres?	*Where are you from?*
Es de...	*He/She is from . . .*
ser	*to be*
Él/ella es de piel/de pelo...	*His/her skin/hair is . . .*
Él/Ella tiene (el pelo/la piel)	*He/She has ([type] hair/ skin)*

LEARNING OBJECTIVES

By the end of this section you will be able to:

- Name the months and the days of the week
- Talk about classes, majors, careers, and hobbies
- Discuss preferences by expressing likes and dislikes
- Request information using interrogative words
- Be familiar with the academic calendars and grading system of some Hispanic countries

Una imagen vale más que mil palabras

Courtesy of Jesús Pardo Ballester

Look at the picture and answer the following questions.

¿Cuántos niños hay?
¿Hay profesoras?
¿Llevan[1] los niños uniforme?
¿Cómo es la sala de clases?

Answers for **Una imagen vale más que mil palabras:** 1. Hay 16 niños. 2. Hay una profesora. 3. Sí, llevan uniforme. 4. Answers may vary.

Note for **Una imagen vale más que mil palabras:** Most students, even in public schools, have to wear uniforms in Latin America.

UNA PERSPECTIVA

¿Un 7 en español?

Courtesy of Tim Johnson

Diferente

"En el sistema educativo de Chile no califican con A, B, C, D y F. Califican con números del 1 al 7. Siete es A, seis es B, cinco es C, cuatro es D, tres, dos y uno son F. Su calificación puede ser[2] 6,2 o 5,8 o 4,3. Con los números, la coma en español funciona como el punto en inglés".

Casi igual

"La escuela primaria de Chile va de los grados uno al ocho; y la escuela secundaria, de los grados nueve al doce".

¿Qué piensas tú? ¿Qué es normal para ti?

	muy común	común	raro	muy raro
1. Usar números y no letras como A, B y C.	☐	☐	☐	☐
2. Usar la coma y no los puntos para decimales.	☐	☐	☐	☐
3. Considerar el grado siete como escuela primaria.	☐	☐	☐	☐

[1] **llevan:** they are wearing [2] **puede ser:** could be

Note for **Una perspectiva:** There isn't such a thing as a uniform Latin American educational and grading system as it is often mistakenly believed. Chile's schools use a 1 to 7 scale, Peru and Venezuela measure from 1 to 20. Uruguay, Colombia, and Argentina use the 1 to 10 scale, Ecuador has a 1 to 50 scale. Spain is using numbers from 1 to 10 and labels like "MD" for **Muy deficiente**, "D" for **Deficiente**, "S" for **Suficiente**, "B" for **Bien**, etc.

In the United States, we use letters that we then translate into numbers from 1 to 4. to obtain a GPA. So our system is number based, too.

Answers for **Una perspectiva:** Answers may vary.

The suggested narration for **La pura verdad** can be found in the Appendix. Please use this narration to go over each of the frames with your students. You can also find this section (frames and narration) in the PowerPoint slides, found in the Book Companion Site and *WileyPLUS*.

LA PURA VERDAD I Una estudiante estadounidense en Argentina

Regina es una estudiante de EE. UU. Ella va a estudiar en la Universidad de Buenos Aires, Argentina, por nueve meses.

Script for **1.2-01:**
1. En Argentina, Regina estudia en marzo, abril y mayo, que son los meses de la primavera.
2. Regina recibe un 6 en historia de la lengua, un 8 en literatura y un 9 en español. Ella es excelente en historia de la lengua.
3. Regina toma clases en mayo, junio y julio, que son los meses del invierno.

1.2-01 La Universidad de Buenos Aires Listen to the narration and decide if the conclusion is true (**Cierto**) or false (**Falso**). If it is **Falso**, say what the correct answer is.

	C	F
1.	☐	☐ F, Es otoño.
2.	☐	☐ F, Un 6 no es excelente.
3.	☐	☐ C

PALABRA POR PALABRA

Use the PowerPoint slides found in the Book Companion Site and *WileyPLUS* to do this section in class.

Los días de la semana y los meses del año *Days of the week and months of the year*

mes → (month name) · semana → (row of weekdays) · día → (each date)

ENERO

Lun	Mar	Mié	Jue	Vie	Sáb	Dom
	1	2	3	4	5	6
7	8	9	10	11	12	13
14	15	16	17	18	19	20
21	22	23	24	25	26	27
28	29	30	31			

FEBRERO

Lun	Mar	Mié	Jue	Vie	Sáb	Dom
				1	2	3
4	5	6	7	8	9	10
11	12	13	14	15	16	17
18	19	20	21	22	23	24
25	26	27	28			

MARZO

Lun	Mar	Mié	Jue	Vie	Sáb	Dom
				1	2	3
4	5	6	7	8	9	10
11	12	13	14	15	16	17
18	19	20	21	22	23	24
25	26	27	28	29	30	31

ABRIL

Lun	Mar	Mié	Jue	Vie	Sáb	Dom
1	2	3	4	5	6	7
8	9	10	11	12	13	14
15	16	17	18	19	20	21
22	23	24	25	26	27	28
29	30					

MAYO

Lun	Mar	Mié	Jue	Vie	Sáb	Dom
		1	2	3	4	5
6	7	8	9	10	11	12
13	14	15	16	17	18	19
20	21	22	23	24	25	26
27	28	29	30	31		

JUNIO

Lun	Mar	Mié	Jue	Vie	Sáb	Dom
					1	2
3	4	5	6	7	8	9
10	11	12	13	14	15	16
17	18	19	20	21	22	23
24	25	26	27	28	29	30

JULIO

Lun	Mar	Mié	Jue	Vie	Sáb	Dom
1	2	3	4	5	6	7
8	9	10	11	12	13	14
15	16	17	18	19	20	21
22	23	24	25	26	27	28
29	30	31				

AGOSTO

Lun	Mar	Mié	Jue	Vie	Sáb	Dom
			1	2	3	4
5	6	7	8	9	10	11
12	13	14	15	16	17	18
19	20	21	22	23	24	25
26	27	28	29	30	31	

SEPTIEMBRE

Lun	Mar	Mié	Jue	Vie	Sáb	Dom
						1
2	3	4	5	6	7	8
9	10	11	12	13	14	15
16	17	18	19	20	21	22
23	24	25	26	27	28	29
30						

OCTUBRE

Lun	Mar	Mié	Jue	Vie	Sáb	Dom
	1	2	3	4	5	6
7	8	9	10	11	12	13
14	15	16	17	18	19	20
21	22	23	24	25	26	27
28	29	30	31			

NOVIEMBRE

Lun	Mar	Mié	Jue	Vie	Sáb	Dom
				1	2	3
4	5	6	7	8	9	10
11	12	13	14	15	16	17
18	19	20	21	22	23	24
25	26	27	28	29	30	

DICIEMBRE

Lun	Mar	Mié	Jue	Vie	Sáb	Dom
						1
2	3	4	5	6	7	8
9	10	11	12	13	14	15
16	17	18	19	20	21	22
23	24	25	26	27	28	29
30	31					

fin de semana (Sáb, Dom)

Estación del año: invierno · primavera · verano · otoño

Suggestion for **Palabra por palabra**: Start by telling your students that the calendar in Spanish-speaking countries start on Monday instead of Sunday. Then ask: What classes are your favorite and what classes are not your forte? **¿Qué clases son más fáciles, más difíciles, más aburridas, más entretenidas...? ¿Cuál es tu clase favorita?** Tell them about the activities you like to do after school or on weekends. **¿Cuáles son tus actividades favoritas? ¿Qué actividades son aburridas, difíciles, peligrosas** (*dangerous*) **en tu opinión?**

Note for **Palabra por palabra:** Remind your students that the seasons vary depending on the country.

Los días de la semana	*The days of the week*
lunes	*Monday*
martes	*Tuesday*
miércoles	*Wednesday*
jueves	*Thursday*
viernes	*Friday*
sábado	*Saturday*
domingo	*Sunday*

¿Qué día es hoy?	*What day is today?*
Hoy es miércoles.	*Today is Wednesday.*
¿Cuál es la fecha de hoy?	*What is today's date?*
Hoy es miércoles, 24 de agosto de 2014.	*Today is Wednesday, August 24th, 2014.*
¿Cuándo es tu cumpleaños?	*When is your birthday?*
Es el viernes, 23 de agosto.	*It's Friday, August 23rd.*
¿Cuándo es tu clase de español?	*When is your Spanish class?*
Los lunes, miércoles y jueves.	*Mondays, Wednesdays, and Thursdays.*

Las clases y las carreras *Courses and careers*

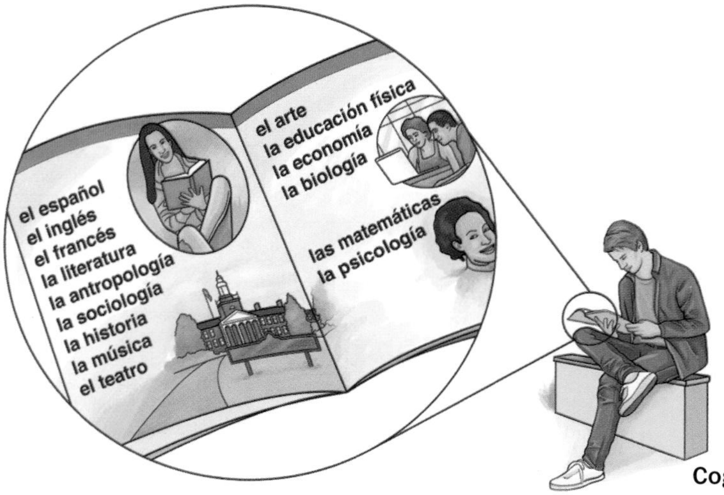

▲ *¿Qué clases tomas?*

la asignatura	*subject, class*
el derecho	*law*
el diseño	*design*
la enfermería	*nursing*
la especialización	*major, specialization*
la informática	*computer science*
los negocios	*business*
la química	*chemistry*
el trabajo social	*social work*
la escuela (primaria/ secundaria)	*(elementary/high) school*
el/la profesor/a	*teacher, instructor*

Cognados: las ciencias políticas, el comercio, las comunicaciones, la educación, la estadística, las finanzas, la medicina, las relaciones internacionales, la ingeniería

Otras actividades *Other activities*

caminar	*to walk*
hacer ejercicio	*to exercise*
ir al cine	*to go to the movies*
pintar	*to paint*
salir con amigos	*to go out with friends*

Los pasatiempos y las actividades en el tiempo libre *Pastimes and leisure activities*

Preferencias	*Preferences*
¿Qué te gusta hacer?	*What do you like to do?*
Me gusta...	*I like . . .*
No me gusta...	*I (don't) like . . .*
Le gusta...	*He or she likes . . .*
No le gusta...	*He or she doesn't like...*

1.2-02 ¿Cuándo es tu cumpleaños?

Paso 1: Look at this year's calendar and see on which day of the week you will have (or had) your birthday. Write it on the first row of the table (and practice how to say it if necessary!) Then walk around the classroom asking as many students as possible the day of their birthdays.

MODELO: Estudiante 1: *¿Cuándo es tu cumpleaños?*
Estudiante 2: *Mi cumpleaños es el lunes, 15 de abril.*

NOMBRE	FECHA	DÍA DE LA SEMANA

Try to find at least one of the following:

1. Seven students with their birthdays on a different day of the week.
2. At least five students with their birthdays on a different month.
3. At least three students with their birthdays on the same month as yours.

Paso 2: Who is the first person in the class to gather information for each of those three tasks?

Suggestions for **1.2-02:** Before they start mingling to gather the information, have them look at numbers on p. 14 so that they make sure how to pronounce the date. Make this a bingo-type activity by having students let you know as soon as they gather the information for each of the three items. #1 should be the most difficult and #3 the easiest one. Make sure to give them prizes or some kind of reward for **primer premio, segundo premio** and **tercer premio**.

Answers for **1.2-02** and **1.2-03:** Answers may vary.

1.2-03 Energía

With a partner, decide which of the following activities require more energy. Rank the activities from 1 to 11, 1 being the activity that requires the least energy.

_____ hablar por teléfono
_____ ir de compras
_____ esquiar
_____ patinar
_____ viajar
_____ mirar la televisión
_____ nadar
_____ salir con amigos
_____ leer
_____ hacer yoga

Suggestion for **1.2-03**. In pairs, ask the students to reach a consensus so they have to negotiate the order in Spanish. Then have a whole-class check to see if there is general consensus.

1.2-04 El calendario escolar argentino

With a partner, compare the Argentinian school calendar with the school calendar in the United States according to the months that Regina attends classes on page 42.

1. ¿En qué meses es verano y no hay clases en Estados Unidos? ¿Y en Argentina?
2. ¿Qué meses constituyen el primer[3] semestre en EE. UU.? ¿Y en Argentina?
3. ¿Qué meses constituyen el segundo[4] semestre en EE. UU.? ¿Y en Argentina?
4. Trivia: ¿Qué día es de mala suerte[5] en EE. UU.? ¿Y en Argentina?

En Chile el primer semestre es en los meses de marzo, abril, mayo, junio y parte de julio. El segundo semestre es en los meses de agosto, septiembre, octubre, noviembre y parte de diciembre. Las vacaciones son en los meses de enero y febrero.

Since this is Chapter 1, do not expect your students to produce full sentences. They should compare both calendars and just provide the names of months and days of the week.

Answers for **1.2-04:** 1. En Estados Unidos no hay clases en julio y agosto. En Argentina no hay clases en enero y febrero. 2. septiembre, octubre y noviembre; marzo, abril, mayo, junio y parte de julio; 3. febrero, marzo y abril; julio, agosto, septiembre, octubre, noviembre y parte de diciembre; 4. viernes 13; martes 13 (*In Spanish-speaking countries, Tuesday the thirteenth and not Friday the thirteenth is considered to be bad luck. The horror movie* Friday the 13th *was translated into some Spanish-speaking countries as* Martes 13.)

[3] **primer:** first [4] **segundo:** second [5] **suerte:** luck

¡Qué coincidencia!
¡Qué interesante!
¡Genial!
¡Qué aburrido!
¡Qué horrible!

Suggestions for **1.2-05:** Have your students talk about this with a partner or in groups of three. Next, discuss this in a larger group (two groups together) to see if they share the same characteristics. Then, do a whole-class check.

1.2-05 La vida en la universidad

Paso 1: Complete the following sentences with your information.

1. Mi carrera es...
2. Mi clase favorita es...
3. Una clase que no me gusta es...
4. Mi profesor/a favorito/a es... (características de personalidad)
5. En mi tiempo libre me gusta...

Paso 2: Now interview a classmate and write down his/her answers. Use the expressions on the left to make it more interesting.

1. ¿Cuál es tu carrera?
2. ¿Cuál es tu clase favorita?
3. ¿Qué clase no te gusta?
4. ¿Cómo es tu profesor/a favorito/a?
5. ¿Qué te gusta hacer en tu tiempo libre?

MODELO: Estudiante 1: *¿Cuál es tu carrera?*
Estudiante 2: *Mi carrera es psicología.*
Estudiante 1: *¿Sí? ¡Qué coincidencia! ¡Mi carrera también es psicología!*

Paso 3: Write a short paragraph about you and your classmate and read it to the class.

MODELO: *La carrera de __________ es psicología y mi carrera también es psicología...*

Suggestion for **1.2-06:** In groups of two or three students, have them ask each other about these courses. When you do a whole-class check, ask if they like that class or not. Ask about their instructors. You can also turn this into a human graph activity by writing the words on the board and reading off the numbered list. The students should place themselves under one of the phrases to form a human graph.

Answers for **1.2-05** and **1.2-06:** Answers may vary.

1.2-06 ¿Fáciles o difíciles?

Ask your classmate if these classes are easy or difficult.

MODELO: *¿Es fácil o difícil la clase de español?*

	muy fácil	fácil	difícil	imposible
1. diseño	☐	☐	☐	☐
2. matemáticas	☐	☐	☐	☐
3. educación física	☐	☐	☐	☐
4. biología	☐	☐	☐	☐
5. informática	☐	☐	☐	☐
6. sociología	☐	☐	☐	☐
7. teatro	☐	☐	☐	☐
8. estadística	☐	☐	☐	☐
9. ciencias políticas	☐	☐	☐	☐
10. ¿?	☐	☐	☐	☐

Suggestion for **1.2-07:** Write on the board the words "Me gusta mucho, Me gusta, Me gusta muy poco, No me gusta", as done in activity 1.2-06. Read the first word of the list and tell the students to place themselves under one of the phrases forming a human graph. Spot check four or five students by asking them: **¡¿No te gusta bailar?! ¿Y a ti? ¿Te gusta bailar? ¿Te gusta bailar hip hop?,** etc.

Answers for **1.2-07:** Answers may vary.

Use the PowerPoint slides found in the Book Companion Site and *WileyPLUS* to do this activity in class.

1.2-07 ¿Qué te gusta?

Listen to your instructor and indicate what you like and dislike by standing under the appropriate response, forming a human graph. Which is the most popular pastime among the students in the class?

	Me gusta mucho	Me gusta	Me gusta muy poco	No me gusta
dormir				
cantar				
tocar un instrumento				
correr				
bailar				
esquiar				
escuchar música				
ir de compras				
viajar				

HABLANDO DE GRAMÁTICA I

1. Expressing likes and dislikes (I): *Gustar* + infinitive

WileyPLUS Go to *WileyPLUS* to review this grammar point with the help of this **Animated Grammar Tutorial** and the **Verb Conjugator**.

The verb **gustar** in Spanish means that something is "pleasing to you," it gives you pleasure or you like it. In English, we usually would say, "I like this car," but we could also say, "This car is pleasing to me" or even, "To me, this car is pleasing." Keep in mind this form and it will be easier to use **gustar** correctly.

Gustar is often used with an infinitive to express the idea that you enjoy an activity gives. For example:

Me gusta **estudiar** español. — *I like studying Spanish.*
Te gusta **ir** a clase. — *You like going to class.*

(a mí)	**me** gusta	*I like*
(a ti)	**te** gusta	*you like*
(a él/a ella/a Ud.)	**le** gusta	*he/she/you (formal) like*

Notice that the pronoun **le** may refer to **a él, a ella** or **a usted.** If the context does not make it clear who is being referred to, the preposition **a** + *the person's name* is used to clarify:

A mi madre le gusta hacer ejercicio. — *My mother likes working out.*
A Enrique le gusta cantar. — *Enrique likes singing.*

Even if the context is clear, you may want to add the prepositional phrase **a** + *pronoun* (e.g. **a mí, a ti, a él/a ella/a usted**) for extra emphasis:

A Celia le gusta nadar por la mañana, pero **a mí** me gusta pintar. — *Celia likes swimming in the morning, but what I like is painting.*

You can express different degrees of liking something using **mucho** or **nada:**

¿**No** te gusta ir de compras? — *You don't like going shopping?*
Sí, ¡me gusta **mucho**! Pero a mi madre **no** le gusta **nada.** — *Yes, I like it a lot! But my mom doesn't like it at all.*

(a mí)	(no)	**me** gusta	(mucho) + *infinitive*
(a ti)		**te** gusta	
(a él/a ella/a Ud.)		**le** gusta	

1.2-08 ¡Muchas actividades! For each one, write a sentence expressing who among your friends likes to do it.

Exercises labeled with an individual student icon in the **Hablando de gramática** section are intended to be assigned as homework.

MODELO: *A James le gusta salir con los amigos.*

jugar al tenis	hablar por teléfono	escuchar música
viajar	leer en su tableta	ir al cine

1.2-09 ¿Te gusta hacer ejercicio? Complete the dialogue with me, te, le, mí, ti, or usted.

Prof. Herrera: Laura, *te* gusta mucho hacer ejercicio, ¿no?
Laura: Sí, ___me___ gusta mucho. Y a ___usted___, ¿___le___ gusta hacer ejercicio?
Prof. Herrera: Bueno, a ___mí___ ___me___ gusta hacer yoga, ¿y a ___ti___?
Laura: Sí, también ___me___ gusta mucho.

The suggested narration for **La pura verdad** can be found in the Appendix. Please use this narration to go over each of the frames with your students. You can also find this section (frames and narration) in the PowerPoint slides, found in the Book Companion Site and *WileyPLUS*.

LA PURA VERDAD II ¿Cómo soy en realidad?

Xavier es un estudiante de EE. UU. que chatea por Internet con una muchacha del Uruguay.

1.
Xavier: ¡Hola! Paula, ¿no?
Paula: Sí. ¿Cómo te llamas?
Xavier: ¡Soy Xavier!
2.
Paula: ¿De dónde eres?
Xavier: Soy de... de...
Sacramento no es famosa...
Xavier: Soy de San Francisco. ¿Y tú?
3.
Paula: ¡Qué interesante! ¿Qué estudias?
Tomo una clase de bádminton... No...
Xavier: Me gusta mucho estudiar química.
4.
Paula: ¿Qué te gusta hacer?
Me gusta comer, mirar la tele, dormir, beber cerveza... no...
Xavier: Me gusta escuchar música clásica.
5.
Paula: ¡Genial! ¿Cómo eres?
Ella está en Uruguay, por qué no...
Xavier: ¿Yo? Soy alto, de pelo negro, corto, ojos verdes, fuerte...
6.
Paula: ¡Qué guapo! ¿Tienes una foto?
¡Oh, no!

1.2-10 A conocerse por Internet Listen to the narration and choose the best option.

1. A Paula le gusta una persona...
   a. como el Xavier de verdad. (b.) como el Xavier inventado. c. estudiosa.
2. Paula es...
   a. introvertida. (b.) atlética. c. trabajadora.
3. A Paula le gusta...
   a. la ciencia. (b.) la política. c. la medicina.

Script for **1.2-10:** 1. ¿Qué tipo de persona prefiere Paula? Paula prefiere a los hombres guapos, inteligentes, artísticos y sofisticados. 2. ¿Cómo es Paula? Ella es uruguaya, tiene el pelo castaño y ojos castaños. Le gusta jugar al tenis, correr y ver el fútbol en la tele con los amigos. 3. ¿Qué le gusta a Paula? Le gustan las ciencias políticas, la economía y las relaciones internacionales.

HABLANDO DE GRAMÁTICA II

2. Requesting information: Interrogative words

WileyPLUS Go to *WileyPLUS* to review this grammar point with the help of the **Animated Grammar Tutorial**.

To ask for information in Spanish, ask questions with interrogative words. All interrogative words carry a written accent and are preceded by the inverted question mark:

Interrogative words

¿Cómo?	*How? or What?*	¿Cómo se dice...?
¿Cuál? ¿Cuáles?	*Which (one)? or What?*	¿Cuál es tu clase favorita? ¿Cuáles son tus amigos?
¿Cuándo?	*When?*	¿Cuándo es tu cumpleaños?
¿Cuánto/a?	*How much?*	¿Cuánto es?
¿Cuántos/as?	*How many?*	¿Cuántos estudiantes son?
¿Dónde?	*Where?*	¿Dónde es la clase?
¿De dónde?	*Where from?*	¿De dónde es la profesora?
¿Quién? ¿Quiénes?	*Who?*	¿Quién es esa estudiante? ¿Quiénes son los chicos?
¿De quién(es)?	*Whose?*	¿De quién es?
¿Qué?	*What? Which?*	¿Qué te gusta hacer?
¿Por qué?	*Why?*	¿Por qué son amigos?

To express *which*, as in *which one*?, use **cuál/cuáles** + *verb* or **qué** + *noun* + *verb*:

¿**Cuál** te gusta más?	*Which one do you like better?*
¿**Cuál** es tu favorita?	*Which one is your favorite?*
¿**Qué** libro te gusta más?	*Which book do you like better?*
¿**Qué** clase prefieres?	*Which class do you prefer?*

To express *what*, use **cuál/cuáles** + *verb* and **qué** + *noun* + *verb*, except when asking for a definition or an explanation, in which case **qué** is used.

¿**Cuál** es tu número de teléfono?	*What is your telephone number?*
¿**Cuál** es tu nacionalidad?	*What is your nationality?*
¿**Qué** día es hoy?	*What day is today?*
¿**Qué** es esto? Es mi libro de español.	*What is this? This is my Spanish book.*

1.2-11 Preguntas en la clase de español Match the question in the column on the left with the answers in the column on the right.

Exercises labeled with an individual student icon in the **Hablando de gramática** section are intended to be assigned as homework.

1. ¿De dónde es usted?	a. El presidente de México.
2. ¿Cómo se dice "to study"?	b. Se escribe R-I-C-A-R-D-O.
3. ¿Cuál es la capital de Perú?	c. Lima
4. ¿Cómo se escribe tu nombre?	d. ¡El examen es el lunes!
5. ¿Cuándo es el examen?	e. Soy de la República Dominicana.
6. ¿Quién es Enrique Peña Nieto?	f. "Estudiar"

1.2-12 En el teléfono Two friends are on the phone and you only hear one side of the conversation. Based on the answers, what is the question?

GABRIELA

1. _____¿Cómo estás?_____
2. _____¿Quién es él?_____
3. _____¿Cómo es él?_____
4. _____¿Cómo se llama él?_____
5. _____¿Cómo se escribe su nombre?_____
6. _____¿De dónde es?_____
7. ¡Fantástico! Buena suerte y hasta mañana.

AMELIA

1. Estoy muy bien, ¿y tú?
2. ¿Mi nuevo amigo? Es un compañero de trabajo social.
3. Es inteligente y muy guapo.
4. Se llama Carlos Mújica.
5. M-ú-j-i-c-a
6. Es de Caracas, Venezuela.
7. Gracias. ¡Hasta luego!

Answers for **1.2-13:** Answers may vary.

1.2-13 Cuestionario

Paso 1: You are the secretary of the Spanish Club in your school and have to fill out this questionnaire for all the new members. Interview a classmate to find out his/her information.

BIENVENIDO AL CLUB DE ESPAÑOL
Cuestionario de inscripción

Pregunta 1 ¿Cómo se llama?
Respuesta

Pregunta 2 ¿Cuál es su nacionalidad?
Respuesta

Pregunta 3 ¿Cuál es su carrera?
Respuesta

Pregunta 4 ¿Qué asignaturas le gusta estudiar?
Respuesta

Pregunta 5 ¿Qué actividades le gusta hacer en su tiempo libre?
Respuesta

Pregunta 6 ¿Quién es su profesor/a de español?
Respuesta

Pregunta 7 ¿De dónde es él o ella?
Respuesta

Continuar Cancelar

© John Wiley & Sons, Inc.

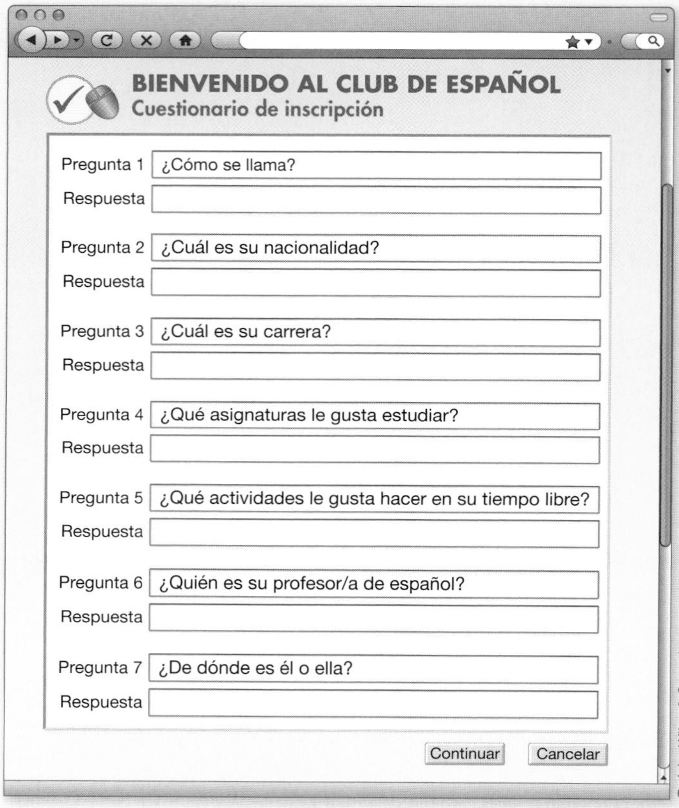

Paso 2: Now, write a short paragraph to introduce the new member of the club at the next meeting.

MODELO: *El/La nuevo/a miembro se llama...*

OTRA PERSPECTIVA

Courtesy of Claudia Darrigrandi

En Chile es diferente

Diferente

"En Chile, en los grados 11 y 12 de la escuela secundaria tienes que[6] especializarte[7] en humanidades o en ciencias. En las universidades generalmente no estudias por cuatro años para obtener un título universitario como en Estados Unidos. Se estudia una carrera específica (economía, enfermería, historia, etc.) y las carreras toman usualmente cinco años".

Igual

"Las carreras muy especializadas (arquitectura, medicina, ingeniería, etc.) toman más tiempo, hasta ocho años más o menos. Al final, el número de años en la universidad es más o menos igual".

Answers for **Otra perspectiva:** 1. En Estados Unidos no se especializan, pero algunas escuelas ofrecen cursos avanzados o vocacionales que se acreditan a nivel universitario. 2. La carrera de medicina toma 8 años, como mínimo. La carrera de derecho toma 5 años.

Explícale a Claudia

1. ¿Se especializan los estudiantes en la escuela secundaria en Estados Unidos?
2. ¿Cuántos años toma la carrera de medicina en Estados Unidos? ¿Y la carrera de derecho?

MANOS A LA OBRA

1.2-14 Tu cumpleaños Stand up and ask each other, **¿Cuándo es tu cumpleaños?** Form a circle with your classmates starting with the people who were born in the month of January.

Suggestion for **1.2-14:** Have the students ask each other: **¿Cuándo es tu cumpleaños?** Ask the students to stand up and form a circle in chronological order. Stand in front of your desk and ask students to start the circle with January on your left, all the way to December on your right. Give a time limit so they do it quickly as they find their place in the circle. Answers may vary.

1.2-15 ¡Encuesta!

Paso 1: Complete the following sentences with the most appropriate interrogative word. Then, interview two or three classmates.

MODELO: ¿*Qué* te gusta hacer?

1. ¿__Cómo__ estás?
2. ¿__Cómo__ te llamas?
3. ¿__Cómo__ es tu personalidad? ¿Eres extrovertido/a, tímido/a...?
4. ¿__Qué__ estudias en la universidad?
5. ¿Tomas muchas clases? ¿__Qué__ clases tomas?
6. ¿__Cuál__ es tu clase favorita?
7. ¿__De dónde__ eres? ¿Eres de Estados Unidos?
8. ¿__Cuál__ es tu número de teléfono?

Paso 2: Which one of your classmates is more like you? Introduce him or her to the class.

MODELO: ________ *es muy similar a mí. A él/ella le gusta...*

[6] **tienes que:** you have to [7] **especializarte:** choose your career

Suggestion for **1.2-16:** Ask your students to stand up and ask in the second person: **¿Te gusta...?** Require only five affirmative answers or so. Give them a time limit and reward the three who finish first. Do a whole-class check, asking about what the students found out about each other.

Answers for **1.2-16** and **1.2-17:** Answers may vary.

1.2-16 Los pasatiempos de los compañeros Move around the classroom and ask each of your classmates a different question until you complete the list with the names of your classmates answering accordingly.

MODELO: Estudiante 1: *¿Te gusta hablar por teléfono con tus amigos?*
Estudiante 2: *Sí, me gusta hablar por teléfono con mis amigos.*

¿A quién de la clase le gusta...	Nombre
correr solo/a?	____________
estudiar español los fines de semana?	____________
leer *National Geographic*?	____________
¿A quién de la clase no le gusta...	
esquiar?	____________
estudiar en el verano?	____________
mirar la televisión?	____________
bailar en las fiestas?	____________
chatear?	____________
ir al cine?	____________

Suggestion for **1.2-17:** Ask all your students to secretly write any hard-to-guess true or false statement. They must indicate if it is true or false in parenthesis to avoid changing their minds midway through the activity. Divide the class in half. One half challenges the other, one student at a time. Every correct guess (answered in Spanish!) gets a point.

1.2-17 ¿Cierto o falso? On a piece of paper, write down an activity that you like to do (or do not like to do). Read it out loud. The class will guess whether the sentence is true or false.

MODELO: Estudiante 1: *Me gusta dormir en el sofá.* (falso)
Estudiante 2: *Es falso. No te gusta dormir en el sofá.*
Estudiante 1: *Correcto. Es falso. Me gusta dormir en la cama.*

WileyPLUS Go to *WileyPLUS* and listen to **Presta atención.**

Script for 1.2-18, Presta atención: La semana de Pedro: ¡Hola! Me llamo Pedro y soy de Estados Unidos. Mis padres son peruanos, pero vivimos en California. Soy estudiante universitario del tercer año y estudio negocios. Mi amiga Ana estudia ingeniería y comercio. Tengo clases con Ana porque los dos estudiamos música y francés. Estudio con Ana los lunes, miércoles y viernes. Los martes y jueves tengo clases de matemáticas y economía. Los sábados tengo tiempo libre para ir al cine y para hablar mucho por teléfono con mis amigos. Los domingos escucho música. ¿Y tú qué haces durante la semana?

1.2-18 Presta atención: La semana de Pedro Listen to the audio twice and select an answer.

1. Los padres de Pedro son...
   a. de Estados Unidos.
   b. de Francia.
   (c.) de Perú.
   d. de Ecuador.
2. Pedro es estudiante de...
   a. ingeniería y comercio.
   b. música y comercio.
   c. comercio y francés.
   (d.) negocios y francés.
3. Pedro tiene clases con Ana...
   a. los lunes y martes.
   b. los miércoles y jueves.
   c. los martes.
   (d.) los lunes, miércoles y viernes.
4. Pedro...
   a. corre con sus amigos los lunes.
   (b.) habla con sus amigos los sábados.
   c. estudia mucho los domingos.
   d. habla por teléfono los domingos.
5. A Pedro le gusta...
   (a.) escuchar música.
   b. estudiar mucho en el fin de semana.
   c. salir con sus amigos y bailar.
   d. ir a clase de ingeniería.

Suggestion for **1.2-19, Por escrito: ¿Cómo eres?** You could collect the papers and read the descriptions out loud. Skip the first sentence, **Me llamo**... This way your students can guess the name of the student who wrote the description.

1.2-19 Por escrito: ¿Cómo eres?

Paso 1: Your classmates do not know you very well, so you decide to write a description about yourself. Include the following in your description:

- Tu nombre (MODELO: *Me llamo María*).
- Descripciones físicas y de carácter (MODELO: *Soy delgada, rubia, simpática...*)
- Tus intereses y las actividades que te gustan (MODELO: *Me gusta correr y bailar*).
- Las asignaturas que no te gustan (MODELO: *No me gusta estudiar química*).
- Tu nacionalidad (MODELO: *Soy estadounidense*).
- Tu día favorito, ¿por qué? (MODELO: *Mi día favorito es el domingo porque...*)

Paso 2: Now, use the list to write your description. Use transition words (see **Estrategias para escribir**, page 38) to connect your ideas.

MODELO: *Me llamo María y soy simpática, de pelo rubio, paciente y muy alta. Me gusta hacer muchas cosas. Por ejemplo, me gusta correr y bailar. También me gusta escuchar música pop y música clásica, pero no me gusta estudiar química porque es difícil. Soy estadounidense y me gusta jugar al fútbol americano los sábados. Mi día favorito es el domingo porque me gusta ver tres o cuatro películas, pero no me gusta el lunes porque soy estudiante y mi primera clase es a las ocho.*

> **¡OJO!**
>
> **Correct your writing**
> Think of writing as a process, not just as a product. In this exercise, **Paso 1** informs you about the purpose of the writing (a personal description), and your audience (your classmates). In **Paso 2** you have to use connectors (see page 38) to link those previous ideas. Then, revise your grammar (including: subject–verb agreement, noun–adjective agreement, and pronouns) and your vocabulary, and look for errors in spelling, punctuation, and accents.

PONTE EN MI LUGAR

Estrategias para conversar

Negotiating meaning When conversing with your partner, if you do not understand something, or you do not know how to say something, ask questions to your partner. You already know some expressions (**no entiendo, más despacio por favor...**) and questions (**¿cómo se dice...?, ¿cómo?,** etc.). Use these expressions that you learned as "chunks" of language to keep the conversation going. If your partner cannot help you, use gestures, nonverbal clues or try to explain the concept with different words. By collaborating with your partner you will negotiate meaning, and this will help you to have a successful conversation.

La primera semana de clases During the first week of classes you are talking to a classmate about the classes he/she is taking. Have a dialogue following the steps below. Use the expressions above in **Estrategias para conversar** when necessary.

- Saluda.
- Pregunta el nombre y la nacionalidad.
- Pregunta sobre: sus clases, su clase favorita, el nombre del/de la profesor/a de su clase favorita, una descripción del/de la profesor/a, el país de origen del/de la profesor/a, la clase que no le gusta.
- ¿Qué te gusta hacer en el fin de semana?
- Despídete[8] porque tienes clase ahora.

ASÍ ES LA VIDA

Use the PowerPoint slides found in the Book Companion Site and *WileyPLUS* to do this section in class.

Adivina, adivinador Answer for **Adivina, adivinador** el miércoles

¿Cuál es el día más largo[9] de la semana?

Rima

Treinta días trae[10] noviembre
con abril, junio y septiembre;
los demás[11], treinta y uno
excepto febrero mocho[12]
que solo trae veintiocho.

FEBRERO

Lun	Mar	Mié	Jue	Vie	Sáb	Dom
				1	2	3
4	5	6	7	8	9	10
11	12	13	14	15	16	17
18	19	20	21	22	23	24
25	26	27	28			

ABRIL

Lun	Mar	Mié	Jue	Vie	Sáb	Dom
1	2	3	4	5	6	7
8	9	10	11	12	13	14
15	16	17	18	19	20	21
22	23	24	25	26	27	28
29	30					

JULIO

Lun	Mar	Mié	Jue	Vie	Sáb	Dom
1	2	3	4	5	6	7
8	9	10	11	12	13	14
15	16	17	18	19	20	21
22	23	24	25	26	27	28
29	30	31				

[8] **despídete:** say goodbye [9] **más largo:** longest [10] **trae:** brings [11] **los demás:** the rest [12] **mocho:** cut short

Suggestion for **Arroba:** Go to any Spanish search engine and have your students search for a university of their choice (or your choice). You may want to assign a different school to each student or one to each pair of students. Here is a list of some major universities:
Universidad de Santiago de Chile
Universidad Centroamericana (in Nicaragua)
Universidad de Puerto Rico
Universidad de Buenos Aires
Universidad Real (in Bolivia)
Universidad Nacional Autónoma de México
Universidad Nacional de Colombia
Universidad de Costa Rica
Universidad de San Francisco de Quito
Universidad de El Salvador; Universidad Nacional Autónoma de Honduras; Universidad Central de Venezuela; Universidad Autónoma de Madrid; Pontificia Universidad Católica del Perú.

@Arroba@

WileyPLUS Go to *WileyPLUS* to find more **Arroba** activities.

Universidades hispanas Explore in your favorite browser information about a university from a Hispanic country such as **Universidad Nacional de Colombia**, **Universidad Nacional Autónoma de México**, or **Universidad de Buenos Aires**. Look for information about **carreras**, **tours de la universidad**, **curso académico**, and **fotos de la universidad**. Then, answer these questions:

¿Qué cursos son familiares para ti? ¿Qué cursos son nuevos?
¿Es esta universidad similar a tu universidad?
¿Cómo es el calendario académico?

VER PARA CREER II: Una visita a la UNAM

WileyPLUS Go to *WileyPLUS* to see this video and to find more video activities.

Go to *WileyPLUS* and the Book Companion Site to play the video in class. You can also find them in the PowerPoint slides.

Antes de ver

Before watching the video, answer the following questions:

1. ¿Qué asignaturas te gustan?
2. Además de español, ¿qué lenguas[13] ofrece tu universidad?
3. ¿De dónde son los estudiantes internacionales de tu universidad?

Después de ver

1. ¿Entendiste? Once you've seen the video, choose the right answer for each question.

1. ¿En qué país está la UNAM?
   a. en México
   b. en Costa Rica
   c. en Venezuela
2. ¿Cuántos estudiantes hay en la UNAM?
   a. Hay pocos estudiantes.
   b. Hay millones de estudiantes.
   c. Hay más de 200.000 estudiantes.
3. ¿De dónde son los estudiantes de la UNAM?
   a. Son de Estados Unidos y de Brasil.
   b. Son de todo el mundo.
   c. Son de México.
4. ¿Qué estudian las personas del video?
   a. Estudian español.
   b. Estudian inglés.
   c. Estudian lingüística.
5. ¿Cómo es la UNAM?
   a. Es pequeña.
   b. Es privada.
   c. Es ordenada.

2. Estudiar en el extranjero ¿Te gusta estudiar en el extranjero? ¿Dónde? ¿Cuándo? ¿Por qué?

3. Enfoque cultural ¿Son diferentes los estudiantes extranjeros de la UNAM a los de tu universidad? ¿De qué países son? ¿Qué estudian los estudiantes extranjeros en tu universidad?

[13] **lenguas:** languages

AUTOPRUEBA

VOCABULARIO

I. ¿Qué clases necesita? Write three subject classes that a student could take for each of these specializations:

Medicina
1. ______________
2. ______________
3. ______________

Answers for **Vocabulario I:** 1. Medicina: biología, química, matemáticas; 2. Negocios: economía, comercio, estadística; 3. Relaciones internacionales: historia, ciencias políticas, derecho

Negocios
1. ______________
2. ______________
3. ______________

Relaciones internacionales
1. ______________
2. ______________
3. ______________

II. Las clases y el calendario Answers for **Vocabulario II:** Answers may vary.

1. ¿Cuál es la fecha de hoy?
2. ¿Cuándo es tu cumpleaños?
3. ¿Qué días tienes la clase de español?
4. ¿En qué meses no vas[14] a la universidad?
5. ¿En qué estaciones no te gusta estudiar?

GRAMÁTICA

I. ¿Cómo somos? Indicate what each of the persons below likes doing. Answers for **Gramática I:** Answers may vary.

bailar viajar hacer yoga
comprar estudiar

MODELO: un compañero de clase → *A Juan le gusta cantar.*

1. un compañero de clase
2. mi profesor/a
3. yo
4. una compañera de clase
5. mi amigo

II. En una fiesta You meet someone you are very interested in. Ask the person questions using the cues provided.

MODELO: Estar bien, estar mal → *¿Cómo estás?*

1. Nombre: ¿Cómo te llamas?
2. Nacionalidad: ¿De dónde eres? / ¿Cuál es tu nacionalidad?
3. Clases, gustar: ¿Qué clases te gustan?
4. Nombre, profesor/a: ¿Cómo se llama tu profesor/a?
5. Hacer, gustar: ¿Qué actividades te gustan hacer?
6. (tu) Asignatura, favorita: ¿Cuál es tu clase favorita?

[14] **vas:** you go

CULTURA

1. ¿En qué meses y estaciones hay clase en las universidades de América del Sur?
2. ¿En qué meses y estaciones no hay clase?
3. ¿Tienen el mismo sistema de calificación que en Estados Unidos (A, B, C, D y F)? Explica tu respuesta.

REDACCIÓN

Un amigo en internet. A new e-friend from Spain wants to get to know you better. Write an e-mail telling him/her a little about yourself. Include the following information:

- A greeting
- Your name
- Your nationality
- A physical description of yourself
- Your personality
- Where you live
- Where you study
- What you study
- What you like to do in your free time
- A farewell

EN RESUMIDAS CUENTAS, AHORA PUEDO...

- ☐ talk about what I like and what I don't like to do.
- ☐ talk about my major and my classes.
- ☐ ask questions using interrogative words.
- ☐ name the days of the week and the months.
- ☐ understand the differences among academic calendars in Spanish-speaking countries.
- ☐ understand the grading system in Spanish-speaking countries.

Answers for **Cultura:** 1. El primer período es en marzo, abril, mayo, junio y parte de julio. En América del Sur, es otoño e invierno. El segundo es en julio, agosto, septiembre octubre, noviembre y tiene parte de diciembre. En América del Sur, es invierno y primavera. 2. No hay clases en enero, febrero, un poco de julio y un poco de diciembre. En América del Sur, es verano. 3. No tienen el sistema de Estados Unidos. Varía (*it varies*) de país a país. Del 1 al 5, del 1 al 10 o del 1 al 20.

VOCABULARIO ESENCIAL

Sustantivos

la escuela (primaria/secundaria) *(elementary/high) school*
el/la profesor/a *teacher, instructor*

Las clases y las carreras — *Courses and careers*

la asignatura *subject, class*
el derecho *law*
el diseño *design*
la enfermería *nursing*
el español *Spanish*
la especialización *major, specialization*
la informática *computer science*
los negocios *business*
la química *chemistry*
el trabajo social *social work*

Cognados: la antropología, el arte, la biología, las ciencias políticas, el comercio, las comunicaciones, la economía, la educación (física), la estadística, las finanzas, el francés, la historia, la ingeniería, el inglés, la literatura, las matemáticas, la medicina, la música, la psicología, las relaciones internacionales, la sociología, el teatro

Expresiones

¿Cuál es la fecha de hoy? *What is today's date?*
¿Cuándo es tu cumpleaños? *When is your birthday?*
el fin de semana *the weekend*
el tiempo libre *free time*
Hoy es... *Today is . . .*
(No) Le gusta... *He/She (doesn't) like(s)...*
(No) Me gusta... *I (don't) like . . .*
¿Qué clases tomas? *What classes do you take?*
¿Qué día es hoy? *What day is today?*
¿Qué te gusta hacer? *What do you like to do?*

Los meses — *Months*

enero *January*
febrero *February*
marzo *March*
abril *April*
mayo *May*
junio *June*
julio *July*
agosto *August*
septiembre *September*
octubre *October*
noviembre *November*
diciembre *December*

Los días de la semana — *Days of the week*

el lunes *Monday*
el martes *Tuesday*
el miércoles *Wednesday*
el jueves *Thursday*
el viernes *Friday*
el sábado *Saturday*
el domingo *Sunday*

Las estaciones — *Seasons*

invierno *winter*
primavera *spring*
verano *summer*
otoño *fall*

Verbos

bailar *to dance*
caminar *to walk*
cantar *to sing*
correr *to run*
dormir *to sleep*
escuchar (música) *to listen (to music)*
esquiar *to ski*
estudiar *to study*
hablar por teléfono (celular/móvil) *to talk on the (cell) phone*
hacer ejercicio *to exercise*
hacer yoga *to do yoga*
ir al cine *to go to the movies*
ir de compras *to go shopping*
jugar (al tenis) *to play (tennis)*
leer *to read*
mirar/ver la televisión *to watch TV*
nadar *to swim*
patinar *to skate*
pintar *to paint*
salir con amigos *to go out with friends*
tocar un instrumento *to play an instrument*
viajar *to travel*

Capítulo

2 Día a día

Use the PowerPoint slides found in the Book Companion Site and *WileyPLUS* to watch the video in class.

VER PARA CREER I: ¡Me gusta regatear!

Watch the video. Then, answer the questions. Don't worry if you don't understand everything. You should be able to follow most of what happens without understanding every single word. At the end of the chapter, you will have an opportunity to watch the video again and understand more.

Now, answer the following questions:

1. Who are the persons in the video, and in what ways are these two persons connected?

2. In what ways are Guatemala and the United States different from or similar to the places you saw in the video?

Sección 1 La rutina diaria

PALABRA POR PALABRA

- Las actividades diarias
- ¿Qué hora es?
- Los números del 1 al 59

HABLANDO DE GRAMÁTICA

- Discussing daily activities (I): Present tense of regular verbs
- Form of address: **Vos**

CULTURA

- Los diferentes aspectos de México
- Distintas ideas de puntualidad

Sección 2 De compras

PALABRA POR PALABRA

- El mercado al aire libre
- La ropa
- Los colores
- Los números del 60 al 10.000

HABLANDO DE GRAMÁTICA

- Expressing likes and dislikes (II): More on the verb **gustar**
- Expressing future plans: **Ir** + **a** + infinitive

CULTURA

- La costumbre del regateo en Guatemala
- Diferentes conceptos del espacio personal

Ver para creer I: 1. The first person is Melanie, a student from the United States. She introduces herself and shows us an open-air market in Guatemala. The second person is a Guatemalan vendor. He is trying to sell a blouse at a reasonable price. 2. In the United States there are also open-air markets where many articles are sold, but the prices are fixed, while in Guatemala, prices can be negotiated.

Trivia: Go to *WileyPLUS* to do the Trivia activities and find out how much you know about these countries!

México y Guatemala

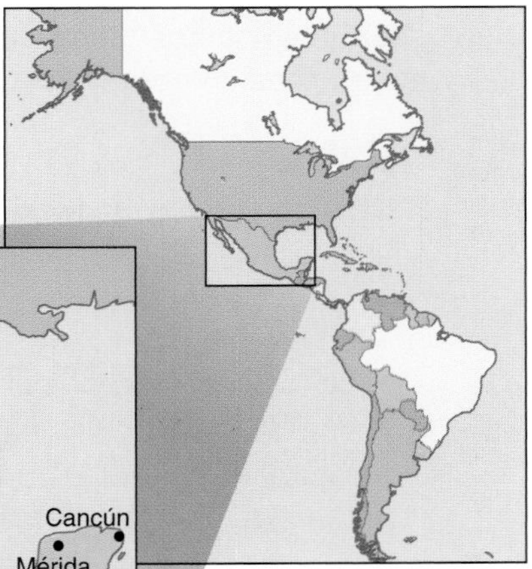

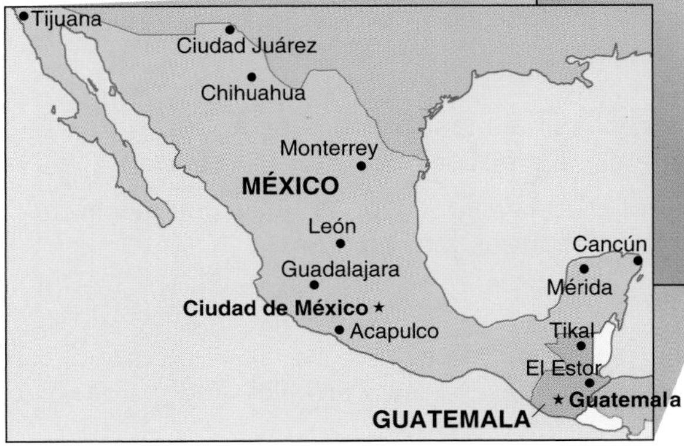

Ver para creer I: To activate background knowledge and introduce students to the chapter theme, play the video from this chapter, with or without the audio. Ask students what they think the chapter is about and what kind of words they think they will learn. Use the video to motivate cultural discussion. At the end of the chapter, students can discuss whether their predictions about the chapter's content and their cultural comments were accurate.

LEARNING OBJECTIVES

By the end of this section you will be able to:

- Discover different realities in Mexico
- Tell time
- Discuss daily activities and actions
- Recognize the use of **vos**
- Understand a different concept of punctuality

Possible answers for **Una imagen vale más que mil palabras**:
1. Es la ciudad de México.
2. Sí, lo es.
3. Hay mujeres, hombres, una fuente, carros, edificios grandes.

Suggestion for **Una imagen vale más que mil palabras:** Point at the main elements of the picture and introduce the words **edificio**, **carros**, **calles grandes**. These words will appear again throughout the chapter and in **Una perspectiva** below.

Una imagen vale más que mil palabras

© Toño Labra/age fotostock

◀ *La ciudad de México*

¿Qué ciudad[1] es?

¿Es una ciudad grande típica?

¿Qué hay en la foto?

UNA PERSPECTIVA

Photo Courtesy of Katherine Stafford

¿Cómo es México?

Walter Bibikow/age fotostock /Getty Images

Jeremy Woodhouse/Photodisc/Getty Images

Suggestion for **Una perspectiva:** Some students might mention that Mexico is corrupt or dangerous. We suggest that instead of refuting their opinion, you point out that one country does not hold a monopoly on corruption or violence. To this effect, the instructor may ask: **¿Hay corrupción en otros países o solo en México? ¿Hay corrupción aquí?** Or **¿No es peligroso transitar ciertas áreas de Estados Unidos? En Europa piensan que en Estados Unidos hay mucha violencia. Son perspectivas interesantes, ¿no?**

Answers for **Una perspectiva:** Answers may vary.

Diferente

"La capital de México es una ciudad muy grande y moderna, pero las ciudades pequeñas con arquitectura colonial también son muy bonitas. Las pirámides de Teotihuacán son muy interesantes. Son increíbles, grandes y antiguas. En Estados Unidos tenemos estructuras indígenas, pero las pirámides de Teotihuacán son realmente impresionantes".

Igual

"Creo que no hay un México estereotípico. Hay varios "Méxicos"...

- un México rápido, tecnológico y rico;
- un México turístico;
- un México pobre;
- un México indígena con su fascinante pasado;
- un México de la clase media.

La capital de México es una ciudad grande típica con mucho tráfico, edificios, ruido[2], contaminación y también áreas muy bonitas".

¿Qué piensas tú?

1. ¿Cuál es tu impresión de México?
   México es... (selecciona una o varias posibles descripciones) grande, pobre[3], bello, rico[4], pequeño, feo, alegre, turístico...
2. ¿Qué ciudades mexicanas conoces[5]?

[1]**ciudad:** city [2]**ruido:** noise [3]**pobre:** poor [4]**rico:** rich [5]**conoces:** you know

The suggested narration for **La pura verdad** can be found in the Appendix. Please use this narration to go over each of the frames with your students. You can also find this section (frames and narration) in the PowerPoint slides, found in the Book Companion Site and *WileyPLUS*.

LA PURA VERDAD I Soy superorganizado

David es un estudiante de Iowa que va a estudiar español en México, D.F.

1.

▲ *A David le gusta organizar todo minuto a minuto.*

2.

3.

8:45 conversar con mis amigos
9:00 ¡aprender mucho en la clase de español!
12:15 comer algo
1:00 regresar a la escuela

4.

5.

6.

▲ *Los compañeros de David llegan a clase a las nueve menos diez.*

2.1-01 Agenda Listen to David's instructor's agenda and arrange her activities in chronological order.

La hora	Actividad
9:00	hablar con los estudiantes sobre sus familias
9:45	explicar la gramática del día
10:30	trabajar en grupos
11:10	leer un libro sobre la ciudad de México
12:15	almorzar
1:05	regresar a la clase
1:30	hablar sobre la cultura azteca
3:00	caminar a casa

Script for **2.1-01:** La profesora de David es muy organizada. A las nueve de la mañana: hablar con los estudiantes sobre sus familias. A las doce y cuarto: almorzar. A las diez menos cuarto: explicar la gramática del día. A la una y cinco: regresar a la clase. A la una y media: hablar sobre la cultura azteca. A las tres: caminar a casa. A las diez y media: trabajar en grupos. A las once y diez: leer un libro sobre la ciudad de México.

PALABRA POR PALABRA

Use the PowerPoint slides found in the Book Companion Site and *WileyPLUS* to do this section in class.

Las actividades diarias *Daily activities*

▲ *En la casa* At home

▲ *En la clase*

Otras actividades diarias

cenar	*to have dinner*
esperar (el autobús)	*to wait (for the bus)*
llegar (a la universidad)	*to arrive (at the university)*
regresar (a casa)	*to return (home)*
empezar (la clase)	*to start (the class)*
pasear	*to go for a walk*
terminar (la tarea)	*to finish (homework/a chore)*
aprender (en clase)	*to learn (in class)*
vivir (en)	*to live (in)*

Cognados: visitar (un museo), practicar (español)

WileyPLUS Go to *WileyPLUS* to review this grammar point with the help of the **Animated Grammar Tutorial**.

¿Qué hora es? *What time is it?*

Es la una en punto.

Son las tres **en punto.**

Son las tres **y** cinco.

Son la tres **y** diez.

Son las tres **y cuarto.**

Son las tres **y** veinte.

Son las seis **y** veinticinco.

Son las tres **y media.**

Son las nueve **menos** veinte.

Son las seis menos cuarto.

Es **mediodía**.

Es **medianoche**.

¿A qué hora...? *At what time...?*

¿A qué hora la profesora llega a la universidad?	*At what time does the teacher arrive at the university?*
Llega a las ocho en punto **de la mañana.** Llega a **tiempo.**	*She arrives at eight o'clock in the morning. She arrives on time.*
Regresa a casa a las seis **de la tarde.**	*She gets back home at six in the evening.*
Cena a las ocho **de la noche.**	*She has dinner at eight in the evening.*

© John Wiley & Sons, Inc.

▲ *Las ocho en punto de la mañana*

Reloj de 24 horas *24-hour clock*

Courtesy of Norma López-Burton

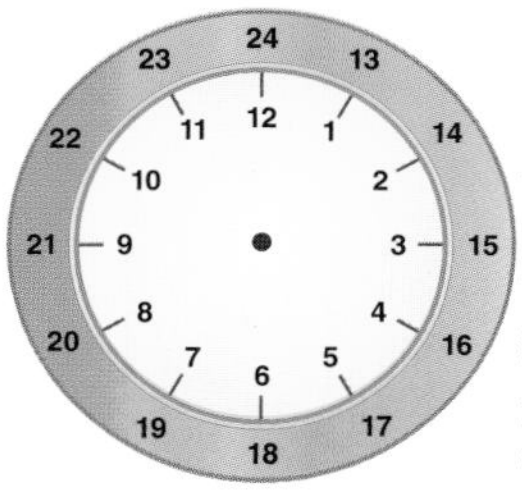

© John Wiley & Sons, Inc.

¿A qué hora sale el autobús para Mérida?	*At what time does the bus leave for Merida?*
Sale a las 23:55. Sale a las veintitrés cincuenta y cinco.	*It leaves at 23:55.*
¿A qué hora sale el autobús para Tapachula?	*At what time does the bus leave for Tapachula?*
Sale a las 20:30. Sale a las veinte treinta.	*It leaves at 20:30.*

¿Qué dicen los mexicanos?

- Hablamos mañana. **- Ándale pues.**	*We'll talk tomorrow.* *OK.*
¡Híjole! ¡Está caro!	*Wow! That's expensive!*
Platica mucho.	*He/she talks a lot.*
- No puedo ir a la plaza contigo. **- Pues, ni modo.**	*I can't go to the plaza with you.* *Oh, too bad!*
¿Me esperas tantito?	*Could you wait for me for just a little bit?*

2.1-02 ¿Qué hacen estas personas famosas? With a classmate, select the activity that best corresponds to each of these artists and celebrities.

MODELO: Laura Esquivel → *Laura Esquivel escribe muy bien.*

1. George López c	a. trabaja en películas de Hollywood.
2. Carlos Santana d	b. pinta "Diego y yo" en 1944.
3. Frida Kahlo b	c. habla con el público.
4. Gael García Bernal e	d. toca la guitarra y canta.
5. Salma Hayek a	e. actúa en *Diarios de motocicleta*.

2.1-03 ¿Qué hora es...? With a classmate, complete and act out each of the following dialogues. Don't look at each other's vignettes. RECYCLES numbers from 1 to 59

Estudiante 1:

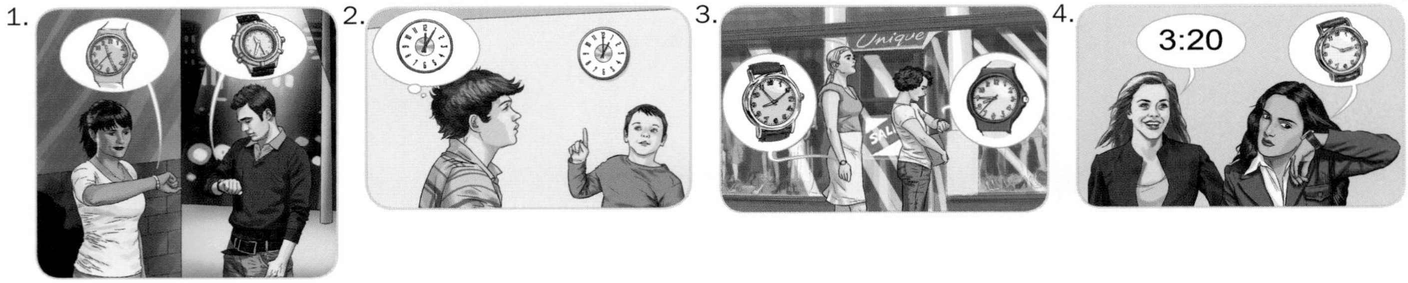

Estudiante 2:

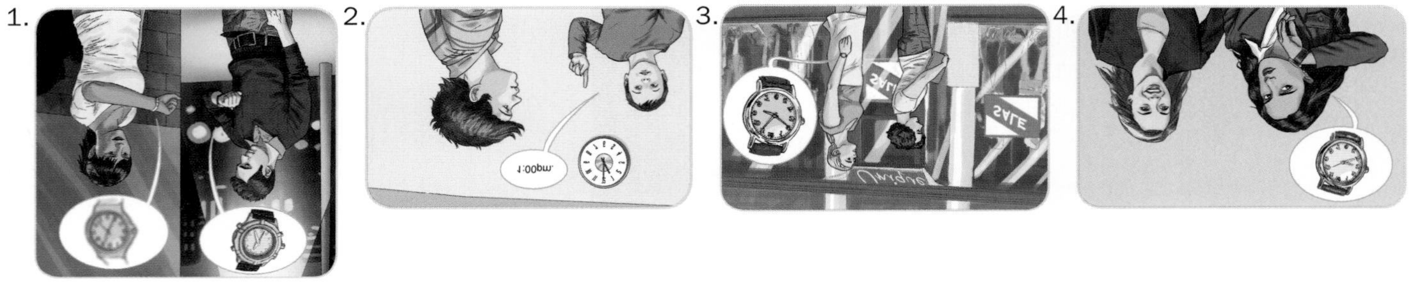

1. Estudiante 1: ¿Qué hora es? ¿Son ________________________?
   Estudiante 2: No, son ________________________.
2. Estudiante 1: ¿Qué hora es? ¿Son ________________________?
   Estudiante 2: No, ________________________.
3. Estudiante 1: ¿Son ________________________?
   Estudiante 2: No, ________________________.
4. Estudiante 1: Mi reloj no funciona, ¿son ________________________?
   Estudiante 2: No, ________________________.

Use the PowerPoint slides found in the Book Companion Site and *WileyPLUS* to do this activity in class.

2.1-04 ¿A qué hora es...? You are at home with a friend deciding what to watch on TV.

Answers for **2.1-04, Paso 1:** Answers may vary. **Paso 2:** Answers may vary. **Paso 3:** Answers may vary.

Paso 1: Select four programs that you think your friend would like and then recommend them to your friend.

Suggestion for **2.1-04:** Encourage your students to indicate the duration of the programs, saying when the show starts and when it ends, by using prepositions **de** and **a** (i.e., **El programa Cristina es de 2 a 4 de la mañana**).

MODELO:

Estudiante 1: *Te recomiendo el programa* Cristina. *Es un programa de variedades.*
Estudiante 2: *¿A qué hora es?*
Estudiante 1: *Es a las 2 de la mañana.*
Estudiante 2: *Mmmhhh, no me gusta ver la televisión por la noche...*

CANAL 4 TV – PROGRAMACIÓN
Jueves 11 de febrero

06:00	*Avance informativo* (noticias)[6]
06:45	*Guasanga* (infantil)
08:00	*Hoy* (variedades)
10:30	*Arriesga TV* (entretenimiento)
12:00	*Se vale* (variedades)
14:00	*A la mesa* (cocina)[7]
15:00	*A las 3* (noticias)
16:00	*Ellas con las estrellas* (variedades)
17:00	*La barranca de la muerte* (cine)
19:00	*Mar de amor* (telenovela)
21:00	*A las 9* (noticias)
22:00	*Nada es para siempre* (serie)
23:30	*Solo de fútbol* (deportes)
01:30	*¿Qué me pasa, doctor?* (salud)[8]
02:00	*Cristina* (variedades)[9]
04:00	*Clásicos de control* (variedades)
05:00	*Tercer grado* (interés general)

Paso 2: Now decide what you are going to watch among the programs you and your friend recommended and tell the rest of the class. What is the most popular program and time to watch TV among your classmates?

Paso 3: In pairs, talk about your favorite TV shows.

¿Cuál es tu programa favorito? ¿A qué hora es? ¿Qué tipo de programa es?

2.1-05 Los gustos RECYCLES: gustar.

Paso 1: Looking at the drawings, ask your partner what these people like to do. Hint: Remember the words learned in Chapter 1.

MODELO: *¿Qué le gusta hacer a David?*
A David le gusta jugar videojuegos.

1. A David le gusta...

2. A la profesora le gusta...

3. A Nidia le gusta...

Answers for **2.1-05:** Answers may vary.

Use the PowerPoint slides found in the Book Companion Site and *WileyPLUS* to do this activity in class.

Paso 2: Now talk about yourself with your partner. Are you more like David, like **la profesora** or like Nidia? What do you like to do?

Yo soy más como ___________ porque en casa me gusta ___________, pero fuera de casa me gusta ___________.

[6] **noticias:** news [7] **cocina:** cooking [8] **salud:** health [9] **variedades:** variety

HABLANDO DE GRAMÁTICA I

WileyPLUS Go to *WileyPLUS* to review this grammar point with the help of the **Animated Grammar Tutorial** and the **Verb Conjugator**.

1. Discussing daily activities (I): Present tense of regular verbs

Spanish verbs are classified in three groups, depending on their endings: **-ar**, **-er,** and **-ir** verbs. These are the infinitive endings, and **mirar, comer,** or **escribir** are the infinitive form of the verbs. In English, the infinitive form of a verb consists of two words: *to look, to eat, to write*. The infinitive is the form we find in dictionaries. As in English, some Spanish verbs are regular and some are irregular. In this chapter you will learn the present tense of regular verbs.

In order to form different tenses (present, past, future), you have to conjugate the verb by dropping the infinitive ending (**-ar, -er, -ir**) and adding the appropriate endings according to the tense and subject of the verb. To form the present tense of regular verbs, substitute the infinitive ending with the present tense endings.

Regular *-ar* verbs

Singular		Plural	
(yo)	-o	(nosotros/as)	-amos
(tú)	-as	(vosotros/as)	-áis
(él, ella, Ud.)	-a	(ellos/ellas/Uds.)	-an

Regular *-er/-ir* verbs

Singular		Plural	
(yo)	-o	(nosotros/as)	-emos/-imos
(tú)	-es	(vosotros/as)	-éis/-ís
(él, ella, Ud.)	-e	(ellos/ellas/Uds.)	-en

	mirar	comer	escribir
	(to look at, to watch)	*(to eat)*	*(to write)*
(yo)	mir**o**	com**o**	escrib**o**
(tú)	mir**as**	com**es**	escrib**es**
(él, ella, Ud.)	mir**a**	com**e**	escrib**e**
(nosotros/as)	mir**amos**	com**emos**	escrib**imos**
(vosotros/as)	mir**áis**	com**éis**	escrib**ís**
(ellos/as, Uds.)	mir**an**	com**en**	escrib**en**

In Spanish, the present tense is used to express different meanings. *I speak* (simple present, habitual action), *I am speaking* (action in progress), or *I will speak* (near future) can all be translated as the single form (**yo**) **hablo**.

The present tense can also be used to discuss past events, and it is widely used to narrate history. This is the historical present:

Frida Kahlo y Diego Rivera **se casan** en 1929.	*Frida Kahlo and Diego Rivera get married in 1929.*

In Chapter 1, Section 1 you learned that personal pronouns (*I, you, he,* etc.) are used much less frequently in Spanish than in English because the verb endings usually tell us to whom the verb refers. Compare with English: *I/you/we/they look, He/she look***s**. In Spanish there is no need to use personal pronouns unless you have to avoid ambiguity or to add emphasis:

Él habla español, pero **yo** solo hablo inglés.	*He speaks Spanish, but I only speak English.*
Ellos llegan a casa a las dos, **nosotros** llegamos a las tres.	*They get home at two, we get home at three.*

Exercises labeled with an individual student icon in the **Hablando de gramática** section are intended to be assigned as homework.

2.1-06 Asociaciones Remember David, from **La pura verdad**? Associate the people in column **A** with the activities in column **B**. Remember to pay attention to the form of the verbs! Then decide whether the sentences are true (**Cierto**) or false (**Falso**).

Note for **2.1-06**: The purpose of this exercise is to recognize which verb endings go with which subject. Only 1st person singular, 3rd person singular, and 3rd person plural are used. This forces students to focus on verb endings, which they don't normally do.

MODELO: *David estudia español en México* (Cierto).

A
David
Sus compañeros de clase
Yo

B	CIERTO	FALSO
1. __David__ escribe su horario del día en un cuaderno.	☐	✓
2. __Yo__ hablo español.	☐	☐
3. __Sus compañeros de clase__ hablan y practican español.	✓	☐
4. __David__ camina tres millas.	☐	✓
5. __Yo__ miro televisión en la mañana.	☐	☐
6. __David__ corre a la parada del autobús.[10]	☐	✓
7. __Yo__ escribo muchos textos a mis amigos.	☐	☐
8. __Sus compañeros de clase__ aprenden mucho en la clase.	✓	☐
9. __Sus compañeros de clase__ caminan de la escuela a su casa.	✓	☐

2.1-07 Cuestionario I

Answers for **2.1-07:** Answers may vary.

Paso 1: Complete the following questionnaire with information about yourself.

	Yo
MODELO: *¿Qué toman con la cena?*	*Tomo agua.*
1. ¿Qué cereal comes por la mañana?	________
2. ¿Qué programa de televisión miras los jueves?	________
3. ¿Qué bebes cuando tienes sed[11]?	________
4. ¿A qué hora regresas los sábados por la noche?	________
5. ¿Dónde vives?	________
6. ¿Cuándo paseas por la ciudad?	________

Paso 2: Now use the **tú** form of the verbs to interview a classmate. Write down his or her answers.

MODELO: Estudiante 1: *¿Qué tomas con la cena?* *Mi compañero toma agua con limón.*

Estudiante 2: *Tomo agua con limón.*

Paso 3: Now write a short paragraph to describe similarities and differences. What do you both do? How do you differ?

MODELO: *Los dos tomamos agua con la cena, pero él... y yo...*

Suggestion for **2.1-07:** Have a whole-class check: **Ustedes, ¿qué toman con la cena?** Find out if there is a pair that has similar answers for all items.

[10] **parada del autobús:** bus stop [11] **tienes sed:** you are thirsty

Suggestions for **2.1-08**: **Paso 1** can be assigned as homework. The next day students can do **Paso 2** in class, and do **Paso 3** as homework to report on the next day in class. Suggested question for follow-up: **¿Con qué frecuencia conversan ustedes en español con otras personas fuera de clase?**

Answers for **2.1-08:** Answers may vary.

2.1-08 Actividades de los estudiantes

Paso 1: Write down how frequently you do the activities on the following list. Use the **¿Con qué frecuencia?** expressions.

MODELO: comer en la cafetería de la universidad
→ *A veces como en la cafetería de la universidad.*

ACTIVIDADES	FRECUENCIA
1. llegar a tiempo a clase	
2. conversar en español con amigos fuera de clase	
3. hablar de política en clase	
4. visitar un museo	
5. aprender sobre otros países	
6. estudiar vocabulario nuevo	
7. preguntar en clase a el/la profesor/a	
8. practicar deportes	

¿Con qué frecuencia? ***How frequently?***

a menudo	*often*
a veces	*sometimes*
casi nunca	*hardly ever*
(casi) siempre	*(almost) always*
con frecuencia	*frequently*
dos/tres/cuatro… veces por semana	*twice/three/four… times a week*
dos/tres/cuatro… veces por mes	*twice/three/four… times a month*
los fines de semana	*on the weekends*
muchas veces	*many times*
nunca	*never*
todas las mañanas	*every morning*
todas las noches	*every night*
todas las tardes	*every afternoon*
todos los días	*everyday*
una vez por semana	*once a week*

Paso 2: Now ask a classmate and complete a similar table.

MODELO: Estudiante 1: *¿Con qué frecuencia comes en la cafetería?*
Estudiante 2: *Nunca como en la cafetería de la universidad porque es muy cara.*

ACTIVIDADES	FRECUENCIA
1. comer en la cafetería	Nunca come en la cafetería.
…	…

Paso 3: Write a short paragraph to report to the class.

MODELO: *Paula siempre llega a tiempo a clase, y también siempre _______ pero nunca…*

The suggested narration for **La pura verdad** can be found in the Appendix. Please use this narration to go over each of the frames with your students. You can also find this section (frames and narration) in the PowerPoint slides, found in the Book Companion Site and *WileyPLUS*.

LA PURA VERDAD II No es una vida loca

Tres meses después[12], David está acostumbrado a la vida en México.

1.

▲ *Camina a la universidad.*

2.

Parada

▲ *David espera el autobús.*

3.

Buenos días.

▲ *David llega a las 9:00 en punto.*

4.

▲ *La clase termina a las 2:00.*

5.

¿A qué hora almorzamos?
Pues, ahorita.

▲ *Los niños corren. David habla con la señora.*

6.

▲ *Todos almuerzan.*

7.

▲ *La señora mira una telenovela.*

8.

8:00 tomar autobús
9:00 clase
2:00 almuerzo

9.

10.

2.1-09 La vida en México Listen to the narration and decide which activity does not belong in the series.

1. a	(b)	c
2. a	b	(c)
3. (a)	b	c

Script for **2.1-09:** 1. ¿Qué hace David por la mañana? (a) Camina a la escuela. (b) Cena con la familia. (c) Estudia para su clase de español. 2. ¿Qué hacen los niños por la tarde? (a) Miran la telenovela. (b) Corren con el perro. (c) Cocinan para la familia. 3. ¿Qué hacen muchas familias por la noche? (a) Estudian español. (b) Caminan por la plaza. (c) Empiezan a cocinar.

[12] **después:** later

HABLANDO DE GRAMÁTICA II

2. Form of address: *Vos*

The subject pronoun **vos** is used as an equivalent or instead of **tú** in several Spanish-speaking countries. The use of **vos** as a form of address is known as **voseo**. In general, the use of **vos** usually entails more intimacy than **tú** in those places where both forms are used (Guatemala and most of Central America). However, in some areas only **vos** is used, never **tú** (Argentina, Paraguay, and Uruguay).

Note about the **voseo**: This short presentation is intended for recognition only and is by no means comprehensive. The purpose of this section is for students to acknowledge the existence of **voseo** in Spanish, especially for those students planning on visiting Spanish-speaking countries where **vos** is used. If you are familiar with any of the Spanish varieties that use **vos**, we encourage that you use this section as a point of departure for a more in-depth discussion of the subject.

In most countries **vos** has its own corresponding conjugated form in the present tense, which is similar to the **vosotros** form but without the final **-i-** for those verbs ending in **-ar** and **-er**. For those verbs ending in **-ir**, the **vosotros** and the **vos** form is the same:

(vosotros) miráis	→	(vos) mirás
(vosotros) coméis	→	(vos) comés
(vosotros) escribís	→	(vos) escribís

Tú form	**Vos** equivalent
¿Comes tamales con frecuencia?	*¿Comés tamales con frecuencia?*
¿Caminas mucho?	*¿Caminás mucho?*
¿Miras la televisión por la noche?	*¿Mirás la televisión por la noche?*

2.1-10 Cuestionario 2 You are traveling to Guatemala for your next vacation and you will be hearing the **vos** form of address.

Paso 1: Use the questions from activity **2.1-07** and adapt them to use the **vos** form. Interview a different classmate and note their answers.

Answers for **2.1-10:** Answers may vary.

MODELO: Estudiante 1: ¿Qué tomás con la cena?
Estudiante 2: Tomo agua.
Mi compañero toma agua con la cena.

1. ¿Qué comés por la mañana? ______________________
2. ¿Qué programa de televisión mirás los jueves? ______________________
3. ¿Qué tomás cuando tenés sed? ______________________
4. ¿A qué hora regresás los sábados por la noche? ______________________
5. ¿Dónde vivís? ______________________
6. ¿Cuándo paseás por la ciudad? ______________________

Suggestion for **2.1-10**, **Paso 2:** Ask individual students what they found out about their classmates, for example: **¿Cómo son Jennifer y Cindy? ¿Qué toman con la cena?** Find out if there is a pair that has similar answers for all items.

Paso 2: Now write a short paragraph in which you describe similarities and differences between the two classmates that you have interviewed in both questionnaire activities.

MODELO: *Las dos toman agua con la cena, pero Jennifer toma jugo y Cindy siempre toma agua.*

OTRA PERSPECTIVA

Courtesy of David Tenorio González

¿Qué hora es?

Diferente

"En Estados Unidos son más estrictos con la hora. Parece[13] que el reloj controla la vida. La puntualidad es muy importante. En México, si hay una fiesta a las 8:00 de la noche, en realidad, los invitados llegan a las 9:00 o a las 10:00".

Note for **Otra perspectiva:** Normally school classes, business meetings, work, and similar activities follow a strict schedule. Informal functions such as parties, dinners, or private gatherings usually don't begin on time. Although we are not trying to assign a value judgment to this issue, it is interesting to mention the two perspectives. Mexicans think United States citizens are controlled by the clock, and therefore "don't know how to live;" while United States citizens think that a lack of punctuality is a serious character flaw. Point out that there are times when it is OK or preferable in this country to be fashionably late. Some cultures just have more of those instances than others.

Igual

"Al igual que en Estados Unidos, en México se respeta el horario de las clases de la universidad, de los programas de televisión y del trabajo".

Explícale a Raúl

1. ¿Es importante la puntualidad para ti?
2. ¿Es importante llegar a tiempo siempre? ¿Cuándo no es importante?
3. ¿Llegas a tiempo o no, a...
   la clase de español?
   una fiesta?
   una reunión informal con amigos?
   una cita[14] con tu profesor/a?

MANOS A LA OBRA

2.1-11 ¡México! Write five numbers underneath each letter, within the range given. Your instructor will call out different numbers. Say **¡México!** when you cross out all the numbers in a horizontal or vertical line.

M (1–10)	**É** (11–20)	**X** (21–30)	**I** (31–40)	**C** (41–50)	**O** (51–59)

Suggestion for **2.1-11:** Play as you would Bingo. Have your students write any five numbers within the range given under each letter. Call the numbers at random and keep track of them. Students will have to recognize the different numbers that you call and cross them out in their respective charts, practicing number recognition.

Answers for **2.1-11:** Answers will vary.

[13] **Parece:** It seems [14] **cita:** appointment

Use the PowerPoint slides found in the Book Companion Site and *WileyPLUS* to do this activity in class.

Suggestion for **2.1-12:** After the students team up in pairs, each student should focus only on one drawing, covering the other one. Instruct the students to describe what each entity in the pictures is doing. Then have students recite their descriptions to their partners. One will have to rely on his/her partner's information to find the six differences.

Answers for **2.1-12** and **2.1-13:** Answers may vary.

2.1-12 Un domingo en el Parque de Chapultepec, en Ciudad de México

Paso 1: What are these people doing on a Sunday? Work with a classmate to find six differences between the two drawings.

A

© John Wiley & Sons, Inc.

B

© John Wiley & Sons, Inc.

Estudiante 1: Describe el dibujo A: *En mi dibujo, un hombre corre.*
Estudiante 2: Describe el dibujo B: *En mi dibujo, tres muchachas corren.*

Paso 2: Now prepare a list of the differences and report to class. Which pair was the fastest to find? List the differences.

Suggestion for **2.1-13:** As a whole-class check, have different group representatives come to the board and write their lists for each ideal person. Identify those activities that are common to all lists and which ones are the top three for each person.

2.1-13 ¿Cómo es la persona ideal?

Paso 1: In groups of three or four, decide which are the typical activities or actions that describe the following people.

MODELO: El profesor ideal *explica bien, inspira y motiva a los estudiantes.*

1. El padre/La madre ideal...
2. La pareja ideal...
3. El/La estudiante ideal...
4. El/La amigo/a ideal...
5. El/La hijo/a ideal...

Paso 2: Now, report to the class. What are the opinions of the class as a whole?

2.1-14 ¿Qué haces durante el día? What do you do on a daily basis? Ask your classmates and write the name of those who respond affirmatively.

MODELO: Estudiante 1: *¿Hablas por teléfono?*
Estudiante 2: *Sí, hablo por teléfono con otros amigos. / No, no hablo por teléfono.*

¿Quién de la clase...	Nombre
1. habla mucho por teléfono con sus padres?	______
2. estudia todo el vocabulario?	______
3. llama a sus amigos por la noche?	______
4. escribe mensajes de texto?	______
5. mira videos de YouTube?	______
6. come mucho?	______
7. mira a la gente pasar?	______
8. habla de política?	______
9. escucha música?	______

Suggestion for **2.1-14**: Have your students stand up and ask each other these questions. Make sure they are answering in Spanish. Remind your students that when asking questions to one particular classmate, they have to change the verb to the **tú** form. Once they find somebody responding affirmatively, they should write down their names on the **Nombre** column. When time is up, do a whole-class check: **¿Quién habla mucho por teléfono con sus padres? ¿Quién llama a sus amigos por la noche?** or require students to report about their classmates and use the third person singular, e.g., **Lauren habla mucho por teléfono con sus padres.**

Answers for **2.1-14** and **2.1-15:** Answers may vary.

2.1-15 ¡Una foto en familia!

Paso 1: Bring a personal picture to class. Show the picture to a classmate and talk about it.

–Describe what you are doing in the picture and say how frequently you do this with your family.
–Describe the place.
–Describe the time.
–Explain why you like the picture.

MODELO: *En esta foto como con mi familia. Todos los días ceno con mis padres y mi hermana. En esta foto estamos de vacaciones. Estamos en un restaurante francés. Son las ocho de la noche y en el restaurante hay turistas estadounidenses, italianos y españoles. Me gusta la foto porque paso tiempo con mi familia y me gusta hablar, comer y beber con ellos. En la foto celebramos el 25 aniversario de mis padres.*

Paso 2: Describe your friend's picture to the class; share the information and explain why the picture is important to him or her.

Courtesy of María Belén Pardo Ballester

▲ *Una cena con la familia Hernández*

MODELO: *En esta foto Natalia come con su familia. A Natalia le gusta la foto porque le gusta comer, beber y hablar con su familia.*

WileyPLUS Go to *WileyPLUS* and listen to **Presta atención.**

Script for **2.1-16: Presta atención: El paseo de David:** Después de cenar, David pasea con sus amigos. Hoy es viernes y David ve en la plaza a muchos chicos y chicas de su edad. Algunos chicos hablan, otros miran a la gente que pasea. Cuando David camina con sus amigos ve a otros amigos mexicanos. Ellos hablan mucho y muy rápido. Sus amigos le invitan a ir a bailar a la discoteca. David mira el reloj y son las once. Sus amigos mexicanos, Antonio y Adolfo, esperan una respuesta de David. Finalmente David responde que a él también le gusta bailar y que no todos los días baila en las discotecas. Cuando están en la discoteca, David baila con Adolfo, Antonio y más amigos. ¡Está contento! David mira otra vez el reloj y son las 3:00 de la mañana. A las 5:00 regresa a casa.

2.1-16 Presta atención: El paseo de David You will now learn more about David's life in Mexico. Listen carefully and select the appropriate answers.

1. David pasea con sus amigos el...
   a. lunes.
   b. miércoles.
   (c.) viernes.
   d. sábado.
2. En la plaza David ve a...
   a. amigos de la universidad.
   b. amigos de su familia mexicana.
   c. amigos del autobús.
   (d.) sus amigos mexicanos.
3. David decide...
   a. regresar a casa después del paseo.
   (b.) aceptar la invitación de sus amigos mexicanos.
   c. beber un café con sus amigos.
   d. visitar la plaza a menudo.
4. David regresa a casa...
   a. después de pasear por la plaza.
   (b.) después de bailar en la discoteca.
   c. después de hablar con su familia.
   d. después de caminar solo por la plaza.
5. David regresa a casa...
   a. a las once de la noche.
   b. a las dos de la mañana.
   c. a las tres de la mañana.
   (d.) a las cinco de la mañana.

2.1-17 Por escrito: Una carta personal Write a personal letter to a friend answering these questions:

- ¿Qué estudias este semestre (trimestre/año)?
- ¿A qué hora son tus clases?
- ¿Dónde comes?
- ¿A qué hora comes?
- ¿Adónde vas por la noche?
- ¿Te gusta bailar por la noche?
- ¿Dónde haces la tarea?
- ¿Trabajas mañana?
- ¿Cuándo?
- ¿...?

Then, review the grammar, vocabulary, and the spelling. Use the format in the illustration as a model.

Monterrey,
29 de agosto de 2014
Querida Elisa:
Hoy es 29 de agosto y estoy aquí en casa
Un beso

¡OJO!

Proofreading
Before turning in your letter, proofread your writing to make sure that subjects and verbs, and nouns, articles, and adjectives agree in time, gender, and number, and make sure all words are spelled correctly, including accent marks.

PONTE EN MI LUGAR

La fiesta de un amigo A friend invites you to a party at 9:00 p.m. You arrive at 9:15 p.m. and only one other person has arrived! While other people arrive, have a conversation with the other guest.

- Saluda.
- Pregunta qué hora es.
- Pregunta su nombre y de dónde es.
- Pregunta la hora otra vez.
- Habla sobre tus pasatiempos. ¿Qué te gusta hacer?
- Habla sobre la universidad y las clases que tomas.
- Pregunta la hora otra vez.

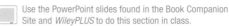

Estrategias para conversar

Emphasize one word or group of words over the rest This might be an adverb, a noun, an adjective, or the verb of a sentence, depending on the purpose of the speaker's message (e.g., **¿te gusta BAILAR por la noche?**). A speaker emphasizes the part of the sentence or expression most important to his or her message.

Use the PowerPoint slides found in the Book Companion Site and *WileyPLUS* to do this section in class.

ASÍ ES LA VIDA

Adivina, adivinador

¿Qué se repite una vez[15] cada minuto, dos veces[16] cada momento y nunca en cien años? La letra *m*

Chiste

¿Qué le dice el 3 al 30?
Para ser como yo, debes[17] ser sincero (sin-cero).

@Arroba@

WileyPLUS Go to *WileyPLUS* to find more **Arroba** activities.

Las revistas Explore in your favorite browser information about "Revistas de México para adolescentes." Look for magazines you can find online. Then, check the website from the selected magazine. Answer the following questions:

1. ¿Qué temas presenta esa revista? Escribe cuatro temas.
2. Escribe cinco cognados de la página web. Modelo: foro – *forum*
3. ¿Qué temas son importantes para ti?
4. ¿Qué diferencias hay entre la página web de la revista en español y la página web de una revista en inglés?

Answers for **Arroba:** Answers for 1-3 may vary. 4. The only difference is the language. In English and Spanish websites you can find images, advertisements, blogs, followers of Twitter, Facebook, MySpace, YouTube, videos, and much more.

ENTÉRATE

Antes de leer

1. **¿Qué tipo de texto es?** Whether you realize it or not, you quickly categorize texts by their format, layout, the images that accompany them, and also by their titles and subtitles. What is your first impression of the following text? By just looking at the design of the reading and its format, can you identify what the content might be?
   a. horoscope
   b. finding pen pals or email friends
   c. letters to the editor

Answers for **Antes de leer**: 1. b; 2. a; 3. Cognates: romántico, pasatiempos, fotografía, conservar, coleccionar, poemas, versos, observar, telescopio, amable, clases, golf, animales, mexicana, modelar, jazz, ballet, pasar, reggaetón, música, pop, sociable, chat, chatear, extrovertida, piano, guitarra, grupo musical, rock, disco, video

Estrategias para leer

Cognates These words are similar in both languages. For example, **pasatiempos** and *pastimes*, or **música** and *music*, are cognates. Even at this level you may understand a lot of Spanish words because there are so many that are similar in English.

[15] **una vez:** once [16] **dos veces:** twice [17] **debes:** you should

2. **¿De qué trata?** See if you can identify the content of each message. Obviously, the first part is the person's name, age, and email address. After skimming through the information in Adolfo's and Andrés' messages, can you guess what **pasatiempos** means?
   a. pastimes b. courses studied c. time in the past
3. **Cognados** Before you read the messages for meaning, look through the two of the messages and make a list of at least six cognates.

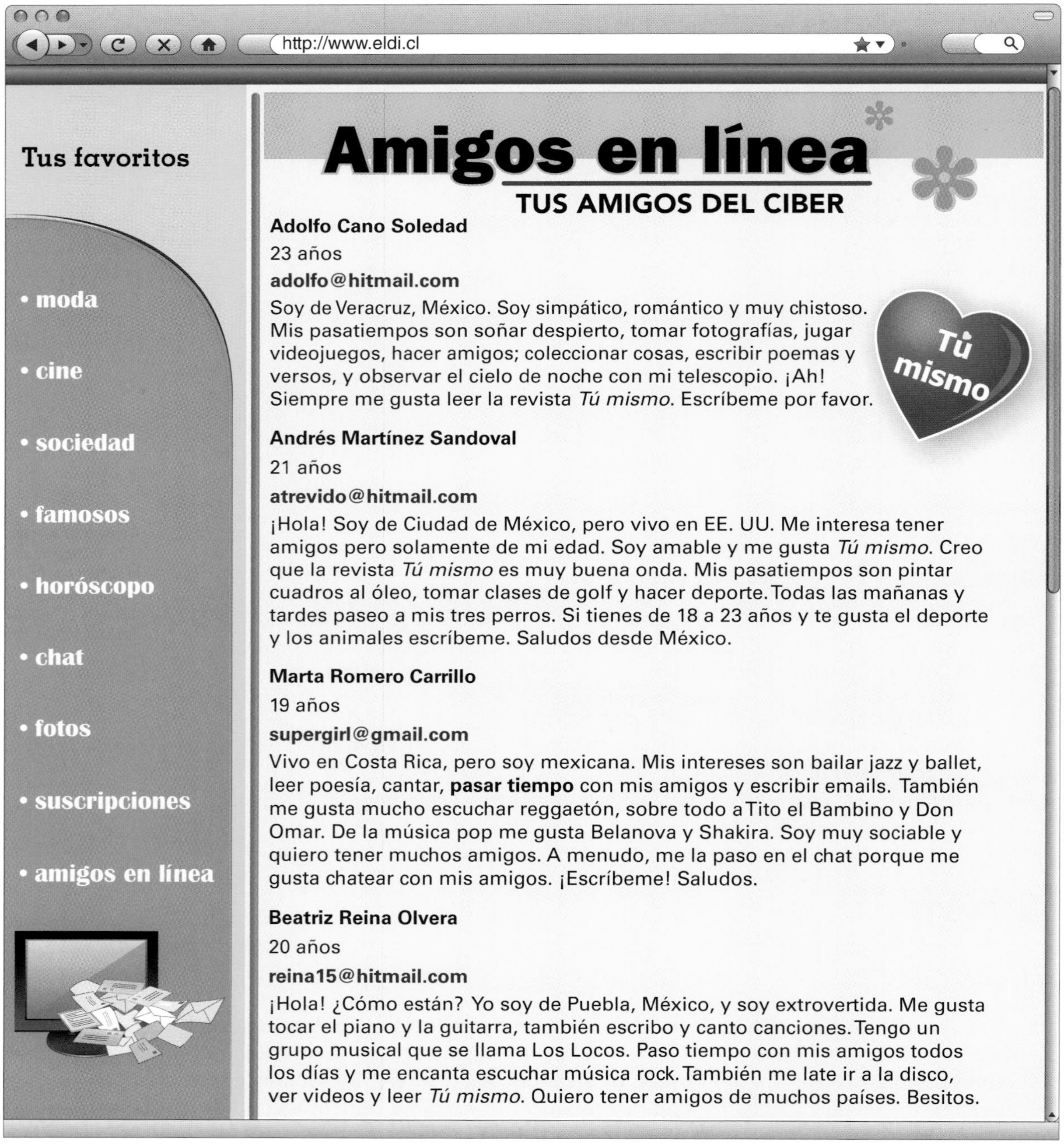

http://www.eldi.cl

Tus favoritos

- moda
- cine
- sociedad
- famosos
- horóscopo
- chat
- fotos
- suscripciones
- amigos en línea

Amigos en línea

TUS AMIGOS DEL CIBER

Tú mismo

Adolfo Cano Soledad

23 años

adolfo@hitmail.com

Soy de Veracruz, México. Soy simpático, romántico y muy chistoso. Mis pasatiempos son soñar despierto, tomar fotografías, jugar videojuegos, hacer amigos; coleccionar cosas, escribir poemas y versos, y observar el cielo de noche con mi telescopio. ¡Ah! Siempre me gusta leer la revista *Tú mismo*. Escríbeme por favor.

Andrés Martínez Sandoval

21 años

atrevido@hitmail.com

¡Hola! Soy de Ciudad de México, pero vivo en EE. UU. Me interesa tener amigos pero solamente de mi edad. Soy amable y me gusta *Tú mismo*. Creo que la revista *Tú mismo* es muy buena onda. Mis pasatiempos son pintar cuadros al óleo, tomar clases de golf y hacer deporte. Todas las mañanas y tardes paseo a mis tres perros. Si tienes de 18 a 23 años y te gusta el deporte y los animales escríbeme. Saludos desde México.

Marta Romero Carrillo

19 años

supergirl@gmail.com

Vivo en Costa Rica, pero soy mexicana. Mis intereses son bailar jazz y ballet, leer poesía, cantar, **pasar tiempo** con mis amigos y escribir emails. También me gusta mucho escuchar reggaetón, sobre todo a Tito el Bambino y Don Omar. De la música pop me gusta Belanova y Shakira. Soy muy sociable y quiero tener muchos amigos. A menudo, me la paso en el chat porque me gusta chatear con mis amigos. ¡Escríbeme! Saludos.

Beatriz Reina Olvera

20 años

reina15@hitmail.com

¡Hola! ¿Cómo están? Yo soy de Puebla, México, y soy extrovertida. Me gusta tocar el piano y la guitarra, también escribo y canto canciones. Tengo un grupo musical que se llama Los Locos. Paso tiempo con mis amigos todos los días y me encanta escuchar música rock. También me late ir a la disco, ver videos y leer *Tú mismo*. Quiero tener amigos de muchos países. Besitos.

to spend time

Después de leer

1. En el texto Identify in the messages in the previous page examples of the vocabulary and grammar topics you studied in this section: (1) verbs in the present tense, (2) infinitives, and (3) expressions to indicate the frequency of doing activities.

Answers for **Después de leer: En el texto**: *Reading from Adolfo:* (1) soy, me gusta, escríbe(me); (2) sonar, tomar, jugar, hacer, conservar(los), coleccionar, escribir, observar, leer; (3) siempre. *Reading from Andrés:* (1) soy, vivo, interesa, me gusta, creo, es, son, paseo, tienes, te gusta, escríbeme; (2) tener, pintar, tomar, hacer; (3) todas las mañanas y tardes. *Reading from Marta:* (1) vivo, soy, son, me gusta, quiero, paso, escríbeme; (2) modelar, bailar, leer, cantar, pasar, escribir, escuchar, tener, chatear; (3) a menudo. *Reading from Beatriz:* (1) están, soy, me gusta, escribo, canto, tengo, se llama, paso, me encanta, me late, quiero; (2) tocar, escuchar, ir, ver, leer, tener; (3) todos los días.

2. ¿Entendiste? Read the four messages and select or answer with the appropriate information according to the reading.

1. ¿Quién toca un instrumento?
   a. Adolfo
   b. Andrés
   c. Marta
   (d.) Beatriz
2. ¿Quién baila y por qué?
   a. Adolfo, porque es chistoso.
   b. Andrés, porque le gusta el deporte.
   (c.) Marta, porque bailar es uno de sus intereses.
   d. Beatriz, porque le gusta la discoteca.
3. ¿Quiénes son lectores?
   a. Adolfo y Andrés leen con frecuencia.
   b. Andrés lee libros en inglés.
   c. Marta y Beatriz leen poco.
   (d.) Todos leen.
4. ¿Qué significa "La revista *Tú mismo* es buena onda"?
   a. Es una revista aburrida.
   (b.) Es una revista buena.
   c. Es una revista negativa.
   d. Es una revista con ondas.
5. ¿Qué significa "me late ir a la disco"?
   a. Quiero un café en la disco.
   (b.) Me gusta ir a la disco.
   c. Ahoritita mismo quiero bailar.
   d. Detesto la música de la disco.
6. ¿Cómo se llama la persona que tiene los intereses más similares a los tuyos[18]? ¿Qué intereses tienen en común? Answers may vary.

EN TUS PROPIAS PALABRAS

Estrategias para escribir

Write your own message In the previous section **Entérate** you saw different messages. Now, it is time for you to write your own. Start by brainstorming to generate ideas related to the information you want to share with a new pen pal from Mexico. Remember that your message is important in order to practice Spanish, to know more about his or her culture, and to exchange ideas. Then, organize your pre-writing thoughts and create a description or yourself including your likes and dislikes. Remember to (a) use complete sentences to form a paragraph by using connectors when necessary; (b) include some cognates that you learned in the reading; (c) review your message to make sure that you used the right grammar and vocabulary; and (d) review mechanics such as spelling.

Tú mismo: Use two of the messages of the previous reading as a model and write your own message.

[18] **tuyos:** yours

AUTOPRUEBA

VOCABULARIO

I. ¿Qué hora es? All your friends have a different time! Look at these clocks and say what time it is.

1.

2.

3.

4.

5.

Answers to **Vocabulario I:** 1. Son las doce del mediodía. 2. Son las doce menos cuarto. 3. Son las doce y cinco. 4. Son las once menos veinte. 5. Es la una y diez.

II. ¿A qué hora...? Write down at what time these student's classes and activities take place.

MODELO: *Toma matemáticas de las ocho a las nueve menos diez.*

Clase de español 10:30–12:00
Comer en la cafetería de la universidad 12:05–1:10
Clase de biología 1:30–2:50
Clase de tenis en el gimnasio 3:45–5:00
Hablar con amigos en el café 5:15–7:45
Cenar con la familia 7:16–8:00

1. Toma español de las diez y media al mediodía.
2. Come en la cafetería de las doce y cinco a la una y diez.
3. Toma biología de la una y media a las tres menos diez.
4. Toma clase de tenis de las cuatro menos cuarto a las cinco.
5. Habla con sus amigos de las cinco y cuarto a las ocho menos cuarto.
6. Cena con la familia de las siete y dieciséis a las ocho.

GRAMÁTICA

I. Las actividades de mis amigos Use the verbs in the list to write complete sentences with information about your friends and your best friend specifically. Connect the sentences with **pero**.

MODELO: *Mis amigos bailan en las fiestas, pero a mi amiga Cristina no le gusta bailar.*

leer mirar ver correr cenar practicar escribir

II. De visita en México o Guatemala What do you and your friends do when you visit a country like Mexico or Guatemala? Select one of the following verbs for each sentence and write the appropriate form of the present tense.

caminar escribir comer hablar beber mirar visitar

1. Mis amigos y yo ____visitamos____ las ciudades más importantes.
2. No me gusta ir en taxi, a mí me gusta ____caminar____.
3. Nosotros todos ____comemos____ la comida local.
4. Mi amigo Gerardo es un casanova. Él ____escribe____ poemas a las muchachas y ____habla____ con ellas en español.
5. Mis padres ____miran____ artesanía en los mercados.
6. ¿Y los mexicanos? Ellos ____beben____ limonada, ¡qué rica!

CULTURA

Answers to **Cultura:** 1. Las clases, y el trabajo empiezan a tiempo. Las fiestas, citas y comidas informales no empiezan a tiempo. 2. El almuerzo es a las 2:00 o a las 3:00. La cena es a las 8:00 o a las 9:00. 3. Sí.

1. When is it important to be on time in Mexico?
2. At what time (approximately) do they have lunch and dinner in Mexico?
3. In countries like Mexico or Guatemala, is it common to see children still up at 10 p.m.?

REDACCIÓN

Write about the activities that you do during a typical day and at what time. Answer the following questions:

- ¿Qué haces por la mañana, por la tarde y por la noche y a qué hora en un día típico?
- ¿Qué te gusta hacer todos los días? ¿Qué te gusta hacer a veces?

EN RESUMIDAS CUENTAS, AHORA PUEDO...

- ☐ discover the different realities in Mexico.
- ☐ tell time.
- ☐ discuss daily activities and actions.
- ☐ recognize the use of **vos.**
- ☐ understand a different concept of punctuality.

VOCABULARIO ESENCIAL

Sustantivos

el autobús	*bus*
la casa	*house, home*

Cognados: la actividad, la familia

Expresiones

¿A qué hora es...?	*What time is . . . ?*
Es medianoche.	*It's midnight.*
Es mediodía.	*It's noon.*
¿Qué hora es?	*What time is it?*
Es la / Son las...	*It is...*
en punto	*o'clock*
y cuarto	*quarter past*
y media	*thirty past*
menos cuarto	*a quarter to*
de la mañana	*in the morning*
de la tarde	*in the afternoon*
de la noche	*in the evening/at night*

Verbos

aprender	*to learn*
beber	*to drink*
cenar	*to have dinner*
cocinar	*to cook*
comer	*to eat*
empezar	*to start*
escribir	*to write*
esperar	*to wait*
lavar (los platos)	*to wash (the dishes)/ to do the dishes*
llegar (a)	*to arrive (to)*
llegar a tiempo	*to arrive/be on time*
pasear	*to go for a walk*
regresar	*to return*
terminar	*to finish*
tomar	*to take / drink*
trabajar	*to work*
vivir	*to live*

Cognados: conversar, practicar, responder, visitar

LEARNING OBJECTIVES

By the end of this section you will be able to:

- Negotiate in an open market
- Describe clothing
- Identify colors
- Use numbers from 60 and on
- Talk about what I and other people like
- Tell what you are planning to do
- Understand the different concept of physical contact

Possible answers for **Una imagen vale más que mil palabras:** 1. Caminan, hablan, venden, compran, miran la ropa, pagan, escuchan… 2. Answers may vary. 3. Posiblemente es más barato, porque es una venta directa, sin intermediarios.

Una imagen vale más que mil palabras

Wendy Connett/Robert Harding World Imagery/Getty Images

◀ *Un mercado al aire libre*

¿Qué hacen las personas de la foto?

¿Hay algo similar en tu comunidad?

¿Crees que las cosas son más caras[1] o más baratas[2] que en un gran almacén?

UNA PERSPECTIVA

Photo Courtesy of Ryan Sokol

Note for **Una perspectiva:** Please note that answers will vary depending on the students' background and family culture.

Answers for **Una perspectiva:** Answers may vary. Possible answers for #3: **cuando compramos automóviles, en las ventas de garaje, cuando compramos casas**

La ropa y el mercado

Diferente

"En Guatemala, en general, observo que las personas llevan ropa un poco más formal en el trabajo y a la universidad. Las secretarias, las recepcionistas y los empleados[3] de la tiendas de ropa se visten[4] más formalmente que en EE. UU. También veo que en muchos mercados se puede negociar el precio. Esto se llama *regatear*".

©Marta NASCIMENTO/REA/Redux

Igual

"Las personas que trabajan en las oficinas se visten muy bien, pero los jóvenes, al igual que en Estados Unidos, llevan camisetas y *jeans*. En Estados Unidos también podemos regatear cuando compramos casas o automóviles".

¿Qué piensas tú? Con un/a compañero/a, habla sobre la ropa que usamos en Estados Unidos y marca con una X la situación correspondiente.

1. ¿Dónde llevamos ropa formal en EE. UU.?
   _____ en el trabajo
   _____ en fiestas
   _____ en reuniones familiares
   _____ en la universidad
2. ¿Cuándo llevamos ropa informal en EE. UU.?
   _____ en un avión
   _____ en casa
   _____ cuando salimos con amigos
   _____ en la universidad
3. ¿Cuándo regateamos en Estados Unidos?
   _____ en los supermercados
   _____ cuando compramos automóviles
   _____ en las ventas de garaje[5]
   _____ cuando compramos casas

[1] **caras:** expensive [2] **baratas:** cheap [3] **empleados:** employees [4] **se visten:** they dress [5] **ventas de garaje:** garage sales

The suggested narration for **La pura verdad** can be found in the Appendix. Please use this narration to go over each of the frames with your students. You can also find this section (frames and narration) in the PowerPoint slides, found in the Book Companion Site and *WileyPLUS*.

LA PURA VERDAD I ¡Barato, barato!

Jonah es un estudiante de Estados Unidos que vive en Guatemala. Una mañana, decide visitar un mercado al aire libre.

1.

▲ *Mercado Central en la ciudad de Guatemala*

2.

3.

4.

5.

6.

7.

8.

2.2-01 Más compras en el mercado Listen to the narration and decide which article is the cheapest or the most expensive.

1. ¿Qué es más barato?
   a. los sombreros (b.) las blusas c. los pantalones
2. ¿Qué es más caro?
   a. las camisas (b.) los zapatos c. los relojes
3. ¿Qué es más caro?
   (a.) los anillos b. los trajes c. las pulseras

Script for **2.2-01:**

1. Pase, pase. Está todo muy barato. Tengo sombreros a 95 quetzales, blusas a 84 quetzales y pantalones a 112 quetzales.
2. Adelante, adelante. Para usted que es muy simpática tengo camisas a 85 quetzales, zapatos muy bonitos a 131 quetzales y relojes a 76 quetzales.
3. El cliente mira más artículos en el mercado. Las pulseras son muy bonitas. Cuestan 53 quetzales. Los trajes tienen colores muy brillantes. Cuestan 133 quetzales. Unos anillos de plata muy bonitos cuestan 152 quetzales.

PALABRA POR PALABRA

Use the PowerPoint slides found in the Book Companion Site and *WileyPLUS* to do this section in class.

El mercado al aire libre *Outdoor market*

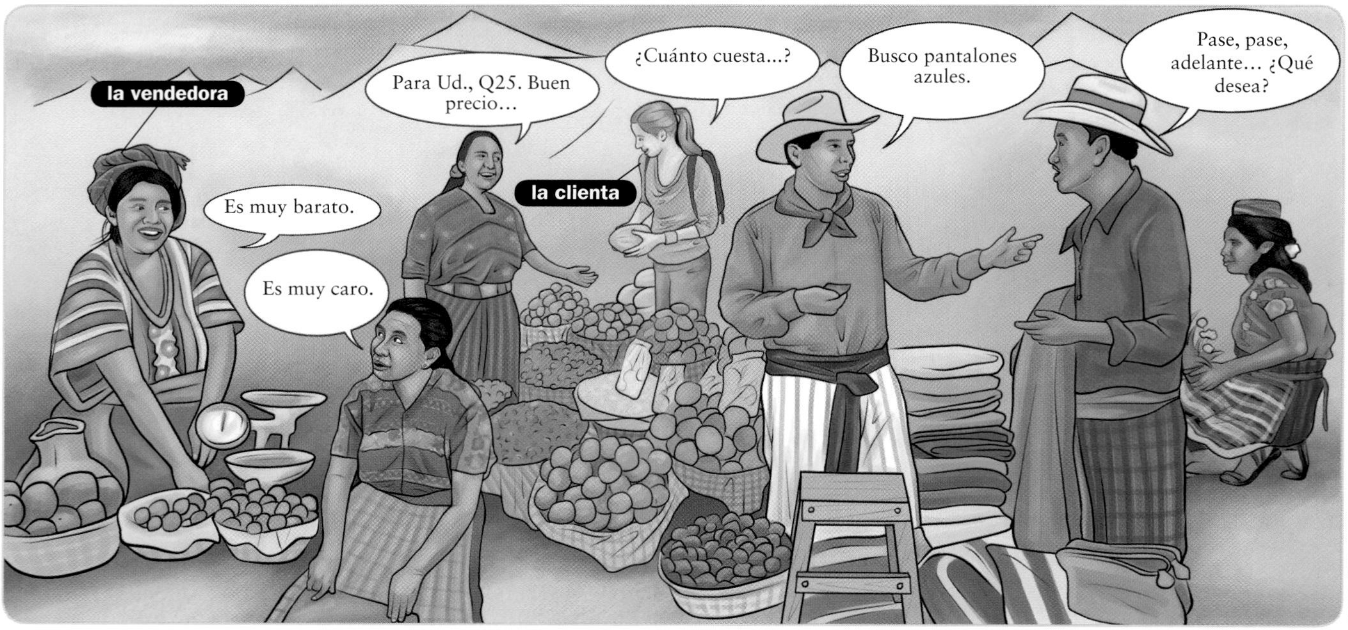

¿Qué dicen en el mercado? *What is said in the market?*

Es muy barato/a.	*It is very cheap.*
Es muy caro/a.	*It is very expensive.*
¿Cuánto cuesta/cuestan...?	*How much is it/are they?*
Para Ud., Q25. Buen precio...	*For you, Q25. It's a good price...*
Pase, pase, adelante...	*Come in, come in...*
¿Qué busca/desea?	*What are you looking for?*
el precio (fijo)	*(fixed) price*

¿Qué hacen? *What do they do?*

comprar	*to buy*
ir de compras	*to go shopping*
rebajar	*to reduce*
regalar	*to buy a present*
regatear	*to negotiate a price*
vender	*to sell*

Cognados: costar, insistir

Los colores

Photo Courtesy of Elena Herrero

La ropa y los complementos	*Clothing and accessories*
la artesanía	*arts and crafts*
la comida	*food*
la flor	*flower*
las zapatillas de deporte/los tenis	*tennis shoes*
la plata	*silver*
el oro	*gold*
el regalo	*present*
el reloj	*watch*
el traje	*suit*
los zapatos	*shoes*

Cognados: la blusa, la bota

Para hablar de la ropa

¿Qué llevas?	*What are you wearing?*
¿Qué te gusta llevar?	*What do you like to wear?*

Los números del 60 al 10.000

60	*sesenta*
70	*setenta*
80	*ochenta*
90	*noventa*
100	*cien*
101	*ciento uno*
110	*ciento diez*
200	*doscientos*
300	*trescientos*
400	*cuatrocientos*
500	*quinientos*
600	*seiscientos*
700	*setecientos*
800	*ochocientos*
900	*novecientos*
1.000	*mil*
1.001	*mil uno*
1.100	*mil cien*
1.101	*mil ciento uno*
2.000	*dos mil*
10.000	*diez mil*

¿Qué dicen los guatemaltecos?

¡Perfecto! ¡Está a todo dar!	*Perfect! It's super cool!*
Ya te agarro la onda.	*I understand you now.*
Son mis cuates.	*They are my friends.*
¡Está padre/padrísimo!	*That's very cool!*

All of these expressions are also used in other Spanish-speaking countries.

Note for **Palabra por palabra:** Some Spanish-speaking countries, like Spain, use a comma to indicate a decimal point and a period where we use a comma with numbers. A number like 22,222.00 (English) = 22.222,00 (some Spanish-speaking countries).

Use the PowerPoint slides found in the Book Companion Site and *WileyPLUS* to do this activity in class.

Answers for **2.2-02:** Answers will vary but here are some examples: Para ti: (*varies with gender*); Para él: camisas, pulseras, relojes de hombre, pantalones, cinturones, CD, DVD; Para ella: aretes, blusas, pulseras, pantalones, ponchos, camisas, botas, cinturones, CD, DVD; Para los dos: (*anything on the list*).

2.2-02 ¿Qué venden? You are visiting a market in Antigua, Guatemala, with a friend. Look at the objects on the table. Which ones are appropriate for you, for your friend, and for both of you?

Para ti	Para él/ella	Para los dos
______________	______________	______________
______________	______________	______________
______________	______________	______________
______________	______________	______________

Suggestion for **2.2-03:** Have students do the interview in pairs. Then follow up with a whole-class discussion to see how many agree with their answers.

Answers for **2.2-03:** Answers may vary.

2.2-03 ¿Qué te gusta? RECYCLES interrogative words.

Paso 1: Complete the sentences with information that is true about you.

1. Mi color favorito es el…
2. No me gusta nada el color…
3. Me gusta ir de compras en…
4. Frecuentemente compro…
5. En un mercado al aire libre me gusta comprar…
6. En mi opinión, un buen regalo para un hombre en su cumpleaños es… y para una mujer…
7. En mi opinión, nunca debes regalar…

Paso 2: Now, transform the sentences into questions. Interview a classmate and write down his or her answers.

MODELO: Estudiante 1: Mi color favorito es el azul. → *¿Cuál es tu color favorito?*
Estudiante 2: Mi color favorito es el azul.

Paso 3: Now write a short paragraph to describe similarities and differences between the two of you. Do you have similar opinions?

MODELO: *El color favorito de los dos es el azul y a los dos nos gusta ir de compras en…*

2.2-04 ¿Cuánto cuesta? In pairs, take turns interviewing each other. Make a list of what the other person is wearing and the approximate price of each article.

MODELO: Estudiante 1: *¿Cuánto cuestan los tenis que llevas?*
Estudiante 2: *Pues, cuestan $40 más o menos.*

Suggestions for **2.2-04:** Have your students add up the cost of most of the articles they are wearing or have in their backpacks. You make the rules. See who is the most frugal student and the most extravagant in a whole-class follow-up. Keep it light-hearted and fun.

2.2-05 ¡A comprar! In activity **2.2-02** you choose the articles that you wanted to buy. Now it is time to talk to the seller.

Paso 1: Get together with another classmate who is the seller. Use your list from activity **2.2-02** to ask the price of each article; write down the price.

MODELO: Cliente 1: *¿Cuánto cuestan los aretes de oro?*
Vendedor: *Cuestan Q1.200 (mil doscientos quetzales).*
Cliente 2: *Ay no, son muy caros. ¿Y cuánto cuesta/n…?*

Paso 2: Choose the articles that you want to buy and calculate the total.

MODELO: Cliente 1: *Bien, vamos a comprar…*
Cliente 2: *En total, todo cuesta…*

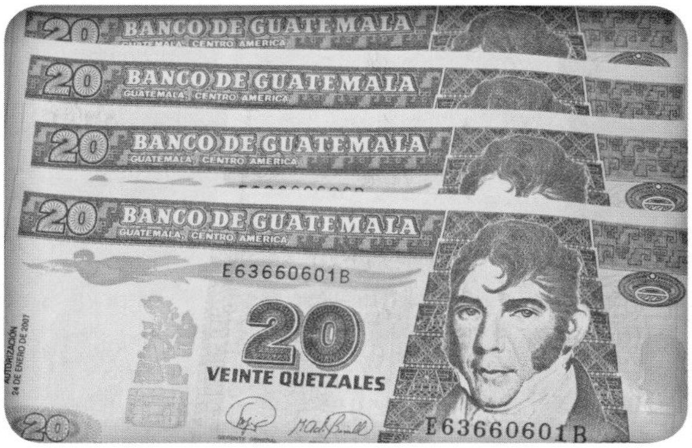

Michelle Gilders/Alamy Limited

▲ *El quetzal es la moneda de Guatemala.*

Para ti	Para él/ella	Para los dos
______	______	______
______	______	______
Total: ______	Total: ______	Total: ______

Suggestion for **2.2-05:** After you do the activity tell students to pair up with another student in the class. This student will be the seller, who will have to look at the previous page in order to see how much each article costs. The two students who play the role of clients should ask how much each article in their lists costs. Encourage bargaining if possible. After completing **Paso 2**, the two students buying presents should decide which ones they would like to buy, and calculate their total. At the end of the activity, share with the entire class. Ask what they bought, who spent the biggest amount, who was successful at bargaining, etc. Write on the board the word **compré** so that they can list what they bought after it.

Answers for **2.2-04** and **2.2-05:** Answers may vary.

HABLANDO DE GRAMÁTICA I

WileyPLUS Go to *WileyPLUS* to review this grammar point with the help of the **Animated Grammar Tutorial** and the **Verb Conjugator.**

Verb *Gustar*
Go to page 47 in Chapter 1 to review the *gustar* form. Do you remember how to say: *I like shopping*?

1. Expressing likes and dislikes (II): More on the verb *gustar*

In Chapter 1, Section 2, you learned to talk about what people like or do not like using **me/te/le gusta** + *infinitive*. Remember that **gustar** literally means "to be pleasing (to someone)." **Me/te/le** refer to the person to whom a thing or activity is pleasing:

–Jonah, ¿**te gusta** ir de compras?	–*Jonah, do you like to go shopping? (lit.: Is shopping pleasing to you?)*
–Sí, **me gusta** muchísimo. ¡Especialmente en Guatemala!	–*Yes, I like it a lot. Especially in Guatemala!*

When referring to something one likes, as opposed to an activity that one likes, the thing being liked or disliked usually follows **gustar** and is the subject of the verb (i.e., **gustar** agrees with it). Thus, the verb form will either be third person singular (**gusta**) or plural (**gustan**). When referring to whom something is pleasing, use the pronouns **me/te/le** for singular or **nos/os/les** for plural. You will learn more about these pronouns in Chapter 5, Section 2.

Person to whom something is pleasing			Thing(s) liked
(a mí)	*to me*	**me gusta(n)**	**el/la** + *singular noun* **los/las** + *plural noun*
(a ti)	*to you (informal)*	**te gusta(n)**	
(a él/a ella/a usted)	*to him/her to you (formal)*	**le gusta(n)**	
(a nosotros)	*to us*	**nos gusta(n)**	**el/la** + *singular noun* **los/las** + *plural noun*
(a vosotros)	*to you (informal, Spain)*	**os gusta(n)**	
(a ellos/a ellas/ a ustedes)	*to them to you (informal, Lat. Am.; formal, Spain)*	**les gusta(n)**	

–¿**Les gusta** la ropa que hay en los mercados al aire libre?	–*Do you like the clothes that they have at open-air markets?*
–Sí, y también **nos gustan** las artesanías.	–*Yes, and we also like arts and crafts.*

- **Le/les** may refer to different people. If the context does not make it clear to whom something is pleasing, the preposition **a** + *the person's name* is used to clarify:

A los padres de Jonah **les gustan** los regalos de Guatemala.	*Jonah's parents like the presents from Guatemala.*

- To express dislike for something, insert **no** before the pronoun **me, te, le, nos, os, les**. You can express different degrees of liking something using **mucho** or **nada**:

–¿**No** les gusta regatear?	–*You don't like bargaining?*
–No, ¡**no** nos gusta **nada**! Pero a Jonah le gusta **mucho**.	–*No, we don't like it at all! But Jonah likes it a lot.*

2.2-06 ¿Qué tal una blusa? Today, Jonah is in the market. Complete the dialogues with **me, te, le, nos, les** and **gusta** or **gustan**.

Exercises labeled with an individual student icon in the **Hablando de gramática** section are intended to be assigned as homework.

Answers to **2.2-06:** 1. Le gusta; 2. me gusta; 3. le gustan; 4. les gustan; 5. nos gusta

All illustrations © John Wiley & Sons, Inc.

2.2-07 ¿Te gusta o no?

Answers for **2.2-07:** Answers may vary.

Paso 1: Complete the following sentences with vocabulary words from **Palabra por palabra**. Pay attention to the verb form!

	Estudiante 1	Estudiante 2
1. Me gusta…	_____	_____
2. No me gusta…	_____	_____
3. Me gusta mucho…	_____	_____
4. No me gustan nada…	_____	_____
5. Me gustan muchísimo…	_____	_____

Paso 2: Now change the statements into questions and interview two classmates to find out what they like.

MODELO: Estudiante 1: *A mí me gusta muchísimo regatear, y a ti,*
 ¿te gusta regatear?
 Estudiante 2: *No, a mí no me gusta mucho.*

Paso 3: With the information on **Pasos 1 y 2**, write down two sentences with **nos** and two sentences with **les** to report your results to the class.

MODELO: *A nosotros tres nos gusta(n)…*
 A Pablo y a Miranda (no) les gusta(n) (mucho)…

The suggested narration for **La pura verdad** can be found in the Appendix. Please use this narration to go over each of the frames with your students. You can also find this section (frames and narration) in the PowerPoint slides, found in the Book Companion Site and *WileyPLUS*.

LA PURA VERDAD II Planes para las vacaciones

Un grupo de amigos que estudian español en México hablan sobre sus planes para las vacaciones de Semana Santa.

1.

2.

3.

4.

5.

6.

7.

Script for **2.2-08:** ¿Qué van a hacer ahora las amigas? Hay muchas cosas que hacer en Guatemala. A Sonia le gusta mucho caminar. Le gusta visitar museos y le gusta comprar ropa. A Ana le gusta más comer, beber café y observar a las personas. A las dos les gusta la cultura maya y por eso deciden tomar un tour a Santa Cruz. Sonia va a hacer kayaking y nadar y Ana va a sacar fotos. ¡Perfecto!

2.2-08 Después de la procesión Listen to the narration and decide if the sentences are true (**Cierto**) or false (**Falso**).

	CIERTO	FALSO
1. A Sonia no le gusta caminar y pasear.	☐	☑
2. A Ana y a Sonia les gusta la cultura maya.	☑	☐
3. Las dos van a comprar ropa en Santa Cruz.	☐	☑

HABLANDO DE GRAMÁTICA II

2. Expressing future plans: *Ir* + *a* + infinitive

WileyPLUS Go to *WileyPLUS* to review this grammar point with the help of the **Animated Grammar Tutorial** and the **Verb Conjugator**.

It is possible to talk about the near future in Spanish by using the verb **ir** + **a** + verb in the infinitive. In Chapter 2, Section 1 you learned that the infinitive is the non-conjugated form of the verb, which in English it consists of two words, like *to buy* (**comprar**), *to eat* (**comer**), and *to live* (**vivir**).

–¿**Vas a comprar** ese vestido verde?	–*Are you going to buy that green dress?*
–No, **voy a comprar** la camiseta marrón.	–*No, I am going to buy the brown t-shirt.*
–Bien, porque después **vamos a ver** más tiendas con otras cosas bonitas.	–*OK, because we are going to see more stores with other beautiful things.*

ir (*to go*)			
(yo)	voy	(nosotros/as)	vamos
(tú)	vas	(vosotros/as)	vais
(él, ella, Ud.)	va	(ellos, ellas, Uds.)	van

This construction is used frequently to talk about what we are going to do later today, tomorrow, next week, next month, etc.

Time expressions to talk about future plans	
esta noche	*tonight*
(pasado) mañana	*(the day after) tomorrow*
la semana que viene, la próxima semana	*next week*
el mes/año que viene, el próximo mes/año	*next month/year*
por la mañana/tarde/noche	*in the morning/afternoon/evening*

Exercises labeled with an individual student icon in the **Hablando de gramática** section are intended to be assigned as homework.

¡OJO!

a + el = al

You can also use **ir** + **a** + *noun* in order to express destination. To ask where someone is going, use the interrogative word **adónde.**

–Sonia ¿**adónde** vas de vacaciones?	–*Where are you going on vacation?*
–**Voy a** Antigua.	–*I'm going to Antigua.*

2.2-09 ¿Adónde van estas personas y qué van a hacer? Write sentences that describe each of the following drawings.

Possible answers to **2.2-09**: 1. Jonah va al parque. Va a correr. 2. Ana y Sonia van a las ruinas mayas. Van a visitar las pirámides. 3. Mis amigos y yo vamos a una cafetería. Vamos a platicar/conversar. 4. Los estudiantes de español van a la biblioteca. Van a estudiar.

◀ *Jonah va al mercado. Va a comprar regalos para la familia.*

▲ *1. Jonah…*

▲ *2. Ana y Sonia…*

▲ *3. Mis amigos y yo…*

▲ *4. Los estudiantes de español…*

▲ *5. Esta noche, yo…*

Answers for **2.2-10:** Answers may vary.

2.2-10 Los planes

Paso 1: Complete the sentences with information about you.

MODELO: *Esta noche voy a estudiar para la clase de español.*

1. Esta noche...
2. Mañana por la mañana...
3. El próximo sábado...
4. El verano que viene...
5. Las próximas vacaciones...

Paso 2: Now, change the statements into questions and interview a classmate.

MODELO: Estudiante 1: *¿Vas a estudiar español esta noche?*
Estudiante 2: *No, voy a mirar mi programa favorito.*

Paso 3: With the information you have gathered, write a short paragraph to report to the class.

MODELO: *Esta noche Nora va a... pero yo voy a...*
Mañana por la mañana nosotros/as dos vamos a...

Note for **2.2-11:** This is an information gap activity in which each student has half of the information. Make sure students complete the grid without looking at each other's grid (Student B should have his book upside down). They should also ask each other questions about their weekend. Have students comment on their partner's answers: **¿Ah sí? ¿Qué película vas a ver?** At the end, have pairs report to the class. As a class, find out which is the activity that everyone is going to do.

2.2-11 Planes para el fin de semana

Paso 1: Working with a partner, ask each other questions to find out what these friends did. Each of you has half of the information. Then, ask each other what you are going to do this weekend.

MODELO: Estudiante A: *¿Ana y Sonia van a mirar una película?*
Estudiante B: *No, no van a mirar una película.*
Estudiante A: *Y tú, ¿vas a mirar una película?*
Estudiante B: *Sí, voy a mirar... o No, no voy a mirar una película.*

Estudiante A	Jonah	Ana y Sonia	compañero/a
Mirar una película	sí		
Dormir hasta muy tarde		sí	
Comer en un restaurante	no	no	
Jugar al tenis		sí	
Estudiar en la biblioteca	no		
Mirar la televisión			
Ir de compras			

Estudiante B	Jonah	Ana y Sonia	compañero/a
Mirar una película		no	
Dormir hasta muy tarde	sí		
Comer en un restaurante			
Jugar al tenis	sí		
Estudiar en la biblioteca		sí	
Mirar la televisión	no	no	
Ir de compras	no		

Paso 2: At the end, decide if you have similar plans for the weekend and report to the class.

MODELO: *Mi compañero/a y yo no vamos a hacer las mismas cosas porque él/ella va a... y yo...*

OTRA PERSPECTIVA

Courtesy of Flor Romero de Slowing

Espacio personal

Diferente

"Pienso que hay más contacto físico en Guatemala. Es posible ver a dos hombres, si son familia o muy amigos, caminar con una mano en el hombro[6] del otro. Es común ver a dos mujeres, si son amigas, caminar del brazo.[7] Los besos[8] y los abrazos son parte de mi vida. En Estados Unidos, ¿los hombres se abrazan? ¿Las mujeres caminan del brazo?"

Note for **Otra perspectiva:** The cultural differences we are trying to explore are personal space, physical contact, and greeting practices.

Answers for **Otra perspectiva:** Answers may vary.

Igual

"Cuando recién conocemos a alguien,[9] los guatemaltecos le damos la mano, como en EE. UU. En situaciones de trabajo o en el mundo de los negocios es muy común darse la mano. En Guatemala, también nos damos la mano en ocasiones formales, igual que en Estados Unidos".

Explícale a Flor ¿Qué es más común ver en Estados Unidos?

	muy común	común	poco común
1. Dos mujeres que caminan del brazo por la calle.	☐	☐	☐
2. Dos amigos que se saludan con un abrazo.	☐	☐	☐
3. Dos hombres que se dan la mano.	☐	☐	☐
4. Dos mujeres que se saludan con un beso… dos besos…	☐	☐	☐
5. Dos hombres que caminan con una mano en el hombro.	☐	☐	☐

Ruth Eastham & Max Paoli/ Lonely Planet Images /Getty Images

Cardinal/ Corbis

[6] **hombro:** shoulder [7] **del brazo:** arm in arm [8] **besos:** kisses [9] **cuando recién conocemos a alguien:** when we are meeting someone

MANOS A LA OBRA

Use the PowerPoint slides found in the Book Companion Site and *WileyPLUS* to do this activity in class.

Suggestion for **2.2-12:** Ask students to take turns asking each other about their partner's interests. Then reach an agreement on what they decide to visit. Encourage them to connect sentences using transition words (introduced in **Estrategias para escribir** Chapter 1, Section 1). Answers may vary but an example is: **Voy a ir al parque nacional *porque* me gusta montar en bicicleta, *pero* mi compañero va a visitar el museo Popol Vuh.**

Answers for **2.2-12:** Answers may vary.

2.2-12 Sitios turísticos You are visiting Guatemala with a friend and you are trying to decide what to do.

Paso 1: Talk to your partner about places of interest to you. You can use these questions:

1. ¿Qué te gusta visitar?
2. ¿Cuándo vas a ir?
3. ¿Qué te gusta?

Paso 2: Decide which places you are visiting. Use transition words such as **pero, porque, y, por ejemplo, también**...

MODELO: *Vamos a visitar Antigua, porque nos gusta la arquitectura colonial y también...*

BIENVENIDOS A GUATEMALA

El Museo Popol Vuh

akg-images/Bildarchiv Steffens

Abierto de lunes a sábado: 9:00 a 12:00 y 14:00 a 17:30

Una de las colecciones de arte de la civilización maya más importante: cerámica, máscaras, esculturas, altares

Antigua, Guatemala

© Ocean/Corbis

- *Ciudad Patrimonio de la Humanidad por la UNESCO*
- *Arquitectura colonial*
- *Patios españoles*
- *Catedral de San José*
- *Museo Colonial*
- *Convento de Santa Catalina*

Las ruinas de Kaminal Juyú

Abierto de lunes a domingo: 8:00 a 16:00 horas

© Radius Images/Alamy

- *Sitio arqueológico prehispánico*
- *Grandes templos*
- *Campo de fútbol antiguo*
- *Objetos de cerámica*
- *Museo*

Parque Nacional de las Naciones Unidas

- *Espacio verde protegido en el área metropolitana de Ciudad de Guatemala*
- *Lago de Amatitlán*
- *Volcán de Pacaya*
- *Exposición natural de reptiles y serpientes*
- *Actividades de* canopy, *bicicleta, campamentos*
- *Vistas impresionantes*

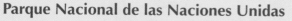

© Stefano Paterna/Alamy

2.2-13 ¿Cuánto cuesta? Your instructor will show you articles such as pencils, coins, books, etc. In groups, guess the price of each article. The group that comes the closest to guessing the price, without going over, wins.

Suggestions for **2.2-13:** Divide the class into groups of 4 or 5. Select articles (preferably from the vocabulary list) and give each group the chance to guess the price in quetzales, $1 = Q8. Monitor the groups to ensure that the negotiations of prices occur in Spanish. The group closest to the actual price wins one point. Repeat with several items. Reward the group that wins.

2.2-14 Adivinos

Paso 1: In groups, select a classmate and guess what your classmate's future will be like in 20 years.

MODELO: *Esta persona va a ser un profesor muy famoso en una universidad. Va a hablar español muy bien. Va a tener una casa en México y va a tener cinco hijos…*

Paso 2: Taking turns, the leader of each group informs the class about the future of a student. The class will guess the name of the student.

Suggestion for **2.2-14:** Encourage your students to predict the future based on identifiable characteristics of their classmates so that the rest of the class can guess whose future they are predicting.

2.2-15 ¿A quién de la clase…? Find out more about the likes and dislikes of your classmates. Move around the classroom and ask a different question to each classmate. Write down the names of those classmates.

MODELO: Estudiante 1: *¿Te gusta el color morado?*
Estudiante 2: *Sí, me gusta el color morado.*

¿A quién le gusta(n) …	Nombre
regatear?	______________
los precios fijos?	______________
llevar reloj?	______________
los anillos de oro?	______________
las faldas?	______________
las artesanías?	______________

Suggestion for **2.2-15:** Ask your students to stand up and mingle in the classroom. Remind them to use the right pronoun and to use the appropriate form of the verb: **¿Te gusta….?** Or **¿te gustan?** Require only five affirmative answers or so. Give them a time limit and reward the first three who finish first. Do a whole-class check asking about what the students found out and also about themselves.

2.2-16 Vacaciones con la clase Pretend you are going on vacation to Mexico or Guatemala with a classmate.

Paso 1: Prepare two lists: List 1 should include four things you would like to buy and the country (Mexico or Guatemala) in which you want to buy them. List 2 should include three places of interest and activities you would like to do in those places.

Paso 2: With your classmate decide which country you will visit, then share your shopping list and places to shop. Select two articles you would like to buy and two places you would like to visit together. One place must be a craft store or an open-air market to buy a present for a classmate, a friend, or a family member. Discuss prices and colors.

MODELO: Estudiante 1: *Vamos a ir a México porque hay...*
Estudiante 2: *¿Por qué no vamos a Guatemala en la Semana Santa? En Guatemala hay…*
Estudiante 1: *Me gustan las artesanías.*
Estudiante 2: *A mí también me gustan las artesanías.*
Estudiante 1: *¿Vamos a comprar al Mercado Central?*
Estudiante 2: *Sí, vamos al mercado central y al centro de Antigua.*
Estudiante 1: *¿Vamos a comprar un poncho para John?*
Estudiante 2: *Sí, pero los ponchos de artesanía son muy caros. Cuestan 200 quetzales…*
Estudiante 1: *Sí, pero vamos a regatear…*

Paso 3: Share the selected present for your classmate, friend, or family member with the whole class.

MODELO: *En Guatemala compramos un poncho gris para John porque a él le gustan mucho los ponchos.*

WileyPLUS Go to *WileyPLUS* and listen to **Presta atención**.

Script for **2.2-17, Presta atención: De paseo por Guatemala** Flor es de Guatemala, pero vive y estudia en Iowa. Flor visita a su familia en Antigua, Guatemala, durante la Semana Santa. Sonia es amiga de Flor. Sonia llama por teléfono a la casa de los padres de Flor para hablar con ella. Sonia y Flor deciden ir juntas al mercado central porque Sonia tiene que comprar regalos para su familia. En el mercado central Sonia compra dos pulseras de plata para su hermana por ciento ochenta quetzales, pero ella no regatea. Flor le dice que Q180 es caro y que las pulseras son bonitas pero no son baratas. En otro puesto Flor ayuda a Sonia a comprar unos pendientes rojos para su mamá. Flor le explica al vendedor que busca unos pendientes baratos, bonitos y de color anaranjado y el vendedor dice que los pendientes cuestan 100 quetzales. Flor insiste en que son muy caros y los compra por 50 quetzales. Sonia está muy contenta porque le gustan mucho los pendientes y el precio es muy bueno. Sonia invita a su amiga a comer. Son las 12:30 y ella compra en el mercado una comida típica de Guatemala.

2.2-17 Presta atención: De paseo por Guatemala Sonia spends several days in Guatemala. Listen to the audio twice in order to learn more about her vacations. Then, decide whether each statement is true (**Cierto**) or false (**Falso**).

	CIERTO	FALSO
1. Flor es de Iowa.	☐	☑
2. Sonia es amiga de Flor.	☑	☐
3. Flor llama por teléfono a Sonia.	☐	☑
4. Sonia va al mercado central con su amiga.	☑	☐
5. Sonia compra un regalo para Flor.	☐	☑
6. Sonia compra dos pulseras de plata baratas.	☐	☑
7. Flor compra unos pendientes por 100 quetzales.	☐	☑
8. Los pendientes rojos son para la mamá de Sonia.	☑	☐
9. Sonia invita a Flor a comer.	☑	☐
10. Las dos amigas comen comida típica de México.	☐	☑

2.2-18 Por escrito: Planes para ir de compras Think about your favorite store to buy clothes. Then write a paragraph answering the questions below. Make sure that **gustar** and **ir** are conjugated correctly. Do not forget to check for agreement between (a) subjects and verbs; (b) nouns and adjectives; and (c) articles and nouns.

1. ¿Qué tipo de ropa vas a comprar?
2. ¿Qué colores te gustan para la ropa?
3. ¿Qué actividades vas a hacer antes comprar?
4. ¿Cuánto dinero vas a usar para cada compra?
5. ¿Con quién vas a ir a tu tienda favorita?
6. ¿Qué día y cuándo te gusta ir de compras?

Suggestion for **2.2-18, Por escrito: Planes para ir de compras.** You may want to ask three or four students to write their messages on the blackboards. Then, assign a number to the rest of your students. For example, from 1 to 6. Ask students with number 1 to go to the blackboard and circle an error. After they correct the error, ask numbers 2 to do the same, and so on. At the end, review the errors with the whole class.

¡OJO!

Using connectors
When writing a paragraph use simple connectors such as **primero** (first), **segundo** (second), **tercero** (third), and **finalmente** (finally) or **por último** (lastly). Remember other connectors you have learned in **Estrategias para escribir** Chapter 1, Section 1, such as **y, pero, porque,** and **también**.

PONTE EN MI LUGAR

Estrategias para conversar

Practice using pauses to formulate ideas Novice Spanish speakers tend to make many "sound pauses" (thinking sounds such as *mmm, eeeeeh*) while they are trying to remember the word they need to convey a message. Use the silent pause to formulate your ideas and to find the vocabulary and expression that you need to communicate.

Suggestion for **Ponte en mi lugar:** Spend a few minutes reviewing the bartering vocabulary and the numbers. Refer students to **La pura verdad** for a model. Photocopy the quetzales provided and give the "buyers" the same amount of money each. Photocopy the pictures of the merchandise provided and give the "sellers" the same number of articles. Give them a time limit and let them go at it in Spanish. The seller with the most money wins. The buyer with five gifts and the most money wins.

En el mercado You are at an open-air market and want to do some shopping. Decide with a classmate who will be the client and who will be the sales clerk.

Sales clerk: Your goal is to sell all your merchandise and make the most money possible.
Client: Your goal is to buy five presents for your family and spend the least money possible.

MODELO:
Cliente: *¿Cuánto cuestan estos aretes anaranjados?*
Vendedor: *Muy baratos. Cuestan 90 pesos solamente.*
Cliente: *¡90 pesos es mucho! ¿50 pesos?*
Vendedor: *¡No, no! 75 pesos para ti. Insisto. Es una buena rebaja.*
Cliente: *No, no me gustan mucho. 50 pesos o nada.*
Vendedor: *Mira, para ti 60 pesos. Es mi precio final.*
Cliente: *Bien, voy a comprar los aretes.*

ASÍ ES LA VIDA

Rima

Roja mi chaqueta. Rojo mi pantalón. La vergüenza es roja como el corazón.	*Red is my jacket.* *Red are my pants.* *Embarrassment is red* *as the heart.*

Use the PowerPoint slides found in the Book Companion Site and *WileyPLUS* to do this section in class.

Suggestion for **Chiste**: Write down on the board "How are you?" and pronounce it for your students with a big foreign accent.

Chiste

¿Qué le dice un jaguar a otro jaguar?
Hint: pronounce "jaguar" with a Spanish "J".
Jaguar you?

@Arroba@

WileyPLUS Go to *WileyPLUS* to find more **Arroba** activities.

La ropa de Guatemala

Paso 1: Explore in your favorite browser information about the typical Guatemalan clothes. Can you find an image of a **huipil?** Now, answer the following questions:

¿Qué es un huilpil?
¿Qué usos tiene?
¿Qué colores tiene?

Paso 2: Now that you know better the typical **huipil,** do we have in the United States any clothing that could be comparable? Why is it comparable? Bring photos to the class with both clothing items.

Suggestions for **Arroba:** Some outfits have a **huipil** or a blouse and also a **perraje** or shawl, which serves multiple purposes. It can be worn around the shoulders to keep you warm, folded and carried on top of the head until needed, or used as a carrying cloth to transport an infant or food. The **huipil** has a lot of colors. Mayan clothing is very colorful.

Answers for **Arroba:** Answers may vary.

VER PARA CREER II: ¡Me gusta regatear!

WileyPLUS Go to *WileyPlus* to see this video and to find more video activities.

Go to *WileyPLUS* and the Book Companion Site to play the video in class. You can also find them in the PowerPoint slides.

Answers for **Ver para creer II, Antes de ver:** Answers may vary.

Antes de ver

Answer these questions and compare your answers with a classmate:

1. ¿Vas a mercados al aire libre con frecuencia?
2. ¿A qué mercados al aire libre vas?
3. ¿Qué productos compras en los mercados al aire libre?
4. En los mercados al aire libre, ¿son fijos los precios de los productos?
5. ¿Qué es importante hacer para comprar el producto a mejor precio?
6. En los mercados al aire libre que conoces, ¿hay muchos productos para los turistas?

Después de ver

1. ¿Entendiste? What did you understand? Select an answer to see what you know about the information presented in the video.

1. ¿De dónde es Melanie?
   a. Melanie es de Guatemala.
   b. Melanie es de Antigua.
   (c.) Melanie es de Washington.
2. ¿Dónde vive Melanie ahora?
   (a.) Vive en Antigua.
   b. Vive en Washington.
   c. Vive en Estados Unidos.
3. ¿Por qué le gusta el mercado a Melanie?
   a. Porque le gusta caminar y regatear.
   (b.) Porque hay de todo y es barato.
   c. Porque le gustan las flores y ropa.
4. ¿Qué colores de blusas le muestra el vendedor?
   a. Morada, verde y negra
   b. Morada, negra y blanca
   (c.) Morada, azul y negra
5. ¿Qué tipo de diseño tiene la blusa que le muestra el vendedor?
   (a.) Tiene un diseño muy artesanal.
   b. Tiene un diseño muy moderno.
   c. Tiene un diseño muy joven.
6. ¿Cuántos quetzales quiere el vendedor por la blusa?
   (a.) El vendedor quiere 150 quetzales.
   b. El vendedor quiere 80 quetzales.
   c. El vendedor quiere 90 quetzales.

2. Comprar en los mercados Would you like to visit an open-air market in an Spanish-speaking country? Which one?

3. Enfoque cultural Do you bargain in the United States? When and where? What is the difference between bargaining in your country and in a Spanish-speaking country?

AUTOPRUEBA

VOCABULARIO

I. ¿Cómo se dice...

Answers to **Vocabulario I:** 1. Es barato; 2. Regatear; 3. Tiene precio fijo; 4. Es caro; 5. Rebajar

1. ...cuando algo no cuesta mucho dinero?
2. ...cuando negocias con un vendedor para no pagar el precio original?
3. ...cuando el precio no es negociable?
4. ...cuando algo cuesta mucho dinero?
5. ...cuando algo pasa de un precio alto a un precio más bajo?

II. ¿Qué hay en el mercado? What kind of clothes would you sell at a market in Guatemala? Use colors and prices to describe your items.

1. ______________________________
2. ______________________________
3. ______________________________
4. ______________________________
5. ______________________________

III. How much is it in Quetzales? ($1 = 8 quezales)

1. Tres blusas a $15 cada una son ____________ quetzales.
2. Cuatro vestidos a $32 cada uno son ____________ quetzales.
3. Cinco aretes a $8 cada par son ____________ quetzales.
4. Seis DVD a $9 cada uno son ____________ quetzales.

Answers to **Vocabulario III:** 1. trescientos sesenta; 2. mil veinticuatro; 3. trescientos veinte; 4. cuatrocientos treinta y dos

GRAMÁTICA

I. ¿Qué te gusta? What do you think the following people like? Select among the following list.

visitar México	la ropa cara
ir de compras	caminar por la ciudad
llevar reloj	mirar a la gente
regatear	los mercados de artesanías

1. yo
2. mi profesor/a de español
3. mis padres
4. mi compañero/a de clase
5. mi amigo/a

Answers to **Gramática I**: Possible answers: 1. Me gusta visitar México. 2. A mi profesor de español le gustan los mercados de artesanías. 3. A mis padres les gusta mirar a la gente. 4. A mi compañero de clase le gusta llevar reloj. 5. A mi amiga le gusta ir de compras.

II. De viaje por Guatemala You are in Guatemala with your family and some friends. What are all of you going to do there?

1. Mis amigos ___van a___ comprar muchos regalos.
2. Mi hermana ___va a___ estudiar la cultura.
3. Yo ___voy a___ visitar los museos.
4. Mi madre ___va a___ caminar por toda la ciudad.
5. Todos nosotros ___vamos a___ practicar español.

CULTURA

Answers to **Cultura:** 1. el regateo; 2. el quetzal; 3. el Museo Popol Vuh, las ruinas de Kaminal Juyú, la Antigua Guatemala, el Zoológico la Aurora, etc.; 4. Hacen alfombras de flores.

1. Which activity is customary at open-air markets in Guatemala?
2. What's the Guatemalan currency?
3. Mention some interesting places to visit in Guatemala.
4. What do some Guatemalans do for *Semana Santa*?

REDACCIÓN

At the market! Write a paragraph about a day out in the market. You need to buy a few things for a wedding you are attending.

MODELO: El sábado voy a ir al mercado al aire libre. Me voy a comprar... Me gusta...

EN RESUMIDAS CUENTAS, AHORA PUEDO...

- ☐ negotiate in an open market.
- ☐ describe clothing.
- ☐ identify colors.
- ☐ use numbers from 60 and on.
- ☐ talk about what I and other people like.
- ☐ tell what you are planning to do.
- ☐ understand the different concept of physical contact.

VOCABULARIO ESENCIAL

Sustantivos

el anillo	*ring*
el arete/pendiente	*earring*
la artesanía	*arts and crafts*
la camisa	*shirt*
el cinturón	*belt*
la comida	*food*
la falda	*skirt*
la flor	*flower*
el mercado (al aire libre)	*outdoors market*
el oro	*gold*
los pantalones	*pants*
la plata	*silver*
el precio (fijo)	*(fixed) price*
la pulsera	*bracelet*
el regalo	*gift*
el reloj	*watch*
la ropa	*clothing*
el sombrero	*hat*
el traje	*suit*
el vestido	*dress*
las zapatillas de deporte/los tenis	*tennis shoes*
los zapatos	*shoes*

Cognados: la blusa, la bota, el color

Verbos

comprar	*to buy*
gustar	*to like*
ir	*to go*
ir de compras	*to go shopping*
rebajar	*to reduce*
regalar	*to buy a present*
regatear	*to negotiate price*
vender	*to sell*

Cognados: costar (o-ue), insistir

Expresiones

¿Cuánto cuesta/cuestan...?	*How much is/are . . . ?*
el mes/año que viene, el próximo mes/año	*next month/year*
esta noche	*tonight*
la semana que viene, la próxima semana	*next week*
Para Ud., Q25. Buen precio...	*For you, Q25. It's a good price...*
Pase, pase, adelante...	*Come in, come in, . . .*
(pasado) mañana	*(the day after) tomorrow*
por la mañana/tarde/noche	*in the morning/afternoon/evening*
¿Qué llevas?	*What are you wearing?*
¿Qué busca/desea?	*What are you looking for?*
¿Qué te gusta llevar?	*What do you like to wear?*

Adjetivos

amarillo/a	*yellow*
anaranjado/a/naranja	*orange*
azul	*blue*
barato/a	*cheap, inexpensive*
blanco/a	*white*
caro/a	*expensive*
gris	*gray*
marrón/café	*brown*
negro/a	*black*
rojo/a	*red*
rosado/a	*pink*
verde	*green*
violeta/morado/a	*purple*

Los números

sesenta	*sixty*
setenta	*seventy*
ochenta	*eighty*
noventa	*ninety*
cien	*one hundred*
ciento uno	*one hundred and one*
ciento diez	*one hundred and ten*
doscientos	*two hundred*
trescientos	*three hundred*
cuatrocientos	*four hundred*
quinientos	*five hundred*
seiscientos	*six hundred*
setecientos	*seven hundred*
ochocientos	*eight hundred*
novecientos	*nine hundred*
mil	*one thousand*
mil uno	*one thousand and one*
mil cien	*one thousand hundred*
mil ciento uno	*one thousand one hundred and one*
dos mil	*two thousand*
diez mil	*ten thousand*

Capítulo

3 La vida doméstica

VER PARA CREER I: ¡Qué casa tan ecológica!

Watch the video without audio and try to understand the general gist of the video in order to answer the following questions. While watching, try to remember the vocabulary that you have already studied in previous chapters.

Think about what you saw in the video and answer the following questions:

1. Where are the people from the video?
2. In what ways are Costa Rica and the U.S. different or similar from the places you saw in the videos?

Answers for Ver para creer I: Answers may vary.

Use the PowerPoint slides found in the Book Companion Site and *WileyPLUS* to watch the video in class.

Sección 1 En familia

PALABRA POR PALABRA

- El árbol genealógico
- Las partes del cuerpo: La apariencia física

HABLANDO DE GRAMÁTICA

- Discussing daily activities (II): Present tense of stem-changing and irregular verbs
- Expressing possession: Possessive adjectives
- Describing physical and emotional states: Expressions with **tener**

CULTURA

- Los dos apellidos
- Diferencias y similitudes con las familias hispanas

Sección 2 En casa

PALABRA POR PALABRA

- La casa, los muebles y el vecindario
- Los números del 10.000 en adelante

HABLANDO DE GRAMÁTICA

- Making comparisons: Comparisons of equality and inequality; the superlative
- Expressing location and existence: **Estar** + location and **hay**

CULTURA

- Distintos tipos de viviendas
- La vida en el vecindario: "el qué dirán"

Trivia: Go to *WileyPLUS* to do the **Trivia** activities and find out how much you know about these countries!

Costa Rica y Panamá

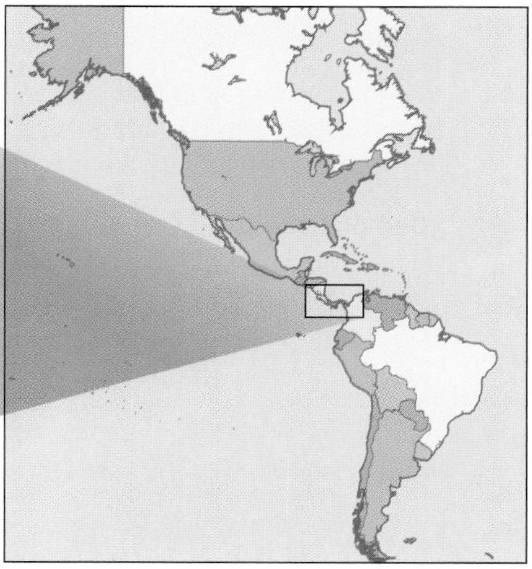

Ver para creer I: Allowing students to watch the video without audio is motivating for them. Explain to your students that you are using the video as a visual aid for them to understand the scenario and to review grammar and vocabulary studied in previous chapters. After watching the video, review the answers for the two questions in **Ver para creer I**. Encourage students to answer in Spanish. Pause the video when you see a colorful image and ask, **¿Qué colores te gustan?** Name a student, point to a color, and ask, **Josh, ¿te gusta este color? ¿Qué color es?** And so on with each of the colors. Then look for an image and ask students, **¿Qué te gusta del cuarto? ¿Te gusta la cama?** Remember to point to the object that you ask about because students know **gustar**, but they don't know vocabulary related to a house yet.

Suggestion for **Una imagen vale más que mil palabras:** Ask your students: **¿Por qué supone el registro civil de Costa Rica que Marc se apellida Adams Adams?** (They probably saw his father's and his mother's last name, Denis Adams and Virginia Adams, and automatically composed his last name as Adams Adams.)

Answers for **Una imagen vale más que mil palabras**: 1. F; Certifica el matrimonio de una pareja. 2. C; 3. F; No, es estadounidense. 4. C

LEARNING OBJECTIVES

By the end of this section you will be able to:

- Understand the origin of the two last names in Hispanic names
- Recognize and describe family relationships
- Describe people's physical appearances and emotional states
- Describe what you and other people do daily.
- Express age and possession
- Recognize some differences between Spanish and U.S. families

Una imagen vale más que mil palabras

REPUBLICA DE COSTA RICA REGISTRO CIVIL

CERTIFICA

****

QUE EN EL REGISTRO DE MATRIMONIOS DE: LA PROVINCIA DE SAN JOSE
DICE QUE : MARC DAVID ADAMS ADAMS
C/COMO : ******************************
DE : VEINTIDOS AÑOS
NACIONALIDAD: ESTADOUNIDENSE

HIJO DE : DENIS ADAMS
NACIONALIDAD: ESTADOUNIDENSE
Y DE : VIRGINIA ADAMS
NACIONALIDAD: ESTADOUNIDENSE

CONTRAJO MATRIMONIO CON:
ANA CATALINA SOTO SOLANO
C/COMO : ******************************
DE : VEINTITRES AÑOS
NACIONALIDAD: COSTARRICENSE

Courtesy of Catalina Adams

◀ *Certificado de matrimonio costarricense*

Examine the document and decide whether the following statements are true (**Cierto**) or false (**Falso**). If they are false, explain why.

	C	F
Este documento certifica dónde vive una persona.	☐	☐
La oficina de registros está en San José, Costa Rica.	☐	☐
Marc es costarricense.	☐	☐
El nombre completo de Marc en Costa Rica es Marc David Adams Adams.	☐	☐

UNA PERSPECTIVA

Courtesy of Elena Atanasiu

Note for **Una perspectiva:** You may want to share with your students that using only one last name is common in Costa Rica and in many Spanish-speaking countries. In some countries like Spain, only the first last name is used, but their full legal name always includes both last names. For example: for a man with the name Javier Oscar Mattos Rodríguez, Javier and Oscar are his first and middle names. Mattos is his father's (and the family's) last name and Rodríguez is his mother's. The first last name is used when listed in alphabetical order. Some may only use their family name, but both names are required for legal matters.

Answers for **Una perspectiva:** Answers may vary.

¿Cómo te llamas?

Diferente

"En Costa Rica las personas tienen uno o dos nombres y dos apellidos. Es un poco confuso para mí. Primero va el apellido del padre y después el de la madre. Mi nombre en Estados Unidos es Helen Atanasiu y en Costa Rica es Helen Atanasiu Downie. Downie es el apellido de mi madre".

© blickwinkel / Alamy

▲ *Carmen Figueroa, Carlos Álvarez y su hijo Francisco José Álvarez Figueroa.*

Igual

"Algunas veces, si el niño tiene el mismo nombre que el papá, 'hijo' se añade[1] al final del nombre. Por ejemplo: Ángel Luis López, hijo. Esto es equivalente a *'Jr.'*"

¿Qué piensas tú?

1. ¿Cómo nombran a los niños en tu país? ¿De dónde viene[2] el primer nombre? ¿Y el segundo nombre? ¿Y el apellido?
2. ¿Cuál es el nombre completo de tu papá? ¿Y el de tu mamá?
3. ¿Cómo sería[3] tu nombre en Costa Rica?

[1] **se añade:** is added [2] **viene:** comes [3] **sería:** would be

The suggested narration for **La pura verdad** can be found in the Appendix. Please use this narration to go over each of the frames with your students. You can also find this section (frames and narration) in the PowerPoint slides, found in the Book Companion Site and *WileyPLUS*.

LA PURA VERDAD I Una nueva familia

Marc es estadounidense. Ahora está estudiando en Costa Rica en casa de una familia costarricense.

1.
Hijo, ¿cómo estás?
¡Hola, Marc!
2.
Aquí tengo la foto de tu familia costarricense. ¡Sé todos los nombres de memoria!
3.
Ella es Ana Catalina. Ella es Marta, la mamá de Ana Catalina. Él es Gerardo, el papá. Rebeca es la hermana de Ana Catalina. Eric es el hermano de Ana Catalina. Los hijos de Eric son Isaac, Josué y Moisés. La esposa de Eric es Vanesa.
4.
¡Los gemelos!
¡Mira quiénes están aquí! ¿Quiénes son?
5.
¡Ah! Se parece mucho a su mamá. ¡Qué guapa es!
¿Y qué te parece Ana Catalina, mamá?
6.
Sí, es muy guapa. Y tengo una sorpresa: ¡Va a ser mi esposa!

3.1-01 La nueva familia Listen to what Marc's parents say after the phone call and choose the best answer.

1. a. Ana Catalina va a tener un hijo.
   b. Ana Catalina va a casarse con un costarricense.
   (c.) Marc va a casarse.
2. (a.) Los padres piensan que Ana Catalina es guapa.
   b. Los padres piensan que Ana Catalina no es muy guapa.
   c. Los padres piensan que va a ser guapa.
3. (a.) Ellos quieren ir a Costa Rica.
   b. Ellos no planean ir a Costa Rica.
   c. Ellos piensan que cuesta mucho dinero ir a Costa Rica.

Script for **3.1-01:** 1. ¡Qué sorpresa! Mi hijo va a casarse con una costarricense. 2. ¿Qué piensas de nuestra futura nuera? Es guapa, ¿no? 3. ¿Cuánto cuesta ir a San José? Tenemos que planear un viaje a Costa Rica.

PALABRA POR PALABRA

Use the PowerPoint slides found in the Book Companion Site and *WileyPLUS* to do this section in class.

El árbol genealógico *Family tree*

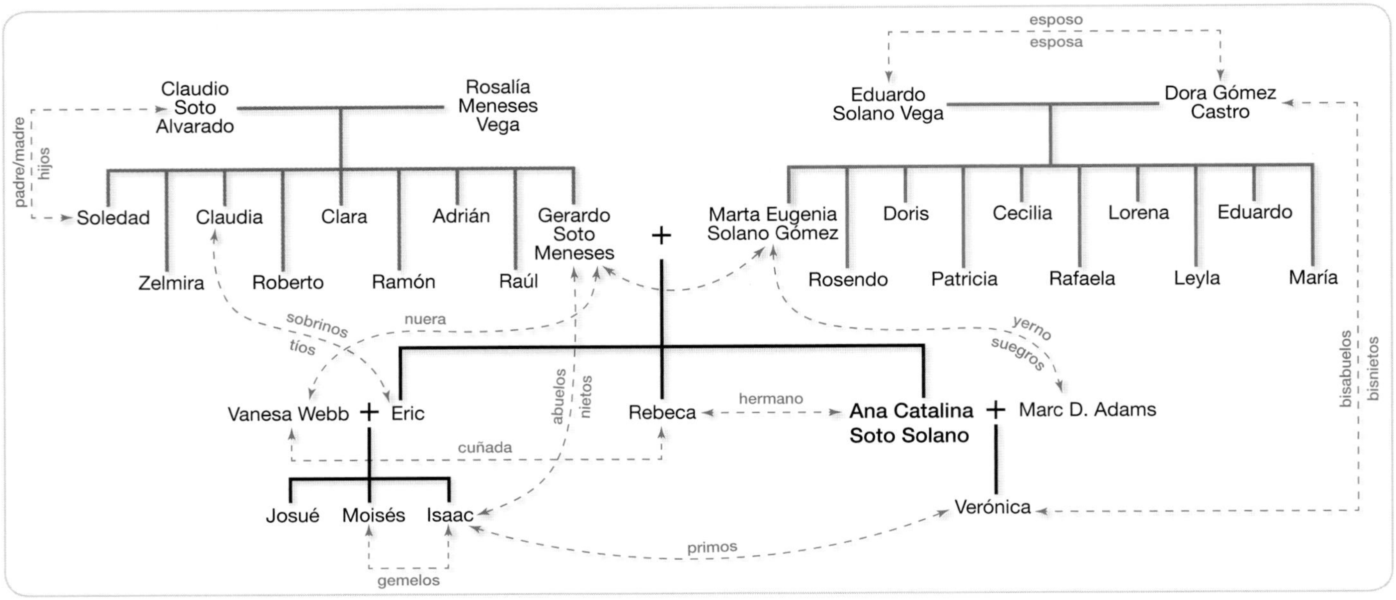

Note: Bisnieto is also spelled **biznieto**.

Para hablar de la familia

el apodo *nickname*
casado/a *married*
el familiar/pariente *relative*
el/la hermanastro/a *stepbrother/stepsister*
la madrastra *stepmother*
materno/a *mother's side*
el/la medio/a hermano/a *half brother/half sister*
el/la novio/a *boyfriend/girlfriend*
el padrastro *stepfather*
los padres *parents, fathers*
paterno/a *father's side*
soltero/a *single*
viudo/a *widow/widower*
casarse *to get married*

Cognados: divorciado/a, la familia, la mamá, el papá, la relación, separado/a

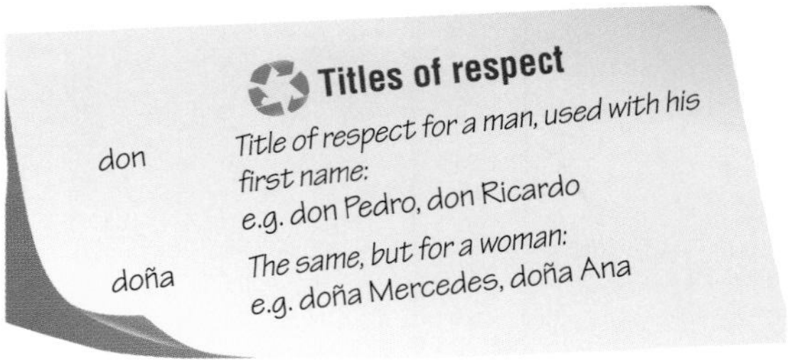
Titles of respect
don
Title of respect for a man, used with his first name:
e.g. don Pedro, don Ricardo
doña
The same, but for a woman:
e.g. doña Mercedes, doña Ana

*Soltero, casado, separado, divorciado, viudo, are accompanied by the verb estar/ser.

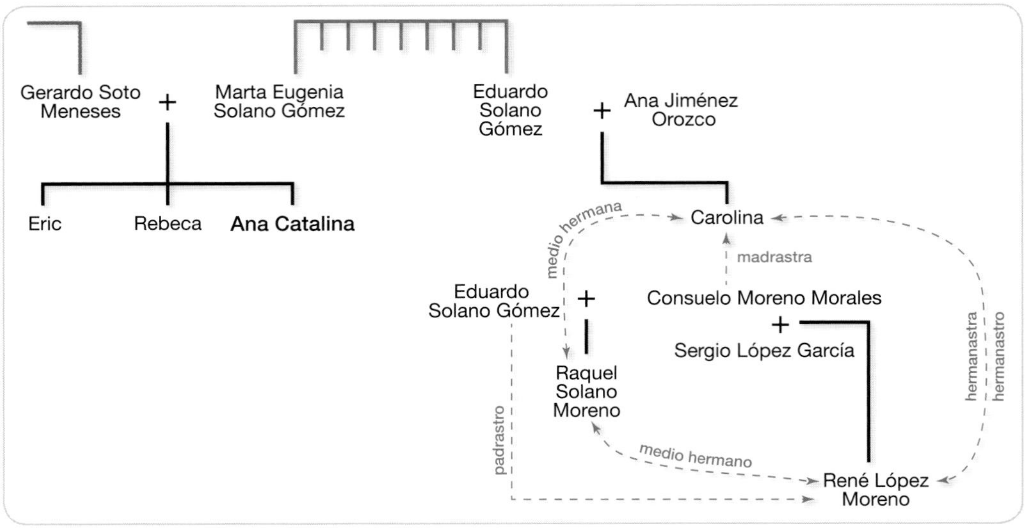

Las partes del cuerpo: La apariencia física

Parts of the body: Physical appearance

Rebecca Emery / Photodisc / Getty Images

¿Qué dicen los ticos (costarricenses)?

¿Cómo estás?	*How are you?*
¡Pura vida!	*Great!*
Es un chunche que me encontré.	*It is a thingy I found.*
***Es muy arrogante. ¡No tiene abuela!**	*He is a braggart. He toots his own horn! (Lit. He doesn't have a grandmother.)*
Marc va a ahorcarse mañana.	*Marc is going to get married tomorrow.*
***Estoy cansado. Voy a planchar la oreja.**	*I am tired. I am going to sleep. (Lit. I am going to iron my ear.)*

***These expressions are also used in other Spanish-speaking countries.**

Note for **¿Qué dicen los ticos?:** Costa Ricans are called **ticos**.

Pura vida is a very common positive response in Costa Rica to many questions: How was the party? **¡Pura vida!** / How are you? **¡Pura vida!** / How's the food? **¡Pura vida!** It is a multifunction expression that is commonly used to express "Thanks / OK / No problem", etc.

Courtesy of Laura Marqués-Pascual

Parecerse	*To look like*
¿A quién te pareces?	*Who do you look like?*
Yo me parezco a mi papá.	*I look like my dad.*
Tú te pareces a tu mamá.	*You look like your mom.*
Él se parece a mí.	*He looks like me.*
Nosotros nos parecemos.	*We look alike.*
Ellos se parecen a...	*They look like. . .*

Note for **Palabra por palabra:** In this chapter the verb **parecerse** is introduced as a "chunk of language" or fixed expression. Research in second language acquisition has shown that learners are able to produce language chunks effectively in communication even if they can't analyze the linguistic structure underlying the phrase (think about the **¿Cómo se dice...?,** commonly used expression even when students have not learned the impersonal **se**).

Suggestion for **Palabra por palabra:** First use the family tree in the book to point out all the relationships of this real Costa Rican family. With the PowerPoint provided, describe the family members and their relationships to each other. Then talk about your own family or a famous one. You may want to make up a different story that also grabs student's attention.

3.1-02 ¿Cierto o falso? Look at Ana Catalina's family tree in page 100 and decide whether each statement is true (**Cierto**) or false (**Falso**). Correct the false statements.

C	F	
☑	☐	1. Los dos abuelos de Ana Catalina se llaman Claudio y Eduardo.
☐	☑	2. La madre de Ana Catalina se llama Verónica.
☑	☐	3. Ana Catalina tiene once tías.
☑	☐	4. Verónica tiene tres primos en total.
☐	☑	5. La nuera de Marta Eugenia se llama Zelmira.
☐	☑	6. Gerardo tiene tres nietas.

Answers for **3.1-02:** 1. Cierto; 2. Falso; Se llama Marta Eugenia; 3. Cierto; 4. Cierto; 5. Falso; Se llama Vanesa. 6. Falso; Tiene 1 nieta. Se llama Verónica.

Suggestion for **3.1-02:** You can assign this activity as homework and then the following day have students work in pairs taking turns quizzing each other. Ask who got most of them right. Come up with a few questions yourself while doing a whole-class check.

3.1-03 Las personas de la familia Read the following definitions and look for the corresponding word in the **Palabra por palabra** section.

MODELO: Esta persona es la esposa de tu padre, pero no es tu madre. → *madrastra*

1. Estas personas son los hijos de tus tíos. primos
2. Esta persona es el esposo de tu hermana. cuñado
3. Esta persona es el abuelo de tu madre. bisabuelo
4. Son un esposo y una esposa legalmente separados. divorciados
5. Es una persona que no tiene esposo/a. soltero/a
6. Son dos personas que solo tienen el mismo padre o la misma madre. medios hermanos

Suggestion for **3.1-04:** Before having the students work in pairs, demo this activity on the board with a volunteer. Ask one student a few questions to start his/her tree on the board. Show the students that the student describing the family tree can only explain things orally. Don't allow the interviewee to draw his/her own family tree.

To make the activity more challenging, you can sit each pair of students back to back. Don't let the interviewee correct or help the interviewer when drawing the family tree. Have students switch roles. To finish have students show the family tree drawing to their partners to check whether everything is correct.

Answers for **3.1-04** and **3.1-05:** Answers may vary.

Note for **3.1-05:** It would be best to ask students the day before to bring a family picture or pictures that show a resemblance between themselves and a family member. If students do not want to discuss their own family, you can ask them to bring a picture of a famous family, and talk about resemblances in that family. Students should use phrases with **parecerse** like the ones listed at the end of **Palabra por palabra.**

3.1-04 Un árbol genealógico Build a classmate's family tree using the questions below. Ask more questions if necessary.

1. ¿Cómo se llaman tus padres? ¿Están casados, separados o divorciados?
2. ¿Cómo se llaman tus abuelos paternos? ¿Y tus abuelos maternos?
3. ¿Tu papá tiene hermanos? ¿Y tu mamá? ¿Cuántos?, etc.
4. ¿Tienes hermanos? ¿Cuántos? ¿Cómo se llaman? ¿Tienes hermanastros/as o medios hermanos/as?
5. ¿Tus hermanos están casados? ¿Tienen hijos? ¿Cuántos sobrinos tienes?
6. ¿Tú estás casado/a? ¿Tienes hijos?

3.1-05 ¿Quién se parece a quién?

Paso 1: Write five sentences to describe your family. You can write true or false statements.

MODELO: *Yo me parezco a mi mamá. Tenemos los ojos iguales, pero también me parezco a mi abuelo paterno en las orejas.*
o
Yo no me parezco a nadie, pero mi hermano se parece a mi papá porque...

Paso 2: Now, with a picture, talk to a classmate and describe your family. Use the sentences from **Paso 1**. Your classmate has to look at the picture and decide if the sentences are true or false.

MODELO: Estudiante 1: *Ella es mi mamá. Yo me parezco a ella.*
Estudiante 2: *Falso, tú no te pareces a tu mamá. En mi opinión, te pareces más a tu papá.*

HABLANDO DE GRAMÁTICA I

1. Discussing daily activities (II): Present tense of stem-changing and irregular verbs

WileyPLUS Go to *WileyPLUS* to review this grammar point with the help of the **Animated Grammar Tutorial** and the **Verb Conjugator**.

A. Stem-changing verbs

Some verbs in Spanish undergo a change in their stem vowel (i.e., the last vowel before the infinitive endings **-ar, -er, -ir**) except for the **nosotros** and **vosotros** forms. The three possible stem changes are **o → ue**, **e → ie, e → i**.

Stem-changing verbs

Infinitive:	**o → ue** **contar** *(count)*	**e → ie** **entender** *(understand)*	**e → i** **repetir** *(repeat)*
(yo)	c**ue**nto	ent**ie**ndo	rep**i**to
(tú)	c**ue**ntas	ent**ie**ndes	rep**i**tes
(él/ella/Ud.)	c**ue**nta	ent**ie**nde	rep**i**te
(nosotros/as)	contamos	entendemos	repetimos
(vosotros/as)	contáis	entendéis	repetís
(ellos/ellas/Uds.)	c**ue**ntan	ent**ie**nden	rep**i**ten

Verbs that you will find in this section whose stems change:

o → ue	**e → ie**	**e → i**
almorzar *(to have lunch)* **contar** *(to count, to tell)* **costar** *(to cost)* **dormir** *(to sleep)* **encontrar** *(to find)* **jugar** *(to play) (u>ue)* **poder** *(to be able to)* **volver** *(to return)*	**empezar** *(to begin)* **entender** *(to understand)* **perder** *(to lose)* **pensar** *(to think)* **preferir** *(to prefer)* **querer** *(to want)*	**repetir** *(to repeat)* **pedir** *(to ask for, to order)* **servir** *(to serve)*
—**Cuesta** muchísimo volar a Costa Rica; no **encuentro** nada a buen precio. Por eso no **puedo** ir a la boda de Marc y Ana Catalina. —*It costs a lot to fly to Costa Rica; I can't find anything at a good price. For this reason I can't go to Marc and Ana Catalina's wedding.*	—No **entiendo** por qué Marc y Ana Catalina **quieren** casarse en Costa Rica. —*I don't understand why Marc and Ana Catalina want to get married in Costa Rica.*	—Me piden el número de Marc. ¿Me **repites** su número, por favor? —*They are asking me for Marc's number. Could you repeat his number to me, please?*

3.1-06 La sorpresa de Marc Read the following paragraph about the day Marc gave some surprising news to his family.

Exercises labeled with an individual student icon in the **Hablando de gramática** section are intended to be assigned as homework.

Marc puede comunicarse con su familia de Estados Unidos por videoconferencia; es muy barato. La familia de Marc no entiende muy bien cómo es la vida en Costa Rica, por eso, Marc siempre cuenta con todo detalle su vida en San José. Él cuenta qué come, con quién habla y hasta qué mira en la televisión. Hoy piensa darles una sorpresa a sus padres. Está nervioso y no encuentra las palabras adecuadas. Finalmente, empieza con la pregunta: "Mamá, ¿te cuento una gran noticia[4]? ¡Ana Catalina va a ser mi esposa!". Su madre dice: "Hijo, ¡no entiendo nada!", pero su padre dice: "¡Mi hijo no pierde el tiempo!".

[4] **noticia:** piece of news

Note for **3.1-06:** This is an input-output activity that makes students focus on form as they are focused on meaning. To facilitate processing meaning, in **Paso 1** you can ask students to identify the subject of each verb.

Paso 1: Write down all the stem-changing verbs (there are 9 in total). Attention! No all verbs in the paragraph are stem-changing verbs.

MODELO: 1. *puede*

2. entiende	4. piensa	6. empieza	8. entiendo
3. cuenta	5. encuentra	7. cuento	9. pierdes

Possible answers for **3.1-06, Paso 2:** 1. Falso; Llamar por videoconferencia cuesta muy barato. 2. Falso; Marc está muy nervioso. 3. Cierto 4. Falso; La madre dice: "Hijo, ¡no entiendo nada!". 5. cierto

Paso 2: ¿Cierto o falso? Read the paragraph again and decide if the following statements are true (**Cierto**) or false (**Falso**). If they are false, write the correct information.

	C	F
1. Llamar a Estados Unidos por videoconferencia cuesta mucho dinero.	☐	☑
2. Hoy sus padres encuentran a Marc muy tranquilo.	☐	☑
3. Marc empieza su confesión con una pregunta.	☑	☐
4. La madre de Marc dice: "Hijo, ¿cuándo vuelves?".	☐	☑
5. El padre piensa que Marc no pierde el tiempo en Costa Rica.	☑	☐

Please see **Hablando de gramática** in Chapter 2, Section 1 for present tense of regular verbs.

3.1-07 El Canal de Panamá

RECYCLES present tense of regular verbs.

Answers for **3.1-07, Paso 2:** Answers may vary.

Paso 1: In order to know more about the Panama Canal complete the paragraph with the correct form of verbs from the list.

repetir costar pensar empezar poder tener

Suggestion for **3.1-07:** Before starting the activity, encourage the students to identify the regular verbs in the paragraph and ask them if they remember their forms in the present tense. Do the same if they share their paragraphs from **Paso 2** with the class.

Cuando los barcos llegan al Canal, ___empiezan___ 1 el viaje por el océano Atlántico. Si no pasan por el Canal, los barcos ___tienen___ 2 que dar toda la vuelta[5] por América del Sur. Muchos barcos ___repiten___ 3 este viaje muchas veces al año, pero hay restricciones para pasar. Por ejemplo, los barcos no ___pueden___ 4 medir[6] más de 110 pies de ancho[7]. El precio es bastante caro y depende del tamaño[8]; ___cuesta___ 5 de $1.500 a más de $140.000 por barco. ¿Tú ___piensas___ 6 que es caro?

© Frans Lanting/Corbis

▲ *Los barcos pasan por el Canal de Panamá todos los días.*

Paso 2: Now, write a short paragraph (4-5 sentences) in order to answer the following questions. In your paragraph use these verbs:

querer preferir pensar tener

1. ¿Quieres visitar el Canal de Panamá? ¿Por qué?
2. ¿Hay algún canal similar en Estados Unidos?
3. ¿Qué otros lugares de interés hay en Panamá?

MODELO: *El Canal de Panamá es famoso porque... Pienso que...*

B. Irregular verbs

There are some verbs in Spanish with an irregular first-person **(yo)** form. You can think of these as "**-go**" verbs:

Verbs with an irregular *yo* form

Infinitive:	hacer *(to do, to make)*	poner *(to put, to place)*	salir *(to leave, to go out)*	traer *(to bring)*
(yo)	**hago**	**pongo**	**salgo**	**traigo**
(tú)	haces	pones	sales	traes
(él/ella/Ud.)	hace	pone	sale	trae
(nosotros/as)	hacemos	ponemos	salimos	traemos
(vosotros/as)	hacéis	ponéis	salís	traéis
(ellos/ellas/Uds.)	hacen	ponen	salen	traen

[5] **dar toda la vuelta:** to go around [6] **medir:** to measure [7] **ancho:** width [8] **tamaño:** size

Salir is used with different prepositions depending on what you want to express. Use **salir de** to talk about leaving a certain place. Use **salir con** to talk about going out with someone:

Salgo de casa a las 5 de la tarde.	*I leave the house at 5 in the afternoon.*
Vamos a **salir con** nuestros amigos de Costa Rica.	*We are going out with our friends from Costa Rica.*

Some other verbs are irregular in the **yo** form and all other forms except for **nosotros** and **vosotros**. Notice that **venir** is a stem-changing verb **(e → ie)** with an irregular **yo** form.

Infinitive:	**venir** *(to come)*	**oír** *(to hear)*
(yo)	**vengo**	**oigo**
(tú)	**vie**nes	**oy**es
(él/ella/Ud.)	**vie**ne	**oy**e
(nosotros/as)	venimos	oímos
(vosotros/as)	venís	oís
(ellos/ellas/Uds.)	**vie**nen	**oy**en

3.1-08 El *e-mail* de Marc Marc is in Costa Rica and he writes an e-mail to his friend Steve, who studies Spanish in the United States.

Paso 1: Help him complete this e-mail with the correct form of the following verbs:

hacer (x2) pensar practicar volver venir contar poder salir (x2) traer querer

Asunto: ¡Pura vida!

Hola Steve:

*¿Qué tal va todo? **¿Cómo va tu vida universitaria?** La vida en San José es genial y mi familia costarricense es muy simpática. Todas las mañanas* ___salgo___1 *de casa a las 9 para ir al curso intensivo de español. Hablo español cada día mejor. ¡Ahora* ___cuento___2 *chistes en español! Tú también estudias español, ¿no? **¿Tú*** ___piensas___3 ***que es difícil? ¿Por qué*** ___quieres___4 ***aprender esta lengua?***

Por las tardes (5) ___hago___5 *ejercicio en el gimnasio. **¿Tú qué deportes*** ___practicas___6***?** Cuando* ___vuelvo___7 *a casa, paso por el mercado. ¡Siempre* ___traigo___8 *fruta a casa porque mi madre costarricense* ___hace___9 *unos licuados[9] deliciosos! **¿Cuándo*** ___vienes___10 ***a visitarme?** ¡Así tú* ___puedes___11 *practicar español! **¿Cuáles son tus planes?** Bueno,* ___salgo___12 *con unos amigos en cinco minutos, otro día escribo más. ¡Espero tu respuesta!*

¡Pura vida!
Marc

Paso 2: Imagine that you are Steve. Write an e-mail to Marc. Answer the questions in bold.

Answers for **3.1-08, Paso 2:** Answers may vary.

3.1-09 Preguntas personales First, answer the following questions about your daily routine. Pay attention to the conjugation of the verbs! Then, use the questions to interview a classmate. Write down his/her answers and present this information to the class.

Answers for **3.1-09:** Answers may vary.

1. ¿Entiendes todo en clase?
2. Cuándo haces la tarea de español, ¿antes o después de clase?
3. ¿Oyes música mientras estudias español?
4. ¿Dónde pones tu libro y tu cuaderno cuando vas a clase?
5. ¿A qué hora sales de tu casa para venir a clase?
6. ¿Siempre traes todos los materiales necesarios para la clase?

[9] **licuados:** smoothies

LA PURA VERDAD II Ahora es "nuestro"

The suggested narration for **La pura verdad** can be found in the Appendix. Please use this narration to go over each of the frames with your students. You can also find this section (frames and narration) in the PowerPoint slides, found in the Book Companion Site and *WileyPLUS*.

Marc y Ana Catalina miran el álbum de boda con la familia de Marc.

Script for **3.1-10:** 1. Ellas son mis tías. 2. Es mi abuelo Eduardo. 3. Son mis sobrinos Moisés y Josué. 4. Es Doris, mi tía favorita. 5. Ana Catalina es mi nuera favorita.

3.1-10 Ahora es "nuestro" Listen to the narration. Then, change what you hear from "mine" to "ours." Hint: Pay attention to the endings (number and gender).

1. Ellas son nuestras tías.
2. Es nuestro abuelo Eduardo.
3. Son nuestros sobrinos Moisés y Josué.
4. Es Doris, nuestra tía favorita.
5. Ana Catalina es nuestra nuera favorita.

HABLANDO DE GRAMÁTICA II

2. Expressing possession: Possessive adjectives

Possessive adjectives in English show ownership: *his* book, *their* house. Just like in English, Spanish possessive adjectives are always placed in front of the noun, but they need to agree in number and, if applicable, also in gender, with the noun that follows.

WileyPLUS Go to *WileyPLUS* to review this grammar point with the help of the **Animated Grammar Tutorial**.

yo	**mi(s)**	*my*
tú	**tu(s)**	*your (informal)*
él/ella/Ud.	**su(s)**	*his, her, your (formal)*

nosotros/as	**nuestro(s), nuestra(s)**	*our*
vosotros/as	**vuestro(s), vuestra(s)**	*your (informal, Spain)*
ellos/ellas/Uds.	**su(s)**	*their, your (formal)*

Here are some examples of the use of Spanish possessive adjectives that show agreement in number and gender with the noun that follows:

mi yerno	*my son-in-law*	**mis** yerno**s**	*my sons-in-law*
su tío	*his/her uncle/their uncle*	**sus** tío**s**	*their uncles, your* (formal) *uncles*
nuestra abuel**a**	*our grandmother*	**nuestras** abuel**as**	*our grandmothers*

In English, sometimes there is a distinction of gender in the possessive adjective depending on the possessor: *his* mother, *her* mother. On the contrary, Spanish adjectives agree in number and gender with the noun that follows, not with the possessor:

nuestr**os** hermano**s**	*our brothers*
nuestr**as** herman**as**	*our sisters*

Note that the possessive adjective **su(s)** can have various meanings. For example, in the sentence **Su hermano está en Panamá** we are not sure whose brother he is. When the context can't clarify the owner, use **de**: **¿El hermano *de quién*? El hermano *de Felipe*.**

¡OJO!

Accents
Accents are important to differentiate words such as **tú**, which means *you*, and **tu**, which means *your*.

 3.1-11 ¿Quién es quién en esta familia? Match the people with their relatives.

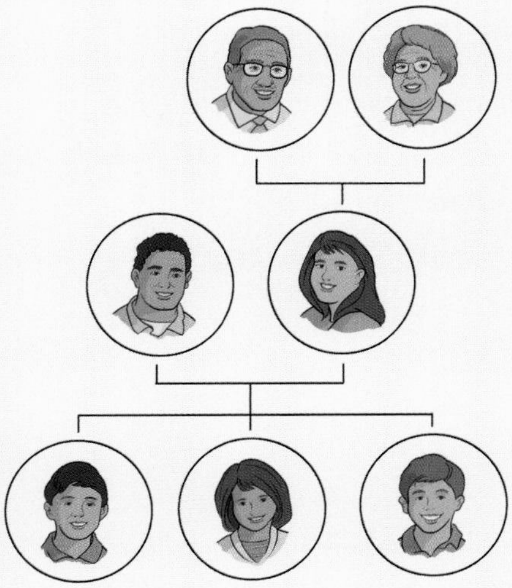

Pablo dice:
1. Jorge
2. Rosario y Rafael
3. Dolores

a. es **mi** madre.
b. son **mis** abuelos.
c. es **mi** hermano.

Rosario y Rafael dicen:
4. Jorge y Anita
5. Dolores
6. Paco

d. es **nuestro** yerno.
e. es **nuestra** hija.
f. son **nuestros** nietos.

Exercises labeled with an individual student icon in the **Hablando de gramática** section are intended to be assigned as homework.

Note for **3.1-11:** Following the one-at-a-time principle, this activity practices the first person possessive adjectives. All forms will be practiced in the next and subsequent activities.

Answers for **3.1-11:** 1. Jorge es mi hermano. 2. Rosario y Rafael son mis abuelos. 3. Dolores es mi madre. 4. Jorge y Anita son nuestros nietos. 5. Dolores es nuestra hija. 6. Paco es nuestro yerno.

3.1-12 ¿De quién es? Complete the sentences with the possessive adjectives and the corresponding nouns to know what these people say.

Modelo

▲ *¿Qué dice Antoñito?*

▲ *1. ¿Qué dice la profesora?*

▲ *2. ¿Qué dice Sara?*

▲ *3. ¿Qué dicen los abuelos?*

▲ *4. ¿Qué dice la abuela?*

▲ *5. ¿Qué dice Antonio?*

Answers for **3.1-12:** 1. David, aquí tienes tus tareas y, Yeon Mi, aquí tienes tu examen. 2. Señora, aquí tiene su blusa y sus zapatos. 3. Él es nuestro nieto. Y ellas son nuestras nietas. 4. Niños, aquí tienen sus libros. Possible answer: 5. Ella es mi hija y ellos son mis hijos.

WileyPLUS Go to *WileyPLUS* to review this grammar point with the help of the **Animated Grammar Tutorial** and the **Verb Conjugator.**

3. Describing physical and emotional states: Expressions with *tener*

An important stem-changing verb with an irregular **yo** form is **tener** (*to have*). **Tener** is used to express ownership:

Tengo tres hermanos, pero **no tengo** hermanas.	*I have three brothers, but I don't have any sisters.*
En casa **tenemos** dos animales, un perro y un gato.	*At home we have two pets, a dog and a cat.*

	Tener *(to have)* (e → ie)
(yo)	**tengo**
(tú)	**tie**nes
(él/ella/Ud.)	**tie**ne
(nosotros/as)	tenemos
(vosotros/as)	tenéis
(ellos/ellas/Uds.)	**tie**nen

Tener is also used in some "fixed" expressions (**tener** + *noun*) that can't be translated literally. Most of these expressions are translated as *to be* + *adjective* in English.

tener... años	*to be. . . years old*
tener razón	*to be right*
tener sueño	*to be sleepy*
tener miedo	*to be afraid*
tener hambre	*to be hungry*

tener sed	*to be thirsty*
tener frío	*to be cold*
tener calor	*to be hot*
tener (buena/mala) suerte	*to have (good/bad) luck*
tener ganas de... (+ *infinitive*)	*to feel like (doing something)*

¿Cuántos años **tienes**? **Tengo** 20 años, ¿y tú?	*How old are you? I am 20 years old, and you?*
Tengo sed. **Tengo** ganas de tomar un refresco.	*I am thirsty. I feel like having a soda.*
Creo que **tienes** razón.	*I think you are right.*
Tienen hambre y quieren comer ya.	*They are hungry and they want to eat already.*
¿**Tienes** calor? ¿Abro la puerta?	*Are you hot? Should I open the door?*

To indicate *very*, use **mucho/a** before the noun:

Tienes mucho sueño, ¿verdad?	*You are very sleepy, aren't you?*

3.1-13 La fiesta del abuelo Match these situations with the **tener** expressions in the second column to describe this birthday party.

__g__ 1. Esta noche vamos a celebrar el cumpleaños de mi abuelo.
__a__ 2. Vamos a comer ahora porque mi hermano Juan...
__e__ 3. A mi cuñada Cristina no le gusta el aire acondicionado porque siempre...
__d__ 4. Mi novio y yo bebemos mucha limonada.
__f__ 5. Mis primos Isabel y Jorge quieren dormir en el sofá porque...
__c__ 6. Mi padrastro abre la ventana porque...
__b__ 7. Al final todos mis familiares y yo jugamos al bingo, ¡y mi tío gana mucho dinero! Él siempre...

a. tiene mucha hambre.
b. tiene mucha suerte.
c. tiene mucho calor.
d. ¡Tenemos mucha sed!
e. tiene frío.
f. tienen mucho sueño.
g. ¡Ya tiene 72 años!

3.1-14 ¡No sé nada de Costa Rica!

Paso 1: Carolina, Marc's friend from Mexico, asks questions about Costa Rica. Complete the dialogue using an expression with **tener** in the correct form.

Carolina: ¿Qué comida es buena en Costa Rica?
Marc: Si[10] ____tienes hambre____ (1), puedes comer un "casado". Es un plato combinado de varias cosas. Es riquísimo. Si ____tienes sed____ (2), una limonada es perfecta.
Carolina: ¿Debo llevar un suéter?
Marc: En Costa Rica no vas a ____tener frío____ (3). Es un clima tropical.
Carolina: ____Tengo ganas____ (4) de ir a una playa[11]. ¿Cuál me recomiendas?
Marc: Si te interesa el ecoturismo, te recomiendo la playa Bejuco.
Carolina: ¿Hay tiburones[12]? Yo les ____tengo miedo____ (5) a los tiburones.
Marc: Eso, ¡no sé!

Courtesy of Laura Marqués-Pascual and Carolyne Crolotte

▲ *Carolina va a comer el tradicional "casado" costarricense.*

Paso 2: Now, write a paragraph (4–5 sentences) in order to answer the following questions. Use expressions with **tener** in your paragraph.

1. ¿Quieres visitar Costa Rica? ¿Por qué?
2. ¿Tienes ganas de comer comida costarricense?
3. ¿Qué otros lugares de interés hay en Costa Rica que tienes ganas de visitar?

MODELO: *Quiero visitar Costa Rica porque... Tengo ganas de...*

Courtesy of Laura Marqués-Pascual

▲ *Playa Bejuco*

Answers for **3.1-14, Paso 2**: Answers may vary.

Suggestion for **3-1.14, Paso 2**: **3**. You may want to ask your students to browse information about where to go in Costa Rica for a more educated answer.

[10]**si:** if [11]**playa:** beach [12]**tiburones:** sharks

Use the PowerPoint slides found in the Book Companion Site and *WileyPLUS* to do this activity in class.

Note for **3.1-15**: This activity is similar to a BINGO; but instead of shouting BINGO!, they will shout ¡**Pura vida**! Students have to complete one or two horizontal or vertical columns as time permits by formulating the questions and gathering responses from their classmates. Students should try to be the first one to finish the activity. Make it a fun competition. The fastest student should signal the completion of the task by shouting ¡**Pura vida**! As a follow-up, ask students additional questions such as **¿Tienes ganas de ir a Costa Rica? ¿Por qué? ¿Vienes de otro país? ¿De dónde?**

Answers for **3.1-15** and **3.1-16**: Answers may vary.

3.1-15 ¿Quién aquí...? Ask and respond to questions following the model. Write down your classmate's name when his or her answer is affirmative. The first one to complete a vertical or horizontal line with affirmative answers wins!

MODELO: Estudiante 1: *¿Tienes miedo a la oscuridad?*
Estudiante 2: *Sí, tengo miedo a la oscuridad.*

PURA VIDA			
Tiene ganas de ir a Costa Rica.	Tiene hambre ahora.	Tiene sueño.	Tiene frío.
Tiene ganas de tomar una siesta.	Tiene un abuelo que no tiene dientes.	Tiene calor.	Prefiere caminar a correr.
Tiene miedo a los tiburones.	Viene de otro país.	No tiene hermanos.	Entiende todo lo que dice la profesora.
Duerme menos de 6 horas.	Tiene una familia grande (6+).	Juega al fútbol con sus parientes.	No se parece a sus padres.
Tiene la nariz igual que su padre/madre.	Hace ejercicio por la mañana.	Pone sus libros en una mochila.	Tiene menos de 20 años.

3.1-16 ¿Tenemos familias similares?

Paso 1: Write down five statements about your family using **mi/mis** with words from **Palabra por palabra**.

MODELO: ***Mis*** *primas son gemelas y tienen veinte años.*

Paso 2: Using your previous sentences write at least five questions for your classmates. Use **tu/tus** or **su/sus** if necessary. Then interview two of your classmates to find out.

Estudiante 1: *¿Tienes primas o primos? ¿Tus primas son gemelas? ¿Tu prima tiene veinte años?*
Estudiante 2: *Sí, tengo dos primos. Mis primos no son gemelos, pero uno de mis primos tiene veinte años...*

Paso 3: Find out which classmate has a family similar to yours and then explain why your families are similar.

MODELO: ***Nuestras*** *familias son muy similares.* ***Nuestros*** *primos...*

Courtesy of Alejandra Barciela

◀ *Los hermanos Barciela en una celebración con sus respectivos hijos y esposos.*

OTRA PERSPECTIVA

Courtesy of Tania Lizarazo

¿Con quién vives?

Diferente

"Somos la familia Durán. Mi papá se llama Fabio Durán y mi mamá, Antonieta Mora. Mi hermano mayor, Fernando, está casado y tiene gemelos. Mis otros hermanos, Carmelo y Marianela, viven en casa con nuestros padres. Carmelo tiene 25 años y Marianela tiene 31 años. No es raro que los hijos adultos vivan en la casa de sus padres. ¿Por qué los hijos en Estados Unidos deben irse a los 18 años?"

Note for **Otra perspectiva:** In US society, children are encouraged to "leave the nest" around 18 to 20 years of age to make it on their own. Independence and self-reliance are positive cultural traits in the U.S. and Canada. In Spanish-speaking countries, unless you are getting married, leaving home at 18 may indicate a rift in the family.

Answers for **Otra perspectiva**: Answers may vary.

Igual

"Las familias ahora son más pequeñas que en el pasado, igual que en Estados Unidos".

Explícale a Tania ¿Qué es más común en Estados Unidos? Comenta con tu compañero/a.

	Muy común	Común	Neutral	Poco frecuente	Nada frecuente
1. Un abuelo que vive con sus hijos y nietos	☐	☐	☐	☐	☐
2 Una familia con más de cinco hijos	☐	☐	☐	☐	☐
3. Padres divorciados	☐	☐	☐	☐	☐
4. Un(a) hijo(a) de 26 años que vive con sus padres	☐	☐	☐	☐	☐
5. Un(a) muchacho(a) soltero(a) de 22 años que no vive con sus padres	☐	☐	☐	☐	☐
6. Tener medios hermanos y hermanas	☐	☐	☐	☐	☐

MANOS A LA OBRA

3.1-17 Una familia ideal In groups of three or four, decide which two students in the class make an ideal couple. Build a family tree using your classmate's names and decide who are the couple's children, grandchildren, and relatives. Make sure you use the correct possessive adjectives. Then present the family tree to the rest of the class.

MODELO: *Karen es la esposa de Tom. Ellos son un matrimonio perfecto. Tienen tres hijos. Sus hijos son...*

Note for **3.1-17:** This should be a fun activity in which the entire class participates. Have two or three groups write the couple's names and made-up family directly on the board and have one student explain and add to it if possible, for example: **Karen es la esposa de Tom. Ellos son un matrimonio perfecto. Tienen tres hijos. Sus hijos son...** Keep in mind that students may provide non-conventional family relationships. Alternative: If you'd like, give your students the option of using famous people instead of classmates.

3.1-18 ¡Hablemos de la familia!

Paso 1: Do you want to know more about your classmates' family? Walk around the class asking questions to three students. Write down their answers.

1. ¿A quién te pareces de tu familia? ¿En qué te pareces (boca, pelo, orejas...)?

	Estudiante 1	Estudiante 2	Estudiante 3
A quién:	a. ______________	b. ______________	c. ______________
En qué:	a. ______________	b. ______________	c. ______________

Answers for **3.1-17** and **3.1-18**: Answers will vary.

2. ¿A quiénes ves más, a tu familia materna o a tu familia paterna? ¿Prefieres a tu familia materna o paterna? ¿Por qué?

	Estudiante 1	Estudiante 2	Estudiante 3
A quién veo:	a. ______________	b. ______________	c. ______________
A quién prefiero:	a. ______________	b. ______________	c. ______________
Por qué:	a. ______________	b. ______________	c. ______________

3. ¿Qué parientes tienes (bisabuelos, primos, sobrinos, nietos, suegros)? ¿Cómo se llaman? ¿Cuántos años tienen?

	Estudiante 1	Estudiante 2	Estudiante 3
Parientes:	a. ______________	b. ______________	c. ______________
Nombres:	a. ______________	b. ______________	c. ______________
Años:	a. ______________	b. ______________	c. ______________

4. ¿Qué tienes ganas de hacer con tu familia? ¿Piensas hacer algo especial o diferente?

	Estudiante 1	Estudiante 2	Estudiante 3
Tengo ganas de:	a. ______________	b. ______________	c. ______________
Pienso hacer:	a. ______________	b. ______________	c. ______________

5. ¿A qué juegan cuando están en una fiesta familiar? En las fiestas familiares, ¿qué almuerzan o cenan?

	Estudiante 1	Estudiante 2	Estudiante 3
Jugamos:	a. ______________	b. ______________	c. ______________
Almorzamos/ Cenamos:	a. ______________	b. ______________	c. ______________

6. ¿Tienes más tíos por el lado materno o por el lado paterno? ¿Qué tíos y primos van a las fiestas familiares?

	Estudiante 1	Estudiante 2	Estudiante 3
Tengo:	a. ______________	b. ______________	c. ______________
Van:	a. ______________	b. ______________	c. ______________

Paso 2: In groups of six, compare your answers to each question and mark the answers you have in common with other students. Then, the leader of the group informs the whole class:

MODELO: *En nuestro grupo, muchos estudiantes se parecen a sus madres en el pelo.*

Answers for **3.1-19**: Answers may vary.

3.1-19 La pareja ideal

Paso 1: Fill out the column "Para mí" with the characteristics of what would be your "ideal partner." Then, ask two classmates about their ideal partner.

MODELO: Estudiante 1: *¿Cómo es tu pareja ideal? ¿Cuántos años tiene?*
Estudiante 2: *Para mí, la pareja ideal tiene aproximadamente…*

	Para mí	Para mi compañero/a 1	Para mi compañero/a 2
Edad			
Estatura			
Pelo			
Se parece a...			
Boca			
Ojos			
Su carácter debe ser...			
Su carácter no debe ser...			

Paso 2: Share your ideas with your classmates: *¿Piensas que hay algún estudiante que se parece a la "pareja ideal" de tu compañero/a? ¿A quién recomiendas como su posible "pareja ideal"? ¿Una persona de la clase? ¿Una persona famosa?*

MODELO: *Pienso que la pareja ideal de mi compañero/a puede ser Paula, porque…*

3.1-20 Presta atención: ¿Es lógico? Indicate whether each statement you hear is logical (**Lógico**) or illogical (**Ilógico**) based on a series of statements that you will hear. If it is illogical, explain why.

	Lógico	Ilógico
1.	☐	☑
2.	☐	☑
3.	☑	☐
4.	☑	☐
5.	☐	☑

Answers for **3.1-20:** 1. Ilógico; los hermanos gemelos idénticos se parecen. 2. Ilógico; una mujer de 80 años no puede tener hijos. 3. Lógico. 4. Lógico. 5. Ilógico; se almuerza al mediodía.

Script for **3.1-20, Presta atención: ¿Es lógico?** 1. Los gemelos idénticos no se parecen en los ojos. 2. Una mujer que tiene 80 años piensa tener hijos con su nuevo esposo. 3. Un niño de 6 meses tiene hambre y sueño. 4. Los abuelos generalmente tienen ganas de estar con sus hijos y nietos. 5. A medianoche almuerzo con toda mi familia.

WileyPLUS Go to *WileyPLUS* and listen to **Presta atención.**

3.1-21 Por escrito: Tu primo panameño You have a second cousin in Panama who you didn't know. He has found you on Facebook. He wants to write a report about your mother's side of the family and needs a short paragraph about your family.

Paso 1: Begin by writing down a list with the following information: members of your family, physical descriptions for each member, age (mother, father. . .), nationalities, personalities, and occupation.

Paso 2: Use the previous list to write an e-mail (short paragraph) to your cousin about your family. Do not forget to include a greeting (*Querido primo...*) and good-bye (*Responde pronto, un beso...*).

Paso 3: Then, in class: (a) Exchange your email with a classmate. (b) Review the conjugations for all verbs and do the necessary corrections. (c) Respond to your classmate's email. (d) Rewrite your email using your classmate's comments. (e) Pass the message and answer to your instructor.

¡OJO!

Writing an e-mail
When writing the e-mail in Paso 2, use your knowledge of writing and receiving e-mails in English. Complete as follows: 1) **De:** (write your name and address); 2) **Para**: (write the name of the person you send the message); 3) **Asunto**: (indicate what the e-mail is about, i.e., **Mi familia**). Use connectors to present your ideas in a logical order. When editing your message, make sure the content is well organized.

Suggestion for **3.1-21:** This writing activity could be used as homework. We recommend assigning **Paso 1** and **Paso 2** as homework and working on **Paso 3** in class the following day.

PONTE EN MI LUGAR

Estrategias para conversar

Keeping the conversation going During the conversation, feel free to express your own opinion by showing agreement or disagreement with others. The following are expressions you should try to learn as "chunks of language" in order to keep your conversation going.

Agreement:		**Disagreement:**	
Por supuesto.	*Of course.*	No tiene(s) razón.	*You are wrong.*
Tiene(s) razón.	*You are right.*	De ninguna manera.	*No way.*
Estoy de acuerdo.	*I agree.*	No estoy de acuerdo.	*I disagree.*

Tu familia costarricense

Paso 1: In the summer you are going to study and live in Costa Rica. You need to call your Costa Rican family to ask them a few questions. Write down the questions.

Paso 2: With a partner take turns playing the Costa Rican father or mother to respond questions from **Paso 1**. In your answers use the expressions from **Estrategias para conversar** to express agreement or disagreement when possible.

Answers for **Arroba:** Answers **may vary.**

@Arroba@

WileyPLUS Go to *WileyPLUS* to find more **Arroba** activities.

El viaje You would like to travel this summer to San Jose, Costa Rica. Search in your favorite browser for information in Spanish to look for a round-trip flight. In which days and times are the tickets cheaper? How many connections do you have? In which month are you flying? When do you return to the U.S.? Write a paragraph with that information and compare your results with your classmates. With the whole class decide who found the cheapest ticket and share this information with your instructor in Spanish.

ASÍ ES LA VIDA

Use the PowerPoint slides found in the Book Companion Site and *WileyPLUS* to do this section in class.

Answers for **Adivina, adivinador:** 1. Three. The grandfather, his grandchild and the father of the grandchild who is the son of the grandfather. 2. Four. The female is the sister of the three of them.

Adivina, adivinador

1. Dos padres y dos hijos caminan por la calle. ¿Cuántas personas hay en el grupo?
2. Cada uno de los tres hermanos tiene una hermana. ¿Cuántos son en total?

Chiste

Unos padres que esperan su segundo hijo piensan qué nombre le van a poner. Deciden llamarlo Roberto. Su otro hijo de 3 años escucha atentamente y, muy contento, dice: "¡Ah, qué bueno! ¡Ahora vamos a pensar en los apellidos!".

ENTÉRATE

Estrategias para leer

Identifying the main idea When reading for comprehension, the first sentence usually states the topic or the main idea of a text. The following sentences provide additional information, comparisons, and examples to support the main idea. The last sentence summarizes the main idea of the reading. These sentences will give you the *who* and the *what* in order to identify the main idea of the reading passage.

Answers for **Antes de leer: 1. Tu familia:** When going over the descriptions of the concept of family, ask questions for further understanding. **¿Cómo es tu familia? ¿Tu familia incluye a otros miembros, además de tus padres y tus hermanos? ¿Dónde vive tu familia? ¿Quién tiene la autoridad en tu familia? ¿Quién prepara la comida? ¿La familia es necesaria para recibir ayuda financiera? ¿Y ayuda moral? ¿Cuántas veces se reúne tu familia? ¿Qué fiestas familiares hay en tu casa? 2. La familia de Jorge:** The main idea (suggested): **La familia en la cultura hispana es muy importante y normalmente está muy unida.** Some cognates are **familia, cultura hispana, social, importancia, diferencias, concepto, familia extendida, núcleo, apartamento, causas, universidad, factores, económicos, psicológicos, culturales, relación...**

Antes de leer

Suggestions for **Entérate:** Before your students do a careful reading, ask them to read the **Después de leer** comprehension questions. This way they know what is important to understand in the blog.

1. Tu familia Think about your family and select three expressions or words to describe the concept of family according to your culture.

- ☐ Núcleo de la familia
- ☐ Parientes de la familia
- ☐ Amigos
- ☐ Apoyo moral
- ☐ Encuentros frecuentes
- ☐ Fiestas familiares

2. La familia de Jorge Jorge is from Monteverde, Costa Rica, but now he is an exchange student and lives in Michigan with an American family. Jorge writes on his blog about the concept of the Hispanic family. Scan the reading **"La vida en familia"** to identify the main idea. What cognates did you find while you were scanning?

Página principal | Contacto | Preguntas

Búsqueda

Vida académica | Vida en el campus | Blogs | Visitas | Costo | Admisiones | Padres

Inicio ▸ Blogs ▸ La vida en familia — Viernes, 2 de abril de 2013

Blogs
- ¿Quién escribe en los blogs?
- Temas de los blogs
- Temas recientes

La vida en familia

En la cultura hispana, la familia es una unidad social de gran importancia. Pienso que hay muchas diferencias entre lo que es el concepto de familia para un hispano y para un estadounidense. Primero, para los hispanos la familia incluye a los padres, hijos y también a otros parientes como los abuelos, tíos y primos. En Estados Unidos este concepto se conoce como la familia extendida porque la familia para los estadounidenses generalmente consiste en los padres y los hijos. Otra diferencia es que generalmente en las familias estadounidenses los jóvenes cuando van a la universidad viven en un apartamento, en un dormitorio de una residencia estudiantil o en una casa separados de sus padres, pero los hijos de las familias hispanas cuando asisten a la universidad normalmente viven en la casa de sus padres, si la universidad está en la misma **ciudad** (*city*). Muchas veces, los hijos de los hispanos si son solteros viven en la casa con sus padres. Muchos hijos solteros tienen un buen trabajo y tienen recursos para independizarse, pero prefieren vivir con su familia.

Las causas son muy variadas: factores económicos, psicológicos y culturales. Por ejemplo, en 16 familias de cada 100 familias costarricenses vive con sus padres al menos un hijo profesional. Muchos tienen más de 26 años. Muchos jóvenes con buenos trabajos dicen que no se van de casa para **ahorrar** (*to save*) dinero. También afirman que tienen una buena relación con sus padres y que viven felices con ellos. Los padres **apoyan** (*to support*) a sus hijos moralmente y los hijos **a veces** (*sometimes*) también colaboran económicamente con sus padres. Finalmente, los miembros de las familias hispanas que no viven en la casa de los padres, viven en la misma ciudad y, normalmente, viven en el mismo barrio o a **poca distancia** (*not too far*). También las familias hispanas se reúnen frecuentemente para celebrar las fiestas. Encuentran cualquier momento para reunirse y pasar el día con la familia. En general, las familias hispanas son familias muy unidas.

Blogs recientes

Voy a ser un buen padre: Voy a ser papá y me gusta la idea. Ya tengo 40 años pero tengo miedo. Tengo ganas de conocer a mi bebé.

Viajo a Guatemala: En agosto voy a viajar a Guatemala de voluntaria. ¿Tienen recomendaciones?

El regateo en México: No me gusta regatear en los mercados callejeros porque negociar no es mi punto fuerte.

Después de leer

1. En el texto Identify two possessive adjectives in the reading and at least one sentence with information to support the main idea of the text.

Answers for **Después de leer, 1. En el texto:** sus, su; ...para los hispanos la familia incluye a los padres, hijos y también a otros parientes como los abuelos, tíos y primos; los hijos de las familias hispanas cuando asisten a la universidad normalmente viven en la casa de sus padres.

2. ¿Entendiste? Indicate whether the following sentences are true (**Cierto**) or false (**Falso**). If the sentence is false, correct the statement.

	C	F
1. No hay diferencias entre las familias hispanas y las estadounidenses. Hay varias diferencias entre las familias hispanas y las familias estadounidenses.	☐	✓
2. La familia hispana incluye a los padres, hijos y parientes.	✓	☐
3. Los hispanos cuando van a la universidad en su ciudad viven con sus padres.	✓	☐
4. Los jóvenes solteros viven con sus padres porque no tienen trabajo. Los jóvenes solteros pueden vivir con sus padres aun si tienen trabajo.	☐	✓
5. Los miembros de una familia hispana viven en la misma ciudad.	✓	☐

EN TUS PROPIAS PALABRAS

Now write a short composition about your family and traditions in your family. When writing your composition, answer the following questions:

- ¿En qué consiste la familia para ti?
- ¿Vives cerca o lejos de tu familia? ¿Por qué?
- ¿Cómo es tu relación con tu familia?
- ¿Dónde viven tus abuelos?
- ¿Con qué frecuencia se reúne tu familia para celebrar fiestas?
- ¿Tus padres te apoyan económicamente?

Estrategias para escribir

Generating ideas Before writing your first draft, brainstorm your ideas related to the family topic. In order to generate ideas and add content to your writing think about what your readers want to know and give information about *who* (**¿quién?**), *what* (**¿qué?, ¿cuál?**), *where* (**¿dónde?**), *when* (**¿cuándo?**), *why* (**¿por qué?**) and *how* (**¿cómo?**). You can also use these words to ask questions about similar or different topics that you would like your reader to answer.

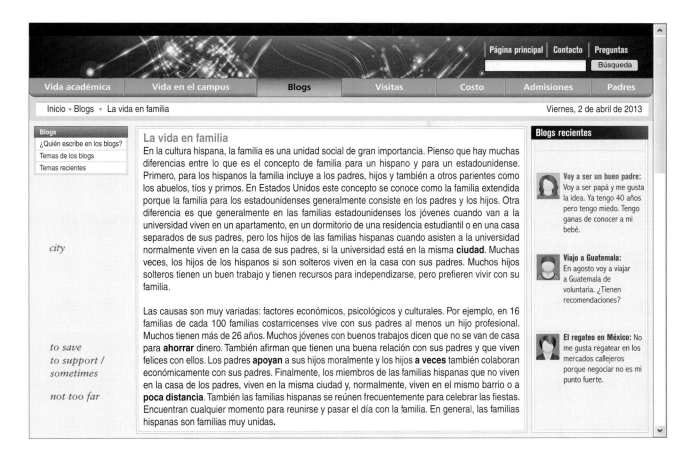

AUTOPRUEBA

VOCABULARIO

I. ¿Quién es quién? You want to get to know the family of your Costa Rican friend. Your friend explains who each person is.

MODELO: Estudiante 1: *¿Quién es ella?*
Estudiante 2: *Es la hermana de mi padre, o sea, es mi tía.*

1. ... ella? Es la esposa de mi hermano, o sea, es mi ____cuñada____.
2. ... él? Es el esposo de mi tía, o sea, es mi ____tío____.
3. ... ella? Es la madre de mi sobrino, o sea, es mi ____hermana o cuñada____.
4. ... ella? Es la hija de mi tía, o sea, es mi ____prima____.
5. ... él? Es el padre de mi esposo, o sea, es mi ____suegro____.

II. ¿Cómo se dice? Tell a friend the word in Spanish for the following:

Answers for **Vocabulario II:** 1. soltero/a; 2. divorcio; 3. don o doña; 4. parientes; 5. apodo

1. No estar casado/a
2. Separación legal
3. Un título de respeto antes de un nombre
4. Otra palabra para "familiares"
5. Un nombre que dan los amigos o familiares

GRAMÁTICA

I. Mi primo Fill in the blanks to learn more about an interesting relative. Use the appropriate forms of the verbs below.

pensar empezar (x2) almorzar volver poder contar querer dormir preferir

Mi primo Roberto es diferente. Yo ____pienso____ (1) que no es muy normal. Todos nosotros ____empezamos____ (2) el día con un "buenos días", pero él ____empieza____ (3) con el periódico porque ____prefiere____ (4) hablar de política. Él ____quiere____ (5) ser el presidente de Costa Rica algún día y no ____puede____ (6) hablar de otra cosa. Él desayuna, ____almuerza____ (7) y cena política. Siempre ____cuenta____ (8) historias y cosas interesantes de los gobernantes. Algunas veces se ____duerme____ (9) con el periódico en la mano y al día siguiente, ¡____vuelve____ (10) al mismo tema!

II. Reuniones familiares In a family reunion we see interesting things. Choose the most logical explanation to the questions below.

1. ¿Por qué Quique mira el reloj constantemente?
   a. Porque tiene hambre. **(b.)** Porque tiene prisa. c. Porque tiene sed.
2. ¿Por qué Félix come mucho?
   a. Porque tiene razón. b. Porque tiene miedo. **(c.)** Porque tiene hambre.
3. ¿Por qué es tan pequeño mi sobrino?
   (a.) Porque tiene tres años. b. Porque tiene sueño. c. Porque tiene frío.
4. ¿Por qué llora el bebé?
   (a.) Porque tiene hambre. b. Porque tiene prisa. c. Porque tiene razón.
5. ¿Por qué beben agua fría?
   a. Porque tienen frío. **(b.)** Porque tienen calor. c. Porque tienen miedo.

III. ¿Cómo es mi familia? Fill in the blanks with the right possessive adjective in order to find out about a family tradition.

Cuando yo visito a ____mi____ (1) familia, a veces ____mis____ (2) padres organizan una fiesta familiar. Siempre viene ____mi____ (3) tío Alberto. Es el único hermano de ____mi____ (4) padre. ____Su____ (5) esposa se llama Juliana. Ella viene de una familia muy grande. ____Sus____ (6) hermanos (los hermanos de ella) se llaman Andrés, Marta, Luis, Gregorio, Ana y Francisco. ____Mi____ (7) hermano Roberto y ____su____ (8) esposa Irene tienen cuatro hijos. Ellos dicen: "____Nuestros____ (9) hijos son todos muy inteligentes. ____Nuestros____ (10) dos hijos mayores son médicos y ____nuestras____ (11) dos hijas son profesoras". ____Nuestras____ (12) fiestas familiares siempre son muy divertidas.

CULTURA

Answers for **Cultura:** 1. It answers to "How are you?" among other questions and it means "Great!" 2. The nuclear family, plus the extended one. 3. López Santos

1. ¿Qué quiere decir "pura vida"?
2. ¿Qué se considera "familia" en Costa Rica?
3. Si el papá se llama Ángel Luis López Román y la mamá se llama Lina Rosa Santos Rodríguez, ¿cuáles son los apellidos de su hijo, Rafael?

REDACCIÓN

Describe your favorite relative. Include his/her name, nickname, relationship, marital status, age, personality, what activities (s)he likes, and why this person is your favorite relative. Do you look like this relative?

EN RESUMIDAS CUENTAS, AHORA PUEDO...

- ☐ understand why many Hispanics have two last names.
- ☐ name family relationships.
- ☐ describe someone's marital status.
- ☐ describe physical resemblance of family members.
- ☐ talk about what families do.
- ☐ say to whom something belongs.
- ☐ describe physical and emotional states with the verb **tener**.
- ☐ say how old a person is.
- ☐ recognize some differences between Spanish and U.S. families.

VOCABULARIO ESENCIAL

Sustantivos

la boca	*mouth*
la cabeza	*head*
la cara	*face*
el diente	*tooth*
la nariz	*nose*
el pelo	*hair*
los labios	*lips*
el ojo	*eye*
la oreja	*ear*
el/la abuelo/a	*grandfather/ grandmother*
el apodo	*nickname*
el/la bisabuelo/a	*great grandfather/ grandmother*
el/la bisnieto/a	*great grandchild*
el/la cuñado/a	*brother/sister-in-law*
el/la esposo/a	*spouse*
el familiar/ pariente	*relative*
el/la gemelo/a	*identical twin*
el/la hermanastro/a	*stepbrother/ stepsister*
el/la hermano/a	*brother/sister*
el/la hijo/a	*son/daughter*
la madrastra	*stepmother*
la madre	*mother*
el/la medio/a hermano/a	*half brother/ sister*
el/la nieto/a	*grandson/ granddaughter*
el/la novio/a	*boyfriend/ girlfriend*
la nuera	*daughter-in-law*
el padrastro	*stepfather*
el padre	*father*
los padres	*parents, fathers*
el/la primo/a	*cousin*
el/la sobrino/a	*nephew/niece*
el/la suegro/a	*father/ mother-in-law*
el/la tío/a	*uncle/aunt*
el yerno	*son-in-law*

Cognados: la familia, la mamá, el papá, la relación

Adjetivos

casado/a	*married*
materno/a	*mother's side*
paterno/a	*father's side*
soltero/a	*single*
viudo/a	*widow/widower*

Cognados: divorciado/a, separado/a

Verbos

almorzar (ue)	*to have lunch*
casarse	*to get married*
contar (ue)	*to count*
costar (ue)	*to cost*
dormir (ue)	*to sleep*
encontrar (ue)	*to find*
entender (ie)	*to understand*
hacer	*to do, to make*
jugar (ue)	*to play*
oír	*to hear*
parecerse	*to look like*
pedir (i)	*to ask for*
pensar (ie)	*to think*
perder (ie)	*to lose*
poder (ue)	*to be able*
poner	*to put*
preferir (ie)	*to prefer*
querer (ie)	*to want*
repetir (i)	*to repeat*
salir	*to leave, to go out with*
servir (i)	*to serve*
tener (ie)	*to have*
traer	*to bring*
venir	*to come*
volver (ue)	*to return*

Expresiones

tener... años	*to be. . . years old*
tener buena/ mala suerte	*to be lucky/ unlucky*
tener calor	*to be hot*
tener frío	*to be cold*
tener ganas de...	*to feel like . . .*
tener hambre	*to be hungry*
tener miedo	*to be afraid*
tener razón	*to be right*
tener sed	*to be thirsty*
tener sueño	*to be sleepy*

LEARNING OBJECTIVES

By the end of this section you will be able to:

- Compare diverse dwellings
- Describe a house and its neighborhood
- Use numbers from 10,000
- Make comparisons
- Express location and existence
- Understand the life in a neighborhood

$1 = 1 Balboa (2013)

Answers for **Una imagen vale más que mil palabras:** 1. trescientos noventa y cinco mil ochocientos cuarenta balboas; quinientos setenta mil trescientos cincuenta balboas; cuatrocientos setenta y nueve mil doscientos noventa balboas. 2. Balboa. $1 = 1BP. 3. Answers may vary.

Una imagen vale más que mil palabras

¿Cuánto cuestan las casas?

¿Cuál es la moneda de Panamá? ¿A cuánto está el cambio[1]?

¿Cómo son las casas de Panamá comparadas con las de la ciudad donde vives ahora? ¿Más caras o más baratas? ¿Más grandes o más pequeñas? ¿Más modernas o más antiguas?

Bienes Raíces

1.Condominios de lujo Calle Boca Ríos 155 Privado, campo de golf, balcón extendido. **395.840 Balboas**

2.Apartamento de 3 habitaciones, Casco antiguo, Panamá, recientemente renovado, cocina grande. **570.350 Balboas**

3.Villa de 2 habitaciones Chiriqui, Panamá. Para un tour virtual visitar nuestra página web. **479.290 Balboas**

© John Wiley & Sons, Inc.

UNA PERSPECTIVA

Courtesy Thomas A. Burton

Casas diferentes

Diferente

"Fui[2] a Panamá a visitar a unos amigos. Muchas casas son diferentes a las casas de mi vecindario[3] en Estados Unidos. La casa de mis amigos Osvaldo y Roberto, y muchas otras casas, tienen rejas[4] ornamentales. Las casas son de cemento. Muchas no tienen garajes cerrados, sino[5] abiertos".

Courtesy of Norma Lopez-Burton

Courtesy of Norma Lopez-Burton

Courtesy of Norma Lopez-Burton

▲ *Casas con rejas*

Igual

Answers for **Una perspectiva:** Answers may vary.

"Hay casas muy grandes y ricas, con alarmas, pero también hay casas pequeñas y pobres, igual que en Estados Unidos".

¿Qué piensas tú? ¿Qué es más común ver en tu vecindario de Estados Unidos? ¿Es similar a Panamá? Utiliza las siguientes frases:

	Muy común	Común	Poco frecuente	Muy poco frecuente
1. Rejas en las casas o los edificios	☐	☐	☐	☐
2. Casas o edificios con alarmas	☐	☐	☐	☐
3. Casas de cemento	☐	☐	☐	☐
4. Casas de madera[6]	☐	☐	☐	☐
5. Casas con garajes cerrados	☐	☐	☐	☐

[1] **cambio:** exchange [2] **fui:** I went [3] **vecindario:** neighborhood [4] **rejas:** iron works [5] **sino:** but [6] **madera:** wood

The suggested narration for **La pura verdad** can be found in the Appendix. Please use this narration to go over each of the frames with your students. You can also find this section (frames and narration) in the PowerPoint slides, found in the Book Companion Site and *WileyPLUS*.

LA PURA VERDAD I ¿Qué dirá la gente?

Lisa es una estadounidense de Nuevo México. Sus abuelos son de Honduras. Planea estudiar en Panamá por un año. Ahora está en la casa de una familia panameña.

1.

2.

3.

4.

5.

6.

7.

8.

▲ *No está bien estudiar en el dormitorio.*

3.2-01 ¿Qué dirá la gente? Listen to the narration and decide if the following statements are true (**Cierto**) or false (**Falso**). If they are false, explain why.

	C	F	
1.	☑	☐	C
2.	☐	☑	F, Se sienta en el sofá.
3.	☐	☑	F, Llega para estudiar con Lisa.
4.	☑	☐	C
5.	☑	☐	C

Script for **3.2-01:** 1. En el vecindario de Lisa hay árboles y flores. 2. Lisa está cansada. Se sienta en la alfombra y mira la tele. 3. Mario, un compañero de clase de Lisa, llega a la casa para mirar la tele. 4. Mario y Lisa van a estudiar al dormitorio. 5.No pueden estudiar en el dormitorio porque no es apropiado.

PALABRA POR PALABRA

Use the PowerPoint slides found in the Book Companion Site and *WileyPLUS* to do this section in class.

Suggestion for **Palabra por palabra:** Continue introducing this vocabulary by talking about your house, your ideal house, your parent's house or the worst floor plan you have seen. Also mention how much the property costs.

Note for **Palabra por palabra:** Vocabulary varies from country to country. You may want to also mention vocabulary with which you are familiar.

La casa, los muebles y el vecindario *House, furniture, and neighborhood*

El exterior de la casa *The exterior of the house*

Note for **Palabra por palabra:** Make sure your students understand the difference between piso (*floor*) and piso (*story*).

Para hablar de la vivienda

amueblado/a	*furnished*
bonito/a	*pretty*
el centro	*downtown*
el edificio	*building*
el piso	*floor*
el precio	*price*
el vecindario	*neighborhood*
el/la vecino/a	*neighbor*
grande	*big*
la habitación/el cuarto	*room*
la seguridad	*safety*
las flores	*flowers*
la ubicación	*location*
la vivienda	*housing*
luminoso/a	*bright*
pequeño/a	*small*
un piso/dos pisos	*one story/two stories*

Cognados: el apartamento, el garaje, la zona

La cocina y el comedor *The kitchen and the dining room*

Cognado: el refrigerador

Verbos

alquilar	*to rent*
comprar	*to buy*

La sala *The living room*

Cognados: el aire acondicionado, la cortina, la lámpara, el sofá, la televisión/el televisor

El dormitorio *The bedroom*

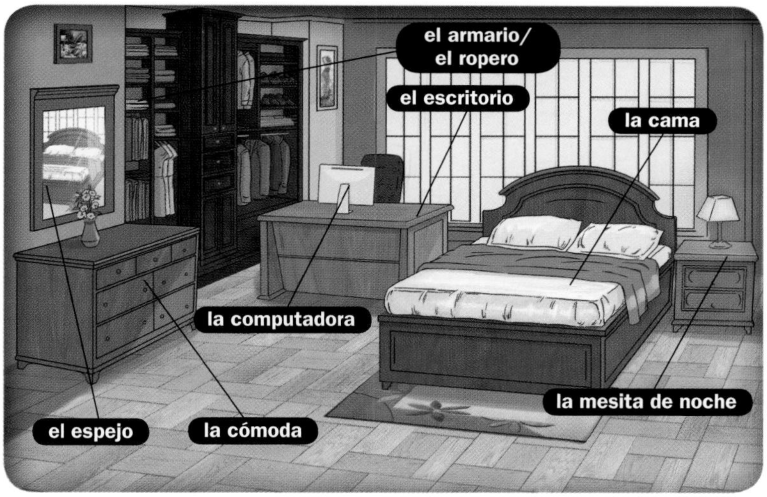

Note for **Palabra por palabra:** The word for *tile* in Panama is **mosaico**. Other words used in other Spanish-speaking countries are **azulejos, baldosas** and **losetas**. Roof tiles are **tejas**. **Mosaico** could also mean tiles artistically laid out on walls or floors.

El baño *The bathroom*

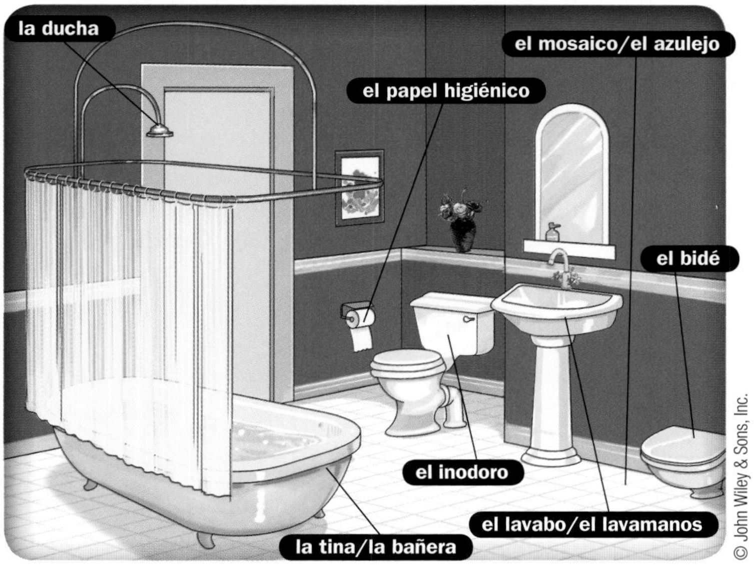

Los números del 10.000 en adelante *Numbers from 10,000 and on*

25.000 (veinticinco mil) balboas

126.000 (ciento veintiséis mil) balboas

499.500 (cuatrocientos noventa y nueve mil quinientos) balboas

1.600.000 (un millón seiscientos mil) balboas

Suggestion for **Los números del 10.000 en adelante:** Your students already know numbers to 10,000. After presenting the examples above, encourage them to guess how to say in Spanish other combinations of numbers above 10,000 besides the examples presented. You may want to write down numbers in the board and ask for their participation.

¿Qué dicen los panameños?

¿Te gusta <u>mi chantín</u>?	*Do you like <u>my house</u>?*
¿Qué te parece <u>mi nave</u>?	*What do you think about <u>my car</u>?*
***Este patio <u>está chévere</u>.**	*This yard is <u>cool</u>!*
***Le importa mucho "<u>el qué dirán</u>".**	*He/She is very concerned about <u>appearances</u>.*

*This expression is also used in other Spanish-speaking countries.

¡OJO!

Hay muchas advertencias para casas en el periódico.
¿Advertencias? ¿De qué?
Oh, anuncios. Hay muchos anuncios.
Sí, mira, para vender casas.

▲ **Advertencia** *means "warning,"* **anuncio** *means "advertisement" or "ad."*

3.2-02 ¡Mudanza![7] You are helping a friend to move into a new place.

¿Dónde van las cosas? ¿En la cocina, la sala, el dormitorio o el baño?

	la cocina	la sala	el dormitorio	el baño
1. Las toallas, el papel higiénico y el espejo van en...	☐	☐	☐	☑
2. La lámpara, el sillón y la televisión van en...	☐	☑	☐	☐
3. La cama, la mesita de noche y la cómoda van en...	☐	☐	☑	☐
4. Los cuadros, los estantes y el sofá van en...	☐	☑	☐	☐
5. El microondas, la estufa y el refrigerador van en...	☑	☐	☐	☐
6. La ropa, el espejo y el escritorio van en...	☐	☐	☑	☐

Use the PowerPoint slides found in the Book Companion Site and *WileyPLUS* to do this activity in class.

Note for **3.2-03:** When writing numbers, in many Spanish-speaking countries, the period and the comma have opposite functions as in the U.S. The period signals thousands and the comma, cents. 50.000,02 is fifty thousand and two cents.

Remind your students that they have to divide colones by $500.

3.2-03 ¿Cuánto cuesta en dólares? In a real state ad you look at prices of different houses in Costa Rica. Help each other calculate the prices in dollars. Decide which house you prefer and why, and then report to the class.

1 dólar = 500 colones aproximadamente (en 2013)

MODELO: Estudiante 1: *Esta casa cuesta 40.500.000 colones. ¿Cuánto cuesta en dólares?*
Estudiante 2: *Cuesta $81.000*

[7] **mudanza:** move

GUANACASTE, TAMARINDO

Casa nueva, espaciosa, tres cuartos, dos baños, jardín, magnífica vista.

PUNTARENAS, SANTA TERESA DE CÓBANO

Casa moderna y bonita, dos cuartos, 2 baños, pisos de mosaicos.

© John Wiley & Sons, Inc.

1. **¿Cuánto cuesta la casa de Guanacaste?**

Precio:	C 64.880.000,00	$ 129.760
Pago inicial:	C 6.976.000,00	$ 13.952
Pago mensual:	C 270.000,00	$ 540

2. **¿Cuánto cuesta la casa de Puntarenas?**

Precio:	C 50.800.000,00	$ 101.600
Pago inicial:	C 5.540.000,00	$ 11.080
Pago mensual:	C 210.300,00	$ 420,6

 3.2-04 Veo, veo In groups of four, take turns to guess one of the objects from the section **Palabra por palabra.**

MODELO: Estudiante 1: *Veo, veo.*
 Grupo: *¿Qué ves?*
 Estudiante 1: *Una cosita.*
 Grupo: *¿Con qué letrecita?*
 Estudiante 1: *Con la letrecita "l".*
 Grupo: *¿Lavabo? ¿Lámpara?*

3.2-05 ¡Tu casa!

Paso 1: With a classmate, take turns interviewing each other about the place where you live. Describe your house or apartment.

1. ¿Dónde vives? ¿Vives en una casa o en un apartamento? ¿Cuál es tu dirección? ¿Cuántos pisos tiene?
2. ¿Cómo es tu cuarto? ¿Qué muebles tienes? ¿Te gustan?
3. Y la cocina, ¿cómo es? ¿Es grande o pequeña? ¿Qué aparatos[8] tiene?
4. ¿Cuál es tu cuarto favorito? ¿Por qué?
5. ¿Qué parte de tu casa detestas limpiar?
6. En tu casa, ¿usan el garaje para el carro o para almacenar[9] cosas?

Paso 2: Now compare both places. Be prepared to report to the rest of the class what is similar and what is different.

MODELO: *Los dos vivimos en una casa con patio, pero su casa tiene tres cuartos y mi casa tiene cinco cuartos...*

Note for **3.2-04:** This is the Spanish version of "I spy with my little eye." Have students recite the rhyme every time they start their turn. Only the student taking the turn is allowed to look at the picture provided in the text. The rest of the students have to keep their books closed. Demonstrate with the whole class first and then break the class into groups.

Answers for **3.2-04** and **3.2-05:** Answers may vary.

[8] **aparatos:** appliances [9] **almacenar:** to store

HABLANDO DE GRAMÁTICA I

WileyPLUS Go to *WileyPLUS* to review this grammar point with the help of the **Animated Grammar Tutorial**.

1. Making comparisons

A. Comparisons of equality

A. When comparing characteristics that are roughly equal or similar, use the phrase **"tan** + *adjective/adverb* + **como"** (*as. . . as*). Notice that although the adjective must agree in number and gender with the noun, **"tan + ... + como"** do not change:

La cocina de la casa de Panamá es **tan** grande **como** la cocina de la casa de Lisa en Estados Unidos.	*The kitchen in the house in Panama is as big as the kitchen in Lisa's house in the United States.*
Ella no limpia la cocina **tan** bien **como** él.	*She doesn't clean the kitchen as well as he does.*

When comparing characteristics that are not equal, use **no** in front of the main verb:

La casa de Panamá **<u>no</u>** es **tan** cara **como** la casa de Lisa en Nuevo México.	*The house in Panama is not as expensive as Lisa's house in New Mexico.*

B. When comparing nouns, use the phrase "**tanto/a/os/as** + *noun* + **como**" (*as many/as much . . . as*). Note that **tanto/a/os/as** is an adjective and has to agree with the noun that follows:

Esta casa tiene **tant<u>as</u>** ventan<u>**as**</u> **como** tu casa.	*This house has as many windows as your house.*
La casa de Lisa en Estados Unidos tiene **tant<u>os</u>** cuart<u>**os**</u> **como** la casa de Panamá.	*Lisa's house in the United States has as many rooms as the house in Panamá.*

C. When comparing activities, use *verb* + **tanto como**:

En Panamá, Lisa estudia **tanto como** en Estados Unidos.	*In Panama, Lisa studies as much as she does in the United States.*

Exercises labeled with an individual student icon in the **Hablando de gramática** section are intended to be assigned as homework.

3.2-06 ¿Son similares? Look at the drawings and decide if the following statements are true (**Cierto**) or false (**Falso**). If they are false, write the correct information.

© John Wiley & Sons, Inc.

Answers for **3.2-06**: 1. C, 2. F, La lámpara blanca <u>no</u> es tan grande como la lámpara verde. 3. C; 4. C; 5. F, La silla <u>no</u> es tan cómoda como el sillón. 6. F, El microondas <u>no</u> es tan caro como la estufa.

MODELO: El dormitorio es tan espacioso como la sala.
→ *Falso. El dormitorio <u>no</u> es tan espacioso como la sala.*

▲ 1. *Las rejas de la ventana de la casa gris no son tan decorativas como las rejas de la ventana de la casa marrón.*

C ☑ F ☐

▲ 2. *La lámpara blanca es tan grande como la lámpara verde.*

C ☐ F ☑

© John Wiley & Sons, Inc.

▲ 3. *El televisor pequeño no es tan moderno como el televisor grande.*

C ☑ F ☐

▲ 4. *La casa gris no es tan bonita como la casa blanca.*

C ☑ F ☐

▲ 5. *La silla es tan cómoda como el sillón.*

C ☐ F ☑

▲ 6. *El microondas es tan caro como la estufa.*

C ☐ F ☑

3.2-07 ¿Son similares? Compare these houses and rooms.

MODELO: Mi casa / tu casa: cuartos →
Mi casa no tiene tantos cuartos como tu casa.

1. Mi casa / la casa de mi mejor amigo/a: espacio
2. Mi garaje / el garaje de mi mejor amigo/a: cosas
3. Mi dormitorio / el dormitorio de mis padres: muebles
4. Mi jardín / el jardín de la casa de mis vecinos: flores
5. Mi refrigerador / el refrigerador de mis padres: comida
6. La sala / mi dormitorio: ventanas

Answers for **3.2-07:** 1. Mi casa (no) tiene tanto espacio como la casa de mi mejor amigo/a. 2. Mi garaje (no) tiene tantas cosas como el garaje de mi mejor amigo/a. 3. Mi dormitorio (no) tiene tantos muebles como el dormitorio de mis padres. 4. Mi jardín (no) tiene tantas flores como el jardín de mis vecinos. 5. Mi refrigerador (no) tiene tanta comida como el refrigerador de mis padres. 6. La sala (no) tiene tantas ventanas como mi dormitorio.

3.2-08 Mi casa y la casa de mis padres Complete the following paragraph with the appropriate comparative words **tanto/a/os/as, tan** or **como**.

La casa donde yo vivo con mis compañeros de la universidad es similar, pero también es diferente a la casa de mis padres. Primero, mi casa tiene ___tantos___ (1) *dormitorios* ___como___ (2) *la casa de mis padres. Sin embargo, la casa donde yo vivo no es* ___tan___ (3) *nueva* ___como___ (4) *la casa de mis padres. En mi casa no hay* ___tanto___ (5) *espacio* ___como___ (6) *en la casa de mis padres. Cuando estoy en la universidad no estudio* ___tanto___ (7) ___como___ (8) *cuando estoy de visita en casa de mis padres. Es fácil estudiar en casa de mis padres porque no es* ___tan___ (9) *divertida* ___como___ (10) *nuestra casa. ¡Nosotros hacemos muchas fiestas!*

B. Comparisons of inequality

A. When comparing things that are not equal, use **más/menos +** *adjective/adverb/noun* **+ que** (*more/less. . . than*):

Las casas cercanas a la playa son **más** caras **que** las casas que están en el campo.	*The houses near the beach are more expensive than the houses in the countryside.*
Hay **menos** roperos y **menos** estantes en la casa de Lisa en Estados Unidos **que** en la casa de Panamá.	*There are fewer closets and fewer shelves in Lisa's house in the United States than in the house in Panama.*

When comparing activities, use *verb* + **más/menos** + **que**:

En Panamá, Lisa gasta **menos que** en Estados Unidos.	*In Panama, Lisa spends less than in the United States.*
Lisa trabaja con la computadora **más que** su familia panameña.	*Lisa works on the computer more than her Panamanian family does.*

B. Some adjectives and adverbs have special comparative forms:

bueno/a, bien → **mejor(es)**	malo/a, mal → **peor(es)**
Mi vencidario es **peor** que el de Lisa, pero mis vecinos son **mejores**.	*My neighborhood is worse than Lisa's, but my neighbors are better.*

C. When comparing age, use **mayor que** (*older than*) and **menor que** (*younger than*):

Fernando es **mayor que** Alberto.	*Fernando is older than Alberto.*
Alberto es **menor que** su hermano Fernando.	*Alberto is younger than his brother Fernando.*

D. With numbers, use **de** instead of **que**:

Esta casa cuesta **más de** 1.000.000 de dólares.	*This house costs more than $1,000,000.*

Use the PowerPoint slides found in the Book Companion Site and *WileyPLUS* to do this activity in class.

3.2-09 Dos casas de Panamá Compare these two houses and describe five differences. Use **tanto/a/os/as... como**. Keep in mind: *número de ventanas, número de balcones, número de puertas, flores, palmeras en el jardín, personas que viven en la casa.*

Possible answers for **3.2-09:** 1. La casa A tiene menos balcones que la casa B. 2. La casa A tiene menos puertas que la casa B. 3. La casa A tiene más flores que la casa B. 4. En la casa B hay más palmeras en el jardín que en la casa A. O, El jardín de la casa B tiene más palmeras que el jardín de la casa A. 5. En la casa A viven menos personas que en la casa B.

A. B.

© John Wiley & Sons, Inc.

MODELO: número de ventanas →
La casa 1 tiene <u>más ventanas</u> que la casa 2.

Answers for **3.2-10:** 1. En Estados Unidos hay más habitantes que en Panamá. 2. Panamá es más pequeño que Estados Unidos. 3. En Estados Unidos el porcentaje es menor. 4. En Estados Unidos el nivel de alfabetización es mayor.

3.2-10 Compara Panamá y Estados Unidos In pairs compare both countries' statistics. Student 1 will look at Panama's stats in the inside cover of this book. Student 2's information is in box.

Estadísticas de Estados Unidos: tamaño 9.826.675 km²; habitantes 316.668.567; amerindios 0.97%; alfabetización 99%

MODELO: Estudiante 1: *¿Cuántos años es el término del presidente en Estados Unidos?*
Estudiante 2: *Cuatro años.*
Estudiante 1: *¿Cuántos años es el término del presidente en Panamá?*
Estudiante 2: *Cinco años.*
El término del presidente de Panamá es más largo que el de Estados Unidos.

1. ¿Cuántos habitantes hay en...?
2. ¿Cuál es el tamaño de...?
3. ¿Qué porcentaje de indígenas hay en...?
4. ¿Cuál es el nivel de alfabetización en...?

C. The superlative

A. When expressing that something has the highest or lowest degree of a quality, use the superlative form **el/la/los/las** (*noun*) + **más/menos** + *adjective/adverb* + (**de**) (*the most/least. . .*):

Esta casa es **la más** cara **de** todas.	*This house is the most expensive of all.*
Este vecindario es **el mejor de** la ciudad.	*This neighborhood is the best in the city.*

B. When expressing that something shows a very high degree of a quality without comparing it to others, use the superlative ending **-*ísimo***.

Panamá es un país increíble. ¡Me gusta **muchísimo!**	*Panama is an amazing country. I like it a lot!*

When the superlative ending is added to an adjective, it should agree in gender and number with the noun it modifies (**–ísimo/a/os/as**):

El programa de estudios en Panamá es **baratísimo** y los estudiantes estadounidenses están **contentísimos** con sus familias.	*The study program in Panama is very cheap and the American students are really happy with their host families.*

Summary of comparative forms		
Comparisons of equality	(no) **tan** + *adjective/adverb* + **como** (no) *verb* + **tanto como**	(no) **tanto/a/os/as** + *noun* + **como**
Comparisons of inequality	**más/menos** + *adjetive/adverb* + **que** **más/menos** + **de** + *number*	*verb* + **más/menos** + **que**
Superlative	**el/la/los/las** + **más/menos** *adjective/adverb* + **de**	*adverb* + **–ísimo,** *adjective* + **–ísimo/a/os/as**
Special forms	**mejor, peor, mayor, menor**	

3.2-11 ¡A comparar! Write five sentences using the superlative form (**el/la/los/las... de**) and the superlative ending (**–ísimo/a**). Pay attention to irregular forms!

MODELO: las casas de San José / las casas de la ciudad de Panamá / las casas de Beverly Hills (caras)
Las casas de Beverly Hills son las más caras de todas. ¡Son unas casas carísimas!

1. San José / la ciudad de Panamá / la ciudad de Nueva York (moderna)
2. Costa Rica / Panamá / Estados Unidos (grande)
3. las playas de Costa Rica / de Panamá / de California (buenas)
4. el clima de Costa Rica / el clima de Panamá / el clima de la ciudad de Nueva York (frío)
5. la presidenta de Costa Rica / el presidente de Panamá / el presidente de Estados Unidos (famoso)

Possible answers for **3.2-11:** 1. La ciudad de Nueva York es la ciudad más moderna (de las tres). ¡Es (una ciudad) modernísima! 2. Estados Unidos es el país más grande (de los tres). ¡Es (un país) grandísimo! 3. Las playas de Costa Rica son las mejores (de todas). ¡Son (unas playas) buenísimas! 4. El clima de la ciudad de Nueva York es el más frío (de los tres). ¡Es (un clima) friísimo! 5. El presidente de Estados Unidos es el más famoso de los tres. ¡Es famosísimo!

Use the PowerPoint slides found in the Book Companion Site and *WileyPLUS* to do this activity in class.

Answers for **3.2-12:** Answers may vary.

3.2-12 ¡Busco habitación! You and your friend are going to study in Panama and you need to rent a room. Compare similarities and differences among these three rooms (price, location, comfort, look, services, furniture, size, etc). Decide which one is the best and report your conclusions to the class.

1. Linda habitación para alquilar, 350 balboas
Linda habitación principal en apartamento en Camino Real, excelente ubicación en zona centro, fácil acceso a supermercados y universidad, ideal para estudiantes, acceso a cocina y lavandería[10], baño privado, garaje incluido. Para más información, llamar al 67-123454.

2. Habitación en apartamento nuevo, 300 balboas
Habitación amueblada en apartamento de nueva construcción, aire acondicionado, baño privado, servicio de wifi y TV por cable incluido, acceso a piscina, lavandería y garaje. Llamar al 67-789 889.

3. Habitación para estudiantes, 280 balboas
Habitación para una o dos personas muy luminosa, baño compartido, zona tranquila y con mucha seguridad, cerca de la universidad y centros comerciales. Para más información:
habitaciónalquiler@puravida.com.

MODELO: Estudiante 1: *La habitación 2 no es tan bonita como la habitación 3.*
Estudiante 2: *Sí, pero la habitación 2 es menos bonita que la habitación 1. La habitación 1 es la más bonita de las tres...*

[10] **lavandería:** laundry room

The suggested narration for **La pura verdad** can be found in the Appendix. Please use this narration to go over each of the frames with your students. You can also find this section (frames and narration) in the PowerPoint slides, found in the Book Companion Site and *WileyPLUS*.

LA PURA VERDAD II ¿Cómo son las casas?

Note for **La pura verdad:** At the time this book was published, the Panamanian balboa was roughly equivalent to the U.S. dollar.

Los padres de Lisa están en Nuevo México. Piensan comprar una casa y tienen curiosidad sobre las casas en Panamá.

1.
¿Cómo estás, Lisa? ¿Te gusta Panamá? ¿Te gusta la comida? ¿Es muy picante allí? ¿Tienes muchos amigos? ¿Estudias mucho?
2.
¡Dios mío, cuántas preguntas! A ver, no, la comida no es picante. La comida de Nuevo México es muchísimo más picante.
3.
¿Las casas son caras allá?
Pues, depende, si están cerca de la playa, son más caras. Si están en el campo son más baratas. Hay casas en el campo que cuestan unos 60.000 balboas, en la Playa Venao cuestan unos 90.000 balboas y en la Costa Pedasi hay casas que cuestan más de 100.000 balboas.
4.
Y tu casa, ¿cómo es?
5.
Esta es la sala. Es más pequeña que la sala de nuestra casa, pero es muy bonita.
6.
Aquí tenemos muchas más flores y árboles que en nuestra casa.
7.
La cocina es más o menos igual. Es tan grande como la nuestra.
8.
Pero tengo un problema. En el baño hay un bidé, ¡y no sé cómo se usa!

Script for **3.2-13:** 1. En la habitación de Lisa hay: una cama, un escritorio, unas cortinas y una estufa. 2. A Lisa le gusta la sala porque en la sala hay un sofá muy cómodo, una alfombra, una televisión y una lámpara bonita. 3. La cocina es la parte de la casa que tiene un refrigerador, un inodoro para lavarse las manos, un lavaplatos y una mesa para comer.

3.2-13 ¿Qué hay en las habitaciones? Listen and decide whether each statement is logical or illogical.

	Ilógico	Lógico	
1.	☑	☐	En las habitaciones no hay estufas.
2.	☐	☑	
3.	☑	☐	En las cocinas no hay inodoros.

HABLANDO DE GRAMÁTICA II

2. Expressing location and existence: *Estar* + location and *hay*

WileyPLUS Go to *WileyPLUS* to review this grammar point with the help of the **Animated Grammar Tutorial** and the **Verb Conjugator**.

A. *Estar* + location. There are two different verbs to express *to be* in Spanish: **ser** and **estar**. You have already been exposed to these two verbs and have been using them in conversation. **Ser** was presented in Chapter 1, Section 1. Now you are going to learn how to use **estar** to talk about location of people, places, and things.

Estar (*to be*) + en + lugar (*place*)		
(yo)	**estoy**	*I am*
(tú)	**estás**	*you are* (informal, singular)
(él/ella/Ud.)	**está**	*he/she/it is* or *you are* (formal, singular)
(nosotros/as)	**estamos**	*we are*
(vosotros/as)	**estáis**	*you are* (informal, plural, Spain)
(ellos/ellas/Uds.)	**están**	*they are* or *you are* (formal, plural)

Lisa y Mario **están en el cuarto** de Lisa. — *Lisa and Mario are in Lisa's room.*

La casa de la familia panameña **está en un barrio** muy bueno. — *The Panamanian family's home is in a very good neighborhood.*

3.2-14 ¿Dónde están? Lisa is talking to her brother, who is in the U.S., through video conference. Use the appropriate form of the verb **estar** to combine the phrases in column A with those in column B.

MODELO: Tu hermana... / en el baño. → *Tu hermana está en el baño.*

A	B
1. La casa...	a. en mi dormitorio.
2. Ahora yo...	b. en la casa de una amiga.
3. No puedes ver a mis padres panameños; ellos...	c. en tu casa?
4. Mi hermano panameño y yo...	d. en casa los dos.
5. ¿Y tú...	e. en el centro de la ciudad.

Exercises labeled with an individual student icon in the **Hablando de gramática** section are intended to be assigned as homework.

Answers for **3.2-14:** 1. e, está; 2. a, estoy; 3. b, están; 4. d, estamos; 5. c, estás

B. The use of *hay*

When expressing something's existence, Spanish uses the verb **haber** in its irregular form **hay**, which does not change for either singular (*there is*) or plural (*there are*):

–¿**Hay** horno en la cocina? — *–Is there an oven in the kitchen?*
–No, no hay horno. — *–No, there isn't an oven.*

Hay muchos azulejos en el baño. — *There are many tiles in the bathroom.*

To express *there isn't* or *there aren't* you should say **no hay**. The definite article is usually omitted:

No hay bidé en el cuarto de baño. — *There isn't a bidet in the bathroom.*

Summary of *estar* + location and *hay*

© John Wiley & Sons, Inc.

Use the verb **estar** to talk about *location.* Don't forget, **hay** emphasizes *existence*, not *location*. Compare the following:

–¿**Hay** baño en este restaurante?	*–Is there a bathroom in this restaurant?*
–Sí, hay baño.	*–Yes, there is a bathroom.*
–¿Dónde **está (el baño)**?	*–Where is it?*
–Está al lado[11] de la cocina.	*–It's next to the kitchen.*

Note for **3.2-15:** Remind students that the preposition **en** should give them a clue of when to use **estar.**

3.2-15 ¿Cómo es su casa? Carmen lives in Panama City. Complete the paragraph with **hay** or the appropriate form of **estar.**

La sala de Carmen está llena de cosas. Al lado del sofá ____hay____ (1) *unas fotos de toda la familia. En el salón también* ____hay____ (2) *un piano. El piano* ____está____ (3) *en el centro del salón. Al lado del piano* ____hay____ (4) *una lámpara. Carmen lee mucho. Sus libros favoritos* ____están____ (5) *en el estante. En la sala también* ____hay____ (6) *dos alfombras muy caras y muy bonitas.*

Possible answers for **3.2-16:** 1. Hay un espejo. 2. Hay dos mesitas. 3. Hay tres cuadros. 4. No hay escritorios. 5. Hay 2 sillas. 6. Hay un sofá, 7. Hay una ventana grande, hay tres lámparas, dos alfombras...

3.2-16 Una habitación de hotel en la península de Papagayo Look at the room and tell how many of the following items are there.

MODELO: *Hay dos cortinas.*

1. espejo(s)
2. mesita(s)
3. cuadro(s)
4. escritorio(s)
5. silla(s)
6. sofá(s)
7. ¿?

¿Qué no hay en la habitación que es importante en tu opinión?

© John Wiley & Sons, Inc.

[11] **al lado:** next to

OTRA PERSPECTIVA

Maria Teijeiro / Photodisc / Getty Images

Nuestros vecinos

Diferente

"Veo que en Estados Unidos la gente no acostumbra a salir a caminar por las tardes o a hablar con sus vecinos. En Panamá caminamos con nuestros amigos, vamos a la plaza, hablamos en un café... También algunos son expertos en la vida de sus vecinos... lo que hacen, a qué hora, por qué..."

Igual

"En las ciudades grandes, donde hay más apartamentos, los vecinos están menos unidos".

Note for **Otra perspectiva:** Social exchanges with neighbors may be important in some areas, and not at all in others. Ask about your students' experiences in their neighborhoods.

Answers for **Otra perspectiva:** Answers may vary.

Explícale a Emilia

1. ¿Por qué no caminamos mucho en Estados Unidos?
2. ¿Crees que en este país somos más reservados?
3. ¿Hablas con frecuencia con tus vecinos? ¿Con tus amigos?
4. ¿A cuántos vecinos saludas cada día? ¿Cómo se llaman?

Suggestions for **3.2-17:** Have a student write on the board the price of a fictitious house. This is visible to all except for the volunteer who will be guessing the price and is facing the class. The volunteer's group can help him/her guess by saying **más** or **menos**. Or divide the class in half. Everybody secretly writes down the price of their ideal house (imagined, of course). One volunteer from group A, facing the class, tries to guess the price offered by a student from group B. The number is written on the board for group A to see so they can help their teammate saying **más** or **menos**. Give them a time limit to guess or simply write down the time the student took in guessing. The fastest group wins. The amount should be larger than 10,000 but smaller than 1,000,000. Remember that 1 balboa = $1 and that 500 colones = $1.

MANOS A LA OBRA

3.2-17 ¿Cuánto cuesta mi casa? A volunteer has to guess the price of another student's house. The volunteer's group can help by saying **más** or **menos.**

3.2-18 ¿En mi clase, quién...? Ask your classmates to find out to whom the following statements apply. The goal is to get a horizontal line.

REJAS				
Tiene una computadora Macintosh.	No tiene televisión.	Tiene una cama enorme.	Tiene buenos vecinos.	Tiene un refrigerador muy pequeño.
Tiene tres baños en su casa.	Estudia en el comedor.	No tiene microondas.	Tiene dos ventanas en su cuarto.	Come frente a la televisión.
Tiene un dormitorio muy feo.	Pasa mucho tiempo en su jardín.	Tiene vecinos horribles.	Tiene un patio.	No tiene baño privado.

3.2-19 ¡La casa más surrealista! With a group of classmates, draw the floorplan of an imaginary house. Describe to the class what's in each room, where the rooms are, etc. Which group can design the most surrealistic house?

3.2-20 La casa de nuestras vacaciones You want to rent a house during the summer in Costa Rica or Panama with some friends, but you don't have a lot of money.

Paso 1: Write a list of features that you would like the house to have, plus furniture and other amenities that you consider important (e.g., *barata, grande, amueblada... número de cuartos/muebles que necesitan*).

Suggestions for **3.2-18:** Play this game as you would BINGO. Have your students stand up and ask their classmates these questions until they fill a horizontal line or two columns. Students should say REJAS instead of BINGO. Remind your students to use the **tú** form when asking questions. Have a time limit and acknowledge the first three that finish. Then, do a whole-class check.

Answers for **3.2-17** to **3.2-20:** Answers may vary.

Use the PowerPoint slides found in the Book Companion Site and *WileyPLUS* to do this activity in class.

Suggestion for **3.2-19:** Divide the class in groups of four. Bring butcher paper and magic markers or have the students draw directly on the board. Insist that they negotiate the floor plan in Spanish! When the group presents their floor plan, ask questions like: **No entiendo... ¿dónde está el baño? ¿Dónde está la cocina? ¿Tu casa no tiene cocina?** At the end, the class could vote, or you could decide, which is the strangest floor plan. **¿Qué casa es más divertida? ¿Qué casa tiene más luz? ¿Cuál es mejor, la casa de Fulanito o la de Fulanita? ¿Cuál es la casa más surrealista de toda la clase?** The best group wins.

Paso 2: Now look at these ads and decide which property you prefer. Compare them (*características, ubicación, precio, número de dormitorios...*) and reach a consensus regarding which one you will rent.

1. Palo Seco, Costa Rica, 860.000.00 colones / US$1.700 por mes

Courtesy of Laura Marqués-Pascual

Linda casa frente a la playa, a 7 km. de Palo Seco, aire acondicionado, 4 dormitorios, 2 baños completos, cocina renovada con nuevos estantes, lavaplatos, horno y refrigerador, muy luminosa, piso de mosaicos, todo exterior

2. Apartamento en Jacó, Costa Rica, 1.000.000 colones / US$ 2.000 por mes

Courtesy of Laura Marqués-Pascual

2 habitaciones, 2 baños, vistas espectaculares a la playa, salita, comedor, cocina amueblada, seguridad 24 horas, terraza cubierta

3. Casa en la Urbanización *Corona Garden,* Betania, Panamá, B/US$1.700 por mes

Courtesy of Laura Marqués-Pascual

Zona centro, 2 pisos, 3 habitaciones, 3 baños, sala comedor y sala familiar, terraza, patio, garaje cubierto, lavandería separada. Urbanización privada con área social, piscina, guardia de seguridad y salón de fiestas

4. Casa en Ciudad de David, Chiriquí, Panamá, B/US$900 por mes

Courtesy of Laura Marqués-Pascual

4 habitaciones, 2 baños, piso de azulejos, zona suburbana con fácil acceso al centro, gran terreno, muy luminosa, zona tranquila. Totalmente amueblada, refrigerador, lavadora, microondas

MODELO: Estudiante 1: *Me gusta la casa de Betania porque tiene más baños que la casa de Chiriquí.*
Estudiante 2: *Sí, pero no tenemos mucho dinero y la casa de Chiriquí es la más barata de todas...*
Estudiante 3: *Sí, la casa de Chiriquí tiene más habitaciones que la casa de Betania.*

Paso 3: Report to the class which house you have selected. Which is the most popular house in the class?

WileyPLUS Go to *WileyPLUS* and listen to **Presta atención.**

3.2-21 Presta atención: ¿Qué es? Your instructor will read some descriptions. Read carefully and select the most appropriate word for each one.

1. a. el lavaplatos	(b.) el fregadero	c. la refrigerador
2. a. la piscina	b. el ropero	(c.) la ducha
3. a. el horno	b. la estufa	(c.) el microondas
4. a. la alfombra	(b.) las cortinas	c. los estantes
5. a. el lavabo	(b.) el bidé	c. el inodoro
6. (a.) el dormitorio	b. el espejo	c. el armario
7. a. el tejado	(b.) la vivienda	c. la vecina
8. a. la cama	b. el cuarto	(c.) el comedor

Script for **3.2-21, Presta atención**: ¿Qué es?
1. Está en la cocina y es el lugar donde se lavan los platos a mano. 2. Hay agua fría o caliente y la uso para bañarme. 3. Está en la cocina y lo uso para cocinar cuando tengo prisa. 4. Están en la sala o en otras habitaciones. 5. Está en el cuarto de baño y se usa para lavarse los pies o para la higiene íntima. 6. Es una habitación donde hay muchas cosas, como por ejemplo la cama o la cómoda. 7. Es un lugar para vivir; este lugar puede ser un edificio, una casa o un apartamento. 8. Es una habitación donde hay una mesa grande y cuatro o seis sillas donde me reúno con mi familia o amigos para comer.

3.2-22 Por escrito: Se busca vivienda

Paso 1: A Imagine that you are studying next year in Costa Rica. You place an ad in the newspaper to rent an apartment. Write your ad using the information below. (e.g., *Busco un apartamento baratísimo*).

- Comienza con la expresión "Se busca apartamento".
- El lugar donde quieres alquilar (ciudad, avenida...)
- El tipo de vivienda y número de habitaciones (1 dormitorio, 2 baños y 1 cocina)
- Tipo de muebles (cama, sofá...)
- Precio del alquiler por mes (800.000 colones...)
- Características del edificio (gimnasio, piscina) y del vecindario (ubicación, seguridad...)
- Tu información de contacto (número de teléfono, correo electrónico...)

B. Imagine that you have a property in Costa Rica that you want to rent it out. Prepare a flyer with the information in the list. **1.** Use comparisons (*es el más bonito del vecindario*). **2.** Use **estar** (*está cerca del mercado*). **3.** Use **hay** (*hay piscina en el patio*). Start your paragraph with the expression **"Se alquila..."** and continue with the list above.

Paso 2: Look for the classmate who has the apartment you are looking for.

A. The tenant needs to ask questions to the owner using comparisons and the superlative. Remember to use the information you wrote for your ad.

MODELO: *¿Hay...? ¿Está en...? ¿Es el apartamento más barato?*

B. The owner needs to convince the potential tenant that his/her apartment is the best one in the city. Use comparisons, the superlative, **estar** + location, and **hay**:

MODELO: *Hay un supermercado cerca del parque. El apartamento está en...*

¡OJO!

For rent
Think of a real flyer to help you find and rent an apartment or think about your real world experience when you have looked for a place to live. Make sure that the content of the flyer you are planning on placing on a website is well organized and informative.

Suggestion for **3.2-22**, **Por escrito: Se busca vivienda** Divide the class into two groups. Tell half of the class that they will be tenants and they will write a flyer to look for an apartment or house. The other half will be owners and they will offer their apartments or houses for people to rent. Students who are clients need to follow **(A)** in **Paso 1**. Those students who are owners should follow the directions in (**B**) in **Paso 1.** This writing activity could be assigned for homework and the next day they could complete **Paso 2** in class. Pair your students, owners with tenants. Ask them to have a conversation following **Paso 2** and their information from their writing. You can ask them to switch classmates at least twice and then they should decide which place is the best for them.

PONTE EN MI LUGAR

Estrategias para conversar

On the phone Remember to express your own opinion by using the "chunks of language" you already know, like phrases to express agreement **por supuesto** or to express disagreement **de ninguna manera** (from **Estrategias para conversar** in Chapter 3, Section 1). Now you will learn how to request to talk to someone on the phone and how to find out who is answering the phone:

To request to talk to someone:

¿Está (nombre de la persona)?	*Is (name of the person) there?*
¿Podría hablar con (nombre de la persona)?	*Could I talk to (name of the person)?*

To find out who is answering your call:

¿Con quién hablo?	*Who am I talking to?*
¿Quién es?/¿Quién habla?	*Who is this?*

To request something:

Llamo por... (el anuncio)	*I am calling because of. . . (e.g., the ad)*
Busco...	*I am looking for. . .*

To offer something:

Ahora mismo podría (+infinitivo)	*Right now I could (+infinitive)*

Un apartamento You are looking for an apartment in Panama City. You want to rent the apartment for six months for you and two friends. With your classmate, decide who is the owner of the apartment. The person looking for a place to stay calls the owner to inquire

Answers for **Arroba:** 1. Es un sistema colectivo de carreteras de 48.000 kilómetros de largo. 2. De Alaska, en América del Norte, a la Patagonia de Chile, en América del Sur. 3. No, no está terminada debido a factores económicos y políticos. El tramo que impide que la carretera se conecte completamente es un trayecto de 87 kilómetros de dura selva montañosa. 4. Se llama el Tapón de Darién, y está entre el extremo este de Panamá y el noroeste de Colombia.

about an apartment advertised in a newspaper. Use the expressions in **Estrategias para conversar** in Chapter 3, Sections 1 and 2.

Owner: Pick up the phone and answer the questions by the person interested in your property.

Person looking for apartment: Ask about the price, the number of rooms, bathrooms; request information about the kitchen, the type of house, and the neighborhood.

@Arroba@

WileyPLUS Go to *WileyPLUS* to find more **Arroba** activities.

La ruta panamericana Explore in your favorite browser information about the **Carretera Panamericana** that goes through Costa Rica and Panama. Then answer the questions:

1. ¿Qué es la Carretera Panamericana?
2. ¿De dónde a dónde se extiende?
3. ¿Está terminada la carretera? ¿Por qué?
4. ¿Cómo se llama el lugar donde la carretera está cortada?

ASÍ ES LA VIDA

Use the PowerPoint slides found in the Book Companion Site and *WileyPLUS* to do this section in class.

Answer and suggestion for **Expresión:** A similar saying in English: "A chip off the old block" or "Like father, like son." When the students answer question #2, you should say after each statement: **Ahh, de tal palo, tal astilla**.

Expresión: De tal palo tal astilla

Maestra: Manolito es excelente en matemáticas.
Mamá: Su papá es profesor de matemáticas.
Maestra: Claro, ¡de tal palo, tal astilla!

¿Hay una expresión similar en inglés?
¿En qué aspecto eres como tu papá o tu mamá?

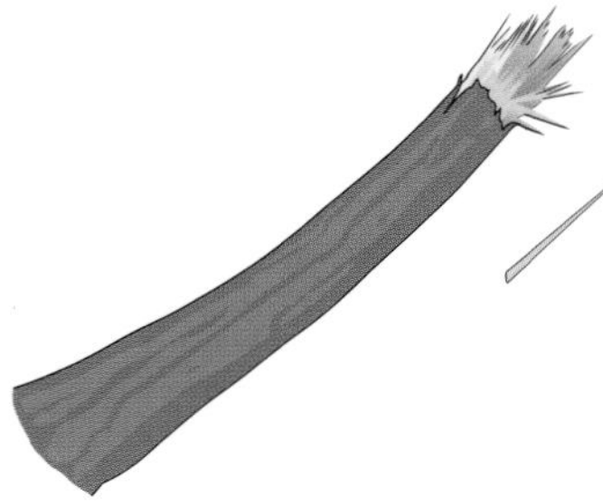

VER PARA CREER II: ¡Qué casa tan ecológica!

WileyPLUS Go to *WileyPLUS* to see this video and to find more video activities.

Go to *WileyPLUS* and the Book Companion Site to play the video in class. You can also find them in the PowerPoint slides..

Antes de ver

With your partner, answer the following questions:

Para ti, ¿cuál es el mejor lugar de tu casa? ¿Por qué? ¿Tienes un jardín con piscina en tu casa? ¿Tienes patio en tu casa?

Después de ver

1. ¿Entendiste? Answer the following questions after watching the video.

1. ¿Dónde está José Luis?
2. ¿Cuál es el lugar favorito de José Luis? ¿Por qué?
3. ¿Es esta vivienda más grande que tu casa?
4. ¿Qué hay en la cocina?
5. ¿Dónde almuerza José Luis a veces?
6. ¿Para qué sirven los paneles solares?

Answers for **Después de ver:** **1. ¿Entendiste?:** 1. José Luis trabaja con los arquitectos y dueños de esa **casa**. Cuida de la casa los fines de semana. 2. La sala, porque tiene más luz y mejores vistas. 3. *Answer may vary.* 4. Hay microondas, estufa, fregadero, nevera y muchos estantes. 5. En la terraza. 6. Para calentar el agua de la casa. **2. La vida verde:** *Answers may vary.* **3. Enfoque cultural:** *Answers may vary.*

2. La vida verde Ask questions to your classmate about the house you just saw in the video.

MODELO: ¿Hay...? ¿Está en...?

3. Enfoque cultural ¿Qué es importante para ti en una vivienda (precio, ubicación, seguridad, luminosidad...)? Para ti, ¿es importante la vivienda? ¿Por qué? ¿Qué tienen en común las casas de Costa Rica y las de tu país?

AUTOPRUEBA

VOCABULARIO

I. La vivienda Which one of the following words does not belong in the group?

1. vecinos, refrigerador, fregadero, cocina
2. piscina, patio, rejas, estante
3. inodoro, tejado, espejo, bañera
4. ducha, lavabo, cómoda, tina
5. dormitorio, comedor, sala, mosaico

II. La casa de Rubén Blades A famous Panamanian singer, Rubén Blades, invites you to his house. Write down five **muebles** or objects that you could find in his living room and in his bedroom.

Sala:	Dormitorio:
1. lámpara	1. cama
2. sofá	2. lámpara
3. sillón	3. mesita de noche
4. alfombra	4. cortinas
5. cortinas	5. escritorio

III. ¿Cuánto cuesta? Say out loud or write down how much the following cost.

1. Instalar una piscina. ($45.560)

   cuarenta y cinco mil quinientos sesenta dólares

2. Comprar una casa grande con vista al mar. ($1.460.935)

   un millón cuatrocientos sesenta mil novecientos treinta y cinco dólares

3. Tener vacaciones de lujo (*luxurious*) en Costa Rica. ($52.780)

   cincuenta y dos mil setecientos ochenta dólares

GRAMÁTICA

I. ¡Un baño de lujo! What can you find in the bathroom of a luxurious mansion? Complete the paragraph with **hay** or the appropriate form of **estar.**

En el baño ___hay___ 1 una ducha, un inodoro, pero no ___hay___ 2 tina, sino un *jacuzzi* que ___está___ 3 cerca de una ventana. También ___hay___ 4 una televisión y dos espejos muy grandes que ___están___ 5 cerca de los lavabos. ¡ ___Hay___ 6 tres lavabos!

II. Ciudades Compare the cities of Panama, Washington, D.C., and San Jose.

Ciudad de Panamá, Panamá
708.738 habitantes
106 millas cuadradas
3 colores en la bandera
Es una ciudad muy bonita.

San José, Costa Rica
342.977 habitantes
17,23 millas cuadradas
3 colores en la bandera
Es una ciudad muy bonita.

Washington, D.C., EE. UU.
599.657 habitantes
17,7 millas cuadradas
3 colores en la bandera

Possible answers for **Gramática II:** San José tiene menos habitantes que la ciudad de Panamá. La ciudad de Panamá es más grande que San José. La ciudad de Panamá tiene más habitantes que las otras dos capitales. La ciudad de Panamá es tan bonita como San José. La bandera de Panamá tiene tantos colores como las banderas de Estados Unidos y Costa Rica.

CULTURA

Answers to **Cultura:** 1. Hay rejas, no hay garajes, hay balcones. 2. ¿Qué dirá la gente? 3. La moneda de Costa Rica es el colón y la moneda de Panamá es el balboa.

1. ¿Qué partes de las casas de Panamá son diferentes a las de una casa típica de Estados Unidos?
2. ¿Qué frase en español expresa desacuerdo por la opinión de otras personas?
3. ¿Cuál es la moneda de Costa Rica? ¿Y la de Panamá?

REDACCIÓN

Describe your ideal house if money were not an issue. Include:

- Ubicación
- Vecindario
- Habitaciones
- El por qué de cada elección

EN RESUMIDAS CUENTAS, AHORA PUEDO...

- ☐ compare different types of houses.
- ☐ describe a house, its rooms, and its neighborhood.
- ☐ use numbers from 10,000.
- ☐ make comparisons.
- ☐ express location and existence with the verbs **estar** and **hay**.
- ☐ understand the concept of **el qué dirán**.

VOCABULARIO ESENCIAL

Sustantivos

la alfombra	*rug*
el apartamento	*apartment*
el árbol	*tree*
el armario/el ropero	*closet*
el azulejo/el mosaico	*tile*
el baño	*bathroom*
la cama	*bed*
la casa	*house*
la cocina	*kitchen*
el comedor	*dining room*
la cómoda	*dresser*
el cuadro	*painting*
el dormitorio	*bedroom*
la ducha	*shower*
el edificio	*building*
el escritorio	*desk*
el espejo	*mirror*
el estante	*shelf*
la estufa	*stove*
el fregadero	*kitchen sink*
la flor	*flower*
la habitación/el cuarto	*room*
el horno	*oven*
el inodoro	*toilet*
el jardín	*garden*
el lavabo/el lavamanos	*bathroom sink*
el lavaplatos	*dishwasher*
la mesa	*table*
la mesita	*coffee table*
la mesita de noche	*nightstand*
el microondas	*microwave*
el mueble	*furniture*
el papel higiénico	*toilet paper*
el patio	*backyard*
la piscina	*swimming pool*
el piso	*floor, story*
el precio	*price*
la puerta	*door*
la reja	*(ornamental) wrought iron*
la sala	*the living room*
la seguridad	*safety*
la silla	*chair*
el sillón	*armchair*
el tejado	*tiled roof*
la tina/la bañera	*bathtub*
la ubicación	*location*
el vecindario	*neighborhood*
el/la vecino/a	*neighbor*
la ventana	*window*
la vivienda	*housing*

Cognados: el aire acondicionado, el balcón, el bidé, el centro, la computadora, la cortina, el garaje, la lámpara, el refrigerador, el sofá, el televisor/la televisión, la terraza, la zona

Adjetivos

amueblado/a	*furnished*
bonito/a	*pretty*
grande	*big*
luminoso/a	*bright*
mayor	*older*
mejor	*better*
menor	*younger*
peor	*worse*
pequeño/a	*small*

Verbos

alquilar	*to rent*
comprar	*to buy*
estar	*to be*
hay	*there is/there are*

Expresiones

cien mil	*one hundred thousand*
diez mil	*ten thousand*
quinientos mil	*five hundred thousand*
un millón	*one million*
dos millones	*two millions*

Capítulo

4 El trabajo y la ciudad

Use the PowerPoint slides found in the Book Companion Site and *WileyPLUS* to watch the video in class.

VER PARA CREER I: ¡Me encanta mi trabajo!

Antes de ver el video, piensa en los temas que vas a estudiar en este capítulo. Cuando veas el video, presta atención a las imágenes y al tema general para poder contestar estas preguntas.

1. ¿Qué lugares hay en el video?
2. ¿Qué actividades hacen las chicas?
3. ¿Cómo son las chicas?

Use the PowerPoint slides found in the Book Companion Site and *WileyPLUS* to watch the video in class.

Answers for **Ver para creer I:** 1. museo, iglesia, mercado; 2. Caminan, hablan, van al mercado... 3. La chica estadounidense es alta, morena y delgada. La chica nicaragüense es de pelo moreno, de estatura media y un poco gordita. (*You could also ask them:* ¿Cómo están las chicas? Están contentas...)

Sección 1 ¡A trabajar!

PALABRA POR PALABRA

- Oficios y profesiones
- El mundo profesional

HABLANDO DE GRAMÁTICA

- Expressing obligation: **Tener que**, **deber**, and **hay que**
- Discussing daily activities and changes of state: Pronominal verbs and reflexive pronouns
- Interrogative words

CULTURA

- Las entrevistas de trabajo en los países hispanos y Estados Unidos
- Las prioridades al buscar un trabajo

Sección 2 La ciudad

PALABRA POR PALABRA

- La ciudad
- La ubicación
- El tiempo

HABLANDO DE GRAMÁTICA

- Expressing intention, motive and movement: The prepositions **por, para, en, a, de**
- Talking about actions in progress: The present progressive
- Identifying, describing, and talking about location: More on **ser** and **estar**

CULTURA

- La forma de expresar las direcciones y medir las distancias en Nicaragua
- El clima en América Central

El Salvador, Honduras y Nicaragua

Trivia: Go to *WileyPLUS* to do the Trivia activities and find out how much you know about these countries!

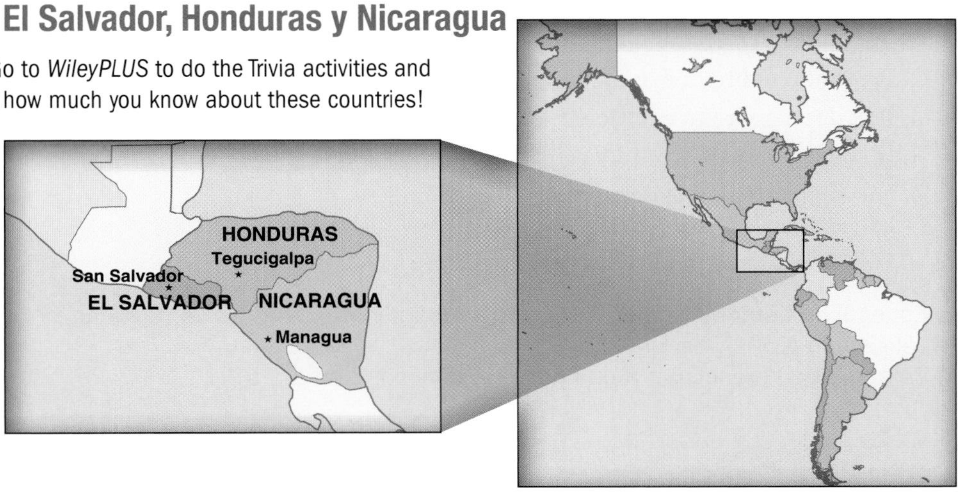

Suggestions for **Ver para creer I:** Before watching the video ask your students to guess the content of the video by scanning the first page of Chapter 4. Ask them the following questions: **¿Qué países vamos a estudiar en este capítulo? (El Salvador, Honduras y Nicaragua) ¿Qué temas vamos a estudiar? (el trabajo, el clima, la ciudad) ¿Cuál creen que es el tema del video?** (If they don't answer, ask them to read the questions from **Ver para creer I** to have a better idea).

Answers for **Una imagen vale más que mil palabras:** 1. arquitecto/a, mesero/ao guía del museo; 2. Luz de piedra y Choco Café Museo; 3. por teléfono, fax, correo electrónico o correo ordinario; 4. Answers may vary.

LEARNING OBJECTIVES

By the end of this section you will be able to:

- Identify differences of a job interview in the U.S. and in Hispanic countries
- Describe yours and other's professions
- Talk about your obligations
- Describe your daily routine
- Describe your emotions
- Request information
- Identify your priorities when applying for a job

Una imagen vale más que mil palabras

Courtesy of Luz de piedra.

Courtesy of Choco Museo.

Mira las tarjetas de presentación.

¿Con qué profesiones se relacionan?

¿Cómo se llaman las compañías?

¿Cómo nos podemos comunicar con ellos?

¿Qué tarjeta crees que es la más atractiva?

UNA PERSPECTIVA

Courtesy of Michael Harris

Entrevista de trabajo[1]

Diferente

"Un amigo salvadoreño tiene que ir a una entrevista de trabajo. Le pregunto cómo son las entrevistas en su país. Mi amigo responde: 'Me piden una foto, me preguntan sobre mi experiencia y mi educación, pero también me preguntan cuántos años tengo, si estoy casado o soltero, si tengo hijos, de dónde soy... Si es posible, yo también menciono el nombre de alguna persona que ellos conozcan[2]'. Una conexión personal es importante".

Note for **Una perspectiva:** Generally speaking, questions of a personal nature in a job interview are to be expected. Of course, qualifications are important, but employers want to choose the best person for the job and not just the best candidate on paper. The attempt is to measure the interviewee's character.

Igual

"El nivel de educación y la experiencia son importantes. También hay muchas oficinas muy modernas con computadoras, fax, correo electrónico, fotocopiadoras, conexiones de alta velocidad de Internet... igual que en EE. UU".

¿Qué piensas tú? ¿Qué es frecuente en una entrevista de trabajo?

	Muy frecuente	Poco frecuente
1. Preguntas personales	☐	☐
2. Preguntas sobre tu experiencia	☐	☐
3. Preguntas sobre tu educación	☐	☐
4. Ir adecuadamente vestido/a	☐	☐
5. Mencionar a alguna persona conectada a la empresa	☐	☐
6. Hablar sobre tu familia	☐	☐

¿Es legal en Estados Unidos hacer preguntas sobre el estatus de residencia? ¿Y sobre el estado civil[3]? ¿Por qué?

¿Es apropiado mencionar a una persona conocida[4] en EE. UU.?

Answers for **Una perspectiva:** Es legal preguntar sobre el estatus de residencia. No es legal preguntar por el estado civil porque hay posibilidad de discriminación. Se puede mencionar a una persona conocida en Estados Unidos, pero no necesariamente puede ayudar.

[1]**entrevista de trabajo:** job interview [2]**que ellos conozcan:** that they may know [3]**estado civil:** marital status [4]**mencionar a una persona conocida:** name someone you know

The suggested narration for **La pura verdad** can be found in the Appendix. Please use this narration to go over each of the frames with your students. You can also find this section (frames and narration) in the PowerPoint slides, found in the Book Companion Site and *WileyPLUS*.

LA PURA VERDAD I Necesito un trabajo

Gabriel quiere extender su visita a El Salvador, pero necesita un trabajo porque no tiene dinero[5]. ¿Qué trabajo puede conseguir?

1.

A ver si hay puestos⁶ para mí. No, estos trabajos son para personas con una carrera⁷.

2.

3.

Posibilidades
Pro: Me gusta cocinar.
Contra: No sé cocinar comida salvadoreña.
Cocinero/a
Pro: Puedo cortar⁸ el pelo de mis primos.
Contra: No tengo diploma de cosmetología.
Peluquero/a
Pro: Tengo experiencia en Estados Unidos.
Contra: El trabajo es durante el día y yo estoy ocupado con mis clases.
Mesero/a

4.

Posibilidades
Pro: No necesito experiencia.
Contra: No se gana mucho dinero.
Conserje
Pro: Las horas son flexibles.
Contra: No soy muy persuasivo en español.
Vendedor/a
Pro: Es fácil.
Contra: Son ocho horas diarias y yo tengo que asistir a clase.
Secretario/a o recepcionista

5.

Posibilidades
Pro: Puedo jugar todo el día.
Contra: Prefieren a una mujer, no a un hombre.
Niñera
Pro: Es fácil.
Contra: La tienda está lejos.
Dependiente
EL DIARIO DE HOY
Hay mucha demanda, y me gusta este trabajo. ¡Sí, este puesto es una posibilidad!
Maestro/a

4.1-01 ¿Qué trabajo es? Gabriel considera todos los anuncios y lee en voz alta la descripción de cada puesto. Indica a qué puesto se refiere.

1. a. niñera
   (b.) vendedor
   c. enfermero

2. (a.) mesero
   b. secretario
   c. cocinero

3. a. maestro
   (b.) conserje
   c. dependiente

Script for **4.1-01:** 1. Este trabajo es interesante. Las horas son flexibles. No requiere experiencia, pero tengo que vender libros de casa en casa. Es mucho trabajo. 2. Este puesto no está mal. Tengo que servir al cliente, limpiar mesas, traer agua y comida. El sueldo no es bueno, pero siempre hay dinero extra en la mesa. 3. Para este puesto quieren una persona responsable y trabajadora. No se requiere experiencia, solo hay que limpiar una escuela por la noche. Hay que limpiar todos los salones de clase. No está mal.

[5] **dinero:** money [6] **puesto:** position [7] **carrera:** career [8] **cortar:** to cut

🎧 PALABRA POR PALABRA

Use the PowerPoint slides found in the Book Companion Site and *WileyPLUS* to do this section in class.

Oficios *Trades*

la cocinera el electricista la secretaria la aeromoza el bombero el cartero

la artista

la peluquera el mecánico el conserje

la camarera/mesera

el dependiente la niñera

© John Wiley & Sons, Inc.

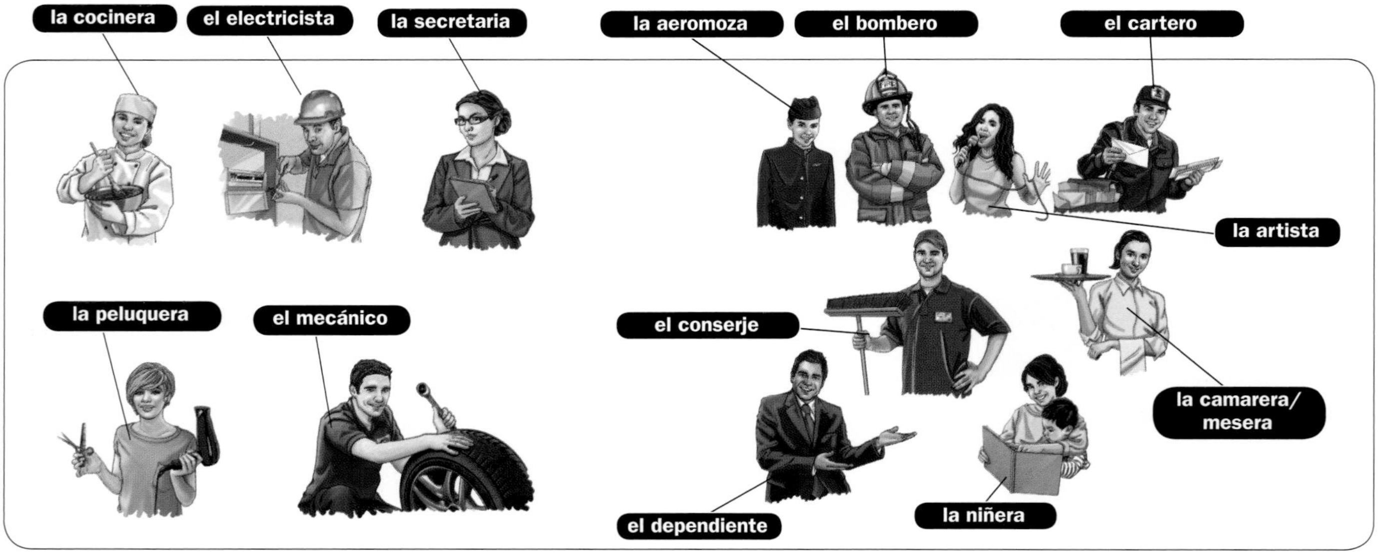

🎯 ¡OJO!

Articles

In Spanish there is no need to use an article in front of a profession unless you are adding more information. For example: **Soy policía. Soy un policía muy paciente.**

Soy un estudiante.

Soy estudiante.

© John Wiley & Sons, Inc.

Profesiones

la enfermera
la médica la maestra la ingeniera
la dentista
la abogada la escritora
la periodista
la gerente

© John Wiley & Sons, Inc.

El mundo profesional	*The professional world*
la carta de presentación	*cover letter*
la carta de recomendación	*letter of recommendation*
el currículum vítae	*résumé*
el empleo	*employment*
la empresa	*company (business)*
la entrevista (de trabajo)	*(job) interview*
el/la gerente	*manager*
el/la jefe/a	*boss*
la práctica en empresa	*internship*
el policía	*police officer (m)*
la mujer policía[9]	*police officer (f)*
el puesto	*job/position*
el trabajo	*job/work*
el sueldo	*salary/wage*
la solicitud	*application*
el/la vendedor/a	*salesperson*

Cognados: el/la arquitecto/a, el/la candidato/a, el chofer, el/la profesor/a, el/la programador/a, de computadoras, el/la atleta, el/la piloto, el/la recepcionista

[9]*The word **mujer** has to be included for a female police officer because "**la policía**" means the police force.*

Para hablar del trabajo

conseguir (un trabajo)	*to get (a job)*
cortar	*to cut*
ganar (dinero)	*to earn, make money*
limpiar	*to clean*
solicitar (un trabajo)	*to apply (for a job)*

¿Qué dicen los salvadoreños?

Ese profesor es un barco.	*That professor is easy, not strict. (Lit., That professor is a boat.)*
Estoy deschambado.	*I am unemployed.*
Hay que ganarse el pan.*	*One must make a living. (Lit., One has to earn the bread.)*
Trabaja de sol a sol.*	*He/She works long hours. (Lit., He/She works from sun to sun.)*

***Estas expresiones también se usan en otros países hispanohablantes. ¿Hay expresiones similares en inglés?**

Possible answers for **¿Qué dicen los salvadoreños?:** Similar expressions would be: "The instructor is a pushover"; "I don't have a gig"; "He/She brings home the bacon"; "He/She works around the clock."

4.1-02 ¿Cuál es la profesión más apropiada? Con un/a compañero/a, decide cuál es la profesión más apropiada para estas personas.

1. **Miguel:** Le gusta mucho ayudar a personas en situaciones de emergencias. También le gusta mucho hacer ejercicio y estar en forma. No tiene miedo a las situaciones peligrosas[10]. bombero
2. **Clara:** Quiere ir a la universidad y le gusta estudiar durante muchos años. Le gusta mucho hacer experimentos mecánicos e inventar nuevos aparatos. ingeniera
3. **Patricia:** Es muy paciente y le gusta cuidar[11] a la gente. Le interesa ayudar a personas enfermas, pero no quiere estudiar durante muchos años en la universidad. enfermera
4. **Javier:** Le gusta mucho trabajar y jugar con computadoras. Le interesan los códigos y lenguajes artificiales. No es muy activo y también quiere un trabajo con horario flexible. programador
5. **Maribel:** No le gusta estudiar y no quiere ir a la universidad. Le interesan los tratamientos estéticos y siempre se peina con estilos diferentes. peluquera

¡OJO!

A job or a profession? Puestos are jobs or positions. An **oficio** is a job for which you need special training and a skill that it is not acquired at a university, and a **profesión** is the same as an occupation or profession and generally requires a college education.

4.1-03 Cuestionario Comenta con un/a compañero/a estas profesiones o trabajos e intenten llegar a un consenso en sus opiniones.

MODELO: Estudiante 1: *¿Qué piensas de ser abogado?*
Estudiante 2: *Pienso que es aburrido.*
Estudiante 1: *Sí, pero un abogado gana mucho dinero, ¿no?*

abogado	aburrido / interesante
enfermero	bueno / malo
peluquero	(no) hay que estudiar mucho
médico	peligroso
camarero	fácil / difícil
bombero	(no) gana mucho dinero
vendedor	(no) tiene un horario flexible
gerente	ayuda a muchas personas
programador	
¿?	

Suggestion for **4.1-03:** Give your students a couple of minutes to complete the exercise, then poll the class and write some results on the board. **¿Quiénes piensan que ser abogado es aburrido? ¿Quiénes piensan que es fácil? ¿Por qué?...** Encourage your students to add a few other professions from the vocabulary lists on page 139 and 140 that interest them.

Answers for **4.1-03:** Answers may vary. Students may assign several adjectives or characteristics to one job or the same adjective or characteristic to different jobs.

[10]**peligrosas:** dangerous [11]**cuidar:** take care

Answers for **4.1-04:** Answers may vary.

Suggestion for **4.1-04:** Students should interview one employed classmate and one unemployed classmate. Besides asking the questions suggested for each option, encourage them to formulate their own questions, using the vocabulary presented in this chapter.

4.1-04 ¿Trabajas?

Paso 1: Entrevista a dos compañeros, para completar las dos versiones de esta entrevista.

Paso 2: ¿Con quién te identificas más? Comenta tus impresiones con la clase.

MODELO: *Me identifico más con Lindsay porque ella no tiene trabajo y le gustan las mismas profesiones que a mí...*

Suggestion for **4.1-05:** Have your students stand up, mingle and use the dialogue provided with different classmates until they complete the grid. Follow-up with a whole-class discussion about popular professions and popular plans after graduation.

Answers for **4.1-05:** Answers may vary.

4.1-05 Planes profesionales

Paso 1: Pregunta a varios compañeros de clase qué quieren ser y qué planes profesionales tienen después de terminar los estudios universitarios.

MODELO:
Estudiante 1: *¿Qué profesión quieres tener?*
Estudiante 2: *Yo quiero ser médico. Después de terminar mis estudios universitarios voy a ir a la escuela de medicina.*
Estudiante 1: *Yo no quiero estudiar más. Voy a buscar un trabajo como contable, pero primero voy a hacer prácticas en una empresa.*

Paso 2: Comenta los resultados con la clase. ¿Hay dos o más compañeros que quieren tener la misma profesión? Si la respuesta es sí, ¿tienen esos compañeros los mismos planes?

HABLANDO DE GRAMÁTICA I

WileyPLUS Go to *WileyPLUS* to review this grammar point with the help of the **Animated Grammar Tutorial** and the **Verb Conjugator.**

1. Expressing obligation: *Tener que*, *deber*, and *hay que*

In Spanish, four common verb phrases are used to talk about obligation, duty or need. With a few nuances, they are all used similarly in English.

tener que + *infinitive* (*to have to*)

Tenemos que ir a clase mañana.	*We have to go to class tomorrow.*

deber + *infinitive* (*should, ought to*)

Debo limpiar todo antes de salir de casa.	*I ought to clean up everything before leaving home.*

Even though both **tener que** and **deber** express obligation and may be interchangeable, generally speaking **tener que** expresses a slightly stronger sense of obligation than **deber**, which expresses a more moral or ethical obligation.

[12]**a tiempo completo o a tiempo parcial:** full or part-time

Hay que (*one must*) + *infinitive* is an invariable impersonal expression and cannot be conjugated like **tener que** and **deber**.

Hay que saber usar muy bien un procesador de textos para ser secretaria.	*One must know how to use a word processor really well in order to be a secretary.*

¡OJO!

¿Tener que* or *necesitar?

In English, we use *to have* and *to need* to express obligation interchangeably. In Spanish, you may be understood if you use **tener que** and **necesitar** interchangeably, but to a native speaker of Spanish it sounds strange. Using a form of **necesitar** means that you are actually in *need* of something, or lacking something, like needing a job. The word **necesitar** does not precede an action, only a noun:

Tengo que buscar trabajo, pero antes **tengo que escribir** mi currículum vítae.	*I need to look for a job, but before that I need to write my résumé.*
Esta empresa **necesita empleados** cualificados.	*This company needs qualified employees.*

4.1-06 ¿Qué hacen estos profesionales? Combina los números con las letras para formar oraciones.

Exercises labeled with an individual student icon in the **Hablando de gramática** section are intended to be assigned as homework.

Los abogados...
1. tienen que — a. ser honestos.
2. deben — b. defender a los clientes.
3. necesitan — c. una clientela.

Los cocineros...
1. tienen que — a. muchos ingredientes.
2. deben — b. cocinar para otros.
3. necesitan — c. lavarse las manos.

Un/a maestro/a...
1. tiene que — a. una pizarra.
2. debe — b. ser entusiasta.
3. necesita — c. leer muchos exámenes.

Los estudiantes de español...
1. tenemos que — a. practicar fuera de clase.
2. debemos — b. el libro de texto para estudiar.
3. necesitamos — c. estudiar para los exámenes.

Possible answers for **4.1-06:** Los abogados... 1. tienen que defender a los clientes. 2. deben ser honestos. 3. necesitan una clientela. Los cocineros...1. tienen que cocinar para otros. 2. deben lavarse las manos. 3. necesitan muchos ingredientes. Un/a maestro/a... 1. tiene que leer muchos exámenes. 2. debe ser entusiasta. 3. necesita una pizarra. Los estudiantes de español... 1. tenemos que estudiar para los exámenes, 2. debemos practicar fuera de clase. 3. necesitamos el libro de texto para estudiar.

4.1-07 Obligaciones. ¿Cuáles son las obligaciones de estas personas? Combina una frase de cada columna para formar oraciones sobre sus obligaciones.

MODELO: Un médico... / examinar a los pacientes.
→ *Un médico tiene que examinar a los pacientes.*
Para ser arquitecto / estudiar muchos años.
→ *Para ser arquitecto hay que estudiar muchos años.*

		muchos libros
1. Para ser electricista...	hay que	ser valiente
2. Una estudiante...	debe	saber dibujar
3. Una mujer policía...	tiene que	tener mucho cuidado
4. Un arquitecto...	necesita	tener talento
5. Una niñera...		paciencia
6. Para ser artista...		

Possible answers for **4.1-07:** 1. Para ser electricista hay que tener mucho cuidado. 2. Una estudiante necesita muchos libros. 3. Una mujer policía debe ser valiente. 4. Un arquitecto debe saber dibujar. 5. Una niñera necesita paciencia. 6. Para ser artista hay que tener talento.

4.1-08 Para ser un buen médico... El hermano de Gabriel, Rafael, habla de su carrera como médico y sus obligaciones profesionales. Completa su descripción con la forma apropiada de **tener que**, **deber** o **hay que**. Answers may vary. Suggested answers:

Note for **4.1-08:** Because **tener que**, **deber**, and **hay que** are all expressions that express obligation, answers may vary and more than one answer is possible in most blanks. Focus on whether students are using the right conjugation.

En general, para ser médico ___hay que___ (1) estudiar la carrera de medicina, y después ___hay que___ (2) hacer la residencia en un hospital. Las personas que quieren ser médicos ___deben___ (3) ser muy pacientes y ___deben___ (4) tratar a personas con problemas de todo tipo. Ser médico es un trabajo difícil, con muchas obligaciones. Por ejemplo, yo trabajo con dos enfermeras y todos los días nosotros ___tenemos que___ (5) ver muchos pacientes. Yo ___tengo que___ (6) examinar a todos los pacientes, y las enfermeras ___tienen que___ (7) preparar la medicación necesaria. Frecuentemente, nosotros ___tenemos que___ (8) trabajar también los fines de semana. ¡Esto es lo peor de la profesión! Si tú quieres estudiar medicina, ¡antes ___debes___ (9) preguntarte si realmente te gusta este tipo de vida!

The suggested narration for **La pura verdad** can be found in the Appendix. Please use this narration to go over each of the frames with your students. You can also find this section (frames and narration) in the PowerPoint slides, found in the Book Companion Site and *WileyPLUS*.

LA PURA VERDAD II La rutina de Gabriel

Gabriel consigue dos trabajos temporales porque necesita dinero. ¿Cómo es su rutina?

1.

2.

3.

4.

5.

6.

Script for **4.1-09:** 1. Gabriel quiere descansar después de enseñar su clase de inglés. Ahora va a su casa para ducharse y acostarse por una o dos horas. ¿Qué tiene que hacer? 2. Después de descansar un poco, quiere salir con sus amigos. Hoy quiere ir a un restaurante elegante porque es viernes y también porque quiere impresionar a una amiga. ¿Qué debe hacer antes de salir? 3. Mañana es sábado. Gabriel no trabaja hasta el lunes. No tiene que preparar las clases, no tiene que trabajar por la noche en la escuela. ¿Qué crees que tiene que hacer el fin de semana?

4.1-09 La rutina después del trabajo Escucha la narración y escoge la mejor opción.

1. a. Tiene que quitarse la ropa.
   b. Tiene que ponerse una camisa limpia.
   c. Tiene que peinarse.
2. a. Debe limpiar las ventanas.
   b. Debe cocinar algo delicioso.
   c. Debe vestirse bien.
3. a. Tiene que levantarse temprano.
   b. Tiene que afeitarse.
   c. No tiene que hacer nada.

HABLANDO DE GRAMÁTICA II

2. Discussing daily activities and changes of state: Pronominal verbs and reflexive pronouns

WileyPLUS Go to *WileyPLUS* to review this grammar point with the help of the **Animated Grammar Tutorial** and the **Verb Conjugator**.

A. Reflexive events

Reflexive events are those in which someone does something to or for himself/herself. Reflexive events are signaled in Spanish by the use of reflexive pronouns. Compare these examples:

Non reflexive	Reflexive
Por la mañana, Gabriel **mira** el reloj. *In the morning Gabriel looks at the clock.*	Antes de salir, **se mira** en el espejo. *Before going out, he looks at himself in the mirror.*
Por las noches, Gabriel **lava** los pisos de la escuela. *At night, Gabriel mops the school floors.*	Cuando llega a su casa, **se lava** los dientes y **se pone** el pijama. *When he gets home, he brushes his teeth and puts on his pajamas.*

In the left column, the subject of the verb (i.e., *Gabriel*) is looking at or washing something (e.g., *el reloj, los pisos*), so a reflexive pronoun is not needed. In the right column, only the subject (*Gabriel*) is involved in the action (i.e., performs the action to himself), thus the reflexive pronoun **se** is used.

B. Reflexive pronouns and pronominal verbs

In Spanish, many verbs are used with reflexive pronouns more often than not, even if the event is not truly reflexive (i.e., the subject is not acting upon him/herself). These verbs are known as pronominal verbs. You have already been using one of these verbs: **llamar(se)**.

¿Cómo **te llamas?** **Me llamo** Patricia y ella **se llama** Sara.

Note that the subject pronoun (**yo**) and the reflexive pronoun (**me**) refer to the same person.

		llamarse		**despertarse (e → ie)** ***(to wake up)***
(yo)	me	llamo	me	desp**ie**rto
(tú)	te	llamas	te	desp**ie**rtas
(él, ella, Ud.)	se	llama	se	desp**ie**rta
(nosotros/as)	nos	llamamos	nos	despertamos
(vosotros/as)	os	llamáis	os	despertáis
(ellos, ellas, Uds.)	se	llaman	se	desp**ie**rtan

Below are some verbs that usually take a reflexive pronoun (please note that most of these verbs can also be used without the reflexive pronoun to express a non reflexive event).

To talk about the daily routine:			
acostar(se)	*to lie down*	duchar(se)	*to take a shower*
afeitar(se)	*to shave (oneself)*	lavar(se)	*to wash (oneself)*
bañar(se)	*to bathe (oneself)*	levantar(se)	*to get up*
cepillar(se)	*to brush (teeth or hair, usually)*	maquillar(se)	*to put on makeup*
despertar(se) (e → ie)	*to wake up*	peinar(se)	*to comb (one's hair)*
dormir(se) (o → ue)	*to fall asleep*	sentar(se) (e → ie)	*to sit down*

No reflexive pronoun used:
La mamá **acuesta** a los niños a las ocho.
The mom puts the children to bed at eight.

Reflexive pronoun used:
Ella **se acuesta** unas horas más tarde.
She goes to bed a few hours later.

To talk about cloth:	
vestir(se) (e → i)	*to get dressed*
poner(se)	*to put (something) on (oneself)*
quitar(se)	*to take clothes off*

No reflexive pronoun used:
Gabriel **pone** sus papeles en el portafolio.
Gabriel puts his papers in his briefcase.

Reflexive pronoun used:
Después **se pone** la chaqueta y sale de casa.
Then he puts his jacket on and leaves the house.

To talk about changes of state or mood:			
sentir(se) (e → ie)	*to feel*	divertir(se)	*to enjoy oneself*
enojar(se)	*to become angry, to get upset*	aburrir(se)	*to get bored*

No reflexive pronoun used:
Gabriel **siente** mucha presión por hacer un buen trabajo.
Gabriel feels a lot of pressure to do a good job.

Reflexive pronoun used:
Al final del día, Gabriel **se siente** muy cansado.
At the end of the day Gabriel feels really tired.

C. Placement of the reflexive pronouns

The reflexive pronouns (**me, te, se, nos, os, se**) are placed immediately before the conjugated verb or attached at the end if the verb is in the infinitive:

Before the conjugated verb:	After the infinitive:
Siempre me visto bien. *I always dress up.*	Me gusta vestirme bien. *I like to dress up.*
Mi padre se acuesta temprano. *My father goes to bed early.*	Mi padre prefiere acostarse temprano. *My father prefers to go to bed early.*
Nos vamos a maquillar antes de salir. *We are going to put on make-up before going out.*	Vamos a maquillarnos antes de salir. *We are going to put on make-up before going out.*

D. The possessive or the article?

Note that in English we say "I wash my face" or "I brush my teeth." In Spanish, use an article, not a possessive, to refer to parts of the body or articles of clothing.

Me cepillo **los** dientes tres veces al día. *I brush my teeth three times a day.*
Me pongo **la** chaqueta para ir a trabajar. *I put on my jacket to go to work.*

By saying **me cepillo**, you are already indicating that you are brushing something that is part of you; using the possessive in this case would make the sentence redundant.

The following verbs have a slightly different meaning or add a different emphasis when used with the reflexive pronoun.			
subir	*to raise, to go up*	subirse	*to get up (on a horse or bus)*
dormir	*to sleep*	dormirse	*to fall asleep*
ir	*to go*	irse	*to leave*
caer	*to fall (like snow)*	caerse	*to fall down*
marchar	*to march*	marcharse	*to leave*
beber	*to drink*	beberse	*to drink up (the whole drink)*
comer	*to eat*	comerse	*to eat it all up*

Suggestion for verbs with a different meaning: These verbs that "have a slightly different meaning" are given as reference for the students, who often wonder why we say **"me voy"** o **"comerse un taco"** when the verbs **ir** and **comer** are not listed as pronominal verbs. We are not including practice exercises for these verbs because in this section we focus on pronominal verb used in reflexive contexts.

4.1-10 ¿Eventos reflexivos o no? Mira las historias de **La pura verdad**, decide si estas situaciones son eventos reflexivos y completa estas oraciones de la manera más lógica.

Exercises labeled with an individual student icon in the **Hablando de gramática** section are intended to be assigned as homework.

El dilema de Gabriel

1. Gabriel no sabe qué puesto solicitar. Solo habla con sus amigos de posibles opciones, pero ellos están cansados[13] de escuchar a Gabriel. Gabriel...
   a. se aburre. b. aburre a sus amigos.
2. Gabriel compara muchas opciones de trabajo. Pero no puede decidirse. Gabriel...
   a. siente que sus amigos están frustrados.
   b. se siente frustrado.
3. Al final Gabriel decide ser maestro de inglés. Gabriel decide...
   a. hacerse maestro de inglés.
   b. hacer muchas cosas.

Las mañanas de Gabriel

4. Por las mañanas Gabriel está muy cansado porque duerme poco. Gabriel...
   a. mira el reloj a las 7 de la mañana.
   b. se mira en el espejo a las 7 de la mañana.
5. A las 7:50, Gabriel...
   a. se levanta. b. levanta pesas[14].
6. Después de levantarse, Gabriel...
   a. lava el auto.
   b. se lava la cara.
7. Antes de salir, Gabriel decide...
   a. ponerse una corbata[15].
   b. poner la corbata en el armario.

4.1-11 ¿Qué hace una enfermera del Hospital Rosales en El Salvador? Indica el orden cronológico con números.

En casa, antes de ir a trabajar...

_3_ se ducha en cinco minutos para no llegar tarde al hospital.
_2_ se levanta 15 minutos después.
_1_ se despierta muy temprano.
_4_ se maquilla muy poco.
_5_ se viste muy rápido.

En el Hospital Rosales...

_4_ se siente cansada.
_3_ baña a los pacientes.
_1_ se pone el uniforme blanco.
_7_ regresa a casa.
_6_ trabaja más horas por la tarde.
_2_ despierta a los pacientes.
_5_ almuerza y se acuesta unos minutos.

4.1-12 La rutina de Pedro Completa el párrafo con la forma apropiada de los verbos. Decide si debes usar el pronombre reflexivo o no.

En mi casa, mi padre _despierta_ (1) (despertar/se) a todos mis hermanos muy temprano. A mí eso no me gusta. Yo _me enojo_ (2) (enojar/se), porque no me gusta _levantarme_ (3) (levantar/se) temprano, y él _se enoja_ (4) (enojar/se) porque yo no _me levanto_ (5) (levantar/se) inmediatamente. Además, mi padre _se pone_ (6) (poner/se) furioso cuando mis hermanas pasan mucho tiempo en el baño. ¡Ellas _se maquillan_ (7) (maquillar/se) y _se peinan_ (8) (peinar/se) durante horas! Por fin salen del baño y yo en cinco minutos _me cepillo_ (9) (cepillar/se) los dientes, _me afeito_ (10) (afeitar/se) y _me ducho_ (11) (duchar/se). ¡Es una injusticia!

4.1-13 Nuestra rutina

Suggestion for **4.1-13:** You can have students do the interview as a pair activity in class and then have them write the paragraph at home as homework.

Answers for **4.1-13:** Answers may vary.

Paso 1: Entrevista a un/a compañero/a para saber más sobre su rutina.

1. ¿A qué hora te levantas los días que tienes clase de español?
2. ¿A qué hora te despiertas los fines de semana?
3. ¿Desayunas antes o después de ducharte?
4. ¿Prefieres ducharte o bañarte?
5. ¿Te maquillas todos los días?
6. ¿Cómo te sientes en la clase de español?

Paso 2: Ahora, escribe un pequeño párrafo para comparar la rutina de tu compañero/a con tu rutina. ¿Son similares? ¿En qué se diferencian?

MODELO: *La rutina de Diana y mi rutina son muy diferentes. Los días que tenemos clase de español, ella se levanta a las... pero yo me levanto a las...*

[13]**cansado:** tired [14]**pesas:** weighs [15]**corbata:** tie

OTRA PERSPECTIVA

Courtesy of Karina Zelaya

Note for **Otra perspectiva:** Point out that people who live in the United States seem to have a tendency to move to take on a better job, even if the job is far away from their extended family. In contrast, since for Latin American workers the extended family holds more importance, in general, they will be more hesitant to move to a better job that forces them to be away from their family.

¿Trabajar cerca o lejos?

Diferente

"En general, parece que en Estados Unidos la gente cambia de trabajo, de ciudad, de casa y de esposo con más frecuencia que en El Salvador. Cuando obtiene un trabajo mejor, el estadounidense se muda con su familia y empieza un nuevo trabajo. ¿Por qué?"

Igual

"Muchos trabajos son de 9:00 de la mañana a 5:00 de la tarde con una hora de almuerzo, como en Estados Unidos".

Explícale a Karina

1. Si tienes la oportunidad de tener un empleo lejos de tus padres, ¿te mudas? ¿Por qué?
2. ¿Estás de acuerdo? En Estados Unidos....
   a. la familia nuclear es más importante que los abuelos y tíos.
   b. el teléfono y el transporte aéreo hacen las distancias más cortas.
   c. un buen trabajo es importante para progresar en la vida.
   d. es importante estar cerca de tu familia.

MANOS A LA OBRA

Answers for **4.1-14:** Answers may vary.

4.1-14 ¿En qué profesión...?

Paso 1: Con un/a compañero/a, hablen sobre las obligaciones de cada profesión.

MODELO: abogados
Estudiante 1: *Los abogados siempre tienen que ponerse corbata para mostrar que son profesionales.*
Estudiante 2: *Sí, y también deben afeitarse siempre.*

escritores	levantarse temprano
gerentes	maquillarse/afeitarse siempre
maestros	vestirse muy bien siempre
aeromozos	lavarse las manos con frecuencia
choferes	ponerse un uniforme
ingenieros	sentirse inspirados
conserjes	tener buenas relaciones con sus empleados

Paso 2: Ahora, lleguen a un consenso. ¿Qué profesión tiene las obligaciones más estrictas? ¿Y las menos estrictas? ¿Están de acuerdo con el resto de la clase?

4.1-15 Adivina, adivinador... ¿Cuál es mi profesión? Piensa en una profesión. Después, en grupos, túrnense para adivinar cuál es la profesión de sus compañeros. Unos estudiantes hacen preguntas y los otros estudiantes solo pueden responder "sí" o "no".

MODELO: Estudiante 1: *¿Tienes que ponerte uniforme?*
Estudiante 2: *Sí.*
Estudiante 1: *¿Trabajas en una escuela?*
Estudiante 2: *Sí.*
Estudiante 1: *¿Eres conserje?*
Estudiante 2: *¡Sí, muy bien! Ahora tú.*

Answers for **4.1-15, 4.1-16, 4.1-17, 4.1-18:** Answers may vary.

Suggestions for **4.1-15:** Divide students in groups of five and have one student of the group volunteer at a time. The rest of the group guesses what's his or her line of work. Demonstrate the activity first. Questions could be something like: **¿Tienes que levantarte muy temprano? ¿Escribes mucho? ¿Usas la computadora? ¿Ganas mucho dinero? ¿Eres famoso?** This can also be a whole-class activity. Ask for a volunteer to come to the front of the class. The rest of the students should ask questions and the student who guesses correctly should be the next person to come to the front. Encourage students to ask questions using reflexive verbs whenever possible.

RECYCLES interrogative words.

4.1-16 ¡Quiero saber más! Después de hablar con un/a compañero/a sobre su rutina diaria en la actividad **4.1-13**, quieres saber más sobre él/ella.

Paso 1: Escribe una serie de preguntas, con las palabras interrogativas y los verbos de la lista.

acostarse dormirse ponerse sentirse enojarse aburrirse divertirse

1. ¿Cómo...?
2. ¿Quién/es...?
3. ¿Cuándo...?
4. ¿Dónde...?
5. ¿Qué...?
6. ¿Cuál/es...?

Paso 2: Ahora, entrevista a tu compañero/a. Después, coméntale a la clase lo más interesante de sus respuestas.

Interrogative words

Hay muchas palabras interrogativas en español. ¿Las recuerdas? Puedes repasar estas palabras en **Hablando de gramática** del Capítulo 1, Sección 2. ¿Recuerdas cuándo usamos **qué** y cuándo usamos **cuál**?

Suggestions for **4.1-16:** The verbs in the list are suggestions. Encourage your students to be creative and use the new verbs learned in this chapter.

4.1-17 ¿Quién de la clase...? Levántate y pregúntales a varios compañeros sobre su rutina.

Note for **4.1-17:** This activity is similar to a BINGO; but instead of shouting BINGO, they will shout MÉDICA. Students have to complete one horizontal row by formulating the questions and gathering responses from their classmates. The fastest student should signal the completion of the task by shouting MÉDICA.

MODELO: Estudiante 1: *¿Te levantas después de las 12?*
Estudiante 2: *No, no me levanto después de las 12.*

MÉDICA					
Se levanta después de las doce los sábados.	Se ducha más de una vez al día.	Se afeita las piernas.	Se despierta antes de las 6:00 de la mañana.	Se acuesta a las 3:00 de la mañana algunas veces.	Se siente frustrado/a con el trabajo.
Se ducha por cinco minutos.	Se pone perfume todos los días.	Se maquilla todos los días.	Se peina por más de 10 minutos.	Se duerme en la clase de español.	Se quita los zapatos en la clase.
Se peina varias veces al día.	Se afeita todos los días.	Se cepilla los dientes.	Se lava las manos antes de comer.	Se divierte en la clase de español.	Se pone perfume para ir a bailar.

4.1-18 Dilo con mímica Tu profesor/a te va a dar una frase que vas a representar haciendo mímicas. Tu grupo debe adivinar qué frase es en menos de 20 segundos.

Suggestions for **4.1-18:** Divide the class in half and have one volunteer at a time act out the phrase you give them for their own group to guess. Give them 20 seconds or so to guess. Award one point per correct answer. Suggestions: 1. ______________ (name of student) **es un/a dentista y se lava las manos con frecuencia**. 2. ______________ (name of student) **se sienta a leer el periódico en la cafetería**. 3. ______________ (name of student) **se divierte mucho en la clase de español**. Other ideas: **Se acuesta con ropa; Se pone el pijama para ir a dormir; Se levanta a las 12 los sábados; Se divierte jugando al mini golf; Se duerme frente al televisor; Se acuesta a las 3:00 de la mañana en el fin de semana; Se maquilla todos los días; Canta cuando se ducha.**

Suggestions for **4.1-19:** This is a famous social studies activity given to high school students to get them to think about peoples' roles in a community. Our purpose for including it here is to have the students negotiate this list in Spanish. Form groups of three or four and let them negotiate *in Spanish* what kind of people and skills they need to start a town. Give them a time limit. When finished ask: **¿A quién (no) necesitan? ¿Por qué?**

Answers for **4.1-19:** Answers may vary.

4.1-19 ¡Es solo un juego! ¿A quién selecciono? Imaginen que hay un desastre ecológico y hay que fundar una nueva ciudad. Ustedes son responsables de seleccionar a seis personas para empezar una nueva comunidad. Hay diez candidatos. ¿A quiénes de la lista van a aceptar?

1. un policía
2. una médica de 36 años sin experiencia
3. un arquitecto de 75 años
4. una abogada de 26 años
5. un profesor de español de 30 años
6. una estudiante de filosofía muy inteligente
7. un mecánico de aviones
8. un dentista de 60 años
9. una actriz famosa, rica y perezosa de 28 años
10. una secretaria de 45 años que escribe 70 palabras por minuto

WileyPLUS Go to *WileyPLUS* and listen to **Presta atención.**

Script for **4.1-20, Presta atención: ¿Qué profesión es?:** 1. Esta persona por lo general habla mucho con sus clientes y sabe muchas cosas personales. El cliente está sentado en una silla. A algunos clientes les gusta mucho el resultado del trabajo de esta persona, pero otros piensan que es terrible. Esta persona puede ser muy creativa. 2. Esta persona trabaja en un restaurante. Recibe órdenes, sirve la comida a las mesas. Generalmente es una persona muy trabajadora, paciente y organizada. 3. Esta persona tiene que practicar mucho y estar en excelente forma física. Muchas personas pagan mucho dinero para ver a estas personas en acción. 4. Esta persona es inteligente, paciente, trabajadora y simpática. Los estudiantes adoran a esta persona. Trabaja en la universidad.

Answers for **4.1-21:** Answers may vary.

4.1-20 Presta atención: ¿Qué profesión es? Escucha el audio y selecciona el nombre de la profesión que coincide con la descripción.

1. a. el piloto	b. el programador	c. el policía	(d.) el peluquero
2. a. el cocinero	b. el chofer	(c.) el mesero	d. el aeromozo
3. (a.) el atleta	b. el gerente	c. el ingeniero	d. el cartero
4. a. el mecánico	(b.) el profesor	c. el conserje	d. el escritor

4.1-21 Por escrito: Una carta de recomendación Una persona que conoces busca trabajo. Escribe una carta de recomendación para él/ella. Incluye su trabajo actual, características personales y su educación. Explica por qué esa persona es la apropiada para el puesto.

MODELO:

Hospital Santo Tomás

San Salvador, 7 de noviembre de 2013

A quien corresponda:

Julieta Fernández es enfermera y trabaja en la clínica Santo Tomás. Julieta es una persona muy sociable, amistosa y cuidadosa. Trabaja muy bien con los médicos, pacientes y otras enfermeras. Julieta estudió enfermería en la Universidad de El Salvador. Recomiendo a Julieta para el trabajo de enfermera por ser la mejor enfermera de esta clínica.

Atentamente,

Marco Prado

Director del Hospital Santo Tomás

Suggestion for **4.1-21**: Explain to your students that they should start the letter of recommendation with expressions such as **A quien le pueda interesar** o **A quien corresponda** (To Whom It May Concern) or with **Estimado/a Señor/a** [name] (Dear Mr./Mrs./Sir/Madam). Tell that they can close the letter with **Atentamente** (Sincerely yours) or with other closings such as **Cordialmente** (Cordially yours).

¡OJO!

Formal Letter

Use the format of this letter, beginning with the location, date and a greeting. Use the model as an example, giving information such as the applicant's personal traits, academic preparation, and applicant's current job. This is a formal letter, so use a formal register using **usted** instead of the **tú** form.

PONTE EN MI LUGAR

Estrategias para conversar

Asking for clarification
When asking for clarification, these are some strategies you can use:

- Repeat the word or phrase as a question (e.g., *¿Camarero?*)
- Ask your partner to explain (e.g., *¿Qué significa "camarero"?*)
- Let your partner see that you don't understand (e.g., *¿Qué? ¿Cómo dices?*)
- Propose another word with a similar meaning (e.g., *Lo mismo que mesero.*)

¿Cómo es tu trabajo? Vas a pasar un año en Honduras para estudiar y mejorar el español. Estás interesado/a en trabajar en ese país. Los padres de un/a amigo/a viven en Estados Unidos, pero son hondureños y vivieron 20 años en Tegucigalpa.

Paso 1: Con un/a compañero/a selecciona un papel: el padre o la madre de tu amigo/a o el/la estudiante estadounidense. Si no comprendes a tu compañero/a, debes hacer preguntas para verificar tu comprensión. Recuerda usar las estrategias para conversar.

Paso 2: El/La estudiante estadounidense comienza la conversación:

Estudiante estadounidense:

a. Saluda formalmente al padre/la madre del/de la amigo/a (usa "usted").
b. Pregunta si puedes hacerle unas preguntas sobre los trabajos en su país de origen.
c. Pide información sobre las horas de trabajo en su país de origen y la posibilidad de encontrar trabajo en Honduras.
d. Pregunta si tiene contactos en Honduras para conseguir un trabajo durante el verano.

Padre o madre hondureños:

a. Saluda al/a la amigo/a de tu hijo/a (usa "tú").
b. Pide que te explique por qué quiere información sobre los trabajos en Honduras.
c. Explica que el horario depende del trabajo.
d. Pregunta sobre sus intereses, qué le gusta, qué no le gusta y la experiencia profesional que tiene.
e. Pregunta dónde trabaja, qué hace en el trabajo, qué le gusta y qué no le gusta.
f. Pregunta si puede trabajar en Honduras.
g. Menciona la idea de hacer prácticas en alguna compañía sin ganar dinero.

WileyPLUS Go to *WileyPLUS* to find more **Arroba** activities.

@Arroba@

El currículum vítae
Explora en tu buscador favorito información sobre qué debes incluir en tu currículum vítae en español. ¿Qué diferencias hay entre un currículum vítae en español y otro en inglés?

Suggestions for **Arroba:** In the Spanish résumé you can find information about the marital status, age, and a picture.

ASÍ ES LA VIDA

Use the PowerPoint slides found in the Book Companion Site and *WileyPLUS* to do this section in class.

Chiste

Un periodista corre con su cámara hasta un pequeño avión que espera en una pista[16] del aeropuerto.

Periodista: *¡Vámonos! ¡Rápido!*
Piloto: *¿Rápido? ¿Por qué?*
Periodista: *Quiero ver el incendio[17]. Vuela más bajo[18].*
Piloto: *Es difícil controlar el avión. Tengo miedo. ¿Por qué tenemos que ir hacia el incendio?*
Periodista: *¡Porque soy periodista y tengo que fotografiar el incendio!*
Piloto: *¡¿Un periodista?! ¿Usted no es mi instructor?*

[16]**pista:** runway [17]**incendio:** fire [18]**Vuela...** fly lower

Adivina, adivinador Answer for **Adivina, adivinador**: El cartero

La bolsa, compañera,
me acompaña con frecuencia.
Voy de casa en casa
llevando correspondencia.
¿Quién soy?

ENTÉRATE

Estrategias para leer

Skimming is a reading strategy in which you read quickly in order to identify the main idea of the text, rather than reading for comprehension. Skimming works well to look for places, names, and dates. There are many strategies that can be used when skimming. You already learned some of them in previous chapters:

- In the Preliminary Chapter, Chapter 1 and Chapter 2 you learned that visual aids (layout of the text, title, illustrations) as well as recognizing cognates are useful tools to learn about the content.
- In Chapter 3, Section 1 you learned to read the first and last sentences of the text in order to get an idea about the content.

Answers for **Antes de leer:** 1. Answers may vary. 2. By looking at the title of the text we learn about the main idea of the passage: **Cinco pasos para cambiar de trabajo con éxito**.

Antes de leer

1. Un nuevo trabajo Imagina que tienes un trabajo con un buen sueldo pero no eres feliz, así que quieres buscar otro trabajo. Reflexiona un poco a partir de las siguientes preguntas para saber qué tipo de trabajo te interesa.

1. ¿Cuáles son tus habilidades?
   a. Hablo otro idioma
   b. Trabajo bien con la gente
   c. Soy organizado/a
   d. Otras habilidades
2. ¿Qué nivel de educación tienes?
   a. Escuela secundaria
   b. Un año en la universidad
   c. Una maestría
   d. Otro nivel
3. ¿Qué tipo de carrera te interesa?
   a. Psicología
   b. Educación
   c. Negocios
   d. Otras carreras
4. ¿Qué oración te describe mejor?
   a. Me gusta ser el centro de atención.
   b. Me gusta aprender solo, sin ayuda.
   c. Me gusta analizar información.
   d. Me gusta viajar. No me gustan las oficinas.

2. Carreras.com Lee rápidamente el texto de la lectura. Recuerda todas las estrategias que ya sabes (título, cognados, fotos...). ¿Qué tipo de texto es? ¿Cuál es el tema?

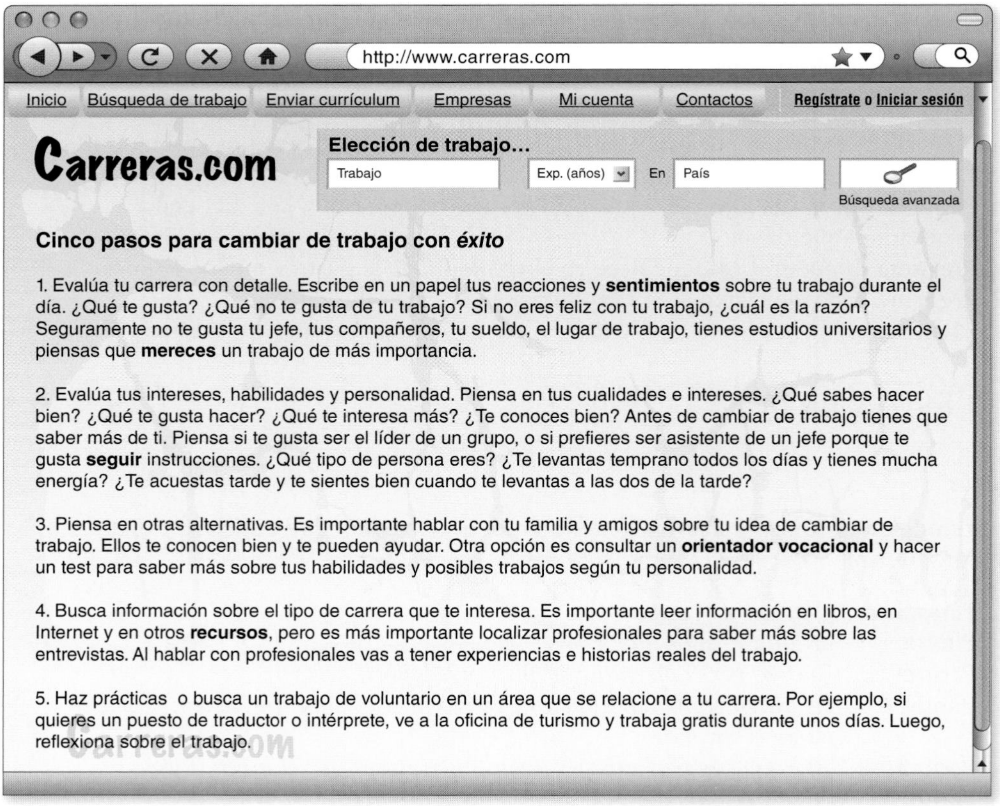

Cinco pasos para cambiar de trabajo con *éxito*

1. Evalúa tu carrera con detalle. Escribe en un papel tus reacciones y **sentimientos** sobre tu trabajo durante el día. ¿Qué te gusta? ¿Qué no te gusta de tu trabajo? Si no eres feliz con tu trabajo, ¿cuál es la razón? Seguramente no te gusta tu jefe, tus compañeros, tu sueldo, el lugar de trabajo, tienes estudios universitarios y piensas que **mereces** un trabajo de más importancia.

2. Evalúa tus intereses, habilidades y personalidad. Piensa en tus cualidades e intereses. ¿Qué sabes hacer bien? ¿Qué te gusta hacer? ¿Qué te interesa más? ¿Te conoces bien? Antes de cambiar de trabajo tienes que saber más de ti. Piensa si te gusta ser el líder de un grupo, o si prefieres ser asistente de un jefe porque te gusta **seguir** instrucciones. ¿Qué tipo de persona eres? ¿Te levantas temprano todos los días y tienes mucha energía? ¿Te acuestas tarde y te sientes bien cuando te levantas a las dos de la tarde?

3. Piensa en otras alternativas. Es importante hablar con tu familia y amigos sobre tu idea de cambiar de trabajo. Ellos te conocen bien y te pueden ayudar. Otra opción es consultar un **orientador vocacional** y hacer un test para saber más sobre tus habilidades y posibles trabajos según tu personalidad.

4. Busca información sobre el tipo de carrera que te interesa. Es importante leer información en libros, en Internet y en otros **recursos**, pero es más importante localizar profesionales para saber más sobre las entrevistas. Al hablar con profesionales vas a tener experiencias e historias reales del trabajo.

5. Haz prácticas o busca un trabajo de voluntario en un área que se relacione a tu carrera. Por ejemplo, si quieres un puesto de traductor o intérprete, ve a la oficina de turismo y trabaja gratis durante unos días. Luego, reflexiona sobre el trabajo.

success
feelings
you deser
to follow
career counsel
resources

Después de leer

1. En el texto. Sin consultar el diccionario, contesta: ¿Qué significa la palabra *recursos*? ¿Cómo lo sabes? ¿Es una palabra en singular o en plural? ¿Es un sustantivo, un verbo o un adjetivo?

Ahora busca la palabra *recurso* en el diccionario. ¿Cuántos significados aparecen en el diccionario? ¿Qué otra palabra sinónima en español se usa para decir *recursos*?

2. ¿Entendiste? Lee los cinco pasos para cambiar de trabajo con éxito y selecciona la/s respuesta/s correcta/s.

1. Cuando una persona tiene que evaluar su trabajo quiere...
   (a.) saber si es feliz en su trabajo.
   b. hablar con su jefe rápidamente.
   c. ir a trabajar todos los fines de semana.
2. Si buscas trabajo...
   (a.) debes conocer tus habilidades.
   (b.) debes saber qué personalidad tienes.
   (c.) debes saber tus intereses.
3. Para tener más opciones tienes que...
   a. consultar con tu jefe.
   (b.) consultar con tu familia y amigos.
   (c.) consultar con un orientador.
4. Se recomienda...
   (a.) trabajar gratis de voluntario.
   b. cambiar de trabajo cada mes.
   (c.) hablar con profesionales.

Possible answers for **Después de leer:** 1. **En el texto:** Significa *resources*. Un recurso es un medio o conjunto de medios de cualquier clase que sirven para conseguir lo que se pretende o resolver una necesidad. Es un sustantivo. Algunos sinónimos son *medios* o *fuentes*. Puede tener varios significados dependiendo del diccionario que se consulte. Lo sé porque la lectura dice: "Es importante leer información en libros, en internet y en...".

EN TUS PROPIAS PALABRAS

Estrategias para escribir

Fast writing You already know some Spanish vocabulary and now it is time for you to engage with content and review in order to reflect on what you know. A strategy to start writing and, in the end, to produce more writing is by engaging in rapid writing. The purpose of rapid writing is to allow you to record what you know about a topic without worrying about any errors. Put this strategy in practice by following these steps:

- Think about a topic to write, such as "the perfect job."
- Write as fast as you can in Spanish.
- Do not worry about corrections or erasing your mistakes.
- Write for one minute. Do not stop before.
- Don't lift your pen from the paper.
- If you get stuck, jumpstart your brain by rewriting previous words.
- After a minute, count and record the number of words you have written.
- Check spelling.

El trabajo de mis sueños. Piensa en tu experiencia de trabajo y en tus estudios, después escribe un párrafo sobre tu trabajo ideal. Ese pequeño diario puede ayudarte a aclarar tus ideas sobre tu futuro. Lee estas preguntas y después escribe el párrafo usando la estrategia de escribir rápido.

- ¿Qué estudias?
- ¿Tienes experiencia de trabajo relacionada con tus estudios?
- ¿Cómo eres personalmente? ¿Tímido, sociable...?
- ¿Buscas un trabajo para ayudar a la gente?
- ¿En qué lugar quieres trabajar?

Suggestions for **En tus propias palabras:** Ask your students to exchange compositions in order to revise grammar and vocabulary as well as the content. Write these questions on the board to guide with the correction of the text: **¿Hay información sobre su experiencia de trabajo? ¿Hay información sobre sus estudios? ¿Hay errores de ortografía o de concordancia?**

AUTOPRUEBA

VOCABULARIO

I. Profesiones ¿Qué profesiones asocias con...

1. clases, libros, estudiantes?
2. medicina, uniforme, pacientes?
3. computadoras, teléfonos, público?
4. ejercicio, televisión, dinero?
5. criminales, justicia, público?

1. profesor, maestro
2. enfermera, dentista, médico
3. secretario/a, agente de seguros, vendedor
4. atleta, artista
5. abogado, periodista, policía

II. Un día en la vida de una peluquera Ordena las actividades en el día de una peluquera en orden cronológico.

__7__ a. Se acuesta y se duerme.
__2__ b. Se pone el uniforme y se peina.
__1__ c. Se despierta y se ducha.
__5__ d. Después de trabajar, se siente cansada.
__3__ e. Peina y maquilla a muchas clientas.
__4__ f. Se sienta a almorzar.
__6__ g. Se quita el uniforme cuando regresa a casa.

GRAMÁTICA

I. ¿Qué hacen estos profesionales? Con los verbos de la lista, escribe oraciones completas para describir las actividades de estas personas.

MODELO: Un bombero (despertarse)
→ *Un bombero se despierta con una alarma de incendios.*

afeitarse lavarse dormirse peinar ducharse

1. Los médicos...
2. Los atletas a veces...
3. Mi peluquero/a...
4. Yo...
5. Nosotros, los estudiantes, a veces...

II. ¿Qué deben o tienen que hacer estas personas?

MODELO: Un cocinero... ***tiene que*** *lavarse las manos antes de cocinar.*

1. Un conserje...
2. Un mesero...
3. Un bombero...
4. Un programador de computadoras...
5. Yo, estudiante de español,...

Possible answers for **Gramática II:** 1. Un conserje debe ser trabajador. Un conserje tiene que limpiar muchas cosas. 2. Un mesero debe ser paciente. Un mesero tiene que servir la comida. 3. Un bombero debe ser fuerte. Un bombero tiene que ayudar a apagar incendios. 4. Un programador de computadoras debe ser inteligente. Un programador de computadoras tiene que programar computadoras. 5. Yo debo/tengo que estudiar mucho.

CULTURA

1. ¿Qué tipo de preguntas son aceptables en una entrevista de trabajo en un país como El Salvador?
2. ¿Qué consideración impide cambiar de trabajo con frecuencia en muchos países hispanos?

Answers for **Cultura:** 1. Preguntas como: ¿Cuántos años tiene? ¿Está casado? ¿Cuántos hijos tiene? 2. Si el nuevo trabajo está lejos de la familia.

REDACCIÓN

Escribe una pequeña redacción para describir qué haces durante la semana. Incluye información sobre:

- **Tu rutina por la mañana:** ¿A qué hora te levantas, te bañas, sales a trabajar, sales a estudiar?
- **En el trabajo:** ¿Dónde trabajas? ¿Cuántas horas? ¿Qué haces en el trabajo? ¿Cómo es tu jefe?
- **La universidad:** ¿Qué clases tomas? ¿A qué hora? ¿Cuántas horas estudias?
- **Tu rutina al final del día:** ¿A qué hora te acuestas los días laborales? ¿A qué hora te acuestas los fines de semana?
- **Una conclusión:** ¿Cómo es tu vida en general? ¿Muy ocupada? ¿Muy divertida? ¿Interesante? ¿Aburrida?, etc.

EN RESUMIDAS CUENTAS, AHORA PUEDO...

- ☐ hablar sobre oficios, puestos y profesiones.
- ☐ hablar sobre las obligaciones de un trabajo.
- ☐ hablar sobre los cambios de estado emocional.
- ☐ hablar sobre mi rutina diaria y la de otros.
- ☐ hacer preguntas
- ☐ entender mejor una entrevista de trabajo en un país hispano.
- ☐ comparar el mercado de trabajo entre Estados Unidos y los países hispanos.

Possible answers for **Gramática I:** 1. Los médicos se lavan las manos muchas veces al día. 2. Los atletas a veces se afeitan las piernas o la cabeza. 3. Mi peluquero/a peina a sus clientes. 4. Yo me ducho por veinte minutos. 5. Nosotros, los estudiantes, a veces nos dormimos en la clase de historia.

VOCABULARIO ESENCIAL

Sustantivos

el/la abogado/a	*lawyer*
el/la aeromozo/a	*flight attendant*
el/la bombero/a	*firefighter*
el/la camarero/a, mesero/a	*waiter/waitress*
la carta de presentación	*cover letter*
la carta de recomendación	*letter of recommendation*
el/la cartero/a	*mail carrier*
el/la cocinero/a	*cook*
el/la conserje	*janitor*
el currículum vítae	*résumé*
el/la dependiente	*sales clerk*
el empleo	*employment*
la empresa	*company (business)*
el/la enfermero/a	*nurse*
la entrevista (de trabajo)	*(job) interview*
el/la escritor/a	*writer*
el/la gerente	*manager*
el/la ingeniero/a	*engineer*
el/la jefe/a	*boss*
el/la maestro/a	*teacher*
el/la médico/a	*doctor, physician*
la mujer policía	*police officer (f)*
el/la niñero/a	*baby sitter*
el oficio	*job/trade*
el/la peluquero/a	*hairdresser*
el/la periodista	*journalist*
el policía	*police officer (m)*
la práctica en empresa	*internship*
el puesto	*job/position*
la solicitud	*application*
el sueldo	*salary/wage*
el trabajo	*job/work*
el/la vendedor/a	*salesperson*

Cognados: el/la atleta, el/la arquitecto/a, el/la artista, el/la candidato/a, el/la chofer, el/la dentista, el/la electricista, el/la mecánico/a, el/la piloto, la profesión, el/la profesor/a, el/la programador/a de computadoras, el/la recepcionista, el/la secretario/a

Verbos

aburrir(se)	*to get bored*
acostar(se)	*to lie down*
afeitar(se)	*to shave (oneself)*
bañar(se)	*to bathe (oneself)*
cepillar(se)	*to brush (teeth or hair, usually)*
conseguir (un trabajo)	*to get (a job)*
cortar	*to cut*
deber	*must, ought, should*
despertar(se) (ie)	*to wake up*
divertir(se)	*to enjoy oneself*
dormir(se) (ue)	*to fall asleep*
duchar(se)	*to take a shower*
enojar(se)	*to become angry, to get upset*
ganar (dinero)	*to earn, make (money)*
hay que	*one must*
lavar(se)	*to wash (oneself)*
levantar(se)	*to get (oneself) up*
limpiar	*to clean*
maquillar(se)	*to put on makeup*
peinar(se)	*to comb (one's hair)*
poner(se)	*to put (something) on (oneself)*
quitar(se)	*to take clothes off*
sentar(se) (ie)	*to sit down*
sentir(se) (ie)	*to feel*
solicitar (un trabajo)	*to apply (for a job)*
tener (que)	*to have (to)*
vestir(se) (i)	*to get dressed*

Sección 2 **La ciudad**

LEARNING OBJECTIVES

By the end of this section you will be able to:

- Compare addresses and directions in the U.S. and Central America
- Identify places in a city and talk about location
- Talk about the weather
- Express intention, motive and movement
- Talk about actions in progress

Note for **Una imagen vale más que mil palabras:** Great Lake Nicaragua is the 19th biggest lake in the world and the biggest in Central America. Because of its size, it is also called mar Dulce.

Answers for **Una imagen vale más que mil palabras:** 1. Porque es tan grande que parece un mar, no un lago. 2. Otros lagos: El lago Titicaca en Bolivia (el lago más alto del mundo), el lago Maracaibo en Venezuela. 3. Answers may vary.

Una imagen vale más que mil palabras

¿Por qué crees que el lago[1] Nicaragua se llama mar Dulce?

¿Conoces otros lagos en Latinoamérica?

¿Vives cerca de un lago?

▲ *El lago Nicaragua (el mar Dulce)*

UNA PERSPECTIVA

Suggestion for **Una perspectiva:** Make sure your students understand that this is true in Nicaragua and not in all Spanish-speaking countries.

Note for **Una perspectiva:** We all use points of reference in order to explain how to get to a place. First we say the address with the name of the street and the number, but then we say how to get there using points of reference. For example: "The party is at 1252 Impala Ave. Anytown, Anystate. How do I get there? OK, take Covell Blvd, away from the university until you hit Sycamore Lane. There is a Circle K in the corner, turn right, that is Impala Ave. My house is the one next to the hideous green one on the corner. You can't miss it." Nicaraguans usually just skip the address and go straight to explaining how to get there. And, although not too many countries have the same "point of reference" system, we all, at one point or another will have to ask how to get to a place and receive verbal directions. About how we point at something: in the U.S. there may be something similar to pointing with the lips: there is looking at the place and raising your chin or shifting your eyes and signaling with your eyebrows.

Answers for **Una perspectiva:** Answers may vary.

¿Dónde vives?

Diferente

"En Nicaragua las calles y carreteras principales tienen números o nombres, pero las otras calles no. No tienen números ni nombres. Las direcciones orales o postales dan un punto de referencia y una distancia. Por ejemplo: 'De la farmacia Altamira, 10 cuadras[2] al lago, allí está mi casa' o 'Del bar, dos cuadras a la costa, allí vive mi mamá'. Para los que viven en el área no hay problema, pero si estás de visita, como yo, y no estás familiarizado con el punto de referencia, "estás fregado"[3], como dicen los nicaragüenses. Otra cosa curiosa es que señalan[4] un sitio o a una persona con los labios".

Igual

"Muchas carreteras[5] principales y calles tienen nombres y números como en Estados Unidos. El sistema de correos funciona bien".

¿Qué piensas tú?

1. ¿Las direcciones se dan con puntos de referencia, o siempre hay calles y números para identificarlas en EE. UU.?
2. ¿Es fácil o difícil encontrar tu casa? ¿Es fácil explicar cómo llegar a tu casa?
3. ¿Qué gesto[6] haces cuando quieres señalar algo?

[1]**lago:** lake [2]**cuadras:** blocks [3]**estar fregado/a:** to be out of luck [4]**señalar:** to point [5]**carreteras:** highways [6]**gesto:** gesture

Suggestion for **La pura verdad:** Have the Managua map handy and point at the map following the directions given by each person. UNAN means "Universidad Autónoma de Nicaragua."

LA PURA VERDAD I ¿Cómo llego?

The suggested narration for **La pura verdad** can be found in the Appendix. Please use this narration to go over each of the frames with your students. You can also find this section (frames and narration) in the PowerPoint slides, found in the Book Companion Site and *WileyPLUS*.

Alexis es un joven de Estados Unidos que llega a Nicaragua y quiere visitar a su amigo nicaragüense, Moisés Medina.

Note for **La pura verdad: Abajo** in Nicaragua means towards the setting sun, that is, west. So, the street could be going up-hill, but the direction is "down" towards the west. We suggest you draw an arch with the sun rising from the east and going down on the west end and tell the students **arriba** (the sun going up) and **abajo** (the sun going down).

4.2-01 El vecindario de Moisés Alexis y Moisés van a visitar a un amigo del vecindario. Escucha la narración.

Answers for **4.2-01:** 1. The house is the green one in front of the pink one.

1. Traza la trayectoria en el mapa.
2. ¿Cuándo pueden ir al lago?
   a. Pueden ir al lago mañana por la mañana.
   (b.) Pueden ir al lago mañana por la tarde.
   c. Pueden ir al lago hoy.
3. ¿Dónde está la parada de autobús?
   a. En frente de la casa de Moisés.
   b. Lejos de la casa de Moisés.
   (c.) Al este de la casa de Moisés.

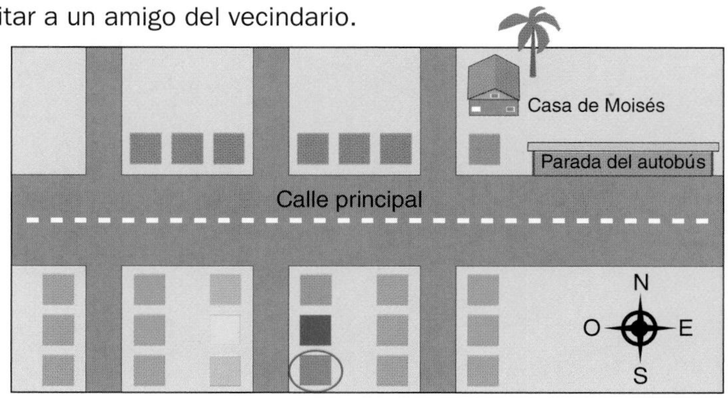

Script for **4.2-01:** 1. Desde la casa de Moisés, ellos caminan hacia la izquierda hasta la calle principal. Doblan a la derecha, siguen una cuadra más y doblan a la izquierda. La casa está en la esquina del final de la cuadra, enfrente de una casa rosada y a la derecha de una casa azul. 2. Hoy llueve mucho y ellos quieren saber qué tiempo va a hacer mañana porque quieren nadar en el lago. La radio anuncia que mañana por la mañana va a llover pero por la tarde va a hacer sol. 3. Miren el mapa. Cerca de la casa de Moisés hay una parada de autobuses. ¿Dónde está?

Suggestion for **La pura verdad:** Ask your students the following questions: **Cuando estás buscando un lugar, ¿preguntas o prefieres encontrar el lugar sin ayuda? Generalmente, ¿puedes encontrar lugares fácilmente, o no?**

PALABRA POR PALABRA

Use the PowerPoint slides found in the Book Companion Site and *WileyPLUS* to do this section in class.

La ciudad *The city*

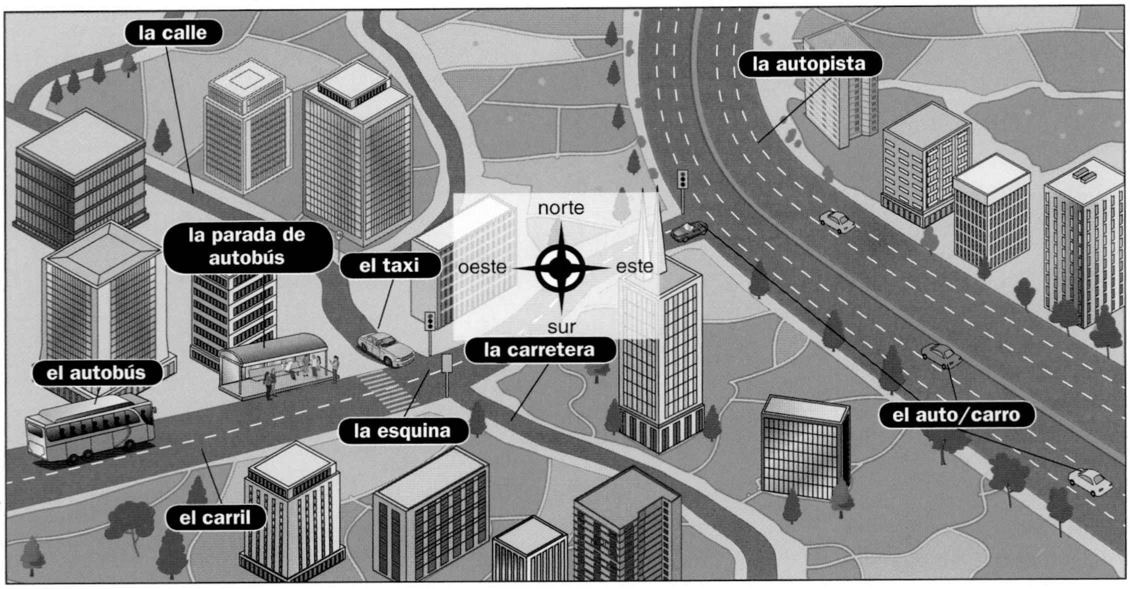

Lugares en la ciudad	***Places in the city***
el barrio	*neighborhood*
(la oficina de) correos	*post office*
la cuadra	*city block*
el cine	*movie theatre*
la dirección	*address/direction*
la discoteca	*night club*
el estacionamiento	*parking lot*
el pueblo	*town*
la plaza	*square*

Cognados: el aeropuerto, la avenida, el banco, el bar, la estación, la farmacia, el hospital, el hotel, el kilómetro, la milla, el museo, el punto de referencia, el restaurante, el supermercado, el teatro

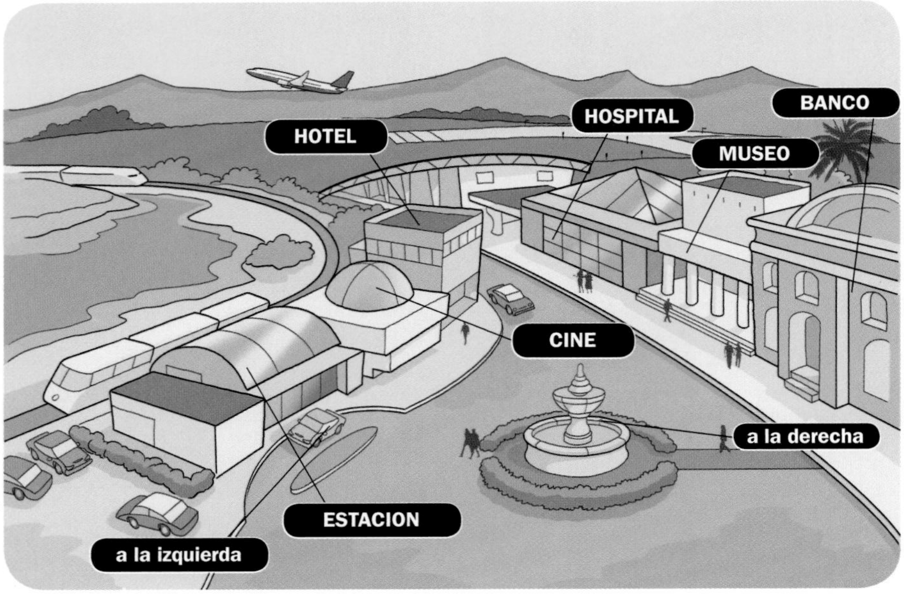

La ubicación *Location*

abajo	*down*
arriba	*up*
seguir	*to continue, follow*

1. El museo está **entre** el hospital y el banco.
2. La estación está **cerca de** la fuente.
3. El aeropuerto está **lejos de** la fuente.
4. El cine está **al lado de** la estación.
5. El hotel está **delante del** hospital.
6. El tren está **detrás de** la estación.
7. El auto está **en frente del** hotel.
8. El hospital está **al final de** la calle.

Expresiones

Disculpe, ¿cómo llego a...?	*Excuse me, how do I get to . . . ?*
Siga por la derecha.	*Continue on the right hand side.*

El tiempo *The weather*

▲ *En la playa* **hace mucho sol** *y* **calor. Hace buen tiempo** *para nadar.*

▲ **Hace mal tiempo. Está lloviendo** *y* **hace mucho viento.** *¡Parece un* **huracán**!

▲ *Aquí en Nicaragua no* **hace frío** *ni* **nieva. Hace fresco.**

¿Qué tiempo hace? *What's the weather like?*

Hace sol.	*It is sunny.*
Hace (mucho) calor.	*It is (very) hot.*
Hace (mucho) viento.	*It is (very) windy.*
Hace fresco.	*It is cool (neither hot nor cold).*
Hace buen/mal tiempo.	*The weather is good/bad.*
(No) Hace frío.	*It is (not) cold.*
Llueve (mucho).	*It rains (a lot).*
No nieva.	*It doesn't snow.*
Está nublado.	*It is cloudy.*
Hay tormenta.	*It is stormy.*
Hay niebla.	*It is foggy.*
Hay humedad.	*It is humid.*
Hay un huracán.	*There is a hurricane.*
¿Qué temperatura hace?	*What's the temperature?*
Hace 40 grados C.	*It is 40 degrees C.*

Conversiones

Grados centígrados a Fahrenheit: °C × 1.8 + 32 = °F
Grados Fahrenheit a centígrados: (°F − 32) × 0.56 = °C
1 milla = 1.6 kilómetros
km/h = kilómetros por hora
mi/h o mph = millas por hora

¿Qué dicen los centroamericanos?

Dobla a la derecha y está ahí nomás.*	*Turn right and it's right there.*
Yo soy catracho/a.	*I am Honduran.*
Si no conoces el área, estás fregado.	*If you don't know the area you are out of luck.*
Él/Ella no es de aquí. Es nica.	*He/She is not from here. He/She is Nicaraguan.*
Nunca gano. Estoy salado.	*I never win. I have bad luck (Lit., salty).*

***Esta expresión también se usa en otros países hispanohablantes.**

Use the PowerPoint slides found in the Book Companion Site and *WileyPLUS* to do this activity in class.

4.2-02 Callejeando por San Salvador Mira el mapa del centro de San Salvador. Tu profesor/a va a decir dónde están algunos lugares y edificios de interés. Escucha con atención y escribe el número que corresponde a cada lugar en el mapa.

Suggestions for **4.2-02:** Have students look at the map and familiarize themselves with at least the main street, **Calle Rubén Darío** and the **Catedral Metropolitana**. Have them listen to your descriptions and look for the corresponding number in the map.

Lugares:

- __8__ Plaza Gerardo Barrios
- __3__ Palacio Nacional
- __6__ Teatro Nacional
- __1__ Plaza Comercial España
- __7__ Supermercado La Despensa
- __4__ Biblioteca Nacional
- __5__ Centro comercial El Rosario
- __2__ Centro escolar República de Argentina

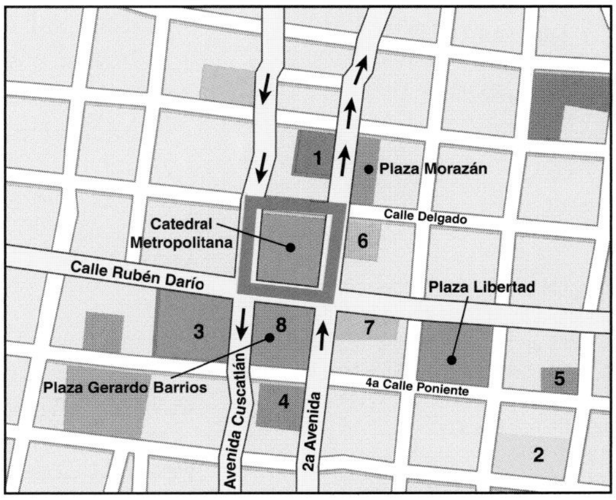

Script for **4.2-02:** La Plaza Gerardo Barrios está en la calle Rubén Darío, entre la avenida Cuscatlán y la 2ª Avenida, en frente de la Catedral Metropolitana. // El Palacio Nacional está en la esquina de la calle Rubén Darío y la Avenida Cuscatlán, en frente de la Plaza Gerardo Barrios. // El Teatro Nacional está en la esquina de la calle Delgado y la 2ª Avenida, en frente de la Catedral Metropolitana. // La Plaza Comercial España está en la 2ª Avenida, a una cuadra de la Plaza Gerardo Barrios, en frente de la Plaza Morazán. // El supermercado La Despensa está entre la Plaza Gerardo Barrios y la Plaza Libertad. // La Biblioteca Nacional está entre la Avenida Cuscatlán y la 2ª Avenida, en frente de la Plaza Gerardo Barrios. // El centro comercial El Rosario está en la 4ª Calle Poniente cerca de la Plaza Libertad. // El centro escolar República de Argentina está a dos cuadras de la Biblioteca Nacional, en frente del centro comercial El Rosario.

Suggestion for **4.2-03:** Pair up your students and ask them to complete this exercise taking turns at asking each other; then, check with the whole class. Expand asking the name of the place they go to or where it is, for example: **¿Está cerca de...? ¿Está al norte de...?** You can also do a human graph by writing the "frequency words" on the board and allowing students to stand up in a line below one of them when you ask one of the questions.

Answers for **4.2-03:** Answers may vary.

4.2-03 ¿Con qué frecuencia? Con un/a compañero/a, túrnense para decir con qué frecuencia hacen las siguientes actividades y por qué.

MODELO: ir al supermercado en carro
Estudiante 1: *¿Con qué frecuencia vas al supermercado en carro?*
Estudiante 2: *Nunca voy al supermercado en carro porque está muy cerca de mi casa.*
Estudiante 1: *Yo voy siempre en carro. ¡Mi casa está muy lejos del supermercado!*

1. tomar un taxi
2. manejar[7] por la autopista
3. visitar el museo de la ciudad
4. ir a la oficina de correos
5. correr por el parque
6. ir de compras al centro

siempre
muchas veces
a veces
casi nunca
nunca

Suggestions for activity **4.2-04**: Remind students that they should be conjugating the verbs in the second person singular (**tú**) when addressing their classmates.

Answers for **4.2-04** and **4.2-05:** Answers may vary.

4.2-04 ¿Cuándo haces estas actividades?

Paso 1: Con un/a compañero/a, túrnense para hacerse preguntas para saber cuándo hacen las siguientes actividades.

MODELO: ponerse una chaqueta
Estudiante 1: *¿Cuándo te pones una chaqueta?*
Estudiante 2: *Me pongo una chaqueta cuando hace fresco.*

1. patinar
2. caminar en las montañas
3. jugar con la nieve
4. tomar el sol
5. llevar un paraguas
6. ...

hace fresco
hace frío
hace calor
hace viento
llueve
nieva

Paso 2: Por lo general, ¿ustedes coinciden en sus respuestas o hacen algo diferente?

4.2-05 ¿Qué te gusta hacer cuando...? RECYCLES gustar.

Paso 1: Con un/a compañero/a, túrnense para ver si tienen los mismos gustos. ¡No olviden reaccionar a las respuestas de su compañero/a!

MODELO: hace mucho calor
Estudiante 1: *¿Qué te gusta hacer cuando hace mucho calor?*
Estudiante 2: *Me gusta beber té helado en una terraza.*
Estudiante 1: *Sí, a mí también* o *Yo prefiero estar en casa con el aire acondicionado.*

1. hace sol
2. hace mucho frío
3. hace fresco
4. hace viento
5. hay niebla
6. hay lluvia
7. hace buen tiempo
8. hace mal tiempo

¿Recuerdas como usar el verbo gustar? Es un poco diferente a los otros verbos, ¿verdad? Mira la sección **Hablando de gramática** del **Capítulo 1, Sección 2,** para recordar cómo usar este verbo.

Paso 2: Ahora, comenta los resultados con la clase. ¿Qué les gusta hacer a los dos?

MODELO: *Cuando hace mucho calor, a nosotros nos gusta beber té helado.*
o
No nos gusta hacer las mismas cosas, parece que somos muy diferentes.

Suggestions for **4.2-06:** You can show a Google map of the city where they take classes or the nearest main city. Have the students take turns challenging each other. Allow a few seconds to find the landmark. If the student fails to find it, it's the other person's turn. You can also make this a whole-class activity. The student who can find the most places and says where they are in Spanish, wins.

Answers for **4.2-06:** Answers may vary.

4.2-06 ¿Conoces bien tu ciudad?

Paso 1: Con un/a compañero/a, habla sobre tu ciudad. Pregúntale dónde queda algún lugar.

MODELO: *¿Dónde está la oficina de correos?*
Está en el centro, en frente del Hospital General.

Paso 2: Comenta con la clase: ¿Conoce tu compañero/a bien tu ciudad? ¿Por qué?

[7] **manejar:** to drive

HABLANDO DE GRAMÁTICA I

1. Expressing intention, motive, and movement: The prepositions *por, para, a, de* and *en*

WileyPLUS Go to *WileyPLUS* to review this grammar point with the help of the **Animated Grammar Tutorial**.

Prepositions are connectors between words. You already know some prepositions, such as **en** to express location, or the preposition **por** in many fixed expressions such as **por favor, por ejemplo** or **por fin**.

Por and **para** are two prepositions that are generally translated as *for* in English. However, they have different meanings in Spanish.

A. Use **por** to...

- express duration of an activity (although you can omit **por** in this case, or use **durante** instead); for this reason **por** is always used in fixed expressions such as **por la mañana**, **por la tarde**, **por la noche**:

Note for **Hablando de gramática**: Tell your students that some Spanish-speaking countries use the expressions **en la mañana, en la tarde, en la noche**.

Camina (**por/durante**) diez minutos más o menos.	*Walk for ten minutes more or less.*
Todos los días Alexis corre (**por/durante**) una hora.	*Everyday Alexis runs for an hour.*
Por la noche duermen en el Hotel Colón.	*At night you sleep in Hotel Colón.*

- indicate the reason or motive for an action (as in *because of* or *in behalf of*):

Alexis decidió visitar Nicaragua **por** su interesante historia arqueológica.	*Alexis decided to visit Nicaragua because of its interesting archeological history.*
Ahora que Alexis está en Nicaragua, le gusta muchísimo **por** su gente.	*Now that Alexis is in Nicaragua, he likes it a lot because of its people.*

B. Use **para** to...

- express what something is intended for:

Alexis compró una mochila **para** su viaje.	*Alexis bought a backpack for his trip.*
También compró muchos regalos **para** sus padres.	*He also bought a lot of presents for his parents.*

- express purpose or goal (as in *in order to*), in which case it is followed by an infinitive:

Alexis va a Nicaragua **para** estudiar antropología.	*Alexis goes to Nicaragua to study anthropology.*
Para entender las direcciones a la casa de Moisés, tiene que preguntar a varias personas.	*In order to understand the directions to Moises' house, he has to ask several people.*

C. To talk about movement through space, use **por**, **para, en, a, de** in the following way:

- Use **por** to express movement through, on or along a place:

Camina **por** esa calle tres cuadras más.	*Walk on that street for three more blocks.*
Tienes que pasear **por** el centro; es precioso.	*You have to walk around the city center; it is beautiful.*

- Use **para** to indicate movement towards a destination:

Toma la carretera norte y continúa **para** Managua.	*Take the north road and continue towards Managua.*
El autobús **para** la UNAN sale a las 9 de la mañana.	*The bus leaves to the UNAN at 9 am.*

- When discussing means of transportation, use **en**:

Alexis va a hacer el tour arqueológico **en** tren.	*Alexis is going to do the archeological tour by train.*
Los padres de Alexis van a llegar **en** avión.	*Alexis's parents will arrive by plane.*

- With the verb **ir**, use **a** to indicate direction towards a place. If **a** is followed by **el**, use the contracted form **al (al = a + el)**:

Alexis quiere **ir al** centro de la ciudad y después **a** las ruinas de León Viejo.	*Alexis wants to go to the city center, and then to the ruins of Leon Viejo.*

- To express that you are coming from a place, use **de**:

¿**De** dónde vienes?	*Where are you coming from?*
Vengo **de** Managua.	*I am coming from Managua.*

Exercises labeled with an individual student icon in the **Hablando de gramática** section are intended to be assigned as homework.

4.2-07 De viaje Liliana va a viajar a Honduras y les escribe un mensaje electrónico a sus padres para contarles los detalles. Completa el mensaje con la preposición adecuada (**por, para, en, de, a**) e indica por qué usas esa preposición.

Queridos mamá y papá:

Por *(fixed expression)* (1) fin mañana salgo para *(destination)* (2) Honduras. Mi itinerario es el siguiente: voy a viajar en *(transportation)* (3) avión el día 17 de febrero. Voy a pasar una semana visitando las ruinas cerca de Tegucigalpa. También me gustaría pasear por *(movement through)* (4) el centro de la ciudad. Después pienso ir a *(direction towards a place)* (5) las famosas ruinas de Copán, para *(in order to)* (6) admirar algunos de los monumentos más importantes de la civilización maya. Allí pienso quedarme por/durante *(duration)* (7) dos días. Regreso de *(from)* (8) mi viaje el día 26. Quisiera pasar más tiempo en Honduras, pero el día 27 tengo que empezar a trabajar otra vez.

Un abrazo,
Liliana

Possible answers for **4.2-08**: 1. Quiero ir a Nicaragua. 2. Quiero visitar Nicaragua para conocer bien su historia. 3. Voy a hacer un tour por todo el país. 4. Voy a viajar en tren. 5. Voy a comprar muchos regalos para todos mis amigos. 6. Voy a estar en Managua por una semana. 7. Me gusta Nicaragua por su belleza natural. 8. Vuelvo de Nicaragua el 27 de este mes.

4.2-08 El viaje de Alexis Antes de ir a Nicaragua, Alexis habla de su viaje con unos amigos. Completa las oraciones combinando las frases de las dos columnas con las preposiciones **por, para, en, de** and **a**.

MODELO: Tengo que comprar muchas cosas / mi viaje
→ *Tengo que comprar muchas cosas* ***para*** *mi viaje.*

1. Quiero ir...	a. una semana.
2. Quiero visitar Nicaragua...	b. todo el país.
3. Voy a hacer un tour...	c. conocer bien su historia.
4. Voy a viajar...	d. Nicaragua.
5. Voy a comprar muchos regalos...	e. todos mis amigos.
6. Voy a estar en Managua...	f. tren.
7. Me gusta Nicaragua...	g. su belleza[8] natural.
8. Vuelvo...	h. Nicaragua el 27 de este mes.

Answers for **4.2-09:** Answers may vary.

4.2-09 ¡Tu visita a América Central! Ahora eres tú quien hace planes para viajar a América Central. Completa las siguientes oraciones de manera lógica.

1. En este viaje voy a ir a...
2. Me gusta América Central por...
3. En América Central voy a viajar mucho en...
4. Voy a visitar mercados al aire libre para...
5. Voy caminar mucho por...
6. Voy a estar allí por...
7. Voy a comprar __________ para...
8. Voy a regresar de __________ el día...

[8] **belleza:** *beauty*

The suggested narration for **La pura verdad** can be found in the Appendix. Please use this narration to go over each of the frames with your students. You can also find this section (frames and narration) in the PowerPoint slides, found in the Book Companion Site and *WileyPLUS*.

LA PURA VERDAD II Una visita de sus padres

Los padres de Alexis vienen a visitarlo. Llegan al aeropuerto de Managua.

1.

Bienvenidos a Managua. La hora local es la 1:15 de la tarde. Hoy hace 31 °C en Managua.

2.

3.

¿Dónde hay wifi?
Pues, arriba, cerca de la cafetería, por las tiendas. Por allí hay wifi.

4.

5.

Yo voy a llegar primero.
Vamos al hotel en bus.

6.

4.2-10 ¿Qué hacer? Escucha lo que pasa con Alexis y sus padres y selecciona la mejor opción.

1. a. Esperar en el aeropuerto por tres horas más.
   b. Ir en autobús.
   c. Ir en taxi.
2. a. ...estudiar español.
   b. ...buscar un buen restaurante en Internet.
   c. ...llamar a la policía.
3. a. Está pidiéndoles un celular a otras personas.
   b. Está buscando un lugar con mejor conexión.
   c. Está mirando el accidente.

Script for **4.2-10:** 1. Los padres están cansados y quieren ir a la casa donde vive su hijo. Tienen la dirección, pero no saben qué autobús tomar y hablan muy poco español. ¿Cuál es la mejor solución? 2. Alexis está en el carro. Piensa que sus padres van a tener hambre y cocinar va a tomar mucho tiempo, así que busca su teléfono para... 3. Alexis todavía está en el carro y no tiene una buena conexión para buscar un buen restaurante, así que decide salir del carro. ¿Qué está haciendo?

HABLANDO DE GRAMÁTICA II

WileyPLUS Go to *WileyPLUS* to review this grammar point with the help of the **Animated Grammar Tutorial** and the **Verb Conjugator**.

2. Talking about actions in progress: Present progressive

When you want to emphasize that an action is being carried out at the moment of speaking, you use the present progressive:

Ahora mismo Alexis **está haciendo** la maleta. — *Right now Alexis is packing his suitcase.*
Sus padres **están esperando** en el aeropuerto mientras él **está manejando**. — *His parents are waiting at the airport while he is driving.*

Form the present progressive with the present tense of **estar** + *the present participle*. In English, the present participle is the *-ing* form of a verb. In Spanish, the present participle (**gerundio** in Spanish) is formed by dropping the infinitive ending and adding **-ando** (**-ar** verbs), or **-iendo** (**-er** and **-ir** verbs).

	estar +	*present participle*
(yo)	estoy	habl**ando** com**iendo** escrib**iendo**
(tú)	estás	
(él, ella, Ud.)	está	
(nosotros/as)	estamos	
(vosotros/as)	estáis	
(ellos, ellas, Uds.)	están	

Stem-changing verbs change **o** → **u** and **e** → **i** in the present participle. Verb stems of an **-er** or **-ir** that end in a vowel, form the present participle with **-yendo**.

decir → d**i**ciendo	servir → s**i**rviendo	dormir → d**u**rmiendo	leer → le**y**endo
pedir → p**i**diendo	sentir → s**i**ntiendo	oír → o**y**endo	traer → tra**y**endo

The use of present progressive in Spanish is much more restricted than in English; in Spanish it is only used to talk about an *activity or action in progress* at the moment:

Alexis es el chico que **está leyendo** la guía. — *Alexis is the guy who is reading the guide.* (reading is what he is doing right now)

Note for **Hablando de gramática:** Remember your students that they can also use *ir* + *a* + infinitive to talk about future plans, presented in Chapter 2.

Never use the present progressive to talk about a future event (as in English). In Spanish, the simple present is used instead:

¿A qué hora **sales** mañana? — *At what time are you leaving tomorrow?*
El sábado **hacemos** la visita turística por Managua. — *On Saturday we are going on a tour around Nicaragua.*

Exercises labeled with an individual student icon in the **Hablando de gramática** section are intended to be assigned as homework.

4.2-11 Preparativos para el viaje Alexis sale de viaje mañana y toda su familia está participando en los preparativos. Escribe lo que está haciendo cada persona.

1. Alexis...
2. Su padre...
3. Su madre...
4. Los gatos...
5. Sus hermanos...

Suggested answers for **4.2-11**: 1. Alexis está hablando por teléfono. 2. Su padre está leyendo una guía de Nicaragua. 3. Su madre está haciendo la maleta. 4. Los gatos están durmiendo. 5. Sus hermanos están jugando un videojuego.

4.2-12 ¿Qué están haciendo? Piensa en las siguientes personas y escribe lo que crees que están haciendo en este momento en los siguientes lugares.

MODELO: Mi hermano / restaurante
→ *Mi hermano está cenando con un amigo.*

1. Mi profesor(a) de español / su oficina
2. Mi mejor amigo/a / su cuarto
3. Mi padres / en casa
4. Mi compañero/a de clase / biblioteca
5. Yo / ¿?

Suggested answers for **4.2-12:** 1. Mi profesor de español está preparando las clases en su oficina. 2. Mi mejor amigo está durmiendo en su cuarto. 3. Mis padres están viendo una película en casa. 4. Mi compañero de clase está estudiando en la biblioteca. 5. (Suggested answer) Yo estoy haciendo este ejercicio.

3. Identifying, describing, and talking about location: More on *ser* and *estar*

Puedes repasar el verbo **ser** en **Hablando de gramática** del Capítulo 1, Sección 1, y el verbo **estar** en **Hablando de gramática** del Capítulo 3, Sección 2.

As you already know, there are two different verbs to express *to be* in Spanish: **ser** and **estar**. As you learned in Chapter 1, Section 1, **ser** is used to define, classify or identify an object or person:

¿Qué **es** esto? **Son** las ruinas de Copán.	*What's this? They are the ruins of Copan.*
Alexis **es** amigo mío.	*Alexis is my friend.*
El Salvador **es** el país más pequeño de América Central.	*El Salvador is the smallest country in Central America.*

As such, it is only natural that we use **ser** to talk about origin:

Alexis **es** (un chico) de Estados Unidos.	*Alexis is (a guy) from the U.S.*

A. Ser/estar with adjectives

- Use **ser** + *adjective* when naming a characteristic that distinguishes the person or thing from other persons or things:

El Museo de Arqueología Maya **es** impresionante.	*The Museum of Mayan Archeology is impressive* (i.e., you are describing the museum as opposed to other museums).
La artesanía maya **es** muy apreciada por los turistas.	*Mayan crafts are very appreciated by tourists* (i.e., you are describing the crafts as opposed to other things tourists might like).

- Use **estar** + *adjective* to describe a condition that distinguishes a person's or thing's current state from other possible states of *itself*.

El museo **está** cerrado hoy.	*The museum is closed today* (i.e., the museum is open sometimes).
Estos artículos de artesanía **están** rebajados.	*These crafts are on sale* (i.e., they were not on sale before).

¡OJO!

Ser* and *estar
As a verb of identification, we always use **ser** (never **estar**) followed by a noun, a noun phrase, or a pronoun.

~~Estoy~~ estudiante. → **Soy** estudiante.

Ella ~~está~~ la organizadora del tour → Ella **es** la organizadora del tour.

La organizadora ~~está~~ ella → La organizadora **es** ella.

B. Ser/estar + *location*

- As you learned in Chapter 3, Section 2, we use **estar** for the location of people, places, and things:

Las ruinas de Copán **están** en el oeste de Honduras.	*The ruins of Copan are in western Honduras.*
La casa de Moisés **está** cerca de la Farmacia Soler.	*Moise's house is close to Farmacia Soler.*

- Use **ser** for the location and time of events (not physical objects):

La celebración del Solsticio de Primavera **es** en el Templo Mayor a las 6 de la mañana.	*The Spring Solstice celebration takes place at the main temple at 6 in the morning.*
La fiesta de cumpleaños de Alexis **es** en la casa de Moisés.	*Alexis's birthday party is at Moise's house.*

USES OF *SER* AND *ESTAR*	
Use *ser*...	**Use *estar*...**
1. With **adjectives** to describe a characteristic Las ruinas son impresionantes. *The ruins are impressive.*	1. With **adjectives** to describe a condition Las ruinas están abandonadas. *The ruins are abandoned.*
2. For **location** and time of events La celebración es en el Templo Mayor. *The celebration takes place at the main temple.*	2. For **location** of people, places and things Las ruinas están lejos de Tegucigalpa. *The ruins are far from Tegucigalpa.*
3. With **nouns** to define, identify or classify a person/object Las ruinas son el mejor reflejo de la cultura maya. *The ruins are the best example of the Mayan culture.*	3. With **present participle** to describe an action in progress Hoy Alexis está visitando las ruinas. *Today Alexis is visiting the ruins.*

Suggested answers for **4.2-13**: 1. Nicaragua está entre Honduras y Costa Rica. 2. La capital de Nicaragua es Managua. 3. Managua está al suroeste del lago de Managua. 4. La temperatura en Managua es cálida todo el año. 5. Las fiestas de Santo Domingo son en agosto. 6. En Managua los museos están cerrados los lunes.

4.2-13 Alexis prepara su viaje Alexis quiere tener toda la información posible. Completa sus oraciones combinando las frases con la forma apropiada de **ser** o **estar.**

MODELO: Nicaragua / un país centroamericano
→ *Nicaragua es un país centroamericano.*

1. Nicaragua...	en agosto.
2. La capital de Nicaragua...	al suroeste del lago de Managua.
3. Managua...	cálida todo el año.
4. La temperatura en Managua...	Managua.
5. Las fiestas de Santo Domingo...	entre Honduras y Costa Rica.
6. En Managua los museos...	cerrados los lunes.

4.2-14 Una foto Después de su viaje, Alexis le enseña fotos a su mejor amiga. Completa la descripción de la foto más especial con la forma adecuada de **ser** o **estar.**

Use the PowerPoint slides found in the Book Companion Site and *WileyPLUS* to do this activity in class.

Mira, estos ____son____ (1) mis amigos nicaragüenses. Aquí ____estamos____ (2) todos en un restaurante. Mi amigo Iván ____está____ (3) en el centro. Él ____está____ (4) muy contento porque ____es____ (5) su fiesta de graduación. Las chicas que ____están____ (6) detrás de Iván ____son____ (7) sus hermanas. Ellas ____son____ (8) muy simpáticas, pero aquí ____están____ (9) un poco cansadas, ¿las ves?

Answers for **4.2-15:** Answers may vary.

4.2-15 Una visita a las ruinas Con un/a compañero/a, describe a las personas de la foto contestando a las preguntas. ¡Usen la imaginación!

MODELO: Estudiante 1: *¿Dónde están estas personas?*
Estudiante 2: *Creo que están en...*
Estudiante 1: *Pues yo creo que están en... porque...*

1. ¿Quiénes son estas personas?	4. ¿De dónde son?
2. ¿Cómo son?	5. ¿Dónde están?
3. ¿Cómo están?	6. ¿Qué están haciendo?

Bill Bachmann / Photo Researchers / Getty Images

Ahora, describan la foto a la clase. ¿Están de acuerdo los otros estudiantes con su descripción?

OTRA PERSPECTIVA

¿A qué distancia?

Diferente

"En El Salvador calculamos distancias en kilómetros, no en millas. Si me explican algo en millas, no puedo visualizar la distancia. Tengo que convertir el número en kilómetros, entonces puedo 'ver' la distancia. También es interesante que en EE. UU. calculan las distancias por tiempo. 'Está a diez minutos o está a tres horas[9]'. Nosotros no decimos eso".

Casi igual

"Al escribir la dirección postal usamos la calle y el número como en Estados Unidos, pero con una pequeña diferencia: nuestra dirección se escribe con la calle primero y el número después. Por ejemplo: Calle Colón #245, San Salvador".

Explícale a Miguel

1. ¿Qué es más largo, un kilómetro o una milla?
2. ¿Puedes visualizar distancias en kilómetros inmediatamente?
   a. ¿Qué es más rápido, una velocidad de 60 kilómetros por hora o 50 millas por hora?
   b. ¿Qué está a tres kilómetros de distancia desde donde tú estás ahora?

Answers for **Otra perspectiva:** 1. Una milla es más larga. 2. Answers may vary. a. Cincuenta millas por hora es más rápido. b. Answers may vary.

Note for **Otra perspectiva:** Ask your students if they remember the conversion note between miles and kilometers in page 159. Ask them if they can mentally convert kilometers to miles. To convert kilometers to miles, multiply the number by 0.62.

MANOS A LA OBRA

4.2-16 ¿Qué están haciendo? En Honduras, tu clase de español espera en una parada de autobús para hacer una excursión al Parque de la Leona en Tegucigalpa. Tu amigo/a conoce a algunos estudiantes y tú a otros. Mira el dibujo y explica qué está haciendo cada estudiante para poder identificarlo/a. ¡No mires el dibujo de tu compañero/a!

MODELO: Estudiante 1: *Un chico está durmiendo.*
Estudiante 2: *Bien, ya lo veo.*
Estudiante 1: *Se llama Armando.*
Estudiante 2: (escribe el nombre)

Suggestions for **4.2-16:** Have the students pair up and try to find out who each student in the drawing is by having their partner describe what they are doing in Spanish! Give a time limit.

Answers for **4.2-16:** Answers may vary.

Use the PowerPoint slides found in the Book Companion Site and *WileyPLUS* to do this activity in class.

[9] **Está a... minutos/horas:** It is . . . minutes/hours away.

Use the PowerPoint slides found in the Book Companion Site and *WileyPLUS* to do this activity in class.

Suggestions for **4.2-17**: After students have been working in pairs challenging each other, ask the whole class if there was some landmark that was hard to find. Have students volunteer their challenge question and the rest of the class look for it in the map.

Answers for **4.2-17:** Answers may vary.

Note for **4.2-17:** Explain that **2a**, **3a**, etc. is an abbreviation of **segunda, tercera,** etc.

4.2-17 ¿Dónde está? Con un/a compañero/a, mira el mapa de Managua y localiza algunos lugares. Tu compañero/a tiene 15 segundos para encontrarlos y decir dónde está ¡en español!

MODELO: Estudiante 1: *¿Dónde está la Yo no pude encontrar en el mapa la Plaza de la República. ?*

Estudiante 2: *¡Aquí está! Está en la 6a Calle Noreste, en frente del Parque Central.*

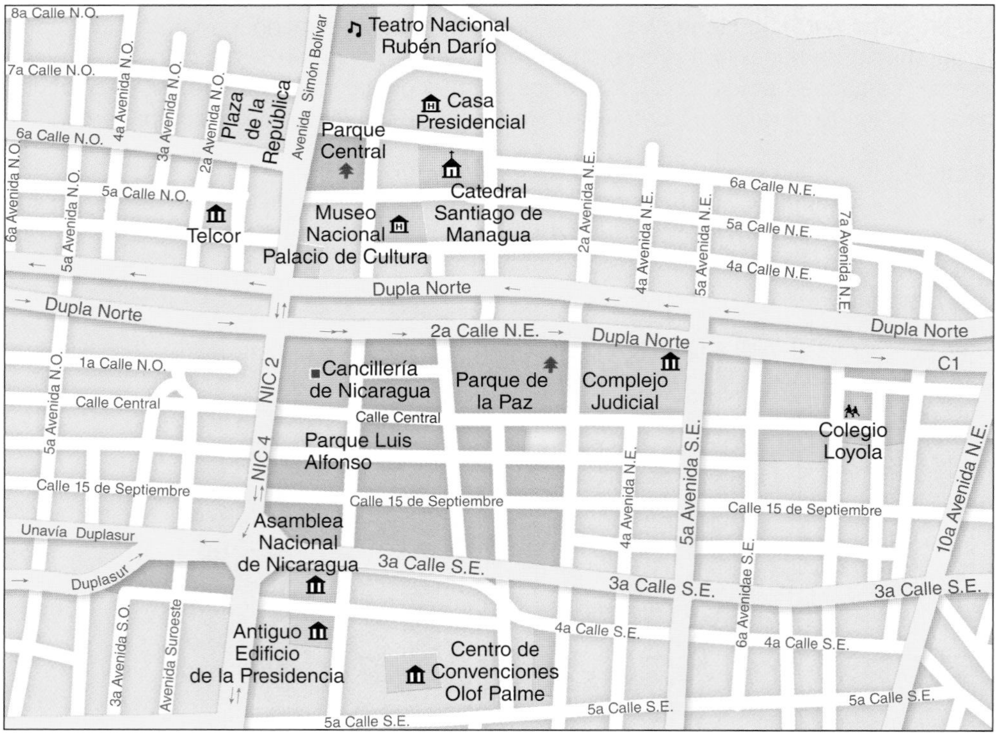

4.2-18 Tu ciudad

Answers for **4.2-18, 4.2-19** and **4.2-20:** Answers may vary.

Paso 1: Con un/a compañero/a, habla sobre lo siguiente:

1. ¿Dónde está tu casa? ¿Cómo se llama tu barrio?
2. ¿Vives cerca o lejos del centro? ¿A cuántas millas o kilómetros está tu casa del centro?
3. ¿Vives cerca de un museo, una estación, una iglesia u otro punto de referencia? ¿Cuáles? ¿Cómo se llaman?
4. ¿Hay un buen supermercado, un estacionamiento o una oficina de correos en tu barrio? ¿Qué lugares frecuentas en tu barrio?
5. ¿Cuál es tu lugar favorito de tu ciudad? ¿Vas allí con frecuencia? ¿Por qué?
6. ¿Qué tiempo hace en tu ciudad? ¿Cómo es el clima en cada estación?
7. ¿Te gusta tu barrio y tu ciudad? ¿Por qué? ¿Qué no tiene tu ciudad que crees que es importante tener?

Paso 2: Después, escriban un pequeño párrafo. ¿En qué aspectos coinciden los dos? ¿En qué no coinciden?

Suggestion for **4.2-18, Paso 2:** In order for students to be ready to report, the planning phase is crucial (“**escriban un pequeño párrafo**”). After each pair has finished the paragraph, have a whole-class discussion. Find several students who live in the same neighborhood or city. Is there any aspect that makes everyone agree or disagree?

MODELO: Mi compañero/a y yo vivimos en el área metropolitana de Los Ángeles. Él/Ella vive en Culver City y yo vivo en el centro. A los dos nos gusta que casi casi siempre hace buen tiempo, pero no nos gusta que es muy seco y casi nunca llueve...

Paso 3: Por último, informen a la clase. ¿Viven en el mismo lugar? Si la respuesta es sí, ¿coinciden en todo o en nada? Si no viven en la misma ciudad, ¿qué diferencias hay?

4.2-19 Película muda[10] En grupos, preparen una breve escena muda. Actúen en frente de la clase. La clase tiene que adivinar qué está pasando y narrar la escena. ¡Recuerden usar el gerundio!

4.2-20 Poder de observación Observa el dibujo por un minuto y trata de recordar lo más posible. Dile a un/a compañero/a todo lo que recuerdas[11]. Tu compañero/a va a confirmar o a modificar tu respuesta.

MODELO: Estudiante 1: *El niño está montando en bicicleta.*
Estudiante 2: *No, está llorando, al lado de su bicicleta.*

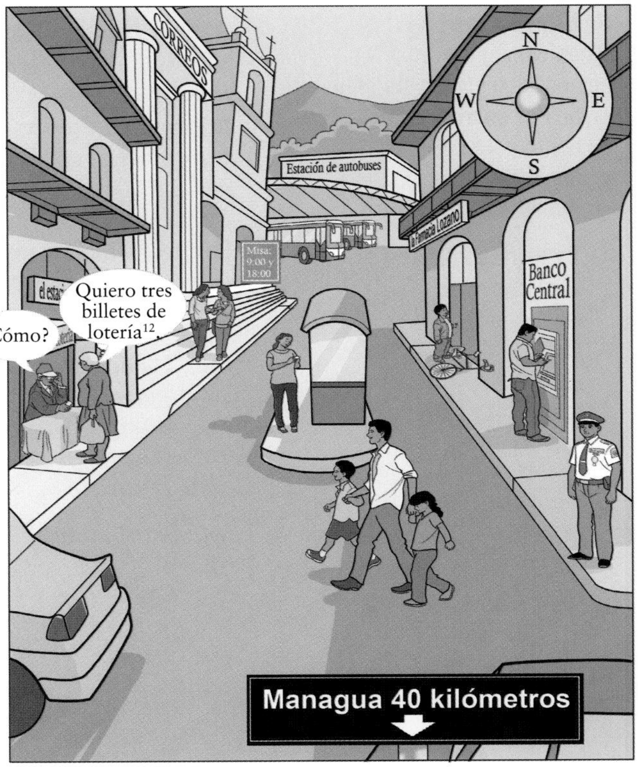

Use the PowerPoint slides found in the Book Companion Site and *WileyPLUS* to do this activity in class.

Suggestions for **4.2-19:** Divide the class in teams of three or four. Each team will prepare a very short silent skit and act it out in front of the class. After one group is done, the class tells what they are doing. For example: **Están comiendo en un restaurante; está discutiendo con su novia; ella no está escuchando, etc.** Award a point per correct phrase. The group with the most points after all the skits are done, wins. Award each acting group 3 points just for doing the skit.

Suggestions for **4.2-20:** You can modify this activity as you see fit. Variation 1: Divide the class in halves or in thirds. Have all your students look at this drawing for one minute, then ask them to close their books and answer your questions. (instructor controlled). Variation 2: Have everyone look at the picture and write two questions to challenge someone else. The student earns a point if (a) he/she answers someone's challenge correctly or if (b) his or her question is not answered correctly.

Possible questions for **4.2-20:** ¿Cuántas personas están cruzando la calle? ¿Dónde está la parada de autobús? ¿Dónde está la oficina de correos/el estacionamiento? ¿Con quién está hablando la señora? ¿En qué país están? ¿Qué está haciendo el niño? ¿Qué dice el señor mayor? ¿Qué dice la señora? ¿Qué están haciendo las dos mujeres? ¿Qué hay al final de la calle? ¿A cuántos kilómetros está Managua? ¿Dónde está el banco? ¿Qué hace el chico? ¿En qué dirección va el autobús?

[10] **película muda:** silent film [11] **todo lo que recuerdas:** everything that you remember [12] **billetes de lotería:** lottery tickets

WileyPLUS Go to *WileyPLUS* and listen to **Presta atención.**

Script for **4.2-21, Presta atención: En la carretera:**
Hija: Hola mamá. ¿Qué tal?
Mamá: Muy bien, hija, pero estoy en la carretera ahora mismo y el tiempo es horrible y...
Hija: ¿Horrible? ¿Por qué? ¿Qué pasa?
Mamá: Pues que hay mucha niebla y además está lloviendo ahora.
Hija: ¡Ay, qué mal! Bueno mamá, tú tranquila.
Mamá: Sí, hija, pero es que además una carretera está cerrada y hay mucho tráfico.
Hija: ¿A qué hora llegas a casa?
Mamá: Llego tarde, muy tarde porque voy a 25 kilómetros por hora.
Hija: ¡Ay, mamá! ¡Qué horror!
Mamá: Sí, lo sé. ¿Y tú cómo estás?
Hija: Estoy cansada. Tengo mucha tarea y además tengo tres exámenes mañana.
Mamá: Bueno, pues si es así seguro te veo cerca de las 12 de la noche. Nos vemos en tres horas.
Hija: Hasta luego.

4.2-21 Presta atención: En la carretera Carolina sale de trabajar. Cuando está en el carro recibe una llamada de su hija. Escucha con atención y decide qué respuesta es más apropiada según la conversación.

1. ¿Qué problema tiene la mamá?
   a. La mamá tiene mucho trabajo y tiene que estudiar.
   b. La mamá está en la esquina pero hace mal tiempo.
   (c.) Hace mal tiempo y va muy lenta con el carro.
2. ¿Qué le dice la hija a su mamá?
   a. Ven rápido a casa.
   (b.) Ve tranquila que no pasa nada.
   c. Te veo en dos horas.
3. ¿A qué velocidad va su mamá?
   a. A 15 kilómetros por hora.
   b. A 25 millas por hora.
   (c.) A 25 kilómetros por hora.
4. ¿Por qué la hija dice que está cansada?
   a. Porque tiene que ir al trabajo.
   (b.) Porque tiene mucha tarea y exámenes.
   c. Porque su mamá tiene problemas.
5. ¿Cuándo va a llegar la mamá a casa?
   a. En una hora.
   b. En breves momentos.
   (c.) En tres horas.

4.2-22 Por escrito: El mapa de un estado Imagina que tienes un/a amigo/a en Honduras que quiere visitar Estados Unidos. No conoce nada de Estados Unidos y quiere información sobre un estado de tu país. Tu amigo/a te escribió un mensaje con información de su ciudad. Ahora tú escríbele un correo electrónico describiendo el mapa del estado donde vives incluyendo un itinerario con posibles lugares para visitar. En tu mensaje incluye:

a. Referencias espaciales (*al norte, al sur, a... kilómetros de..., de... a, en...*, etc.)
b. Vocabulario de este capítulo para indicar los lugares que hay (*¿Qué hay? Hay una oficina de correos, un estacionamiento...*)
c. Información sobre el lugar (¿Dónde está?)
d. Información sobre el tiempo que hace en esos lugares (*Hace 25 grados Celsius en verano...*)
e. Otra información relevante
f. Recuerda incluir un saludo (*Hola...*) y una despedida (*hasta luego, hasta pronto, nos vemos, hasta la próxima...*)

MODELO:
¡Hola, David! Aquí te mando algo de información sobre Tegucigalpa, la ciudad donde vivo. Yo vivo en la avenida de... Exactamente estoy al lado de la calle 10 sureste. Al sur está... Al este se encuentra... y al norte se encuentra... En el verano hace buen tiempo... En Tegucigalpa me gusta ir al cine y a bailar a un... También me gusta ir... Bueno, David, te cuento más en mi próximo mensaje.

Hasta la próxima,
Esther

¡OJO!

Revise your writing
When writing the composition about your state in the **Por escrito** activity, do not forget to revise your writing for vocabulary and grammar use:

1. Try to include new vocabulary and expressions.
2. Avoid repeating words by using synonyms.
3. Avoid using false cognates.
4. Simplify your sentences if you do not know complex grammar.

PONTE EN MI LUGAR

¡Una fiesta! Estás en San Salvador y llamas a tu amigo Roque. Roque te invita a una fiesta en su casa. El Estudiante 1 comienza la conversación.

Estudiante 1:

a. llama por teléfono y pregunta por Roque
b. pregúntale a Roque qué está haciendo en este momento
c. cómo va la fiesta
d. pregunta qué están haciendo los invitados
e. la dirección de la casa de Roque

Estudiante 2 (Roque):

a. responde al teléfono
b. explica que estás en una fiesta de graduación de tu hermano
c. da detalles sobre la fiesta
d. invita a tu amigo/a
e. explica cómo llegar a tu casa

Note for **Ponte en mi lugar:** Student 2 should be able to give the address, tell the distance in kilometers from some landmark, and state whether it is far or close. The student doesn't have to produce commands.

Estrategias para conversar

Giving clarification When trying to get your message across to other people in Spanish or other foreign language, there are several strategies you can use if you do not know or cannot remember a word (e.g., **carril**).

- Define the words (e.g., **En una carretera, es por donde van los autos**).
- Use another word (e.g., **una calle**).
- Give examples (e.g., **Como en la carretera I-80 donde hay líneas para los autos**).

ASÍ ES LA VIDA

Use the PowerPoint slides found in the Book Companion Site and *WileyPLUS* to do this section in class.

Expresión: Al mal tiempo, buena cara

Ramón: *No sé qué hacer porque no tengo trabajo.*
Mario: *Bueno, ¡al mal tiempo, buena cara!*

Answers for **Así es la vida:** Literally is *To bad weather, show a good face.* "Grin and bear it."

¿Qué significa esta expresión? ¿Sabes otras expresiones en inglés con un significado similar?

Adivina, adivinador Answer for **Adivina, adivinador**: el viento

¿Qué es, qué es,
que te da en la cara
y no lo ves?

@Arroba@

El tiempo ¿Cómo es el tiempo donde vives? ¿Cómo es el tiempo en Honduras, Nicaragua o El Salvador? Busca en tu buscador favorito información para comparar y contrastar el tiempo de la ciudad donde vives con el tiempo de una ciudad hispana de los tres países mencionados. Busca "pronóstico del tiempo en __________"; por ejemplo "pronóstico del tiempo en Tegucigalpa" o "pronóstico del tiempo en San Salvador". Escribe una redacción y comparte tus respuestas con la clase. En tu redacción incluye lo siguiente:

1. El tiempo para mañana en tu ciudad y en la ciudad hispana
2. Los grados centígrados para el fin de semana en esas ciudades
3. Otro tipo de pronóstico[13] en las dos ciudades

WileyPLUS Go to *WileyPLUS* to find more **Arroba** activities.

Answers for **Arroba:** Answers may vary.

[13]**pronóstico:** forecast

VER PARA CREER II: ¡Me encanta mi trabajo!

WileyPLUS Go to *WileyPLUS* to see this video and to find more video activities.

Go to *WileyPLUS* and the Book Companion Site to play the video in class. You can also find them in the PowerPoint slides.

Antes de ver

Con la ayuda de un/a compañero/a contesta estas preguntas para reflexionar sobre el tema del video que vas a ver.

1. ¿Qué lugares visitas en una ciudad cuando haces turismo?
2. ¿Te gusta ir a los museos? ¿Por qué?
3. ¿Tienes buena orientación en un lugar nuevo?
4. ¿Cuál es el trabajo de un guía turístico?
5. ¿Qué tiempo hace en tu ciudad ahora?

Después de ver

1. ¿Entendiste? Gabriela es una estadounidense que ahora vive en Granada, Nicaragua. Su vida es muy diferente a su vida en Estados Unidos. Presta atención al video para saber más sobre lo que hace Gabriela en Granada.

1. ¿Qué trabajo tiene Gabriela?
   a. Tiene un empleo de traductora.
   b. Tiene un empleo de vendedora.
   (c.) Tiene un empleo de guía turística.
2. ¿Por qué está nerviosa Gabriela?
   (a.) Está nerviosa porque no conoce bien los lugares del tour.
   b. Está nerviosa porque no sabe comunicarse en inglés.
   c. Está nerviosa porque le gusta la ciudad, pero no los museos.
3. Según Gabriela…
   a. en EE. UU. las direcciones son iguales que las direcciones en Nicaragua.
   b. en su país y en Nicaragua las direcciones son la distancia y un número.
   (c.) en Nicaragua dan direcciones con un punto de referencia y una distancia.
4. ¿Qué tiempo hace en Granada?
   (a.) Hace muy buen tiempo.
   b. Nunca hace sol.
   c. En el invierno nieva.
5. ¿De dónde es Gabriela?
   a. Gabriela es de Granada.
   (b.) Gabriela es de Minnesota.
   c. Gabriela es de Chicago.

2. Un tour en tu ciudad Uno de ustedes es el guía turística y el otro es un/a turista. Decidan quién es el guía y quién el turista. Después, escriban una conversación para representarla en la clase.

3. Enfoque cultural ¿Cómo se diferencia la geografía donde tú vives de la geografía de Nicaragua? ¿Cómo das direcciones para ubicar un lugar en tu país? ¿Cómo se diferencian esas direcciones de las de Nicaragua?

Answers and suggestions for **Después de ver: 2. Un tour en tu ciudad:** Before assigning this activity, ask your students where their hometown is, then ask them for the tourist places in their city. Write down on the board two columns, one for the cities you hear from your students and the second one for the tourist places you hear in those specific cities. Make comments about their beautiful places and then ask them to write a dialogue between a tourist and a tourist guide. Ask for volunteers or pick a few Aquí parece que sobra un espacio. students to read their dialogues in front of the class. Answers may vary.

Answers for **Después de ver: 3.** Answers may vary.

AUTOPRUEBA

VOCABULARIO

Answers for **Vocabulario I:** 1. la carretera; 2. el autobús; 3. el este; 4. el taxi; 5. el kilómetro

I. ¿Qué es? Lee la definición y di qué es.

autobús kilómetro carretera este taxi

1. Es un espacio por donde circulan los carros.
2. Es un medio de transporte público que puede transportar a muchas personas.
3. Es la dirección por donde sale el sol.
4. Es un medio de transporte público para una, dos o tres personas solamente.
5. Es el equivalente a 1.6 millas.

II. ¿Dónde está? Mira el mapa y determina dónde está la embajada.

1. Está __a la derecha / / al este__ de la laguna Asososca.
2. Está __cerca__ del campo de béisbol.
3. Está __al lado de / a la izquierda de__ del Instituto Nicaragüense de Seguros.
4. Está __entre__ la carretera C1 y la Avenida Batahola.
5. La residencia del embajador está __detrás de__ la embajada.

III. ¿Qué tiempo hace hoy en América Central? Mira el mapa y describe qué tiempo hace en los siguientes lugares. ¡Atención! ¡Las temperaturas están en grados centígrados!

1. San Salvador
2. Tegucigalpa
3. Managua
4. Puerto Cabezas
5. Ciudad de Guatemala

ggested answers for cabulario III: 1. San lvador: Está nublado y llueve, ce fresco. 2. Tegucigalpa: Hay rmentas y hace fresco. Managua: Hace viento. Puerto Cabezas: Hace sol (mucho) calor. / Hace buen mpo. 5. Ciudad de Guatemala: tá nublado y hace calor.

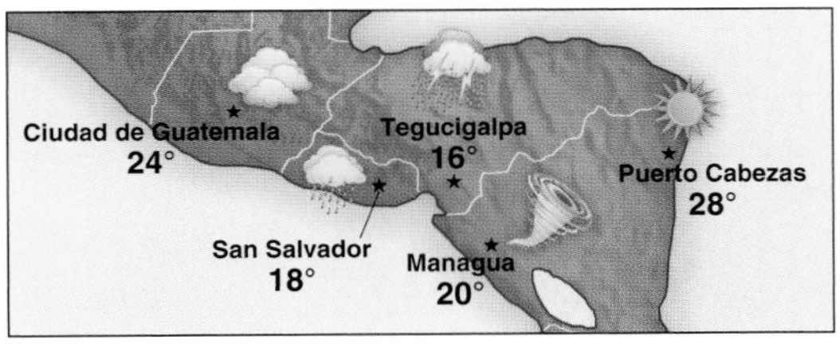

GRAMÁTICA

I. El aeropuerto Para saber cómo se llega al aeropuerto, completa los espacios en blanco con la preposición correcta (**por, para en, de, al**).

__Para__ (1) llegar al aeropuerto es mejor ir __en__ (2) autobús. Ir __de__ (3) la embajada __al__ (4) aeropuerto va a tomar como una hora. __Por__ (5) la mañana hay muchos autobuses que pasan __por__ (6) la embajada cada 30 o 45 minutos.

Suggested answers for **Gramática II:** 1. preparando las clases; 2. cocinando; 3. viendo la televisión; 4. estudiando; 5. estoy... en...

II. Probablemente Piensa en las actividades que probablemente estas personas están haciendo ahora.

1. Mi profesor/a está ______________ en el Departamento de Español.
2. Mis padres están ______________ en casa.
3. Mi mejor amigo está ______________ en su cuarto.
4. Mi compañero/a de la clase de español está ______________ en la biblioteca.
5. Yo ______________ en ______________.

III. Preguntas personales Completa las preguntas con la forma adecuada de **ser** o **estar** y después contesta con información personal.

1. ¿Cómo __estás__ hoy?
2. ¿Cómo __es__ tu personalidad?
3. ¿De dónde __eres__?
4. ¿Dónde __estás__ ahora?
5. ¿Qué __estás__ haciendo ahora?

CULTURA

1. ¿Cómo son las direcciones en Nicaragua? (Hay más de una respuesta posible).
   a. Se dice el número primero y luego la calle.
   (b.) Se basa en puntos de referencia.
   (c.) Se dice la calle primero y después el número.
   (d.) Son difíciles para los extranjeros.
2. ¿En Honduras o Nicaragua? ¿En qué país...
   a. hay un lago muy grande? En Nicaragua
   b. hay una ciudad que se llama Tegucigalpa? En Honduras

EN RESUMIDAS CUENTAS, AHORA PUEDO...

- ☐ reconocer lugares característicos de las ciudades.
- ☐ describir el tiempo.
- ☐ identificar, describir y hablar sobre ubicaciones.
- ☐ hablar sobre acciones que están pasando ahora.
- ☐ expresar intención, motivo y dirección de movimiento.
- ☐ comparar las direcciones entre Estados Unidos y América Central.

VOCABULARIO ESENCIAL

Sustantivos

la autopista	*highway*
el auto/carro	*car*
la avenida	*avenue*
el barrio	*neighborhood*
la calle	*street*
la carretera	*road*
el carril	*lane*
el cine	*movie theatre*
la ciudad	*city*
la cuadra	*city block*
la dirección	*address, direction*
la discoteca	*night club*
la esquina	*corner*
el estacionamiento	*parking lot*
el este	*east*
la lluvia	*rain*
el lugar	*place*
la nieve	*snow*
el norte	*north*
el oeste	*west*
(la oficina de) correos	*post office*
la parada de autobús	*bus stop*
la plaza	*square*
el pueblo	*town*
el sur	*south*
el tiempo	*weather*
el viento	*wind*

Cognados: el aeropuerto, el autobús, el banco, el bar, la estación, la farmacia, el hospital, el hotel, el kilómetro, la milla, el museo, el punto de referencia, el restaurante, el supermercado, el taxi, el teatro

Verbos

llover	*to rain*
nevar	*to snow*
seguir	*to continue, follow*

Adverbios y preposiciones de lugar

abajo	*down*
arriba	*up*
cerca	*near*
delante (de)	*in front (of)*
detrás (de)	*behind*
en frente (de)	*in front (of)*
entre	*in between*
lejos	*far*
a la derecha	*to the right*
a la izquierda	*to the left*
al lado (de)	*next (to)*
al final (de)	*to the end (of)*

Expresiones

Disculpe, ¿cómo llego a...?	*Excuse me, how do I get to. . . ?*
Siga por la derecha.	*Continue on the right hand side.*
¿Qué tiempo hace?	*What's the weather like?*
Está nublado.	*It is cloudy.*
Hace buen/mal tiempo.	*The weather is good/bad.*
Hace (mucho) calor.	*It is (very) hot.*
Hace fresco.	*It is cool.*
LLueve (mucho).	*It rains (a lot).*
No nieva.	*It doesn't snow.*
(No) Hace frío.	*It is (not) cold.*
¿Qué temperatura hace?	*What's the temperature?*
Hace ___ grados F/C.	*It is ___ degrees F/C.*
Hace sol.	*It is sunny.*
Hace (mucho) viento.	*It is (very) windy.*
Hay tormenta.	*It is stormy.*
Hay niebla.	*It is foggy.*
Hay humedad.	*It is humid.*
Hay un huracán.	*There is a hurricane.*

Capítulo 5 La vida social

Use the PowerPoint slides found in the Book Companion Site and *WileyPLUS* to watch the video in class.

VER PARA CREER I ¡A bailar!

Mira el video sin sonido y contesta las preguntas. Presta atención a las imágenes para descifrar el contenido del video.

1. ¿Adónde crees que va el chico?
2. ¿Qué hace el chico en ese lugar? Menciona dos actividades.
3. ¿Qué hacen el chico y la chica al final del video?

Suggested answers for **Ver para creer I:** 1. a clase de baile; 2. El chico habla y baila. 3. Dicen adiós.

Suggestions for **Ver para creer I:** Before playing the video without sound, tell your students that context and visuals can be valuable in helping them decode the meaning of the video. Ask them to read the title of **Sección 1: Música y ¡a bailar!** and **Sección 2: Celebraciones**. This information will help them with the context of the video. After reading, ask the whole class for ideas about the content of the video. Write their ideas on the board. Then, play the video without sound and ask your students to read the questions first. Answers may vary. Play the video again with sound and go over the list you created on the board to see if their predictions were correct. If they were correct, encourage them by saying, **Muy bien, el contexto es muy importante, ¿verdad?**

Sección 1 Música y ¡a bailar!

PALABRA POR PALABRA

- Los instrumentos
- Bailes del Caribe

HABLANDO DE GRAMÁTICA

- Talking about actions in progress: The present progressive
- Avoiding repetition: Direct object pronouns
- Saying what you know: The verbs **saber** and **conocer**
- Interrogative words

CULTURA

- Los cumpleaños y las quinceañeras
- La cultura del baile

Sección 2 Celebraciones

PALABRA POR PALABRA

- Las celebraciones: La boda y el bautizo
- Otras celebraciones

HABLANDO DE GRAMÁTICA

- Talking about future plans: **Ir** + **a** + verb
- Saying for whom something is done: Indirect object pronouns
- Discussing exchanges and reporting: The verbs **dar** and **decir**
- Expressing likes and dislikes (III): Verbs like **gustar**

CULTURA

- Diferentes costumbres a la hora de celebrar
- La festividad de los Reyes Magos

Puerto Rico, República Dominicana y Cuba

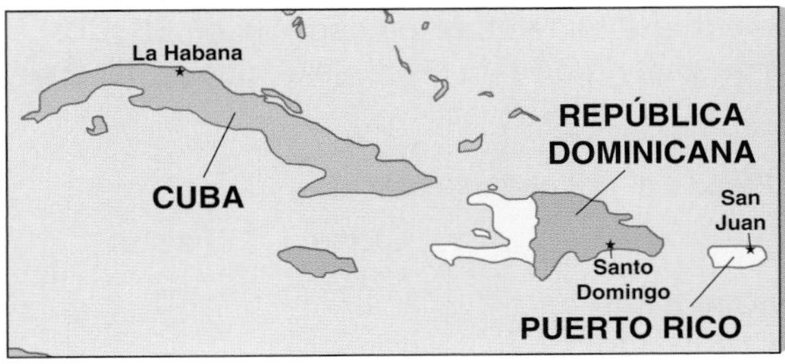

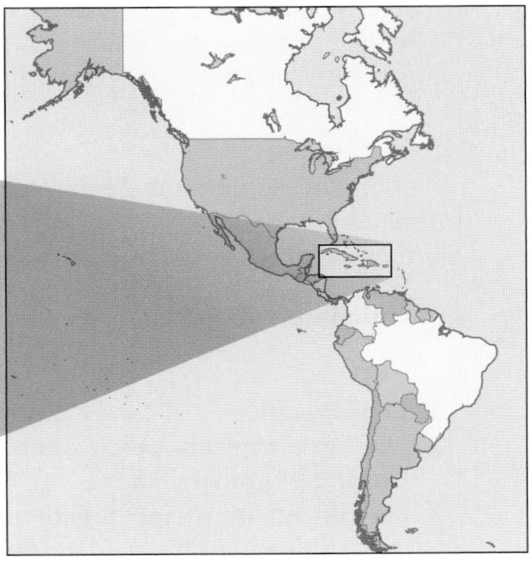

Trivia: Go to *WileyPLUS* to do the **Trivia** activities and find out how much you know about these countries!

LEARNING OBJECTIVES

By the end of this section you will be able to:

- Understand the importance of dancing in the Caribbean countries and the **quinceañera** celebration
- Talk about different Caribbean rhythms and instruments
- Describe celebrations
- Use direct object pronouns to avoid repetition
- Say what you know
- Request information by asking direct questions

Una imagen vale más que mil palabras

Note for **Una imagen vale más que mil palabras:** Although traditions change over time and vary from family to family, we are hoping that students notice that this particular child's birthday party is a family affair, not just for children. Take the opportunity to describe this picture by recycling the present progressive from the previous chapter. For example: **Todos están mirando a la cámara. Están celebrando un cumpleaños. ¿Qué piensan? ¿Qué cumpleaños están celebrando?**

Tim Dolan Photography/ UpperCut Images / Getty Images

¿Cuántos años cumple la niña?

¿Cuántos años tienen los invitados aproximadamente?

¿Qué están haciendo los invitados?

Possible answers for **Una imagen vale más que mil palabras:** 1. Cumple cinco. 2. Answers may vary. 3. Están sonriendo y mirando a la cámara.

◀ *Una familia dominicana celebra los cinco años de la niña.*

UNA PERSPECTIVA

Courtesy Norma Lopez-Burton

Los quince años

Diferente

"Fui a una gran fiesta de cumpleaños[1] en Puerto Rico. Allí, la celebración se llama 'quinceañero[2]', pero en México se llama 'quinceañera o 'fiesta quinceañera'. La celebración de los quince años es muy importante en el Caribe y muchos países hispanos porque, en teoría, este cumpleaños marca el paso de ser una niña a ser una mujer adulta. El evento varía mucho de país en país y de familia en familia. A veces consiste en una ceremonia religiosa seguida de una recepción; otras veces es solo una gran fiesta. La celebración de los quince años es similar a una boda; hay invitaciones, música, comida, flores, decoraciones, invitados[3], regalos y baile. Hay de todo, ¡excepto el novio!"

Igual

"El cumpleaños número dieciséis o el *Sweet Sixteen* también es especial en EE. UU. Dependiendo de la situación económica de cada familia, la celebración puede hacerse en la casa, un club social o un hotel".

Possible answers for **Una perspectiva:** 1. Cierto. La edad es similar y originalmente marca el paso de una niña a una mujer adulta. 2. and 3. Answers may vary.

¿Qué piensas tú? Decide si es **Cierto** o **Falso** y di por qué piensas así.

	Cierto	Falso
1. El quinceañero y el *Sweet Sixteen* son similares.	☐	☐
2. Hay un cumpleaños muy importante en Estados Unidos: el número 18.	☐	☐
3. Hay un evento social en Estados Unidos que marca el paso de un/a niño/a a un adulto: el *Senior Prom*.	☐	☐

[1]**cumpleaños:** birthday [2]**quinceañero:** 15th birthday celebration [3]**invitados:** guests

The suggested narration for **La pura verdad** can be found in the Appendix. Please use this narration to go over each of the frames with your students. You can also find this section (frames and narration) in the PowerPoint slides, found in the Book Companion Site and *WileyPLUS*.

LA PURA VERDAD I ¡Feliz Año Nuevo!

Tom y Tatiana son unos jóvenes estadounidenses que están visitando Puerto Rico. Hoy es Día de Año Viejo y van a bailar a una fiesta.

Note for **La pura verdad: Reguetón** is the way it is spelled in Puerto Rico. **Reggaetón** is also accepted.

1.

2.

3.

4.

5.

6.

5.1-01 El Año Nuevo Escucha la narración y contesta **Cierto** o **Falso**. Si es falso, explica por qué.

1. ____________ 2. ____________ 3. ____________ 4. ____________

Script for **5.1-01:** 1. En la pista de baile muchas personas conversan y beben. 2. Un merengue en este caso es algo para comer mientras bailas. 3. Si no quieres bailar, puedes decir "Lo siento, ahora no". 4. Las congas son líneas largas de personas bailando.

Answers for **5.1-01:** 1. F, En las pistas las personas bailan. 2. F, Merengue es un tipo de baile de la República Dominicana. 3. C. 4. F, Las congas son instrumentos musicales.

PALABRA POR PALABRA

Use the PowerPoint slides found in the Book Companion Site and *WileyPLUS* to do this section in class.

Los instrumentos

Suggestion for **Palabra por palabra:** Use this chapter's video to show people dancing salsa. You can also browse for a video of any other rhythms and/or invite someone familiar with these types of dances to demonstrate how they are done. Encourage students to join in and dance!

Para hablar de la música

la canción *song*
el/la músico/a *musician*
la pareja *couple, partner*
los pasos de baile *dance steps*
Cognados: el concierto, la música, la percusión, el ritmo

animar *to enliven*
bailar *to dance*
cantar *to sing*
gritar *to shout*
Cognados: celebrar, invitar

Bailes del Caribe *Dances from the Caribbean*

Expresiones

dar la vuelta *to spin around*
hacer/dar una fiesta (sorpresa) *to have/give a (surprise) party*
pasarlo/pasarla bien *to have a good time*
¿Quieres bailar? *Do you want to dance?*

Note for **Bailes del Caribe:** The arrows above indicate the country of origin for each dance. However, regardless of their countries of origin, all these dances belong to the Caribbean and Hispanic culture and can be found in different Spanish-speaking countries and even in the United States.

¿Qué dicen los caribeños?

Hay una fiesta esta noche. ¡Qué chévere!	*There is a party tonight. Cool!*
En Puerto Rico todos somos boricuas.	*In Puerto Rico we are all boricuas. (Taino word for Puerto Rican.)*
Les gusta bailar merengue porque son de Quisqueya.	*They like to dance merengue because they are from the Dominican Republic. (Taino word for the island.)*
Los guajiros son del corazón de Cuba.	*Guajiros are from the heart of Cuba. (Cubanism for people who live and work on the countryside.)*
Qué buena música. Vamos a echar un pie.	*What great music. Let's dance.*

5.1-02 ¿Qué sabes de música?

Note for **5.1-02:** This is a recognition activity that will help students start practicing the new vocabulary. You can make this activity a whole-class activity by having students come up with their list and challenge the rest of the class. Suggested answers for **5.1-02, Paso 1:** 1. José Feliciano: guitarra; 2. Tito Puente: timbales; 3. Manuel Mirabal: trompeta; 4. La música clásica: piano, bajo, trompeta, trombón...; 5. La percusión: congas, timbales, maracas...; 6. El jazz: guitarra eléctrica, percusión, bajo, trompeta...; 7. La salsa: piano, congas, bajo...; 8. El reguetón: percusión, bajo, piano...; **Paso 2:** Answers may vary.

Paso 1: ¿Qué instrumentos asocias con...?

Rodrigo Varela/WireImage/Getty Images

▲ *José Feliciano*

AP Photo/Mike Albans

▲ *Tito Puente*

©Jeff Morgan 08/Alamy

▲ *Manuel Mirabal*

1. José Feliciano
2. Tito Puente
3. Manuel Mirabal
4. la música clásica
5. la percusión
6. el jazz
7. la salsa
8. el reguetón

Paso 2: Ahora, escribe una lista similar con el nombre de cinco músicos o grupos que conozcas. Pregúntale a un/a compañero/a qué instrumentos asocia con los nombres de tu lista. Después coméntale a la clase qué sabe de música tu compañero/a.

MODELO: *Mi compañero/a sabe mucho/poco de música porque...*

Suggestions for **5.1-03:** Share small: In pairs, ask the students to talk about their own and each other's musical tastes and talents. Share big: Put two pairs of students together to see if they have something in common. Share bigger: Do a whole-class check.

Answers for **5.1-03** and **5.1-04:** Answers may vary.

5.1-03 ¿Te gusta bailar?

Paso 1: Lee las siguientes preguntas y añade dos más. Después, conversa con un/a compañero/a sobre sus preferencias y gustos relacionados con la música.

1. ¿Sabes bailar? ¿Bailas algún ritmo caribeño, latinoamericano o español? ¿Cuál?
2. ¿Dónde bailas? ¿Vas a conciertos frecuentemente? ¿Vas a las discotecas?
3. ¿Cuándo te diviertes más, cuando vas a un concierto o cuando vas a una discoteca con tus amigos?
4. Cuando vas a un concierto, ¿gritas o animas al cantante o grupo?
5. ¿Qué hace tu familia para celebrar las ocasiones especiales? ¿Bailan, cantan, juegan, conversan? ¿Lo pasas bien en las fiestas familiares?

Paso 2: ¿Hay algunos aspectos en los que coinciden? ¿En cuáles coinciden y en cuáles no? Escriban un pequeño párrafo. Después, presenten su párrafo a la clase.

MODELO: *Los/Las dos bailamos y vamos a las discotecas frecuentemente, pero no a los conciertos...*

Suggestion for **5.1-04:** This activity could be done in pairs, with students guessing each other's singer or musician. Taking turns, they can guess as many times as time permits. This can also be a whole-class activity. Ask for a volunteer to come to the front of the class. The rest of the students should ask questions and the student who guesses correctly should be the next person to come to the front. Tell your students to pretend to be a famous singer or musician from a Spanish-speaking country if possible.

5.1-04 ¿Quién soy? Piensa en un cantante o grupo musical famoso. Después, en parejas, túrnense para adivinar quién es. Sigan el modelo.

MODELO: Estudiante 1: *¿Estás en un grupo musical?*
Estudiante 2: *No, soy una cantante solista.*
Estudiante 1: *¿Eres estadounidense?*
Estudiante 2: *No, soy cubana.*
Estudiante 1: *¿Eres cantante de salsa?*
Estudiante 2: *Sí.*
Estudiante 1: *¡Eres Celia Cruz!*
Estudiante 2: *¡Sí, muy bien!*

RECYCLES present progressive.

5.1-05 ¡Música! Tu amigo/a está en la fiesta de **La pura verdad** con Tom y Tatiana.

Paso 1: Tú lo/la llamas a su celular para que te cuente qué está pasando.

MODELO: preparar
Estudiante 1: *¿Qué pasa en el escenario?*
Estudiante 2: *Los músicos están preparando los instrumentos.*

seguir los pasos	pasarlo bien/mal	animar
divertirse	aprender la letra[4]	tocar
gritar	cantar una canción	bailar
		mirar

1. ¿Qué instrumentos tocan los músicos?
2. ¿Qué hacen las personas que escuchan la banda?
3. ¿Qué pasa con Tatiana?
4. ¿Qué hace Tom?
5. ¿Qué hace el músico con el micrófono?
6. ¿Qué haces con una canción?

Talking about actions in progress: The present progressive

In **La pura verdad**, Tom says to Tatiana:

*Ahora **están tocando** un merengue.*

Tom is using the present progressive to talk about an action that is happening at that moment.

Do you remember...

1) how to conjugate the present progressive?
2) which verbs are irregular?

Go to **Hablando de gramática**, Chapter 4, Section 2, to check your answers.

Paso 2: Ahora, piensen en dos preguntas más. Tu amigo/a también quiere saber qué estás haciendo tú.

7. ____________
8. ____________

Suggestion for **5.1-05:** Assign different roles to your students. Student 2 is at the party and Student 1 calls and asks about what is happening. In **Paso 2** each student has to come up with follow-up questions to know about what the other is doing.

Suggested answers for **5.1-05, Paso 1:** 1. Están tocando los timbales, la trompeta, las maracas, el piano, el bajo... 2. Están bailando, gritando, cantando, pasándolo bien... 3. Tatiana no está pasándolo bien. 4. Tom está mirando a Tatiana. 5. Está cantando una canción. 6. Estoy aprendiendo la letra. **Paso 2:** Answers may vary.

Paso 3: Después, informen a la clase sobre las diferentes actividades que están haciendo.

MODELO: *Pues él está bailando con una chica en esa fiesta, pero yo estoy... Los dos nos estamos divirtiendo.*

[4] **la letra:** lyrics

HABLANDO DE GRAMÁTICA I

I. Avoiding repetition: Direct object pronouns

WileyPLUS Go to *WileyPLUS* to review this grammar point with the help of the **Animated Grammar Tutorial**.

A. If someone asked you, "Do you play the trumpet often?" you could reply: "Yes, I play it every day." In this example, *the trumpet* is the direct object and *it* is the direct object pronoun. Direct objects receive the action of the verb and answer the questions *who/ whom*? or *what*?: "*What* do you play?" "The trumpet." The direct object can be a single word or a complete phrase. Direct object *pronouns* replace the names of specific direct object *nouns* (such as *the trumpet*) and agree with them in number and gender.

Direct object pronouns

Singular		Plural	
me	me	**nos**	us
te	you *(familiar)*	**os**	you *(familiar, Spain)*
lo	you *(formal)*, him, it *(m)*	**los**	you *(formal)*, them *(m, m+f)*
la	you *(formal)*, her, it *(f)*	**las**	you *(formal)*, them *(f)*

Direct object	
Tito Puente toca **los timbales**.	*Tito Puente plays the timbales.*
¿Ves a **Gloria Estefan** bailando?	*Do you see Gloria Estefan dancing?*
Direct object pronouns	
Tito Puente **los** toca.	*Tito Puente plays them.*
¿**La** ves bailando?	*Do you see her dancing?*

Note that in Spanish, when the direct object refers to one or more specific *persons*, the word **a** is placed before the direct object, such as in the example above, "¿**Ves** *a* **Gloria Estefan bailando**?". This Spanish **a** is called the personal **a**. It is required and has no equivalent in English.

B. Direct object pronouns generally precede conjugated verbs. When a negative word is present, the pronoun is placed between the negative word and the conjugated verb.

¿Tocas **la guitarra** en las fiestas? — *Do you play the guitar at parties?*
No, no toco **la guitarra**. — *I don't play the guitar.*

¿**La** tocas en las fiestas? — *Do you play it at parties?*
No, no **la** toco. — *I don't play it.*

When the conjugated verb is followed by an infinitive or present participle (**gerundio**), the direct object pronoun may be attached to the end of either of these forms *or* it may be placed before the conjugated verb.

¿Vamos a bailar **la cumbia panameña** hoy? — *Are we going to dance the Panamanian cumbia today?*
¿**La** vamos a bailar hoy? — *Are we going to dance it today?*
O: ¿Vamos a bailar**la** hoy?

¿Están practicando **los pasos nuevos**? — *Are you practicing the new steps?*
¿**Los** están practicando? — *Are you practicing them?*
O: ¿Están practicándo**los**?

Note the addition of a written accent on the present participle when the pronoun is attached.

C. The neuter direct object pronoun **lo** usually refers to an idea, a statement, an action, or a situation. The neuter direct object pronoun corresponds to the English words *it* or *that*.

Me dicen que esta canción es de Daddy Yankee, pero no **lo** creo.	*They tell me that this song is sung by Daddy Yankee, but I don't believe it.*
Lo siento, pero no quiero bailar.	*I'm sorry (about it), but I don't want to dance.*
Lo veo y no **lo** creo.	*I see it, but I don't believe it.*

Exercises labeled with an individual student icon in the **Hablando de gramática** section are intended to be assigned as homework.

Possible answers for **5.1-06**: 1. La asocio con Mozart. 2. Lo asocio con (nombre de banda de rock duro, como Metallica, The Devil Wears Prada, etc.). 3. Los asocio con (nombre de cantante o banda latina como Johnny Pacheco, Juan Luis Guerra, Rubén Blades, etc.). 4. Las asocio con boleros. 5. Los asocio con mucha gente.

5.1-06 Músicos ¿Con qué asocias las siguientes cosas? Contesta con pronombres.

MODELO: las guitarras eléctricas
Las asocio con un grupo de rock.

1. la música clásica
2. el rock duro
3. los ritmos latinos
4. las canciones de amor
5. los megaconciertos

5.1-07 Un dúo especial Romeo Santos y Usher se preparan para cantar en vivo en la ceremonia de los *Latin Grammys.* Completa su conversación con el pronombre de objeto directo apropiado según el contexto.

Romeo: No tengo la letra de la canción que vamos a cantar. ¿__La__ tienes tú?
Usher: Sí, __la__ tengo. Y tú, ¿vas a tocar las congas?
Romeo: No, no __las__ voy a tocar. Todavía tenemos que practicar los pasos nuevos. No __los__ sé muy bien. ¿Me puedes ayudar a practicar la coreografía que vamos a hacer?
Usher: Sí, __te__ puedo ayudar, pero… ¿qué hace aquí este cable? ¿Puedes mover__lo__ por favor?
Romeo: Sí, claro, ya está. Muy bien, ¿practicamos entonces?

Lester Cohen/WireImage/Getty Images

▲ *Romeo Santos y Usher cantan* "Promise" *a ritmo de bachata.*

5.1-08 El concierto del año

Paso 1: Tu amigo/a y tú se están preparando para ir a un concierto de Jennifer López. Uno/a de ustedes está muy ansioso/a y hace muchas preguntas. El/La otro/a contesta las preguntas reemplazando las palabras subrayadas con el pronombre de objeto directo apropiado y da más información.

MODELO: Estudiante 1: *¿Tenemos el coche para ir al concierto?*
Estudiante 2: *Sí, lo tenemos. No te preocupes.*

1. ¿Tienes las entradas?
2. ¿Vienes a buscarme a casa para ir juntos?
3. ¿Tienes la dirección del estadio?
4. ¿Sabes qué grupo toca antes que Jennifer?
5. ¿Tienes el plano del estadio para pasarnos a la zona VIP?
6. ...
7. ...

Suggested answers for **5.1-08:**
1. Sí, las tengo. Están en mi mochila.
2. Sí, voy a buscarte. Llego a las 8.
3. Sí, la tengo. La encontré en Internet.
4. Sí, lo sé. Es...
5. Sí, lo tengo. Mira, aquí está.

Use the PowerPoint slides found in the Book Companion Site and *WileyPLUS* to do this activity in class.

Paso 2: Hagan un plan para ir al concierto: Dónde se van a encontrar, a qué hora, cómo van a ir, etc. Escriban una pequeña nota para invitar a otro/a amigo/a.

JC Olivera / Getty Images Entertainment / Getty Images

▲ *Don Omar es un famoso cantante de reguetón puertorriqueño.*

Pablo Blazquez Dominguez / Redferns / Getty Images

▲ *Luis Fonsi es un cantante de baladas románticas y pop latino.*

5.1-09 ¿Cuál es tu opinión?

Paso 1: Usando las siguientes palabras, comparte tu opinión con tus compañeros.

adorar preferir tolerar respetar detestar conocer odiar[5]

MODELO: La clase de español
Estudiante 1: *¿Qué piensas de la clase de español?*
Estudiante 2: *¡La adoro! Siempre la recomiendo.*
Estudiante 1: *¡Yo también! / Yo no, yo prefiero la clase de ciencias políticas.*

Note for **5.1-09:** Don Omar (born 1978) is a Puerto Rican reggaeton singer and actor. In 2012 he won a Latin Grammy Award for Best Urban Music Album. Some of his hits are "**Dale Don Dale**" and "**Cuéntale**". Luis Fonsi (born 1978 in San Juan, Puerto Rico) is a Latin Grammy-winning singer and composer.

Don Omar	la música clásica
las fiestas de las fraternidades	los boleros
los bailes formales	Luis Fonsi
la ópera	el reguetón
el rap	la música *country*

Paso 2: Ahora, informen a la clase qué opiniones comparten todos los miembros del grupo. ¿Hay alguna opinión común a toda la clase?

MODELO: *Todos creemos que Luis Fonsi es un buen cantante. Nosotros lo admiramos porque...*

[5] **odiar:** to hate

LA PURA VERDAD II ¿Quieres bailar?

The suggested narration for **La pura verdad** can be found in the Appendix. Please use this narration to go over each of the frames with your students. You can also find this section (frames and narration) in the PowerPoint slides, found in the Book Companion Site and *WileyPLUS*.

1.

2.

—¿Quieres bailar?
—¡NO, GRACIAS!

3.

Hola, me llamo Tom. ¿Quieres bailar?

Sí. Me llamo Nina.

4.

¡Pero esto es merengue! El ritmo del merengue es más fácil.

No sé bailar salsa.

5.

Diez, nueve, ocho, siete, seis, cinco, cuatro, tres, dos, uno. ¡Feliz Año Nuevo!

6.

¡Lo siento!

¿Lo siento?

© John Wiley & Sons, Inc.

Script for **5.1-10**: 1. Tom mira a Nina y piensa qué va a decir. 2. El ritmo de salsa es más difícil de bailar que el ritmo del merengue. Tom no puede seguir los pasos muy bien. 3. Al final los dos bailan y disfrutan la fiesta porque Nina ayuda a Tom a bailar.

5.1-10 ¿Quieres bailar? Escucha la narración y selecciona la mejor opción.

1. …
 a. Ella lo mira.
 b. El papá lo mira.
 c. Él la mira.

2. …
 a. Los puede seguir.
 b. Tom baila muy bien.
 c. No los puede seguir.

3. …
 a. Él la ayuda.
 b. Ella lo ayuda.
 c. Ella lo besa.

HABLANDO DE GRAMÁTICA II

WileyPLUS Go to *WileyPLUS* to review this grammar point with the help of the **Animated Grammar Tutorial** and the **Verb Conjugator**.

2. Saying what we know: The verbs *saber* and *conocer*

Saber and **conocer** are two verbs that mean "to know." Both verbs have an irregular **yo** form.

saber *(to know facts, information)*			
(yo)	**sé**	(nosotros/as)	sabemos
(tú)	sabes	(vosotros/as)	sabéis
(él, ella, Ud.)	sabe	(ellos/ellas/Uds.)	saben

conocer *(to know people, places)*			
(yo)	**conozco**	(nosotros/as)	conocemos
(tú)	conoces	(vosotros/as)	conocéis
(él, ella, Ud.)	conoce	(ellos/ellas/Uds.)	conocen

A. Saber means to know facts or information.

¿**Sabes** quién canta "Oye cómo va"? — *Do you know who sings "Oye cómo va"?*
¿**Sabes** cómo se llama esta banda? — *Do you know the name of this band?*

When followed by an infinitive, **saber** means *to know how to do something*.

Mi primo **sabe** bailar el chachachá. — *My cousin knows how to dance the cha-cha.*
Nina **sabe** bailar salsa y ayuda a Tom. — *Nina knows how to dance salsa and helps Tom.*

B. Conocer means *to know a person, to meet a person for the first time*, or *to be familiar with a place or thing*. Note that when **conocer** means *to meet or know a person*, it is followed by the personal **a**. Remember that the personal **a** refers to one or more specific persons (animals or characters) and is needed in Spanish before a direct object.

En la fiesta Tom conoce **a Nina**; después de conocerla, bailan juntos. — *At the party Tom meets Nina; after meeting her, they dance together.*
Conozco **al** cantante de esa banda de rock. — *I know the singer of that rock band.*
¿Conoces **a** esta banda? — *Are you familiar with this band?*

Conocer has several degrees of familiarity. For clarification, you may add an explanation to your sentence.

Conozco a Don Omar, no en persona, pero conozco su música. — *I know Don Omar—not in person, but I know his music.*
Conozco a Don Omar, mi amigo me lo presentó. — *I know Don Omar, a friend introduced him to me.*
Conozco a Don Omar; es mi amigo. — *I know Don Omar; he is my friend.*

Or you may say:

Lo conozco de nombre. — *I know who he is.*
Lo conozco en persona. — *I know him personally.*
Lo conozco; es mi amigo. — *I know him; he is my friend.*

These are other verbs that end in **-cer** or **-cir** that follow the same pattern as **conocer** in the **yo** form (**-zco**):

agradecer	*to thank*
(des)aparecer	*to (dis)appear*
ofrecer	*to offer*
parecer, parecerse	*to seem, to resemble*
producir	*to produce*
reconocer	*to recognize*
traducir	*to translate*

Exercises labeled with an individual student icon in the **Hablando de gramática** section are intended to be assigned as homework.

5.1-11 Nina y Tom ¿Recuerdas a Nina y Tom, los personajes de **La pura verdad**? Combina las oraciones de la columna A con las oraciones de la columna B para completar el relato de Tom sobre esa noche.

A

___f___ 1. Nina me dice que mi cara le parece familiar y me pregunta: "¿Te conozco?".
___a___ 2. Entonces me pregunta si quiero bailar con ella.
___c___ 3. Sin embargo, Nina y yo bailamos y ella dice que bailo muy bien.
___d___ 4. Después de bailar mucho, tenemos sed.
___b___ 5. Esa noche Nina quiere practicar inglés conmigo.
___e___ 6. Nina me parece una chica increíble.

B

a. Agradezco la invitación pero reconozco que no sé bailar bien.
b. Yo traduzco unas frases del inglés al español para ella.
c. A ella le parezco un buen bailarín[6].
d. Me ofrezco para ir al bar y comprar una bebida.
e. ¡Reconozco que ella me gusta mucho!
f. Yo digo: "La verdad es que me parezco mucho a un cantante famoso".

Suggestion for **5.1-12:** Have students do this activity on two different days. **Paso 1** should be assigned as homework. They could browse the Internet for the answers to those questions. On the next day, students should interview each other in order to complete **Paso 2** and **Paso 3:** In order for students to be ready to report, the planning phase is crucial ("**escriban un pequeño párrafo**"). After the groups have finished their paragraph, have a whole-class discussion.

Answers for **5.1-12** (**Paso 2** and **Paso 3**) and **5.1-13:** Answers may vary.

5.1-12 ¿Qué sabes de música latina? Entrevista a un/a compañero/a sobre la música latina.

Paso 1: Primero, completa las siguientes preguntas con la forma apropiada de *saber* o *conocer*.

1. ¿(Tú) ____sabes____ qué pareja cubana es muy poderosa en el mundo de la música y ahora vive en EE. UU.?
2. ¿(Tú) ____conoces____ a otros cantantes o músicos cubanos?
3. Aparte del chachachá, ¿(tú) ____sabes____ qué otros ritmos tropicales tienen su origen en Cuba?
4. ¿(Tú) ____conoces____ alguna emisora de radio[7] dominicana?
5. ¿(Tú) ____sabes____ cuál es una celebración ideal para vivir la música, los bailes y la forma de pasarlo bien de los dominicanos?
6. ¿(Tú) ____conoces____ a Juan Luis Guerra? ¿(Tú) ____sabes____ de dónde es, o qué tipo de música canta?

Paso 2: Después de investigar las respuestas a las preguntas, entrevista a dos compañeros de la clase y anota sus respuestas.

MODELO: Estudiante 1: *¿Sabes quién es la cantante cubana de salsa más famosa en todo el mundo?*
Estudiante 2: *Sí sé. Se llama Celia Cruz.*

YN / Splash News/Newscom

▲ *Juan Luis Guerra y Enrique Iglesias cantan juntos "Cuando me enamoro".*

Paso 3: Entre los tres, escriban un pequeño párrafo para informar al resto de la clase.

MODELO: *Nosotros tres sabemos que Celia Cruz es la cantante cubana más famosa, pero no sabemos... También conocemos a... pero no conocemos a... etc.*

Con la ayuda de su profesor/a, decidan qué grupo de la clase está mejor informado.

Suggestion for **5.1-13:** Give your students a few minutes to complete this list individually, then in groups of three (share small), see what they have in common. They should say something like: **"Audrey y yo sabemos tocar el piano." "Jack y yo conocemos a la maestra."** After a small-group check, have them form groups of five (share big) and repeat. Share bigger with a whole-class check.

5.1-13 ¿A quién conoces y qué sabe hacer?

Paso 1: Completa las siguientes listas.

Tres actividades que sé hacer.
1. ____________________
2. ____________________
3. ____________________

Tres personas que conozco bien.
1. ____________________
2. ____________________
3. ____________________

Paso 2: Ahora, levántate y busca entre tus compañeros quién tiene la lista más parecida a la tuya. Después, con tu compañero/a, informa a la clase.

MODELO: Estudiante 1: *¿Tú sabes tocar la guitarra eléctrica?*
Estudiante 2: *Sí, sí sé. También sé...*
Mi compañero/a ________ y yo sabemos tocar la guitarra eléctrica...

[6] **bailarín:** dancer [7] **emisora de radio:** radio station

OTRA PERSPECTIVA

Huntstock / Getty Images

Diego

Todos bailan

Diferente

"En Puerto Rico en la mayoría de las fiestas la gente baila, incluso los niños aprenden a bailar desde pequeños. Es importante saber bailar para divertirse. Recuerdo que mi hermano y yo practicábamos[8] pasos nuevos frente al espejo. Pero veo que a los jóvenes de EE. UU. no les gusta bailar. ¿Es verdad?"

Igual

"En nuestras fiestas también hay comida, bebida y mucha conversación. A los jóvenes les gusta divertirse juntos".

Note for **Otra perspectiva:** Here, we want the student to discover that in the Caribbean and other Latin American countries, younger males (teens and preteens) dance willingly from an early age. In some parts of the United States, schools organize dances to start the socialization process and get the students to dance and interact. Usually, boys and girls sit separately during dances until they reach high-school age. In Puerto Rico, for example, learning to dance is naturally learned at home and at a younger age.

Explícale a Diego

1. ¿A qué edad aprende una persona a bailar en EE. UU.?
2. ¿Sabes bailar? ¿A qué edad aprendiste[9]?
3. ¿Es común ir a una fiesta y no bailar?
4. ¿Qué hacen las personas en una fiesta en EE. UU.?
5. ¿Por qué a los adolescentes de EE. UU., en general, no les interesa bailar?

Possible answers for **Otra perspectiva:** Answers may vary.

@Arroba@

WileyPLUS Go to *WileyPLUS* to find more **Arroba** activities.

¡A bailar! Explora en tu buscador favorito y busca videos para aprender a bailar salsa, merengue, bachata u otro baile que te interese. Apunta la dirección del video que te gusta para compartir con tu profesor/a y compañeros. Comparte con la clase el tipo de baile que te gusta, por qué te gusta y los pasos que incluye. ¿Qué baile es más fácil o más complicado?

MODELO: *Quiero aprender a bailar salsa porque es popular en muchos países. Se baila con una pareja y en línea.*

MANOS A LA OBRA

5.1-14 ¿Conocemos a los estudiantes de la clase?

Answers for **Arroba** and **5.1-14:** Answers may vary.

Paso 1: Lee la siguiente lista de preguntas y piensa en dos preguntas más con los verbos **saber** o **conocer**. Después, entrevista a un/a compañero/a.

1. ¿Sabes el nombre de todos tus compañeros de clase? Menciona diez.
2. ¿A quién conoces bien? ¿Qué sabes de esa persona?
3. ¿Sabes quién es un fiestero[10]?
4. ¿Sabes quién toca un instrumento musical? ¿Quién? ¿Qué toca?
5. ¿Qué sabes del/de la profesor/a?

Paso 2: Después de conversar, ¿cuál es su conclusión? ¿Conocen bien a sus compañeros? Informen a la clase. Después, con toda la clase, decidan quién es la persona que más sabe sobre los otros compañeros.

MODELO: *Nosotros conocemos mucho/poco a nuestros compañeros... Por ejemplo (no) sabemos...*

[8] **practicábamos:** we used to practice [9] **aprendiste:** did you learn [10] **fiestero:** party animal

Suggestion for **5.1-15:** Remind your students that they should use the second person singular verb form when asking their classmates, and the third person singular form when reporting to the class or writing their answers.

5.1-15 ¿Eres curioso/a?

Paso 1: Ahora, para conocer mejor a tus compañeros, levántate y pregúntales lo siguiente a diferentes compañeros de tu clase, usando **saber** o **conocer**. Usa los pronombres de objeto directo. Luego, escribe los resultados.

MODELO: Estudiante 1 (tú): *¿Sabes* bailar el mambo?
Estudiante 2: *Sí, sé bailarlo. / No, no sé bailarlo.*
Estudiante 1 (escribes): *John sabe bailar el mambo.*

1. ¿___Sabes___ tocar las congas?
2. ¿___Conoces___ la ciudad de La Habana?
3. ¿___Conoces___ la letra de la canción "Cuando me enamoro"?
4. ¿___Sabes___ el nombre de los indígenas nativos de Cuba?
5. ¿___Conoces___ algún restaurante dominicano o puertorriqueño?
6. ¿___Sabes___ dónde está San Juan?

Suggestion for **5.1-16**: If time permits, let your students organize a real party. Groups read their plan to the class and the whole class votes for the best one. The winning plan will be carried through. Make sure both the plans and the party are carried out in Spanish!

Paso 2: Después, comparte tus resultados con la clase. ¿Fue difícil o fácil completar la actividad?

MODELO: *Parece que nadie de la clase sabe/conoce...*

Answers for **5.1-16:** Answers may vary.

5.1-16 Vamos a hacer una fiesta

servir
limpiar
ofrecer
preparar
traer
su casa
la música y el equipo de sonido
los bocadillos[11]
la comida
la casa después de la fiesta

Paso 1: En grupos de cinco, decidan cuál es el motivo o la ocasión y cúando y dónde se puede celebrar la fiesta. Después, organicen los preparativos. Usen el vocabulario de la izquierda.

MODELO: Estudiante 1: *¿Quién va a mandar **las invitaciones**?*
Estudiante 2: *El profesor **las** va a mandar.*

Paso 2: Después, entre los cinco, escriban una nota para describir el plan de la fiesta e invitar a su profesor/a. ¡Él/Ella va a decidir cuál es la mejor fiesta y a cuál va a asistir!

MODELO: *Profesor/a, vamos a celebrar una fiesta en casa de...*

5.1-17 ¿Sabe o no sabe? Esta es una versión del juego *Verdad o consecuencia.*

Suggestion for **5.1-17**: Divide the class into groups of four or five. Each group takes turns asking another group its question. Give one point if the group answers the question correctly; two points if the group answers the question and the challenge correctly. Prepare challenges in advance, some easier, some harder. For example: a cultural aspect of Puerto Rico, Dominican Republic or Cuba; a verb to conjugate; a sentence to translate. . .

Paso 1: Piensa en una persona famosa, por ejemplo, Raúl Castro, o en un dato[12], por ejemplo, el número de países de habla hispana.

Paso 2: Después, la clase se divide en grupos. El líder de un grupo les pregunta a las personas de otro grupo:

Grupo A: *¿Saben quién es Raúl Castro?*
Grupo B: *Sí, sabemos que es un político cubano. / No, no sabemos quién es.*

Su profesor/a va a proponer un reto[13] si no saben la respuesta.

Answers for **5.1-17:** Answers may vary.

5.1-18 ¡Hablemos de música y bailes!

Use the PowerPoint slides found in the Book Companion Site and *WileyPLUS* to do this activity in class.

Paso 1: ¿Qué sabes sobre la música hispana? Camina por la clase y haz cada pregunta a tres estudiantes diferentes. Escribe las respuestas.

1. ¿Conoces la música de JLo? ¿Comprendes las canciones de JLo en español? ¿Traduces las canciones al inglés? Usa los pronombres de objeto directo en tus respuestas.

Conocer:	a. ________	b. ________	c. ________
Comprender:	a. ________	b. ________	c. ________
Traducir:	a. ________	b. ________	c. ________

[11] **bocadillos:** sandwiches/snacks [12] **dato:** fact [13] **reto:** challenge

2. ¿Qué cantantes/grupos cantan en inglés y español? ¿Qué cantantes/grupos cantan reguetón/boleros/cumbias?

   Dos idiomas: a. ____________ b. ____________ c. ____________

   Género: a. ____________ b. ____________ c. ____________

3. ¿Qué bailes son populares en Puerto Rico? ¿Qué instrumentos se usan en el reguetón?

   Bailes: a. ____________ b. ____________ c. ____________

   Instrumentos: a. ____________ b. ____________ c. ____________

4. ¿Reconoces la música de salsa, cumbia o merengue cuando la oyes? ¿Cuándo escuchas música en español? ¿Conoces personalmente a algún/a artista? ¿A quién? Usa los pronombres de objeto directo en tus respuestas.

   Reconocer: a. ____________ b. ____________ c. ____________

   Cuándo: a. ____________ b. ____________ c. ____________

   Conocer: a. ____________ b. ____________ c. ____________

Paso 2: En grupos de cuatro, compara las respuestas de cada pregunta y marca las respuestas que tienes en común con otros estudiantes. Luego, el portavoz de cada grupo informa al resto de la clase.

MODELO: *En nuestro grupo, la mayoría de los estudiantes conocen la música de JLo, pero John no* **la** *conoce. Además, a veces comprendemos sus canciones, pero cuando Kate no* **las** *comprende* **las** *traduce al inglés.*

Possible answers for **5.1-18, Paso 1:** 1. (a) Sí/No las conozco. (b) Sí/No las comprendo. (c) Sí/No las traduzco. 2. Idiomas: Answers may vary. Accept names of artists or bands that sing in both Spanish and English, such as JLo, Christina Aguilera, Shakira, Marc Anthony, etc. Answers may vary. Accept any names of artists or bands that sing reggaeton, like Daddy Yankee, boleros, like Marc Anthony, or cumbias, like Kumbia Kings. 3. Bailes: Answers may vary. Accept any of the dances that have been presented in the chapter. The most popular ones are salsa and reguetón, but boleros, merengue and bachata are also very popular in Puerto Rico. Posibles instrumentos: La guitarra eléctrica, la guitarra clásica o acústica, el bajo, la batería, el teclado electrónico. 4. (a) Sí/No la reconozco. (b) Answer may vary. (c) Sí/No conozco a... (accept any singer, artist or band regardless of their origin). **Paso 2:** Answers may vary.

5.1-19 Presta atención: Un mensaje telefónico Tom llama por teléfono a Nina, pero no hay nadie en casa y deja un mensaje en el contestador automático. Escucha el mensaje una vez y selecciona las mejores respuestas según el audio.

1. Tom quiere...
   a. salir a bailar con Nina. (b.) invitarla a una fiesta. c. llamarla por teléfono.
2. Tom dice que...
   (a.) se conocen del fin de año. b. en el fin de año hay una fiesta. c. la conoce por un amigo.
3. Tom dice que...
   (a.) él cumple años. b. su amigo cumple años. c. Nina cumple años.
4. El amigo de Tom...
   a. sabe bailar salsa. b. la llama por teléfono. (c.) organiza una fiesta.
5. Tom quiere...
   a. aprender a bailar. b. tener una cita. (c.) a y b

WileyPLUS Go to *WileyPLUS* and listen to **Presta atención.**

Script for **5.1-19, Presta atención: Un mensaje telefónico:** Bip. ¡Hola! Este mensaje es para Nina. Nina, soy Tom, el de la fiesta del Día de Año Viejo. Sí, eso, me conoces de la fiesta del Día de Año Viejo. Tengo algo importante que decirte. Bueno, es que mañana es mi cumpleaños y quiero invitarte a mi fiesta de cumpleaños. Cumplo 18 años y un amigo mío va a organizarme una fiesta en su casa con mucha música. Una banda de música va a tocar en vivo muchos instrumentos diferentes. Sé que te gusta la música. Bueno, y quiero bailar salsa, merengue, cumbia y chachachá, pero necesito tu ayuda. Ya sabes que no sé bailar muy bien y quiero saber los pasos de los bailes. Bueno, también quiero verte otra vez y mañana podría ser un día perfecto para vernos. Por favor, llámame al 787-555-5555. Gracias y espero tu llamada.

5.1-20 Por escrito: ¡Un día festivo! Imagina que estás en un concierto de varios grupos musicales en el estadio de tu universidad. Es un día festivo para la universidad.

Paso 1: Haz una lista de lo que ves en el concierto:

- el tipo de gente que hay
- la variedad de grupos musicales y tipos de música
- los tipos de instrumentos musicales
- qué hacen las personas para divertirse

Paso 2: Ahora, usando los detalles de la lista, escribe un párrafo para describir ese día festivo. Incluye una introducción y una conclusión.

Paso 3: En grupos de cuatro estudiantes, lean los párrafos. Ofrezcan ideas a sus compañeros para mejorar la composición. Después, escriban la versión final para entregársela[14] a su profesor/a.

¡OJO!

Direct object pronouns

Use direct object pronouns to make your writing less redundant. When proofreading your composition, remember to double check that those pronouns agree with the person or object they refer to in gender and number.

[14] **entregársela:** turn it in

PONTE EN MI LUGAR

RECYCLES interrogative words.

Suggestion for **Ponte en mi lugar:** If your students have access to a Spanish-speaking community, encourage them to gather information about a forthcoming social event in the area.

Estrategias para conversar

Asking direct questions Direct questions take place normally during conversation. In Spanish they can be introduced by a verb, as in **¿Vienes al baile**?, or by interrogative words, as in **¿Cuándo viajas?** Look back at **Hablando de gramática,** Chapter 1, Section 2. for a review of these words. Do you remember when to use **qué** and when you need to use **cuál**? Here are some different ways to ask direct questions:

¿Dónde/cómo/cuándo/cuánto + *verb?*	¿Dónde es la fiesta? ¿Cómo te llamas?
¿Cuánto/a/os/as + *noun?*	¿Cuántas chicas van a la fiesta?
¿Cuál/es + *verb?*	¿Cuál quieres: el de arriba o el de abajo?
¿Qué + *verb?*	¿Qué bebes?
¿Qué + noun?	¿Qué música te gusta?
¿Quién/es + *verb?*	¿Quién va a venir a la fiesta?

With a preposition:

¿En dónde? ¿De dónde?	¿De dónde vienes?
¿Desde cuándo?	¿Desde cuándo sabes bailar salsa?
¿A cuál? ¿Con cuál?	¿Con cuál combina mejor?
¿A qué? ¿De qué?	¿A qué fiesta vas?
¿A quién? ¿Con quién?	¿Con quién vas a la discoteca?

Tu cumpleaños Quieres planear una fiesta para tu cumpleaños y quieres tener muchos invitados. Llama por teléfono a tres amigos para invitarlos a tu fiesta. Un/a compañero/a es tu mejor amigo/a y te hace preguntas sobre la hora, el día, el lugar de la fiesta, la música, el baile. Habla con tres de tus compañeros y ellos van a llamar e invitar a más amigos. Usa las **Estrategias para conversar** para hacer preguntas.

ASÍ ES LA VIDA

Use the PowerPoint slides found in the Book Companion Site and *WileyPLUS* to do this section in class.

Expresión: Estoy en la cuerda floja[15]

Ramón: *Oye, Julio, conozco a una chica increíble que quiere salir contigo. ¿Quieres conocerla?*

Julio: *Nooooo, no gracias. Yo tengo novia. Además,* ***estoy en la cuerda floja*** *con ella. Está furiosa conmigo y creo que va a dejarme*[16]*. No, gracias, no quiero más problemas.*

¿Qué significa esta expresión? ¿Hay un equivalente en inglés? ¿Sabes cuál es?

Suggested answers for **Así es la vida:** I am dancing on a tightrope. Equivalent expression: *To walk on thin ice.* Have your students read this dialogue and come up with an English equivalent. You can also have the students role-play situations in which it would be appropriate to use this popular saying.

ENTÉRATE

Estrategias para leer

Scanning Scanning is a reading strategy in which you look over a text quickly and superficially in order to find specific information, like when you are looking for a particular word or name. For example, you may be looking for a particular movie in the new releases listing of a movie theater, the title of a song or the name of a singer on the cover of a specific CD or DVD, or the time and channel of a TV show in a newspaper. Remember, *skimming* is when you read fast to get the gist of the passage; *scanning* is when you search for specific information because you already know what you are looking for.

[15]**cuerda floja:** tightrope [16]**dejarme:** leave me

Antes de leer

1. Revistas de entretenimiento El artículo que vas a leer es sobre una persona famosa. ¿Qué revistas conoces en inglés que publiquen artículos de este tipo? ¿Qué temas lees en ese tipo de revistas? ¿Qué tipo de artículo crees que vas a leer? ¿Algo literario? ¿Algo sobre historia?

2. Nombres Mira el texto por encima[17] y busca nombres de personas, películas o programas y lugares o ciudades.

3. Carlos Ponce Busca en el Internet quién es Carlos Ponce. ¿De dónde es? ¿Qué tipo de música canta? ¿Tienes alguna de sus canciones? ¿Te gustan?

Suggested answers for **Antes de leer:** **1.** *Teen People, Seventeen*... Leo sobre las personas famosas... Voy a leer sobre la vida de Carlos Ponce. **2.** Puerto Carlos Ponce, *Sentimientos ajenos, Perro amor, Dos hogares, Santa Diabla,* ***Hollywood Heights****, Just my luck, Complete Guide to Guy, Meet Me in Miami, Couples Retreat,* San Juan, Estados Unidos, Verónica Rubio. 3. Es de San Juan, Puerto Rico. Canta pop latino. Answers may vary.

CANALES Y SERVICIOS

Entretenimiento

PORTADA | CINE & DVD | MÚSICA | TELEVISIÓN | GENTE FAMOSA | FOTOS | VIDEOS | NOTICIAS | DIVIÉRTETE | EXCLUSIVOS | AWARDS CENTRAL | ENGLISH

BUSCA En Terra Buscar

La vida amorosa de Carlos Ponce

Alexander Tamargo/ Getty Images Entertainment / Getty Images

Sabemos mucho sobre la vida profesional de Carlos Ponce. No sólo es un famoso actor y cantante boricua. También es un buen presentador, compositor y productor. Como cantante, **publica** su primer álbum en 1998, de título Carlos *Ponce*. Recientemente, en 2012, **grabó** el éxito musical *Me llevas*. En televisión, algunas de sus telenovelas más exitosas son *Sentimientos ajenos, Perro amor o Dos hogares*. En 2013 **actuó** como protagonista en la telenovela *Santa Diabla*. Una de sus famosas series de televisión de Estados Unidos del año 2012 es *Hollywood Heights*. Este actor es un profesional de la televisión, pero también del cine. Algunas de sus películas más populares son *Just my luck, Complete Guide to Guy, Meet Me in Miami y Couples Retreat*.

releases

recorded

acted

Pero, ¿qué sabemos de la vida personal de Carlos Ponce? ¿Y de sus romances? El famoso puertorriqueño, hijo de padres cubanos, nace en San Juan el 4 de septiembre de 1972. Carlos tiene cuatro hermanos. La familia es muy importante para él. En 1986 conoce a Verónica Rubio. Más tarde, la pareja se casa y tiene cuatro hijos: dos hijos biológicos y dos hijas gemelas adoptadas en Rusia. Para él la familia es lo primero. El trabajo viene después. Sólo es un medio para vivir. En 2010 Carlos Ponce y Verónica se divorcian. **Sin embargo**, hoy en día, Carlos tiene una buena relación con la madre de sus hijos y son buenos amigos.

However

Después de leer

1. En el texto

1. Identifica tres cognados en la lectura.

2. ¿Entendiste?

1. ¿Cuál es el trabajo de Carlos Ponce?
2. ¿De qué país es Carlos Ponce?
3. ¿Qué nacionalidad tienen sus padres?
4. ¿Tiene hijos Carlos Ponce?
5. ¿Cómo es la relación actual de Carlos y Verónica?
6. ¿Cuál el nombre de la telenovela más reciente de Carlos Ponce?

Answers for **Después de leer:** 1. **En el texto:** 1. divorciado, profesional, actor, personal, presentadores, popular, programa... **2. ¿Entendiste?** 1. actor y cantante; 2. Puerto Rico; 3. Son cubanos; 4. Tiene cuatro hijos. 5. Son buenos amigos. 6. La telenovela es *Santa Diabla*.

[17] **Mirar (un texto) por encima:** to scan (a text)

EN TUS PROPIAS PALABRAS

Estrategias para escribir

Writing a dialogue In this chapter we will write dialogues **(diálogos)**. A dialogue is a conversation between two or more people who are exchanging ideas, feelings, and opinions directly, and not through a third person. Dialogues are a dynamic way to express ideas. One can use idiomatic expressions in dialogues to make them fun and interesting for the reader. The style of a dialogue can be ironic, elegant, or colloquial, for example. A dialogue can include figurative language, and can be used as a writing tool to express elements too complicated to convey in a narrative form.

In Spanish, each statement in a dialogue is introduced by a dash **(guión)**. **Guiones** replace quotation marks in English. Most dialogues are introduced by a descriptive narrative that sets the scene, as you can see in the example below.

En una fiesta de cumpleaños Héctor y Angélica están en una fiesta de cumpleaños. Héctor está enamorado de ella, pero ella no lo sabe.

Courtesy Angélica S. Reina Paez

–Hola Héctor, ¿cómo estás?
–¿Yo?
–¡Claro que tú! ¿Cómo estás?
–Pues, bien, escuchando la música. ¿Te gusta?
–Está chévere. ¿Conoces a Roberto?
–¿Es tu novio?
–No, es mi primo.
–¡Ah, qué bien! Digo[18]... qué bien que conoces a alguien en la fiesta.
–Aquí hay mojitos, ¿quieres uno?
–Sí, te quiero, digo... sí, la quiero, digo... sí, quiero uno, gracias.
–¿Estás bien?
–¿Yo? Claro que sí. No estoy nervioso para nada. ¿Por qué?
–Por nada. ¿Te gusta bailar?
–No, ¿y a ti?
–Sí.
–Pues, a mí también, en realidad. ¿Quieres bailar?
–Sí, ¡cómo no!

Suggestion for **En tus propias palabras:** You may also want to use the following two situations for students to create their own dialogues. 1. Estás en una fiesta y ¡ay, ay, ay! Rosie Pérez está en tu mesa. Conversa con ella sobre la música, los invitados y la comida. 2. Conversa con un/a cubano/a sobre la música cubana, las tradiciones cubanas, la política de inmigración y las relaciones entre Cuba y Estados Unidos.

Escribe un diálogo serio o chistoso sobre la siguiente situación: Una conversación entre dos amigos/as. Uno/a de ellos/as es muy tímido/a y le pide consejos[19] al/a la otro/a para conocer a un/a muchacho/a que le gusta.

[18] **digo:** I mean [19] **consejos:** advice

AUTOPRUEBA

VOCABULARIO

I. Dile a un/a amigo/a ¿Qué instrumentos hay en un conjunto de salsa?

Answers for **Vocabulario I**: trompeta, saxofón, bajo, piano, congas, timbales, maracas, bongós…

____

II. Un/a amigo/a te pregunta Di cómo se llama…

Answers for **Vocabulario II**: 1. la pista de baile; 2. el merengue; 3. las maracas; 4. dar una fiesta; 5. la salsa

1. un espacio enfrente de la banda donde la gente baila.
2. un baile de la República Dominicana.
3. instrumentos de percusión pequeños que se tocan cada una en una mano.
4. una forma de celebrar un cumpleaños.
5. el baile que es el resultado de una combinación de ritmos caribeños.

GRAMÁTICA

Answers for **Gramática I**: 1. Quiero tocarlas. / Las quiero tocar. 2. Yo la traigo. 3. Yo voy a limpiarla. / Yo la voy a limpiar. 4. Kim lo va a invitar. / Kim va a invitarlo. 5. María los va a llamar. / María va a llamarlos.

I. Fiesta en la clase ¿Qué vas a hacer? Sustituye la frase en negrita con un pronombre para no repetir el objeto directo.

MODELO: Están tocando un merengue. Quiero bailar el merengue.
→ *Quiero bailarlo.*

1. Me gustan **las congas.** Quiero tocar **las congas.**
2. Necesitamos música buena. Yo traigo **la música.**
3. ¿Quién va a limpiar **la casa?** Yo voy a limpiar **la casa.**
4. ¿Quién va a invitar **al profesor?** Kim va a invitar **al profesor.**
5. Antonio y Ramón no están aquí. María va a llamar **a Antonio y a Ramón.**

II. ¡Se las sabe todas! Tu amigo/a piensa que lo sabe todo y siempre contesta afirmativamente a todas tus preguntas o comentarios. Completa las preguntas con **saber** o **conocer** y escribe sus respuestas.

MODELO: ¿Conoces a la quinceañera? → *La conozco.*

1. Esta banda es nueva, ¿la ___conoces___?
2. ¿ ___Sabes___ cuántos años tiene la quinceañera?
3. ¿ ___Sabes___ si la quinceañera toca el piano?
4. ¿ ___Conoces___ a mis amigas?
5. ¿ ___Conoces___ esta discoteca?

Answers for **Gramática II**: 1. La conozco. 2. Sé que tiene 15 años. Lo sé. 3. Sí, lo toca. 4. Las conozco. 5. La conozco.

CULTURA

1. ¿De dónde son los siguientes bailes?
   a. merengue
   b. mambo
   c. salsa
2. Explica dos características diferentes de una fiesta de cumpleaños en Estados Unidos y de una fiesta en el Caribe.

REDACCIÓN

Escribe un diálogo entre tú y un/a amigo/a que quiere visitar un país del Caribe. Contesta sus preguntas sobre los bailes, la música, las fiestas, qué decir, qué expresiones coloquiales puede usar, etc.

EN RESUMIDAS CUENTAS, AHORA PUEDO…

- ☐ entender la cultura del baile y la celebración de la quinceañera.
- ☐ hablar de diferentes ritmos e instrumentos caribeños.
- ☐ describir las celebraciones y hablar de acciones en progreso.
- ☐ evitar la repetición de ciertas palabras al comunicarse.
- ☐ distinguir entre **saber** y **conocer.**
- ☐ hacer preguntas para obtener más información.

Answers for **Cultura**: 1. (a) República Dominicana; (b) Cuba; (c) una combinación de ritmos caribeños 2. En EE. UU., a una celebración de un cumpleaños invitan solamente a los amigos del niño o niña que cumple años y en la invitación indican a qué hora termina la fiesta. En el Caribe y en muchos países latinoamericanos, toda la familia está invitada a la fiesta, hay comida (no solo pastel, helado y dulces) y, por lo regular, no se indica a qué hora termina la fiesta.

VOCABULARIO ESENCIAL

Sustantivos

el bajo	*bass*
el baile	*dance*
la canción	*song*
el/la cantante	*singer*
el conjunto (musical)	*(music) band*
el/la músico/a	*musician*
la pareja	*couple, partner*
el paso de baile	*dance step*

Cognados: la bachata, la banda, el bolero, los bongós, el chachachá, el concierto, las congas, la cumbia, el grupo, la guitarra, el instrumento, el mambo, las maracas, el merengue, el micrófono, la música, la percusión, el piano, el reguetón, el ritmo, la salsa, el saxofón, los timbales, el trombón, la trompeta

Verbos

agradecer	*to thank*
animar	*to enliven*
bailar	*to dance*
cantar	*to sing*
conocer	*to know or be familiar with*
gritar	*to shout*
ofrecer	*to offer*
parecer, parecerse	*to seem, to resemble*
reconocer	*to recognize*
saber	*to know (a fact)*
traducir	*to translate*

Cognados: celebrar, (des)aparecer, invitar, producir

Expresiones

dar la vuelta	*spin around*
hacer/dar una fiesta (sorpresa)	*to have/give a (surprise) party*
pasarlo/pasarla bien	*to have a good time*
¿Quieres bailar?	*Do you want to dance?*

LEARNING OBJECTIVES

By the end of this section you will be able to:

- Understand the celebration of **Los Reyes Magos**
- Describe and compare celebrations in the Caribbean and the United States
- Use indirect object pronouns to say for whom something is done
- Discuss exchanges and report
- Express likes and dislikes with verbs other than **gustar**
- Talk about future plans

Una imagen vale más que mil palabras

Courtesy Laura Marqués-Pascual

▲ *Los tres Reyes Magos son Melchor, Gaspar y Baltasar.*

¿Qué está haciendo este niño?

¿Qué quiere de los Reyes Magos[1]?

¿En qué mes ocurre esto?

¿Cuándo llegan los Reyes Magos?

¿Conoces a alguien que celebre el Día de los Reyes Magos?

Answers for **Una imagen vale más que mil palabras:** 1. Está hablando con los Reyes Magos. 2. Quiere regalos. 3. En enero. 4. La Epifanía, o Día de los Reyes Magos, es el 6 de enero. Los Reyes Magos llegan entre la noche del 5 de enero y la mañana del 6 de enero. 5. Answers may vary.

UNA PERSPECTIVA

Un funeral

Courtesy of Daniel Chui

Diferente

"En un funeral en la República Dominicana noté[2] que era menos organizado. Vi a niños corriendo, muchas personas hablando y otras rezando[3]. Algunas personas estaban llorando mucho y otras bebiendo café. No sirven comida como en Estados Unidos".

Igual

"Un funeral también es una ocasión para reunirse con la familia y los amigos para recordar a la persona fallecida[4]. Vestirse de negro es algo que se hace en muchos países".

Note for **Una perspectiva:** We'd like the student to notice that children may be present at funerals. There are more open displays of emotions, and people talk and stand around in a random fashion. In the U.S. there may be a receiving line, the casket is usually closed (not always, of course), and usually food is served. There are no children (unless they are close family members). You may want to add your own observations. These types of customs in the United States may vary depending on the ethnic and cultural background of the family.

¿Qué piensas tú?

¿Hay niños en los funerales en Estados Unidos?
¿Fuiste[5] a un funeral en Estados Unidos? ¿Por qué sirven comida?
¿Por qué está el féretro[6] cerrado generalmente?

Possible answers for **Una perspectiva:** Answers may vary. Because of the complexity of these questions, we recommend that you spend one or two minutes exchanging ideas in English to get their perspective, then continue in Spanish. In the U.S., for instance, children are less exposed to funerals and burials than in Latin American cultures. In some places, children are not barred from funerals because death is viewed as part of life. Another example of the cultural differences between Latin America and U.S. may be the fact that closed caskets are more common in the U.S. More efforts are made here to avoid the unpleasantness of death.

[1] **Reyes Magos:** Three Wise Men/Three Kings [2] **noté:** I noticed [3] **rezar:** to pray [4] **fallecida:** deceased [5] **fuiste:** did you go [6] **féretro:** casket

The suggested narration for **La pura verdad** can be found in the Appendix. Please use this narration to go over each of the frames with your students. You can also find this section (frames and narration) in the PowerPoint slides, found in the Book Companion Site and *WileyPLUS*.

LA PURA VERDAD I ¡No me gustan las bodas!

Lucas es un estudiante de medicina que hace una pasantía[7] en La Habana, Cuba. Su amiga Nemis lo invita a una boda.

1.

La boda de mi hermana es el sábado a las dos. Me encantan las bodas. ¿Quieres venir?
¡No me gustan las bodas!

2.

Aquí estoy, en frente del juzgado[8], pero ¿dónde está Nemis?

3.

Esta boda no es en una iglesia, no hay cura, no hay damas ni caballeros. Dos niñas llevan los anillos. ¿Dónde está Nemis?

4.

Me aburren las bodas, no conozco a nadie. ¿Dónde está Nemis?

▲ *Ahora a la recepción.*

5.

¡Que vivan los novios! ¡Felicidades!

6.

¿Qué hora es? ¡Son las dos! ¿La boda de la hermana de Nemis fue a las doce o es a las dos?

Script for **5.2-01:** 1. Lucas tiene que asistir a otra boda. En la segunda boda, los invitados van a la recepción primero y luego van a la ceremonia. 2. En la recepción, Lucas y muchos muchachos solteros esperan juntos porque el novio va a tirar el ramo. 3. El novio tira la liga a los invitados.

5.2-01 Otra boda Escucha la narración y decide si las oraciones son **Lógicas** o **Ilógicas**. Si son ilógicas, explica por qué.

	L	I	
1.	☐	☑	I (La ceremonia es primero)
2.	☐	☑	I (La novia tira el ramo)
3.	☑	☐	L

[7]**pasantía:** internship [8]**juzgado:** court house

PALABRA POR PALABRA

Use the PowerPoint slides found in the Book Companion Site and *WileyPLUS* to do this section in class.

Las celebraciones

La boda *Wedding*

▲ *En la boda se casan los novios.*

Para hablar de celebraciones

la despedida de soltero/a	*bachelor/bachelorette party*
el juez de paz	*justice of the peace*
el juzgado	*the courthouse*
el/la invitado/a	*guest*
la luna de miel	*honeymoon*
el regalo	*gift*
el/la testigo	*witness*

Verbos

tirar (el ramo)	*to throw (the bouquet)*

Cognados: el banquete, la ceremonia, el funeral, la recepción

El bautizo *Baptism*

el/la ahijado/a	*godson/goddaughter*
la iglesia	*church*
la madrina	*godmother*
el padrino	*godfather*

Expresiones

¡Felicidades!	*Congratulations!*
¡Que vivan los novios!	*Cheers for the newlyweds! Hooray for the happy couple!*
¡Salud!	*Cheers! (Lit., Health!)*

Note for **Palabra por palabra:** You can point out that in Cuba the **padrino** is not always the groom's best friend nor the **madrina** a bride's close friend as is the case in the U.S. Although this has changed considerably, the p**adrinos** typically were an aunt or an uncle, or a respected older friend of the family. They were sentimental sponsors of the wedding.

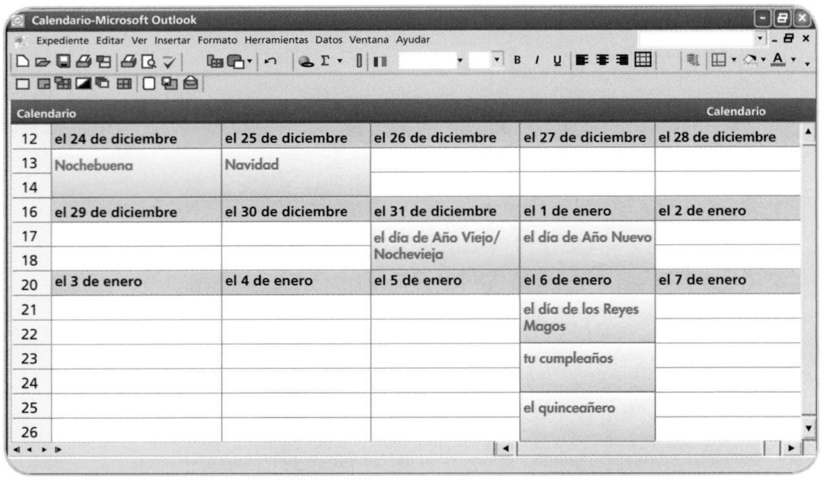

Otras celebraciones

el Día de Año Viejo/ la Nochevieja	*New Year's Eve*
el Día de Año Nuevo	*New Year's Day*
el Día de los Reyes Magos	*Three Wise Men/ Three Kings Day*
el cumpleaños	*birthday*
el/la quinceañero/a	*15th birthday celebration*
la Nochebuena	*Christmas Eve*
la Navidad	*Christmas*

Varias de estas celebraciones son cristianas, pero también hay otras religiones en Cuba, la República Dominicana y Puerto Rico. Oficialmente, Cuba es un estado secular. La mayoría de la población es cristiana, pero también hay muchas personas que practican la santería, y otras personas que no practican ninguna religión. También hay pequeñas comunidades de judíos y musulmanes. En la República Dominicana, la mayoría de la población es cristiana (católica y protestante), con pequeñas comunidades de otras religiones. En Puerto Rico la mayoría de la población también es cristiana.

¿Qué dicen los caribeños?

Está cerca de la barra porque le gusta darse el palo.	*He is next to the bar because he likes to drink.*
***La fiesta fue un relajo.**	*The party was a lot of fun.*
No quiere ayudar. No da ni un tajo.	*She doesn't want to help. She doesn't lift a finger.*
***Creo que voy a ir en guagua.**	*I think I am going to take the bus.*
***Para la fiesta del Año Viejo voy a tirar la casa por la ventana.**	*For New Year's Eve I am not going to spare any expense.*

***These expression are also used in other Spanish-speaking countries.**

Suggestion for **5.2-02:** Have students complete their lists and then add a couple of items more. Then, have a member of each pair share with the rest of the class. Have a student secretary come to the board and add more items to the list as pairs read out their lists. The entire class should work on placing the new items in order. At the end, count how many more items the entire class could add to the list.

5.2-02 ¿Qué va primero y qué va después?

Paso 1: Con un/a compañero/a, piensen en lo que pasa en las bodas y organicen esta lista en orden cronológico. Después, añadan dos situaciones más.

__3__ a. Los novios se besan.
__4__ b. Se da el brindis.
__6__ c. La gente baila.
__1__ d. Se celebra la despedida de soltero.
__2__ e. Los novios intercambian los anillos.
__7__ f. Se van de luna de miel.
__5__ g. La novia tira el ramo de flores.
_____ …
_____ …

Answers for **5.2-02, Paso 2:** Answers may vary.

Paso 2: Ahora, comenten con la clase sus respuestas incluyendo sus adiciones a la lista. ¿Cómo es de larga la lista generada entre toda la clase?

5.2-03 ¿Dónde ocurre?

Paso 1: Completen la siguiente tabla. Decidan dónde ocurre cada cosa.

1. La novia tira el ramo de flores a un grupo de amigas o a sus damas.
2. El cura le echa agua al bebé.
3. Los novios se van de viaje.
4. Los novios dicen: "Sí, quiero".
5. El novio y la novia tienen fiestas separadas.
6. Las damas y los caballeros hablan con los invitados.
7. Los padrinos prometen ser parte de la vida del ahijado.

MODELO: El padrino da el brindis. → *Ocurre en la recepción de la boda.*

el bautizo	la despedida de soltero/a	la boda	la recepción/ el banquete de bodas	la luna de miel

Paso 2: Ahora, piensen qué más ocurre en estos eventos y después comenten sus ideas con la clase. ¿Qué grupo tiene una tabla más completa?

Suggestion for **5.2-03:** Ask groups how many more actions they have listed under each event. Have this table on the board; the group with more actions listed should be the first one to come to the board and write under each category. Then ask the rest of the groups if they have something else to add to the table. Each group should strive to have at least one action listed under each category.

Answers for **5.2-03, Paso 1:** 1. Ocurre en la recepción. 2. Ocurre en el bautizo. 3. Ocurre en la luna de miel. 4. Ocurre en la boda. 5. Ocurre en las despedidas de soltero y soltera. 6. Ocurre en la recepción. 7. Ocurre en el bautizo. **Paso 2:** Answers may vary.

5.2-04 Bodas y bautizos

Paso 1: Hablen sobre estas ceremonias en parejas.

1. ¿Cómo son las bodas en tu opinión? ¿Son emocionantes, aburridas, tristes, románticas, alegres…? ¿Por qué?
2. ¿Qué parte de una boda es más divertida, más larga, más sentimental o más feliz? ¿Por qué?
3. ¿Quieres casarte algún día? ¿Por qué?
4. ¿Qué tipo de boda prefieres: grande y elaborada, pequeña y sencilla, formal o informal? ¿Por qué?
5. ¿Estás bautizado/a? ¿Tienes padrinos? ¿Quiénes son? ¿De dónde son y cómo se llaman?
6. ¿Sabes cómo son las bodas en otros países o en otras culturas? ¿Qué es diferente? ¿Qué es similar?

Paso 2: Ahora, escriban un pequeño párrafo. ¿En qué aspectos coinciden los dos? ¿En qué no coinciden?

MODELO: *Mi compañero/a y yo pensamos que las bodas son… porque… La parte de una boda que nos parece más aburrida es…*

Paso 3: Compartan con la clase sus párrafos y las cosas en las que coinciden. ¿En qué aspecto no coincide nadie?

Note for **5.2-04:** You may have students that have not been baptized. Some religions, however, have celebrations that have an equally important meaning when welcoming a child to their parents' religion. When you get to question 5, you may want to ask those students to explain how their religions initiate the young.

Answers for **5.2-04:** Answers may vary.

Suggestion for **5.2-04, Paso 2:** In order for students to be ready to report, the planning phase is crucial ("**escriban un pequeño párrafo**"). After each pair has finished this paragraph, have a whole-class discussion. Is there any aspect that makes everyone agree or disagree? If you have students from different cultural backgrounds, use #6 as a point of departure to discuss traditions in other cultures, or explain your own.

5.2-05 ¡La boda del año! En grupos de tres o cuatro, planeen la boda de una persona famosa. Ustedes están invitados. RECYCLES ir + a + verb

Talking about future plans: **Ir + a + verb**
Do you remember which structure we use to talk about future plans? Go to **Hablando de gramatica**, in chapter 2, section 2, to review this grammar point.

Paso 1: Decidan quién es la novia o el novio afortunado (puede ser una persona de la clase). Después preparen cada aspecto de la boda. ¿Dónde va a ser? ¿Quiénes son los invitados? ¿Cómo va a ser? ¿Va a haber música, va a hablar el padrino, van a bailar los novios, van a tirar el ramo de flores?

MODELO: *En la despedida de soltero, vamos a tener mucha música. También vamos a beber cerveza...*

1. despedida de soltero
2. despedida de soltera
3. la boda
4. la recepción
5. la luna de miel

Answers for **5.2-05:** Answers may vary.

Use the PowerPoint slides found in the Book Companion Site and *WileyPLUS* to do this activity in class.

Suggestion for **5.2-05:** Have students plan a wedding with a groom and a bride of their choice. Have them plan all the details. They should write a formal invitation like the one on the picture, or an informal invitation with the description of the event and different celebrations (**la despedida de soltero, la recepción**, etc.). Groups can share their invitation in class and, as homework, each student should decide which wedding he or she wants to attend. The instructor should give a report the next day on which wedding is the most popular. You can also ask your students to plan your wedding, even if you are already married. This is all in jest, of course. Suggest a famous actor/actress that you like, but let the students decide who your bride or groom will be so they get involved in the activity. Have them choose one of the subjects listed, 1-5, and have the secretary of the group write down the group's input. Then have each group read its part to the class. Follow up their ideas with questions.

Paso 2: Después, entre todos, escriban una invitación para describir el plan de la boda e invitar a su profesor/a y sus compañeros de clase. ¡Cada persona debe decidir a qué boda va a asistir!

MODELO: *¡Carlos Ponce y __________ se casan! Los invitamos a la boda el día...*

Entre toda la clase hagan una votación. ¿Qué boda va a tener el mayor número de invitados?

Boda de
Damián y Raquel
Julián Romero Jiménez y
Mª Rosario García González
Francisco Fuentes Escudero y
Mª Carmen Vadillo Muñoz
Nos complace comunicarles el enlace de nuestros hijos
Damián
y
Raquel
Que se celebrará el próximo 26 de julio,
a las 6:30 de la tarde en la Santa Iglesia Catedral.
Deseamos que nos acompañen en este día.
Cena y recepción: Villa El Rincón

HABLANDO DE GRAMÁTICA I

WileyPLUS Go to *WileyPLUS* to review this grammar point with the help of the **Animated Grammar Tutorial**.

1. Saying for whom something is done: Indirect object pronouns

In Chapter 5, Section 1 you learned about direct objects and direct object pronouns. Direct objects receive the action of the verb and answer the questions *who/whom*? or *what*?

What?	¿Compras tú **las entradas** para el concierto? *Are you going to buy the tickets for the concert?*	Sí, yo **las** compro. *Yes, I'll buy them.*
Who?	¿Vas a ver **a Carlos** después? *Are you going to see Carlos later?*	Sí, **lo** voy a ver. *Yes, I'll see him.*

The indirect object is the indirect recipient of the action of the verb and answers the questions *to/for whom*? or *to/for what*?: "To whom do you write those letters? To my sister." In this example, *you* is the subject of the verb, *letters* is the direct object, and *to whom/ to my sister*, the indirect object. You have already been using these pronouns when talking about likes and dislikes. Remember:

A Lucas no **le gusta** bailar en las bodas. — *Lucas doesn't like dancing at weddings. (Lit., Dancing at weddings is not pleasing to Lucas.)*

A. If someone asked you, "Do you send birthday cards *to your sister*?" you might answer: "Yes, I send a card *to her* every year." In this example *to your sister* is an indirect object noun phrase and *to her* is the indirect object pronoun. The indirect object usually, but not always, refers to people. Indirect object pronouns replace specific indirect object nouns (*to my sister* becomes *to her*) and agree with them in number and gender.

Indirect object pronouns

Singular		Plural	
me	*to/for me*	**nos**	*to/for us*
te	*to/for you (familiar)*	**os**	*to/for you (familiar, Spain)*
le	*to/for you (formal), him, her*	**les**	*to/for you (formal), them*
To whom?	¿Escribes **a tu novia** todos los días? Sí, **le** escribo todos los días. *Do you write to your girlfriend everyday? Yes, I write to her everyday.*		
For whom?	¿**Me** compras las entradas, por favor? *Would you buy the tickets for me, please?*		

B. You may have noticed that in Spanish the indirect object pronoun often appears in the sentence at the same time as the noun itself. This *never* occurs in English.

A Lucas no **le** gustan mucho las bodas. — *Lucas doesn't like weddings too much. (Lit., Weddings are not very pleasing to Lucas.)*

¿**Nos** prestas el carro **a Nemis y a mí** para ir a la boda? — *Would you lend the car to Nemis and me to go to the wedding?*

C. Indirect object pronouns follow the same rules of placement as direct object pronouns.

1. They usually go before the conjugated verb. If the sentence is negative, the indirect object pronoun is placed between the negative word and the verb:

–¿Les cuentas tus problemas **a tus padres?** — *–Do you tell your parents about your problems?*
–Sí, siempre **les** cuento todo. — *–Yes, I always tell them everything.*
–No, no siempre **les** cuento todo. — *–No, I don't always tell them everything.*

Note for **5.2-06** and **5.2-07:** Because English has a strict subject-verb-object word order, learners of Spanish as a second language have a tendency to interpret the first noun/pronoun of a sentence as the subject. Because (in)direct object pronouns in Spanish precede the verb, students often interpret object pronouns as the subject. **5.2-06** and **5.2-07** are a necessary practice that forces student to process sentences without an explicit subject and to focus on the verb form for a correct interpretation.

Exercises labeled with an individual student icon in the **Hablando de gramática** section are intended to be assigned as homework.

2. When a conjugated verb is followed by an infinitive or a present participle (ending in **-ndo**), the indirect object pronoun may be attached to the end of these forms or it may be placed before the conjugated verb. There is no difference in meaning. (Note that when attaching pronouns to present participles you will need to add a written accent mark over the vowel that normally carries the stress.)

¿Vamos a comprar**les** un regalo? ¿**Les** vamos a comprar un regalo?	*Are we going to buy the present for them?*
Estoy escribiéndo**te** ahora. **Te** estoy escribiendo ahora.	*I am writing to you now.*

5.2-06 La boda de Carla Carla nos cuenta los detalles de su boda. Indica quién es el sujeto (la persona que hace la acción) en cada oración.

MODELO: Me promete amor eterno. → *mi nuevo esposo*

los invitados **mi esposo** **el fotógrafo** **el padrino** **mis padres**

1. Me pagan el banquete.
2. Nos saca muchas fotos a mi nuevo esposo y a mí.
3. Me pone el anillo de bodas.
4. Nos hace un brindis especial.
5. Me dicen "¡Felicidades!".
6. Nos ofrecen muchos regalos.

Answers for **5.2-06:** 1. mis padres; 2. el fotógrafo; 3. mi esposo; 4. el padrino; 5. los invitados/mis padres; 6. los invitados

Suggestion for **5.2-07:** To facilitate processing meaning, in the second column you can ask students to identify who is the subject of each verb by focusing on the verb form.

5.2-07 El cumpleaños de Carla Carla hace una fiesta para celebrar su cumpleaños. Combina las oraciones de la primera columna con las más apropiadas de la segunda.

__d__	1. Carla quiere invitar a muchos amigos.	a. Carla nos ofrece una bebida.
__b__	2. Por fin hoy es el cumpleaños de Carla.	b. Voy a regalarle un suéter.
__e__	3. Nuestro amigo Rafa no sabe dónde está la casa de Carla.	c. Le gusta muchísimo el suéter.
__f__	4. En la fiesta, mi amigo Juan está deprimido y solo quiere darse el palo.	d. Les escribe a todos un *e-mail* para invitarlos.
__g__	5. Rafa y yo queremos bailar.	e. Le explico cómo llegar.
__a__	6. Juan y yo tenemos sed.	f. Me explica qué le pasa.
__c__	7. Carla está muy contenta con su regalo.	g. Le preguntamos a Carla si tiene CD de salsa.

5.2-08 ¿Qué pasa en un bautizo? Carla quiere bautizar a su hijo y le explica a una amiga cómo es un bautizo católico.

Paso 1: Completa su narración con los pronombres de objeto indirecto. Mira las palabras subrayadas como referencia.

Para empezar, los padres ____*le*____$_1$ preguntan <u>al cura</u> en qué fecha es posible bautizar al bebé. Entonces, unas semanas antes, los padres ____les____$_2$ envían invitaciones <u>a los familiares y amigos</u> para asegurarse de que vienen todos. Antes del bautizo, el cura ____les____$_3$ explica <u>a los padrinos</u> qué deben hacer. En la ceremonia, el cura ____le____$_4$ echa[9] agua <u>al bebé</u>. Como en una boda o un cumpleaños, los invitados ____le____$_5$ llevan regalos <u>al bebé</u>. Por ejemplo, <u>a mí</u> mis padres ____me____$_6$ ofrecen pagar un almuerzo después de la ceremonia. Seguramente mis padres ____nos____$_7$ van a llevar <u>a todos nosotros</u> a un restaurante delicioso.

[9]**echa:** pours

Paso 2: Ahora, Carla quiere saber sobre una celebración importante en tu cultura. Escribe un pequeño párrafo (de cuatro o cinco oraciones) para describir esta celebración. En tu párrafo, contesta sus preguntas. Usa los pronombres de objeto indirecto en tus respuestas.

1. ¿Hay que enviar invitaciones antes de la celebración? ¿A quién le envías las invitaciones?
2. ¿Hay que darles instrucciones especiales a los invitados o a otras personas? ¿A quién hay que darle instrucciones? ¿Quién da las instrucciones?
3. ¿Hay que llevar regalos? ¿Quién da los regalos? ¿A quién le da los regalos?
4. ¿Hay comida? ¿Quién les sirve la comida a los invitados?

MODELO: *Una celebración muy importante en mi familia es... Primero...*

Suggestions for **5.2-08, Paso 2:** Make sure your students read the sentences carefully and focus on the conjugated verb in order to know who does the action and to whom. Learners usually focus on word order and ignore the difference between **¿Quién?** and **¿A quién?** Thus, they may interpret a sentence such as **¿A quién le da los regalos?** as *Who gives the presents?*

The verb gustar

In Chapter 1, Section 2, and Chapter 2, Section 2, you learned how to use **gustar** when talking about activities that you like or don't like to do and things you like or dislike. As you already know, the verb **gustar** literally means "to be pleasing (to someone)". The thing that is pleasing or displeasing usually follows **gustar** and is the subject of the verb (i.e., **gustar** agrees with it).

Me gust**a esta fiesta.**	*I like this party.* *(Literally, This party is pleasing to me.)*
No nos gust**an las bodas.**	*We don't like weddings.* *(Literally, Weddings are not pleasing to us.)*

The **a** + *pronoun/noun phrase* is the indirect object. Thus, the pronouns used in the gustar construction are indirect object pronouns.

A mí me gustan las fiestas tradicionales.
A Elena y a Robin les gusta la ceremonia religiosa.

5.2-09 ¡Qué gustos tan diferentes! Vas a planificar una fiesta con dos compañeros de clase y vas a invitar al resto de la clase. Pero primero, hay que saber qué les gusta o qué no les gusta a ustedes tres.

Answers for **5.2-09:** Answers may vary. RECYCLES the verb **gustar**.

Paso 1: Escribe en los espacios en blanco cosas diferentes que te gustan o que no te gustan de las celebraciones o fiestas.

MODELO: *En una fiesta no me gusta* usar platos de plástico.

Ideas: la comida vegetariana, las bebidas alcohólicas, llevar regalos, bailar, los dulces, cantar...

En una fiesta (no) me gusta/n...

1. ______________________ 5. ______________________
2. ______________________ 6. ______________________
3. ______________________ 7. ______________________
4. ______________________

Paso 2: Entrevista a dos compañeros de clase para ver si a ellos les gustan las mismas cosas.

MODELO: Estudiante 1: *¿Te gusta usar platos de plástico en las fiestas?*
Estudiante 2: *Sí, sí me gusta, es más cómodo. o. No, no me gusta, producen mucha basura.*

Paso 3: Ahora, escriban un pequeño informe para presentarlo en clase.

MODELO: *Los tres preferimos usar platos de cerámica porque no nos gusta usar platos de plástico. A* ___Shonda___ *y a* ___Chris___ *no les gusta llevar regalos, pero a mí...*

The suggested narration for **La pura verdad** can be found in the Appendix. Please use this narration to go over each of the frames with your students. You can also find this section (frames and narration) in the PowerPoint slides, found in the Book Companion Site and *WileyPLUS*.

LA PURA VERDAD II Los Reyes Magos

Los Reyes Magos van a estar en la plaza y Tato tiene que llevar a su sobrina Anita a verlos. Tato invita a Ismael.

Script for **5.2-10:** 1. Los Reyes Magos les dicen a los niños que van a estar en otro lugar por la tarde. Parece que les molesta el calor en la plaza. 2. A Ismael le fascina todo porque es muy diferente para él. Él quiere ir por la tarde otra vez. 3. Anita le dice a su tío que quiere ir a hablarle a otro Rey Mago por la tarde.

5.2-10 Los Reyes Magos: ¿Qué pasa después? Escucha la narración y selecciona la mejor opción:

1. a. Les dicen a los niños que no tienen más dulces.
   b. Les dicen que Melchor está cansado.
   (c.) Les dicen que van a estar en otro lugar por la tarde.
2. (a.) A Ismael le encantan los Reyes Magos.
   b. Ismael quiere hablar con Baltasar.
   c. A Ismael le molesta el calor.
3. a. A Anita le molesta el calor y quiere irse a su casa.
   b. Anita quiere hablarle a Ismael.
   (c.) Anita quiere hablarle a otro Rey Mago.

HABLANDO DE GRAMÁTICA II

2. Discussing exchanges and reporting: The verbs *dar* and *decir*

WileyPLUS Go to *WileyPLUS* to review this grammar point with the help of the **Animated Grammar Tutorial** and the **Verb Conjugator**.

Two common verbs usually used together with indirect object pronouns are **dar** and **decir**.

dar ***(to give)***			
(yo)	doy	(nosotros/as)	damos
(tú)	das	(vosotros/as)	dáis
(él, ella, Ud.)	da	(ellos/ellas/Uds.)	dan

decir ***(to say, to tell)***			
(yo)	digo	(nosotros/as)	decimos
(tú)	dices	(vosotros/as)	decís
(él, ella, Ud.)	dice	(ellos/ellas/Uds.)	dicen

A. Dar means "to give." Note the irregular first person form ending in **-y** (like **estoy**.)

Anita **le da** su carta **a Melchor**. — *Anita gives her letter to Melchor.*
Los Reyes **les dan** caramelos **a los niños**. — *The Three Kings give candy to the children.*

B. Decir means "to say" or "to tell" (not "to speak" or "to talk", which is **hablar**!). Note that the irregular first person form is spelled with a **g**, and that four of the conjugation forms have an **i** in the stem.

Anita **le dice a Melchor** que quiere un iPod. — *Anita tells Melchor that she wants an iPod.*
Melchor **le dice:** "Primero tengo que saber si eres obediente". — *Melchor* tells *her: "First I have to know if you are obedient."*

Other verbs of transfer (such as *dar*) and communication (such as *decir*) commonly used with indirect object pronouns are:	
aconsejar	*to advise*
contar (o → ue)	*to tell, to narrate (e.g., a story)*
contestar	*to answer*
devolver (o → ue)	*to return (something)*
enviar	*to send*
escribir	*to write*
explicar	*to explain*
mandar	*to send*
mostrar (o → ue)	*to show*
ofrecer (c → zc)	*to offer*
pedir (e → i)	*to ask for, to request*
preguntar	*to ask*
prestar	*to lend*
regalar	*to give (as a gift)*
responder	*to respond*

Exercises labeled with an individual student icon in the **Hablando de gramática** section are intended to be assigned as homework.

Suggestion for **5.2-11:** To facilitate processing meaning, tell students to focus on the subject of each sentence in the first column, and then the subject of the verb **dar** in the second column.

5.2-11 La visita a los Reyes Anita está entusiasmada después de ver a los Reyes Magos y relata su visita. Combina las oraciones de la primera columna con la segunda.

__e__ 1. Hay muchos niños en la calle y Tato no quiere perderme.	a. Todos esperamos nuestro turno y les damos la mano y un beso.
__a__ 2. Todos los niños quieren tocar a los Reyes.	b. Le doy mi carta a Melchor con la lista de regalos que quiero recibir.
__f__ 3. Los Reyes son muy simpáticos y tienen muchos dulces para nosotros.	c. Por esta razón siempre me dan muchos regalos.
__d__ 4. Melchor habla mucho conmigo.	d. Me dice: "Te doy un caramelo si me das la carta".
__b__ 5. Yo espero mi turno para hablar con Melchor.	e. Me da la mano para tenerme cerca.
__c__ 6. Los Reyes saben que soy muy obediente.	f. Nos dan muchos caramelos a todos los niños.

5.2-12 El video de felicitación Para la boda de Carla y Marcos, los invitados les hacen un video de felicitación a los novios. La abuela de Carla no oye bien y Carla le repite todo a su abuela. Completa el informe de Carla con la forma correcta del verbo *decir*.

Todos los invitados están muy contentos. La exnovia de Marcos nos ___dice___ (1) "Buena suerte". Mis tíos nos aconsejan y nos ___dicen___ (2) el secreto para mantener un matrimonio feliz. Mis padres gritan juntos: "Nosotros les ___decimos___ (3): ¡Felicidades!", y mi mamá agrega: "Yo les ___digo___ (4), ¡queremos nietos pronto, por favor!". La última que aparece es la madre de Marcos. Ella me ___dice___ (5): "Bienvenida a la familia, hija".

Note for **5.2-13:** Students tend to ignore the verb ending and other functional words when reading for comprehension. Thus, they may interpret a sentence like **¿A quién le mandas mensajes de texto?** as *Who sends you text messages?* Point out that in order to know who is doing the action, they have to pay attention to the verb ending. Also point out the difference between **¿Quién…?** and **¿A quién…?** Some of the questions should start with **¿A quién?** like question #1 and others with **¿Quién?** like #2. You will have to emphasize this difference in class.

Answers for **5.2-13:** Answers may vary. Possible questions for **Paso 2:** 1. ¿A quién le das los mejores regalos de cumpleaños?. ¿Por qué? 2. ¿Quién te aconseja devolver siempre las llamadas? ¿Por qué? 3. ¿A quién le dices siempre "Felicidades" por su cumpleaños? 4. ¿A quién le escribes mensajes de correo electrónico todos los días? ¿Por qué? 5. ¿Quién te manda mensajes de texto todos los días? ¿Por qué? 6. ¿A quién le ofreces ayuda siempre? ¿Por qué? 7. ¿Qué les pides a tus padres a veces? ¿Por qué?

5.2-13 ¿Con quién interactúas frecuentemente?

Paso 1: Completa las siguientes oraciones con información sobre ti.

MODELO: *A veces le regalo flores a mi madre porque le gustan mucho.*

1. Le(s) doy los mejores regalos de cumpleaños a ____________ porque ____________.
2. ____________ me aconseja devolver siempre las llamadas porque ____________.
3. Siempre le(s) digo "¡Felicidades!" por su cumpleaños a ____________.
4. Le(s) escribo mensajes de correo electrónico todos los días a ____________ porque ____________.
5. ____________ me manda(n) mensajes de texto todos los días porque ____________.
6. Siempre le(s) ofrezco mi ayuda a ____________ porque/cuando ____________.
7. A veces les pido ____________ a mis padres porque/cuando ____________.

Paso 2: Ahora, usa las oraciones del **Paso 1** para crear preguntas y entrevistar a alguien de la clase.

MODELO: *¿A quién le regalas flores por su cumpleaños? ¿Por qué?*

¿Cuál es la conclusión? ¿Interactúan con la misma gente? ¿En qué coinciden? ¿En qué no?

3. Expressing likes and dislikes (III): Other verbs like *gustar*

WileyPLUS Go to *WileyPLUS* to review this grammar point with the help of the **Animated Grammar Tutorial** and the **Verb Conjugator**.

You have already been discussing likes and dislikes with the verb **gustar**. In Spanish, there are many other verbs that function like **gustar**. In this section you will learn some of them.

encantar	*to like a lot, to love something*	Nos encanta la tradición de los Reyes Magos. *We love the tradition of the Three Wise Men.*
fascinar	*to love, to be fascinated by something*	Me fascinan las fiestas sorpresa. *I love surprise parties.*
importar	*to care about something, to matter*	No me importa no ser invitado a las bodas. *I don't mind not being invited to weddings. (Lit., It doesn't matter to me.)*
molestar	*to bother*	¿Les molesta la música alta? *Does the loud music bother you?*
parecer	*to seem*	¿Te parece buena idea comprar este regalo? *Do you think it is a good idea to buy this present? (Lit., Does it seem like a good idea to you?)*
(des)agradar	*to (dis)please*	Me agradan las celebraciones familiares. *I like family celebrations. (Lit., Family celebrations are pleasing to me.)*
caer bien/mal	*to like/dislike someone*	No me caen bien los invitados. *I don't like the guests.*
aburrir	*to bore*	A Lucas le aburren las bodas. *Weddings bore Lucas.*

As with **gustar**, the prepositional phrase **a + mí, ti, él/ella, nosotros/as, vosotros/as, ustedes, ellos/as** should be used to clarify to whom something is pleasing, important, bothering, etc.

Just like with **gustar**, in order to agree when someone makes a statement using one of these verbs, use the following expressions with **también/tampoco**. Don't forget to always use the personal **a**!

Negative statement:

–No me caen bien estos invitados. *–I don't like these guests.*
–A mí tampoco. *–Me, neither.*

Positive statement:

–¡Me encanta la comida que nos sirven! *–I love the food they are serving us!*
–¡A mí también! *–Me, too!*

In order to disagree with a statement, use **sí/no**.

–No me caen bien estos invitados. *–I don't like these guests.*
–A mí sí. *–I do.*
–¡Me encanta la comida que nos sirven! *–I love the food they serve us.*
–A mí no. *–I don't.*

Answers for **5.2-14:** 1. C, 2. Falso. A Nemis le encantan las bodas. 3. C, 4. C, 5. F, A Lucas le molesta/le parece aburrido asistir a dos bodas en un día.

5.2-14 ¿Recuerdas qué le pasa a Lucas? Mira la historia de Lucas en **La pura verdad I** y decide si las siguientes oraciones son **ciertas** o **falsas**. Si son falsas, escribe la información correcta.

C	F	
☑	☐	1. En Cuba no tienen mucho dinero, pero les fascina celebrar las bodas de forma especial.
☐	☑	2. A Nemis le desagradan las bodas.
☑	☐	3. A Nemis le cae bien Lucas y lo invita a la boda de su hermana.
☑	☐	4. A Lucas las bodas le aburren.
☐	☑	5. A Lucas le parece muy divertido asistir a dos bodas en un día.

5.2-15 ¡Te invito! Nemis invita a Lucas a la boda de su hermana Carla. Completa el diálogo con el pronombre de objeto indirecto y la forma apropiada de los verbos de la lista.

fascinar aburrir encantar importar parecer caer (bien/mal)

Nemis: Lucas, mi hermana Carla se casa. ¡Estoy emocionada! ¡ Me encantan/Me fascinan las bodas!

Lucas: Pues a mí no. A mí las bodas me aburren.

Nemis: ¡Pero esta boda es importante para mí! Mi familia no puede tirar la casa por la ventana pero a nosotros nos importa celebrar la boda de mi hermana de forma especial. Además, a mi hermana le caes muy bien. ¡Estás invitado!

Lucas: Está bien. Me fascina/Me encanta la cultura cubana y tu hermana me parece muy simpática. ¿Cuándo es la boda?

Nemis: El sábado a las dos de la tarde. Entonces, ¿vas a venir?

Lucas: Sí, sí, allí voy a estar.

Answers for **5.2-16:** Answers may vary.

RECYCLES the verb **gustar**

5.2-16 ¿Y tú qué piensas de las bodas?

Paso 1: Después de leer sobre las opiniones de Nemis y Lucas, escribe cinco oraciones con tus opiniones usando los verbos de la lista.

gustar encantar fascinar molestar aburrir (des)agradar

Ideas posibles:

el banquete, la comida, el baile, la recepción, la ceremonia...
ver a la familia, bailar, ponerme ropa elegante, gastar dinero en un regalo...

MODELO: *Me agrada conocer gente nueva en las bodas.*

Paso 2: Con un/a compañero/a, comparen sus opiniones. ¿Piensan igual?

MODELO: Estudiante 1: *¿Te gusta conocer gente nueva en las bodas?*
Estudiante 2: *¡Sí, me encanta! ¿Y a ti?*
Estudiante 3: *A mí también. Es una buena ocasión para conocer gente nueva.*

Paso 3: Entre ambos, escriban un pequeño párrafo para informar a la clase sobre las opiniones en las que coinciden.

MODELO: *A nosotros dos nos agrada conocer gente nueva en las bodas y también nos encanta...*

OTRA PERSPECTIVA

Courtesy Wilma Isabel Pillot

¿Cuántos años tienes?

Diferente

"En Estados Unidos tengo que recordar llevar identificación porque si no la tengo, no puedo comprar alcohol. En Puerto Rico, al igual que en muchos otros países, no es legal beber ni comprar alcohol si eres menor de edad, pero esto no se cumple[10] estrictamente. El alcohol se compra en los supermercados. En un supermercado no siempre piden identificación para verificar la edad, especialmente si parece que tienes más de 18 años".

Casi igual

"La edad legal para beber alcohol en Puerto Rico es 18 años. Al igual que en Estados Unidos, te piden una identificación, como la licencia de conducir, para verificar tu edad. La ley existe en ambos países, pero la práctica de pedir identificación para verificar la edad es menos común que en Estados Unidos".

Note for **Otra perspectiva:** The legal drinking age in many Spanish-speaking countries is 18, but it is not strictly enforced, especially at private parties. The 21st birthday is not eagerly awaited to be able to drink alcohol as it is in the United States.

Possible answers for **Otra perspectiva:** 1. Sí, 21 años. Estoy/No estoy de acuerdo porque... 2. *Answers may vary.* Prohibir algo como el alcohol puede provocar que los jóvenes se rebelen y se sientan aún más atraídos por "lo prohibido".

Explícale a Wilma

1. ¿Tenemos una edad mínima para beber alcohol? ¿Cuántos años debes tener? ¿Estás de acuerdo?
2. ¿Cómo crees que afecta a la juventud tener una ley estricta sobre el comsumo de alcohol?

MANOS A LA OBRA

RECYCLES **ir** + **a** + verb

5.2-17 ¿Quién le sirve a quién? ¿Qué pasa después de la boda? ¿Qué exigen[11] los dos?

Paso 1: Con un/a compañero/a asuman el papel de una pareja recién casada. Responde a las demandas de tu pareja.

MODELO: Estudiante 1: *Vas a servirme el desayuno todas las mañanas.*
Estudiante 2: *No/Sí voy a servirte el desayuno todas las mañanas. Me molesta/agrada cocinar.*

Suggestion for **5.2-17:** Pairs should pretend they are a married couple. Roam around the room. Make sure they are speaking Spanish. As a follow-up, have the pairs report to the class and change the pronouns and verbs accordingly. Also, encourage students to use verbs like **gustar** when reacting and responding to each statement.. Do a whole-class check at the end of the activity to decide which couple will get along better.

Answers for **5.2-17:** Answers may vary.

Estudiante 1 dice:

1. Vas a escribirles *e-mails* a mis padres.
2. Vas a darme masajes en los pies.
3. Vas a prepararnos la cena todas las noches.

Estudiante 2 dice:

1. Vas a escribirme poemas de amor todas las semanas.
2. Vas a regalarme cosas caras en mi cumpleaños.
3. Vas a darnos (a mí y a mis amigos) dinero para divertirnos durante el fin de semana.

Paso 2: Presenten a la clase los resultados. ¿Cuáles son las reacciones de su pareja? ¿Creen que van a tener una buena relación? ¿Por qué si o por qué no?

MODELO: *Él/Ella dice que debo servirle el desayuno todas las mañanas, pero a mí no me agrada cocinar...*

[10] **se cumple:** enforced [11] **exigir:** to demand

Suggestion for **5.2-18:** Form groups of five, six or seven students. All groups should have the same number of members. Line up the groups in a single file. When you give the signal, the first student from each team goes to the board and writes the first word, an indirect object pronoun. The next team member writes the next word in front or behind the first. Every member adds a word, and the last student should complete the sentence, including punctuation. The first group to complete a correct sentence wins.

Suggestion for **5.2-19:** Have your students stand up and ask each other these questions. Make sure they are answering in Spanish. Either require them to ask all questions or just some, depending on how much time is available and give them a time limit. Remind your students that when asking questions to a particular classmate, they have to change the verb to the **tú** form. When time is up, do a whole-class check: **¿Quién le escribe cartas románticas a su novio/a? Ah, Rich es muy romántico, ¿ no? Y a tus padres, ¿les escribes cartas o les envías *e-mails?***

Answers for **5.2-18, 5.2-19** and **5.2-20:** Answers may vary.

Use the PowerPoint slides found in the Book Companion Site and *WileyPLUS* to do this activity in class.

Suggestion for **5.2-20:** Depending on the time available, you may want to divide the situations and assign only two or three to each group. Have your students take turns reading the situations to each other. They don't need the conditional tense to answer this. For example: **¿Le dice la verdad o le da las gracias?** Response: **Le doy las gracias. No le digo la verdad**. After the activity is finished, do a whole-class check and ask, for example: **¿Por qué vas a decirle la verdad? Va a estar muy enojado/a. Response: Ella debe saber la verdad.**

WileyPLUS Go to *WileyPLUS* and listen to **Presta atención.**

Script for **5.2-21, Presta atención: Una conversación entre Anita y su tío Tato**
Anita: Tío, ¿por qué no viene tu amigo Ismael?
Tato: Porque Ismael tiene que ir al supermercado.
Anita: ¿Tu amigo Ismael no quiere ver a los Reyes Magos?
Tato: Sí, sí quiere verlos, pero los va a ver más tarde.
Anita: ¿Tú sabes a qué rey tu amigo Ismael le va a pedir regalos?
Tato: No, no sé.
Anita: Umm, no sabes. Pues entonces vamos a tener que hablar con los tres Reyes para pedirles regalos para tu amigo. Tío, ¿sabes qué regalos quiere Ismael?
Tato: No, Anita, no sé.
Anita: Tío, ¿y tú eres su amigo?

5.2-18 ¿Qué escribimos? Traten de formar una oración en la pizarra. Escriban una palabra a la vez[12], hasta completar una oración. ¿Qué grupo lo hace más rápido?

MODELO: Estudiante 1 escribe: *Le*
Estudiante 2 escribe: *regalo*
Estudiante 3 escribe: *un*
Estudiante 4 *escribe: ramo de flores.*

5.2-19 ¿Quién aquí...? Levántate y hazles las siguientes preguntas a tus compañeros. Escribe el nombre del/de la compañero/a que conteste afirmativamente.

MODELO: Estudiante 1: *¿Vas a casarte este año?*
Estudiante 2: *Sí, voy a casarme este año. / No, no voy a casarme este año.*

1. ¿Les ofreces ayuda a tus amigos cuando hacen una fiesta? ________
2. ¿Vas a la iglesia casi todos los domingos? ________
3. ¿No quieres casarte nunca? ________
4. ¿Le regalas flores a tu novio/a? ________
5. ¿Lloras en las bodas o en las películas? ________
6. ¿Les haces regalos a tus amigos en sus cumpleaños? ________

Después, comenta tus resultados con la clase. ¿Fue fácil o difícil completar la actividad?

MODELO: *Parece que nadie de la clase le regala...*

5.2-20 ¡Escrúpulos! ¿Tienes escrúpulos? En grupos de dos o tres, lean las siguientes situaciones y digan qué van a hacer o qué van a decir en cada situación.

1. Una amiga se va a casar pronto. Tú sabes que el novio tiene una relación con otra mujer. ¿Le dices la verdad a tu amiga?
2. Te dan un regalo muy grande y muy caro pero muy feo. Con mucho entusiasmo te preguntan: "¿Te gusta, te gusta?". ¿Les dices la verdad o les dices una mentira como: "Ay, sí, me encanta, gracias"?
3. Estás en una boda que, en tu opinión, es un desastre. El novio te pregunta: "¿Qué te parece mi boda? Magnífica, ¿no?". ¿Qué le dices?
4. Una buena amiga te da un regalo caro pero a ti no te agrada. Le das las gracias y le dices que te gusta. Una semana después tienes que ir a una boda y no tienes dinero para comprar un regalo. ¿Usas el regalo de tu amiga?

5.2-21 Presta atención: Una conversación entre Anita y su tío Tato Después de ver a los Reyes Magos, Anita habla con su tío. Escucha la conversación y selecciona las respuestas más apropiadas, según el audio.

1. El tío Tato le dice a Anita que...
   a. su amigo Ismael va con ellos a ver a los Reyes.
   b. su amigo Ismael tiene que ir a ver a unos amigos.
   (c.) su amigo Ismael tiene que ir al supermercado.
2. Tato dice que...
   a. su amigo Ismael no tiene tiempo para ver a los Reyes.
   (b.) su amigo Ismael va a ver a los Reyes más tarde.
   c. su amigo Ismael es mayor para ver a los Reyes.
3. Tato le dice a Anita que...
   a. Ismael no sabe con qué rey quiere hablar.
   b. Ismael quiere pedirles regalos a los tres Reyes.
   (c.) él no sabe a qué rey Ismael le va a pedir regalos.

[12] **a la vez:** at a time

4. Tato...
   a. sabe qué regalos quiere Ismael.
   b. no sabe si Ismael va a ver a los Reyes.
   (c.) no sabe qué regalos quiere Ismael.
5. Anita...
   (a.) quiere saber si Tato es realmente amigo de Ismael.
   b. piensa que Tato conoce bien a su amigo.
   c. le pregunta a Tato dónde está su amigo Ismael.

5.2-22 Por escrito: Una boda Imagina que vas a ir con un/a amigo/a a la boda de una persona que no conocen. Van el próximo sábado.

Escribe un diálogo entre tu amigo/a y tú. Incluye los verbos nuevos de esta sección como: *encantar, fascinar, (des)agradar, aburrir, molestar, parecer, ir a* + infinitivo, *ser, estar, dar, decir* y los pronombres de objeto indirecto y directo.

En el diálogo, habla sobre lo siguiente:

- cuándo es la boda;
- qué ropa van a ponerse;
- qué van a hacer en la boda;
- cómo es la recepción, qué gente asiste, qué opinas sobre las bodas, etc.

Tu amigo/a puede preguntar sobre el tipo de boda, el lugar de la boda, la comida, etc.

¡OJO!

Grammar Review
Since you already know some grammar structures, make sure that you are accurately expressing the meaning you intended by reviewing your grammar after writing the dialogue.

PONTE EN MI LUGAR

Estrategias para conversar

Asking direct questions In a conversation, the speakers use strategies to keep the conversation flowing. Try to use these strategies and these Spanish expressions in your next conversation:

- Encourage your partner and show that you are listening: **¡No me digas!** (*No way!* or *Are you serious?*), **¿De verdad?** (*Really?*), **¡No lo dirás en serio!** (*You cannot be serious!*), **¡Qué bien!** (*How nice!*)
- Check that your partner has understood. Use expressions such as: **¿Comprendes?** / **¿Entiendes?**
- Invite your partner to speak: **¿Qué piensas de esto?** (*What do you think about this?*)
- Ask your partner to clarify something: **¿Qué dijiste?** (*What did you say?*) / **¡Repite, por favor!** (*Repeat, please!*)

Una celebración En grupos de tres o cuatro seleccionen a una persona y piensen en un tipo de celebración (cumpleaños, boda, quinceañero, benei mitzvá, etc.). Después, planeen la celebración: ¿Dónde tiene lugar? ¿Qué se celebra? ¿Quién dirige la celebración? ¿Cuándo es la celebración? ¿Quién asiste? ¿Qué costumbres se practican? ¿Cuánto dura? ¿En qué países o culturas se celebra? Después, el grupo prepara un diálogo y lo actúa. Por ejemplo, una boda: ¿Se celebra en una iglesia o en un juzgado? ¿A qué religión pertenece la celebración? ¿Hay un cura o un juez de paz? Un narrador describe la acción y nombra a todos los participantes. En el diálogo hablen sobre el baile, las conversaciones, el brindis, la comida, las bebidas, el fotógrafo y lo que dice el festejado[13]. Recuerda usar **Estrategias para conversar** para hacer preguntas directas.

[13]**festejado:** guest of honor

ASÍ ES LA VIDA

Use the PowerPoint slides found in the Book Companion Site and *WileyPLUS* to do this section in class.

Adivina, adivinador

Answers for **Adivina, adivinador:** el cumpleaños; un anillo

Solo una vez al año
tú celebras ese día,
y conmemoras la fecha
en que llegaste a la vida.
¿Qué fiesta es?

Redondo, redondo,
pequeño y sin fondo[14].
¿Qué es?

WileyPLUS Go to *WileyPLUS* to find more **Arroba** activities.

Answers for **Arroba:** Research this first and guide your students to the easiest path to an online shopping experience in Spanish. Ask them to write down who could buy the present and for whom.

@Arroba@

Los regalos Explora en tu buscador favorito las palabras *almacenes* y *hogar*. Piensa en una persona que va a casarse pronto, como un hermano, un amigo, un primo, un padre, etc. Haz una lista de artículos de regalos y quién los va a regalar. ¿Qué le vas a regalar tú? ¿Qué le van a regalar otros invitados de la boda? Después, comparte tus oraciones con dos de tus compañeros y comenta sobre el regalo. Sigue el modelo.

MODELO: Estudiante 1: *Mi primo se casa el 21 de abril. Mis padres le van a regalar un televisor.*
Estudiante 2: *¡Qué bien! Mi hermana se casa en un mes. Yo le voy a regalar un florero.*

VER PARA CREER II: ¡A bailar!

WileyPLUS Go to *WileyPlus* to see this video and to find more video activities.

Go to *WileyPLUS* and the Book Companion Site to play the video in class. You can also find them in the PowerPoint slides.

Suggestions for **Antes de ver:** 1. Answers may vary. 2. *Cool*; 3. la danza, el reguetón, la salsa el merengue; 4. nacido en Puerto Rico

Answers for **Después de ver:**
1. ¿Comprendiste? 1. F, Justin es de Nueva Jersey. 2. F, Kate es su profesora de baile. 3. F, Son alumno y maestra. 4. F, Hoy es el cumpleaños de Justin. 5. C. 6. C. **2. En la discoteca.** Dialogues may vary. **3. Enfoque cultural.** Answers may vary.

Antes de ver

En este video vamos a visitar Puerto Rico. Con un/a compañero/a, contesta o comenta lo siguiente:

1. ¿Conoces Puerto Rico? ¿Qué ciudades conoces?
2. ¿Qué expresión en inglés conoces para la palabra *chévere*?
3. ¿Qué bailes se bailan en Puerto Rico?
4. ¿Qué significa *boricua*?

Después de ver

1. ¿Entendiste? Después de ver el video, decide si las oraciones son **ciertas** o **falsas**. Si es falso, explica por qué.

1. Justin es un puertorriqueño que vive en Puerto Rico.
2. Kate es la prima de Justin y es puertorriqueña.
3. Justin y Kate son novios y se van a casar.
4. Hoy es el cumpleaños de la novia de Justin.
5. Kate invita a Justin a ir a la discoteca.
6. Nuyorican es una discoteca en el Viejo San Juan.

2. En la discoteca En parejas, escriban un diálogo usando palabras de esta lista. Represéntenlo delante de la clase.

caer bien/mal molestar importar regalar animar agradecer saber conocer paso de baile cumbia pareja canción

Tema: Kate y Justin se encuentran en la discoteca. Justin está muy contento porque es su cumpleaños. Justin quiere bailar con Kate toda la noche pero Kate no siempre quiere bailar con él. ¿Por qué? ¿Qué pasa?

3. Enfoque cultural ¿Qué bailes e instrumentos son típicos en tu cultura?

[14]**fondo:** bottom

AUTOPRUEBA

VOCABULARIO

Answers for **Vocabulario I:** 1. las damas; 2. los caballeros; 3. el ramo; 4. el juzgado; 5. el bautizo

I. ¿Qué es? Contesta las preguntas de vocabulario.

1. ¿Cómo se llaman las mujeres que son amigas de la novia y participan en su boda?
2. ¿Cómo se llaman los hombres que son amigos del novio y participan en su boda?
3. ¿Cómo se llama la cosa que la novia tira a las mujeres solteras de la boda?
4. ¿En qué lugar te puedes casar si no quieres casarte en una iglesia?
5. ¿Qué celebran los padres que llevan a su bebé a la iglesia para ponerle agua?

II. ¿Qué o quién es? Lee las oraciones y decide quiénes son las siguientes personas o qué son las cosas. Usa la lista de palabras. ¡Ojo! Hay más palabras que oraciones.

el anillo   los padrinos   la iglesia   el padre
el novio   el cura   los invitados

1. Es una persona que puede casar a dos personas.
2. Es un hombre que tiene una relación con otra persona y quiere casarse con esa persona.
3. Son las personas que asisten a una celebración.
4. En un bautizo, son dos personas encargadas de un bebé. Son como los padres.
5. Es un lugar sagrado donde hay bautizos y bodas.

Answers for **Vocabulario II:** 1. el cura; 2. el novio; 3. los invitados; 4. los padrinos; 5. la iglesia

GRAMÁTICA

I. Buenos modales ¿Qué debemos hacer en una boda? Completa los espacios en blanco con el pronombre de objeto indirecto apropiado.

1. Tres semanas antes, los padres ___les___ mandan las invitaciones a los familiares.
2. Nosotros los invitados ___les___ tiramos arroz a los novios.
3. Todos ___le___ decimos "felicidades" al novio.
4. Nosotros ___les___ damos un regalo a los novios.
5. Unas semanas después, la novia ___nos___ manda una nota de agradecimiento a nosotros los invitados.

II. ¿A quién le dices eso? Di quién dice las siguientes frases.

MODELO: ¿Me quieres? (la novia a su pareja)
→ *La novia le dice a su pareja: "¿Me quieres?".*

1. Felicidades (nosotros al padre de la novia)
2. Te bautizo en el nombre del Padre… (el cura al bebé)
3. Siempre lloro en las bodas. (yo a todos)
4. ¡No lo hagas! (los amigos al novio)
5. ¡Sí, quiero! (el novio a su pareja)

Answers for **Gramática II:** 1. Nosotros le decimos al padre de la novia: "Felicidades". 2. El cura le dice al bebé: "Te bautizo…" 3. Yo les digo a todos: "Yo siempre lloro…" 4. Sus amigos le dicen al novio: "¡No lo hagas!". 5. El novio le dice a su pareja "¡Sí, quiero!".

III. ¡Vamos de boda! Tu hermana se va a casar y todos están preparando la boda. Habla de las cosas que les gustan y que no les gustan a cada persona de la familia. Completa los espacios con el verbo equivalente a "gustar" adecuado de la lista.

interesar   encantar   molestar   parecer   aburrir

1. Mi hermana está muy contenta organizando su boda. A mi hermana ___le encanta___ organizar su boda.
2. Yo detesto las bodas. Hay mucha gente y me siento claustrofóbico. A mí ___me molestan___ las bodas con mucha gente.
3. Mi madre y yo opinamos que el banquete es demasiado caro. A mi madre y a mí ___nos parece___ excesivo el banquete.
4. Mis hermanos están muy aburridos durante la ceremonia. A ellos ___les aburren___ las bodas.
5. ¿Y tú? ¿Tienes interés por las bodas? ¿Y a ti? ¿___Te interesan___ bodas?

CULTURA

Answers for **Cultura:** 1. Diferentes: En Cuba no se usan las damas, los caballeros, ni los padrinos. Solo hay testigos. No se hacen en una iglesia, sino en el juzgado. Similares: La novia se viste de blanco y tira el ramo de flores. 2. Sí, la hay. Es 18 años. 3. Es el día de los Reyes Magos. Los niños reciben regalos.

1. ¿Son diferentes las bodas en Cuba a las bodas en Estados Unidos? ¿En qué son similares? ¿En qué son diferentes?
2. ¿Hay una edad mínima para beber alcohol en países como Puerto Rico?
3. Explica qué pasa el 6 de enero en Puerto Rico y la República Dominicana.

REDACCIÓN

Escríbele una carta a un amigo en la República Dominicana describiendo una boda típica de Estados Unidos. Dile qué diferencias hay con las bodas de la República Dominicana. Di qué cosas se hacen en una despedida de soltero/a, en la ceremonia, en la recepción, etc.

EN RESUMIDAS CUENTAS, AHORA PUEDO…

- ☐ hablar sobre bodas y otras celebraciones.
- ☐ reconocer las diferencias culturales en funerales, bodas, bautizos y otras celebraciones
- ☐ decir para quién hacemos algo.
- ☐ decir quién *dice* o *da* algo a alguien.
- ☐ hablar de gustos y preferencias.
- ☐ hablar de planes de futuro.

VOCABULARIO ESENCIAL

Sustantivos

el/la ahijado/a	*godson/goddaughter*
el anillo	*ring*
el bautizo	*baptism*
la boda	*wedding*
el brindis	*the toast*
el caballero	*groomsman*
el cumpleaños	*birthday*
el cura	*priest*
la dama	*bridesmaid*
la despedida de soltero/a	*bachelor/bachelorette party*
el Día de Año Nuevo	*New Year's Day*
el Día de los Reyes Magos	*Three Kings Day*
el/la quinceañero/a	*15th birthday celebration*
el Día de Año Viejo/la Nochevieja	*New Year's Eve*
la iglesia	*church*
el/la invitado/a	*guest*
el juez de paz	*justice of the peace*
el juzgado	*courthouse*
la luna de miel	*honeymoon*
la madrina	*maid of honor, godmother*
la Navidad	*Christmas*
la Nochebuena	*Christmas Eve*
la novia	*bride/girlfriend*
el novio	*groom boyfriend*
los novios	*newlyweds/boyfriend and girlfriend*
el padrino	*best man, godfather*
el ramo (de flores)	*bouquet*
el regalo	*gift*
el/la testigo	*witness*

Cognados: la ceremonia, el funeral, la recepción, el banquete, la celebración

Verbos

aconsejar	*to advise*
caer bien/mal	*to like/dislike someone/or not*
contar (ue)	*to tell, to narrate (e.g., a story)*
contestar	*to answer*
dar	*to give*
decir	*to say*
(des)agradar	*to (dis)please*
devolver (ue)	*to return (something)*
encantar	*to like a lot, to love something*
enviar	*to send*
explicar	*to explain*
fascinar	*to love, to be fascinated by something*
importar	*to care about something, to matter*
mandar	*to send*
molestar	*to bother*
mostrar	*to show*
ofrecer (zc)	*to offer*
preguntar	*to ask*
prestar	*to lend*
regalar	*to give (as a gift)*
tirar (el ramo)	*to throw (the bouquet)*

Expresiones

¡Felicidades!	*Congratulations!*
¡Salud!	*Cheers! (Lit., Health!)*
¡Que vivan los novios!	*Cheers for the newlyweds!/ Hooray for the happy couple!*

Capítulo 6 Un viaje al pasado

Use the PowerPoint slides found in the Book Companion Site and *WileyPLUS* to watch the video in class.

VER PARA CREER I: ¡Qué antiguo!

Antes de ver el video, con un(a) compañero/a, repasa el contenido de este capítulo ¿Cuál es el título? ¿Qué país vas a estudiar? ¿Conoces algunas ciudades de este país? ¿Qué tema piensas que puede tratar? Al ver el video, presta atención al contenido para poder contestar las preguntas.

1. ¿En qué lugar están las dos amigas?

2. ¿Qué hacen?

3. ¿Qué lugares visitan?

Answers for **Ver para creer I:** Answers may vary. Possible answers: 1. Las amigas están en Madrid. 2. Están hablando. Están presentándose. Están caminando por la ciudad. Están comiendo y bebiendo. 3. Una plaza, un restaurante, el barrio Malasaña.

Sección 1 Lecciones de historia

PALABRA POR PALABRA

- La historia
- Los números ordinales

HABLANDO DE GRAMÁTICA

- Talking about events in the past (I): The preterit tense of regular verbs
- Talking about events in the past (II): The preterit of the verbs **ir** and **ser**
- Saying how long ago something happened: **Hace** + time + **que**
- Avoiding repetition: Direct object pronouns

CULTURA

- España: Historia, lenguas y comunidades autónomas
- El centro histórico de la ciudad

Sección 2 Arte de ayer y de hoy

PALABRA POR PALABRA

- El arte
- Los procesos creativos
- Más colores

HABLANDO DE GRAMÁTICA

- Talking about events in the past (III): The preterit tense of irregular and stem-changing verbs
- Possessive adjectives
- Pointing out people and objects: Demonstrative adjectives and pronouns
- Recognizing the *vosotros* form of address

CULTURA

- Algunos artistas españoles y sus obras
- La arquitectura y el espacio urbano

España

Trivia: Go to *WileyPLUS* to do the **Trivia** activities and find out how much you know about these countries!

Note for **Ver para creer I:** Remind your students to focus on content and meaning, not on language. In the **Ver para Creer** (Chapter 6, Section 2), they will understand the linguistic input studied in this chapter. Right now, they should pay more attention to the wider interpretation of the meaning. At the end of the chapter, remind them to pay attention to the new input. Thinking about new elements takes time, but as the new input becomes more familiar, they will process it faster, until the processing becomes automatic.

Sección 1 **Lecciones de historia**

LEARNING OBJECTIVES

By the end of this section you will be able to:

- Understand the history and art of Spain
- Use ordinal numbers
- Talk about events in the past using the preterit tense of regular verbs, **ir**, and **ser**
- List important events in your life
- Use **hace** + time + **que** to specify when something happened
- Practice using direct object pronouns
- Understand the importance of the historic downtown

Possible answers for **Una imagen vale más que mil palabras:** 1. Los romanos construyeron este tipo de estructura para celebrar sus juegos y festivales. 2. Entre los años 27 a. C. y 476 d. C. En España, los romanos estuvieron desde el 200 a.C. hasta el año 400 aproximadamente. 3. Los romanos nunca llegaron a las Américas. No hay arquitectura de los romanos, pero sí hay arquitectura moderna inspirada en su estilo.

Una imagen vale más que mil palabras

Courtesy of Laura Marqués-Pascual

▲ *Anfiteatro de Mérida, España*

¿Quiénes, en el mundo antiguo[1], construyeron este tipo de estructura?

¿En qué años más o menos dominaron el mundo los romanos?

¿Hay este tipo de arquitectura en Estados Unidos?

UNA PERSPECTIVA

Courtesy of Jesse Long

Possible answers for **Una perspectiva:** 1. Llegan españoles, ingleses, franceses, portugueses, irlandeses, italianos, etc. 2. Los más conocidos son los iroqueses, shawnees, miamis, ottawas, siux, cheyenes, winnebagos, comanches, crows, dakotas, pawnees, wichitas, spokanes, navajos, mojaves, apaches, pueblos, esquimales, cheroquíes, apalaches, etc. 3. Estados Unidos declaró su independencia en 1776, o sea que tiene más de 235 años. España se unificó en el año 1492, durante el reinado de los Reyes Católicos, o sea que España tiene más de 500 años.

Diferente

"En Madrid tomé una clase de historia de España con otros estudiantes internacionales. Los españoles sí que tienen que estudiar muchos siglos de historia. Desde el 3000 a. C. al 711 d. C., muchos grupos diferentes habitaron la Península Ibérica: los íberos, los fenicios, los celtas, los griegos, los romanos, los visigodos y los musulmanes[2]. Varios de esos grupos, como los romanos o los visigodos, fueron invasores. Todas esas invasiones forman lo que son los españoles de hoy".

Igual

"Los primeros pobladores del continente norteamericano, o sea, los distintos grupos de nativos, sufrieron una gran invasión europea".

¿Qué piensas tú?

1. ¿Qué grupos se establecen en el continente norteamericano?
2. ¿Qué grupos nativos en el territorio estadounidense tratan de resistir la constante inmigración europea?
3. ¿Sabes cuántos años tiene más o menos Estados Unidos? ¿Cuántos años tiene más o menos España?

[1] **antiguo:** ancient [2] **musulmán:** muslim

The suggested narration for **La pura verdad** can be found in the Appendix. Please use this narration to go over each of the frames with your students. You can also find this section (frames and narration) in the PowerPoint slides, found in the Book Companion Site and *WileyPLUS*.

LA PURA VERDAD I ¡Qué familia!

Gabriel estudia español en Madrid. Su profesora le cuenta a su clase la historia de los Reyes Católicos.

Note for **La pura verdad:** We suggest you relate the following historical event as you would an exciting movie. History is boring if you make it boring. Embellish it a bit, tell it with fascination, with suspense. . .

1.

2.

▲ *Una fascinante historia de intriga y amor.*

3.

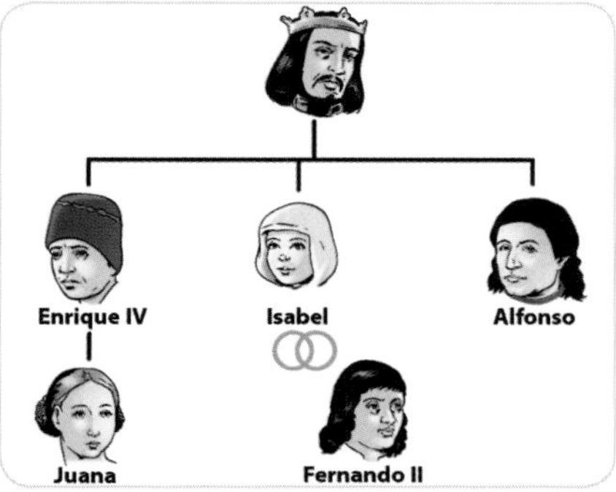

4.

▲ *Isabel y Fernando se casan el 19 de octubre de 1469.*

5.

6.

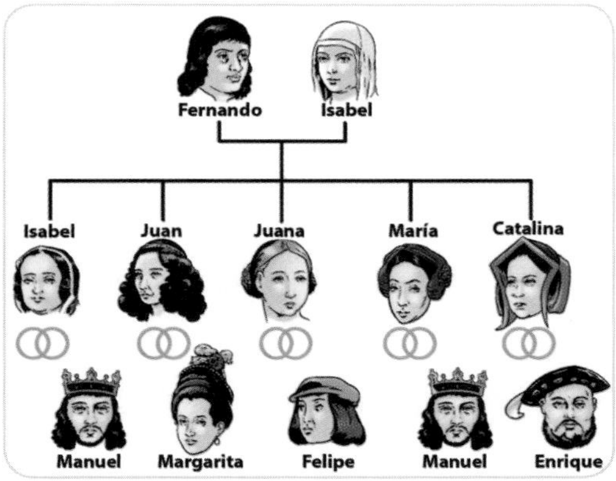

6.1-01 La intriga continúa... Escucha la narración y selecciona la oración que mejor explica lo que dice.

1. a. Los Reyes Católicos derrotan al rey Boabdil.
   b. Los Reyes Católicos invaden Arabia Saudita.
   c. Los Reyes Católicos destruyen la Alhambra.
2. a. Catalina es la tercera hija.
   b. María es la primera hija.
   c. Catalina es la quinta hija de los reyes.
3. a. El rey Fernando y su hija son enemigos.
   b. Isabel y su hija son enemigos.
   c. Juana gana la lucha.

Script for **6.1-01:** 1. Los Reyes Católicos atacan y conquistan a los árabes en el sur de España y toman el famoso palacio que se llama la Alhambra. El rey Boabdil es el último rey árabe en España. 2. Los Reyes Católicos tienen muchos hijos, pero solo 5 llegan a ser adultos. Isabel, Juan, Juana, María y Catalina. 3. Cuando muere la reina Isabel la Católica, su esposo, el rey Fernando, lucha contra su hija Juana. Fernando gana y declara loca a Juana.

PALABRA POR PALABRA

Use the PowerPoint slides found in the Book Companion Site and *WileyPLUS* to do this section in class.

La historia

a. C. (antes de Cristo)	*B.C. (Before Christ)*
d. C. (después de Cristo)	*A.D. (in the year of our Lord)*
derrotar	*defeat*
elegir	*to elect*
fundar	*to establish*
ganar	*to win*
gobernar	*to rule*
habitar	*to inhabit*
luchar	*to fight*
nacer	*to be born*

Cognados: atacar, conquistar, establecer, explorar, invadir, terminar

el aliado	*ally*
la dictadura	*dictatorship*
la Edad Media/Moderna	*middle/modern ages*
la época	*age/era*
la guerra (civil)	*(civil) war*
el poder	*power*
la reina	*queen*
el rey	*king*
el siglo	*century*
el tratado	*treaty*
el viaje	*voyage*

Cognados: la conquista, la constitución, el/la enemigo/a, la democracia, el/la dictador/a, el imperio, la independencia, la invasión, el líder, la monarquía

Los números ordinales

primer(o)/a*	*first*
segundo/a	*second*
tercer(o)/a*	*third*
cuarto/a	*fourth*
quinto/a	*fifth*
sexto/a	*sixth*
séptimo/a	*seventh*
octavo/a	*eighth*
noveno/a	*ninth*
décimo/a	*tenth*

* When followed by a masculine noun, **primero** and **tercero** drop the -o ending: **El primer presidente de Estados Unidos fue George Washington.**

6.1-02 ¡Prueba de historia! Con un/a compañero/a, pon en orden la siguiente lista. ¿Qué ocurre primero y qué ocurre después?

a. 4 (1565) a. Los españoles establecen la primera misión de San Agustín en Florida en el siglo XVI.

b. 6 (1898) b. Estados Unidos derrota a España en la Guerra hispano-estadounidense en 1898.

c. 3. (1492) c. Cristóbal Colón descubre las Américas en busca de las Indias.

d. 1 (218 bC) d. Los romanos conquistan la Península Ibérica.

e. 8 (1975) e. Empieza la transición democrática después de la muerte de Franco.

f. 5 (1697) f. Los españoles exploran y establecen misiones en California.

g. 7 (1936-1975) g. Francisco Franco es dictador de España entre 1936 y 1975.

h. 2 (711) h. Los musulmanes invaden la Península Ibérica en el siglo VIII.

¿Qué dicen los españoles?

- **Tenemos que estar allí en 10 minutos.**	- *We have to be there in 10 minutes.*
- **Pues venga, vámonos ya.**	- *OK, let's go, let's leave already.*
- **¿Vamos al cine a ver una peli?**	- *Why don't we go to the theater to watch a movie?*
- **Vale.**	- *OK.*
- **Tuvo que pagar una multa de 1.000 euros.**	- *He had to pay a fine of 1,000 euros.*
- **¡Qué pasada!**	- *Unbelievable!*
¡Madre mía! ¿Qué ha pasado aquí?*	*Oh my goodness! What happened here?*
¡Venga ya! ¿Piensas que voy a creer eso?	*Oh, come off it! Do you think I'm going to believe that?*

***Esta expresión se usa en otros países hispanohablantes también.**

Note for **¿Qué dicen los españoles?:** Loosely translated, **vale** means "deal." It comes from the verb **valer** = to be worth. **Vale** then means: I value, understand and agree with what you are saying. **Venga** (from the verb **venir**) means: "Bring it on," "Let's do it," "Let's go for it." "Vale" was also a greeting in Latin, meaning "stay healthy."

6.1-03 Líderes

Paso 1: ¿Conocen a estas personas? Con un/a compañero/a, traten de recordar por qué son personajes históricos.

Answers for **6.1-03, Paso 1:** 1. e; 2. c; 3. f; 4. b; 5. d; 6. a. **Paso 2:** Answers may vary.

1. Hernán Cortés	a. Es reina de España entre 1479 y 1504.
2. Francisco Pizarro	b. Llega a las Américas pensando que es la India.
3. Los reyes Fernando e Isabel	c. Derrota al último emperador inca.
4. Cristóbal Colón	d. Demuestra que las Américas no son parte de Asia.
5. Américo Vespucio	e. Conquista a los aztecas.
6. Isabel la Católica	f. Conquistan Granada, el último reino árabe en España.

Paso 2: Ahora, piensa en un líder histórico y pregúntale a tu compañero/a por qué es un personaje histórico. ¿Qué piensan? ¿Saben de historia, o no?

Suggestion for **6.1-02:** The objective of the following activities is to reinforce the vocabulary introduced in this section without the difficulty of the new grammar structure; the preterit.

Suggestion for **6.1-02:** Have students complete the history quiz as if it were the "History Channel Quiz Show" with a time limit. Some dates have been provided, but not all. It can be done individually or in small groups. Make it fun. Give out small prizes if possible to the group that orders the events correctly. In a follow-up you can use the opportunity to practice ordinal numbers: **Primero, los romanos conquistan la Península Ibérica. Segundo, los musulmanes invaden...**

6.1-04 ¿Qué palabra es?

Answers for **6.1-04, Paso 1:** 1. independencia; 2. reina; 3. democracia; 4. dictadura; 5. imperio; 6. tratado. **Paso 2:** Answers may vary.

Paso 1: ¿Con qué palabras de la sección **Palabra por palabra** asocian los siguientes eventos, personas o situaciones?

1. Es el resultado de la separación política de otro país.
2. Es la persona que está casada con el rey.
3. Es un sistema político en el que los ciudadanos deciden quiénes son sus representantes.
4. Es un sistema político en el que los ciudadanos no deciden quién es su líder.
5. Es el resultado de la invasión y conquista de muchos territorios.
6. Es un documento que se escribe normalmente al final de una guerra.

Paso 2: Ahora, elijan tres palabras de la sección **Palabra por palabra** y escriban tres definiciones para leerlas a la clase. El resto de la clase tiene que adivinar cuál es la palabra. ¡Atención! Recuerden que para definir siempre usamos el verbo *ser*.

MODELO: *Es un/a… que…*
Es el/la… que…

Suggestion for **6.1-03:** You can make **Paso 2** a whole-class activity by having students think about a famous leader and write a sentence, using the chapter vocabulary, about that person. Students should write simple sentences like the ones provided in a-f in Exercise 6.1-03. Then each student can take turns challenging the rest of the class, one at a time. The student who guesses correctly, takes the next turn.

Note for **6.1-03, Paso 2:** As explained in Chapter 4, Section 2, only **ser**, never **estar**, is followed by a noun (**Soy estudiante** and not **Estoy estudiante**). For this reason, **ser** is always used in definitions. Being able to define is an important skill for students since it is a very useful communication strategy for unknown vocabulary (i.e., circumlocution). It is better if students write the definitions instead of thinking about them; this gives them time to plan and be more accurate in their production. After you have given the students some time to write their definitions, you can have different pairs read them out loud to the class for the other students to guess the word. Alternatively, you can collect all the definitions and use them for a whole-class game or group competition.

Answers for **6.1-05:** 1. en el siglo octavo antes de Cristo; 2. en el siglo tercero antes de Cristo; 3. en el siglo quinto; 4. Alfonso décimo; 5. en 1492; 6. en 1516; 7. Felipe segundo; 8. Juan Carlos primero

Use the PowerPoint slides found in the Book Companion Site and *WileyPLUS* to do this activity in class.

Note for **6.1-05:** This is an info-gap activity. Divide the class in two; one side will be Estudiante 1 and the other side will be Estudiante 2. Students should cover the part of the timeline that does not correspond to them; they should only have half of the information necessary to complete the activity. Estudiante 1 should cover the side for Estudiante 2 and vice versa. Then have them proceed with the questions.

6.1-05 La línea del tiempo

Paso 1: Con un/a compañero/a, habla sobre la historia de la Península Ibérica. Túrnense y sigan el orden de las preguntas. Anoten sus respuestas.

MODELO: Estudiante 1: *¿Qué rey de España es también rey de Alemania?*
Estudiante 2: *Carlos V (quinto)*

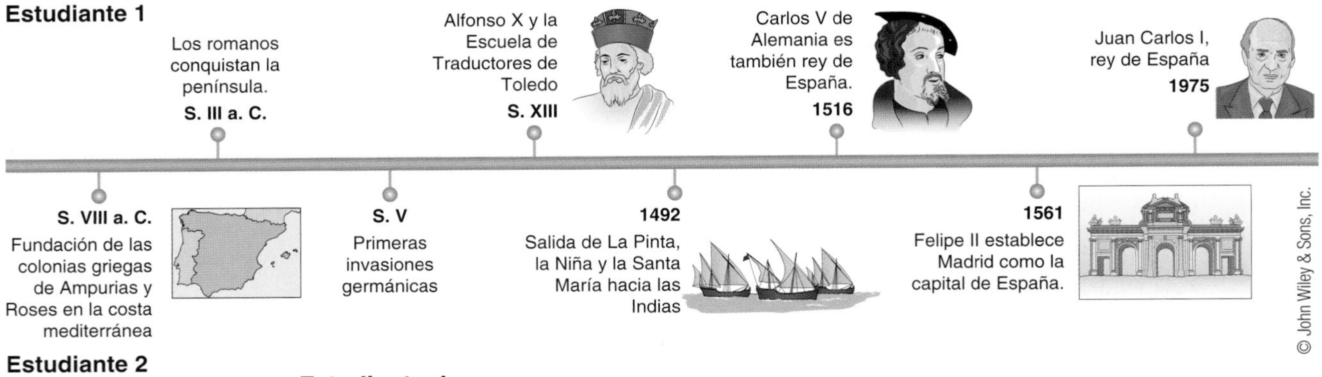
Estudiante 1
Los romanos conquistan la península.
S. III a. C.
Alfonso X y la Escuela de Traductores de Toledo
S. XIII
Carlos V de Alemania es también rey de España.
1516
Juan Carlos I, rey de España
1975
S. VIII a. C.
Fundación de las colonias griegas de Ampurias y Roses en la costa mediterránea
S. V
Primeras invasiones germánicas
1492
Salida de La Pinta, la Niña y la Santa María hacia las Indias
1561
Felipe II establece Madrid como la capital de España.
Estudiante 2

Estudiante 1

1. ¿En qué siglo fundan los griegos las primeras colonias en la Península Ibérica?
3. ¿En qué siglo empiezan las invasiones germánicas?
5. ¿Cuándo salió la expedición de Colón hacia las Indias?
7. ¿Qué rey establece Madrid como la capital de España en 1561?

Estudiante 2

2. ¿En qué siglo conquistan la Península Ibérica los romanos?
4. ¿Qué rey patrocina[3] la Escuela de Traductores de Toledo?
6. ¿Cuándo fue rey de España Carlos V?
8. ¿Quién pasó a ser rey de España en 1975?

Answers for **6.1-06:** Answers may vary.

Paso 2: Ahora, piensa en tres eventos históricos importantes de tu país y prepara tres preguntas para tu compañero/a. Después, decidan: ¿saben mucho de historia?

Suggestion for **6.1-06**, **Paso 2:** In order for students to be ready to report, the planning phase is crucial ("**escriban un pequeño párrafo**"). After each pair has finished writing the paragraph, have a whole-class discussion **(Paso 3)**. Is there any aspect that makes everyone agree or disagree? If you have students from different cultural backgrounds use, these questions as a point of departure to discuss traditions in other cultures, or explain your own.

6.1-06 Hablemos de historia

Paso 1: Hablen sobre lo siguiente:

1. ¿Debemos estudiar historia? ¿Sí? ¿No? ¿Por qué?
2. ¿Qué período o época de la historia es más interesante para ti? ¿Qué años? ¿Por qué?
3. ¿Qué período piensas que es el menos interesante? ¿Por qué?
4. ¿Qué personaje histórico admiras más? ¿Cuál detestas? ¿Por qué?
5. Imagina que puedes viajar en el tiempo. ¿Qué personaje histórico quieres observar?
6. ¿Conoces algunos tratados importantes? ¿Cuáles?

Paso 2: Después, escriban un pequeño informe. ¿En qué aspectos coinciden los dos? ¿En qué no coinciden?

MODELO: *Mi compañero/a* (nombre del compañero/a) *y yo pensamos que estudiar historia es importante porque... Yo admiro mucho a... pero mi compañero/a admira a.... Los tratados que conocemos son...*

Paso 3: Por último, informen a la clase. ¿Coinciden en todo, o en nada? ¿En qué aspecto no coinciden con nadie de la clase?

[3] **patrocinar:** to sponsor

HABLANDO DE GRAMÁTICA I

1. Talking about events in the past (I): The preterit tense of regular verbs

WileyPLUS Go to *WileyPLUS* to review this grammar point with the help of the **Animated Grammar Tutorial** and the **Verb Conjugator.**

To talk about completed actions in the past, in Spanish we use the preterit (or simple past) tense.

Los musulmanes **llegaron** a la Península Ibérica en el año 711.	*The Moors arrived in the Iberian Peninsula in the year 711.*
Cristóbal Colón **descubrió** un continente en ruta hacia las Indias.	*Christopher Columbus discovered a continent in route to the Indies.*

To form the preterit of regular verbs, substitute the infinitive ending by the preterit endings:

-ar			
(yo)	-é	(nosotros/as)	-amos
(tú)	-aste	(vosotros/as)	-asteis
(él, ella, Ud.)	-ó	(ellos/ellas/Uds.)	-aron

-er/-ir			
(yo)	-í	(nosotros/as)	-imos
(tú)	-iste	(vosotros/as)	-isteis
(él, ella, Ud.)	-ió (-yó)*	(ellos/ellas/Uds.)	-ieron (-yeron)*

	ganar *(to win)*	**nacer** *(to be born)*	**invadir** *(to invade)*
(yo)	gan**é**	nac**í**	invad**í**
(tú)	gan**aste**	nac**iste**	invad**iste**
(él, ella, Ud.)	gan**ó**	nac**ió**	invad**ió**
(nosotros/as)	gan**amos**	nac**imos**	invad**imos**
(vosotros/as)	gan**asteis**	nac**isteis**	invad**isteis**
(ellos/ellas/Uds.)	gan**aron**	nac**ieron**	invad**ieron**

El rey Fernando de Aragón **nació** en 1452. Se **casó** con Isabel de Castilla en 1469. Juntos **invadieron** el reino de Granada y **ganaron** la guerra contra los árabes. Así, **conquistaron** y **unificaron** casi toda la Península Ibérica bajo el reino de España.	*The king Fernando of Aragon **was born** in 1452. He **married** Isabel of Castille in 1469. Together they **invaded** the kingdom of Granada and **won** the war against the Moors. This way they **conquered** and **unified** almost all of the Iberian Peninsula as the kingdom of Spain.*

*When the verb stem ends in a vowel (e.g., **le-er, o-ír, ca-er, constru-ir, cre-er**), the **-i-** in the third person ending becomes **-y-**.

caer → ca**y**ó, ca**y**eron
construir → constru**y**ó, constru**y**eron

Los incas **construyeron** un imperio en los actuales territorios de Perú, Bolivia, Ecuador y parte de Chile y Argentina.	*The Incas built an empire in the territories of Perú, Bolivia, Ecuador, and part of Chile and Argentina.*
El inca Atahualpa **cayó** prisionero en la batalla de Cajamarca.	*The Inca Atahualpa was taken prisoner in the battle of Cajamarca.*

In regular preterit forms, the stress is always on the last syllable of the **yo** and **él/ella/Ud.** conjugations, and it is indicated by a written accent mark. The written accent marks in some of the preterit endings differentiate the word from another of the verb's tense. For example:

hablo → *I speak* habl**ó** → *he/she spoke*

The verbs **dar** and **ver** do not take written accents in the preterit except in the **vosotros** form (**dísteis**, **vísteis**).

Regular verbs that end in **-car**, **-gar**, and **-zar** (**tocar, jugar, empezar,** etc.) change in the **yo** form to keep the sound of the infinitive form:

buscar	→	bus**qu**é	[~~buscé~~]
llegar	→	lle**gu**é	[~~llegé~~]
almorzar	→	almor**c**é	[~~almorzé~~]

Busqué el libro de historia por toda la casa, pero no lo encontré. — *I looked for the history book all over the house but I didn't find it.*

Llegué tarde a la clase y me perdí la presentación sobre Juana la Loca. — *I arrived late to class and I missed the presentation on Juana la Loca.*

Exercises labeled with an individual student icon in the **Hablando de gramática** section are intended to be assigned as homework.

Note for **6.1-07** and **6.1-08:** These are processing/recognition activities that force student to focus on the new verb forms before moving on to production activities where they have to produce the new preterit forms.

Answers for **6.1-07:** 1. pasado; 2. pasado; 3. presente; 4. presente; 5. pasado

6.1-07 ¿Presente o pasado? Lee las siguientes oraciones y decide si son afirmaciones en el presente o en el pasado. ¡Pon atención a la forma del verbo!

1. Alfonso X el Sabio fundó la Escuela de Traductores de Toledo.
2. Los Reyes Católicos gobernaron en el territorio que hoy conocemos como España.
3. En España hay una monarquía, pero los reyes no gobiernan.
4. En España los ciudadanos eligen a sus gobernantes.
5. Los ciudadanos españoles eligieron a Mariano Rajoy como presidente en un proceso democrático.

6.1-08 La primera expedición de Cristóbal Colón Pon en orden cronológico estos eventos históricos.

___2___ a. Tres carabelas[4] (la Pinta, la Niña y la Santa María) salieron del Puerto de Palos el 3 de agosto de 1492.

___6___ b. Después de explorar la isla[5] de Guanahani (San Salvador), Cristóbal Colón continuó su viaje y llegó a Cuba.

___1___ c. Cristóbal Colón recibió fondos de Fernando e Isabel para financiar la primera expedición a las Indias.

___3___ d. El 12 de octubre, Rodrigo de Triana gritó: "¡Tierra!".

___5___ e. Los taínos de la isla de Guanahani en el Caribe recibieron a los españoles e intercambiaron regalos con ellos.

___4___ f. Después de llegar a tierra, llamaron a la isla San Salvador.

6.1-09 Trafalgar ¿Qué sabes de la batalla de Trafalgar? Completa el párrafo con los verbos de la lista en el pretérito para saber más sobre este evento histórico.

atacar terminar luchar significar derrotar ocurrir empezar informar

La batalla de Trafalgar ___ocurrió___ (1) en 1805. En esta batalla, los aliados Francia y España ___lucharon___ (2) contra la armada británica. La batalla ___empezó___ (3) al mediodía. La flota inglesa ___atacó___ (4) primero y ___derrotó___ (5) completamente a la flota franco-española. El almirante Nelson murió[6] en el combate, pero justo antes, unos marineros le ___informaron___ (6) de la victoria inglesa. La batalla ___terminó___ (7) a las 6:30 de la tarde. Esta derrota ___significó___ (8) el fin de España como potencia[7] colonial en el mundo.

[4]**carabela:** caravel, a kind of sailing ship developed in the 15th century by the Portuguese
[5]**isla:** island [6]**murió:** died [7]**potencia:** power

6.1-10 La llegada a las Américas Escribe oraciones combinando los elementos de cada columna con la forma apropiada de los verbos en el pretérito.

Los marineros[8]	llamar	"indios" a los habitantes.
	llegar	a la isla de de San Salvador.
	ver	algo luminoso durante la noche.
Cristóbal Colón	tomar	"Vamos a morir, queremos regresar".
	gritar	posesión de las tierras en nombre de los Reyes Católicos.

Suggested answers for **6.1-10:** 1. Cristóbal Colón llamó "indios" a los habitantes. 2. Los marineros llegaron a la isla de San Salvador. 3. Los marineros vieron algo luminoso durante la noche. 4. Los marineros gritaron: "Vamos a morir, queremos regresar". 5. Cristóbal Colón tomó posesión de las tierras en nombre de los Reyes Católicos.

2. Talking about events in the past (II): The preterit of the verbs *ir* and *ser*

The verbs **ir** and **ser** have identical forms in the preterit. The context in which the verbs appear will clarify which one is being used.

ser / ir *(to be / to go)*		
(yo)	fui	*I was/went*
(tú)	fuiste	*you were/went*
(él, ella, Ud.)	fue	*he/she was/went; you (sing., formal) were/went*
(nosotros/as)	fuimos	*we were/went*
(vosotros/as)	fuisteis	*you (plural, infomal, Spain) were/went*
(ellos/ellas/Uds.)	fueron	*they were/went; you (plural, formal) were/went*

Ampurias y Rosas **fueron** las primeras colonias griegas en la Península Ibérica. — *Ampurias and Rosas were the first Greek colonies in the Iberian Peninsula.*

Cristobal Colón **fue** a las islas Canarias antes de continuar su viaje a las Indias. — *Cristobal Colón went to the Canary Islands before continuing his journey to the Indies.*

6.1-11 Bernal Díaz del Castillo Completa el siguiente párrafo con los verbos de la lista en la forma apropiada del pretérito para saber más sobre la vida de este personaje histórico.

ir (x2) ser escribir encontrar nacer recibir

Bernal Díaz del Castillo ____nació____ 1 aproximadamente en 1496 en un pueblo pequeño de España y ____recibió____ 2 una educación simple. ____Fue____ 3 a las Américas en 1517 para hacer fortuna, pero ____encontró____ 4 pocas oportunidades. Más tarde, en 1519, ____fue____ 5 a la península de Yucatán en una expedición con Hernán Cortés. Durante la campaña con Cortés, ____escribió____ 6 sus crónicas sobre la conquista de Nueva España. Al final de su vida, ____fue____ 7 gobernador de Guatemala.

6.1-12 Entrevista histórica Bernal Díaz del Castillo fue conquistador y escribió sobre la historia de la conquista de las Américas. ¿Puedes pensar en las preguntas que Carlos V, rey de España, hizo a Bernal cuando lo conoció? Con un/a compañero/a, repasen la información y los verbos de la actividad **6.1-11** para completar esta entrevista histórica.

MODELO: ¿Cuándo conociste a Hernán Cortés?
Conocí a Hernán Cortés antes de viajar con él.

Carlos V: ¿En qué año ____naciste____ 1?
Bernal: ____Nací____ 2 en 1496.
Carlos V: ¿Qué ____educación recibiste____ 3?
Bernal: ____Recibí____ 4 una educación muy simple.
Carlos V: ¿Cuándo ____fuiste al Nuevo Mundo____ 5?
Bernal: ____Fui____ 6 al Nuevo Mundo con Hernán Cortés en 1514.
Carlos V: ¿Qué ____escribiste sobre la campaña con Hernán Cortés?____ 7?
Bernal: ____Escribí____ 8 sobre la crónica de la conquista de Nueva España.

[8] **marineros:** sailors

The suggested narration for **La pura verdad** can be found in the Appendix. Please use this narration to go over each of the frames with your students. You can also find this section (frames and narration) in the PowerPoint slides, found in the Book Companion Site and *WileyPLUS*.

LA PURA VERDAD II Moros[9] y cristianos

Note for **La pura verdad:** Tell your students about the **invasión musulmana** in the year 711, and how they **conquistaron la península y se quedaron por 800 años**. Although this particular festivity is not about the invasion of 711, but about a much later event in 1538, it serves as just one example of centuries of fighting between the **moros y cristianos**. In this festivity, both sides dress up in costumes and play their parts. There are parades, music, and the procession of Santa Marta. The climax is **El desembarco** of the **moros** the morning of the 29th of July. The festivities end with the taking of the castle by "the Moors" and their eventual surrender to "the Christians." You may want to search for **El Desembarco** and Villajoyosa in the Internet.

Julia es una turista de Estados Unidos que visita a unos amigos de Alicante y observa El Desembarco, un festival muy divertido que se celebra en Villajoyosa.

1.

▲ *Las Fiestas de Moros y Cristianos* ***se celebran*** *en Villajoyosa en honor a Santa Marta del 24 al 31 de julio.*

2.

3.

4.

5.

Script for **6.1-13:** 1. Después de la victoria de los moros en la playa, a las nueve de la mañana, Julia se fue a dormir. Durmió ocho horas, comió un poco y a las 8:00 de la noche continuó disfrutando el festival. Los moros y los cristianos lucharon otra vez, pero esta vez los cristianos ganaron. 2. Al día siguiente, las actividades fueron más reservadas. Los vecinos de Villajoyosa celebraron una misa en honor a Santa Marta y organizaron una procesión solemne y callada. 3. Los últimos dos días fueron muy divertidos. Un día hicieron una competición de paellas. ¡Madre mía! ¡Qué delicioso! Y el último día hicieron un desfile por las calles con bandas de música. Participaron muchos niños. Todo fue muy bonito.

6.1-13 La celebración continúa Escucha la narración de las festividades de Villajoyosa en Alicante, España. Selecciona la oración que mejor explica lo que dice.

1. a. Julia no regresó al festival al día siguiente.
   (b) Julia miró otra lucha entre los moros y los cristianos.
   c. Los moros ganaron otra vez.
2. (a) El día siguiente fue todo más tranquilo.
   b. Todos descansaron el día siguiente.
   c. El día siguiente se celebró la victoria de los cristianos.
3. Los últimos dos días...
   a. hicieron un desfile por la calle donde no había música.
   (b) Julia comió paella.
   c. no fue muy divertido.

[9] **moros:** people from North Africa, mainly from Morocco, most of which were Muslims, that conquered Spain in the eighth century and were finally driven out in the fifteenth century.

HABLANDO DE GRAMÁTICA II

3. Saying how long ago something happened: *Hace* + time + *que*

In order to express *how long ago* or *since when*, the expression **hace** + *amount of time* is used in Spanish:

El desfile acabó **hace 5 minutos**.	*The parade ended 5 minutes ago.*

Use **hace** + *time* + **que** if followed by a verb in the preterit:

Hace muchos años que comenzó la democracia.	*Democracy started many years ago.*

To ask how long ago something took place use **¿Cuánto (tiempo) hace que** + *verb***?**

–¿**Cuánto tiempo hace que** fuiste a Barcelona?	–*How long ago did you go to Barcelona?*
–Hace dos años.	–*Two years ago.*

6.1-14 Historia deportiva ¿Cuánto tiempo hace que ocurrieron estos importantes eventos deportivos?

MODELO: ¿Cuánto tiempo hace que los Lakers contrataron a Pau Gasol? (2008)
→ *Hace ___________ años que lo contrataron.*

1. ¿Cuánto tiempo hace que fueron los Juegos Olímpicos de Barcelona? (1992)
2. ¿Cuánto tiempo hace que la selección española de fútbol ganó la Copa Mundial? (2010)
3. ¿Cuánto tiempo hace que Rafael Nadal ganó de la medalla de oro[10] de tenis en los Juegos Olímpicos de Pekín? (2008)
4. ¿Cuánto tiempo hace que el ciclista Miguel Indurain ganó el Tour de Francia por quinta vez? (1995)
5. ¿Cuánto tiempo hace que el futbolista Iker Casillas recibió el premio **Guante Dorado**[11] al mejor portero[12]? (2010)

RECYCLES direct object pronouns.

6.1-15 Preguntas de historia Con un/a compañero/a, contesta las siguientes preguntas con los pronombres de objeto directo apropiados y ofrece más información. Puedes buscar la información en Internet o en algún libro de referencia. ¿Coincide tu información con la de tu compañero/a?

MODELO: Estudiante 1: *¿Quiénes conquistaron el oeste de Estados Unidos? (los europeos)*
Estudiante 2: *Lo conquistaron los europeos.*
Estudiante 1: *¿Cuánto tiempo hace que los europeos lo conquistaron?*
Estudiante 2: *Hace aproximadamente 200 años que...*

1. ¿Cómo llamaron los romanos a la Península Ibérica? (Hispania)
2. ¿Quiénes invadieron la Península Ibérica en el año 711? (los moros)
3. ¿Qué marinero fue el primero que vio el continente? (Rodrigo de Triana)
4. ¿Quiénes recibieron a los españoles cuando llegaron al Caribe? (los taínos)
5. ¿Quién gobernó España durante la dictadura de los años 1939-1975? (Francisco Franco)

[10]**oro:** gold [11]**Guante Dorado:** Golden Glove [12]**portero/a:** goalkeeper

WileyPLUS Go to *WileyPLUS* to review this grammar point with the help of the **Animated Grammar Tutorial**.

Exercises labeled with an individual student icon in the **Hablando de gramática** section are intended to be assigned as homework.

Answers for **6.1-14 :** Answers may vary according to the year in which the text is used.

PIERRE-PHILIPPE MARCOU/AFP/Getty Images

▲ *Iker Casillas recibió el premio Guante Dorado en 2010.*

Note for **6.1-15:** You can refer your students to Internet or the library to find the information needed to complete the activity as homework. Then have them do the activity on the next day.

Suggested answers for **6.1-15:** 1. La llamaron Hispania. 2. La invadieron los moros. 3. Lo vio primero Rodrigo de Triana. 4. Los recibieron los taínos. 5. La gobernó Francisco Franco.

Avoiding repetition: Direct object pronouns

In Chapter 5, Section 1, you learned how to use direct object pronouns to avoid repetition of a noun phrase already introduced in the discourse.

Direct object pronouns

Singular		Plural	
me	me	**nos**	us
te	you (familiar)	**os**	you (familiar)
lo	you (formal), him, it (m)	**los**	you (formal), them (m, m+f)
la	you (formal), her, it (f)	**las**	you (formal), them (f)

This chart is provided here for reference only. Students should review the corresponding explanation in Chapter 5, Section 1, before completing the activity below.

Note for **6.1-15:** Spanish flexible word order places new information at the end of the sentence. The most natural word order in the answers to these questions would have the subject at the end of the sentence. Do not expect students to know this. An answer such as **Los árabes la invadieron** would not be as natural but still grammatically correct.

Note for **Otra perspectiva:** Explain to your students that in Spain and many Spanish-speaking countries the old downtown or **centro histórico** is still in many cases the social, financial, and commercial center of the city today, as well as a residential area.

OTRA PERSPECTIVA

Courtesy of Cristina Pardo-Ballester

Diferente

"Un verano visité a mi amiga Christie, que vive en Sacramento, California. Ella me llevó a un lugar muy bonito y turístico que se llama 'el Viejo Sacramento'. ¡Es como las películas, con caballos[13] y tiendas antiguas! Me dijo que a mediados del siglo XIX muchas personas fueron al oeste de Estados Unidos por la 'fiebre del oro'. Fue todo muy interesante y le pregunté a Christie: 'Es muy bonito, ¿pero dónde vive la gente?'. Ella me dijo: 'El viejo Sacramento es una atracción turística, no es un lugar donde vive gente'. En España mucha gente vive en el centro histórico. ¿Por qué en muchas ciudades de Estados Unidos la gente no vive en el centro histórico?"

Answers for **Otra perspectiva:** 1. Porque no es un lugar que tiene una comunidad con un vecindario ni supermercados. Es un sitio turístico. En España, la parte más antigua de la ciudad funciona todavía como centro de la ciudad. 2. Answers may vary.

Igual

"En España también preservamos la parte más antigua de una ciudad y el centro histórico también es el centro turístico".

Suggestions for **6.1-16:** An alternative is that you select or ask for five volunteers and assign a personality. The entire class asks serious, funny, or personal questions. Make sure the answers are time appropriate. If the students ask: **¿Qué comió anoche?**, the answer can't be enchiladas. It could be corn or potatoes, for example, since these came from America much later.

Explícale a Cristina

1. ¿Sabes que las partes antiguas de algunas ciudades en Estados Unidos son atracciones turísticas? ¿Por qué crees que es así?
2. ¿Sabes en qué fecha se fundó la ciudad donde vives ahora?

MANOS A LA OBRA

Suggestions for **6.1-17:** The main purpose of this exercise is to review and help memorize vocabulary. Play the following game as you would "Jeopardy." While the students play a game (even if they don't know the historical answers) they'll be listening and using the vocabulary, without even noticing it. Divide the class in three groups. Each group chooses a volunteer to choose categories and answer the questions. The student may consult with his or her own group only. Only accept answers in Spanish! The student should say something like: "Líderes' por 100 euros". The instructor should read the question belonging to that category and amount of money. If the student answers correctly, he or she can keep choosing; if not, the turn goes to whoever answers correctly of the other two remaining participants. The group with the most money wins.

Sample questions for **6.1-17:** You will find more questions in the Instructor's Resource Manual: **Guerras:** 1. ¿Qué guerra ocurrió en 1898? (la Guerra hispano-estadounidense) 2. ¿Fue España aliado, neutral o enemigo de Estados Unidos en la Primera y Segunda Guerra Mundial? (neutral) **Líderes:** 1. ¿Quién era el rey de España en 1492? (Fernando el Católico) 2. ¿Cómo se llama el conquistador español que derrotó a los aztecas, Hernán Cortés, Cristóbal Colón o Pancho Villa? (Hernán Cortés) **Edad Media:** 1. ¿Qué grupo se estableció en España durante casi ocho siglos? (los moros) 2. Menciona dos grupos indígenas que habitaron en América del Norte antes de la llegada de los europeos. (navajos, hopis, pueblos, siux...) **Edad Moderna:** 1. ¿Qué explorador llegó a la Florida en 1513? (Juan Ponce de León) 2. ¿Qué colonia se estableció en 1565? (San Agustín) **Estados Unidos:** 1. ¿Cuántas misiones establecieron los españoles en California? (21 misiones) 2. ¿Qué territorio era parte mexicano en 1845? (Wyoming)

Answers for **6.1-16:** Answers may vary.

6.1-16 Entrevista En grupos de tres, un estudiante asume la personalidad de un personaje famoso de la historia. Los otros dos estudiantes le hacen preguntas personales. Si la persona famosa no sabe la respuesta, ¡tiene que usar la imaginación!

MODELO: *Cristóbal Colón, ¿con quién habló esta mañana? ¿Qué comió anoche? ¿Dónde nació? ¿Cuándo nació?*

6.1-17 ¡Peligro! En grupos, prueben con este juego sus conocimientos de la historia de España y Estados Unidos. Answers for **6.1-17**: Answers may vary.

Guerras	Líderes	Edad Media (siglos V–XV)	Edad Moderna (siglos XV-XVIII)	Estados Unidos
❑ 100 euros	❑ 100 euros	❑ 100 euros	❑ 100 euros	❑ 100 euros
❑ 200 euros	❑ 200 euros	❑ 200 euros	❑ 200 euros	❑ 200 euros
❑ 300 euros	❑ 300 euros	❑ 300 euros	❑ 300 euros	❑ 300 euros
❑ 400 euros	❑ 400 euros	❑ 400 euros	❑ 400 euros	❑ 400 euros
❑ 500 euros	❑ 500 euros	❑ 500 euros	❑ 500 euros	❑ 500 euros

6.1-18 Escenas de historia En grupos de cuatro personas, representen una escena de un evento histórico importante.

Paso 1: En grupo, escriban una pequeña narración del evento. Usen al menos dos personajes importantes. Usen verbos de la sección **Palabra por palabra** en el pretérito.

Suggestions for **6.1-18:** Give your students time to prepare these sketches. They should choose a historical event and come up with four or five sentences to narrate it. When they act it out in front of the class, the rest of the students should describe the actions in the preterit tense. You may want to have your students prepare these sketches in class and/or as homework, and ask them to bring props, name tags, or objects that may help them identify the actions.

[13] **caballos:** horses

Paso 2: Decidan quiénes del grupo van a representar a los personajes. Preparen una actuación corta sin palabras. Representen la escena frente al resto de la clase. El resto de los estudiantes de la clase tienen que narrar las acciones de la escena.

MODELO: *Hernán Cortés llegó a Tenochtitlán y habló con Moctezuma...*

Al final, la clase debe decidir: ¿Cuál fue la mejor representación? ¿Quiénes fueron los mejores actores? ¿Cuál es la historia o el evento más interesante?

6.1-19 Los judíos[14] en la España medieval ¿Qué sabes de la relación entre los judíos, los musulmanes y los cristianos en la época medieval? Lee el siguiente párrafo y luego sigue los pasos para completar la actividad.

Entre los siglos XI y XIII, la relación entre los judíos y los cristianos es tranquila. La Edad Media es el período en que tres religiones distintas (los judíos, los musulmanes y los cristianos) viven en la península en armonía. Por eso, mucha gente la llama "la España de las tres culturas". Muchos años después, esta relación cambia. En el siglo XIV, las dificultades económicas del país empeoran la situación para los judíos, ya que mucha gente los culpa de la crisis económica y los considera enemigos. En esos siglos, los cristianos tienen el poder. Los sentimientos antisemitas crecen en las ciudades, y estos sentimientos culminan en un ataque contra los judíos en Sevilla en 1391. Pasa el tiempo y las persecuciones contra los judíos continúan. En 1492, Fernando e Isabel controlan los últimos dominios árabes en la península y declaran una reconquista de España a favor de los cristianos. En ese año, los Reyes Católicos conquistan Granada y ordenan la expulsión de los judíos y los musulmanes de los reinos de Castilla, Aragón y Granada. La solución para los dos grupos: la conversión al cristianismo. Les dan cuatro meses para convertirse al cristianismo o abandonar España. Muchos judíos se convierten; otros deciden salir del país. Antes de salir, deben vender sus casas a precios muy bajos. La mayoría emigra al norte de África. Los Reyes Católicos expulsan del país a más de 50,000 judíos.

Paso 1: Un/a compañero/a lee el primer párrafo y tú el segundo párrafo.

Cambia los verbos que están en presente al pretérito. Después comparen sus respuestas con las del compañero/a e identifiquen juntos los infinitivos y los sujetos de esos verbos.

MODELO: Los musulmanes son fieles. → *Los musulmanes fueron fieles.*
Infinitivo: *ser*
Sujeto: *los musulmanes*

Paso 2: Con ayuda de tu compañero/a, busca en el primer párrafo tres pronombres de objeto directo y subráyalos. Después digan cuáles, a qué o a quiénes se refiere el pronombre de objeto directo.

MODELO: *Los musulmanes viajan y finalmente ellos los aceptan.*
Pronombre de objeto directo: *los*
Referente: *los musulmanes*

Paso 3: Con ayuda de un/a compañero/a, contesta las siguientes preguntas usando el vocabulario del capítulo:

1. ¿En qué época conviven en la península tres religiones?
2. ¿En qué siglos las relaciones entre los judíos y los cristianos es tranquila?
3. ¿Por qué se considera enemigos a los judíos en el siglo XIV?
4. ¿Por qué deciden salir del país los judíos?

Answers for **6.1-19, Paso 1:** ... fue tranquila (ser, la relación)... fue el período (ser, la Edad Media)... vivieron (vivir, tres religiones)... la llamó (llamar, mucha gente)... cambió (cambiar, la relación)... empeoraron (empeorar, las dificultades económicas)... culpó (culpar, la gente)... consideró (considerar, la gente)... tuvieron (tener, los cristianos)... crecieron (crecer, los sentimientos)... culminaron (culminar, los sentimientos)... Pasó (pasar, el tiempo)... continuaron (continuar, las persecuciones)... controlaron (controlar, Fernando e Isabel)... declararon (declarar, Fernando e Isabel)...conquistaron (conquistar, los Reyes Católicos)... ordenaron (ordenar, los Reyes Católicos)... dieron (dar, ellos)... se convirtieron (convertirse, los judíos)... decidieron (decidir, los judíos)... debieron (deber, los judíos)... emigró (emigrar, la mayoría)... expulsaron (expulsar, los Reyes Católicos)... **Paso 2:** 1. Mucha gente la llama... (la, la península); 2. mucha gente los culpa (los, los judíos); 3. los considera (los, los judíos). **Paso 3:** 1. en la Edad Media; 2. en los siglos XI al XIII; 3. porque los culpan de la crisis económica; 4. porque no quieren convertirse al cristianismo;

WileyPLUS Go to *WileyPLUS* and listen to **Presta atención.**

Suggestion for **6.1-20:** Ask your students to listen to the following information and come up with the answer. If they don't know the answer, give them more hints in the preterit if you wish. The goal is that they understand the passage and understand the verbs in the past tense.

6.1-20 Presta atención: ¿Cuál es o quiénes son? En este capítulo aprendiste mucha historia. Ahora vas a escuchar más información sobre historia mundial. Presta atención para saber cuánta historia sabes. Después de escuchar dos veces la información sobre cada número, selecciona la respuesta más adecuada según tus conocimientos.

1. (a.) Cristóbal Colón	b. Juana la Loca	c. El rey Boabdil
2. a. Francisco Pizarro	(b.) Fernando de Magallanes	c. Hernán Cortés
3. (a.) los taínos	b. los incas	c. los aztecas
4. (a.) Abraham Lincoln	b. John F. Kennedy	c. Barack Obama
5. a. los griegos	(b.) los celtas	c. los romanos

¡OJO!

Marking time
When writing a biography use time expressions (**en 1492, hace cien años...**) and time markers (**antes, después, durante, luego...**) to ensure that you understand the chronological order of the events. For example: **Isabel de Castilla nació en Ávila en 1451 y diez años después se fue a Segovia.**

[14] **judíos:** jews

Script for **6.1-20, Presta atención: ¿Cuál es o quienes son?**: 1. Esta persona exploró las islas del Caribe. Buscó oro en das las islas que encontró. Nació en Génova, Italia. ¿Quién es? 2. Esta persona nació en Portugal. Viajó a América del Sur y exploró la costa de Brasil y Argentina. Pasó por un estrecho en Argentina y navegó ededor del mundo. Murió en las Filipinas. ¿Quién es? 3. Fue el grupo de indígenas que los españoles encontraron en el Caribe. 4. Esta persona nació en Kentucky. Fue presidente de Estados Unidos. Adoptó el dólar pañol como la moneda nacional de Estados Unidos. 5. Este pueblo llegó a la Península Ibérica en el 1300 a. C. desde las costas de Irlanda y Gran Bretaña. Habitaron en las costas del norte de la Península Ibérica.

6.1-21 Por escrito: Una biografía Busca un personaje importante de las artes en España y escribe su biografía usando Internet (por ejemplo, Diego Velázquez, Francisco de Goya, Miguel de Cervantes, Federico García Lorca...). Usa el pretérito. Contesta en tu texto las siguientes preguntas:

- ¿Dónde y cuándo nació?
- ¿Dónde vivió?
- ¿Por qué es importante? ¿Qué hizo?
- ¿Dónde, cuándo y cómo murió?

PONTE EN MI LUGAR

Estrategias para conversar

Emphasizing affirmative or negative answers to confirm or reject an idea Emphasizing an affirmative answer:

–¿Fuiste a Granada?	*–Did you go to Granada?*
–Sí, por supuesto. / Por supuesto que sí.	*–Of course.*
–Claro. / Claro que sí.	*–Of course.*
–Sí, cómo no.	*–Yes, of course.*

Emphasizing a negative answer:

–¿Perdiste tu entrada para la Alhambra?	*–Did you lose your ticket to get into La Alhambra?*
–Claro que no.	*–Of course not.*
–Por supuesto que no.	*–Of course not.*

RECYCLES direct object pronouns.

Suggestion for **Ponte en mi lugar:** Tell your students to check the list of **Monumentos y sitios de interés** on the top left corner of the street map if they want to add more places to the conversation.

Use the PowerPoint slides found in the Book Companion Site and *WileyPLUS* to do this activity in class.

¿Qué hacer en Granada? Estás en Granada y el cuarto día decides ir a la Oficina de Turismo para informarte sobre los lugares que puedes visitar porque después de tres días en la ciudad no viste mucho.

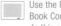

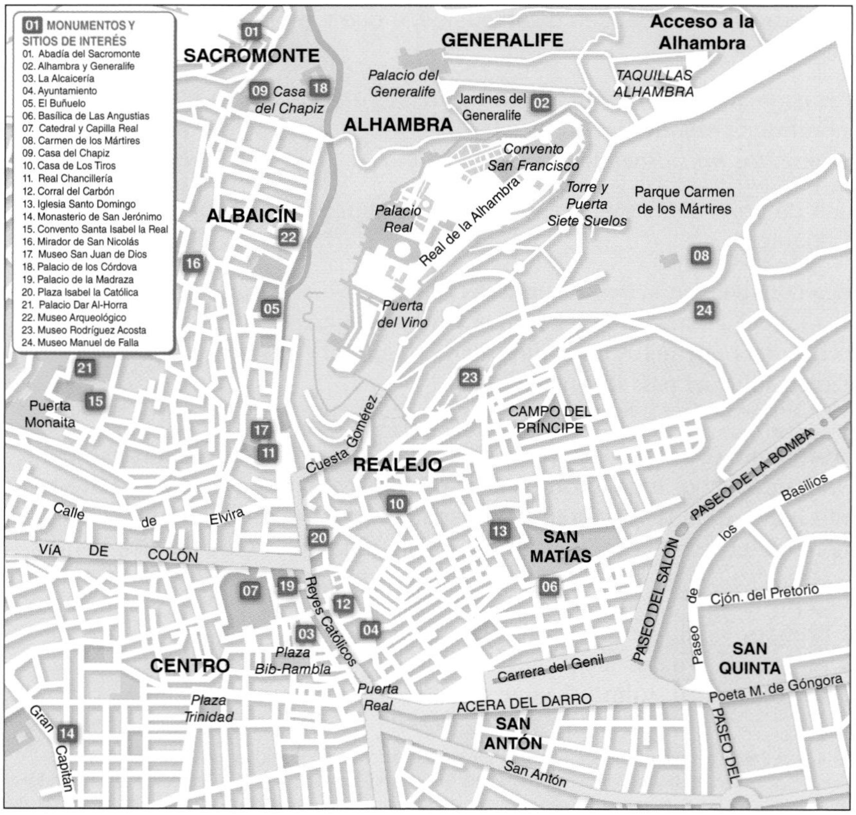

Paso 1: Decide con un/a compañero/a quién va a ser el/la turista y quién va a ser el/la empleado/a de la Oficina de Turismo. Miren juntos el plano de la ciudad.

El/La turista...

- entra a la oficina y saluda.
- explica que no conoce la ciudad y dice que quiere información.
- hace preguntas (p. ej., dónde, cómo...). Repasa los interrogativos en el Capítulo 1, Sección 2, y el Capítulo 4, Sección 1, para hacer las preguntas.

El/La empleado/a...

- contesta las preguntas del turista haciendo nuevas preguntas en el pretérito.
- usa las estructuras ***tener que*** o ***deber*** (repasa el Capítulo 4, Sección 1).
- usa ***poder*** u otros verbos irregulares (repasa el Capítulo 3, Sección 1) y ***estar*** (repasa el Capítulo 3, Sección 2).

Usen las expresiones de **Estrategias para conversar** para enfatizar respuestas afirmativas o negativas (*¡Sí, cómo no!...*) cuando sea posible. También intenten usar los pronombres de objeto directo cuando puedan.

Paso 2: Sigan el modelo e incluyan más lugares de interés, como el Albaicín, el Sacromonte y la catedral. El/La turista tiene que recordar que si el/la empleado/a hace una pregunta en pretérito, él/ella tiene que contestar en pretérito también.

MODELO:

Turista: *¡Hola! Mire usted, llevo ya cuatro días en Granada y no conozco la ciudad. ¿Podría/Puede darme información sobre Granada?*
Empleado/a: *Sí, cómo no. Aquí la tiene, en el plano.*
Turista: *Ummm. ¿Qué lugares de interés puedo visitar en Granada?*
Empleado/a: *¿Fue ya a visitar la Alhambra?*
Turista: *No, no la visité. Yo solo fui al centro. ¿Dónde está la Alhambra? ¿Cómo llego allí?*
Empleado/a: *Usted puede ir en autobús, en taxi o a pie. Mire en este plano. Usted está aquí, en la Plaza de Santa Ana. Para llegar a la Alhambra tiene que subir por la Cuesta de Gomérez.*
Turista: *¿Qué otros lugares me aconseja visitar?*
Empleado/a: *¿Paseó por el Generalife?*

Paso 3: Compartan el diálogo con el resto de la clase. Al final del diálogo, vuelve a recordar tres lugares que puedes visitar en Granada.

ASÍ ES LA VIDA

Use the PowerPoint slides found in the Book Companion Site and *WileyPLUS* to do this section in class.

© John Wiley & Sons, Inc.

▲ *No hay moros en la costa.*

Expresión: No hay moros en la costa.

1. ¿Cuál es el equivalente en inglés?
2. ¿A qué momento histórico hace referencia esta expresión?

Answers for **Así es la vida**: Expresión: 1. "The coast is clear." 2. The repeated invasions by the Moors.

Adivina, adivinador

Fruta es, ciudad también;
gran reino fue y ahora bonita ciudad es.

Courtesy of Cristina Pardo Ballester

Anno for **Adivina, Adivinador:** "granada" is the Spanish word for pomegranate.

WileyPLUS Go to *WileyPLUS* to find more **Arroba** activities.

@Arroba@

Los museos de Andalucía Busca una página web de los museos de Andalucía para hacer un paseo virtual de esta comunidad autónoma de España. Abre la página web http://www.museosdeandalucia.es. Explora una página para aprender sobre los distintos tipos de museos que hay en Andalucía y en qué ciudades están. Selecciona y explora dos o tres museos de diferentes ciudades. Toma nota sobre los museos que seleccionaste y compártelos con tus compañeros.

ENTÉRATE

Estrategias para leer

Review of reading strategies You already learned a few strategies in previous chapters:

Recognizing cognates, using a dictionary, predicting the content by using visual elements, anticipating the content by considering the title, guessing the meaning from the context, skimming (read quickly in order to identify the main idea of the text), and scanning (look through a text fast in order to find specific information, such as looking for answers to specific questions or searching for a particular word). Now, try to use these strategies together.

Suggestion for **Entérate:** To prepare your students for the reading, search **Comunidades autónomas** and click on a link of those regions you find (e.g., Navarra, Melilla...). Tell your students about the history and culture of that region. If they have access to a computer lab, you could also ask your students to look for that information.

Antes de leer

1. El mapa Mira el mapa de la lectura que es tu elemento visual para predecir el contenido. Después, responde estas preguntas.

1. ¿Qué océano está al oeste de la Península Ibérica?
2. ¿Qué mares rodean la Península Ibérica?
3. ¿Qué islas hay en España?
4. ¿Dónde están Ceuta y Melilla?
5. ¿En qué parte de España se encuentra Andalucía?

Answers for **Antes de leer:** El mapa: 1. el océano Atlántico; 2. el mar Mediterráneo y el mar Cantábrico; 3. Islas Baleares e Islas Canarias; 4. en otro continente, África; 5. en el sur de España; 2. Predicción: Answer may vary.

2. Predicción Lee el título de la lectura: ¿De qué crees que puede tratar la lectura?

Las lenguas y comunidades autónomas de España

El español, también llamado castellano, es una lengua romance porque viene del **latín vulgar**. El latín vulgar también se conoce como latín hablado y fue la lengua que se habló en la Península Ibérica durante los 200 años antes de Cristo. Del latín vulgar nacieron varios dialectos, es decir, variedades del latín. Estos dialectos o variedades del latín terminaron siendo idiomas romances. En España hoy día se hablan tres idiomas o lenguas romances: el castellano o español, el gallego y el catalán. Otra lengua que se habla en el País Vasco, otra comunidad autónoma española, es el euskera o vasco, pero esta lengua no **procede** del latín. En 1975 murió el dictador Francisco Franco y tres años más tarde se firmó la Constitución de 1978. Con esta Constitución, España se organizó como una democracia y reconoció su diversidad lingüística. En la constitución también se indica que todos los españoles tienen el deber y el derecho de hablar castellano. El español o castellano pasó a ser la lengua oficial del estado español, pero los estatutos de las comunidades autónomas o las regiones de España reconocieron las otras tres lenguas españolas.

latín vulgar: Colloquial Latin, or Proto-Romance

procede: to come from

La Constitución reconoció que España está formada por 17 comunidades autónomas (Andalucía, Aragón, Asturias, Cantabria, Castilla-La Mancha, Castilla y León, Cataluña, Extremadura, Galicia, las islas Baleares, las islas Canarias, La Rioja, Madrid, Murcia, Navarra, País Vasco y Valencia) y las ciudades Ceuta y Melilla. Desde que los españoles **aprobaron** la Constitución en 1978, cada comunidad autónoma tiene una organización lingüística, política, económica y cultural. Por ejemplo, en Galicia se habla gallego. Santiago de Compostela es una de las ciudades más conocidas de la comunidad porque allí se encuentra la catedral, que atrae a peregrinos cristianos desde los tiempos medievales, y la Real Universidad de Santiago de Compostela, una de las universidades más antiguas del mundo y una de las más prestigiosas de España. En Cataluña se habla catalán y es la región de famosos artistas, como Pablo Picasso, Salvador Dalí y Antonio Gaudí. También en Cataluña se hacen los famosos castillos humanos conocidos como los *castells*. Otro ejemplo es Andalucía, con **herencia** árabe porque en el año 711 los árabes conquistaron España. La herencia árabe **se conserva** especialmente en algunos ejemplos de la arquitectura, como la Alhambra de Granada y la Mezquita de Córdoba. Resumiendo, cada comunidad autónoma tiene su belleza y su historia.

to approve

heritage
to survive

Después de leer

1. En el texto Identifica un mínimo de veinte cognados en la lectura.

2. ¿Entendiste? Contesta las preguntas según la información de la lectura:

1. ¿Cuál es el origen del español?
2. ¿Cuántas lenguas se hablan en España?
3. ¿Cuál es la lengua oficial de España?
4. ¿Desde cuándo tiene España un gobierno[15] democrático?
5. ¿Cuántas comunidades autónomas hay en España? Menciona algunas.
6. ¿En qué parte de España se habla vasco?

Possible answers for **Después de leer:** 1. En el texto: romance, latín, Península, Ibérica, Cristo, dialectos, variedades, vasco, dictador, constitución, democracia, diversidad, lingüística, oficial, estatutos, comunidades, autónomas, regiones, organización, lingüística, política, económica, cultural, descripción, catedral, cristianos, prestigiosas, famosos artistas, humanos, arquitectura

Answers for **Después de leer 2. ¿Entendiste?:** 1. El español proviene del latín vulgar o latín hablado. 2. Se hablan 4: el español o castellano, el vasco o euskera, el catalán y el gallego. 3. El español o castellano es la lengua oficial de España. 4. Desde que los españoles aprobaron la constitución en el año 1978. 5. Hay 17 comunidades autónomas más las ciudades de Melilla y Ceuta. Algunas de sus comunidades son Andalucía, Castilla, Galicia y Extremadura. 6. El euskera o vasco se habla en el País Vasco.

EN TU PROPIAS PALABRAS

Estrategias para escribir

Writing a topic sentence will help you write a well-structured paragraph. A good topic sentence...

–appears at the beginning of a paragraph.
–states the main idea of the paragraph.
–is neither too specific nor too general.
–gives information on only one topic of interest.
–attracts the attention of the reader.
–makes a personal statement.

Now compare the following sentences focusing on the characteristics listed above. Decide which one is a good topic sentence to write a report about the south of Spain.

1. Hay ocho ciudades y muchos pueblos en Andalucía.
2. Jaén no tiene muchos habitantes, pero es tan bella como otras ciudades de Andalucía.
3. Andalucía, una comunidad autónoma situada en el sur de España, es el lugar ideal para disfrutar de unas vacaciones con la familia.
4. Las vistas de la ciudad de Granada desde la Torre de la Vela son increíbles.

If you haven't made a decision, do sentences 2 and 4 give you specific information? Is sentence 1 too general? If your answer is yes, you probably noticed that number 3 encompasses all the six characteristics above.

[15] **gobierno:** government

Informe sobre España

Answers for **En tus propias palabras: Paso 1:** 1. Madrid; 2. cuatro (español, catalán, gallego y euskera, también llamado vasco); 3. en el sur, una comunidad autónoma; 4. La Alhambra, en Granada, es una prueba de la presencia histórica de los árabes; 5. Es una monarquía parlamentaria, con un rey y un presidente de gobierno; 6. Está organizado en 17 comunidades autónomas y dos ciudades (Ceuta y Melilla).

Paso 1: Para tu clase de español tienes que escribir un informe sobre España. Antes de empezar, contesta las siguientes preguntas para recordar lo que sabes sobre España. Si no sabes responder alguna de estas preguntas, busca la respuesta en Internet o en alguna otra fuente:

- ¿Cuál es la capital de España?
- ¿Cuántas lenguas se hablan en España?
- ¿En dónde está Andalucía y qué es?
- ¿Qué evidencia hay de la presencia histórica de los árabes en España?
- ¿Qué forma de gobierno hay en España?
- ¿Cómo está organizado políticamente el territorio de España?

Paso 2:

Courtesy of Cristina Pardo-Ballester

Courtesy of Cristina Pardo-Ballester

Courtesy of Cristina Pardo-Ballester

Imagina que cuando estabas en la escuela secundaria fuiste a España de viaje de estudios. Con la información de las preguntas anteriores, escribe un informe para presentar en tu clase de español. Indica lo que sabes de España y lo que hiciste allí. Intenta usar el presente, el pretérito y la estructura hace + *tiempo* + que. Incluye el vocabulario de: la historia de España, la geografía (Capítulo 4, Sección 2) y el vecindario (Capítulo 3, Sección 2) cuando sea posible. No olvides incluir una oración que indique el tema del informe siguiendo las estrategias para escribir.

Paso 3: En clase, pásale tu redacción a un/a compañero/a. Él/ella repasa:

1. El contenido:
   –¿Es interesante?
   –¿Hay una oración para indicar el tema de la redacción?
   –¿Están conectadas las ideas?
2. La gramática:
   –¿Concuerdan los verbos con los sujetos?
   –¿Concuerdan los adjetivos con los sustantivos?
   –¿Son correctas las raíces y las terminaciones de los verbos en presente y en pretérito?
3. El vocabulario:
   –¿Están las palabras escritas correctamente?
   –¿Hay palabras que se refieran a la historia, la geografía y el vecindario?

Con las sugerencias de tu compañero/a, vuelve a escribir tu redacción para entregársela a tu profesor/a.

Courtesy of Cristina Pardo Ballester

▲ *Traje típico de Valencia, España.*

AUTOPRUEBA

Suggested answers for **Gramática I**: 1. c: Los españoles fueron los primeros en fundar una colonia en Florida. 2. d: Los romanos controlaron la Península Ibérica. 3. a: Isabel la Católica financió el viaje de Cristóbal Colón a las Indias. 4. e: Cristobal Colón fue a buscar una ruta más corta. 5. b: Los ingleses conquistaron el oeste de América del Norte. 6. f: Los estadounidenses eligieron a Obama como presidente en 2012.

VOCABULARIO

Answers for **Vocabulary I**: 1. la Guerra Civil; 2. una dictadura; 3. un rey de España; 4. la Independencia de Estados Unidos; 5. un imperio

I. Historia Contesta las siguientes preguntas con palabras del vocabulario.

MODELO: ¿Qué organizó Cristóbal Colón en 1492?
→ *Un viaje.*

1. ¿Qué ocurrió en Estados Unidos entre 1861 y 1865?
2. ¿Qué tipo de gobierno impuso Francisco Franco en España?
3. ¿Quién fue Fernando II?
4. ¿Qué declararon las trece colonias inglesas de América del Norte en 1776?
5. ¿Qué establecieron los romanos durante cinco siglos?

II. Un amigo te pregunta Di cómo se llama:

1. una forma de gobierno con un rey o una reina.
2. un período de cien años.
3. el resultado de invadir un territorio.
4. un documento que firman los representantes de dos o más países.
5. el enfrentamiento armado entre dos países.

Answers for **Vocabulario II**: 1. monarquía; 2. siglo; 3. invasión; 4. tratado; 5. guerra

GRAMÁTICA

I. Personajes históricos Combina los elementos de la columna A con elementos de la columna B para escribir oraciones completas con la forma apropiada del pretérito.

1. Los españoles / ser	a. el viaje de Cristóbal Colón a las Indias.
2. Los romanos / controlar	b. el oeste de América del Norte.
3. Isabel la Católica / financiar	c. los primeros en fundar una colonia en Florida.
4. Cristóbal Colón / ir	d. la Península Ibérica.
5. Los ingleses / conquistar	e. a buscar una ruta más corta.
6. Los estadounidenses / elegir	f. a Obama como presidente en 2012.

II. Carta de Hernán Cortés al emperador Carlos V Completa el siguiente fragmento de la carta de Hernán Cortés sobre la reunión con Moctezuma. Usa la forma apropiada del pretérito de los verbos de la lista.

llevar recibir ir sentarse visitar salir esperar volver empezar tomar

Mis hombres y yo __fuimos__ de la ciudad de Iztapalapa a Tenochtitlán. Allí nosotros __visitamos__ al emperador de los mexicas[16]. Moctezuma nos __recibió__ en la gran plaza. Después, él me __tomó__ de la mano y me __llevó__ a una gran sala. Los dos __nos sentamos__ en unas sillas muy decoradas, y después Moctezuma __salió__ de la sala. Yo __esperé__ unos momentos, y después Moctezuma __volvió__ con muchas joyas de oro y muchas finas piezas de ropa y __empezó__ a hablar de la historia de su pueblo.

III. Historia de Estados Unidos ¿Cuánto tiempo hace que ocurrieron estos eventos? Escribe oraciones completas con los siguientes elementos.

MODELO: La Guerra hispano-estadounidense / ocurrir (1898)
→ *La Guerra hispano-estadounidense ocurrió hace más de un siglo.* o *Hace más de un siglo que ocurrió la Guerra hispano-estadounidense.*

Ponce de León / descubrir Florida (1513)
El *Mayflower* / llegar a la costa este de América del Norte (1620)
Las trece colonias / declarar la independencia de Estados Unidos (1776)
La Guerra Civil de Estados Unidos / ser (1861-1865)
México / perder todos sus territorios al norte del río Bravo (1848)

Answers for **Gramática III:** Answers may vary depending on the year the textbook is used.

CULTURA

1. ¿Qué reina le dio dinero a Cristóbal Colón para hacer su viaje?
2. ¿Quiénes invadieron la Península Ibérica y vivieron allí durante ocho siglos?
3. ¿Qué festividad se celebra en Alicante en julio?
4. ¿Qué conmemoran estas festividades divertidas?
5. ¿Qué es la Alhambra? ¿Dónde está?

Answers for **Cultura:** 1. la reina Isabel; 2. los árabes; 3. el Desembarco; 4. las invasiones árabes; 5. Es un palacio árabe. Está en Granada.

REDACCIÓN

Escribe un pequeño informe sobre tu estado o país de origen, o sobre los orígenes de tu familia. Incluye por lo menos cinco eventos importantes. Usa conectores como *primero, segundo, después, al final,* etc.

EN RESUMIDAS CUENTAS, AHORA PUEDO...

- ☐ hablar sobre la historia de España y reconocer su diversidad cultural y lingüística.
- ☐ usar números ordinales
- ☐ relatar eventos históricos.
- ☐ usar el pretérito de los verbos regulares y de *ser* e *ir* para hablar del pasado.
- ☐ usar la expresión **hace** + tiempo + **que** para especificar cuándo ocurrió algo.
- ☐ evitar repetir ciertas palabras al hablar.
- ☐ entender la importancia del centro histórico de una ciudad.

[16]**mexicas:** indigenous people of the Valley of Mexico, known today as the rulers of the Aztec empire.

VOCABULARIO ESENCIAL

Sustantivos

el aliado	*ally*
el barco	*ship*
la dictadura	*dictatorship*
la Edad Media/Moderna	*middle/modern ages*
la época	*age or era*
la guerra (civil)	*(civil) war*
el poder	*power*
la reina	*queen*
el rey	*king*
el siglo	*century*
el tratado	*treaty*
el viaje	*voyage*

Cognados: la conquista, la constitución, la democracia, el/la dictador/a, el/la enemigo/a, la historia, el imperio, la independencia, la invasión, el/la líder, la monarquía

Verbos

derrotar	*to defeat*
elegir	*to elect*
fundar	*to establish*
ganar	*to win*
gobernar	*to rule*
habitar	*to inhabit*
luchar	*to fight*
nacer	*to be born*

Cognados: atacar, conquistar, establecer, explorar, invadir, terminar,

Adjetivos

primer(o)/a	*first*
segundo/a	*second*
tercer(o)/a	*third*
cuarto/a	*fourth*
quinto/a	*fifth*
sexto/a	*sixth*
séptimo/a	*seventh*
octavo/a	*eighth*
noveno/a	*ninth*
décimo/a	*tenth*

Expresiones

a. C. (antes de Cristo)	*B.C. (Before Christ)*
d. C. (después de Cristo)	*A.D. (in the year of our Lord)*

LEARNING OBJECTIVES

By the end of this section you will be able to:

- Compare different urban spaces
- Describe works of art
- Talk about events in the past using the preterit tense of irregular and stem-changing verbs
- Express possession
- Point out people and objects
- Use other forms of address
- Understand Spanish art and talk about artists

Courtesy of Aina Cabra-Riart

▲ *Un castell en Vilafranca del Penedès, Barcelona.*

Una imagen vale más que mil palabras

¿En qué consiste esta torre? ¿Cuántos niveles tiene?

¿Crees que esta construcción tiene algún propósito?

¿A qué se compara lo que ves en la foto con una práctica que es común en las escuelas y universidades de Estados Unidos?

Answers for **Una imagen vale más que mil palabras:** 1. en una torre formada por personas que tiene seis niveles o más. 2. tradición, diversión y arte. 3. Las torres y pirámides de animadores o porristas (cheerleaders).

Note for **Una imagen vale más que mil palabras:** *Castell* means "castle" in Catalan. It is a tradition that started at the end of the eighteenth century in Tarragona. The *castell* in the photo has six levels, but some are taller. We suggest that you search the Internet for "Human towers of Catalunya."

UNA PERSPECTIVA

Lo antiguo y lo moderno

Courtesy of Christina Samson

Diferente

"En España hay muchos edificios que son antiguos y tienen mucha historia. Hay monumentos maravillosos, palacios y catedrales mucho más antiguos que los edificios más antiguos de Estados Unidos. Para una persona de España, los monumentos históricos de Estados Unidos no son tan antiguos".

Igual

"En España también hay muchos edificios modernos con diseños futuristas como la Ciudad de las Artes y las Ciencias, en Valencia; la Torre Agbar y la Torre Marenostrum (Sede de Gas Natural), en Barcelona; los rascacielos de Cuatro Torres Business Area, en Madrid; y el Museo Guggenheim, en Bilbao."

¿Qué piensas tú?

1. ¿Cuáles son los monumentos de Estados Unidos más antiguos que conoces? ¿Cuándo se construyeron[1], más o menos?
2. ¿Qué edificios son impresionantes o importantes en tu estado o ciudad?
3. ¿Qué monumentos de tu país te gustan más? ¿Dónde están?

Note for **Una perspectiva**: Ask your students if they know the approximate dates of the various monuments. This will set the stage for the whole chapter and will help them have a better understanding of their own history compared to Spain's. Here are a few examples: **la Estatua de la Libertad** (1884), **el edificio Empire State** (1930), **la Casa Blanca** (1792), **el Capitolio de Massachusetts** (1796), **la Casa de Paul Revere** (1680), **Independence Hall** (1732). Answers for **Una perspectiva:** Answers may vary.

[1] **se construyeron:** were built

LA PURA VERDAD I Un fin de semana en Barcelona

Amanda, una estudiante de Estados Unidos que estudia en Granada, viaja con unas amigas a Barcelona para pasar el fin de semana.

1.

¡Mira ese monumento!

2.

3.

¿Qué pasó en las noticias?

4.

¡Venga ya! No entiendo. Creo que tengo que estudiar más.

¡Ahh, creo que es catalán!

5.

Casi todo es en catalán, pero hay una película[2] en español: "La piel que habito". El director es Pedro Almodóvar, así es que debe de ser una buena película.

6.

La construcción de la Basílica de la Sagrada Familia empezó en 1882. Gaudí comenzó a trabajar en la basílica en 1883.

All illustrations © John Wiley & Sons, Inc.

7.

© David Ryznar / Shutterstock.com

8.

Clicks / E+ / Getty Images

9.

© nik wheeler / Alamy

Note for **La pura verdad:** We recommend that you show more pictures of the **Sagrada Familia** to your students and mention the strong determination of the people of that region to speak and promote their regional language, Catalan.

Script for **6.2-01:** 1. Amanda y sus amigas esperaron más de una hora para poder subir en ascensor a una torre. Una de sus amigas preguntó si podía subir por las escaleras, pero no se lo permitieron. Solo les permitieron subir a la torre por ascensor. 2. La basílica tiene tres fachadas. La primera que construyeron fue la fachada de la Natividad. Está decorada con esculturas muy bonitas de muchos colores. La terminaron en 1930. La segunda fachada representa la pasión y tiene esculturas serias y simples. La terminaron en 1987. 3. La tercera fachada representa la Gloria y va a ser la más grande y monumental de las tres fachadas. Su construcción comenzó en el año 2002 pero todavía no está terminada. Amanda vio el dibujo de la tercera fachada y dijo que era su favorita. Va a ser increíble.

🎧 **6.2-01 El tour de la basílica** Escucha en la narración lo que pasó en el tour de la basílica. Selecciona la oración que mejor explica la narración.

1. (a.) Amanda y sus amigas subieron a una torre de la basílica.
 b. Subir a una torre de la basílica les tomó una hora.
 c. Las autoridades no les permitieron subir a una torre.
2. a. Terminaron de construir la primera fachada en 1987.
 (b.) La primera fachada es la más decorada.
 c. La segunda fachada no tiene esculturas.
3. a. Terminaron la tercera fachada en el año 2002.
 b. La tercera fachada es la más pequeña de las tres, pero es la más bonita.
 (c.) Amanda vio un dibujo de la tercera fachada.

[2] **película:** film, movie

PALABRA POR PALABRA

Use the PowerPoint slides found in the Book Companion Site and *WileyPLUS* to do this section.

Imagno / Hulton Archive / Getty Images

▲ *Las Meninas de Diego Velázquez*

El arte

antiguo/a	*old, ancient*
el autorretrato	*self portrait*
el castillo	*castle*
el cuadro	*painting*
el lienzo	*canvas*
la luz	*light*
la mezquita	*mosque*
la obra de arte	*work of art*
la obra maestra	*masterpiece*
el paisaje	*landscape*
la pintura (al óleo)	*(oil) painting*
el retrato	*portrait*
la torre	*tower*

Cognados: el arco, la arquitectura, la basílica, la catedral, el cine, el estilo, la escultura, la estatua, la fachada, la fotografía, la literatura, el monumento

Adjetivos para hablar de arte: abstracto/a, barroco/a, colonial, contemporáneo/a, gótico/a, medieval, moderno/a, romano/a

Los procesos creativos

construir	*to build*	**diseñar**	*to design*
crear	*to create*	**esculpir**	*to sculpt*
dibujar	*to draw*	**pintar**	*to paint*

El/La artista: el actor, la (actriz), el/la arquitecto/a, el/la director/a, el/la escultor/a, el/la pintor/a

Más colores — *More colors*

azul (oscuro, claro, marino)	*(dark, light, navy) blue*
color vivo	*bright color*
color vino	*burgundy*
dorado	*golden*
plateado	*silver*
turquesa	*turquoise*
verde (oliva, claro, oscuro)	*green (olive, light, dark)*

¿Qué dicen los españoles?

Alfonso me cae superbien. Es muy majo.	*I really like Alfonso. He's a very nice guy.*
-¿Te gustan mis nuevos zapatos?	*-Do you like my new shoes?*
-Sí, ¡qué chulos! Son muy guays.	*-Yes, how cool! They are really cool.*
-¿Has visto esto?	*-Have you seen this?*
-Sí, ¡cómo mola!	*-Yes, very cool!*
-No puedo creerlo. ¡Me quedo a cuadros!	*-I can't believe it. I'm astonished!*
-¡Qué niño más mono!*	*-What a cute little boy!*

***Esta expresión se usa en otros países hispanos también.**

Colors
Remember that you already studied colors in Chapter 2, Section 2? Review that vocabulary before learning these new words.

Use the PowerPoint slides found in the Book Companion Site and *WileyPLUS* to do this activity in class.

6.2-02 ¿Qué sabes de arte?

Paso 1: ¿Qué tipo de arte asocias con...?

David LEFRANC/Gamma-Rapho via Getty Images

1. Pedro Almodóvar

Hans Namuth / Photo Researchers / Getty Images

2. Joan Miró

Mary Evans Picture Library/Epic

3. Antoni Gaudí

4. Cervantes
5. el autorretrato
6. el lienzo
7. la estatua
8. el metal
9. la luz
10. la fachada
11. el paisaje

Note for **6.2-02:** This is a recognition activity that will help students start practicing the new vocabulary. You can make this activity a whole-class activity by having students come up with their list and challenge the rest of the class.

Answers for **6.2-02: Paso 1:** 1. cine; 2. pintura; 3. arquitectura; 4. literatura; 5. pintura, fotografía, cine; 6. pintura; 7. escultura; 8. escultura, arquitectura; 9. cine, fotografía, pintura; 10. arquitectura; 11. cine, fotografía, pintura. **Paso 2:** Anwers may vary.

Paso 2: Ahora, escribe una lista similar con el nombre de cinco artistas que conozcas. Pregúntale a un/a compañero/a qué tipo de arte asocia con los nombres de la lista y qué sabe de ellos. Después, comenten con la clase cuánto saben de arte. ¿Conocen a todos los artistas mencionados en clase?

Suggestion for **6.2-03:** You may want to allow your students to use their smart phones to look up the answers for this activity.

Answers for **6.2-03:** 1. Pintura; cuadro o pintura al óleo sobre lienzo, de estilo surrealista. Actualmente se encuentra en el Museo de Arte Moderno de Nueva York. 2. Escultura; estatua en Barcelona de estilo clasicista. 3. Arquitectura; mezcla de estilo musulmán y renacentista; se encuentra en Córdoba, en Andalucía. 4. Cine español contemporáneo; 5. Literatura, novela moderna; hay una copia de la primera edición en la Biblioteca Nacional de España, en Madrid. 6. Arquitectura, obra de ingeniería romana; se encuentra en Segovia, en la comunidad de Castilla y León.

Use the PowerPoint slides found in the Book Companion Site and *WileyPLUS* to do this activity in class.

6.2-03 Obras de arte

¿Qué son estas obras de arte? ¿Con qué tipo de estilo las asocias? ¿Sabes dónde están? Consulta con un(a) compañero/a y busquen juntos la respuesta.

MODELO: la Sagrada Familia
Estudiante 1: *¿Cuál es esta obra de arte?*
Estudiante 2: *Es la Sagrada Familia.*
Estudiante 1: *¿Qué tipo de obra es?*
Estudiante 2: *Es una basílica de arquitectura modernista.*
Estudiante 1: *¿Sabes dónde está?*
Estudiante 2: *En Barcelona.*

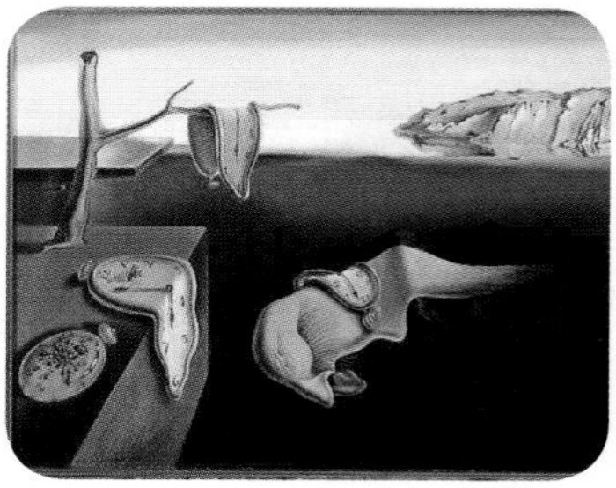

Topham /The Image Works © Salvador Dalí, Fundació Gala-Salvador Dalí, Artists Rights Society (ARS), New York 2013

1. Los relojes blandos *o* La persistencia de la memoria, *de Dalí*

© Scenics & Science / Alamy

2. *Monumento a Colón*

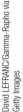

© SIME / eStock Photo —All rights reserved

3. *La mezquita de Córdoba*

Suggestions for **6.2-03, Paso 1:** Do not expect your students to recognize these works of art in this list, or to know all the information asked. This list is meant to be a starting point to talk about different kinds of art. For a more informed activity, you can ask students to research each of the items on the list the night before.

TEQUILA GANG/WB / THE KOBAL COLLECTION

4. El Laberinto del Fauno

EL INGENIOSO HIDALGO DON QVIXOTE DE LA MANCHA,
Compuesto por Miguel de Ceruantes Saauedra.
DIRIGIDO AL DVQVE DE BEIAR, Marques de Gibraleon, Conde de Benalcaçar, y Bañares, Vizconde de la Puebla de Alcozer, Señor de las villas de Capilla, Curiel, y Burguillos.
Año, 1605.
CON PRIVILEGIO,
EN MADRID, Por Iuan de la Cuesta.
Vendese en casa de Francisco de Robles, librero del Rey nro señor.

Photo: akg-images

5. Don Quijote de la Mancha

Courtesy Laura Marqués-Pascual

6. *El acueducto de Segovia*

6.2-04 ¿Te gusta el arte? Lee las siguientes preguntas y piensa en otras dos preguntas. Después, con un/a compañero/a, conversen sobre sus gustos artísticos.

Paso 1:

1. ¿Te gusta el arte? ¿Qué tipo te gusta más? ¿Qué estilo es tu favorito? ¿Por qué?
2. ¿Vas a museos frecuentemente? ¿Qué tipo de obras te gusta ver en los museos? ¿Qué museo es tu favorito?
3. ¿Tienes talento artístico? ¿Te gusta crear, diseñar, pintar, dibujar o construir cosas?
4. ¿Cuál es tu artista favorito? ¿Qué hace? ¿Cómo son sus obras?
5. ¿Qué sabes del arte de España? ¿Conoces la obra de artistas españoles? ¿Qué obra maestra de España quieres ver o visitar?
6. ...
7. ...

Paso 2: ¿Hay algunos aspectos en los que coinciden? ¿En cuáles coinciden y en cuáles no? Escriban un pequeño párrafo sobre aquellos aspectos en los que sí coinciden.

MODELO: *A los dos nos gustan varios tipos de arte. Nos gusta mucho la arquitectura de estilo gótico. Los dos hemos visto la catedral...*

Suggestions for **6.2-04:** Share small: In pairs, ask the students to talk about their own and each other's artistic tastes and talents. Share big: put two pairs of students together to see if they have something in common. Share bigger: do a whole-class check.

Answers for **6.2-4:** Answers may vary.

6.2-05 Adivina, adivinador... ¿quién soy? Piensa en un/a artista famoso/a. Después, en parejas, túrnense para adivinar en qué artista pensó el/la compañero/a.

MODELO:
Estudiante 1: *¿Qué tipo de arte haces?*
Estudiante 2: *Hago pintura.*
Estudiante 1: *¿Eres norteamericano/a?*
Estudiante 2: *No, soy español.*
Estudiante 1: *¿En qué época viviste?*
Estudiante 2: *Viví en el siglo XX.*
Estudiante 1: *¿Cómo son tus cuadros?*
Estudiante 2: *Modernos, de vivos colores y abstractos.*
Estudiante 1: *¡Eres Joan Miró!*
Estudiante 2: *¡Sí, muy bien!*

Suggestions for **6.2-05:** This activity could be done in pairs, with students guessing each other's artist. Taking turns, they can guess as many times as time permits. This can also be a whole-class activity. Ask for a volunteer to come to the front of the class. The rest of the students should ask questions and the student who guesses correctly should be the next person to come to the front. Tell your students to pretend to be a famous singer or musician from a Spanish-speaking country if possible.

Answers for **6.2-05:** Answers may vary.

HABLANDO DE GRAMÁTICA I

WileyPLUS Go to *WileyPLUS* to review this grammar point with the help of the **Animated Grammar Tutorial** and the **Verb Conjugator**.

Preterit Tense

Do you remember how to use regular verbs in the past? You may want to go back to Section 1, before you start learning this new grammar point.

1. Talking about events in the past (III): The preterit tense of irregular and stem-changing verbs

A. Irregular verbs

In Chapter 6, Section 1, you learned the preterit forms of regular verbs ending in **-ar**, **-er,** and **-ir** and of the irregular verbs **ser** and **ir**. The following verbs are also irregular. All these verbs have irregular stems that differ from the present tense. All endings are the same except for **dar,** which takes the endings from regular verbs ending in **-er** and **-ir**.

	Irregular stem	**Stem + irregular endings** *(yo, tú, él/ella/Ud. nosotros/as, vosotros/as, ellos/ellas/Uds.)*
dar	**d-**	d**i**, d**iste**, d**io**, d**imos**, d**isteis**, d**ieron**
decir	**dij-**	dij**e**, dij**iste**, dij**o**, dij**imos**, dij**isteis**, dij**eron**
estar	**estuv-**	estuv**e**, estuv**iste**, estuv**o**, estuv**imos**, estuv**isteis**, estuv**ieron**
hacer*	**hic-**	hic**e**, hic**iste**, hiz**o**, hic**imos**, hic**isteis**, hic**ieron**
poder	**pud-**	pud**e**, pud**iste**, pud**o**, pud**imos**, pud**isteis**, pud**ieron**
poner	**pus-**	pus**e**, pus**iste**, pus**o**, pus**imos**, pus**isteis**, pus**ieron**
querer	**quis-**	quis**e**, quis**iste**, quis**o**, quis**imos**, quis**isteis**, quis**ieron**
saber	**sup-**	sup**e**, sup**iste**, sup**o**, sup**imos**, sup**isteis**, sup**ieron**
tener	**tuv-**	tuv**e**, tuv**iste**, tuv**o**, tuv**imos**, tuv**isteis**, tuv**ieron**
traducir	**traduj-**	traduj**e**, traduj**iste**, traduj**o**, traduj**imos**, traduj**isteis**, traduj**eron**
traer	**traj-**	traj**e**, traj**iste**, traj**o**, traj**imos**, traj**isteis**, traj**eron**
venir	**vin-**	vin**e**, vin**iste**, vin**o**, vin**imos**, vin**isteis**, vin**ieron**

- There is no stress shift in the first person singular (**yo**) and the third person singular (**Ud.**/**él**/**ella**) forms in irregular verbs.

  Amanda **estuvo** aquí ayer y **hablé** con ella. Le **dije** que el autobús a Barcelona es más barato que el tren. — *Amanda was here yesterday and I talked to her. I told her that the bus to Barcelona is cheaper than the train.*

- There are no accent marks on the **yo** and **Ud.**/**él**/**ella** forms of **dar** because they consist of only one syllable.

  –¿Ya me **diste** las entradas para la Sagrada Familia? — *Did you give me the entrance tickets for the Sagrada Familia already?*
  –Sí, te las **di** esta mañana. — *Yes, I gave them to you this morning.*

- Verbs whose stem ends in **j** add **-eron** instead of **-ieron** for the **Uds.**/**él**/**ella** form.

  Las chicas **trajeron** muchos recuerdos de Barcelona. — *The girls brought a lot of souvenirs from Barcelona.*

- *The third person singular (**Ud.**/**él**/**ella**) of **hacer** changes the **-c-** to an **-z-** in order to preserve the sound.

  Ese fin de semana **hizo** muy buen tiempo en Barcelona. — *That weekend the weather was very nice in Barcelona.*

- The preterit form of **haber** is **hubo** (*there was/were*).

  En un fin de semana no **hubo** tiempo de verlo todo. — *In just one weekend there was no time to see it all.*

6.2-06 El fin de semana en Barcelona Lee el siguiente párrafo sobre el viaje de Amanda y sus amigas a Barcelona, e identifica los verbos irregulares en el pretérito.

Exercises labeled with an individual student icon in the **Hablando de gramática** section are intended to be assigned as homework.

Note for **6.2-06:** This is an input-output activity that makes students focus on form as they are focused on meaning. To facilitate processing meaning, in **Paso 1** you can ask students who is the subject of each verb.

Amanda y sus amigas <u>fueron</u> a Barcelona de vacaciones y estuvieron allí varios días. Viajaron en autobús y desde la ventana vieron el paisaje y varias ciudades. Cuando llegaron al hotel, pusieron las mochilas sobre la cama y Amanda empezó a ver la tele, ¡pero no entendió nada de lo que dijeron en las noticias! Al principio, se sorprendió mucho, pero luego se dio cuenta[3] de que en Cataluña también hablan otra lengua, el catalán. Al día siguiente, las chicas hicieron una visita guiada por la ciudad. Las chicas no entendieron el folleto[4] en catalán, pero el guía les tradujo todo al español. Por la tarde quisieron visitar el Palau[5] de la Música, pero llegaron tarde y no pudieron entrar. Entonces decidieron ir a un bar en la Plaza Real a comer unas tapas.

Paso 1: Escribe abajo todos los verbos irregulares en el pretérito que hay en el párrafo. ¡Atención! No todos los verbos son irregulares.

MODELO: 1. *fueron*

2. estuvieron	4. dijeron	6. hicieron	8. quisieron
3. pusieron	5. dio	7. tradujo	9. pudieron

Paso 2: ¿Cierto o falso? Lee el párrafo otra vez y decide si las siguientes oraciones son ciertas o falsas. Si son falsas, escribe la información correcta.

Answers for **6.2-06**, Possible answers for **Paso 2:** 1. Cierto. 2. Falso; Amanda no pudo entender las noticias. 3. Falso; El guía tradujo el folleto al español. 4. Cierto; 5. Falso; El guía les dijo cuáles son los mejores bares y restaurantes.

C	F	
☐	☐	1. Cuando llegó al hotel, Amanda puso su mochila sobre la cama.
☐	☐	2. Amanda tradujo las noticias de la televisión para sus amigas.
☐	☐	3. Amanda pudo leer el folleto en catalán.
☐	☐	4. Las chicas no tuvieron muchos problemas para entender al guía.
☐	☐	5. Las chicas no supieron adónde ir a comer unas tapas.

6.2-07 El *e-mail* de Amanda Amanda sigue con su visita por España y le escribe un *e-mail* a su amiga Loli, que está en Madrid.

Paso 1: Amanda tiene problemas con los verbos irregulares en el pretérito. Ayúdala a completar este *e-mail* con la forma correcta de los verbos de la lista.

estar decir poder visitar querer llegar ir ser hacer (x2) tener

Asunto: Viaje a Barcelona

¡Hola, Loli!

¿Qué tal va todo? Mi viaje a Barcelona fue (1) genial. Mis amigas y yo estuvimos (2) allí tres noches. Nosotras hicimos (3) una visita guiada de la ciudad, y en tres días tuvimos (4) la oportunidad de visitar muchos museos. Tú me dijiste (5) que Barcelona es una ciudad increíble, ¡y tienes razón! Me enamoré del azul turquesa del mar y del verde paisaje. El último día quisimos (6) visitar el Palau de la Música, pero no pudimos (7) porque llegamos (8) tarde. Ahora estamos en Valencia, y mañana salimos para Sevilla. ¡Estoy entusiasmada! Y tú, ¿adónde fuiste (9) durante las últimas vacaciones? ¿Qué lugares o a quién visitaste (10)? ¿Qué hiciste. (11) de especial?

Te mando un abrazo, y ¡espero tu respuesta!

Amanda

Paso 2: Imagina que eres Loli. Escribe un breve *e-mail* para Amanda. ¡Contesta todas las preguntas del *e-mail* de Amanda!

Answers for **6.2-07, Paso 2:** Answers may vary.

[3] **darse cuenta:** to realize, [4] **folleto:** brochure [5] **Palau:** Catalan for "palacio" or palace in English

B. Stem-changing verbs

Verbs ending in **-ir** that undergo a stem change in the present (see Chapter 3, Sección 1) also change in the preterite, but only in the third person singular and plural.

	dormir (o → u)	**pedir (e → i)**
(yo)	dormí	pedí
(tú)	dormiste	pediste
(él/ella/Ud.)	d**u**rmió	p**i**dió
(nosotros/as)	dormimos	pedisteis
(vosotros/as)	dormisteis	pedimos
(ellos/ellas/Uds.)	d**u**rmieron	p**i**dieron

Amanda y sus amigas **durmieron** un par de horas durante el viaje en autobús a Barcelona. — *Amanda and her friends slept for a couple of hours during the bus trip to Barcelona.*

En la oficina de turismo **pidieron** folletos en español, no en inglés ni en catalán. — *At the tourism office, they asked for brochures in Spanish, not in English or Catalan.*

These are other verbs whose stems change in the preterite in the third person singular and plural:

conseguir *(to get)*	cons**i**guió, cons**i**guieron
competir *(to compete)*	comp**i**tió, comp**i**tieron
elegir *(to choose)*	el**i**gió, el**i**gieron
preferir	pref**i**rió, pref**i**rieron
repetir *(to repeat)*	rep**i**tió, rep**i**tieron
seguir	s**i**guió, s**i**guieron

sentir(se)	(se) s**i**ntió, (se) s**i**ntieron
servir	s**i**rvió, s**i**rvieron
sugerir *(to suggest)*	sug**i**rió, sug**i**rieron
vestir(se)	(se) v**i**stió, (se) v**i**stieron
morir *(to die)*	m**u**rió, m**u**rieron

Amanda y sus amigas **eligieron** ir a Barcelona en autobús porque es muy barato. También **consiguieron** un hotel en el centro a un buen precio. — *Amanda and her friends chose to go to Barcelona by bus because it is very cheap. They also got a hotel downtown for a good price.*

En la Sagrada Familia, **prefirieron** escuchar al guía en español y no en inglés. — *At the Sagrada Familia, they preferred to listen to the tour guide in Spanish instead of English.*

Note for **6.2-08:** This activity combines irregular and stem-changing verbs in the preterit with possessive adjectives. In order to lessen the attention workload, this is a recognition-only activity, which will be followed by production. Students should catch the mistakes with irregular verbs and choose the right irregular form.

RECYCLES the possessive adjectives.

6.2-08 La interesante vida de Pablo Picasso Escoge la mejor palabra entre paréntesis para saber más sobre este famoso pintor español.

◀ *El famoso cuadro* Guernica *(1937) se encuentra en el Museo Reina Sofía en Madrid.*

Pablo Picasso (**nací/nació**)[1] en Málaga, España, en 1881. Picasso (**fui/fue**)[2] el artista que desarrolló el cubismo. (Su/Sus)[3] obra como artista (**fue/fueron**)[4] muy prolífica, con más de 13.000 cuadros, 100.000 impresiones y grabados, 34.000 ilustraciones y 300 esculturas. Muchas veces las mujeres de (**su/sus**)[5] vida le (**servimos/sirvieron**)[6] de inspiración para sus obras. Con (**tu/su**)[7] primera esposa, Olga, (**tuve/tuvo**)[8] un hijo llamado Pablo, como (**vuestro/su**)[9] padre. Aún casado con Olga, (**viví/vivió**)[10] una relación sentimental con Marie-Therèse, madre de (**sus/su**)[11] hija. Una tercera relación (**seguimos/siguió**)[12] unos años después con Dora Maar. En 1943 (**conocieron/conoció**)[13] a Françoise Gilot y juntos (**tuvimos/tuvieron**)[14] dos hijos, Claude y Paloma. En 1961 le (**pedí/pidió**)[15] la mano a Jacqueline Roque y (**se casó/se casaron**)[16] con ella. Pablo Picasso (**murieron/murió**)[17] en 1973. A pesar de[6] su ocupada vida personal, Picasso (**consiguió/ conseguí**)[18] ser uno de los artistas más famosos del siglo XX.

Possessive adjectives

*Do you remember them? How are they different from the ones in English? Review **Hablando de gramática II** in Chapter 3, Section 1. Unlike possessive adjectives in English, in Spanish they agree in gender and number with the object they possess.*

Paul Popper / Popperfoto/Getty Images

◀ *Picasso*

6.2-09 Preguntas personales Tu profesor/a de español quiere conocer mejor a los estudiantes de su clase. Contesta las siguientes preguntas en detalle. ¡Atención a la conjugación de los verbos!

Answers for **6.2-09:** Answers may vary.

1. ¿Por qué **elegiste** estudiar español? ¿Quién te **sugirió** la idea de estudiar español? ¿Por qué **preferiste** estudiar español a estudiar otra lengua?
2. Antes de estudiar español, ¿**estudiaste** otra lengua? ¿**Seguiste** estudiando esa lengua después de empezar a estudiar español? ¿A qué nivel[7] **llegaste** en tus estudios de la otra lengua?
3. ¿Cómo te **sentiste** cuando **tuviste** que hablar en español por primera vez?
4. ¿**Fuiste** alguna vez a un país hispanohablante? ¿A cuál? ¿Cómo **fue** tu experiencia?
5. ¿Qué lugares **visitaste** en ese país? ¿Qué obras de arte o arquitectura **viste**?
6. ¿Te **sirvió** la visita a ese país para practicar español?

Paso 2: Ahora, usa las preguntas para entrevistar a un/a compañero/a. Escribe sus respuestas y después presenta la información a la clase.

MODELO: *Mi compañero/a ... eligió estudiar español porque... Además, sus padres le sugirieron la idea de estudiar español porque...*

[6] **a pesar de:** despite of [7] **nivel:** level

The suggested narration for **La pura verdad** can be found in the Appendix. Please use this narration to go over each of the frames with your students. You can also find this section (frames and narration) in the PowerPoint slides, found in the Book Companion Site and *WileyPLUS*.

LA PURA VERDAD II Una visita a Granada

Los padres de Amanda vienen de Estados Unidos a visitar a su hija, que estudia en Granada. Los dos hablan muy bien el español.

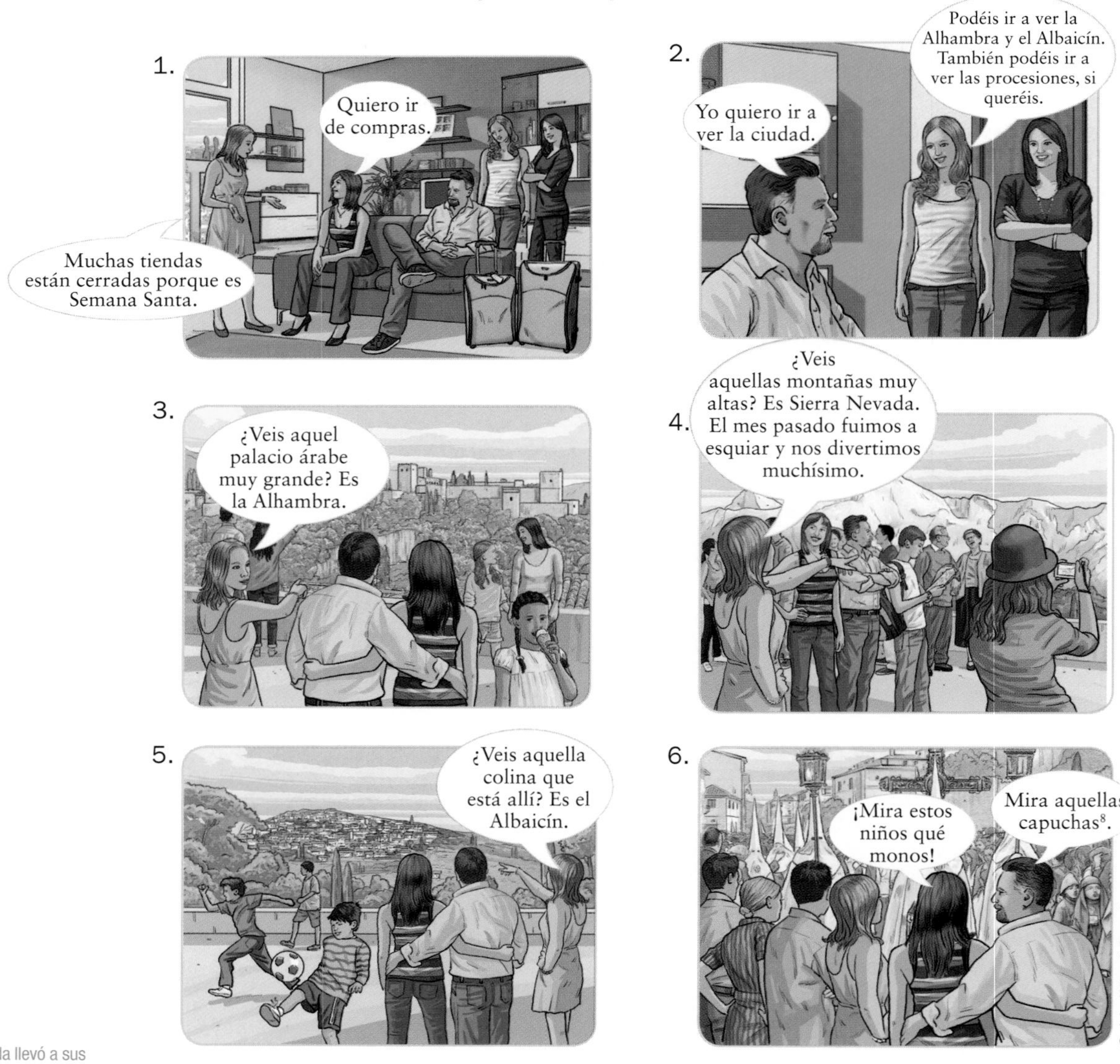

1.
Quiero ir de compras.
Muchas tiendas están cerradas porque es Semana Santa.
2.
Yo quiero ir a ver la ciudad.
Podéis ir a ver la Alhambra y el Albaicín. También podéis ir a ver las procesiones, si queréis.
3.
¿Veis aquel palacio árabe muy grande? Es la Alhambra.
4.
¿Veis aquellas montañas muy altas? Es Sierra Nevada. El mes pasado fuimos a esquiar y nos divertimos muchísimo.
5.
¿Veis aquella colina que está allí? Es el Albaicín.
6.
¡Mira estos niños qué monos!
Mira aquellas capuchas[8].

Script for **6.2-10:** 1. Amanda llevó a sus padres a la Alhambra. La Alhambra es el castillo donde vivió el último rey moro en España. Es un lugar muy grande. Tuvieron que comprar billetes de entrada el día anterior porque les dijeron que era un lugar turístico muy, muy popular. 2. Estuvieron en la Alhambra todo el día. Con la ayuda de un guía, pudieron entender muchas cosas interesantes de la historia de la Alhambra. Un dato curioso es que la palabra *Alhambra* quiere decir "castillo rojo", pero el guía les dijo que originalmente era blanco. 3. El guía les mostró una montaña en la distancia. "¿Ven aquella montaña? Se llama el Suspiro del Moro (*sigh sadly for students to hear it*). Allí fue desde donde el último monarca moro miró la Alhambra por última vez y empezó a llorar. La madre del rey le dijo: 'Lloras como mujer lo que no pudiste defender como hombre' ".

6.2-10 Una visita a la Alhambra Escucha la narración y selecciona la oración que mejor explique lo que narra.

1. (a.) La Alhambra fue el palacio donde vivió el último rey moro en España.
   b. La Alhambra va a ser un lugar muy popular.
   c. Los padres de Amanda pudieron comprar los billetes el mismo día.
2. a. Fueron a la Alhambra por la mañana y a otro castillo rojo por la tarde.
   b. El guía les dijo que *Alhambra* quiere decir "castillo blanco".
   (c.) Pasaron todo el día en la Alhambra.
3. a. El rey murió en aquella montaña.
   b. La madre del sultán lloró en aquella montaña.
   (c.) El rey lloró porque no pudo defender la Alhambra.

[8] **capuchas:** hoods

HABLANDO DE GRAMÁTICA II

2. Pointing out people and objects: Demonstrative adjectives and pronouns

WileyPLUS Go to *WileyPLUS* to review this grammar point with the help of the **Animated Grammar Tutorial**.

Demonstrative adjectives point at specific objects or people; they identify the noun they refer to in relation to the person speaking. Demonstrative adjectives always precede the noun they refer to, and like all adjectives, they agree in gender and number with the noun.

Demonstrative adjectives

	Aquí (*here*) close to the speaker		**Ahí** (*there*) at a short distance from the speaker		**Allí o allá** (*over there*) far from the speaker	
(masc.) (fem.)	*this*	**este** cuadro **esta** escultura	*that*	**ese** cuadro **esa** escultura	*that*	**aquel** cuadro **aquella** escultura
(masc.) (fem.)	*these*	**estos** cuadros **estas** esculturas	*those*	**esos** cuadros **esas** esculturas	*those*	**aquellos** cuadros **aquellas** esculturas

–**Este** cuadro de Velázquez es mi obra preferida de todo el museo. –*This painting by Velázquez is my favorite piece in the museum.*

–Pues a mí me gusta más **esa** escultura naranja que está ahí. –*I like that orange sculpture there more.*

–¿En serio? ¿No te gusta más **aquella** escultura gris en la entrada? –*Really? Don't you prefer that gray sculpture by the entrance?*

Demonstrative adjectives become pronouns when used without the noun they refer to, when it is clear from the context what we are talking about. They are pronouns because they replace the noun they refer to. Demonstrative pronouns are used to avoid repetition. They are identical to demonstrative adjectives, and they still have to agree in gender and number with the object or person they refer to.

Demonstrative pronouns

Aquí (*here*) close to the speaker		**Ahí** (*there*) at a short distance from speaker		**Allí** (*over there*) far from speaker	
this one	**este** **esta**	*that one*	**ese** **esa**	*that one*	**aquel** **aquella**
these ones	**estos** **estas**	*those ones*	**esos** **esas**	*those ones*	**aquellos** **aquellas**

–Me gusta **este** cuadro de Velázquez y **este** de Goya. –*I like this painting by Velázquez and this one by Goya.*

–Sí, **estos** son bonitos, pero a mí me gusta más **ese**. –*Yes, these ones are beautiful, but I like that one better.*

–Sí, **ese** es bonito también. Es muy parecido a **aquel** que nos gustó en la otra sala. –*Yes, that one over there is beautiful too. It is very similar to that one that we liked in the other room.*

When we want to point at something and we don't know what it is, or we don't know its name, or we are not referring to a concrete object (e.g., a situation, or something someone has said), we use the neuter demonstrative pronouns **esto**, **eso**, **aquello**.

The speaker doesn't know the name:

¿Cómo se dice **eso** en inglés? *How do you say **that** in English?*

The speaker doesn't know what it is:

¿Qué es **esto**? ¿Para qué sirve? *What is **this**? What is it for?*

The speaker is referring to an entire situation:

Aquello no me gustó nada... *I didn't like **that** at all. . .*

Use the PowerPoint slides found in the Book Companion Site and *WileyPLUS* to do this activity in class.

Exercises labeled with an individual student icon in the **Hablando de gramática** section are intended to be assigned as homework.

6.2-11 La visita a la Alhambra Amanda y sus padres visitan la Alhambra. Amanda quiere explicarles todo. Elige qué adjetivo demostrativo usarías.

1. Amanda y sus padres están en un mirador[9] en una torre de la Alhambra. Amanda señala[10] un barrio de casas blancas en la distancia y dice:

   Este/Ese/Aquel barrio de casas blancas es el Albaicín.

2. Desde la torre, Amanda y sus padres ven un palacio al lado de la Alhambra. Amanda dice:

   Este/Ese/Aquel edificio marrón claro de ahí es el Palacio de Carlos V.

3. La guía les muestra una montaña en la distancia y les dice:

   ¿Ven **esta/esa/aquella** montaña de allí? Se llama el Suspiro del Moro.

4. Amanda y sus padres están en un patio de la Alhambra, enfrente de una fuente. Amanda señala las esculturas de animales y dice:

   Estas/Esas/Aquellas estatuas son leones.

5. Amanda y sus padres están en un patio. Al fondo[11] hay una pared con arcos. Amanda dice:

   Vamos ahí, a ver **estos/esos/aquellos** arcos árabes.

▲ *Sala de Comares, la Alhambra*

6. Amanda y sus padres están dentro de una sala. Amanda dice:

   Esta/Esa/Aquella sala se usó para celebrar las audiencias del rey.

[9] **mirador:** lookout point [10] **señalar:** to point [11] **al fondo:** in the background

6.2-12 En la Plaza Real Amanda y sus amigas llegan a la Plaza Real después de pasar el día explorando Barcelona. Completa el diálogo de las chicas con los adjetivos o pronombres demostrativos apropiados. Pon atención a las palabras clave ***aquí, ahí*** o ***allí***.

Use the PowerPoint slides found in the Book Companion Site and *WileyPLUS* to do this activity in class.

¡Me encanta ___esta___ [1] plaza! ___Estas___ [2] palmeras son muy bonitas. ¡Qué verdes!
¡Sí, y también ___esos___ [3] arcos de ahí son muy bonitos!
¿Por qué no entramos en uno de ___esos___ [4] bares que hay ahí enfrente? Me gusta ___ese___ [5] que se llama Glaciar, con el cartel verde y azul. Podemos sentarnos en una de ___esas___ [6] mesas de ahí. ¿Qué es ___eso___ [7] de color vino que bebe la gente?
Glaciar
RESTAURANT
___Esa___ [8] bebida es sangría. ¿Tomamos una?
Tobogán
CAFETERIA
Pues la verdad es que yo prefiero ir a uno de ___aquellos___ [9] bares que vimos allí en el Paseo de Gracia. ¡Allí había mejor ambiente[12]!
Buenas Migas
BAR
Restaurante El Taxidermista
No, mejor nos quedamos aquí, no quiero caminar más. ¡Venga! Vamos a ___este___ [10] restaurante de aquí y así comemos también.
Restaurante El Taxidermista
Vale, buena idea, vamos a hacer ___eso___ [11]

[12] **ambiente:** atmosphere

Note about **vosotros**: This short presentation is intended for recognition only and is by no means comprehensive. The purpose of this section is for students to acknowledge the use of **vosotros**, especially for those students planning on visiting Spain. Please note that informal forms of address (i.e., **tú** and **vosotros**) are being more widely used in recent years, even in contexts where **usted** and **ustedes** would have been used in the past (e.g., when addressing people you have recently met or people of higher social status or professions). In fact, in Spain the most important factor influencing the use of **tú/vosotros** vs. **usted/ustedes** seems to be age rather than social status or familiarity. It is conventional to address older unfamiliar people with **usted/ustedes**, and to address people of the same age with **tú/vosotros**, regardless of the social status or relationship distance.

If you use **vosotros** on a regular basis we encourage that you use this section as a point of departure for a more in-depth discussion of the subject.

3. Recognizing the *vosotros* form of address

As you already know, in Spanish there are different subject pronouns and forms of address depending on the relationship that the people who are speaking have. In the **Capítulo Preliminar** you learned how factors such as age and social position play important roles. In English we use *you* for both the singular and plural. In Spanish, when addressing one person only **tú** (*informal*); **usted** (formal); and more than one person **ustedes** (for both formal and informal).

In most of the Spanish-speaking world except for Spain, there is only one plural form of address, **ustedes**, which is both the formal and informal form of address. However, in Spain the plural of **tú** is **vosotros**, and it is used as the informal counterpart of **ustedes**. In Spain, **ustedes** is used only to address two or more people formally. **Vosotros** is used in more colloquial registers or when addressing people you are familiar with. As you may have noticed, the verb form for **vosotros** has been included with all other verb conjugation forms throughout the book.

	Singular	Plural (Latin America)	Plural (Spain)
Informal	Hola, **tú eres** el amigo de Amanda, ¿verdad?	¡Hola muchachos! **Ustedes son** los amigos de Amanda, ¿verdad?	¡Hola chicos! **Vosotros sois** los amigos de Amanda, ¿verdad?
	Hi, you are Amanda's friend, right?	*Hi guys! You are Amanda's friends, right?*	
Formal	Buenas tardes, señor. ¿**Usted** es el invitado de la Srta. Burton?	Buenas tardes, señores. ¿**Ustedes son** los invitados de la Srta. Burton?	Buenas tardes, señores. ¿**Ustedes son** los invitados de la Srta. Burton?
	Good afternoon, sir. Are you Ms. Burton's guest?	*Good afternoon, gentlemen. Are you Ms. Burton's guests?*	

Suggestions for **6.2-13:** If students find it difficult to recognize the verb in the **vosotros** form, tell them to mentally remove the ending (**-asteis**, **-isteis**) in order to identify the stem, e.g.: **admirasteis > admir-asteis (admirar)**. This will help them recognize verb morphology overall. For the follow-up, ask individual student what they found about their classmates; for example: **¿Qué hicieron John y Christine? ¿Hicieron actividades similares? ¿A quién le gusta más hacer actividades culturales?** Find out if there is a pair that has similar answers for all items.

6.2-13 Las próximas vacaciones Vas a viajar a España durante tus próximas vacaciones y tienes que acostumbrarte[13] a usar *vosotros*.

Paso 1: Entrevista a dos compañeros usando la forma de *vosotros* y apunta las respuestas de los dos. Después, cambia de grupo; otro/a compañero/a te entrevistará a ti.

	Mi compañero/a	Mi compañero/a
	________	________
1. ¿Dónde **estuvisteis**?	________	________
2. ¿**Pudisteis** visitar museos?	________	________
3. ¿**Visitasteis** monumentos u obras de arte?	________	________
4. ¿**Contemplasteis** vistas desde un mirador?	________	________
5. ¿**Paseasteis** por ciudades antiguas?	________	________
6. ¿**Admirasteis** arquitectura regional o pintoresca[14]?	________	________
7. ¿**Disfrutasteis** de paisajes hermosos?	________	________
8. ¿**Salisteis** por la noche?	________	________

Paso 2: Finalmente, escribe un pequeño párrafo para describir similitudes[15] y diferencias entre tus dos compañeros.

MODELO: *Los dos fueron de vacaciones, y los dos fueron a países hispanohablantes, pero (John) fue a... y (Sarah) fue a...*

[13] **acostumbrarse:** to get used to [14] **pintoresco:** picturesque, quaint [15] **similitudes:** similarities

OTRA PERSPECTIVA

Courtesy of Laura Marqués Pascual

El espacio urbano

Diferente

"En Estados Unidos veo que muchas cosas son grandes: los edificios, las calles, los centros comerciales, las mesas en los restaurantes, las porciones de comida, los vasos de refrescos, los automóviles, etc. También hay mucho espacio urbano y mucho espacio público, pero no ves mucha gente caminando por las calles. Normalmente, el centro de la ciudad es cuadriculado[16]. ¡Es difícil perderse[17]!"

Igual

"En España hay iglesias, catedrales, museos, grandes centros comerciales y palacios enormes también. Algunos barrios nuevos también son cuadriculados".

Explícale a Laura

1. ¿Por qué tenemos la impresión de que muchas cosas son grandes en los Estados Unidos?
2. ¿Por qué muchos centros de ciudades están diseñados como una cuadrícula?
3. ¿Por qué no es común caminar?

Possible answers for **Otra perspectiva:** 1. Es un país físicamente grande y hay mucho espacio para construir. 2. William Penn diseñó la ciudad de Filadelfia en 1682 con un sistema de cuadrícula para evitar el apiñamiento (*overcrowding*) y facilitar el control de incendios y enfermedades. Este sistema tuvo muy buena aceptación en las nuevas ciudades que se fundaron en el oeste de Estados Unidos y casi todas las ciudades adoptaron este sistema. 3. No es tan atractivo. Las distancias son muy grandes y es más eficiente usar el coche.

MANOS A LA OBRA

6.2-14 La vida de Salvador Dalí Con un/a compañero/a, pon las oraciones en orden cronológico para saber más sobre su vida.

Use the PowerPoint slides found in the Book Companion Site and *WileyPLUS* to do this activity in class.

Paso 1: Elijan cada uno una columna. Cambien individualmente los verbos al pretérito.

Estudiante 1

5 A. Pinta el famoso cuadro *La persistencia de la memoria*.

4 B. Conoce a Gala; dice: "Amo a Gala más que a mi madre, más que a mi padre, más que a Picasso y más que al dinero".

1 C. Nace en España en 1904.

Estudiante 2

2 D. Se hace cubista, como Picasso.

6 E. Muere en 1989.

3 F. Cambia su imagen. Empieza a llevar el pelo largo, una corbata grandísima y una capa hasta los pies.

Paso 2: Tomen turnos para leer cada uno sus oraciones en voz alta. Juntos decidan qué oración corresponde a cada ilustración, para ponerlas en orden.

1.

2.

3.

4.

All illustrations © John Wiley & Sons, Inc.

5.

Topham / The Image Works © Salvador Dalí, Fundació Gala-Salvador Dalí, Artists Rights Society (ARS), New York 2013

6.

© Gonzalo Azumendi / age fotostock

Answers for **6.2-14, Paso 1:** A. 5: Pintó; B. 4: conoció, dijo; C. 1: nació; D. 2: hizo; E. 6: Murió; F. 3: Cambió, Empezó. **Paso 2:** Answers may vary.

Suggestions for **6.2-15**: Give the class the name of a famous artist, and give them some time for each group to write answers with 2 or 3 verbs in the preterit. Then have a group representative write the answer on the board. Only correct answers in terms of the information and the preterit forms should get credit. Using names of artists that have already appeared throughout the chapter will activate conscious recall of the cultural content covered. Here are some suggestions: Miguel de Cervantes, Antoni Gaudí, Diego Velázquez, Goya, Picasso, Pedro Almodóvar. As an alternative, students can do some research at home and prepare descriptions of famous artists to bring to class for the activity.

Suggestion for **6.2-16:** Have your students stand up and ask each other these questions. Make sure they are answering in Spanish. Either require them to ask all questions or just five or six, depending on the time available, and give them a time limit. Remind your students that when asking questions to one particular classmate, they have to change the verb to the **tú** form. When time is up, do a whole-class check: **¿Quién vio una exposición de escultura? Ah, Rich, ¿qué exposición fue esa?**

Answers for **6.2-15** and **6.2-16:** Answers may vary.

[16] **cuadriculado/a:** squared, gridded [17] **perderse:** to get lost

Script for **6.2-17: Presta atención: Un paseo por Barcelona**
Madison: Estoy asombrada de todas las estatuas que hay por las Ramblas.
Carmen: Sí, es increíble. Mira aquellas estatuas: parecen cuadros de Picasso, ¿no?
Madison: Sí, y más allá hay una torre y al lado de la torre, hay una estatua amarilla y enfrente una naranja.
Carmen: Sí, hay muchas.
Madison: Pero ¿qué es eso? Es una persona, una estatua, pero ¿qué es?
Carmen: Parece ser... ¡Ay, no sé! Es algo extraño, pero bueno, es arte. Yo veo un balcón. ¡Ah! Es una fachada. ¡Sí, eso es! Es un poco extraña esa estatua. Bueno, Madison, hablando de otra cosa, quiero ir al teatro del Liceo y... estamos cerca, ¿verdad?
Madison: Sí, estamos cerca, pero ¿por qué quieres ir?
Carmen: Es un teatro famoso en todo el mundo y muy conocido por ser un teatro de ópera.
Madison: ¿Sabes algo de la historia de este teatro?
Carmen: Sí, sé un poco. Sé que se construyó en 1837. Después, un señor lo compró para construir un nuevo teatro. Hubo un accidente en 1861, y, el teatro estuvo cerrado durante un año.
Madison: ¡Madre mía!
Carmen: Bueno, en verdad hubo dos accidentes, porque en 1994 hubo otro.
Madison: Pues sí, el teatro del Liceo tiene su historia.
Carmen: También me gustaría ir a ver el gato del Raval.
Madison: ¡Ah, sí! Esa escultura me mola. Es del escultor colombiano Fernando Botero, ¿verdad?
Carmen: Sí, y está en el barrio del Raval.
Madison: Pues venga, vamos.

6.2-15 ¿Por qué son famosos? La clase se va a dividir en grupos. El/La profesor/a va a decir el nombre de una persona famosa. Cada grupo tiene que pensar y escribir quiénes fueron esas personas y por qué fueron famosas. Cada grupo que consiga dar una respuesta correcta gana un punto.

MODELO: *<u>Fue</u> un pintor cubista muy famoso. <u>Pintó</u>* La persistencia de la memoria *y <u>contribuyó</u> a la creación del movimiento cubista. → Salvador Dalí*

6.2-16 ¿Cuándo hiciste estas actividades? Levántate y hazles a tus compañeros las siguientes preguntas. Escribe el nombre del/de la compañero/a que conteste afirmativamente.

MODELO: visitar alguna ciudad antigua
Estudiante 1: *¿<u>Visitaste</u> alguna ciudad antigua?*
Estudiante 2: *Sí, <u>visité</u> Córdoba. <u>Estudié</u> dos meses allí.*

	Nombre	visitó
visitar alguna ciudad antigua	______	______
ver una exposición de escultura	______	______
entrar en una catedral gótica	______	______
conducir por calles muy estrechas	______	______
repetir un curso	______	______
sugerir un curso de español a un amigo	______	______
estar de vacaciones en un país hispanohablante	______	______
ir a un museo de pintura	______	______
diseñar un proyecto gráfico o artístico	______	______

WileyPLUS Go to *WileyPLUS* and listen to **Presta atención.**

6.2-17 Presta atención: Un paseo por Barcelona Dos amigas están paseando por el centro histórico de Barcelona. Escucha la conversación para tener más información sobre las actividades que hicieron por la mañana.

1. ¿De qué se sorprenden las chicas?
   a. de la cantidad de gente que hay en las Ramblas
   b. de un cuadro de Picasso que se vende en las Ramblas
   (c.) de la cantidad de estatuas que hay en las Ramblas
2. ¿Qué tipo de estatuas mencionan las chicas?
   (a.) estatuas en forma de torre, fachada, cuadros
   b. diferentes estatuas con balcones
   c. todas las estatuas son de colores vivos
3. ¿Por qué Carmen quiere ir al teatro del Liceo?
   a. porque le interesa la historia del arte
   (b.) porque es un teatro de ópera
   c. porque un señor famoso lo compró
4. ¿Qué pasó con el teatro del Liceo?
   a. Hubo un accidente y no se volvió a abrir.
   (b.) Hubo dos accidentes en años diferentes.
   c. Unos señores lo vendieron a un colegio.
5. ¿Qué quiere ver también Carmen?
   a. el barrio del Raval
   b. el escultor Botero
   (c.) el gato del Raval

¡OJO!

Replacing information
Now that you know how to use subject pronouns (**yo, tú, él...**), object pronouns (**lo, la, le, les...**), and demonstrative adjectives (**este, esto, esta, estos...**), you can use them to replace information that has been previously identified or mentioned in a text. This way you can eliminate excessive repetition and have a more cohesive writing. Now, read this paragraph and look for cohesion:

En Granada, la gente come tapas en los bares y son gratis. Comen las tapas con alguna bebida alcohólica o con refrescos. Los bares son lugares para la familia y para los amigos. Nosotros vemos a nuestros amigos en los bares y tenemos buenas conversaciones. Las conversaciones pueden ser largas o muy largas.

How could you make this paragraph less repetitive and more cohesive?

Possible answer for **Ojo**: En Granada, la gente come tapas en los bares y son gratis. Las comen con alguna bebida alcohólica o con refrescos. Estos lugares son para la familia y amigos. Los vemos en los bares y tenemos buenas conversaciones. Estas pueden ser largas o muy largas.

6.2-18 Por escrito: Madrid, día y noche Imagina que tus padres te pagaron el viaje y un hotel para pasar una semana en Madrid durante las vacaciones de primavera. A tu vuelta, ellos te piden que escribas en tu blog un tipo de guía de entretenimiento. Fíjate en la caja de **¡Ojo!** para mejorar tu escritura. Escribe sobre...

Answer for **Por escrito:** Answers will vary.

- las actividades que hiciste para entretenerte;
- los lugares de interés (plazas, parques, calles...) a los que fuiste;
- los espectáculos a los que asististe (teatro, cine);
- el arte (museos, monumentos...) y la vida nocturna (bares, discotecas, restaurantes, pubs).

PONTE EN MI LUGAR

Entrevista a un español famoso

Paso 1: Vas a preparar una entrevista con un/a compañero/a para dramatizarla en frente de la clase. Un/a estudiante es periodista y el otro/la otra es un/a famoso/a actor o actriz español/a (p. ej., Antonio Banderas, Javier Bardem, Penélope Cruz, etc.) que vive en Estados Unidos.

El periodista quiere saber lo siguiente: (a) el número de películas en las que ha actuado desde que comenzó a ser actor/actriz, (b) las fechas en que salieron las películas, (c) cuánto tiempo hace que vive en Estados Unidos y por qué decidió ir a vivir allí, (d) los premios que ganó, (e) cuál es su película favorita, y (f) cuál es su actor favorito y por qué.

La persona famosa contesta todas las preguntas con creatividad, usando la imaginación, de manera que las respuestas sean divertidas. No olvides usar expresiones como *claro que sí, por supuesto que no...* para enfatizar tus respuestas afirmativas y negativas.

Paso 2: Después de escuchar varias entrevistas, la clase escoge la mejor. **¡Ojo!** No puedes votar por tu propia entrevista.

RECYCLES expressions.

Estrategias para conversar

Emphasize your answers by going beyond *Sí* and *No*. As you learned in Chapter 6, Section 1, you can use expressions such as **claro que sí**, **desde luego** or **por supuesto** when you want to say *of course*. Use **claro que no** or **por supuesto que no** when you express *of course not*.

ASÍ ES LA VIDA

Adivina, adivinador

Sobre lienzo, o en papel,
qué bien aplica el color,
con lápices o pincel.

Use the PowerPoint slides found in the Book Companion Site and *WileyPLUS* to do this section in class.

Rima: ¿Quién es?

Azul o
rosa o
cubista
siempre artista

Answers for **Adivina, adivinador**: el pintor; **¿Quién es?:** Picasso

@Arroba@

WileyPLUS Go to *WileyPLUS* to find more **Arroba** activities.

Suggestions for **Arroba:** Use this activity in a computer lab. Give a few minutes for your students to explore the website assigned, then your students should work in pairs using a chat tool. This is a great opportunity for your students to practice the writing skill in an interactive way. Encourage your students to finish the activity by deciding the visit of one museum and reporting to the class the reason for their final decision.

Los museos de Madrid Imagina que vas a estar un solo día en Madrid con un/a amigo/a. A los dos les gustan mucho los museos. Convence a tu compañero/a de que el museo que a ti te interesa es el mejor de la ciudad. Usa el vocabulario del capítulo y estructuras como *tener que, deber* (Capítulo 4, Sección 1), *saber, conocer* (Capítulo 5, Sección 1), *decir, dar* (Capítulo 5, Sección 2), *ser* y *estar* (Capítulo 4, Sección 2) y *gustar* (Capítulo 1, Sección 2 y Capítulo 2, Sección 2): Es una pintura (románica/gótica/barroca); Son pinturas del siglo (XV/XVI/...); Estoy interesado en el (cubismo/surrealismo/impresionismo/...).

Instrucciones para el chat:

Estudiante 1: Encuentra en tu buscador favorito una página web del Museo del Prado. Busca información sobre las obras de arte de el Greco, Francisco de Goya o Diego Velázquez. Selecciona un pintor y busca información sobre el estilo de sus pinturas. Después, convence a tu compañero/a de que este es el museo más interesante.

Estudiante 2: Encuentra en tu buscador favorito una página web del Museo Reina Sofía. Busca información sobre las obras de arte de Pablo Picasso, Salvador Dalí o, Joan Miró. Sigue los pasos del Estudiante 1. Convence a tu compañero/a de que este es el museo más interesante de Madrid.

Decidan el museo que van a visitar e informen a la clase.

VER PARA CREER II: ¡Qué antiguo!

WileyPLUS Go to *WileyPLUS* to see this video and to find more video activities.

Go to *WileyPLUS* and the Book Companion Site to play the video in class. You can also find them in the PowerPoint slides.

Answers for **Antes de Ver:** Answers may vary.

Answers for **Después de Ver: 2** and **3:** Answers may vary.

Antes de ver

Con un/a compañero/a, contesta las preguntas para comprender mejor el contenido del video y las diferencias culturales.

1. ¿Son antiguas las plazas estadounidenses? ¿Cuántos siglos tienen?
2. ¿Vives en el centro de la ciudad? ¿Por qué?
3. ¿Piensas que necesario usar el coche a diario? ¿Por qué?
4. ¿Qué expresiones dicen los españoles?

Después de ver

1. ¿Entendiste? Tina enseña inglés en Madrid y el fin de semana su amiga Marta la visita. Después de ver el video, responde estas preguntas.

1. ¿De qué ciudad es Marta?
   a. de Madrid b. de Sevilla (c.) de Alicante
2. ¿Cuándo llegó Marta a Madrid?
   (a.) ayer b. esa mañana c. hace una semana
3. ¿Qué expresión usa Marta cuando ve la Plaza Mayor?
   a. ¡Qué guay! (b.) ¡Madre mía! c. ¡Venga, vamos!
4. ¿En qué siglos construyeron la Plaza Mayor?
   a. en los siglos XIX y XX b. en los siglos XV y XVI (c.) en los siglos XVI y XVII
5. ¿Adónde van las amigas después de visitar la Plaza Mayor?
   a. a otra plaza más antigua (b.) a un restaurante. antiguo c. a visitar el barrio Malasaña
6. ¿Qué se hace en Nochevieja en España?
   a. Se celebra con la familia sin salir a la calle.
   b. Se comen doce uvas y se sale a bailar.
   (c.) Se celebra con amigos y a las doce se vuelve a casa.
7. ¿Qué echa de menos Marta de España?
   (a.) Echa de menos la espontaneidad para quedar con los amigos.
   b. Echa de menos comer en restaurantes elegantes.
   c. Echa de menos la familia.

2. De tapas En el video, Tina y Marta van al restaurante Botín para comer. ¿Crees que "ir de tapas" es particular de la cultura española? Describe el ambiente y la decoración del restaurante. ¿Qué hace la gente? ¿Es parecido a los restaurantes de tu ciudad? ¿En qué se diferencia? ¿Qué tiene en común?

3. Enfoque cultural ¿Vive algún/alguna amigo/a tuyo/a en otro país/estado/ciudad? ¿Crees que tu amigo/a puede ser tu guía turístico de ese lugar? ¿Por qué?

AUTOPRUEBA

VOCABULARIO

Answers for **Vocabulario I**: 1. Answers may vary.
2. autorretrato; 3. de una torre; 4. catedrales, museos, castillos, torres

I. ¿Qué aprendiste?

MODELO: ¿Qué puedes ver en las Ramblas de Barcelona?
estatuas, artistas, arte

1. ¿Qué colores nuevos conoces?
2. ¿Cómo se llama el cuadro que un pintor pinta de sí mismo?
3. ¿Desde qué edificio alto puedes ver muy bien un paisaje?
4. ¿Qué edificios antiguos se ven en España?

II. ¿Qué recuerdas? Lee las oraciones y después identifica los objetos, lugares, actividades, personas con una o varias palabras.

1. ¿Qué actividades hace un artista?
2. ¿A qué edificio va un musulmán para rezar?
3. ¿En qué edificio puede haber una princesa?
4. ¿Qué le gusta pintar a un pintor?

Answers for **Vocabulario II**: 1. diseñar, esculpir, pintar, dibujar; 2. a una mezquita; 3. en el castillo, una torre; 4. retratos, autorretratos, paisajes

GRAMÁTICA

I. En el cine Laura y Cristina están en la puerta del cine decidiendo qué película ver. Completa su diálogo con la forma correcta de los adjetivos demostrativos para saber más sobre sus gustos.

Laura: Cristina, mira _____esta_____ película que acaba de salir.

Cristina: Sí, ayer vi _____esa_____ película con mi hermana.

Laura: Vaya, pues entonces, ¿qué te parecen _____aquellas_____ películas de allí lejos. No veo los nombres porque no tengo las gafas.

Cristina: ¡Ah! _____Aquel_____ póster que está allá lejos es de una película de Antonio Banderas y _____ese_____ otro cartel que está ahí es de una película con Penélope Cruz. Me gustaría ver la película de Antonio Banderas.

Laura: Pues venga, vamos a comprar las entradas.

II. Los colores ¿Qué hicieron estas personas en la ciudad? Completa las oraciones formando oraciones para saber lo que hicieron. Usa el pretérito y cambia el género de los adjetivos cuando sea necesario.

1. Los pintores / crear / fachadas / azul marino
2. El arquitecto / diseñar / torres / plateado
3. Los escultores / esculpir / estatuas / dorado
4. Los trabajadores / poner / los carteles / de color verde oscuro / en el cine
5. La directora / pintar / monumentos / gótico / de color vino

III. El fin de semana en Granada Imagina que pasaste el fin de semana en Granada. Contesta las preguntas en pretérito según lo que hiciste.

1. ¿Fuiste a la Alhambra?
 Sí, fui/No, no fui a la Alhambra.
2. ¿Anduviste o condujiste a la Alhambra?
 Sí, anduve./Sí, conduje a la Alhambra. No, no anduve/No, no conduje a la Alhambra.
3. ¿Anduviste por los jardines del Generalife?
 Sí, anduve/ No, no anduve por los jardines del Generalife.
4. ¿Estuviste en el Albaicín? ¿Qué hiciste allí?
 Sí, sí estuve. Fui... /No, no estuve en el Albaicín.
5. ¿Viste el Sacromonte? ¿Por qué sí o por qué no?
 Si, lo vi/No, no lo vi, porque

CULTURA

1. ¿Qué diferencia hay entre los edificios antiguos de Estados Unidos y los de España?
2. ¿Cuáles son algunos pintores, arquitectos o directores españoles importantes?
3. ¿Qué ciudades españolas conoces ahora?
4. ¿Cómo se diferencia el espacio urbano de Estados Unidos del de España?

REDACCIÓN

Imagina que es el año 2025. Escribe una miniautobiografía. Menciona los eventos principales de tu vida incluyendo los últimos diez años. Incluye:

- cuándo y dónde naciste;
- cuántos hermanos tenías;
- a qué escuelas fuiste;
- cuándo te graduaste de la universidad;
- ¿te casaste?;
- ¿tuviste hijos?;
- ¿conseguiste un buen trabajo?;
- ¿qué haces ahora en el 2025?

EN RESUMIDAS CUENTAS, AHORA PUEDO...

☐ comparar diferentes espacios urbanos.

☐ describir obras de arte.

☐ hablar en el pasado.

☐ expresar posesión.

☐ identificar personas y objetos en el espacio físico.

☐ identificar y reconocer el uso del pronombre y la forma verbal de **vosotros**.

☐ entender el arte español y hablar de los artistas.

Answers for **Gramática II**: 1. Los pintores crearon fachadas azul marino. 2. El arquitecto diseñó las torres plateadas. 3. Los escultores esculpieron las estatuas doradas. 4. Los trabajadores pusieron los carteles de color verde oscuro en el cine. 5. La directora pintó monumentos góticos de color vino.

Answers for **Cultura**: 1. Los de Estados Unidos son relativamente nuevos para los españoles. En España los edificios son más antiguos que los edificios de Estados Unidos. 2. Pablo Picasso, Gaudí, Salvador Dalí, Goya, Diego Velázquez, Miró, Murillo; 3. Madrid, Barcelona, Sevilla, Granada; 4. En Estados Unidos hay espacio urbano grande y mucha distancia. A veces no se encuentra gente caminando por la calle. En España el espacio personal y urbano es más pequeño.

VOCABULARIO ESENCIAL

Sustantivos

la actriz	*actress*
el autorretrato	*selfportrait*
el castillo	*castle*
el cuadro	*painting*
el lienzo	*canvas*
la luz	*light*
la mezquita	*mosque*
la obra de arte	*work of art*
la obra maestra	*masterpiece*
el paisaje	*landscape*
la pintura (al óleo)	*(oil) painting*
el retrato	*portrait*
la torre	*tower*

Cognados: el actor, el arco, el/la arquitecto/a, la arquitectura, el arte, el/la artista, la basílica, la catedral, el cine, el/la director/a, el/la escultor/a, la escultura, la estatua, el estilo, la fachada, la fotografía, la literatura, el monumento, el/la pintor/a

Verbos

competir	*to compete*
conseguir	*to get*
construir	*to build*
crear	*to create*
dibujar	*to draw*
diseñar	*to design*
elegir	*to choose*
esculpir	*to sculpt*
pintar	*to paint*
repetir	*to repeat*
sugerir	*to suggest*
morir	*to die*

Adjetivos

antiguo/a	*old, ancient*
azul (oscuro, claro, marino)	*(dark, light, navy) blue*
color vino	*burgundy*
color vivo	*bright color*
dorado/a	*golden*
plateado/a	*silver*
turquesa	*turquoise*
verde (oliva, claro, oscuro)	*green (olive, light, dark)*

Cognados: abstracto/a, barroco/a, colonial, contemporáneo/a, gótico/a, medieval, moderno/a, romano/a

Expresiones

ahí	*there*
allí/allá	*over there*
aquí	*here*

Los restaurantes y las comidas

Use the PowerPoint slides found in the Book Companion Site and *WileyPLUS* to watch the video in class.

© John Wiley & Sons, Inc.

VER PARA CREER I: ¡Buen provecho!

Lauren es una estadounidense que está de visita en Argentina. Después de ver el video vas a poder contestar las preguntas y aprender sobre la comida y bebidas en Argentina.

1. ¿Dónde está Lauren? ¿A qué lugares va?
2. ¿Qué muestra Francisco con tanto entusiasmo en el Café Tortoni?
3. ¿Qué bebidas escuchaste o viste en el video?

Suggested answers for **Ver para Creer I:** 1. Está en la calle, cerca de lugares para comprar comida. Entra a una cafetería, visita la ciudad y luego va a un restaurante. 2. Muestra los dulces de la pastelería. Hay muchos dulces diferentes. 3. Agua, jugo, vino.

Sección 1 · ¿Qué comemos?

PALABRA POR PALABRA
- Los alimentos y las comidas

HABLANDO DE GRAMÁTICA
- Present tense of stem-changing verbs ♻
- Saying how life used to be: Imperfect tense (regular and irregular verbs)
- Expressing affection and size: Diminutive suffixes

CULTURA
- El mate y otros productos típicos
- Los hábitos alimenticios

Sección 2 · A la mesa

PALABRA POR PALABRA
- En el restaurante
- A cocinar

HABLANDO DE GRAMÁTICA
- Expressions with **tener** ♻
- Giving instructions: Formal commands
- Making impersonal statements and deemphasizing authorship: Impersonal and passive **se**
- The **vos** form of address ♻

CULTURA
- Los restaurantes chilenos
- Las comidas regionales

Go to *WileyPLUS* to do the **Trivia** activities and find out how much you know about these countries!

Argentina, Chile y Uruguay

Antofagasta · Salta

La Serena · La Rioja

URUGUAY

Mendoza · Buenos Aires

Santiago ★ ★★

ARGENTINA

Talca · Montevideo

CHILE — Santa Rosa · Viedma

Chiloé · Rawson

Ushuaia

© John Wiley & Sons, Inc.

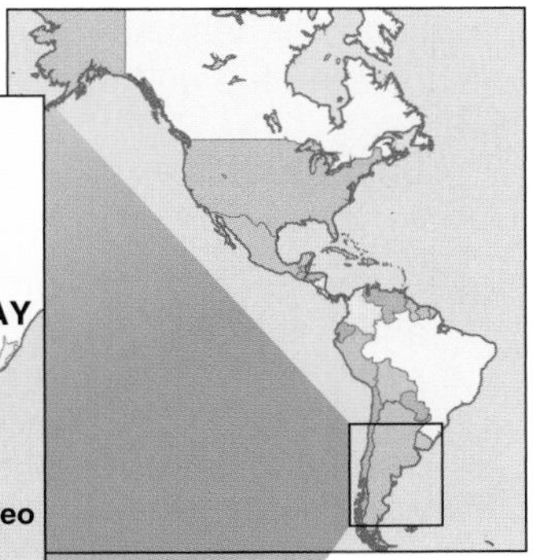

Note for Ver para creer I:
Introduce students to the chapter theme by asking them about what types of sweet they like to eat and where they buy them. Ask them to raise their hands if they can buy wine at their regular groceries store. With these questions you will introduce them to the chapter theme and they will understand the content better.

LEARNING OBJECTIVES

By the end of this section you will be able to:

- Talk about your eating habits now and in the past
- Talk about how things used to be
- Express size and endearment with the diminutive form
- Discuss regional differences in eating habits and traditional foods

Answers for **Una imagen vale más que mil palabras:** 1. Answers may vary depending on the neighborhood. 2. En Estados Unidos no es habitual comer la lengua, la cabeza o los intestinos de los animales, por eso no se muestran esas partes en los supermercados. 3. Answers may vary. En general, la carne roja no se presenta de forma que nos recuerde que son partes de animales.

Una imagen vale más que mil palabras

¿Se encuentran platos similares en Estados Unidos?

¿Se venden en Estados Unidos partes como el corazón, los intestinos u otros órganos de algún animal?

¿Cómo se muestra la carne en los supermercados donde vives?

◀ *Mondongo: plato a base de trocitos del estómago de la vaca*

UNA PERSPECTIVA

Brad

La yerba mate

Diferente

"Fui a Buenos Aires, Argentina, a estudiar por tres meses. Allí muy pronto traté de hacer amigos. No tuve problemas porque los argentinos son siempre muy simpáticos, pero no me sentí realmente parte de un grupo hasta que me invitaron a tomar mate.

La yerba mate es un tipo de té que se puede beber individualmente o en grupo. Una persona pone la yerba en el mate, introduce la bombilla[1], añade agua caliente y lo pasa a otro del grupo. Esta persona bebe, añade más agua y así sucesivamente. Todos beben usando el mismo mate y la misma bombilla. Es un acto social popular y para mí fue un honor ser invitado".

Casi igual

"¿Conoces alguna costumbre similar en Estados Unidos? ¿Compartimos algo para comer del mismo plato o beber de la misma copa? Creo que sí. Algunas veces mis amigos y yo comemos nachos y salsa de la misma bolsa y algunas veces pedimos un plato de comida para compartir entre todos, pero no es un ritual social".

Possible answers for **Una perspectiva:** 1. Answers may vary. 2. Answers may vary. 3. This is a more common practice.

¿Qué piensas tú? Contesta **Cierto** o **Falso** según tu opinión y justifica por qué piensas así.

	Cierto	Falso
1. Tenemos un ritual similar entre amigos.	☐	☐
2. Me siento bien bebiendo café o té de la taza[2] de un amigo.	☐	☐
3. Está bien compartir aperitivos, como por ejemplo, nachos de una misma bolsa.	☐	☐

[1] **bombilla:** metal straw used for drinking mate [2] **taza:** cup

The suggested narration for **La pura verdad** can be found in the Appendix. Please use this narration to go over each of the frames with your students. You can also find this section (frames and narration) in the PowerPoint slides, found in the Book Companion Site and *WileyPLUS*.

LA PURA VERDAD I Un supermercado

Julia es una estudiante de Texas que fue a estudiar a Mendoza, Argentina. Es su primera visita a un supermercado en este país.

1.

2.

3.

4.

5.

6.

7.

8.

7.1-01 En el supermercado Escucha la conversación entre Julia y el dependiente del supermercado. Haz un círculo alrededor de los ingredientes que ellos mencionan y que aparecen en la ilustración.

1.

2.

Script for **7.1-01**:
1. Julia: ¿Qué es el chimichurri?
Dependiente: Es un tipo de salsa para poner sobre la carne o el pan. Tiene muchos ingredientes, a ver… tiene ajo, aceite, vinagre, orégano, limón, tomate y otras especias. No es picante, pero es muy bueno.
2. Julia: ¿Cuáles son los ingredientes del dulce de leche?
Dependiente: Pues, tiene leche, leche condensada, leche evaporada y vainilla. El dulce de leche es delicioso.

Use the PowerPoint slides found in the Book Companion Site and *WileyPLUS* to do this section in class.

Note for **Palabra por palabra:** You may want to tell your students that **piña, melocotón, fresa,** and **pomelo** are Spanish standard and **ananá, durazno, frutilla, toronja** are the words used in South America.

PALABRA POR PALABRA

Los alimentos y las comidas *Food and meals*

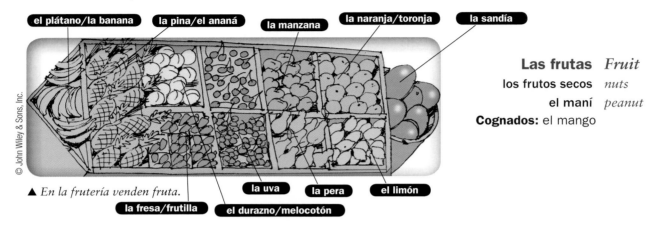

▲ *En la frutería venden fruta.*

Las frutas *Fruit*

los frutos secos *nuts*

el maní *peanut*

Cognados: el mango

Las verduras y legumbres *Vegetables and legumes*

Cognados: la coliflor, la espinaca

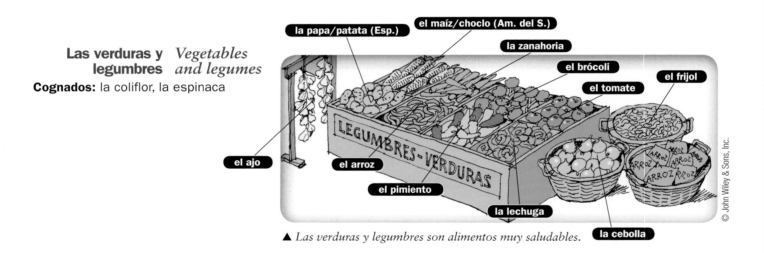

▲ *Las verduras y legumbres son alimentos muy saludables.*

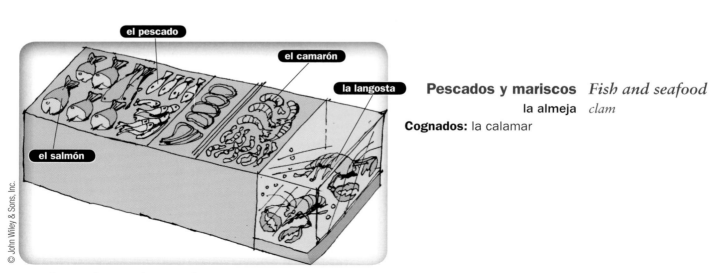

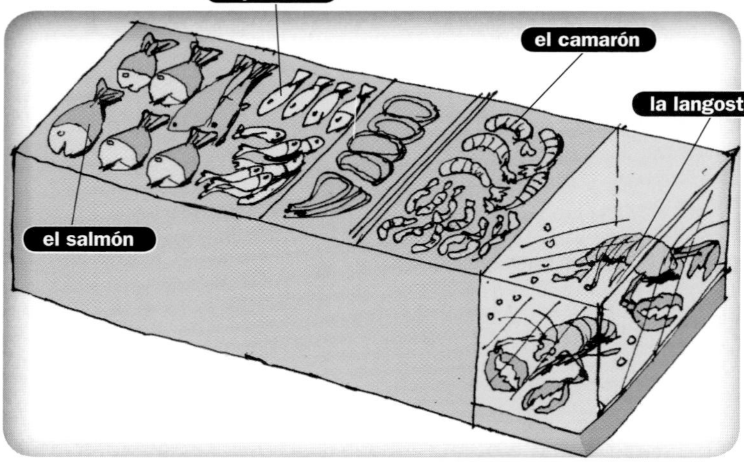

▲ *En la pescadería venden pescado y mariscos.*

Pescados y mariscos *Fish and seafood*

la almeja *clam*

Cognados: la calamar

Carnes	*Meat*
el pavo	*turkey*
el tocino	*bacon*

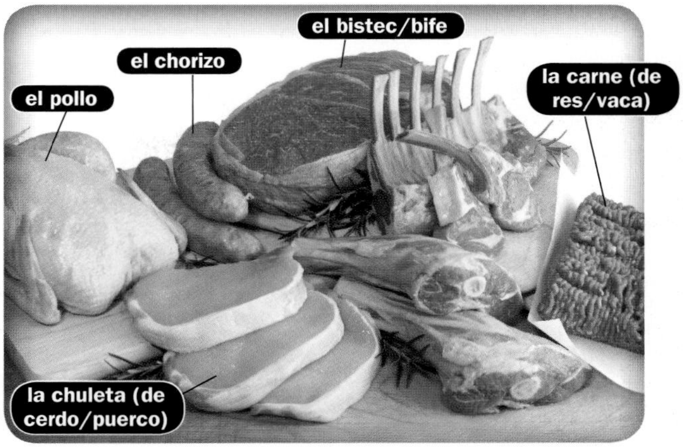

▲ *En la carnicería venden carne.*

▲ *El desayuno*

El desayuno	*Breakfast*
la leche (de soja)	*(soy) milk*
la mantequilla	*butter*
la miel	*honey*

Cognados: el café, el cereal, el yogur

Para hablar de la comida

el almuerzo	*lunch*
el asado/la parrillada	*BBQ*
la cena	*dinner*
la grasa	*fat*
la merienda	*a snack (between lunch and dinner)*
la receta	*a recipe*

Cognados: la dieta, la pasta

desayunar	*to have breakfast*
merendar (e→ie)	*to snack (between lunch and dinner)*
picar	*to snack (at any time)*
preparar	*to make, prepare, cook*
¿Quieres algo de tomar/picar?	*Would you like something to drink/a snack?*

¿Qué dicen los argentinos y los uruguayos?

Che, Ricardo, ¿necesitás algo?	*Hey Ricardo, do you need something?*
¿Adónde vas, flaco?	*Where are you going, buddy? (general term used for a young person)*
Unos pibes me ayudaron.	*Some young guys helped me.*
***No lo puedo comprar porque no tengo plata.**	*I can't buy it because I don't have money.*
Hoy es el cumpleaños de mi viejo/a.	*Today is my father's/mother's birthday.*
¡Los chiquilines me vuelven loco!	*The kids are driving me crazy.*

***Esta expresión también se usa en otros países hispanos.**

Adjetivos

dulce	*sweet*
graso/a	*fatty*
picante	*hot*
saludable	*healthy*

Note for **7.1-02, Paso 2:** As explained in Chapter 4, Section 2, only **ser**, never **estar**, is followed by a noun (**Soy estudiante** and not **Estoy estudiante**). For this reason, **ser** is always used in definitions. Being able to define is an important skill for students since it is a very useful communication strategy for unknown vocabulary (i.e., circumlocution). It is better if students write the definitions instead of thinking about them; this gives them time to plan and be more accurate in their production. After you have given them some time to write their definitions, you can have different pairs read them out loud to the class for the other students to guess. Alternatively, you can collect all the definitions and use them for a whole-class game or group competition.

Answers for **7.1-02, Paso 1:** 1. la sandía; 2. el durazno/el melocotón; 3. la zanahoria; 4. la fresa/la frutilla; 5. la lechuga; 6. la uva. **Paso 2:** Answers may vary.

7.1-02 ¿Qué alimento es?

Paso 1: Lean las definiciones y busquen la palabra correspondiente de la sección **Palabra por palabra**.

_____ 1. Es una fruta muy grande, verde por fuera y roja por dentro, que contiene mucha agua.

_____ 2. Es una fruta de verano, que tiene la piel muy suave y que usamos para hacer mermelada.

_____ 3. Es una verdura de color naranja que tiene mucha vitamina A.

_____ 4. Es una fruta roja por dentro y por fuera, pequeña, con hojas verdes, con un aroma dulce.

_____ 5. Es una verdura de hojas verdes grandes, que no tiene mucho sabor, y que es la base de muchos otros platos con verduras frescas.

_____ 6. Es una fruta muy pequeña y redonda, de color verde o morado, con la que se hace vino.

Paso 2: Ahora, elijan tres palabras de la sección **Palabra por palabra** y escriban tres definiciones para leerlas a la clase. ¡Atención! Recuerden que para definir siempre usamos el verbo *ser*.

Suggestion for **7.1-03:** Have students order the list. Then, have a member of each pair share with the rest of the class. Note down what each group has for number 1 and for number 10. Try to make the class reach a consensus about which food item is the healthiest and the least healthy.

Answers for **7.1-03** and **7.1-04:** Answers may vary.

7.1-03 ¿Cuál es más saludable?

Paso 1: Con un/a compañero/a, considera los siguientes alimentos. Decidan cuál es el más saludable y ordenen la lista del 1 (más saludable) al 10 (menos saludable).

_____ a. las manzanas	_____ f. las chuletas de puerco
_____ b. la leche de vaca	_____ g. el queso crema
_____ c. la leche de soja	_____ h. los huevos
_____ d. las galletas	_____ i. el jugo de naranja
_____ e. el pavo	_____ j. las papas fritas

Paso 2: Ahora, comparen sus respuestas con las de los otros grupos de la clase. ¿Todos tienen la misma opinión? ¿Qué alimento está en el puesto número 1 para la mayoría de los grupos? ¿Y en el número 10?

Use the PowerPoint slides found in the Book Companion Site and *WileyPLUS* to do this activity in class.

7.1-04 El menú del estudiante En grupos de tres, decidan cuál es el menú ideal para el estudiante universitario que no tiene mucho dinero, pero que quiere llevar una dieta equilibrada[3]. En cada comida principal deben incluir carbohidratos, proteínas, frutas y verduras. Deben crear un menú barato y saludable.

	Desayuno	Almuerzo	Merienda	Cena
Carbohidratos				
Proteínas o derivados de la leche				
Frutas y verduras				

Presenten su menú a la clase. ¿Están todos de acuerdo?

[3] **equilibrada:** balanced

La nueva pirámide alimenticia

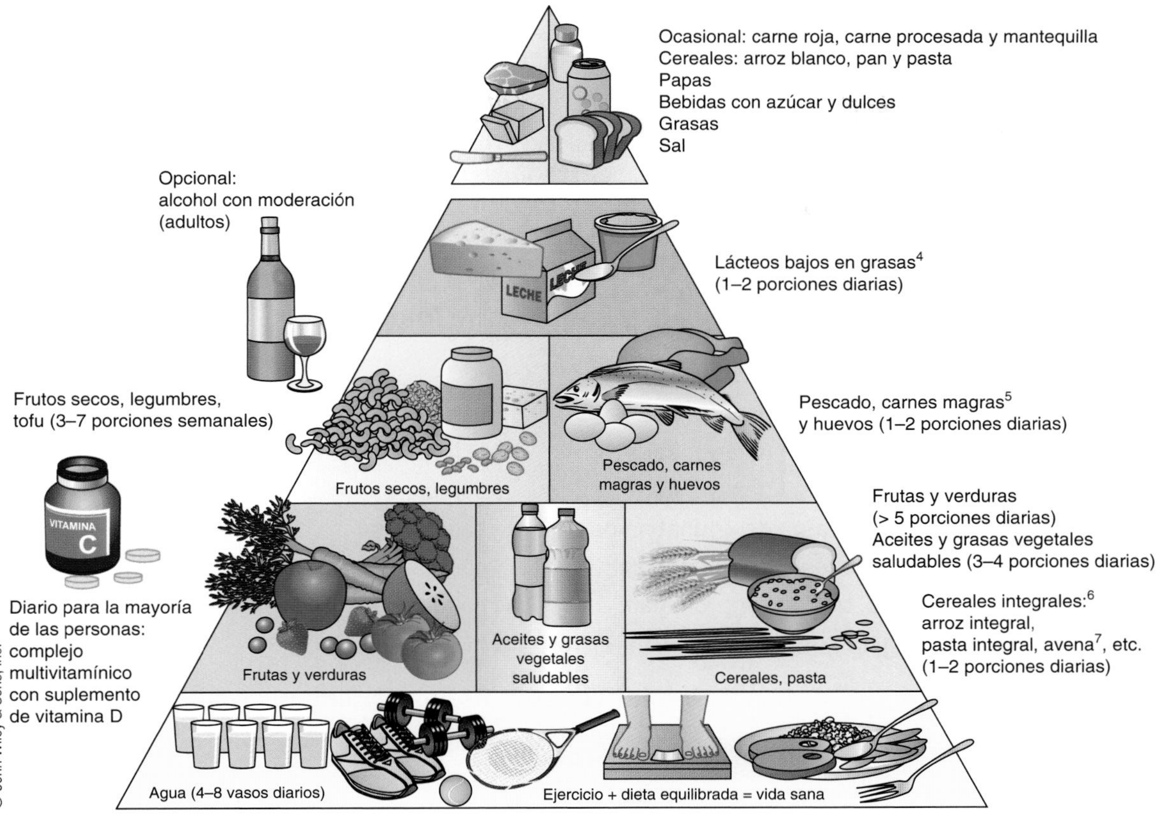

7.1-05 ¿Cómo es tu dieta?

RECYCLES stem-changing verbs

Paso 1: Lee las siguientes preguntas y añade dos preguntas más a la lista. Después, entrevista a un/a compañero/a para saber más sobre su dieta. Contesta también sus preguntas.

1. ¿Crees que llevas una dieta equilibrada? ¿Por qué?
2. ¿Sigues las recomendaciones de la pirámide alimenticia? ¿Cómo?
3. ¿Comes carne? ¿Qué tipo de carne comes? ¿Eres vegetariano/a? Si eres vegetariano/a, ¿qué alimentos comes para incluir proteínas en tu dieta?
4. ¿Pierdes peso[8] con facilidad? ¿Haces alguna dieta especial? ¿Prefieres no comer muchos carbohidratos?
5. ¿Puedes ir a casa para almorzar, o almuerzas fuera de casa? ¿Qué almuerzas normalmente?
6. ¿Eres alérgico/a a algún alimento? ¿A cuál?

Paso 2: Después, escriban un pequeño informe. ¿En qué aspectos coinciden los dos? ¿En qué no coinciden?

MODELO: *Mi compañero/a y yo pensamos que llevamos una dieta bastante equilibrada porque... Sin embargo, él/ella almuerza siempre... y yo...*

Paso 3: Por último, informen a la clase. ¿Coinciden en todo, o en nada? ¿En qué aspecto no coincide nadie?

Present tense of stem-changing verbs

In Chapter 3, Section 1, you learned the present tense of irregular verbs. Some of these verbs undergo a change in the stem vowel. The three possible stem changes are **o → ue**, **e → ie**, **e → i**. Do you remember what are some of these stem-changing verbs? Take a minute to generate a list and see how many you remember. Then go to p. 103 to review the conjugation of these verbs.

Suggestion for **7.1-05:** In order for students to be ready to report, the planning phase (“**escriban un pequeño párrafo**”) is crucial. After each pair has finished their paragraph, have a whole-class discussion. Is there any aspect in which everyone agrees or disagrees?

Answers for **7.1-05:** Answers may vary.

[4]**lácteos bajos en grasas:** low fat dairy products [5]**magro/a:** lean [6]**cereales integrales:** whole grains [7]**avena:** oatmeal [8]**peso:** weight

HABLANDO DE GRAMÁTICA I

WileyPLUS Go to *WileyPLUS* to review this grammar point with the help of the **Animated Grammar Tutorial** and the **Verb Conjugator**.

1. Saying how life used to be: Imperfect tense (regular and irregular verbs)

In Spanish there are two main verb tenses to talk about the past: the *preterit* (which you learned in Chapter 6) and the *imperfect*. The *preterit* is used to view actions as completed and with a definite ending. The *imperfect* is used to talk about actions that do not have a stated end point.

The *imperfect* is formed by dropping the infinitive endings and adding the *imperfect* tense endings shown below. Verbs ending in **-er/-ir** share the same imperfect tense endings.

Regular verbs in the imperfect

Infinitive	desayunar	comer	servir*
(yo)	desayun**aba**	com**ía**	serv**ía**
(tú)	desayun**abas**	com**ías**	serv**ías**
(él, ella, Ud.)	desayun**aba**	com**ía**	serv**ía**
(nosotros/as)	desayun**ábamos**	com**íamos**	serv**íamos**
(vosotros/as)	desayun**abais**	com**íais**	serv**íais**
(ellos, ellas, Uds.)	desayun**aban**	com**ían**	serv**ían**

*Stem-changing verbs in the present are regular in the imperfect.

Irregular verbs in the imperfect

Infinitive	ser	ir	ver
(yo)	era	iba	veía
(tú)	eras	ibas	veías
(él, ella, Ud.)	era	iba	veían
(nosotros/as)	éramos	íbamos	veíamos
(vosotros/as)	erais	ibais	veíais
(ellos, ellas, Uds.)	eran	iban	veían

In English, there isn't a verb tense that is exactly equivalent to the imperfect. Thus, depending on the use or the context, the imperfect may be translated in different ways. There are three main uses of the imperfect:

A. To talk about *habitual actions* in the past (what *used to* or *would* happen):

Julia **iba** al supermercado todas las semanas pero a veces no **encontraba** nada de su lista.	*Julia used to go to the supermarket but sometimes she would not find anything on her list.*
Julia y sus amigos **probaban** alimentos nuevos casi todos los días.	*Julia and her friends would try new food items almost every day.*

B. To talk about *actions in progress* at a given time in the past (what *was happening*):

Julia **buscaba** un producto específico cuando llegó el vendedor.	*Julia was looking for a specific product when the seller came.*
A las 11 de la noche la familia argentina todavía **charlaba** animadamente en la sala.	*At 11 pm the Argentinean family were still chatting enthusiastically in the living room.*

C. *To describe* a situation or characteristics (people, places, things):

Julia **era** curiosa y no **tenía** miedo de probar cosas nuevas.	*Julia was curious and was not afraid of trying new things.*
Las calles de Mendoza **olían** a asado los domingos por la tarde.	*The streets of Mendoza smelled of BBQ on Sunday afternoons.*

Exercises labeled with an individual student icon in the **Hablando de gramática** section are intended to be assigned as homework.

Haber - Había

The irregular form **hay**, from the verb **haber**, means *there is/are*. **Había,** the imperfect form of **haber** means *there was/were*, and should be used when describing the past:

Había un asado en todas las casas. *There was a BBQ in every home.*

Note for **7.1–06:** This is an input activity that makes students focus on form while they are focused on meaning. To facilitate processing meaning, in **Paso 1** you can ask students who is the subject of each verb. You can later compare this activity with the biography of Carlos "el Pibe" Valderrama in Chapter 8, Section 1, where preterit and imperfect are used together, and have students notice the differences between both narrations. The paragraph in this activity is mostly descriptive; there isn't a storyline developing or moving forward.

7.1-06 Diego Maradona, de niño Lee el siguiente párrafo sobre el futbolista argentino Diego Armando Maradona.

Diego Armando Maradona vivía en Villa Fiorito, un barrio pobre de Buenos Aires. Su mejor amigo se llamaba Goyo Carrizo, y juntos jugaban mucho con la pelota en las calles de su barrio. Querían ser jugadores de fútbol profesional para ayudar a sus familias económicamente. Sobre su infancia, Maradona dice lo siguiente: "Mi vieja me mentía[9] siempre, a la hora de comer decía que le dolía[10] el estómago, pero no era verdad… Lo decía porque no tenía suficiente comida para todos y ella prefería dejar la comida para nosotros. Mis papás trabajaban mucho para nosotros, pero éramos muchos y no había suficiente para todos". En el presente, Maradona es considerado como uno de los mejores jugadores de la historia del fútbol y el mejor jugador de la historia de los mundiales. Ya desde pequeño era un fenómeno.

Roberto Bunge/ Hulton Archive / Getty Images

▲ *Maradona jugaba en las calles de Villa Fiorito.*

Paso 1: Escribe todos los verbos en el imperfecto que encuentres en el párrafo (hay trece en total). ¡Atención! No todos los verbos están en el imperfecto. Después, indica por qué se usa el imperfecto en cada caso: *acción habitual, acción en progreso* o *descripción* en el pasado. Es posible que no encuentres en el párrafo ejemplos de los tres casos.

MODELO: 1. *vivía* (acción habitual)

2. llamaba (descripción)
3. jugaban (acción habitual)
4. querían (descripción)
5. mentía (acción habitual)
6. dolía (descripción)
7. decía (acción habitual)
8. tenía (descripción)
9. prefería (descripción)
10. trabajaban (acción habitual)
11. éramos (descripción)
12. había (descripción)
13. era (descripción)

AP Photo/Carlo Fumagalli

▲ *Maradona en el Mundial de Fútbol de México en 1986*

Paso 2: ¿Cierto o falso? Lee el párrafo otra vez y decide si las siguientes oraciones son **Ciertas** o **Falsas**. Si son falsas, escribe la información correcta.

Use the PowerPoint slides found in the Book Companion Site and *WileyPLUS* to do this activity in class.

C	F	
☐	☑	1. El barrio de Maradona se llamaba Buenos Aires.
☑	☐	2. Sus padres no tenían suficiente dinero para dar a sus hijos todo lo necesario.
☐	☑	3. El padre de Maradona estaba desempleado.
☑	☐	4. La mamá de Maradona se preocupaba mucho por sus hijos.
☐	☑	5. De niño, Maradona quería tener la profesión de sus papás.

Answers for **7.1-06, Paso 2:** 1. Falso: Se llamaba Villa Fiorito; 3. Falso: Trabajaba mucho; 5. Falso: Quería ser jugador de fútbol profesional.

[9] **mentir:** to lie [10] **doler:** to hurt

Note for **7.1-07:** Students usually have a difficult time with verbs like **gustar** in the imperfect (items 7 and 11 in **7.1-07**). They revert to the transitive structure in English and say things like "**Mafalda gustaba los Beatles**". In order to complete this activity, have students identify the subject of each sentence first, and then look for a verb and conjugate it. For verbs like **gustar**, do a quick review of the different structure, and remind them that this structure (*Indirect object phrase + IO pronoun + verb + subject*) still applies when using the imperfect.

Suggestion for **7.1-07:** You may want to ask your students to search in their favorite browser for Mafalda's cartoons.

7.1-07 Mafalda Las tiras cómicas de Mafalda, una niña argentina, son famosísimas en todos los países hispanohablantes. Completa el siguiente texto con el verbo correspondiente en la forma apropiada del imperfecto para saber más sobre Mafalda.

salir encantar preocupar tener entender ir ser (x2) haber hacer odiar estar

Mafalda __era__ (1) una niña muy inteligente y crítica que vivía en la Argentina de los años 60 y 70. Mafalda __tenía__ (2) 6 años en 1964, cuando sus historias aparecieron por primera vez. Con sus papás y su hermano Guille, los cuatro __eran__ (3) una familia típica de Buenos Aires de clase media. Todos los días __iba__ (4) a la escuela y, en verano, cuando __había__ (5) suficiente dinero, __salía__ (6) de vacaciones con su familia. A Mafalda le __preocupaban__ (7) el mundo y sus problemas y no __entendía__ (8) por qué los adultos no __hacían__ (9) nada por resolverlos. __Estaba__ (10) preocupada por la humanidad, la paz y los derechos humanos. Le __encantaban__ (11) los Beatles y __odiaba__ (12) la sopa.

7.1-08 ¿La dieta de nuestros padres era más saludable? La generación de nuestros padres y la nuestra no tienen la misma dieta.

Answers for **7.1-08**: Answers may vary depending on whether students create sentences with the subject **nuestros padres** or **la gente. Paso 1:** 1. se preocupaba/n; 2. tomaba/n; 3. bebía/n; 4. comía/n; 5. hacía/n; 6. complementaba/n; 7. iba/n; 8. llevaba/n; 9. cocinaba/n; 10. había

Paso 1: Mira la siguiente lista y decide si cada frase representa o no los hábitos de la generación de tus padres. Indica **Cierto** o **Falso**, según corresponda. Después, cambia los verbos al imperfecto para escribir oraciones que describan los hábitos de esa generación.

MODELO: comer comida procesada
→ Falso: *Antes la gente no comía tanta comida procesada.*

C	F	
☐	☐	1. preocuparse por los ácidos transgrasos
☐	☐	2. tomar leche de soja
☐	☐	3. beber leche descremada
☐	☐	4. comer alimentos orgánicos
☐	☐	5. hacer dietas sin carbohidratos
☐	☐	6. complementar la dieta con vitaminas
☐	☐	7. ir al gimnasio
☐	☐	8. llevar una vida sedentaria
☐	☐	9. cocinar en casa la mayoría de las veces
☐	☐	10. haber índices altos de obesidad[11]

Suggestions for **7.1-08, Paso 2**: Ask students to share their thoughts with the whole class: **¿Qué piensan? ¿Tenemos nosotros una dieta más saludable? ¿Era la dieta de nuestros padres más saludable que la nuestra?**

Paso 2: Ahora, comenta con un/a compañero/a los hábitos de la generación de tus padres. ¿Qué piensan? ¿Era la dieta de sus padres más saludable?

MODELO: Estudiante 1: *Antes la gente no comía tanta comida procesada. La gente cocinaba más y comía productos más naturales.*
Estudiante 2: *Sí, pero comían otras cosas como...*

[11] **índices altos de obesidad:** high obesity rates

The suggested narration for **La pura verdad** can be found in the Appendix. Please use this narration to go over each of the frames with your students. You can also find this section (frames and narration) in the PowerPoint slides, found in the Book Companion Site and *WileyPLUS*.

LA PURA VERDAD II Cuando estaba en Argentina

Laura, una estudiante de doctorado, recuerda sus experiencias cuando estuvo tres meses en Argentina.

1.

2.

3.

4.

5.

6.

7.

Script for **7.1-09:** Laura: "Recuerdo el primer día que comí carne. Fue en Argentina. Antes de ir allí, era vegetariana. ¡Comí lengua de vaca! No me gustó mucho, pero otras partes de la vaca sí. ¡Era todo delicioso! Después de ese domingo, siempre que iba a la cafetería con mis amigos, pedía un choripán o una milanesa. Caminaba por las calles y me gustaba el olor a carne asada. Todavía comía principalmente pasta, pizzas y legumbres, pero no le decía 'no' a la carne".

7.1-09 Cuando estaba en Argentina Escucha lo que pensaba Laura después de una semana en Argentina y decide si es **Cierto** o **Falso**. Si es falso, da la información correcta.

C	F	
☑	☐	1. Cuando Laura fue a Argentina, era vegetariana.
☑	☐	2. Cuando probó la carne, le pareció deliciosa.
☐	☑	3. La carne favorita de Laura era la lengua de vaca.
☑	☐	4. Laura comía carne en la cafetería.
☐	☑	5. Laura no quería comer pastas ni legumbres.

Answers for **7.1-09:** 3. Falso: No le gustó este tipo de carne; 5. Falso: Laura comía principalmente pasta y legumbres.

HABLANDO DE GRAMÁTICA II

WileyPLUS Go to *WileyPLUS* to review this grammar point with the help of the **Animated Grammar Tutorial.**

2. Expressing affection and size: Diminutive suffixes

Diminutives are suffixes that add new information to a word. They are used to express a smaller size, affection, endearment, or cuteness, and they are widely used in colloquial or familiar contexts. The most common diminutive suffix that you are probably familiar with is **-ito/a**. Another common suffix is **-illo/a.** These suffixes can be added to nouns and adjectives. The formation of these suffixes varies from region to region, but these are the most common rules:

Words ending in **-o** or **-a**	Drop the last vowel and add the suffix **-ito(s), -ita(s)**	gallet**a** → gallet**ita** asad**o** → asad**ito**
Words ending in a consonant, except **n, r**	Add the suffix **-ito(s), -ita(s)**	arro**z** → arro**cito*** vegetal → vegetal**ito**
Words with more than two syllables ending in **-e**	Add the suffix **-ito(s), -ita(s)**	calient**e** → calent**ito** vinagr**e** → vinagr**ito**
One-syllable words that ends in a consonant	Add the suffix **-cito(s), -cita(s)** or **-ecito(s), -ecita(s)**	pan → pan**cito**, pan**ecito** flor → flor**cita, florecita**
One- or two-syllable words ending in **e, n, r**	Add the suffix **-cito(s), -cita(s)**	café → cafe**cito** limón → limon**cito**

Amanda, ¿quieres algo de tomar, un **juguito** o un **vasito** de agua?
Amanda, would you like something to drink, a juice or a cup of water?

No, gracias, pero sí una de esas **galletitas**. ¡Parecen muy ricas!
No, thanks, but I would try one of those cookies. They look very good!

*Some words undergo minor spelling changes when adding the diminutive suffix in order to preserve the original pronunciation:

Words ending in **-co/-ca** and **-go/-ga** change to **qu** and **gu,** respectively: po**co** → po**quito**, ju**go** → ju**guito**.
Words ending in **-z** change to **-c-**: arro**z** → arro**cito**, lu**z** → luce**cita**

Exercises labeled with an individual student icon in the **Hablando de gramática** section are intended to be assigned as homework.

7.1-10 Eva Perón: ¿Una joven como las demás? Lee el siguiente texto sobre Eva Perón, esposa del expresidente de Argentina Juan Perón, y primera dama[12] de Argentina desde 1946 hasta su muerte, en 1952. Completa el texto con los verbos de la lista en imperfecto para saber más sobre sus orígenes, y decide qué forma del diminutivo es la más apropiada.

asistir gustar llamar recitar participar querer ser (x2) tener ir hacer

(**Evita** / **Evecita**)1 Perón ___tenía___2 cuatro (**hermanitas** / **hermanitos**)3: Elisa, Blanca, Juan y Erminda. Su mamá ___llamaba___4 a su hijos su "tribu". A los ocho años, Eva ___asistía___5 a la escuela primaria en Los Toldos, en la provincia de Buenos Aires. Cuando ___era___6 (**niñez** / **niñita**)7 le ___gustaba___8 la vida de artista: ___recitaba___9 poesías y ___participaba___10 en (**obrotas** / **obritas**)11 de teatro en la escuela. ___Iba___12 mucho al cine del pueblo, y ___hacía___13 pequeños (**trabajitos** / **trabajotes**)14 para la radio local. Eva no ___era___15 una (**juventud** / **jovencita**)16 modesta: ___quería___17 ser actriz.

Keystone/ Hulton Archive / Getty Images
▲ *Eva Perón en 1947*

[12] **primera dama:** first lady

OTRA PERSPECTIVA

Courtesy of Jessie Jose DeLeon

¿Qué comer y cuándo?

Diferente

"En Mendoza, cuando yo era chico, siempre cenábamos entre las 9 y las 11 de la noche. Yo estaba muy acostumbrado a comer a esas horas. La primera vez que visité Estados Unidos, recuerdo que fuimos a un restaurante a las 10 de la noche y ¡ya estaba cerrado! No lo podía creer. También la carne asada se prepara de forma diferente en Argentina. En Mendoza, teníamos asadores[13] permanentes en el patio, no como las parrillas móviles de aquí. La carne se cocinaba muy lentamente condimentada con sal y algunas veces un poquito de pimienta, pero eso era todo. Mi papá le ponía chimichurri por encima. Aquí en Estados Unidos se cocina más rápido y pienso que la carne es un poco más seca[14]. En Estados Unidos veo que le ponen mucha, mucha salsa de barbacoa o está muy sazonada[15]. En Argentina la carne es tan buena que no es necesario ponerle muchos condimentos".

Igual

"El almuerzo es más o menos a la misma hora que en Estados Unidos, entre las 12 y la 1. Además, ¡los vinos de California son tan buenos como los de Mendoza!".

Possible answers for **Otra perspectiva:** 1. En Estados Unidos, los niños no pueden cenar tan tarde porque culturalmente se ve bien que ya estén durmiendo a las 9 o a las diez. 2. Algunas familias tienen asadores permanentes, pero no es común porque se usa en ocasiones especiales, no todas las semanas. Se usa especialmente en días feriados como el 4 de Julio y en reuniones familiares durante el verano. 3. Answers may vary.

Explícale a Juan

1. ¿Por qué cenamos más temprano en Estados Unidos? ¿A qué hora cena tu familia?
2. ¿Por qué generalmente no tenemos asadores permanentes en nuestros patios? ¿Cómo es en tu casa? ¿Cuándo se usa la barbacoa?
3. ¿Te gusta asar[16] la carne? ¿Qué ingredientes y condimentos usas? ¿Le pones salsa a la carne?

MANOS A LA OBRA

7.1-11 ¿Qué comías cuando eras niño/a?

Answers for **7.1-11:** Answers may vary.

Paso 1: Mira la lista de la sección **Palabra por palabra** y completa la tabla. ¿Qué comías con frecuencia, a veces, raras veces o nunca?

	Con frecuencia	A veces	Raras veces	Nunca
Para desayunar				
Para almorzar				
Para merendar				
Para cenar				

Paso 2: Ahora entrevista a un/a compañero/a de clase para saber qué comía de niño/a.

MODELO: Estudiante 1: *¿Con qué frecuencia comías coliflor?*
Estudiante 2: *Nunca comía coliflor, ¡no me* **gustaba** *nada! Pero comía muchas peras.*

[13] **asador/parrilla:** BBQ grill [14] **seco/a:** dry [15] **sazonar:** to season (meats, food) [16] **asar:** to roast, to grill

Suggestion for **7.1-11, Paso 3:** After students finish their paragraph, revise the exercise by asking for volunteers to read their paragraphs. After listening to a few paragraphs (the whole class does not have to read their paragraph), then we have the whole-class discussion to reach a consensus. What is the most popular food among American children? What do they like the least? Then you can tell them about what kids eat in Spanish-speaking countries. For example, American kids eat peanut butter, but in Argentina they eat **dulce de leche** and in Spain they eat Nocilla, the Spanish equivalent to Nuttella.

Paso 3: Escriban un pequeño párrafo para comparar sus dietas de niño/a.

MODELO: *Cuando era niño, con frecuencia merendaba pan con mantequilla de maní, pero a* (nombre del compañero/a) *no le* ***gustaba****. Él/Ella* ***merendaba*** *pan con mantequilla y mermelada… Los dos siempre bebíamos…*

Ahora, presenten a la clase los párrafos. ¿Qué comían y bebían con frecuencia los dos? ¿Qué no comían nunca? Con toda la clase, decidan: ¿Cuáles son los tres alimentos o bebidas que más les gustan a los niños estadounidenses? ¿Y los que menos les gustan?

Suggestion for **7.1-12:** Have your students stand up and ask each other these questions. Make sure they are answering in Spanish. Either require them to ask all questions or just five or six, depending on your available time, and give them a time limit. Remind your students that when asking questions to one particular classmate, they have to change the verb to the **tú** form. When time is up, do a whole-class check: **¿Quién de la clase es vegetariano? ¡Pues veo que hay muchos!**

Answers for **7.1-12**, **7.1-13** and **7.1-14**: Answers may vary.

7.1-12 Las preferencias en tu dieta RECYCLES stem-changing verbs.

Paso 1: Pregúntale a tus compañeros de clase sobre sus preferencias a la hora de comer. Escribe el nombre del/de la compañero/a que conteste afirmativamente.

MODELO: Estudiante 1: *¿Comes yogur todos los días?*
Estudiante 2: *Sí, ¡me encanta el yogur!*

¿Quién de la clase…	Nombre del/de la compañero/a
1. … quiere llevar una dieta más saludable?	________
2. … pierde peso fácilmente?	________
3. … desayuna huevos con tocino una vez a la semana?	________
4. … prefiere el té al café?	________
5. … come frijoles con arroz?	________
6. … se sirve dos veces con frecuencia?	________
7. … almuerza en la cafetería de la universidad?	________
8. … le añade miel al café?	________
9. … puede ir a casa para almorzar?	________
10. … merienda fruta o frutos secos?	________

Paso 2: Después, comenta tus resultados con la clase. ¿Fue fácil o difícil completar la actividad?

MODELO: *Parece que nadie de la clase…*

Suggestion for **7.1-13:** If time and energy permit, let students organize a real party. Each group reads their plan and the whole class votes for the best menu. At some colleges there is a small fund allowance to organize social events with your students. You can give them this budget allowance and have them organize how they would like to use it. The plan that wins should be carried out. Make sure both the plans and the party are carried out in Spanish!

7.1-13 Vamos a hacer una fiesta

En grupos de cinco, organicen una fiesta para celebrar… ¡Piensen en un buen motivo! Su profesor/a les va a decir cuánto dinero tienen para la fiesta.

Paso 1: Decidan cuál es el motivo o la ocasión para celebrar la fiesta. Después, organicen el menú y decidan quién va a traer o preparar cada cosa. Incluyan el precio de cada cosa. Tienen que ponerse de acuerdo y no pasarse del presupuesto.

Paso 2: Después, entre todos, escriban su menú para presentar a la clase.

MODELO: *Vamos a hacer una fiesta para celebrar…*(nombre del evento). (nombre del/de la compañero/a) *va a traer…*

¡La clase va a votar por el mejor menú!

Paso 3: Ahora, entre todos, decidan cuándo y dónde van a celebrar la fiesta.

Suggestion for **7.1-14**: You could also ask your students to post the paragraph of **Paso 2** on the course management system you use (Blackboard, WebCT, Moodle…) and ask them to vote through a quiz or survey tool in the course management system.

7.1-14 Un concurso de comidas

Paso 1: Definan qué tipo de concurso de comida quieren hacer. Informen a su profesor/a sobre el tema de su concurso y trabajen en grupos con las personas interesadas en ese tema. Algunos ejemplos pueden ser: (1) ¿Qué chef prepara la mejor comida? (2) ¿Quién prepara la comida más rápidamente sin la ayuda de un microondas?

Paso 2: Escriban un párrafo para hacerle publicidad a su concurso. Primero piensen en lo siguiente: ¿Qué concursos de comida conocen? ¿Participaron alguna vez en alguno? Ahora decidan:

1. por qué su concurso puede ser interesante y diferente a otros concursos;
2. qué ofrece su concurso comparándolo con otros concursos de comida;
3. las reglas del concurso en detalle: personas que pueden participar, ingredientes permitidos y no permitidos, horarios, privado o público, etc.

No olviden usar el vocabulario y la gramática estudiada en este capítulo (imperfecto y diminutivos).

Paso 3: Tu profesor/a va a escoger a cuatro estudiantes para que formen el jurado[17] con él/ella. Los grupos leen la publicidad del concurso y las reglas para participar. Los miembros del jurado anotan en un papel los puntos que le dan a cada grupo (4: muy bueno, 3: bueno, 2: regular, 1: muy regular). El jurado tiene que tener en cuenta:

1. la originalidad del concurso
2. el uso de vocabulario
3. el uso del pasado y los diminutivos en el contenido del concurso.

El jurado no puede votar por su propio grupo. Cuando todos los grupos presenten la información de sus concursos, una persona del jurado va a contar los puntos para cada grupo. El grupo con más puntos gana.

7.1-15 Presta atención: En la tienda uruguaya de Francisco Escucha el diálogo entre un vendedor y una clienta para averiguar el propósito de la conversación. Después, escucha el diálogo una vez más para indicar si los siguientes enunciados son **Ciertos** o **Falsos**. Si alguno es falso, explica por qué.

C	F	
☐	☑	1. Francisco tiene tomates de la semana pasada.
☑	☐	2. Doña Marina compra seis kilos de tomates.
☐	☑	3. Doña Marina tiene que comprar poco.
☐	☑	4. Francisco no tiene huevos marrones.
☐	☑	5. Doña Marina compra dieciocho huevos marrones.
☑	☐	6. El vendedor se sorprende de que la señora compre 30 panes.
☐	☑	7. Un amigo del hijo de doña Marina cumple años.
☑	☐	8. El chivito es un plato típico uruguayo.
☐	☑	9. La compra cuesta cien pesos.

7.1-16 Por escrito: Hace cinco años Escribe una breve narración sobre ti y sobre cómo era un día normal hace cinco años. ¿Dónde vivías? ¿Cómo eras físicamente? ¿Cómo era tu personalidad? ¿Dónde comías por la mañana, tarde y noche? ¿Qué comías casi siempre? ¿Qué comida no te gustaba? ¿Qué hacías cada día?

¡OJO!

Connectors

As you have learned in this chapter, in Spanish we use the imperfect tense to talk about habitual actions in the past and describe how life used to be. To make your writing more coherent, use discourse markers to enhance your description of the past: **en aquellos años** (*in those years*), **antes** (*before*), **entonces** (*back then*)...

[17] **jurado:** panel of judges

Script for **7.1-15, Presta atención: En la tienda uruguaya de Francisco**
Francisco: Buenos días, Doña Marina, ¿qué necesita? ¿Qué le damos hoy?
Doña Marina: Buenos días, Francisco. Estos tomates, ¿son frescos?
Francisco: Sí, muy frescos; los tomates y la lechuga son de esta mañana. Llegaron hoy.
Doña Marina: Entonces quiero 6 kilos de tomates y 1 lechuga.
Francisco: Muy bien. Aquí están los tomates y la lechuga. ¿Qué más le pongo?
Doña Marina: Tengo una lista larga hoy porque muchas personas vienen a cenar mañana a casa. Necesito huevos, queso, jamón, también carne de vaca y algunas cosas más.
Francisco: ¿Doce huevos blancos?
Doña Marina: Sí, quiero doce huevos blancos y también seis marrones.
Francisco: Aquí tiene los 18 huevos. ¿Qué tipo de queso quiere?
Doña Marina: Mozarela. Y del jamón que está de oferta necesito un kilo.
Francisco: Bien, aquí está. Y ¿cuánta carne de vaca quiere?
Doña Marina: De carne de vaca, dos kilos. Y necesito 30 panes.
Francisco: ¿Cómo? ¿Treinta?
Doña Marina: Sí, treinta, para estar segura. Quiero cocinar chivitos para los amigos estadounidenses de mi hijo. Es el cumpleaños de mi hijo Raúl y quiere chivitos porque sus amigos no conocen este plato uruguayo.
Francisco: ¡Ah! Muy bien, ¿necesita mayonesa y kétchup?
Doña Marina: No, gracias. Ya tengo en casa mayonesa y kétchup. Eso es todo. ¿Cuánto te debo?
Francisco: Bueno, los huevos, los tomates y la lechuga, 4 pesos con noventa centavos, 30 panes, más el queso, el jamón y la carne de vaca son quinientos pesos justos.
Doña Marina: Aquí tienes, quinientos pesos. Hasta mañana, Francisco.
Francisco: Hasta mañana, y que tenga un buen día.

WileyPLUS Go to *WileyPLUS* and listen to **Presta atención.**

Answers for **7.1-15:** 1. Falso: Tiene tomates frescos de esta mañana; 3. Falso: Doña Marina tiene una lista larga. 4. Falso: Sí tiene; 5. Falso: Compra doce huevos blancos y seis marrones; 7. Falso: Su hijo Raúl cumple años; 9. Falso: Cuesta quinientos pesos.

PONTE EN MI LUGAR

Estrategias para conversar

Keeping the conversation flowing Learn expressions that native speakers use in everyday speech to change the topic, start a sentence, or "buy time" when speaking. Sound as much like a native speaker as possible.

To change topic:

- Hablando de... — *Speaking of...*
- ¡Ah! Antes de que se me olvide... — *Oh! Before I forget...*
- Eso me recuerda a... — *That reminds me...*
- A propósito... — *By the way...*

To start a sentence:

- En este caso... — *In this case...*
- Después de todo... — *After all...*
- Por ahora... — *For now...*
- Por ejemplo... — *For instance...*

To buy time:

- ¡Ah! Quiere/s decir que... — *Oh! You mean...*
- Vamos a ver/A ver/Veamos — *Let's see*

Una invitación Imagina que estás en Uruguay y un amigo uruguayo te invita a su casa para cenar con su familia. Llegas temprano y tu amigo todavía no está en casa. Mientras esperas a tu amigo, conversas con su mamá o su papá. En la conversación, la mamá o el papá quiere saber más sobre ti. Con un/a compañero/a, decidan quién es el padre o la madre y quién es el/la invitado/a[18]. Usen las expresiones de **Estrategias para conversar** para que suene más coloquial e idiomático.

El padre quiere saber más sobre su invitado/a. Comienza la conversación y pregunta por...

- qué le encantaba comer de niño/a.
- qué no le gustaba.
- las comidas que la mamá del/de la invitado/a preparaba.
- las comidas típicas del país.
- las dietas en el país en comparación con Uruguay.

El/La invitado/a...

- contesta las preguntas.
- habla de sus comidas favoritas y típicas de su país.

Prepárense para interpretar la conversación en frente de la clase.

@Arroba@

WileyPLUS Go to *WileyPLUS* to find more **Arroba** activities.

Answers for **Arroba:** Answers may vary.

Una nueva receta Escoge de las listas siguientes dos comidas de países diferentes. Después explora en tu buscador favorito recetas auténticas para esas comidas. Toma nota de los ingredientes y de los pasos para prepararla. ¿Qué comida elegiste? ¿Qué ingredientes no tienes en tu cocina? Después, dile a un/a compañero/a el nombre del plato, los ingredientes y decide si quieres preparar ese plato y probarlo.

- Comidas de Argentina: el locro, los chipá, la fainá o la milanesa "a caballo".
- Comidas de Uruguay: el chajá, las tortas fritas o la isla flotante.

[18] **invitado/a**: guest

ASÍ ES LA VIDA

Chiste

Ya sé por qué engordo[19]... es el champú.
Hoy vi que en la botella dice: "Para dar cuerpo y volumen".
Desde mañana, empiezo a ducharme con el detergente para los platos, que dice:
"Disuelve la grasa. Hasta la más difícil".

Use the PowerPoint slides found in the Book Companion Site and *WileyPLUS* to do this section in class.

Adivina, adivinador

Answers for **Adivina, Adivinador:**
1. el tomate; 2. las cebollas

Un señor gordito
muy coloradito
no toma café
siempre toma té.
¿Qué verdura soy?

Fui a la plaza
y las compré bellas,
llegué a mi casa
y lloré con ellas.
¿Qué verdura soy?

© John Wiley & Sons, Inc.

ENTÉRATE

Estrategias para leer

The description A description aims at explaining, in a detailed and organized manner, certain aspects, characteristics, or features of something experienced or known. There are different types of descriptions such as describing a person, an object, or a process. Describing a process requires presenting the phases in order to indicate what happens in each phase and how it happens. In descriptions you can find different grammatical structures: the verbs **ser** and **tener** (to introduce a topic, give a definition, or explain different characteristics of something), or the verbs **ser** or **estar** followed by descriptive adjetives (such as **El pan es redondo; La carne está fría**). Connectors are also used especially when organizing different steps in a process (such as **primero, después, luego, finalmente**). Describing is mostly done in the imperfect tense to express habitual actions or to describe a situation (such as ***Comía** empanadas todos los domingos porque **eran** muy ricas*).

Antes de leer

1. ¡A comer! En la siguiente lista, señala con una cruz (x) los alimentos que te gustan. Si alguien de la clase no conoce algún alimento, tu profesor/a va a describirlo en español. Después, descubran cuáles son los tres alimentos favoritos de la clase.

☐ la cebolla
☐ la carne molida
☐ las papas

☐ el pimentón
☐ el pimiento
☐ las olivas

☐ los huevos duros
☐ el ajo

Answers for **Antes de leer:** Answers may vary.

[19] **engordar:** to get fat

Suggestions for **Antes de leer, 2. ¿Qué ves?:** In the first paragraph the writer introduces a topic and narrates her past. In this paragraph we can find habitual actions in the past and describe a situation also in the past. The second paragraph is a description in which the writer defines what an **empanada** is by giving details of its shape and origin. In the last paragraph the writer enumerates in an organized manner the different steps to make **empanadas**. The writer gives instructions to make **empanadas**.

2. ¿Qué ves? Mira el texto, las fotos, el título y las primeras frases de cada párrafo. ¿De qué crees que trata cada párrafo? En tu respuesta, indica qué párrafo describe una situación en el pasado o presenta acciones habituales en el pasado. ¿El primero o el segundo? ¿Qué párrafo indica la descripción de un objeto, el segundo o el tercero? ¿Qué párrafo indica la descripción de un proceso, el segundo o el tercero?

Párrafo 1: ______________________________

Párrafo 2: ______________________________

El último párrafo: ______________________________

La cocina de Marta: comida argentina

La cocina de Marta: comida argentina

▲ *Marta*

All photos Courtesy of Cristina Pardo Ballester

Este blog es para compartir mis mejores recetas y mis costumbres argentinas. Recuerdo que cuando vivía en Argentina siempre había gente en mi casa. Mis padres siempre invitaban a mis tíos, primitas y amiguitos. Los fines de semana los **pasaba bárbaro** translation porque jugaba con mis primas, escuchaba música y bailaba con ellas. Recuerdo que siempre nos reíamos. Además, aprendí mucho sobre la cocina argentina porque siempre ayudaba a mi abuela y a mi mamá a cocinar. En la cocina de mi mamá siempre veía el libro de *Doña Petrona*, un libro de cocina que estaba en todos los hogares de aquella época.

Las empanadas son una comida tradicional de la República Argentina, originaria del norte, pero es una comida muy típica en todas las provincias del país y también de Chile. Pueden servirse para picar o como parte de la comida. Las empanadas se hacen con una **masa** salada y tienen forma de semicírculo, de unos 10 cm de largo por 5 cm de ancho, cerrado por los **bordes**. La masa es salada y el **relleno** varía dependiendo de la provincia de origen de la empanada. Hoy les explico la receta de las empanadas argentinas de la región de la Pampa, y también las del sur, con carne de vaca. Los ingredientes del relleno y las instrucciones para preparar este delicioso plato, son los siguientes:

pasaba bárbaro: *to have a great time*
masa: *dough*
bordes: *edges*
relleno: *filling*

Discos para hacer empanadas.

Discos con relleno

Ingredientes

Relleno:

1/2 kilogramo de carne **molida**
1/2 kilogramo de cebolla
1/4 kilogramo de cebollitas verdes
1 ajo
1 cuchara de **pimentón**
1 cuchara de ajo molido
1 cuchara de orégano
3 huevos duros
100 gramos de olivas verdes, **picadas**

Preparación de la empanada:

1. Usar los discos de un diámetro de 10 cm.
2. Freír las cebollas en el aceite hasta que estén doraditas, agregar los ajos y después la carne molida, y más tarde los demás ingredientes. Dejar enfriar.
3. Poner un poco del relleno en el centro de cada círculo de masa, dejando alrededor de 1 centímetro en los bordes. Poner un poquito de agua fría en los bordes, doblar el disco por la mitad y cerrar.
4. Pintar las empanadas con huevo batido. Colocar las empanadas sobre una bandeja con un papel especial para cocinar. Cocinar al horno a 375 °F durante 20 minutos.

¡Buen provecho!

molida: *ground*
pimentón: *paprika*
picadas: *diced*

Empanadas listas para poner en el horno

Empanadas listas para comer.

¡Buen provecho!

Después de leer

1. En el texto. Identifica en el texto algunos ejemplos de: (1) verbos en imperfecto, (2) infinitivos, (3) diminutivos, (4) conectores y (5) preposiciones.

Answers for **Después de leer, 1. En el texto** 1. vivía, había, invitaban, pasaba, jugaba, escuchaba, bailaba, reíamos, ayudaba, veía, estaba: 2. compartir, cocinar, servirse, picar, preparar, usar, freír, agregar, dejar, enfriar, poner, poner, doblar, cerrar, pintar, colocar, Cocinar, cocinar: 3. primitas, amiguitos, doraditas; 4. y, además, después; 5. para, en, pero, de, a, por, sobre, con, alrededor de (locución prepositiva), sobre

2. ¿Entendiste? Después de leer el texto, contesta estas preguntas:

1. ¿Cómo aprendió Marta a cocinar?
2. ¿Qué es el libro de *Doña Petrona*?
3. ¿Qué son las empanadas?
4. ¿De qué zona es la receta que se presenta en el blog?

Answers for **Después de leer, 2. ¿Entendiste?:** 1. Ayudando a su mamá y a su abuela. 2. Es un libro de cocina que se veía mucho en los hogares argentinos hace unas décadas. 3. Answer may vary: Es una comida que se come como entrada o plato principal; tiene relleno de carne y otros ingredientes y es un plato típico de Argentina. 4. De la zona de la Pampa.

EN TU PROPIAS PALABRAS

Estrategias para escribir

Incorporating location expressions When writing descriptions, it is a good idea to incorporate location expressions in the text. You use these expressions on a daily basis, when you describe where you went, describe a place, give directions to locate something in a specific place, or when you are listing a few things, etc. Some Spanish location expressions are: **al lado de** (*next to*); **dentro de** (*inside of*); **debajo de** (*under*); **en** (*in*); **encima de** (*on top of*); **delante de** (*in front of*); **hasta** (*up to, as far as*). These expressions will help you organize your writing and ensure that the reader understands the location or position of things included in your description.

Which of these sentences is easier to understand?

1. En una provincia del norte, como Salta, tenemos las empanadas salteñas; en el centro, las cordobesas; en el oeste las riojanas; y en la costa sur, las patagónicas.
2. En una provincia del norte como Salta tenemos las empanadas salteñas, las cordobesas en el centro, en el oeste las riojanas y las patagónicas en la costa.

Number 1 is easier because the writer organizes his/her ideas in a logical manner by including location expressions and by being consistent with the use of location expressions (**del norte, en el centro, en el oeste y en la costa sur**).

Tu cocina Acabas de inventar una receta nueva. Escribe una carta a un programa de televisión para compartir tu receta con todo el mundo. Comienza explicando cómo se te ocurrió esa receta y por qué decidiste pensar en una receta nueva. Luego, prepara una lista con los ingredientes de esa comida y los pasos para preparar esa receta en casa. No olvides usar las expresiones de lugar cuando expliques los pasos de la receta para tener una receta organizada (p. ej., *En la carne pongo…*).

▲ *María Pilar cocinando*

AUTOPRUEBA

VOCABULARIO

I. Programa para perder peso El hotel Termas de Río Hondo, en la provincia de Santiago del Estero, Argentina, ofrece varios tratamientos de salud. Consulta la pirámide alimenticia de la actividad 7.1-05 y elabora un menú para este programa con los alimentos de la sección de **Palabra por palabra**. Incluye tres alimentos en cada comida, excepto en la merienda.

	Desayuno	Almuerzo	Merienda	Cena
Viernes				
Sábado				
Domingo				

II. Fuera de lugar Encierra en un círculo la palabra que no pertenece al grupo.

1. chorizo / pera / chuleta / bistec
2. fresas / duraznos / plátanos / miel
3. pavo / espinaca / coliflor / pimiento
4. frijoles / tomates / almejas / zanahorias
5. té / café / maní / jugo
6. lechuga / langosta / ajo / cebolla
7. camarones / pescado / tocino / calamares

GRAMÁTICA

I. Cuando estaba en la escuela secundaria... Usa los verbos de la lista para hablar de las dietas de estas personas cuando tú estabas en la escuela secundaria.

merendar almorzar beber comer desayunar cocinar preparar

Answers for **Gramática I:** Answers may vary.

1. En la escuela, yo...
2. En casa, yo...
3. Mis padres...
4. Mi mejor amigo/a y yo...
5. En casa, mi familia...
6. Yo...

II. Recuerdos de mi familia chilena Jesse pasó un verano con una familia chilena. Ahora recuerda las comidas que su mamá chilena le preparaba. Completa el párrafo con los verbos en el imperfecto.

cenar ser (2x) gustar estar cocinar decir

Carla me ___cocinaba___ 1 humitas, que es un plato del sur de Chile. Mi mamá chilena me ___decía___ 2 que las humitas se comen en el verano y que se parecen al tamal mexicano. ¡___Estaban___ 3 deliciosas! El relleno ___era___ 4 de choclo y cebolla. El charquicán ___era___ 5 otro plato que me ___gustaba___ 6 mucho. El charquicán es un plato de los indígenas mapuches[20], que tiene verduras. Normalmente nosotros ___cenábamos___ 7 a las nueve y media de la noche.

III. El menú del chef Adolfo Marta quiere celebrar el cumpleaños de su hija pequeña y le pide ayuda a su amigo Adolfo. Lee la conversación entre Adolfo y Marta y usa los diminutivos para completar el diálogo.

Marta: Adolfo, necesito tu ayuda para preparar el menú para la fiesta de cumpleaños de mi hija (Luisa) ___Luisita___ 1. Quiero invitar a almorzar a todas sus (amigas) ___amiguitas___ 2 y a todos sus (primos) ___primitos___ 3.

Adolfo: Puedes empezar con unas (empanadas) ___empanaditas___ 4, y después servirles unos (platos) ___platitos___ 5 de pollo con verduras. Para los adultos, si te parece bien, podrías preparar un pavo al horno con (papas) ___papitas___ 6 a la crema. Y de postre, para los niños, unos (chocolates) ___chocolatitos___ 7 y para los mayores, unas (galletas) ___galletitas___ 8 de limón.

Marta: Me parece espléndido, Adolfo. Mil gracias. ¿Por qué no te vienes tú también, con Margarita y los chicos?

CULTURA

Answers for **Cultura:** 1. la carne de vaca, las empanadas, la milanesa, el choripán, el dulce de leche; 2. el vino, el mate; 3. de 9:00 a 11:00 de la noche

1. ¿Qué comidas son típicas de Argentina?
2. ¿Qué bebidas toma la gente por lo general en Argentina y Uruguay?
3. ¿A qué hora se acostumbra cenar en Argentina?

REDACCIÓN

Escribe dos párrafos describiendo algunos aspectos de tu infancia. ¿Cómo eras de niño/a? ¿Dónde vivías? ¿Qué te gustaba comer? ¿Qué te gustaba beber? ¿Te gustaba la escuela? ¿Qué almorzabas en la escuela? ¿Qué hacías después de la escuela? ¿Tenías hermanos y hermanas? ¿Lo pasaban bien?

EN RESUMIDAS CUENTAS, AHORA PUEDO...

- ☐ hablar sobre comida.
- ☐ hablar sobre alimentos en el pasado y en el presente.
- ☐ hablar de cómo eran las cosas antes.
- ☐ expresar tamaño y afecto con el diminutivo.
- ☐ comentar diferencias regionales en las comidas.

[20] **indígenas mapuches:** group of indigenous people who live in south-central Chile and southwestern Argentina

VOCABULARIO ESENCIAL

Sustantivos

el ajo	*garlic*
el alimento	*food*
la almeja	*clam*
el almuerzo	*lunch*
el arroz	*rice*
el asado/la parrillada	*BBQ*
el bistec/bife	*beef steak*
el camarón	*shrimp*
la carne (de res/vaca)	*(beef) meat*
la cebolla	*onion*
la cena	*dinner*
el chorizo	*sausage*
la chuleta (de cerdo/puerco)	*(pork) chop*
el desayuno	*breakfast*
el durazno/melocotón (Esp.)	*peach*
la fresa/la frutilla (Arg.)	*strawberry*
el frijol	*bean*
el fruto seco	*nut*
la galleta/galletita	*cookie or cracker*
la grasa	*fat*
el huevo	*egg*
el jugo (de naranja)	*(orange) juice*
la langosta	*lobster*
la leche (de soja)	*(soy) milk*
la lechuga	*lettuce*
la legumbre	*legume*
el maíz/choclo (Am. del S.)	*corn*
el maní	*peanut*
la mantequilla	*butter*
la manzana	*apple*
el marisco	*seafood*
la merienda	*afternoon snack*
la miel	*honey*
la naranja/toronja	*orange*
el pan	*bread*
la papa/patata (Esp.)	*potato*
el pavo	*turkey*
la pera	*pear*
el pescado	*fish*
el pimiento	*bell pepper*
la piña/el ananá (Am. del S.)	*pineapple*
el plátano/la banana	*banana*
el pollo	*chicken*
el queso	*cheese*
la receta	*recipe*
la sandía	*watermelon*
el té	*tea*
el tocino	*bacon*
la uva	*grape*
la verdura	*vegetables*
la zanahoria	*carrot*

Cognados: el brócoli, el café, el calamar, el cereal, la coliflor, la dieta, la espinaca, la fruta, el limón, el mango, la pasta, el salmón, el tomate, el yogur

Verbos

desayunar	*to have breakfast*
merendar (ie)	*to have an afternoon snack*
picar	*to snack*

Cognados: preparar

Expresiones

¿Quieres algo de tomar/picar?	*Would you like something to drink/a snack?*

Adjetivos

dulce	*sweet*
graso/a	*fat/fatty*
picante	*hot*
saludable	*healthy*

Sección 2 **A la mesa**

LEARNING OBJECTIVES

By the end of this section you will be able to:

- Follow and write recipes
- How to interact in a restaurant
- Give instructions in formal situations
- Make impersonal statements
- Use **vos** to talk to other people
- Use **tener** in different expressions
- Be familiar with the traditional Chilean cuisine

Answers for **Una imagen vale más que mil palabras:** 1. Tiene carne de vaca, queso, tomate, aguacate, mayonesa, cebolla y pan tostado. Se sirve con huevos fritos y papas fritas. 2 and 3. Answers may vary.

Una imagen vale más que mil palabras

¿Qué ingredientes puedes ver en el churrasco italiano?

¿Qué piensas de la cantidad?

Si estás en Chile, ¿pides este plato?

Courtesy of Norma Lopez-Burton

▲ *El churrasco italiano es muy popular en Chile.*

UNA PERSPECTIVA

Courtesy of Norma Lopez-Burton

Answers for **Una perspectiva**: Answers may vary.

Tipos de comida

Diferente

"Andaba un día por la Plaza de Armas, en Santiago, cuando vi que había muchas tiendas, puestos y restaurantes pequeños. Unos puestos vendían *mote con huesito,* que es una bebida típica dulce y rica. En varios restaurantes vendían pizza. ¡Qué pizzas tan curiosas! La pizza en Chile es diferente porque se ponen muchos ingredientes que son grandes y casi no se ve el queso. Además, el pan es muy grueso[1]. Había pizzas con carne de vaca, mariscos, verduras, etc. Eran muy diferentes a las pizzas que se conocen en Estados Unidos".

Igual

"Debido a la gran influencia de la inmigración europea en Chile, hay mucha comida italiana y alemana. Se come mucha pasta con pan, carne y mariscos. Como en muchos países hoy en día, hay una gran variedad de comidas para los distintos gustos de los chilenos, pero la comida italiana es una de las más populares, igual que en Estados Unidos".

¿Qué piensas tú?

1. ¿Hay restaurantes de otras culturas en tu vecindario o en tu ciudad? ¿Te gustan? ¿Cuál es tu favorito?
2. ¿Cómo varía la popularidad de los tipos de comida según la geografía de Estados Unidos? Menciona algunas diferencias en los hábitos alimenticios dentro de Estados Unidos.
3. ¿Crees que eres aventurero/a con la comida? ¿Te gusta probar comida nueva?

[1]**grueso**: thick

The suggested narration for **La pura verdad** can be found in the Appendix. Please use this narration to go over each of the frames with your students. You can also find this section (frames and narration) in the PowerPoint slides, found in the Book Companion Site and *WileyPLUS*.

LA PURA VERDAD I Un restaurante chileno

Antonia Morales es de Puerto Rico y su amigo, Ariel, es de Estados Unidos. Los dos son turistas en Chile. Ariel está aprendiendo español.

1.

¿Tienen una reservación? ¿Dónde prefieren sentarse?

2.

¿Qué es la ensalada de palta?[2]
No sé.
¿Qué es "a lo pobre"?
No sé.
¿Qué es el chupe?
No sé.
¿Qué es la paila marina?
No sé.
Pero, hablas español, ¿no?
¡Pues, eso pensaba, pero ahora no sé!

3.

¿Qué es el chupe?
Es un plato de mariscos.
¿Qué es la paila marina?
Es una sopa de mariscos.
¿Qué es "a lo pobre"?
Una comida con dos huevos fritos encima.

4.

Yo voy a probar la paila marina.
Quisiera la ensalada de palta y el bistec a lo pobre.

5.

Gracias. ¿Me puede traer más agua mineral?
¡Buen provecho!

6.

Una amiga chilena me dijo que la propina en Chile no es un porcentaje fijo como en Estados Unidos.
No sé cuánto debemos dejar de propina. ¿Qué tal 15% o 20%?

Note for **La pura verdad**: In these countries, tips are flexible because the waiters and waitresses actually have a salary. Tips are extra. In the United States, their salary is not very high and they vary, depending on customers' tips.

Script for **7.2-01:** 1. Una mesa en un restaurante chileno tiene las mismas cosas que las mesas de muchos restaurantes en el mundo: servilletas, propina, copas, tenedor, cuchillo, cuchara, mesero, sal y pimienta. 2. El mesero siempre está muy ocupado. Va y viene de la cocina a la mesa. El mesero puede traer la bebida, los platos, la propina, la cuenta, la reservación o la bebida. 3. Los clientes piden la comida: piden una sopa, una mesa, un vino blanco, un postre, un plato de mariscos, una propina y una ensalada.

7.2-01 ¿Qué pasa en un restaurante? Escucha la narración y decide qué artículos no corresponden.

1. propina ____ mesero ____
2. la propina ____ la reservación ____
3. una mesa ____ una propina ____

[2]**palta:** (Arg., Chile, Perú y Ur.) avocado

PALABRA POR PALABRA

Use the PowerPoint slides found in the Book Companion Site and *WileyPLUS* to do this section in class.

En el restaurante

el/la mesero/a, camarero/a, mozo/a
la servilleta
la taza
los cubiertos
el vaso
la copa
la cuchara
el tenedor
la sal
el plato
el menú
la pimienta
el cuchillo
el mantel
la cuenta
el menú/la carta
la propina
el plato hondo

© John Wiley & Sons, Inc.

Palermo Viejo
Primer plato
(First course/Appetizer)
Ensalada
(salad)
Empanadas de carne
(turnover filled with meat)
Empanadas de queso
(turnover filled with cheese)
Empanadas de mariscos
(turnover filled with seafood)
Segundo plato
(Main course/Entrée)
Churrasco italiano
(steak, avocado, mayonaise and tomato sandwich)
Pescado frito
(fried fish)
Pollo asado
(roasted chicken)
Acompañamientos
(Side dishes)
Papas fritas
(French fries)
Sopa del día
(soup of the day)
Postres
(Desserts)
Flan
(sweet custard)
Helado
(ice cream)
Torta
(cake)
Pastel
(pie)
Ensalada de fruta
(fruit salad)
Bebidas
(Beverages)
Agua mineral
(spring water)
Agua con gas
(sparkling water)
Refrescos
(soft drinks)
Vinos
(wines)
Cerveza
(beer)

© John Wiley & Sons, Inc.

Para hablar de la comida

¡Buen provecho!	*Enjoy your meal!*
¿Desea/n algo de comer/tomar?	*Would you like something to eat/to drink?*
¿Me podría traer...?	*Could you bring me. . .?*
¿Qué quiere/s comer/beber?	*What do you want to eat/drink?*
¡Qué rico!	*How delicious!*
¿Qué trae...?	*What comes with. . .?*
frito/a	*fried*
el aceite	*oil*
el aderezo	*dressing*
la comida chatarra/basura	*junk food*
la especia	*spice*
la mayonesa	*mayonnaise*
la mostaza	*mustard*
el vinagre	*vinegar*
hacer una reservación/reserva	*to book a table*
ordenar/pedir (e>i)	*to order*
pagar la cuenta	*pay the bill*
para llevar	*to go*
poner la mesa	*to set the table*

A cocinar *Cooking*

agregar	*to add*
añadir	*to add*
asar	*to roast, to grill*
calentar (>ie)	*to heat up*
cortar	*to cut*
cubrir/tapar	*to cover*
freír (>i)	*to fry*
hervir (>ie)	*to boil*
hornear	*to bake*
mezclar	*to mix*
pelar	*to peel*
picar	*to dice*
probar (>ue)	*to taste, to try (food)*
seguir una receta	*to follow a recipe*

¿Qué dicen los chilenos?

Voy al tiro.	*I am going right away.*
Él es un cabro de 10 años.	*He is a 10-year-old kid.*
Me duele la guata.	*I have a stomach ache.*
Yo como harta carne.	*I eat a lot of meat.*
¡Caen patos asados!	*It's so hot! (Lit., Roasted ducks are falling from the sky.)*

7.2-02 Fuera de lugar Estudia las siguientes listas y decide cuál es el elemento que no corresponde.

1. taza, vaso, plato hondo, copa, mantel
2. aceite, aderezo, especia, cuchara, mostaza
3. servilleta, mantel, copa, tenedor, cacerola
4. olla, cubiertos, caldero, sartén, fuente
5. jugo, té, pimienta, refresco, vino
6. cuchillo, helado, flan, pastel, torta

7.2-03 ¿Qué es? Lean las definiciones y busquen la palabra correspondiente en la sección **Palabra por palabra.**

la fuente 1. Es un recipiente grande que usamos para poner la comida o servir la ensalada.

la olla/la cacerola/el caldero 2. Es un recipiente grande de metal donde se calienta la sopa u otras comidas.

el refresco 3. Es una bebida con gas que tiene diferentes sabores, como fresa, limón, etc.

la sartén 4. Es un recipiente de metal que usamos para freír comida.

el cuchillo 5. Es un cubierto que usamos para cortar la carne.

el mantel 6. Es una pieza de tela[3] que se pone sobre la mesa cuando vamos a comer.

el aceite 7. Es un líquido graso con el que preparamos aderezos para ensaladas.

la propina 8. Es una cantidad de dinero que dejamos para el mesero cuando pagamos la cuenta.

[3] **tela**: fabric

Expressions with *tener*

In Chapter 3, Section 1, you learned the present tense of the irregular verb **tener**. You also learned some fixed expressions with **tener** that can't be translated literally and usually translate as *to be* + adjective. Do you remember some of these expressions? Take a minute to generate a list and see how many you remember. Then go to p. 108 to check if you remembered them all.

Paso 2: Ahora, elijan tres palabras de la sección **Palabra por palabra** y escriban tres definiciones para leerlas a la clase. ¡Atención! Recuerden que para definir siempre usamos el verbo *ser*.

MODELO: *Es un/a... que...*

RECYCLES expressions with **tener**.

7.2-04 ¿Qué comemos?

Paso 1: ¿Qué comes o bebes en estas situaciones? Piensa en dos o tres productos para cada situación.

a. Al mediodía tienes prisa porque solo tienes 10 minutos para llegar a tu clase.
b. Te despiertas muy temprano para ir al trabajo y tienes sueño. No quieres preparar nada complicado.
c. Estás en otro país y tienes miedo de probar platos o comidas nuevas.
d. Tienes sed y tienes mucho calor, pero te duele un poco el estómago.
e. Tienes ganas de comer torta, pero estás a dieta.
f. Tienes frío y te duele la garganta.
g. Tienes mucha hambre, pero tu refrigerador está vacío y no tienes mucho dinero.

Answers for **7.2-04:** Answers may vary.

Paso 2: En grupos, comenten sus respuestas. ¿Coincides con tus compañeros? Después, decidan qué es mejor comer o beber en estas situaciones.

MODELO: Estudiante 1: *Cuando tengo prisa, yo siempre compro una barra de granola y un café para llevar.*
Estudiante 2: *Sí, eso es buena idea. Yo a veces compro una ensalada para llevar...*

Suggestion for **7.2-04**: Do a whole-class discussion for **Paso 3**. Survey the students. What are the most popular foods/drinks for these situations among them?

Paso 3: Presenten sus ideas a la clase. ¿Están todos de acuerdo?

7.2-05 ¿Qué prefieres?

Answers for **7.2-05:** Answers may vary.

Paso 1: Lee las siguientes preguntas y añade una pregunta más a la lista. Después, entrevista a un/a compañero/a para saber más sobre sus preferencias en materia de comidas.

1. ¿Sabes cocinar? ¿Cocinas con frecuencia o prefieres comer fuera?
2. ¿Qué plato preparas muy bien? ¿Cómo o dónde aprendiste la receta de este plato?
3. ¿Qué te gusta más comer y beber en una fiesta? ¿Qué comidas y bebidas les sirves a tus invitados en una fiesta? ¿Compras comida preparada?
4. ¿Cuáles son tus restaurantes favoritos? ¿Qué tipos de restaurantes son? ¿Cuántas veces a la semana comes en un restaurante?
5. ¿Pones la mesa cuando vas a comer? ¿Qué artículos o cubiertos pones siempre? ¿Cuáles no pones nunca?
6. ¿Qué desayunas, almuerzas o cenas normalmente? ¿Cuál es tu postre favorito?
7. ¿Comes comida rápida, comida chatarra o comida preparada? ¿Cuándo y con qué frecuencia? ¿Qué pides de acompañamineto?
8. Cuando vas a un restaurante, ¿pides siempre un primer y un segundo plato? ¿O un solo plato? ¿Compartes algún plato?
9. ...

Suggestion for **7.2-05, Paso 2:** In order for students to be ready to report, the planning phase ("**escriban un pequeño informe**") is crucial. After student pairs have finished their paragraph, have a whole-class discussion. Are there any practices common to the entire class?

Paso 2: Después, escriban un pequeño informe. ¿En qué aspectos coinciden los dos? ¿En qué no coinciden?

MODELO: *Mi compañero/a* y *yo tenemos preferencias muy diferentes. A mí me encanta cocinar y... sin embargo, él/ella...*

Paso 3: Por último, presenten a la clase el informe. ¿Coinciden en todo o en nada? ¿En qué aspecto no coincide nadie?

HABLANDO DE GRAMÁTICA I

WileyPLUS Go to *WileyPLUS* to review this grammar point with the help of the **Animated Grammar Tutorial** and the **Verb Conjugator.**

1. Giving instructions: Formal commands

You have already seen command forms (also know as the *imperative* mood) in the instructions for activities. In Spanish there are two sets of commands. Formal commands (**los mandatos formales**) are used when you want to give instructions or directions to people with whom you have a formal relationship—those you would normally address as **usted**. Informal commands, which you will learn in Chapter 10, are used with people you would address as **tú.**

Formal commands are formed by dropping the ending of the first person singular form in the present tense indicative (e.g., **-o** or **-oy** in the **yo** form) and adding the opposite theme vowel. That is, verbs ending in **-ar** add **-e/n**, verbs ending in **-er** and **-ir** add **-a/n**.

> Si van a Montevideo, **cenen** en el restaurante Francis y **pidan** el salmón. ¡Es lo mejor del menú! Para terminar, **prueben** el tiramisú.
>
> *If you go to Montevideo, have dinner at Restaurant Francis and order the salmon. It is the best thing on the menu! At the end of the meal, try the tiramisu.*

infinitive	**yo** form	**usted** (singular formal command)	**ustedes** (plural formal command)
prepar**ar**	prepar~~o~~	prepar**e**	prepar**en**
calent**ar** (e>ie) *to heat up*	calient~~o~~	calient**e**	calient**en**
com**er**	com~~o~~	com**a**	com**an**
remov**er** (o>ue) *to stir up*	remuev~~o~~	remuev**a**	remuev**an**
añad**ir**	añad~~o~~	añad**a**	añad**an**
ped**ir** (e>i) *to order*	pid~~o~~	pid**a**	pid**an**
-ar verbs → add **-e** (**usted**) or **-en** (**ustedes**) **-er**, **-ir** verbs → add **-a** (**usted**) or **-an** (**ustedes**)			

Verbs ending in **-car, -gar,** and **-zar** undergo a spelling change to **-qu, -gu, -c**, in order to maintain the original pronunciation.

infinitive	**yo** form	**usted** (singular formal command)	**ustedes** (plural formal command)
agregar	agreg**o**	agregu**e**	agregu**en**
picar	pic**o**	piqu**e**	piqu**en**
almorzar	almuerz**o**	almuerc**e**	almuerc**en**

Estar, ir, and **ser** have irregular command forms.

estar	→	esté/n	***Esté*** *tranquilo. Ya viene su comida. Don't worry. Your meal is coming.*
ir	→	vaya/n	*No* ***vayan*** *al restaurante La fogata. El servicio es muy malo. Don't go to the restaurant* La fogata. *Service is very bad.*
ser	→	sea/n	*¡No* ***sea*** *tímido y pruebe platos nuevos! Don't be shy! Try new dishes.*

The formal command of **dar** is **dé** and it takes a written accent to distinguish it from the preposition **de.**

> En Chile, Argentina y Uruguay, **dé** la propina que usted piense que merece el servicio.
>
> *In Chile, Argentina, and Uruguay, leave the tip that you think the service deserves.*

Formal commands with pronouns

Direct, indirect, and reflexive pronouns are attached at the end of the affirmative command forms.

Mézcle<u>lo</u> varias veces.	*Stir <u>it</u> several times.*
Después, **agrégue<u>le</u>*** una pizca de sal.	*Then add a pinch of salt <u>to it</u>.*

*There is a written accent when the stress falls on the third-to-last syllable.

In negative command forms, the pronoun precedes the verb.

No **<u>se</u> sienten** aquí, por favor, aquella mesa es mejor.	*Don't sit here, please, that table is better.*
No **<u>le</u> pidan** la cuenta aún; vamos a pedir postre primero.	*Do not ask him for the bill yet; we're going to order dessert first.*

Exercises labeled with an individual student icon in the **Hablando de gramática** section are intended to be assigned as homework.

7.2-06 Nuestra comunidad recomienda... Lee este foro de recomendaciones de restaurantes de Santiago de Chile.

Use the PowerPoint slides found in the Book Companion Site and *WileyPLUS* to do this activity in class.

¿Quiere publicar anuncios de su restaurante? Contáctenos. **Ver todos los anuncios**

Comer en Santiago ★★★★★

<u>Explore</u> los mejores restaurantes de Santiago. El restaurante Portada de Sol ofrece los mejores platos de la comida peruana. No sea tímido y pruebe una de las especialidades de la casa, o déjese llevar por las recomendaciones de la dueña. Dé una buena propina porque la atención y el servicio también son buenísimos. En el barrio Brasil, vaya al restaurante Las Vacas Gordas; sirven las mejores carnes. Llame antes de ir y haga una reserva, porque siempre está lleno. Si va con su pareja, reserven la mesa frente al balcón, es muy romántico. Admire la bellísima decoración: es verdaderamente original. Para beber, pida el pisco sour, que es excelente. De postre, el flan es muy recomendable. ¡Buen provecho!

Note for **7.2-06**: This is an input activity that makes students focus on form while they are focused on meaning. **Paso 2** makes the activity meaningful; students have to process meaning in order to be able to provide their opinion. If you want to add an output phase, have students do **Paso 3**. You can collect their paragraphs and post them on the course management system that you use. Have students try one of the recommended restaurants and write a short critique about their visit, or ask students if they agree with the restaurant reviews from their classmates.

Paso 1: Escribe todos los mandatos formales que hay en el texto (son once en total). ¡Atención! No todos los verbos del texto son mandatos. Después indica cuál es el infinitivo de cada mandato.

MODELO: 1. *Explore* (explorar)

2. sea (ser)	7. llame (llamar)
3. pruebe (probar)	8. haga (hacer)
4. déjese (dejarse)	9. reserven (reservar)
5. Dé (dar)	10. admire (admirar)
6. vaya (ir)	11. pida (pedir)

Paso 2: ¿A cuál de estos dos restaurantes prefieres ir y por qué?

Paso 3: Escribe una pequeña entrada para un foro de recomendaciones de restaurantes de tu ciudad. Recomienda qué deben beber, comer o hacer los clientes. En tus recomendaciones, utiliza por lo menos seis de los siguientes verbos en la forma de mandato.

pedir ordenar tomar beber dar hacer
hacer una reservación sentarse atreverse ir

7.2-07 Los buenos modales[4] en la mesa ¿Conoces las reglas básicas de los buenos modales en la mesa? Completa las siguientes reglas con mandatos formales. Sustituye las palabras subrayadas con el pronombre de objeto directo o indirecto que corresponda.

Suggestions for **7.2-07:** Some of these rules vary from country to country. For example, in Spanish-speaking countries and other European countries, it is not considered good manners to have your left hand on your lap or under the table. Both hands have to be on the table at all times during a meal, whereas in the United States, one can keep the left hand on the lap. Silverware should never be grasped with your fist, not even when eating or cutting meat. Pizza portions are not usually folded. You can ask students if the rules in the list are things they usually do all the time or just on formal occasions, and to supplement the list with three more rules.

dejar lavarse hablar hacer terminar limpiarse tocar usar (x2) poner

1. ___Lávese___$_1$ las manos antes de comer. Las manos siempre deben estar limpias para tomar los cubiertos y los vasos.
2. ___Ponga___$_2$ la servilleta desdoblada sobre sus piernas. ___Úsela___$_3$ exclusivamente para limpiarse los labios y los dedos.
3. No ___hable___$_4$ con la boca llena y no ___haga___$_5$ ruido al comer.
4. Antes de beber, ___termine___$_6$ de comer la comida que tiene en la boca y ___límpiese___$_7$ los labios con la servilleta.
5. No ___toque___$_8$ los alimentos que no va a comer. Si toca un alimento, no ___lo deje___$_9$ en la fuente para otras personas.
6. No ___use___$_{10}$ sus cubiertos para servirse alimentos de las fuentes que son para todos.

Paso 2: ¿Son estas reglas básicas las mismas que en Estados Unidos? ¿Hay alguna regla que sea diferente? Añade tres reglas más a esta lista de buenos modales en la mesa en Estados Unidos.

Answers for **7.2-07, Paso 2:** Answers may vary.

7.2-08 ¿Quién lo dice? Antonia y Ariel, los personajes de **La pura verdad,** están en el Restaurante Pomaire.

Paso 1: Indica si las siguientes oraciones las dice el mesero (M), o Antonia o Ariel, los clientes (C).

M	C	
☐	☑	1. Tráiganos la cuenta, por favor.
☑	☐	2. ¿Quiere mi opinión? Pídalo "a lo pobre".
☑	☐	3. Pasen por aquí, señores.
☑	☐	4. Siéntense en esta mesa; es la mejor.
☐	☑	5. Déjenos el menú unos minutitos más, gracias.
☑	☐	6. Prueben la paila marina, está exquisita.
☐	☑	7. Qué rico. Sírvanos un poco más de vino, por favor.

Paso 2: Imaginen que están en su restaurante favorito. Decidan cuál es el restaurante y escriban cinco oraciones para el camarero usando mandatos formales.

Answers for **7.2-08, Paso 2:** Answers may vary.

[4] **modales:** manners

The suggested narration for **La pura verdad** can be found in the Appendix. Please use this narration to go over each of the frames with your students. You can also find this section (frames and narration) in the PowerPoint slides, found in the Book Companion Site and *WileyPLUS*.

LA PURA VERDAD II Pescado en escabeche

Victoria quiere aprender a cocinar un plato chileno sin carne. La señora de la casa le enseña a cocinar pescado en escabeche[5].

1.
2.
Ingredientes
Una taza de vinagre blanco,
½ taza de agua
Una cucharadita de pimienta
4 hojas de laurel
½ cucharadita[6] de sal
4 filetes de pescado blanco
Harina
½ taza de aceite de oliva
Una cebolla grande
Una zanahoria
½ pepino verde
3.
1. Se pone el agua, el vinagre, la pimienta, las hojas de laurel en una olla.
2. Se hierve por dos minutos.
3. Se quita del fuego y se deja enfriar.
4.
4. Se añaden sal y pimienta a los filetes.
5. Se cubren con harina.
5.
6. Se calienta el aceite en una sartén grande.
7. Se fríen los filetes de pescado por 4 minutos por cada lado.
6.
8. Se pelan la cebolla y la zanahoria.
9. Se pican la cebolla, el pepino y la zanahoria.
7.
¡Qué rico!
10. Se agrega el líquido al pescado.
11. Se pone en el refrigerador de 8 a 24 horas.
8.

Script for **7.2-09:** 1. A mí me encantó el pescado en escabeche. Ahora quiero prepararlo yo sola para mis amigos. A ver si recuerdo: primero se come la cebolla y las zanahorias. 2. Se pone el agua de la olla en una sartén para freír el pescado. 3. Se tira todo en el fregadero.

7.2-09 Pescado en escabeche Victoria quiere hacer la receta del pescado en escabeche para sus amigos. Escucha el procedimiento y corrige las tres instrucciones que no están bien.

1. La cebolla y las zanahorias no se comen: se pelan.
2. Se pone aceite (no agua) en una sartén. No se puede freír en agua.
3. No se tira nada por el fregadero.

[5] **pescado en escabeche:** marinated fish [6] **cucharadita:** teaspoon

HABLANDO DE GRAMÁTICA II

2. Making impersonal statements and deemphasizing authorship: Impersonal and passive se

WileyPLUS Go to *WileyPLUS* to review this grammar point with the help of the **Animated Grammar Tutorial.**

You already know the pronoun **se** as a reflexive pronoun for third person singular (**él, ella, usted**) or plural (**ellos, ellas, ustedes**) in sentences such as **Ella se mira en el espejo**. In this section you will learn about the use of **se** to deemphasize authorship. When talking about activities for which the subject is unknown, general, nonspecific, or just not the focus of the event, Spanish uses impersonal or passive **se.**

There is not an exact equivalent to the impersonal **se** in English. Instead, there are different ways of expressing impersonality in English, such as with the nonspecific subjects *people, they, you,* or *one*. Consider the following statements:

People in Argentina eat late.
They eat late in Argentina.
One eats late in Argentina.

Spanish speakers use the impersonal **se** to express the same concept.

En Argentina **se** *cena tarde.*

The impersonal **se** is always used with the verb in the third person singular in the present tense:

En Chile **se come** mucho en restaurantes.	*People eat in restaurants a lot in Chile.*
En Uruguay **se come** de maravilla, y además es barato.	*They eat very well in Uruguay, and it is also cheap!*

Passive *se* (*se pasivo*)

Passive sentences in English[7] are usually translated using passive **se.** The verb following passive **se** can be either singular or plural if it refers to a plural noun. In passive **se** constructions the verb can appear in any tense.

En Chile **se cultivan** más de veinte especies diferentes de manzanas.	*More than twenty different types of apples are grown in Chile.*
En el siglo XIX **se plantaron** viñedos franceses en las regiones cercanas a Santiago.	*In the nineteenth century, French vineyards were planted in the regions near Santiago.*

Exercises labeled with an individual student icon in the **Hablando de gramática** section are intended to be assigned as homework.

7.2-10 Cocina chilena Lee la descripción de estos platos chilenos.

Use the PowerPoint slides found in the Book Companion Site and *WileyPLUS* to do this activity in class.

© Juanmonino / iStockphoto

▲ *El ajiaco*

El ajiaco no es un plato original chileno, también se cocina en otros países de América Latina, pero se come por todo el país. Generalmente se prepara con las sobras[8] de carne de un gran asado. En el caldo[9] de la carne asada se agregan papas, cebollas picadas, ají[10], perejil, sal, pimienta, comino y orégano. Esta deliciosa sopa ayuda a componer el cuerpo y da energía para ir al trabajo o para seguir disfrutando el evento que se celebra.

[7] *Passive sentences in English are formed using the verb* to be + past participle, *such as* Fresh produce is sold here, *or* Several languages are spoken in México. [8] **sobras:** left overs [9] **caldo:** broth [10] **ají:** chili

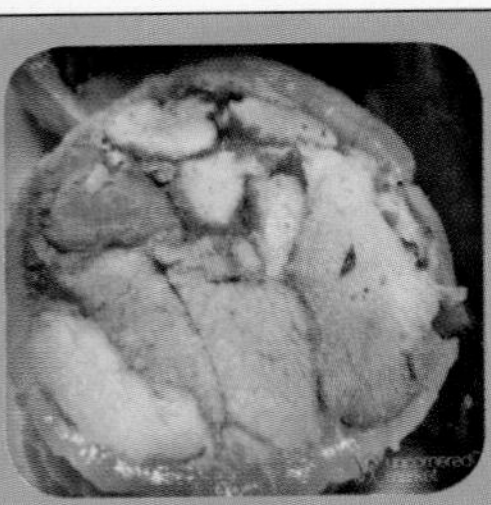

▲ *Arrollado huaso*

Para el arrollado se utilizan la pulpa y el tocino del cerdo, ajo, pimienta y comino a gusto, se enrolla todo en piel de cerdo. Se forma un cilindro, se pincela con salsa de ají y se cocina luego en un caldo. Cuando los invitados comienzan a llegar, ya se huele el sabroso aroma de esta preparación. Es un plato que se prepara para celebrar las Fiestas Patrias[11] del 18 de septiembre.

Pablo Neruda le dedicó una oda y lo hizo famoso, especialmente en Isla Negra, donde el poeta tenía una de sus casas. Sin embargo, el caldillo se sirve en toda la costa central de Chile. Se toma como primer plato porque no es nada pesado[12]. Se hace de diferentes maneras, pero siempre se presenta muy caliente. Se combina con almejas, además de un buen vino blanco.

▲ *Caldillo de congrio*

Note for **7.2-10:** This is an input activity that makes students see the structure used in context and forces them to focus on word order and subject omission. Comprehending Spanish flexible word order is a very difficult task for English speakers. Forcing students to look for the noun that the passive **se** refers to will help them comprehend the text and makes them aware of different order possibilities in Spanish. For **Paso 3,** you can tell students to follow the models presented in the activity. If there is a dish who nobody in the group can guess, bring that student to the front of the class to read their description. If nobody in the class can guess, then encourage them to ask questions (e.g., **¿Se come en Navidad? ¿Se come como primer plato?**, etc).

Paso 1: Anota todas las formas del *se pasivo* que encuentres en el texto (son diecisiete en total). ¡Atención! Después indica cuál es el sustantivo al que se refiere el verbo.

MODELO: 1. *se cocina* (el ajiaco)

2. se come (el ajiaco)
3. se prepara (el ajiaco)
4. se agregan (las papas...)
5. se celebre (el evento)
6. se utilizan (la pulpa...)
7. se enrolla (todo)
8. se forma (un cilindro)
9. se pincela (el cilindro)
10. se cocina (el cilindro)
11. se huele (el sabroso aroma)
12. se prepara (el plato)
13. se sirve (el caldillo)
14. se toma (el caldillo)
15. se hace (el caldillo)
16. se presenta (el caldillo)
17. se combina (el caldillo)

Answers for **7.2-10, Paso 2** and **Paso 3:** Answers may vary.

Paso 2: ¿Cuál de estos tres platos te gusta más y por qué?

Paso 3: Escribe una pequeña descripción de un plato que siempre comes con tu familia. Indica cuándo se come, cómo se sirve, con qué se sirve, etc. En grupos de cuatro, cada estudiante lee su descripción al grupo. El resto del grupo tiene que adivinar qué plato es.

7.2-11 ¿Dónde se hace...?

Answers for **7.2-11, Paso 2** and **Paso 3:** Answers may vary.

Paso 1: Indica si las siguientes actividades se hacen en el supermercado (S), el restaurante (R) o la cocina (C).

C 1. Se cortan las verduras.
R 2. Se deja propina.
C 3. Se lavan los platos.
S 4. Se paga en la caja.
R 5. Se pide la carta al camarero.
R 6. Se usan diferentes tenedores para cada plato.
R 7. Se pide la cuenta.
S 8. Se va con la lista de la compra.

Paso 2: Ahora piensa en un lugar y escribe cinco oraciones de actividades que se hacen en ese lugar.

Paso 3: Lee la descripción a tus compañeros de grupo. Ellos tienen que adivinar qué lugar es.

[11] Las **Fiestas Patrias** se celebran para conmemorar la formación de Chile como un estado o nación independiente de España
[12] **pesado:** heavy

OTRA PERSPECTIVA

Courtesy of Elizabeth Jara

El arte de cocinar

Diferente

"Viví en Estados Unidos tres años y una cosa que observé fue que mis amigos estadounidenses no cocinaban mucho. Mientras yo preparaba sopas y guisos[13], ellos comían comida ya preparada, como pizza congelada[14], taquitos congelados o verduras congeladas. También compraban comida semi-preparada, como fideos[15] ramen, o macarrones con queso. Para 'preparar' estos platos solo tienes que añadir leche, mantequilla o agua. Las salsas para los espaguetis y la salsa de 'barbacoa', como la llaman en Estados Unidos, estaban ya preparadas también. ¿Por qué prefieren comer comidas preparadas a cocinar?".

Igual

"A la gente joven le gusta comer afuera y a veces también les gusta comer comida rápida o preparada. No toda la comida rápida es buena para la salud, pero a los jóvenes eso no les importa mucho. Lo importante es disfrutar y pasar el rato con los amigos".

Explícale a Isabel

Answers for **Otra perspectiva:** Answers may vary.

1. ¿Con qué frecuencia cocinas? ¿Con qué frecuencia compras o comes comidas preparadas? ¿todos los días, casi todos los días, a veces, casi nunca, nunca...?
2. ¿Por qué no se cocina mucho en Estados Unidos? Selecciona una o varias razones y explica por qué.
   a. Porque cocinar toma mucho tiempo.
   b. Porque somos muy eficientes.
   c. Porque no somos buenos cocineros.
   d. Porque preferimos las comidas preparadas.
   e. Porque no nos gusta cocinar.
   f. Porque es más fácil comprar algo hecho.
   g. ¿Otra razón?
3. ¿Te gusta cocinar? ¿Qué te gusta cocinar?

MANOS A LA OBRA

RECYCLES the **vos** form of address.

7.2-12 ¿Qué preferís? Vas a viajar a Uruguay durante tus próximas vacaciones. Te vas a quedar en casa de una amiga y su familia, y quieres practicar el *voseo* porque lo vas a usar todo el tiempo.

Suggestion for **7.2-12:** Ask individual students what they found about their classmates, for example: **¿Cómo son John y Christine? ¿Qué comen para desayunar?** Ask them to find out if there is another pair of students with similar answers.

Paso 1: Modifica las preguntas de la actividad 7.2-05 cambiando las formas del verbo a la forma de *vos*. Recuerda que la forma de *vos* está basada en la forma de *vosotros*.

MODELO: ¿Cocinas con frecuencia?
→ *¿Cociná<u>s</u> con frecuencia?*

1. ¿ ___Sabés___ (Saber)$_1$ cocinar? ¿Preferís comer fuera?
2. ¿Qué plato ___preparás___ (preparar)$_2$ muy bien? ¿Cómo o dónde aprendiste la receta de este plato?

[13]**guiso:** stew [14]**congelado/a:** frozen [15]**fideos:** noodles

3. ¿Qué comidas y bebidas les servís (servir)$_3$ a tus invitados en una fiesta? ¿Comprás (Comprar)$_4$ comida preparada?
4. ¿Cuáles son tus restaurantes favoritos? ¿Qué tipos de restaurante son? ¿Cuántas veces a la semana comés (comer)$_5$ en un restaurante?
5. ¿Ponés (Poner)$_6$ la mesa cuando vas a comer? ¿Qué artículos o cubiertos siempre ponés (poner)$_7$?
6. ¿Qué desayunás (desayunar)$_8$, almorzás (almorzar)$_9$ o cenás (cenar)$_{10}$ normalmente? ¿Qué pedís (pedir)$_{11}$ siempre de acompañamiento? ¿Cuál es tu postre favorito?

Paso 2: Ahora, practica la forma de *vos*. Entrevista a otro/a compañero/a y anota sus respuestas. Luego, escribe un pequeño párrafo para describir similitudes y diferencias entre los dos compañeros que entrevistaste en las dos actividades.

Answers for **7.2-12, Paso 2:** Answers may vary.

MODELO: *Los dos saben cocinar, pero* __________ (nombre) *prefiere… y* __________ (nombre) *prefiere…*

Paso 3: Por último, informen a la clase. ¿Coinciden en todo o en nada? ¿En qué aspecto no coincide nadie?

The *vos* form of address

In Chapter 2, Section 1, you learned about the vos form of address. The use of **vos** as a form of address is known as **voseo**. In Argentina, Paraguay, and Uruguay (among other countries), vos is used instead of tú, and it has its own corresponding conjugated form in the present tense. If you travel to these countries you will have to be able to use this form. Do you remember how to conjugate the vos form of a verb? Consider the following examples:

—*¿**Querés** algo de comer?*

—*No, pero si me **ofrecés** un cafecito, te lo acepto.*

Go to p. 68 to check if you were correct on how to conjugate the **vos** form.

7.2-13 ¿Quién aquí…?

Paso 1: Levántate y hazles a tus compañeros las siguientes preguntas. Escribe el nombre del/de la compañero/a que conteste afirmativamente. Luego, comparte tu lista con la clase.

MODELO: Estudiante 1: ¿**Comes** helado cuando estás triste o estresado/a?
Estudiante 2: *No, no como helado cuando estoy triste.* o *Sí, siempre como helado cuando estoy estresado/a.*

Suggestion for **7.2-13:** Have your students stand up and ask each other these questions. Make sure they are answering in Spanish. Either require them to ask all questions or just five or six, depending on your available time, and give them a time limit. Remind your students that when asking questions to one particular classmate, they have to change the verb to the **tú** form (or the **vos** form if you want to practice that one instead). When time is up, do a whole-class check: **¿Quién pide el café en taza de cerámica? Aquí no es muy común pero en Chile no es muy común que te sirvan el café en un vaso de papel.**

¿Quién de la clase…	Nombre del/de la estudiante
1. … come helado cuando está triste o estresado?	__________
2. … siempre pide papas fritas como acompañamiento?	__________
3. … usa cubiertos de plástico en casa para no lavarlos?	__________
4. … nunca come comida chatarra?	__________
5. … siempre usa mantel cuando come en casa?	__________
6. … pide el café en taza de cerámica en la cafetería?	__________
7. … sabe hornear muy bien?	__________
8. … prefiere el agua con gas en lugar de agua mineral?	__________
9. … siempre adoba la carne antes de asarla?	__________
10. … siempre pide el café para llevar?	__________

Paso 2: Después, comenta tus resultados con la clase. ¿Fue fácil o difícil completar la actividad?

MODELO: *Parece que nadie de la clase…*

Possible situations for **7.2-14:**
- Estoy en Argentina y quiero comer algo dulce.
- Unos amigos me ofrecen mate.
- No sé quién es Mafalda y quiero aprender más sobre este personaje.
- Estoy en Chile en un restaurante y no conozco ningún plato del menú.
- Quiero preparar escabeche de pescado.
- Soy vegetariano/a y voy a visitar Argentina.
- Son las 6 de la tarde y quiero cenar.
- Voy a preparar un asado argentino.
- Me invitaron a una cena en casa de unos amigos. ¿Qué modales debo seguir?

7.2-14 ¿Qué recomiendan?

Tu profesor/a va a presentar varias situaciones en las que hay personas visitando Argentina y Chile. En grupos, tienen un tiempo limitado para escribir recomendaciones usando mandatos formales. El grupo con más recomendaciones para cada situación, gana.

MODELO:
Profesor/a: Estoy en un restaurante de Valparaíso y no sé qué pedir.
Grupo: *Pida el bistec "a lo pobre".*
Pruebe el pisco sour.

Suggestions for **7.2-14:** Divide the class in groups. Provide one situation at a time by showing it on the screen or by reading it out loud. Give all groups the same time limit and have the groups write their answers. When the time is up, check the answers from each group with suggestions/commands. The group that uses more commands, written correctly and with different verbs, wins points.

RECYCLES expressions with **tener**.

7.2-15 La inauguración de un restaurante

Suggestions for **7.2-15:** Remind your students of some common commercial slogans used in the U.S.

Paso 1: Escribe un anuncio para hacer publicidad a un restaurante uruguayo. Es un restaurante nuevo que vas a abrir con tu socio/a: tu compañero/a. Primero, discute con tu compañero/a la información que quieren poner en el anuncio contestando estas preguntas:

- ¿Cómo se llama el restaurante?
- ¿Dónde está el restaurante?
- ¿Qué comida típica se sirve?
- ¿Cuáles son las características más importantes del restaurante?
- ¿Qué actividades se ofrecen? ¿Organizan eventos?
- ¿Se come barato/bien/tranquilo?
- ¿Se aceptan reservas?

Paso 2: Ahora, piensen en un lema o eslogan atractivo. El lema tiene que incluir una expresión con el verbo *tener* y por lo menos una palabra del vocabulario.

MODELO: El restaurante se llama La Fogata. → *La Fogata tiene prisa.*

Paso 3: Hoy es el día de la inauguración del restaurante. Hay mucho trabajo. Tu socio/a y tú están muy nerviosos. Imaginen que tienen cinco empleados. Les dan órdenes a los empleados. Túrnense para dar un total de seis órdenes.

Answers for **7.2-15:** Answers may vary.

MODELO:
Problema: Hay mesas y sillas en todos los rincones del restaurante.
Tú: *¡Pongan las mesas y las sillas en su lugar!*

Paso 4: Ahora, lee la información sobre tu restaurante al resto de tus compañeros. Incluye el nombre, eventos y comidas típicas que se ofrecen en el restaurante. Incluye también el lema de tu negocio y si hubo problemas con los empleados o los clientes. La clase tiene que votar por el mejor. Tu profesor/a va a escoger a cuatro estudiantes para que formen el jurado con él/ella. Los miembros del jurado anotan en un papel los puntos que le dan a cada grupo (4: muy bueno, 3: bueno, 2: regular, 1: muy regular). El grupo con más puntos gana.

Suggestion for **7.2-15, Paso 4:** You could also ask your students to post the paragraph on your course management system and ask them to vote through a quiz or survey tool.

7.2-16 Presta atención: El curanto

Jorge es chileno y hoy nos habla de una comida típica de Chile que se llama "curanto". Escucha dos veces el audio y decide cuál es la respuesta más apropiada.

© Egmont Strigl/ Imagebroker RF/ age fotostock

▲ *El curanto es un plato muy popular en Chile.*

1. El curanto es un plato típico...
   a. de la costa central de Chile y Patagonia.
   b. de las islas del norte y sur de Chile.
   (c.) de las islas del sur de Chile y Patagonia.
2. El curanto es una...
   (a.) gran comida social, comunitaria y para la familia.
   b. gran comida social que preparan los indígenas.
   c. gran comida para la familia.
3. El curanto se prepara...
   a. en casa de algún miembro de la familia.
   b. en un centro comunitario indígena.
   (c.) al aire libre, como por ejemplo, en la playa.
4. El curanto se prepara...
   (a.) para dar las gracias a los que ayudaron en reparar una casa.
   b. para celebrar que todos los vecinos compraron papas.
   c. cada mes para agradecer a los indígenas por esa tradición.
5. Se ponen hojas[16] de plantas encima de los mariscos y...
   a. encima se ponen más hojas y piedras.
   (b.) encima se ponen carnes y luego se ponen vegetales.
   c. después se pone una olla para cocinar carnes.
6. El curanto está listo en...
   a. una hora. b. dos horas. (c.) tres horas.

WileyPLUS Go to *WileyPLUS* and listen to **Presta atención.**

Script for **7.2-16, Presta atención: El curanto.** Hola. Me llamo Jorge y soy chileno. Hoy les quiero hablar un poco de una comida típica de Chile, un plato típico de las islas del sur de Chile y Patagonia: el curanto. El curanto es una gran comida comunitaria, social o para una gran familia. Es toda una celebración social con raíces indígenas que hasta hoy se celebra. La manera tradicional de hacer un curanto es al aire libre. Cuando las comunidades ayudan a sus vecinos por ejemplo con el cultivo de papas, o cuando ayudan a reparar una casa, la manera de agradecer es preparando esta gran comida llamada curanto. Lo primero que se hace es un hoyo en la arena o en la tierra. Luego se prepara un fuego, una gran fogata para calentar las piedras y luego sobre las piedras, se pone todo tipo de mariscos, como "locos", "choritos" y almejas. Después se ponen hojas muy grandes, de plantas, sobre los mariscos, y sobre las hojas se pone carne de cerdo o de vaca. Por último, se pone con una última capa de vegetales locales, como las papas. Al final, para cerrar esta gran olla, se tapa con pasto. Luego se tapa la olla y se la deja cocinar por unas tres horas. Bueno, ahora ya conoces esta gran comida comunitaria que tiene raíces indígenas y es exclusiva de Chile.

[16] **hojas:** leaves

7.2-17 Por escrito: Libro de cocina Tu profesor/a quiere crear un libro de cocina con las mejores recetas de sus estudiantes. Escribe tu receta favorita usando los conectores que se presentan en la sección **¡Ojo!** Usa las preguntas de apoyo: ¿Cómo se llama la receta? ¿Cuándo se come esa comida? ¿Dónde se come? ¿De qué ingredientes se compone la receta? ¿Cuánto tiempo toma preparar ese plato? ¿Es fácil o difícil de preparar?

¡OJO!

Connectors

In **7.2-17** you are going to write a recipe and you need to give instructions in a specific order. Use the following discourse markers to organize your recipe:

1. Primero… (*first*), lo primero es… (*the first thing is*)
2. Después/luego/a continuación... (*next*)
3. Por último/finalmente/al final… (*finally, lastly*)

PONTE EN MI LUGAR

Estrategias para conversar

Being polite You have already learned how to use formal commands in Spanish. For example, you can use them to give orders (Tráigame la cuenta) or instructions (Ponga sal y pimienta). However, when interacting with other people and using formal commands (**usted** or **ustedes**), you can politely get someone's attention by accompanying the command with expressions such as **por favor, perdone, disculpe** (*excuse me*) and **si no le importa/molesta** (*if you don't mind*).

Compare these sentences and determine which ones are more polite:

1. —Tráiganos un plato hondo.
   —Por favor, tráiganos un plato hondo.
2. —La sopa está fría. Caliéntela un poco más.
   —Perdone, la sopa está fría. Si no le molesta, caliéntela un poco más.

El Fogón Imagina que estás en Montevideo, Uruguay, y vas con un/a amigo/a al restaurante El Fogón. En grupos de tres, decidan quién es el/a mesero/a, y quiénes son los clientes. Después, con ayuda del/de la mesero/a, mantengan una conversación: pidan el menú, pregunten por el plato especial de la casa, digan qué platos y postres quieren comer y pidan un buen vino para acompañar la comida. Finalmente, su profesor/a seleccionará varios grupos para que interpreten la conversación en frente de la clase. No olviden usar las **Estrategias para conversar.**

MODELO:

Mesero: *Buenas tardes, ¿Qué desean ustedes?*
Cliente 1: *¿Podría traernos el menú?*
Mesero: *¡Sí, cómo no! Aquí lo tienen.*
Cliente 2: *¿Qué lleva…?*
Mesero: *Lleva…*
Cliente 1: *¡Ah! Quiere decir… Quisiera de primer plato… y de segundo plato…*
Cliente 2: *¿Cómo se prepara…?*
Mesero: *Se hornea…*
Cliente 2: *Vamos a ver, para mí…*

Mesero:	*¿Desean ustedes algo más?*
Cliente 1:	*Sí…*
Mesero:	*¿Y para tomar?*
Cliente 1:	*Para tomar…*
Mesero:	*En un momento les traigo…*
Cliente 3:	*Disculpe, si no le molesta, tráigame…*

ASÍ ES LA VIDA

Expresión: Disfruta, come y bebe, que la vida es breve.

Alexandra: *¿Postre? Mejor no, que voy a engordar.*
Natalia: *No te preocupes tanto por la dieta.* ***Disfruta, come y bebe, que la vida es breve.***

Answers for **Así es la vida, Expresión:** Eat, drink, and be merry, for tomorrow you may die!

¿Qué significa esta expresión?
¿Conoces una expresión en inglés similar a esta?

Adivina, adivinador

Soy blanco, soy tinto.
De color todo lo pinto.
Estoy en la buena mesa
y me subo a la cabeza.
el vino

@Arroba@

WileyPLUS Go to *WileyPLUS* to find more **Arroba** activities.

Un menú en español

Paso 1: Explora en tu buscador favorito un menú en español de un restaurante en una de estas regiones: (1) Córdoba o Misiones (Argentina); (2) Colonia, Maldonado o Punta del Este (Uruguay); (3) Viña del Mar o Chiloé (Chile).

Paso 2: Después contesta estas preguntas y comenta tus respuestas con un/a compañero/a: ¿Qué plato especial ofrece el restaurante? ¿Qué te gustaría pedir de primer plato y de postre? ¿Qué ingredientes tienen esas comidas? ¿Ofrece el restaurante alguna bebida típica de la región? ¿Cómo se llama?

Paso 3: Con un/a compañero/a, decide qué comidas y bebidas te gustaría probar de esas regiones y explica por qué te gustaría probarlas.

Suggestion for **Arroba:** If you have access to a lab ask your students to work individually with **Paso 1.** Then pair them to work via chat with **Paso 2** and **Paso 3.** Finally, ask them about their comments about the different foods in different regions.

WileyPLUS Go to *WileyPLUS* to see this video and to find more video activities.

Go to *WileyPLUS* and the Book Companion Site to play the video in class. You can also find them in the PowerPoint slides.

Answers for **Antes de ver:** Answers may vary.

Answers for **Después de ver: 2. La producción del vino:** El clima es muy parecido. **3. Enfoque cultural:** En Argentina los padres mandan a sus hijos pequeños a comprar vino. Lo pueden comprar en el almacén de la esquina. No piden identificación.

Suggestions for **Ver para creer:** After going through the answers ask your students more questions about the culture: **¿Qué expresiones escucharon? Ché, y el uso de vos: "vení, queré, mirá..."**

¿Qué tipo de comidas escucharon? Vigilantes que son facturas, alfajores que son dulces, locro, morcilla, empanadas. ¿Qué diminutivos recuerdan? Juguito, vasito.

¿Qué palabra usan los argentinos para decir "mesero o camarero"? Mozo.

VER PARA CREER II: ¡Buen provecho!

Antes de ver

Con ayuda de un/a compañero/a, responde estas preguntas.

1. En el pasado, ¿qué tipo de comidas te gustaba comer?
2. ¿Hay una comida o dulces típicos de tu estado o ciudad?
3. Cuando tú eras pequeño/a, ¿bebían tus padres u otros adultos vino en las comidas?
4. ¿Compraste alguna vez cerveza o vino cuando eras pequeño/a?

Después de ver

1. ¿Entendiste? Francisco conversa con su amiga Lauren sobre las costumbres de Argentina. Después de escuchar el video, responde las siguientes preguntas.

1. ¿Qué dice Lauren cuando saluda a Francisco?
   a. Que tiene hambre y quiere comer.
   b. Que está contenta de que hace calor.
   c. Que quiere volver a Nueva York.
2. ¿Qué son las facturas?
   a. unas cuentas para pagar
   b. los recibos del teléfono
   c. pasteles y otros dulces
3. ¿En qué tipo de cafetería están los amigos?
   a. en un café muy moderno
   b. en un café histórico
   c. en un café universitario
4. ¿Quién iba a ese café?
   a. todos los argentinos
   b. muchos turistas
   c. escritores famosos
5. ¿Qué comida tienen en el restaurante que van a almorzar?
   a. tienen comida americana
   b. tienen comida vegetariana
   c. tienen todo tipo de asado
6. ¿Quién mandaba a Francisco a comprar vino?
   a. su padre
   b. su madre
   c. su abuelo
7. ¿Qué es la Feria de Mataderos?
   a. Es un lugar de cultura gauchesca.
   b. Es un lugar de cultura francesa.
   c. Es un lugar de cultura italiana.
8. ¿Qué se vende en la Feria de Mataderos?
   a. Se vende todo tipo de ropa y joyas.
   b. Se venden libros argentinos.
   c. Se vende comida típica y artesanías.

2. La producción del vino ¿Qué diferencias hay entre el clima de Argentina y el clima de California?

3. Enfoque cultural Como buen argentino, Francisco sabe mucho de vinos y seguramente tiene una experiencia muy diferente a la tuya. ¿Qué diferencias culturales menciona Francisco entre la venta de vino en Estados Unidos y en Argentina? (Menciona dos).

AUTOPRUEBA

VOCABULARIO

I. ¿Cómo se dice? Contesta las siguientes preguntas con palabras o expresiones del vocabulario.

1. ¿Qué se utiliza para tomar un té? una taza
2. ¿Qué expresión se dice al empezar a comer? Buen provecho.
3. ¿Cómo se llama la persona que sirve la mesa en un restaurante? el/la mesero/a, camarero/a, mozo/a
4. ¿Qué puede ser con gas o mineral? el agua
5. ¿Qué se usa para freír pescado? la sartén

II. ¿Qué hay en el restaurante?

1. ¿Quién sirve la comida y las bebidas en un restaurante? el mesero
2. ¿Qué usas para limpiarte la boca o las manos? la servilleta
3. ¿En qué se sirve el vino? en la copa
4. ¿En qué se sirve una sopa? en el plato hondo
5. ¿Con qué comes la sopa? con la cuchara

GRAMÁTICA

I. ¿Qué puedo comer? ¿Cuáles son los consejos de un médico a un paciente que quiere perder peso[17]? Escribe las respuestas del médico a las preguntas de su paciente.

MODELO: ¿Puedo comer las papas fritas?
No, no las coma.

1. ¿Debo comer verduras? Sí, cómalas.
2. ¿Cómo preparo las verduras? Prepárelas sin aceite/grasa.
3. ¿Puedo acompañar la comida con pan? Sí, acompáñela con pan.
4. ¿Puedo comer dulces? No, no los coma.
5. ¿Puedo beber la leche descremada? Sí, bébala descremada.

II. Receta fácil: Empanadas de carne ¿Quieres preparar unas deliciosas empanadas de carne al estilo chileno? Completa la receta con el se pasivo y los verbos de la lista.

hornear dejar añadir deber cortar mezclar agregar poner picar

Ingredientes

500 g de carne picada (sin mucha grasa)
masa para empanadas
1/4 kg de tomates
1/4 kg de cebollas
1/2 pimiento pequeño
6 limones
sal
1/4 de taza de aceite
orégano, pimienta, comino, ajo

1. Se mezcla la carne en una fuente con el jugo de 4 limones y se deja durante una hora.
2. Se pican las cebollas, el tomate y el pimiento.
3. Se agregan/añaden las verduras, las especias, la sal y el aceite a la carne. Debe reposar durante 1 hora más.
4. Se debe exprimir todo el líquido de la mezcla.
5. Se corta la masa en forma de círculos.
6. Se pone la mezcla de carne en los círculos.
7. Se hornea durante 25 minutos.

CULTURA

Lee la lista y selecciona las comidas típicas chilenas.

1. el churrasco italiano (circled)
2. la paella
3. las empanadas de carne (circled)
4. los burritos
5. el ajiaco (circled)

REDACCIÓN

Escribe un diálogo de dos personas que están en un restaurante. Incluye una descripción de la mesa, qué dice el mozo, qué piden las dos personas para beber, para comer y de postre. ¿Qué opinión tienen sobre la comida?

EN RESUMIDAS CUENTAS, AHORA PUEDO...

- ☐ seguir y escribir recetas de comida.
- ☐ hacer una reserva en un restaurante y ordenar la comida.
- ☐ utilizar el vos para dirigirme a otros.
- ☐ usar *tener* en distintas expresiones.
- ☐ dar instrucciones en situaciones formales.
- ☐ hablar de forma impersonal.
- ☐ reconocer algunas comidas típicas chilenas.

[17] **perder peso:** to lose weight

VOCABULARIO ESENCIAL

Sustantivos

el aceite	*oil*
el acompañamiento	*side dish*
el aderezo	*dressing*
el agua (mineral/con gas)	*(spring/sparkling) water*
la bebida	*drink*
la cacerola	*pan*
el caldero	*cast iron pot*
la carta/el menú	*menu*
la cerveza	*beer*
el churrasco	*steak*
la comida chatarra/basura	*junk food*
la copa	*wine glass*
el cubierto	*cutlery*
la cuchara	*spoon*
el cuchillo	*knife*
la cuenta	*bill/check*
la empanada (de carne, de queso, de marisco)	*(meat, cheese, seafood) turnover*
la ensalada	*salad*
la especia	*spice*
el flan	*sweet custard*
frito/a	*fried*
la fuente	*bowl*
el helado	*ice cream*
el mantel	*tablecloth*
el/la mesero/a, camarero/a, mozo/a	*waiter, waitress*
la mostaza	*mustard*
la olla	*soup pot*
el pastel	*pie*
la pimienta	*pepper*
el plato	*dish, plate*
el plato hondo	*soup dish*
el primer plato	*first course/appetizer*
el segundo plato	*main course/entrée*
el postre	*dessert*
la propina	*tip*
el refresco	*soft drink, soda*
la sal	*salt*
la sartén	*frying pan*
la servilleta	*napkin*
la sopa (del día)	*soup (of the day)*
la taza	*coffee cup*
el tenedor	*fork*
la torta	*cake*
el vaso	*glass*
el vinagre	*vinegar*
el vino	*wine*

Cognados: la mayonesa, el restaurante

Verbos

agregar	*to add*
añadir	*to add*
asar	*to roast, to grill*
calentar (>ie)	*to heat up*
cortar	*to cut*
cubrir/tapar	*to cover*
freír (>i)	*to fry*
hervir (>ie)	*to boil*
hornear	*to bake*
mezclar	*to mix*
ordenar/pedir	*to order*
pelar	*to peel*
picar	*to dice*
probar (>ue)	*to taste, to try (food)*
remover (<ue)	*to stir up*

Adjetivos

frito/a	*fried*

Expresiones

¡Buen provecho!	*Enjoy your meal!*
¿Desea/Desean algo de comer/tomar?	*Would you like something to eat/drink?*
hacer una reservación/reserva	*to book a table*
¿Me podría traer...?	*Could you bring me . . . ?*
pagar la cuenta	*pay the bill/check*
para llevar	*to go*
poner la mesa	*to set the table*
el primer/segundo plato	*first/main course*
¿Qué quiere/s comer/beber?	*What do you want to eat/drink?*
¡Qué rico!	*How delicious!*
¿Qué trae...?	*What comes with . . . ?*
seguir una receta	*to follow a recipe*

Capítulo 8

El mundo del entretenimiento

VER PARA CREER I: La belleza de Cartagena de Indias

Adam visita a su amiga colombiana Jahira en Cartagena de Indias. Repasa el contenido de las Secciones 1 y 2, y piensa en los temas que este video puede incluir. Después de ver el video, contesta las preguntas.

1. ¿Qué viste de Colombia? ¿Hay diferencias con los Estados Unidos?
2. ¿Qué te impresionó de Cartagena?
3. ¿Qué hacen los amigos al final del video?

Use the PowerPoint slides found in the Book Companion Site and *WileyPLUS* to watch the video in class.

Suggested answers for **Ver para creer I**: 1. Answers may vary. Una diferencia puede ser que las casas son mucho más antiguas que en EE. UU., ya que en Colombia hay muchos edificios de la época colonial. 2. Answers may vary. 3. Están en una cafetería, y toman café y hablan.

Sección 1 Los juegos y los deportes

PALABRA POR PALABRA

- Los deportes
- El fútbol
- Los juegos

HABLANDO DE GRAMÁTICA

- Giving instructions: Formal commands
- The present participle
- Narrating in the past: The preterit vs. the imperfect tense

CULTURA

- Juegos y deportes populares en Colombia
- La importancia de los deportes en las universidades

Sección 2 El cine y la televisión

PALABRA POR PALABRA

- La televisión
- El cine
- Los medios de comunicación

HABLANDO DE GRAMÁTICA

- Verbs like **gustar**: **Parecer** + *adjective*
- Expressing negation: Negative and indefinite words
- Avoiding repetition (II): Double object pronouns

CULTURA

- La cultura del doblaje
- La popularidad de las telenovelas en Venezuela y Colombia

Colombia y Venezuela

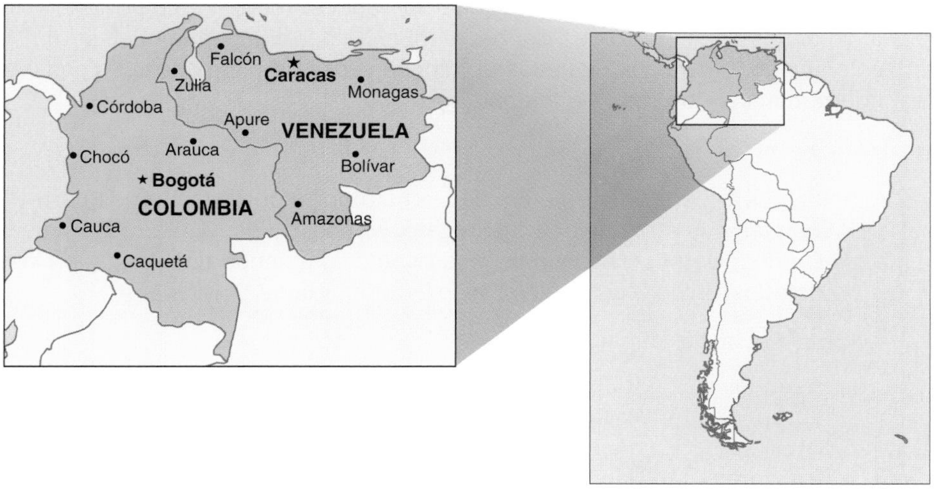

Note for **Ver para creer I:** Give a couple of minutes to your students to review the content of the opening page, then ask them the following questions: **¿Qué programas de televisión te gusta ver? ¿Qué tipos de deportes son importantes en Estados Unidos?, ¿y en otros países?** Explain them that they will see in the video these two themes.

Trivia: Go to *WileyPLUS* to do the Trivia activities and find out how much you know about these countries!

LEARNING OBJECTIVES

By the end of this section you will be able to:

- Talk about sports and games
- Narrate events in the past
- Talk about actions in progress
- Give instructions in a formal way
- Understand the importance of sports in universities
- Discover games and sports popular in Colombia

Answers for **Una imagen vale más que mil palabras:** 1. Juegan al fútbol. 2. No. 3. Les gusta jugar al baloncesto, *tetherball, handball, kickball, dodge ball, four square y* algunas veces también al fútbol.

Note for **Una imagen vale más que mil palabras:** Colombia está desarrollando el fútbol femenino, pero muchas veces el fútbol es más popular entre los niños que entre las niñas.

Una imagen vale más que mil palabras

© imagebroker/Alamy

¿A qué están jugando estos niños?

¿Hay niñas jugando?

¿Qué tipo de juego les gusta jugar a los niños en Estados Unidos durante el recreo[1]?

UNA PERSPECTIVA

Courtesy Rebecca Conley

Deportes populares

© Tampa Bay Times /Zumapress

J. Raley-AI Wire "AI Wire Photo Service"/ Newscom

Suggested answers for **Una perspectiva:** 1. En Estados Unidos: el béisbol, el fútbol americano y el baloncesto. En el mundo: el fútbol. 2. Answers may vary. It is generally accepted that soccer's popularity is behind baseball, basketball, football, hockey, and Nascar. 3. Muchas personas creen que es aburrido.

Diferente

"El deporte más popular en Colombia es el fútbol[2]. Se puede decir que aproximadamente un 70% de la sección de deportes de todos los periódicos es sobre fútbol. Mientras en Estados Unidos idolatramos[3] a los jugadores de béisbol, de baloncesto o de fútbol americano como Michael Jordan, LeBron James o Peyton Manning, el ídolo de los colombianos es Carlos 'el Pibe' Valderrama, un famosísimo exfutbolista colombiano. Muchos aficionados al fútbol a veces se ponen pelucas como el pelo de Valderrama cuando asisten a los partidos".

Igual

"A muchos colombianos —especialmente los de la costa norte del país, que es parte del Caribe— también les gusta el béisbol. Se juega al béisbol de octubre a enero y por eso se llama la Liga de Invierno. Hay algunos jugadores colombianos que juegan en las grandes ligas de Estados Unidos, entre ellos, Julio Teherán y José Quintana".

¿Qué piensas tú?

1. ¿Qué deportes son los más populares en Estados Unidos? ¿Y en el mundo?
2. ¿Crees que el fútbol es popular en Estados Unidos? Del uno al diez, ¿qué calificación le das?
3. ¿Por qué crees que no es tan popular el fútbol?

[1]**recreo:** break, recess [2]**fútbol** is the term for soccer. Football is known as **fútbol americano.** [3]**idolatrar:** idolize

LA PURA VERDAD I ¿Qué más podemos hacer?

Daniel es un turista estadounidense que visita a su amigo Sergio, que vive en Bogotá. Daniel conoció a Sergio en Estados Unidos. Ahora Sergio le muestra algunos lugares de su ciudad.

The suggested narration for **La pura verdad** can be found in the Appendix. Please use this narration to go over each of the frames with your students. You can also find this section (frames and narration) in the PowerPoint slides, found in the Book Companion Site and *WileyPLUS*.

1.

2.

3.

4.

5.

6.

8.1-01 ¿Qué juego es? Escucha la narración y decide cuál es el juego que describe.

1. Monopolio
2. baloncesto
3. ajedrez

Script for **8.1-01:** 1. Este es un juego de mesa muy divertido que puedes jugar con dos o más jugadores. En este juego se compran y se venden casas y hoteles. Puedes ganar o perder mucho dinero.
2. En este deporte juegan generalmente cinco jugadores contra otros cinco. Se necesita una cancha y una pelota grande. Tienes que encestar la pelota. Los jugadores son generalmente muy altos.
3. Este es un juego de mesa que puede ser muy lento. Solo juegan dos personas. El juego tiene un rey, una reina, una torre, un caballo… El objetivo es atacar al rey.

PALABRA POR PALABRA

Use the PowerPoint slides found in the Book Companion Site and *WileyPLUS* to do this section in class.

Los deportes

El fútbol

Para hablar de deportes

el/la aficionado/a	*fan*
el atletismo	*track and field*
la cancha	*court*
el deporte (extremo/de riesgo)	*(extreme) sport*
la pelota	*ball*
el campeonato	*championship*
el/la deportista	*athlete*
el equipo	*tean*
el juego	*game*
la liga	*league*
el partido (de fútbol, de tenis, de baloncesto)	*(soccer, basketball) match, game*
el tenis de mesa	*ping-pong*
animar (a un equipo)	*to cheer (a team)*
hacer/jugar a un deporte	*to play/practice a sport*
hacer snowboarding	*to snowboard*
ser aficionado/a (de)	*to be a fan (of)*
silbar	*to whistle*
¿De qué equipo eres?	*What team do you support?*
Soy de...	*My team is . . .*

Cognados: el hockey, el golf, el rugby, el tenis

Los juegos *Games*

¿Qué dicen los colombianos?

Ese muchacho es <u>un buñuelo</u>.	*That guy is <u>new</u>.*
Él es un <u>cachaco</u>.	*He is <u>from Bogotá</u>.*
***¡Qué <u>chévere</u>!**	*Great!*
***Metió el gol <u>de chiripa</u>.**	*He scored a goal by <u>sheer luck</u>.*
¡<u>Yuca</u>! Perdimos el partido.	*What <u>bad luck</u>! We lost the match.*

***Esta expresión se usa en otros países hispanos también.**

8.1-02 ¿Qué asocias con...?

Paso 1: En grupos, piensen en qué deportes o juegos asocian con las siguientes palabras.

1. arquero
2. bicicleta
3. raqueta
4. piscina
5. cancha
6. tablero
7. fichas
8. balón

Paso 2: Ahora, escribe una lista con el nombre de cinco deportistas o atletas que conozcas. Pregúntale a tus compañeros qué deporte asocian con los nombres de tu lista. Después, coméntale a la clase cuánto saben tus compañeros de grupo de deportes.

Note for **8.1-02:** This is a recognition activity that will help students start practicing the new vocabulary. You can make this activity a whole-class activity by having students come up with their list and challenge the rest of the class.

Suggested answers for **8.1-02:**
1. fútbol 2. ciclismo 3. tenis 4. natación 5. baloncesto, fútbol, tenis, etc. 6. ajedrez, las damas, Monopolio, juegos de mesa 7. las damas 8. voleibol, baloncesto, fútbol, fútbol americano

8.1-03 ¿Somos activos o sedentarios?

Paso 1: En grupos, clasifiquen los deportes y juegos de la sección de **Palabra por palabra** en las siguientes categorías.

Se juega en equipo	Se practica de forma individual	Es una actividad tranquila/sedentaria	Es un deporte peligroso/de riesgo	Es una actividad física muy intensa

Paso 2: Después, hablen de las actividades que practican o que les gusta seguir en los medios. ¿A qué categoría pertenecen? ¿Son activos o son sedentarios? ¿Les gustan los deportes tranquilos o los de riesgo? ¿Los deportes de equipo o los individuales? Pueden llegar a más de una conclusión.

Use the PowerPoint slides found in the Book Companion Site and *WileyPLUS* to do this activity in class.

Answers for **8.1-03** and **8.1-04:** Answers may vary.

Suggestions for **8.1-04:** Share small: in pairs, ask the students to talk about their own and each other's preferences regarding sports. Share big: put two pairs of students together to see if they have something in common. Share bigger: do a whole-class check.

8.1-04 ¿Eres aficionado/a a los deportes?

Paso 1: Lee las siguientes preguntas y piensa en otra pregunta que te gustaría hacer. Después, conversa con un/a compañero/a sobre los deportes y los juegos.

1. ¿Haces ejercicio con frecuencia? ¿Cuántas veces a la semana? ¿Qué ejercicio haces?
2. ¿Practicas algún deporte? ¿Cuándo lo practicas? ¿Te gustan los deportes extremos o de riesgo?
3. ¿Cuál es tu deporte favorito? ¿Sigues alguna liga? ¿De qué equipo eres?
4. ¿Asistes a partidos de algún deporte? ¿Ves deportes por televisión?
5. ¿Eres aficionado/a de algún atleta en particular? ¿De quién y por qué?
6. ¿Montas en bicicleta para moverte por tu ciudad? ¿Andas en patineta o monopatín? ¿Crees que es seguro? ¿Por qué?
7. ...

Paso 2: Con la información de tu compañero/a, escribe un párrafo para contestar a la siguiente pregunta: ¿Quién es más aficionado/a a los deportes?

MODELO: *A los/las dos nos gusta hacer ejercicio, pero creo que* (nombre de tu compañero/a) *es más aficionado/a de los deportes porque...*

RECYCLES formal commands.

Answers for **8.1-04:** Answers may vary.

> **Giving instructions: Formal commands**
>
> In Chapter 7, Section 2, you learned how to use formal commands (**los mandatos formales**) when giving instructions to people with whom you have a formal relationship—those you would normally address as **usted**. Do you remember how to form the formal commands? Study the following examples:
>
> **Juegue** con nosotros. **Tire** los dados para ver cuál es su turno.
>
> *Play with us. Throw the dice to see what your turn is.*
>
> **Jugar** and **tirar** are two verbs that end in **-ar**. What is the rule for verbs ending in **-er** and **-ir**? And what are the three verbs that have irregular formal command forms?

8.1-05 Las reglas del juego

Paso 1: ¿Conoces las reglas del Monopolio? Completa las siguientes reglas con los verbos de la lista en la forma singular del mandato formal.

mover comprar tomar construir evitar declarar seguir olvidar pagar tirar

1. ___Tire___ los dados y ___mueva___ las fichas alrededor del tablero.
2. ___Compre___ el mayor número de propiedades posible. ___Pague___ la cantidad de dinero escrita en el "Título de propiedad".
3. No ___olvide___ cobrar[4] el alquiler a los jugadores que paran en sus propiedades.
4. Si cae en las casillas[5] de *Suerte* o *Caja de Comunidad*, ___tome___ una carta y ___siga___ las instrucciones.
5. ___Construya___ casas y hoteles en sus propiedades.
6. Si no tiene dinero, ___declare___ la bancarrota[6].
7. ___Evite___ ir la cárcel. Es mejor moverse y poder comprar propiedades.

Paso 2: Piensen en un juego conocido (tradicional, de video, para computadoras o teléfonos) y escriban las reglas básicas del juego, siguiendo el modelo del Monopolio. Presenten sus reglas a la clase. El resto de la clase debe adivinar qué juego es.

8.1-06 Adivina, adivinador... ¿quién soy?

Piensa en un/a deportista o atleta famoso/a. Después, en parejas, túrnense para adivinar en qué persona famosa pensó tu compañero/a.

Answers for **8.1-06:** Answers may vary.

MODELO:
Estudiante 1: *¿Formas parte de un equipo?*
Estudiante 2: Sí, formo parte de un equipo de fútbol.
Estudiante 1: ¿Con qué equipo juegas?
Estudiante 2: Juego con el Atlético de Madrid.
Estudiante 1: ¿Eres español?
Estudiante 2: No, soy colombiano.
Estudiante 1: ¡Eres Radamel Falcao García!
Estudiante 2: ¡Sí, muy bien!

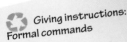

▲ *Radamel Falcao cuando ganó la Liga Europea en 2012 con el Atlético de Madrid*

[4]**cobrar:** to charge [5]**casillas:** landing spaces in a board game [6]**bancarrota:** bankruptcy

HABLANDO DE GRAMÁTICA I

1. Narrating in the past (I): The preterit vs. the imperfect tense

So far you have learned that there are two different simple past tenses in Spanish, the *preterit* (**pretérito**) and the *imperfect* (**imperfecto**).

♻ A. The preterit

The preterit usually translates into simple past in English. In Chapter 6 you learned that we use the preterit to talk about . . .

a. **completed actions** in the past: the preterit is used to talk about a certain event that the speaker views as finished and completed by a certain time point—even if the event or action lasted for some time.

Estudié en esa universidad del 2010 al 2014.	*I studied in that university from 2010 to 2014.*
Ayer **fuimos** a la universidad y después **jugamos** un partido de fútbol.	*Yesterday we went to the university and then we played a soccer game.*

b. **single, punctual actions** or events that happened at a particular point in time.

Daniel **visitó** a su amigo Sergio en agosto. **Llegó** el día 2 y **se fue** el día 12.	*Daniel visited his friend Sergio in August. He arrived on the 2nd and left on the 12th.*

The following phrases usually appear with the preterit to indicate a point in time for completed or single events:

ayer	*yesterday*
anoche	*last night*
anteayer	*the day before yesterday*
la semana pasada	*last week*
el lunes/martes... pasado	*last Monday/Tuesday . . .*
el fin de semana/mes/año pasado	*last weekend/month/year*
un día, una vez	*one day, once*
de repente	*suddenly*
ya	*already*
hace... (que)	*. . . ago*

RECYCLES the preterit.

👤 8.1-07 El viaje de Daniel

♻ **Paso 1:** Lee las siguientes oraciones sobre el viaje de Daniel a Colombia en **La pura verdad** y decide si son **ciertas** (C) o **falsas** (F). Corrige las oraciones falsas con la información verdadera.

C	F		
☐	☑	_3_	a. Durante el paseo, Sergio y Daniel **hablaron** de política.
☑	☐	_4_	b. Sergio le **mostró** a Daniel el campo de fútbol.
☑	☐	_6_	c. Daniel se **sentó** a jugar a las cartas con dos señores.
☐	☑	_5_	d. Más tarde, **pasaron** por un centro comercial lleno de gente jugando a las cartas, al ajedrez y al dominó.
☑	☐	_2_	e. Durante el paseo **vieron** la universidad a la que **asistió** Sergio.
☐	☑	_1_	f. Un día, Sergio **llevó** a Daniel a montar en bicicleta.

Paso 2: Ahora, ¿puedes poner en orden cronológico las oraciones para contar el día de Sergio y Daniel en **La pura verdad**?

WileyPLUS Go to *WileyPLUS* to review this grammar point with the help of the **Animated Grammar Tutorial** and the **Verb Conjugator**.

Note for **Hablando de gramática:** Talking about the past using preterit and imperfect is a complex issue for second language learners since it is an interplay of complex grammatical and semantic features. It takes years of language learning to properly acquire command of this aspect of the Spanish language. This section begins with a review of both tenses in order to contrast them and reinforce the uses of each. A description follows of how the uses of each tense prevail when used together. The grammar explanations are interspersed with activities that illustrate each point. Each new contrast is presented one at a time and reinforced in the recycling sections of subsequent chapters.

♻ The preterit

Go back to Chapter 6 to review the preterit before practicing this grammar point.

Exercises labeled with an individual student icon in the **Hablando de gramática** section are intended to be assigned as homework.

Answers for 8.1-07: a. Falso: Hablaron de deportes. d. Falso: pasaron por una plaza llena de gente jugando. f. Falso: Llevó a Daniel a dar un paseo en coche.

Answers for **8.1-08:** Answers may vary.

8.1-08 ¿Cuándo fue la última vez que...?

Paso 1: Escribe cuándo fue la última vez que hiciste cada actividad: **ayer, anoche, la semana pasada, hace dos días, hace un mes,** etc.

MODELO: levantar pesas → *Levanté pesas ayer.*

1. jugar a un deporte de equipo (¿cuál?)
2. hacer ejercicio
3. jugar a un juego de mesa (¿cuál?)
4. hacer un deporte al aire libre (¿cuál?)
5. ver un partido por televisión (¿de qué?)
6. montar en bicicleta

Paso 2: Convierte las oraciones del **Paso 1** en preguntas.

MODELO: levantar pesas → *¿Cuándo fue la última vez que levantaste pesas?*

Paso 3: Ahora, haz las preguntas a tus compañeros. ¿Puedes encontrar a dos personas que dieron respuestas iguales a las tuyas en por lo menos tres actividades? Presenta los resultados a la clase.

MODELO: *Victoria y Diana también levantaron pesas ayer.*

The imperfect

You may want to review the imperfect tense in Chapter 7 before you start practicing the preterit and the imperfect together.

B. The imperfect

In Chapter 7 you learned that the **imperfect** translates into different tenses in English, and it is used to talk about. . .

a. **ongoing, repeated** or **habitual actions** in the past (what would happen or used to happen).

Sergio **jugaba** mucho al fútbol. — *Sergio used to play soccer a lot.*

b. **to describe** a situation, people, places or things in the past (how things were or used to be).

A Sergio le **encantaba** el fútbol. **Era** el arquero del equipo. — *Sergio loved soccer. He was the team's goalkeeper.*

Note for **8.1-09:** This is an input activity that makes students focus on form while they are focused on meaning. Students should get plenty of input on how these two tenses are used in context before moving on to output activities. To facilitate processing meaning, you can ask students who is the subject of each verb.

RECYCLES the imperfect.

Answers for **8.1-09:** 2. jugaba (acción habitual); 3. hacía (acción habitual); 4. jugaba (acción habitual); 5. decían (acción habitual); 6. era (descripción) 7. eran (descripción); 8. era (descripción); 9. tenían (descripción); 10. practicaban (acción habitual); 11. era (descripción); 12. se llevaban (descripción de la situación); 13. venían (descripción); 14. compartían (descripción); 15. tenían (descripción)

8.1-09 Sergio y Daniel Lee el siguiente párrafo sobre Sergio y Daniel. Escribe en una hoja de papel todos los verbos en el imperfecto (hay 15 en total). Después, indica por qué se usa el imperfecto en cada caso: (1) **acción habitual** o (2) **descripción** de la situación, lugar, personas o cosas.

Cuando Sergio era niño jugaba al Monopolio y a las damas con sus amigos. También hacía deportes, pero sobre todo, jugaba mucho al fútbol. Todos le decían que era muy bueno. Sergio y Daniel eran amigos. Daniel era estadounidense y Sergio colombiano, pero tenían mucho en común. Los dos practicaban varios deportes, aunque Daniel era más atlético que Sergio. Se llevaban muy bien porque aunque venían de países diferentes, compartían la pasión por los deportes de equipo y además tenían personalidades similares.

MODELO: 1. *era (descripción)*

Answers for **8.1-10:** Answers may vary.

8.1-10 ¿Qué hacías y cómo eras?

Paso 1: Escribe seis oraciones sobre tus experiencias en la escuela secundaria: cómo eras, qué hacías y con qué frecuencia lo hacías, qué deportes practicabas, etc.

MODELO: *Nunca asistía a competiciones deportivas.*

Paso 2: Convierte las oraciones del **Paso 1** en preguntas. Luego, entrevista a dos compañeros. ¿Quién de los dos se parece más a ti? Informa a la clase.

MODELO: *¿Asistías a competiciones deportivas?*

C. Simultaneous and interrupting events

So far you have learned the different uses for the preterit and the imperfect. However, often both tenses are used within the same sentence. Because the imperfect is used to signal that an action was not finished, it is often used to describe a scene in which two events were simultaneously in progress. The word **mientras** (*while*) is often used in these cases:

Mientras Sergio **manejaba,** Daniel le **hacía** muchas preguntas.	*While Sergio was driving, Daniel was asking many questions.*
En la plaza, los niños **corrían** y los mayores **jugaban** a las cartas.	*At the square, the kids were running and the older people were playing cards.*

On the other hand, we use the preterit to indicate an action that interrupts an ongoing scene, event, or action in progress. Actions in progress in the past are usually expressed in the imperfect (for states) or the imperfect progressive (***estaba, estabas, estaba, estábamos, estaban*** + *gerund*) for activities:

Sergio **estaba manejando** por el centro cuando **pasaron** por una plaza.	*Sergio was driving around downtown when they passed by a square.*
Ellos **estaban jugando** a las cartas cuando Daniel **se sentó** con ellos.	*They were playing cards when Daniel sat down with them.*

The present participle

In Chapter 4, Section 2, you learned the present progressive. Go to page 164 if you need to review the formation of the present participle (**el gerundio**).

RECYCLES the present participle

8.1-11 ¿Qué pasó cuando...? Mira otra vez las viñetas de **La pura verdad** en la página 297.

Paso 1: Completa cada oración con la mejor opción.

1. Sergio manejaba el coche mientras...
   (a.) él y Daniel hablaban de deportes.
   b. él y Daniel hacían planes para las siguientes dos semanas.
2. Sergio estaba manejando cuando...
   (a.) le mostró a Daniel la universidad.
   b. decidieron ir a ver un partido.
3. Sergio le mostraba a Daniel el campo de fútbol mientras...
   a. le contaba cómo era ser estudiante universitario en Colombia.
   (b.) le hablaba de sus días como arquero del equipo.
4. Sergio le estaba mostrando a Daniel el campo de fútbol cuando...
   (a.) le preguntó: "¿A qué jugabas tú en la universidad?".
   b. Daniel dijo: "¿Qué más podemos hacer estas dos semanas?".
5. Mientras unos niños patinaban, otros...
   a. miraban a Sergio y Daniel.
   (b.) jugaban al Monopolio.

Paso 2: ¿Qué más pasó? Completa las dos oraciones de forma apropiada.

6. Los dos amigos estaban caminando hacia la plaza cuando...
7. Daniel jugaba a las cartas mientras...

Suggested answers for **8.1-11, Paso 2:** 6. Daniel vio a unos hombres jugando a las cartas. / Daniel preguntó: "¿Puedo jugar con ellos?". 7. Sergio (los) miraba.

8.1-12 La última vez que alguien me llamó... Piensa en la última vez que alguien te llamó por teléfono y escribe un pequeño párrafo contestando a las siguientes preguntas.

Answers for **8.1-12:** Answers may vary.

1. ¿Cuándo fue la última vez que alguien te llamó por teléfono?
2. Cuando sonó el teléfono, ¿qué estabas haciendo? ¿Dónde estabas?
3. ¿Cuánto tiempo hablaste con la persona que te llamó?
4. Cuando acabó la conversación, ¿cómo te sentías? ¿Contento/a, triste, preocupado/a? ¿Por qué?

The suggested narration for **La pura verdad** can be found in the Appendix. Please use this narration to go over each of the frames with your students. You can also find this section (frames and narration) in the PowerPoint slides, found in the Book Companion Site and *WileyPLUS*.

LA PURA VERDAD II Partido de fútbol

Alberto, un amigo de Sergio, invita a Daniel a ver un partido de fútbol entre los Millonarios de Bogotá y el Deportivo de Cali.

8.1-13 ¿Qué pasó después? Escucha la narración de lo que les pasó después a Daniel y a Alberto en el estadio y selecciona la respuesta correcta.

Script for **8.1-13:** Cuando Daniel silbó, Alberto se molestó y le llamó la atención. Daniel se sentó. No sabía que silbar está mal y no entendía por qué silbar se considera algo negativo en esa situación. Alberto le explicó a Daniel que sólo silbamos contra el otro equipo. No silbamos cuando salen nuestros jugadores. Daniel se sintió mejor cuando su amigo Alberto le explicó la situación. Los dos siguieron viendo el partido. Al final, ganaron los Millonarios.

1. ¿Qué hizo Daniel?
   a. Siguió silbando.
   (b.) Se sentó.
   c. Salió del estadio.
2. ¿Qué hizo mal?
   a. Animó al equipo contrario.
   (b.) Silbó, y eso era negativo para su equipo.
   c. Silbó, y eso se considera vulgar en Colombia.
3. ¿Qué pasó al final?
   a. Se sintió mal y salió del estadio.
   b. Ganó Cali.
   (c.) Ganaron los Millonarios.

HABLANDO DE GRAMÁTICA II

WileyPLUS Go to *WileyPLUS* to review this grammar point with the help of the **Animated Grammar Tutorial** and the **Verb Conjugator.**

2. Narrating in the past (II): The preterit vs. the imperfect tense

A. Using the preterit and imperfect together

When narrating in the past, the preterit and the imperfect may be used together; it is often difficult to tell a story without using both. Because the imperfect is used to describe a situation in the past, it is only natural that we use this tense to describe the background, often "setting the stage" for other actions or events to take place. That is, we use the imperfect to provide background information (**el trasfondo**) for a story (such as the season, the weather, date or time, or to describe the people, places and objects involved in the situation). On the other hand, because we use the preterit to talk about completed, single, or punctual actions, we use it in order to allow the main events in the story, to advance and move forward.

Imperfect: Sets the scene Describes the surroundings Adds background description/information	**Preterit:** Tells what happened
Sergio **quería** aprender a hablar bien inglés… *Sergio wanted to learn how to speak English well. . .*	… y **decidió** estudiar un año en una universidad de EE. UU. *. . . so he decided to study at a university in the U.S. for a year.*
Le **gustaba** mucho el fútbol… *He liked soccer a lot. . .*	… y por eso **entró** en un equipo para jugar en una pequeña liga. *. . . and that's why he got onto a team to play in a small league.*
Daniel **jugaba** en el mismo equipo… *Daniel played on the same team. . .*	… y así es como se **conocieron.** *. . . and that's how they met each other.*
Les **gustaban** las mismas cosas… *They liked the same things. . .*	… y por eso se **hicieron** muy buenos amigos. *. . . that's why they became very good friends.*
	Después de un año, Sergio **volvió** a Colombia. *After a year, Sergio went back to Colombia.*
Los dos amigos siempre **mantenían** mucho contacto. *The two friends were in contact all the time.*	
	Por fin, un día Daniel **decidió** ir a Colombia a visitar a su amigo. *Finally one day, Daniel decided to go to Colombia to visit his friend.*

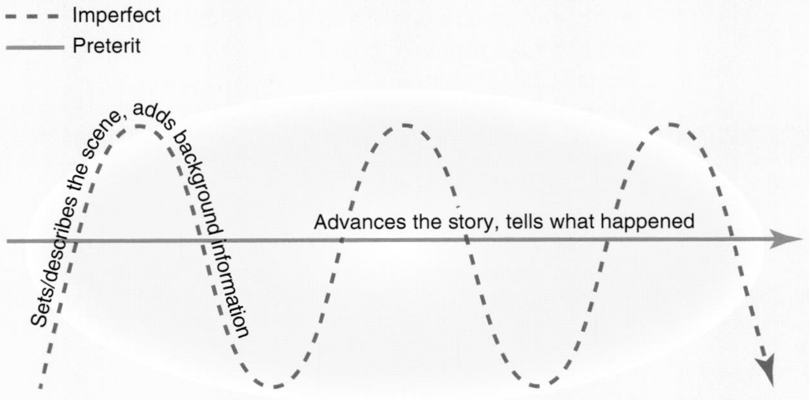

▲ *Narrating in the past using preterit and imperfect*

Exercises labeled with an individual student icon in the **Hablando de gramática** section are intended to be assigned as homework.

8.1-14 La historia incompleta del viaje de Daniel En **8.1-07** pusiste en orden la historia de **El viaje de Daniel.** Ahora, tienes que completarla con más detalles e información. Mira las viñetas de **La Pura Verdad** y completa la historia poniendo las oraciones **a-d** en el lugar adecuado.

*Durante la visita de Daniel, un día los dos amigos **fueron** en coche a ver la universidad a la que **asistió** Sergio.* ___b___ 1 *Durante el paseo, Sergio y Daniel **hablaron** mucho de deportes y su vida de estudiantes universitarios.* ___d___ 2 *Por eso Sergio le **llevó** a Daniel a ver el campo de fútbol. Más tarde **pasaron** por muchos lugares interesantes* ___a___ 3*. A Daniel le **llamó** mucho la atención un grupo de señores que **jugaban** a las cartas y **quiso** sentarse con ellos.* ___c___ 4 *Se **sorprendió** mucho, porque **vio** que las cartas eran diferentes.*

Use the PowerPoint slides found in the Book Companion Site and WileyPLUS to do this activity in class.

a. Cuando **paseaban,** vieron a muchos niños que **jugaban** al Monopolio, al fútbol y a las damas.
b. Sergio **manejaba** mientras le **mostraba** la ciudad a Daniel.
c. Cuando Daniel **estaba** listo para jugar con los hombres que jugaban en la plaza, **vio** que las cartas **eran** cartas españolas.
d. Sergio **era** el arquero cuando **jugaba** con el equipo de fútbol, y Daniel **quería** ver el campo.

8.1-15 El partido de fútbol Mira las viñetas de **La pura verdad** en la página 304 que describen la anécdota de Daniel en el partido de fútbol. Escoge la forma correcta del verbo para completar lo que Alberto les contó a sus amigos al día siguiente.

Hace unos días (**invité/invitaba**)$_1$ a Daniel, el amigo de Sergio, a ver un partido de fútbol. Daniel (**estuvo/estaba**)$_2$ muy emocionado, y me (**preguntó/preguntaba**)$_3$: "¿Lo dices en serio?". Él es estadounidense y (**tuvo/tenía**)$_4$ muchas ganas de ver un partido de fútbol en Colombia. El día del partido, todos los aficionados que estaban en el estadio (**llevaron/llevaban**)$_5$ camisetas del color de su equipo. (**Fue/Era**)$_6$ un día muy bonito. Todos (**animaron/animaban**)$_7$ a los jugadores y les (**gritaron/gritaban**)$_8$ "¡Arriba Deportivo!". En la mitad del partido, Vladimir Marín (**salía/salió**)$_9$ a jugar. ¡Entonces, para animar al jugador, Daniel se (**levantó/levantaba**)$_{10}$ y (**silbó/silbaba**)$_{11}$ muy fuerte! Todas las personas que (**estuvieron/estaban**)$_{12}$ alrededor se (**sorprendieron/sorprendían**)$_{13}$ muchísimo. Entonces lo (**agarré/agarraba**)$_{14}$ de la camiseta y él se (**sentó/sentaba**)$_{15}$. Al final le (**expliqué/explicaba**)$_{16}$ que en Colombia no puedes silbar para animar a alguien!

B. Summary of the preterit and the imperfect

Imperfect	Preterit
A. Indicates an **ongoing, habitual, or repeated action** with no emphasis on the beginning or end. Daniel **hacía** mucho ejercicio cuando **estudiaba** en la universidad. *Daniel did a lot of exercise when he was studying at the university.*	A. Indicates a **completed event, action, or condition** with a clear beginning, end, or timeframe. Daniel **hizo** mucho ejercicio ayer. *Daniel exercised a lot yesterday.*
B. Describes an **action in progress.** Por la tarde, los niños **jugaban** en la plaza. *In the afternoon the kids would play in the plaza.*	B. Indicates a **one-time, single, punctual, sudden action,** or change of condition, or an action **that interrupts** an action in progress expressed in the imperfect. Los hombres **estaban jugando** a las cartas cuando Daniel y Sergio **llegaron**. *The men were playing cards when Daniel and Sergio arrived.*
C. **Describes characteristics or conditions** of people, places, things or a situation; provides **background information** or supporting details. Sergio y Daniel **eran** amigos de la infancia. *Sergio and Daniel were friends since childhood.*	C. Indicates a **series of completed and consecutive events;** moves the story forward. Un día, Daniel **decidió** ir a visitar a Sergio. Lo **llamó** y **compró** un billete de avión a Bogotá. *One day, Daniel decided to go visit Sergio. Daniel called him and bought a plane ticket to Bogota.*

Suggestions for **8.1-16:** As a wrap-up for this grammar presentation, have students review the summary chart above. After students complete their work in pairs, have them share their answers with the class. Write on the board the verbs mentioned in their answers. Students should confirm the concept they selected.

8.1-16 ¿Qué pasó al final? Contesten las siguientes preguntas sobre Daniel y sus aventuras en Colombia. Después de responder, miren el cuadro de arriba e indiquen en el espacio en blanco qué uso del pretérito o del imperfecto escogieron para sus respuestas (A, B o C).

C (Imperfecto) 1. ¿Quiénes eran Sergio y Daniel?
C (I) 2. ¿Cómo eran?
A (Pretérito) 3. ¿Adónde llevó Sergio a Daniel durante su paseo por la ciudad?
A (I) 4. ¿Qué había en la plaza?
B (P) 5. ¿Por qué se sorprendió Daniel?
A (P) 6. ¿Quién invitó a Daniel a un partido de fútbol?
A (P) 7. ¿Llovió mucho el día del partido?
C (P) 8. ¿Qué pasó cuando salió Mayer Candelo al campo?
C (P) 9. ¿Qué pasó al final?

OTRA PERSPECTIVA

Courtesy of Sergio Díaz-Luna

Diferente

"Creo que en Estados Unidos el béisbol es tan popular como el fútbol en Colombia. Hay muchos equipos, unos con más dinero que otros, y todos participan en una liga para al final decidir cuál es el mejor equipo del país. Nuestra competencia nacional se llama la Copa Colombia (o la Copa del patrocinador[7]). También participamos en la Copa América, en la que participan muchos países de todo el continente, y también en la Copa Mundial cada cuatro años. Pero algo curioso para mí es que en Estados Unidos el campeonato de béisbol se llama 'la Serie Mundial'. ¿Por qué la llaman 'la Serie Mundial' si no hay equipos de otros países?"

Igual

"El fútbol femenino tiene mucha popularidad y prestigio tanto en Estados Unidos como en Colombia. En los dos países el equipo femenino sale mejor en los torneos[8] internacionales que el equipo masculino. El equipo de fútbol femenino de Colombia obtuvo el segundo lugar en la Copa Sudamericana, un puesto mejor que el que obtuvo el equipo masculino. De igual manera, el equipo femenino de fútbol de Estados Unidos ganó la Copa Mundial dos veces y el equipo masculino todavía ninguna".

Explícale a Sergio

1. ¿Por qué le llaman "la Serie Mundial" al campeonato de béisbol si no hay equipos de otros países?
2. ¿Hay competiciones internacionales de béisbol? ¿Cómo sale Estados Unidos en esas competencias?
3. ¿Participa el béisbol en los Juegos Olímpicos?

Possible answers for **Otra perspectiva:** 1. Porque los equipos tienen los mejores jugadores de béisbol de muchas partes del mundo, no solo de Estados Unidos. 2. La Copa Mundial de Béisbol es el *World Baseball Classic*. Japón ganó los dos primeros campeonatos y la República Dominicana ganó el tercero. Estados Unidos llegó cuarto en los dos primeros. 3. El béisbol no participa en Juegos Olímpicos desde el 2008, pero sí en los Juegos Panamericanos.

MANOS A LA OBRA

8.1-17 Colombianos famosos

Paso 1: En grupos pequeños, escriban tres oraciones originales sobre colombianos famosos. Indiquen qué imaginan que hacían cuando eran niños para divertirse, qué piensan que ellos hicieron ayer y qué creen están haciendo ahora mismo.

MODELO: Shakira
Cuando era niña *jugaba* *a ser bailarina.*
Ayer por la tarde *dio* *un concierto en Bogotá.*
Ahora mismo *está trabajando* *en su último álbum.*

Paso 2: Comenten sus oraciones con la clase. ¿Cuál de las actividades para cada persona piensan que es más probable?

Suggestions for **8.1-17:** This is a fun activity that students enjoy doing if they know the celebrities. You can ask them to do previous research before completing this activity. Alternatively, you can quickly tell them who these people are, or you can provide the name of other famous Colombians or Venezuelans. As a follow-up, have the groups share the answers with the class and ask the other groups whether they think the other groups' answers are probable or not.

8.1-18 Dilo con mímica Tu profesor/a te va a dar una frase que vas a representar haciendo mímica. En veinte segundos, tu grupo debe adivinar qué frase es. ¿Qué grupo tiene los mejores actores?

MODELO: *Samuel* *estaba tomando* *un refresco cuando el equipo* *metió* *un gol.*

Suggestions for **8.1-18:** This activity practices the preterit and the imperfect with interrupting actions. Write **cuando** on the board. Write a few sentences on small note cards. Divide the class in half. A pair of volunteers at a time will act out the phrase you give them for their own group to guess. Give them 20 seconds or so to guess. Award one point per each correct answer, focusing on the use of the preterit and imperfect. Suggestions: **1. Estaba durmiendo cuando un amigo me llamó por teléfono. 2. Estaba estudiando cuando mi amigo vino y me invitó a una fiesta. 3. Estaba leyendo un libro en una cafetería cuando un/a chico/a me invitó a una cita. 4. Estaba hablando con unos amigos en una fiesta cuando alguien me sacó a bailar. 5. Montaba en bicicleta cuando vi a un/a chico/a muy atractivo/a y choqué con otra bicicleta, etc.**

[7]**patrocinador:** sponsor [8]**torneo:** tournament

Suggestions for **8.1-19:** Have students switch partners every 4–5 minutes so that they can talk to a variety of people. As a follow-up, they can retell in third person some of the situations from their classmates that were special, different, or interesting.

Answers for **8.1-19** and **8.1-20**: Answers may vary.

8.1-19 Dilemas y soluciones

Paso 1: Piensa en tres dilemas o problemas que tuviste en alguna ocasión. Prepara cuatro o cinco oraciones para describir la situación. Puedes usar las siguientes preguntas para organizar tus ideas.

1. ¿Cuál era el problema?
2. ¿Cuándo fue? ¿Cuántos años tenías?
3. ¿Qué hacías? ¿Dónde estabas? ¿Con quién estabas?
4. ¿Cómo te sentías al ver qué estaba sucediendo eso?
5. ¿Qué pasó al final? ¿Cómo lo solucionaste?

Paso 2: Comenta con un/a compañero/a las situaciones que describieron. Descríbele a tu compañero/a: (1) cuál era el problema (da la mayor cantidad posible de detalles e información) y (2) explica (en el pretérito) qué hiciste para solucionarlo. Tu compañero/a tiene que pensar en por lo menos dos preguntas más sobre la situación que le cuentas.

MODELO: Estudiante 1: *¿Qué dilema tenías?*
Estudiante 2: *Estaba en la escuela secundaria, me iba a graduar y no sabía a qué universidad asistir.*
Estudiante 1: *¿Qué opciones tenías?*
Estudiante 2: …

Paso 3: Después de hablar con dos o tres compañeros, comenta con la clase quién tuvo el dilema más difícil, interesante, extraordinario, etc.

Suggestions for **8.1-20:** This activity practices preterit and imperfect in storytelling. You can write additional or alternative situations, or the beginnings of stories, on small note cards.

WileyPLUS Go to *WileyPLUS* and listen to **Presta atención.**

Script for **8.1-21, Presta atención**: **Los Juegos Sudamericanos del 2010**
Héctor: Pues sí, tuve la suerte de estar en Medellín en el 2010.
David: ¿Por qué dices que tuviste suerte?
Héctor: Pues porque en mi ciudad se celebraron los Juegos Sudamericanos en el año 2010.
David: ¡Ah! ¿En qué mes se celebraron?
Héctor: Se celebraron en las últimas dos semanas de marzo.
David: ¿Cuántos países participaron?
Héctor: Hubo 15 países compitiendo y, claro, todos querían llevarse alguna medalla.
David: ¿Y Colombia se llevó alguna medalla?
Héctor: Sí, se llevó más de una, en diferentes deportes. Por ejemplo, en ciclismo y en patinaje. Colombia obtuvo el título de Campeón de los Juegos Sudamericanos de Medellín 2010.
David: ¡Qué bien! Y la ciudad, ¿se veía bonita?
Héctor: Sí, Medellín estaba chévere. Había mucha seguridad y gastaron miles de millones de pesos colombianos para tener la ciudad lista. Hubo cerca de doce mil turistas extranjeros y nacionales que venían de otras regiones colombianas.
David: Gracias por contarme todo esto de los Juegos. Yo no sabía nada sobre esta competencia.

8.1-20 ¿Qué pasó después?

Paso 1: Su profesor/a le va asignar a cada grupo una de las siguientes situaciones. Ustedes tienen que terminar el relato de manera creativa en por lo menos cuatro oraciones.

1. Era un día muy bonito y caluroso, y estabas en casa. Estabas estudiando para un examen que tenías al día siguiente cuando sonó el teléfono…
2. Era un día soleado de invierno y estabas haciendo senderismo con tus amigos. Se hizo de noche y no tenían luz para ver el camino. El teléfono no funcionaba…
3. Estabas levantando pesas en el gimnasio cuando de repente se fue la luz y nadie podía ver nada. Una persona se cayó por las escaleras y…
4. Estabas jugando un partido de baloncesto con tus amigos. Tu equipo estaba perdiendo cuando un jugador del equipo contrario cometió una falta[9] que el árbitro[10] no vio. Entonces…

Paso 2: Cada grupo representa su historia frente a la clase, con una persona como narrador/a. Al final, la clase tiene que votar qué historia fue la más original.

8.1-21 Presta atención: Los Juegos Sudamericanos del 2010 Vas a escuchar una conversación entre un colombiano y su amigo estadounidense. El colombiano le comenta los Juegos Sudamericanos del 2010. Después de escucharlo, selecciona la respuesta más adecuada.

1. Héctor es colombiano. Él es de…
   (a.) la ciudad de Medellín. b. la ciudad de Bogotá. c. la ciudad de Barranquilla.
2. Los Juegos Sudamericanos…
   (a.) se celebraron en Medellín. b. se celebraron en Bogotá. c. se celebraron en Barranquilla.
3. ¿Cuántos países participaron en los Juegos Sudamericanos?
   a. Participaron veinticinco. (b.) Participaron quince. c. Participaron cincuenta.

[9]**cometer una falta:** to commit a foul [10]**árbitro:** referee

4. ¿Qué tipo de medallas ganó Colombia?
   a. Ganó solamente medallas en atletismo.
   b. Ganó medallas en patinaje y motociclismo.
   (c.) Ganó medallas en ciclismo y patinaje.
5. ¿Cuántos turistas viajaron a Colombia para ver los Juegos?
   a. alrededor de dos mil turistas.
   b. alrededor de quince mil turistas.
   (c.) alrededor de doce mil turistas.
6. ¿Por qué gastaron mucho dinero en la ciudad donde se celebraron los Juegos?
   a. para mostrar que hay muchos buenos atletas colombianos
   (b.) para decorarla y asegurarse que había seguridad en la ciudad
   c. para asegurarse que iban muchos turistas a los Juegos

8.1-22 **Por escrito: Un acontecimiento inolvidable** Escribe una breve narración de tres párrafos sobre un evento que viviste tú o una persona cercana a ti: una aventura peligrosa, una fiesta sorpresa, la primera vez que hiciste algo, un viaje al extranjero. En cada párrafo incluye la idea principal del párrafo con detalles y ejemplos. Sigue los pasos de la sección **¡Ojo!** y usa el pretérito y el imperfecto.

¡OJO!

Using preterit and imperfect when narrating in the past

If you are telling a story in the past, in *the first paragraph* you should set the scene, usually in the imperfect tense (**Cuando *tenía* 15 años**). In a *second paragraph*, use the preterit to introduce a new idea, and use the imperfect to provide supporting details or to talk about the state of mind of the persons participating in the action (**Un día *decidí*... pero *estaba* un poco nervioso porque...**). In the *third paragraph* conclude the story by telling the result (**Al final...**).

PONTE EN MI LUGAR

Estrategias para conversar

RECYCLES expressions.

Showing interest in a conversation In Chapter 5, Section 2, you learned some expressions to help you maintain the natural flow of a conversation. You can go back to that section to review some of those expressions. These are some new expressions you can try this time:

Eché de menos no ir a...	*I missed not going to. . . !*
Lo que te perdiste, ¡no te puedes imaginar!	*You cannot imagine what you missed!*
¡Ni te imaginas lo que pasó!	*You cannot even imagine what happened!*
¡Qué mal!	*That's too bad!*
¿Qué pasó?	*What happened?*

When using these expressions, don't forget to use intonation and emotion in your reactions.

Un partido. Un/a amigo/a y tú hablan sobre un partido importante de tu universidad. Usen las **Estrategias para conversar.**

Estudiante 1: Esta semana estás muy ocupado/a con tus clases porque tienes un examen cada día y no tuviste tiempo para ir a ver el último partido de fútbol americano de tu universidad. En un breve descanso llamas a tu mejor amigo/a: (a) explícale por qué no fuiste al partido; (b) pregúntale cómo fue el partido y qué ocurrió con los jugadores y el entrenador; (c) pregúntale cómo era el ambiente del estadio (la gente que había, el clima, la duración del partido...); (d) despídete.

Estudiante 2: Responde la llamada telefónica de tu amigo/a y responde a sus preguntas; (a) cuéntale que el entrenador estaba enfadado y los aficionados estaban silbando porque el mejor jugador tuvo que retirarse del campo (cuenta por qué); (b) cuéntale que, durante el partido, conociste a una persona especial (describe a la persona con detalle y cuéntale todos los detalles de cómo se conocieron); (c) despídete.

ASÍ ES LA VIDA

Use the PowerPoint slides found in the Book Companion Site and *WileyPLUS* to do this section in class.

Chiste

Dos amigos van por primera vez a un partido de fútbol. No saben nada de fútbol y después de un rato se dan cuenta de que todos están insultando al árbitro:

—¡Idiota!
—Oye, ¿a quién le están diciendo eso?
—A la persona de la camiseta negra.
—¡Ah! No me sorprende, lleva media hora en el campo y todavía no tocó el balón.

Adivina, adivinador

Juegan en la cancha
más altos que bajos,
meten la pelota
dentro de los aros.
¿Qué deporte es? el baloncesto

@Arroba@

WileyPLUS Go to *WileyPLUS* to find more **Arroba** activities.

Answers for **Arroba:** Answers may vary.

CNN en español: vive la noticia

Paso 1: Explora en tu buscador favorito la página de CNN en español. Después selecciona una noticia interesante y léela.

Paso 2: Escribe un breve resumen de la noticia que leíste.

Paso 3: Comparte la información con un/a compañero/a y conversen sobre ese tema. ¿Conocía tu compañero/a esa noticia?

Paso 4: Informen al/a la profesor/a sobre las noticias más actuales que encontraron.

ENTÉRATE

Estrategias para leer

A narrative Narrating is telling a story in order to inform about something or to tell about an experience. This story may be real or imaginary. It could be a biography, in which a series of personal events are presented in a chronological order. A story can also narrate historical events in the order that they occurred. However, it could also be a short story or a novel without a chronological order. Readers understand a story by looking at discourse markers (e.g., **antes, en esa época, luego…**). The use of ***preterit*** and ***imperfect*** tenses are related to the narrative text. The ***preterit*** tense is used to talk about past actions and events in order to inform about what happened and when. The ***imperfect*** tense is used to describe the background, to describe the conditions or circumstances that caused the action, and to talk about an ongoing action interrupted by a new one or habitual actions.

Possible answers for **Antes de leer:** 1. Fernando Torres ("el Niño"): futbolista español; Rafael Nadal: tenista español; Diego Maradona: futbolista argentino; Rafael Márquez: futbolista mexicano; Carlos Beltrán: beisbolista puertorriqueño; Paola Espinoza: clavadista mexicana; Germán Sánchez: clavadista mexicano; Andreína Pinto: nadadora venezolana; Ximena Restrepo: atleta colombiana. 2. Answers may vary. 3. Significa "niño".

Antes de leer

1. Deportistas famosos Di a qué deportistas hispanohablantes famosos conoces y qué deporte hacen.

2. La vida de alguien ¿Conoces bien la vida de algún famoso?

3. El pibe ¿Sabes qué significa *pibe*?

La vida de Carlos "el Pibe" Valderrama

Brian Bahr /Getty Images Sports / Getty Images

Cuando se habla del fútbol colombiano, muchos colombianos nombran al Pibe, una figura que hoy día se recuerda tanto por su talento en el fútbol como por su particular cabello rubio estilo afro, y su bigotito. Su figura se parecía más a la de un cantante de música moderna que a la de un futbolista como él, que ponía orden en la cancha, guiaba a sus compañeros y encantaba al público con sus pases. Carlos Alberto Valderrama, conocido por todos como el Pibe, es el mejor jugador de fútbol colombiano de la historia.

Carlos "el Pibe" Valderrama nació el 2 de septiembre de 1961 en Santa Marta, Colombia. Su madre se llamaba Justa Palacio y su padre llevaba el mismo nombre que su hijo, Carlos Valderrama, aunque todos sus compañeros de fútbol lo conocían como Jaricho. Desde que el Pibe era un bebé, su padre lo llevaba a todos lados y lo mostraba **con orgullo.** El contraste de piel entre padre e hijo llamaba mucho la atención, ya que su padre era de piel muy oscura y su hijo de piel más blanca. Pero ¿por qué lo llamaban el Pibe?

proudly

La historia del **apodo** el Pibe comenzó porque su padre también jugaba al fútbol y desde muy pequeño llevaba a su hijo a los entrenamientos. Cuando Jaricho no llevaba a su hijo, Rubén Deibe, el **entrenador** de Jaricho, preguntaba por él y decía: "¿y el pibe cómo está?". Así que después, su padre, madre, hermanos y el resto de la familia también comenzaron a llamarlo el Pibe.

nickname
coach

Carlos Valderrama pasó su infancia como cualquier niño. Estudió la primaria en el colegio John F. Kennedy y después de las clases del colegio jugaba al fútbol en la calle o en la cancha La Castellana del barrio Pescaíto. Tanto el Pibe como sus dos hermanos, Roland y Alan, exfutbolistas profesionales, aprendieron a jugar al fútbol también en el barrio Pescaíto. Después, en la secundaria, jugó para el equipo del Liceo Celedón, que era donde él estudiaba. En 1979 se graduó de bachiller del Liceo Celedón. A pesar de que él quería ser **odontólogo**, estaba claro que el fútbol le atraía más y era parte de su vida. Así que en 1981 pasó a formar parte de su equipo profesional más querido, el Unión Magdalena. Jugó al fútbol durante 23 años en varios equipos de su país (por ejemplo, los Millonarios; Deportivo Cali; Independiente Medellín; y Joven) y también en equipos de Francia, España y Estados Unidos. Se lo considera el mejor jugador sudamericano de los años 1987-1993.

dental surgeon

© William Bello / age fotostock

En el 2002, en Santa Marta y al lado del Estadio Eduardo Santos, levantaron una enorme estatua de la figura del jugador, un monumento de bronce de seis metros de altura y siete toneladas para **homenajear** al reconocido Pibe Valderrama. En el 2004, Valderrama se retiró formalmente del fútbol, aunque todavía juega con sus compañeros y de vez en cuando aparece en programas de televisión. El Pibe es sin duda una gran figura del fútbol y sigue en la memoria del pueblo colombiano.

to honor

Después de leer

1. En el texto

1. Identifica todos los verbos en pretérito. Después, fíjate en el cuadro de la página 306 y decide por qué se usa el pretérito en cada caso: (a) acción, evento o condición completa; (b) acción puntual, única, que ocurre una vez, que ocurre de repente, cambio de condición o una acción que interrumpe a otra acción; o (c) una serie que indica eventos completos y consecutivos.
2. Identifica todos los verbos en imperfecto. Después, fíjate en el cuadro de la página 306 y decide por qué se usa el imperfecto en cada caso: (a) acción en desarrollo, habitual o repetida en el pasado; (b) acción en progreso; o (c) descripción/trasfondo.
3. Ahora, compara esta biografía de el Pibe Valderrama con la descripción de la infancia de Maradona en el Capítulo 7, Sección 1. ¿Qué diferencias notas? ¿Cuál de los dos textos te parece más descriptivo? ¿En cuál hay más acción? ¿Puedes explicar el uso del pretérito y el imperfecto en cada una de las narraciones?

2. ¿Entendiste? Organiza estos acontecimientos en orden cronológico usando números del 1 al 7.

__7__ a. Hoy día sigue jugando al fútbol con sus amigos.
__2__ b. Jugaba en el barrio Pescaíto de Santa Marta.
__1__ c. Nació el 2 de septiembre de 1961.
__4__ d. Quería ser odontólogo, pero al final decidió ser futbolista.
__3__ e. Se graduó de bachiller en el Liceo Celedón.
__5__ f. Jugó al fútbol profesionalmente durante 23 años.
__6__ g. En Santa Marta pusieron una gran estatua de bronce en su honor.

Answers for **Después de leer: En el texto:**
1. nació (acción puntual, ocurre una vez), comenzó (acción de repente), comenzaron (acción de repente), pasó (acción completa), estudió (acción completa), aprendieron (acción completa), jugó (acción completa), se graduó (acción puntual, única, que ocurre una vez y completa), pasó (acción completa), jugó (acción completa), levantaron (acción única, que ocurre una vez), se retiró (fin de una acción del pasado).
2. se parecía, ponía, guiaba, encantaba (descripción), se llamaba, llevaba, conocían (trasfondo), era (descripción), llevaba, mostraba (acción habitual), llamaba (detalle de trasfondo), era (descripción), llamaban (acción habitual), jugaba (descripción), llevaba, llevaba (acción habitual), preguntaba, decía, jugaba (acción habitual), era (descripción); estudiaba (acción habitual), quería (descripción), estaba, atraía (detalle de trasfondo), era (descripción).
3. The narration on Maradona is written exclusively in the imperfect tense. It is a description of his childhood and family environment. Nothing happens in that narration, it is just description, and there is nothing that moves the story forward. It just takes a point in time (Maradona's childhood) and describes how it used to be. On the other hand, Valderrama's biography is a narration that moves along in a timeline, from his childhood to his retirement from soccer. The key events that move the story forward are expressed in the preterit. Description and background information of those events are expressed in the imperfect.

EN TUS PROPIAS PALABRAS

Estrategias para escribir

Writing a narration When writing a narrative in Spanish, get used to follow this structure: (1) an introduction, (2) a sequence of events, and (3) a conclusion. With the introduction, you will orient your readers by setting the scene and giving enough details to describe the event and the characters clearly. Try to keep a chronological order in your narrative and include discourse markers (check the **¡Ojo!** of Chapter 6, Section 1, and Chapter 7, Section 1 and Section 2) to ensure your story is easy to follow. After including enough details you will lead the reader to the climax of the story by solving the tensions and revealing the mysteries and actions of the characters, or the events around them. Finally, present the outcome of those actions. Conclude your story by presenting an ending or letting the reader imagine it.

Now, read the short story, pay attention to the use of imperfect and preterit tenses, and answer the questions:

En aquellos años **vivía** en el campo con mis abuelos. La vida de la naturaleza me **gustaba** porque me **sentía** tranquilo y feliz. Todo a mi alrededor **era** bello: el verde de los árboles, el agua cristalina del río, el rojo atardecer.[11] **Escuchaba** a todos los animales del campo. Mi abuelita me **preparaba** buenas comidas. **Jugaba** al fútbol con mi abuelo. Pero cuando **cumplí** quince años, mi vida **cambió** porque me **mudé** a la ciudad con mi papá. **Empecé** a trabajar en una fábrica de metales y por la noche **asistía** a clases. **¡Era** una vida muy dura! Pero mi papá me **ayudaba** con la tarea, y después de unos años **terminé** los estudios secundarios y **me anoté** en la universidad.

1. ¿Cuándo se usa el imperfecto?
2. ¿Cuándo se usa el pretérito?
3. Identifica tres partes en el párrafo anterior: introducción, desarrollo y conclusión.

As you have noticed the imperfect tense is used to provide background information, to describe the surroundings, the people and the situation (**vivía, me gustaba, me sentía, era, escuchaba, preparaba, jugaba...**) and the preterit tense is used to indicate a sudden change (**cumplí, cambió, me mudé...**), and to tell what happened in a series of consecutive events that advance the story along the timeline (e.g., **empecé, terminé** and **anoté**).

GLYN KIRK / AFP / Getty Images

▲ *Rafael Nadal, tenista español ganador de varios campeonatos y torneos*

La vida de un deportista famoso

Paso 1: Escribe un artículo sobre la vida de un deportista famoso de cualquier nacionalidad para la sección de deportes del periódico de tu universidad. En tu narración, incluye el pretérito y el imperfecto. Primero, di en el artículo por qué vas a hablar de ese deportista en particular. ¿Es famoso? En los siguientes párrafos, incluye: su lugar y su fecha de nacimiento, los eventos más importantes de su vida (p. ej., medallas o campeonatos ganados). Desarrolla tu narración de forma organizada y con una secuencia apropiada. Divide tu escrito en tres partes (introducción, eventos o acciones importantes, conclusión de los eventos). No olvides usar expresiones de tiempo (p. ej., En esa época, antes, luego, etc.). Repasa **¡Ojo!** y **Por escrito** del Capítulo 6, Sección 1, y el Capítulo 7, Sección 1.

Paso 2: Después de escribir Intercambia tu artículo con un/a compañero/a. Ayuda a tu compañero/a a corregir su narración. Al corregir, usa la siguiente lista:

- ¿Tiene un título original? ¿Se corresponde con la historia del texto?
- ¿Tiene un mínimo de tres párrafos?
- ¿Qué información presenta en la introducción?
- ¿Hay una acción o conflicto después de la introducción?
- ¿Es interesante la conclusión?
- ¿Usó correctamente las formas del pretérito y del imperfecto?
- ¿Tienen acento escrito todos los verbos en pretérito o imperfecto que lo necesitan?
- ¿Te interesa esta biografía? ¿Por qué?
- ¿Crees que hay algo más que el autor debe decir?

Paso 3: Últimas decisiones Ahora, lee los comentarios de tu compañero/a y piensa en las siguientes preguntas:

- ¿Qué piensa tu compañero/a del título de tu redacción? ¿Vas a hacerle cambios?
- ¿Vas a seguir las sugerencias de tu compañero/a? ¿Por qué?
- ¿Crees que tu compañero/a te ha ayudado? ¿Cómo?

[11] **atardecer:** sunset

AUTOPRUEBA

VOCABULARIO

I. Los deportes y otras actividades Encierra en un círculo la palabra que no pertenece al grupo.

1. deportista / jugador / entrenador / atletismo
2. pelota / béisbol / balón / ajedrez
3. entrenador / competir / ganar/ perder
4. tenis / voleibol / rugby / dados
5. esquiar / silbar / nadar / pescar

II. ¿Qué deporte es? Identifica de qué deporte se trata y escribe el nombre. Answers for **Vocabulario II:** 1. el voleibol; 2. el ciclismo; 3. el béisbol; 4. el fútbol; 5. el esquí acuático

1. Se usa un balón blanco que se pasa por encima de una red con las manos o los brazos; a veces la gente lo juega en la playa.
2. Si no tienes una bicicleta no puedes practicar este deporte.
3. Hay nueve jugadores en cada equipo y usan un bate y una pelota.
4. Hay once jugadores en cada equipo y juegan con un balón que solo pueden tocar con los pies.
5. Si no tienes esquís y no estás en el agua no puedes practicar este deporte.

GRAMÁTICA

I. Interrupciones Ayer tenías la intención de hacer muchas cosas, pero no pudiste terminar nada. Completa cada oración con uno de los pares de verbos de la lista. Pon uno de los verbos en el pretérito y el otro en el imperfecto progresivo.

manejar / parar **ver / llamar** **hacer / empezar**
estudiar / venir **jugar / ir(se)**

1. ___Estaba viendo___ un partido de béisbol muy interesante cuando mis padres me ___llamaron___ por teléfono.
2. ___Estaba estudiando___ español para un examen cuando un amigo ___vino___ a casa a visitarme.
3. ___Estaba manejando___ muy rápido cuando un policía me ___paró___.
4. ___Estaba jugando___ a las cartas con mis amigos cuando ___se fue___ la luz.
5. ___Estaba haciendo___ senderismo cuando ___empezó___ a llover.

II. Breve historia de la conquista y la colonia Elige la forma correcta del pretérito o del imperfecto para completar esta breve historia de Colombia.

Tres grandes culturas (**poblaban/poblaron**)$_1$ el territorio colombiano durante la época precolombina: la chibcha, la caribe y la arwac. Cada una de estas culturas (**vivía/vivió**)$_2$ en un área diferente de Colombia. La estructura sociopolítica de los chibchas (**era/fue**)$_3$ matriarcal. Los arwacs, por otro lado, (**tenían/tuvieron**)$_4$ una organización mixta de matriarcado y patriarcado. Los caribes (**eran/fueran**)$_5$ un pueblo guerrero y comerciante. La economía de estos pueblos (**consistía/consistió**)$_6$ en la agricultura, la caza, la pesca y la recolección.

Cuando (**llegaban/llegaron**)$_7$ los europeos, (**encontraban/encontraron**)$_8$ un pueblo disperso. La diversidad de lenguas, costumbres, religiones y zonas geográficas se (**convertían/convirtieron**)$_9$ en una desventaja para los nativos. El proceso de colonización (**comenzaba/comenzó**)$_{10}$ en 1509, cuando los conquistadores (**fundaban/fundaron**)$_{11}$ las primeras ciudades. En la época de la colonización los nativos (**ofrecían/ofrecieron**)$_{12}$ el oro como intercambio mientras los colonizadores les (**vendían/vendieron**)$_{13}$ espejos, telas[12] y otros artículos de mínimo valor. Durante este período, la Iglesia (**impuso/imponía**)$_{14}$ la religión católica en todos los territorios y (**facilitaba/facilitó**)$_{15}$ su administración por los colonizadores españoles.

La gente estaba descontenta cuando (**empezaba/empezó**)$_{16}$ el movimiento independentista de España, a principios del siglo XIX.

[12] **tela:** material, fabric

CULTURA

Answers for **Cultura:** 3. Falso: Otros deportes son el atletismo y el béisbol. 4. Falso: Fue un jugador de fútbol.

Decide si la oración es **cierta** (C) o **falsa** (F). Corrige las que sean falsas.

	C	F
1. El deporte más popular en Colombia es el fútbol.	☑	☐
2. El equipo de fútbol femenino colombiano gana más campeonatos que el masculino en las competiciones internacionales.	☑	☐
3. Otros deportes populares en Colombia son el esquí y el hockey.	☐	☑
4. Carlos Valderrama fue un jugador de béisbol muy famoso en Colombia.	☐	☑

REDACCIÓN

Piensa en un/a atleta que admiras y escribe unas líneas sobre su vida.

¿Quién es? ¿Cuál es su deporte? ¿Por qué lo/la admiras? ¿Qué hizo? ¿Qué ocasión especial recuerdas de su carrera?

EN RESUMIDAS CUENTAS, AHORA PUEDO...

- ☐ hablar sobre juegos y deportes.
- ☐ dar instrucciones en situaciones formales.
- ☐ narrar eventos en el pasado.
- ☐ expresar acciones que están en progreso.
- ☐ hablar sobre el fútbol y su popularidad en Colombia.
- ☐ entender diferencias culturales relacionadas a los deportes.

VOCABULARIO ESENCIAL

Sustantivos

el/la aficionado/a	*fan*
el ajedrez	*chess*
el/la arquero/a	*goalkeeper*
el atletismo	*track and field*
el baloncesto	*basketball*
el balón	*(soccer, basket) ball*
el campeonato	*championship*
el campo de fútbol	*soccer field*
la cancha	*court*
las cartas	*cards*
los dados	*dice*
las damas	*checkers*
el deporte (extremo/de riesgo)	*(extreme) sport*
el/la deportista	*athlete*
el/la entrenador/a	*coach / trainer*
el equipo	*team*
la ficha	*piece*
el fútbol	*soccer*
el juego	*game*
el juego de mesa	*board game*
el/la jugador/a	*player*
la liga	*league*
la natación	*swimming*
el partido (de fútbol, de tenis, de baloncesto)	*(soccer, tennis, basketball) match, game*
la pelota	*ball*
la pesca	*fishing*
el tablero	*board*
el tenis de mesa	*ping-pong*
el videojuego	*videogame*
el voleibol (de playa)	*(beach) volleyball*

Cognados: el bate, el béisbol, el ciclismo, el estadio, el golf, el hockey, el rugby, el tenis

Verbos y expresiones verbales

animar (a un equipo)	*to cheer (a team)*
andar en patineta/ monopatín	*to skateboard*
ganar	*to win*
hacer/jugar (ue) a un deporte	*to play/practice a sport*
hacer esquí acuático	*to water ski*
hacer senderismo	*to hike*
hacer snowboarding	*to snowboard*
levantar pesas	*weight-lifting*
montar a caballo	*horseback riding*
montar en bicicleta	*to ride a bike*
patinar en línea	*line skating*
perder (ie)	*to lose*
pescar	*to go fishing*
ser aficionado/a (de)	*to be a fan (of)*
silbar	*to whistle*

Expresiones

anoche	*last night*
anteayer	*the day before yesterday*
ayer	*yesterday*
¿De qué equipo eres?	*What team do you support?*
Soy de…	*My team is . . .*
de repente	*suddenly*
un día, una vez	*one day, one time*
el fin de semana/mes/ año pasado	*last weekend/month/year*
el lunes/martes... pasado	*last Monday/Tuesday . . .*
mientras	*while*
la semana pasada	*last week*
ya	*already*

LEARNING OBJECTIVES

By the end of this section you will be able to:

- Talk about TV shows, movies, and media
- Express likes and dislikes when talking about entertainment
- Express negation
- Use double object pronouns to avoid repetition
- Understand the popularity of soap operas in Venezuela and Colombia

Una imagen vale más que mil palabras

¿Reconoces el título de la película?

¿Crees que es necesario traducir los títulos?

¿Traducimos los títulos de las películas extranjeras en Estados Unidos?

Answers for **Una imagen vale más que mil palabras:** 1. Answers may vary. 2. Las traducciones literales no funcionan algunas veces. 3. Sí, las traducimos también. Por ejemplo, la película española *Abre los ojos* se tradujo como *Let me in*, y la película francesa *Le Diner de Cons* es *Dinner for Schmucks*.

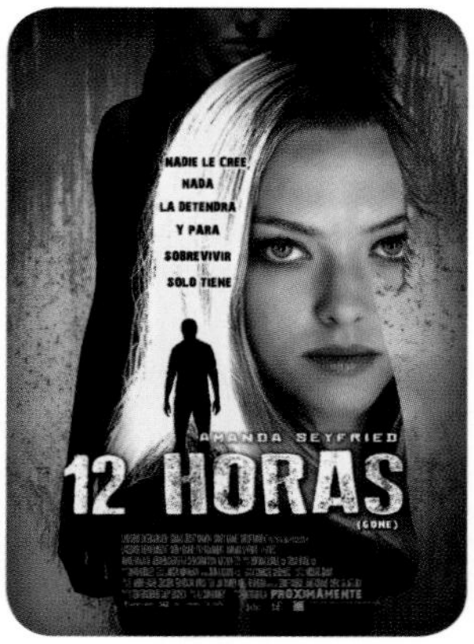

© Summit Entertainment/Photofest

UNA PERSPECTIVA

Courtesy Rachel Haywood Ferreira

Las películas

Diferente

"En Venezuela, las películas extranjeras, o sea, películas de Estados Unidos, Rusia, Francia, Dinamarca, etc., no se doblan[1], sino que tienen subtítulos en español. Cada vez que voy al cine para ver una película en inglés con subtítulos en español, me siento un poco rara porque yo soy siempre la primera que se ríe y un momento después (después de leer los subtítulos) el resto del público se ríe. Las películas para niños sí se doblan y, aunque[2] yo entiendo bastante bien el español, los labios y las palabras no coinciden y esto me confunde un poco".

Note for **Una perspectiva:** We are trying for the student to learn that subtitled movies in other countries are common. Subtitling is not a factor in deciding whether to watch a movie or not like it is in the United States, where subtitled movies usually don't do well.

Answers for **Una perspectiva:** Answers may vary.

Igual

"En Estados Unidos también tenemos películas con subtítulos, pero no muchas porque en Estados Unidos el público prefiere las películas en inglés. Muy pocas películas extranjeras tienen éxito. Los dibujos animados[3] que vienen del Japón, como Bola de Dragón y Pokemon, también se doblan".

¿Qué piensas tú?

1. ¿Te molesta ver películas con subtítulos? ¿Por qué?
2. ¿Qué películas extranjeras viste recientemente?
3. ¿Sabes por qué las películas extranjeras no tienen mucho éxito en Estados Unidos?

[1] **doblar:** to dub [2] **aunque:** although [3] **dibujos animados:** cartoons

The suggested narration for **La pura verdad** can be found in the Appendix. Please use this narration to go over each of the frames with your students. You can also find this section (frames and narration) in the PowerPoint slides, found in the Book Companion Site and *WileyPLUS*.

LA PURA VERDAD I Televisión

Samuel es un turista que está visitando Venezuela por un mes. Tiene muchos amigos en Caracas y Maracaibo. Su amigo venezolano, Marcelo, lo invita una tarde a ver juntos la televisión.

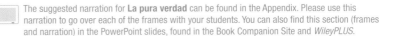

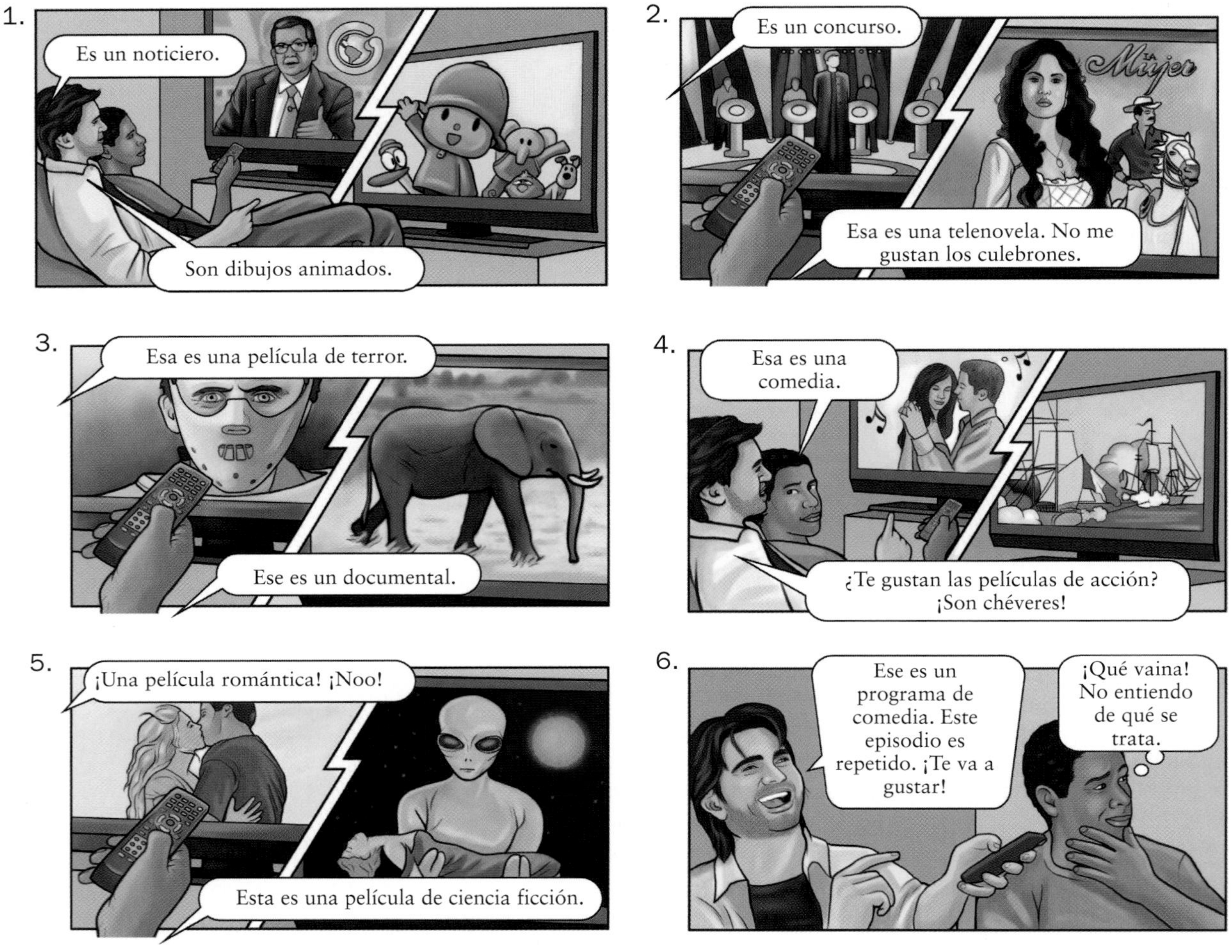

Script for **8.2-01:** 1. A Marcelo le gustan los programas de comedia, pero también le gustan esos programas que tienen la participación del público y si ganas el juego, puedes ganar dinero. ¿Qué programas son? 2. A Samuel le gustan las películas que tratan de viajes en el tiempo o viajes a otros planetas con avances tecnológicos del futuro. ¿Qué tipo de películas le gustan? 3. Ni a Samuel ni a Marcelo les gustan los programas que informan al público sobre las noticias locales, nacionales e internacionales porque son aburridos y toman mucho tiempo. Ellos prefieren leer las noticias en Internet. ¿Qué tipo de programas no les gusta?

8.2-01 ¿Qué tipo de programa es? Escucha la narración y decide a qué tipo de programa o película se refiere.

1. a. las comedias románticas b. los comerciales (c.) los programas de concurso
2. (a.) las películas de ciencia ficción b. las novelas c. las películas animadas
3. a. las películas con subtítulos b. los documentales (c.) los noticieros

PALABRA POR PALABRA

Use the PowerPoint slides found in the Book Companion Site and *WileyPLUS* to do this section in class.

La televisión

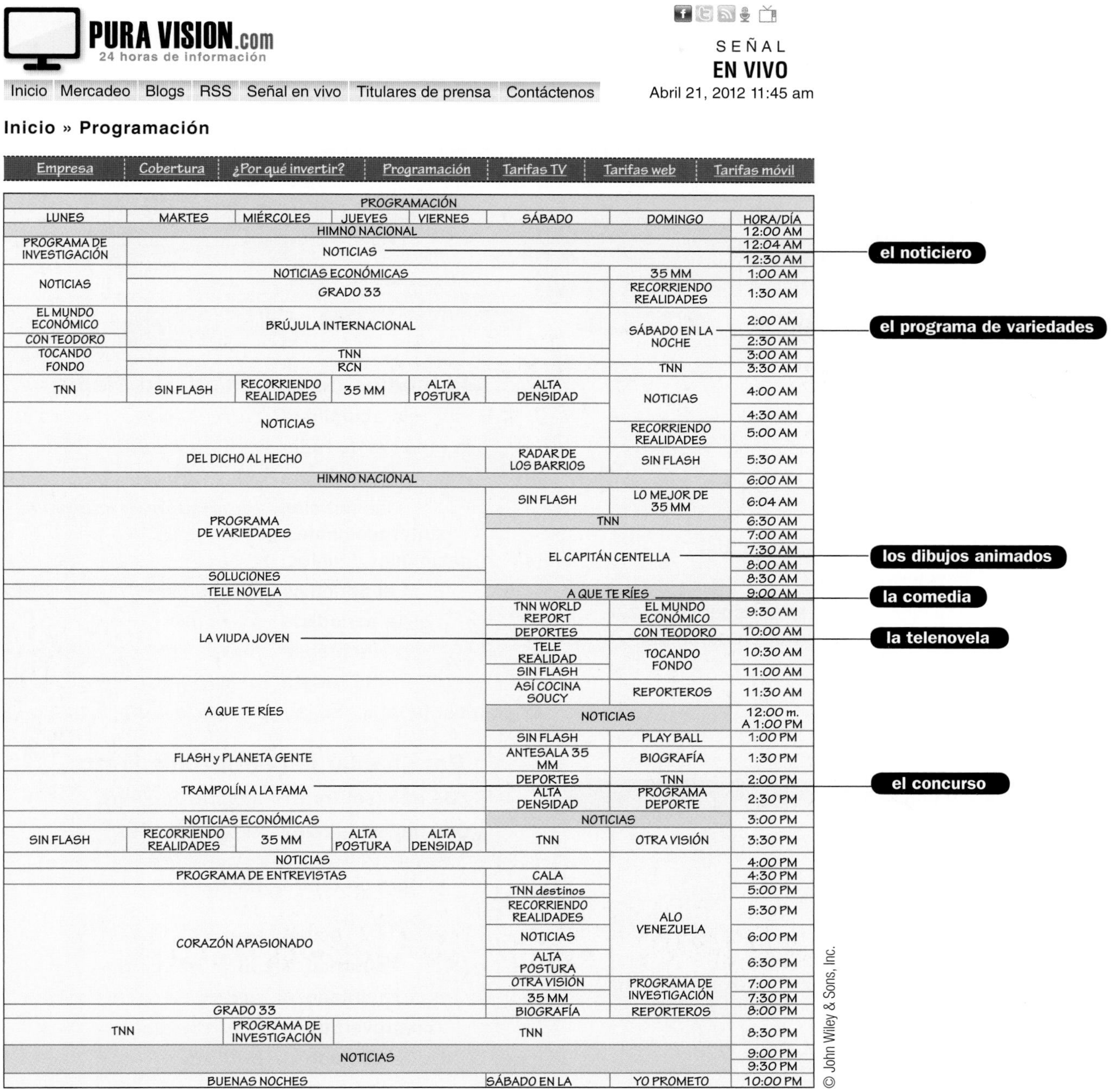

PURA VISION.com
24 horas de información
Inicio | Mercadeo | Blogs | RSS | Señal en vivo | Titulares de prensa | Contáctenos
SEÑAL EN VIVO
Abril 21, 2012 11:45 am
Inicio » Programación
Empresa | Cobertura | ¿Por qué invertir? | Programación | Tarifas TV | Tarifas web | Tarifas móvil

PROGRAMACIÓN
LUNES | MARTES | MIÉRCOLES | JUEVES | VIERNES | SÁBADO | DOMINGO | HORA/DÍA
HIMNO NACIONAL — 12:00 AM
PROGRAMA DE INVESTIGACIÓN | NOTICIAS — 12:04 AM, 12:30 AM
NOTICIAS | NOTICIAS ECONÓMICAS | 35 MM — 1:00 AM
GRADO 33 | RECORRIENDO REALIDADES — 1:30 AM
EL MUNDO ECONÓMICO CON TEODORO | BRÚJULA INTERNACIONAL | SÁBADO EN LA NOCHE — 2:00 AM, 2:30 AM
TOCANDO FONDO | TNN — 3:00 AM
RCN | TNN — 3:30 AM
TNN | SIN FLASH | RECORRIENDO REALIDADES | 35 MM | ALTA POSTURA | ALTA DENSIDAD | NOTICIAS — 4:00 AM
NOTICIAS — 4:30 AM
RECORRIENDO REALIDADES — 5:00 AM
DEL DICHO AL HECHO | RADAR DE LOS BARRIOS | SIN FLASH — 5:30 AM
HIMNO NACIONAL — 6:00 AM
PROGRAMA DE VARIEDADES | SIN FLASH | LO MEJOR DE 35 MM — 6:04 AM
TNN — 6:30 AM
EL CAPITÁN CENTELLA — 7:00 AM, 7:30 AM, 8:00 AM
SOLUCIONES — 8:30 AM
TELE NOVELA | A QUE TE RÍES — 9:00 AM
LA VIUDA JOVEN | TNN WORLD REPORT | EL MUNDO ECONÓMICO CON TEODORO — 9:30 AM
DEPORTES — 10:00 AM
TELE REALIDAD | TOCANDO FONDO — 10:30 AM
SIN FLASH — 11:00 AM
A QUE TE RÍES | ASÍ COCINA SOUCY | REPORTEROS — 11:30 AM
NOTICIAS — 12:00 m. A 1:00 PM
SIN FLASH | PLAY BALL — 1:00 PM
FLASH y PLANETA GENTE | ANTESALA 35 MM | BIOGRAFÍA — 1:30 PM
TRAMPOLÍN A LA FAMA | DEPORTES | TNN — 2:00 PM
ALTA DENSIDAD | PROGRAMA DEPORTE — 2:30 PM
NOTICIAS ECONÓMICAS | NOTICIAS — 3:00 PM
SIN FLASH | RECORRIENDO REALIDADES | 35 MM | ALTA POSTURA | ALTA DENSIDAD | TNN | OTRA VISIÓN — 3:30 PM
NOTICIAS | ALO VENEZUELA — 4:00 PM
PROGRAMA DE ENTREVISTAS | CALA — 4:30 PM
CORAZÓN APASIONADO | TNN destinos — 5:00 PM
RECORRIENDO REALIDADES — 5:30 PM
NOTICIAS — 6:00 PM
ALTA POSTURA — 6:30 PM
OTRA VISIÓN | PROGRAMA DE INVESTIGACIÓN — 7:00 PM
35 MM — 7:30 PM
GRADO 33 | BIOGRAFÍA | REPORTEROS — 8:00 PM
TNN | PROGRAMA DE INVESTIGACIÓN | TNN — 8:30 PM
NOTICIAS — 9:00 PM, 9:30 PM
BUENAS NOCHES | SÁBADO EN LA | YO PROMETO — 10:00 PM

el canal (de televisión)	*TV channel*
el anuncio/comercial	*TV commercial*
el concurso	*competition, contest*
los dibujos animados	*cartoons*
el noticiero	*news program*
el/la presentador/a (de televisión)	*newsreader, TV host(ess)*
el programa (de variedades)	*(variety) show*
la programación	*programming, schedule*
la telenovela	*soap opera*

Cognados: la comedia, el episodio, la serie

teatro escena8
TICKET MUNDO
Teatro Escena Ocho
@Escena8
www.teatroescena8.com
CON VALET PARKING
Pinocho y la Princesa Belleza
Versión, producción y dirección: Carmelo Castro
Música: Jesús Sánchez
Coreografía: Ramphis Sierra
SÁB 23 5:30 PM
DOM 24 11:30 AM
ENTRADA GENERAL BS. 150
La novia del gigante
Escrita y dirigida por: Luigi Sciamanna
Con: María Fernanda Ferro, Antonio Dellí, Armando Cabrera, Gerardo Soto, Juan Carlos Martínez, Elio Pietrini
SÁB 23 9:00 PM
DOM 24 7:00 PM
ENTRADA GENERAL BS. 120
Cómo acabar con tu marido
Dirección: José J. González
Producción: Alexey Córdova
Con: Alfonso Medina
SÁB 23 8:00 PM
JUE 28 9:00 PM
Sólo pa' ellas
Con: Honorio Torrealba, Napoleón Ruvero, Héctor Vargas y Juan Carlos Barry
JUEVES 28
8:00 PM
ENTRADA GENERAL BS. 150
VINO LA REINA
De: Karin Vallecillos
Dirección: Jesús Carreño
SÁB 23 10:00 PM
DOM 24 8:00 PM
la película de animación
la película dramática
la comedia
la película romántica
la película de acción/suspenso

El cine

la entrada	*movie ticket*
la película (de terror)	*(horror) movie*
el personaje	*character*
el premio	*award*
el/la protagonista	*main character*
la trama	*plot*

Cognados: la ciencia ficción, los efectos especiales, el/la crítico/a (de cine/teatro), el documental, el/la espectador/a, los subtítulos

¿Qué dicen los venezolanos?

***Los casetes son del año de la pera.**	*Cassettes are very old.*
***¡Chévere!**	*Good, cool*
***¡Esos culebrones son adictivos!**	*Those soap operas (lit., big snakes) are addictive!*
***Un pana mío me lo dijo.**	*A good friend of mine told me about it.*
***¡Qué vaina! No encuentro mis lentes.**	*What a drag! I can't find my glasses.*

*Estas expresiones se usan en otros países hispanos también.

Los medios de comunicación *Media*

la actualidad	*current affairs*
la emisora de radio	*radio station*
la noticia	*piece of news*
las noticias (internacionales, nacionales, locales)	*(international, national, local) news*
el periódico	*newspaper*
el/la periodista	*journalist*
la prensa	*press*
la revista	*magazine*

Cognados: la radio, el/la reportero/a

Para hablar del entretenimiento

¿De qué (se) trata?	*What is it about?*
¿Qué hay en la tele?	*What's on TV?*
la obra de teatro	*theater play*
actual	*current*
aburrido/a	*boring, tedious*
animado/a	*lively*
controvertido/a	*controversial*
doblado/a	*dubbed*
emocionante	*exciting, thrilling*
entretenido/a	*entertaining*
gracioso/a	*funny*
doblar	*to dub*
grabar	*to record*
representar/interpretar (un personaje)	*to play (the part of . . .)*
tener éxito	*to be successful*
tratar(se) de	*to be about*

Cognados: actuar, informar; el control remoto

8.2-02 ¿Qué hacen?

Paso 1: Expliquen lo que hacen o quiénes son estas personas.

MODELO: el actor → *El actor actúa en películas u obras de teatro.*

1. el/la presentador/a
2. el personaje
3. el/la reportero/a
4. el periodista
5. el crítico
6. el/la director/a
7. el/la protagonista
8. el/la espectador/a

Paso 2: Ahora, escriban la definición de otras dos palabras de **Palabra por palabra**. Van a leerle las definiciones a la clase, y sus compañeros las van a adivinar.

8.2-03 El nombre de...

Paso 1: En grupos de tres, piensen en un ejemplo para cada una de las siguientes categorías.

1. el concurso de televisión con los mejores premios
2. una película con una trama muy complicada
3. la emisora de radio más popular entre los estudiantes de tu universidad
4. una película que recibió varios premios Óscar
5. una serie de televisión con muchísima audiencia
6. un personaje difícil de interpretar
7. un documental muy controvertido
8. una película con efectos especiales impresionantes

Paso 2: Ahora, comenten sus respuestas con otros dos grupos y escriban un informe para presentar a la clase.

MODELO: *Todos están de acuerdo en que* ______________ *es una película con efectos especiales impresionantes. Sin embargo, hay variedad de opiniones respecto a una película con trama complicada. Según la clase,* __________, __________ *y* __________ *tienen una trama complicada.*

RECYCLES verbs like gustar.

8.2-04 El programa es...

Paso 1: Piensa en un tipo de programa o noticia y después comenta qué te parece.

1. aburrido/a
2. animado/a
3. gracioso/a
4. controvertido/a
5. emocionante
6. entretenido/a

Paso 2: Comenta tus respuestas con un/a compañero/a. ¿Puedes encontrar tres compañeros que coincidan contigo en —por lo menos— dos respuestas?

MODELO: Estudiante 1: *Los programas deportivos me parecen súper aburridos.*
Estudiante 2: *A mí también.* o *A mí no. A mí me encantan. Son los más interesantes de la programación.*

8.2-05 ¿Estás informado?

Note for **8.2-05:** In order for students to be ready to report, the planning phase is crucial ("**escriban un pequeño informe**"). After each pair has finished their paragraph, have a whole-class discussion. Is there any aspect in which everyone agrees or disagrees? After a few students have informed the class, ask everyone: **¿Cuál es el medio de comunicación preferido por la clase para informarse?**

Paso 1: Hablen sobre cómo se informan ustedes de las noticias.

1. ¿Lees el periódico? ¿Con qué frecuencia? ¿Qué periódico lees?
2. ¿Estás informado de las noticias internacionales? ¿Qué está pasando ahora?
3. ¿Lees revistas? ¿Qué revistas lees? ¿Con qué frecuencia?
4. ¿Cómo prefieres informarte de las noticias? ¿Por qué?
5. ¿Cuál es tu noticiero favorito? ¿Por qué? ¿En qué canal es?
6. ¿Escuchas la radio con frecuencia? ¿Qué emisora(s) escuchas?

Paso 2: Escriban un pequeño informe. ¿En qué aspectos coinciden los dos? ¿En qué no coinciden? Por último, informen a la clase. ¿Crees que tu compañero/a está bien informado/a?

MODELO: *Mi compañero/a y yo leemos todos los días el periódico* ______________. *A mí no me interesan las noticias locales pero a él/ella sí le interesan...*

Answers for **8.2-02:** Answers may vary.

Suggestions for **8.2-02:** You can make this activity into a game by having each pair write two definitions for any term in the **Palabra por palabra** section and then collect them. You can then divide the class into groups and make it into a competition. Read the definitions out loud and have each group guess the word, taking turns. If a group does not know the word, another group can take their turn.

Answers for **8.2-03:** Answers may vary.

Suggestions for **8.2-04:** Have students talk to as many classmates as possible to see if they can find at least three classmates that share their opinions for at least two or three adjectives. Then do a quick whole-class follow-up. Is there any program that everyone agrees is **controvertido, gracioso, emocionante**, etc.?

Answers for **8.2-04:** Answers may vary.

Verbs like **gustar**:
Parecer + *adjective*

In Chapter 5, Section 2, you learned the verb **parecer** (+ *adjective*) to express opinions/impressions about something/someone. This verb works like the verb "to seem" in English. Just like with the verb **gustar**, the thing/person that is being discussed is the subject of the verb (i.e., **parecer** agrees with it).

Ese artículo me parece muy interesante.

I think this program is very interesting (literally, This program seems very interesting to me).

Esas series nos parecen entretenidas.

We think those shows are entertaining (literally, Those shows seem entertaining to us).

The **a +** *pronoun/noun* phrase is the indirect object. Thus, the pronouns used with **parecer** are indirect object pronouns.

A mí los programas de concurso **me** parecen emocionantes.

Pues a Marcelo y a Samuel les parecen una pérdida de tiempo.

Answers for **8.2-05:** Answers may vary.

HABLANDO DE GRAMÁTICA I

WileyPLUS Go to *WileyPLUS* to review the grammar point with the help of the **Animated Grammar Tutorial**.

1. Expressing negation: Negative and indefinite words

You have already been using some indefinite words like **algo** and some negative words like **nada, nunca,** or **nadie**. Here are some other indefinite and negative words:

Negative and indefinite pronouns		
algo	*something, anything*	Sé **algo** sobre el cine venezolano.
todo	*everything*	**Todo** el cine venezolano es muy interesante.
nada	*nothing, not anything*	**No** sé **nada** sobre el cine venezolano.
alguien	*someone, anyone*	**Alguien** de la clase sabe algo sobre el cine venezolano.
nadie	*no one, nobody*	**Nadie** de la clase sabe nada sobre el cine venezolano.

Negative and indefinite adjectives		
todo/a/os/as	*all*	**Todos** los programas eran interesantes.
algún, alguna/os/as	*some, any*	**Algunos** programas eran interesantes.
ningún, ninguna/os/as	*none, any*	**Ningún** programa era interesante.

Negative and indefinite adverbs		
siempre	*always*	La mamá de Marcelo **siempre** ve esa telenovela. La mamá de Marcelo ve esa telenovela **siempre**.
nunca, jamás	*never*	Marcelo **nunca** ve telenovelas. Marcelo **no** ve telenovelas **nunca**.
también	*also*	La hermana de Marcelo **también** ve esa telenovela. La hermana de Marcelo ve esa telenovela **también.**
tampoco	*neither, not either*	Samuel **tampoco** ve telenovelas. Samuel **no** ve telenovelas **tampoco**.

Negative and indefinite conjunctions		
o... o	*either… or*	Podemos ver **o** esta película **o** esta serie.
ni... ni	*either… nor*	No quiero ver **ni** esta película **ni** esta serie.

A. Double negation

In Spanish, the negative adverb should always precede the verb:

Samuel todavía **no** habla bien español y por eso **no** entiende las noticias. — *Samuel still doesn't speak Spanish well so he doesn't understand the news.*

Marcelo **nunca** ve películas románticas. — *Marcelo never watches romantic movies.*

The negative forms **nadie, nada** o **ningún, ninguno/a** can follow or precede the verb. If they follow the verb, we must use a negative word before the verb. Notice that this may result in double negatives, which is very common in Spanish.

Samuel **no** entiende **nada** cuando el presentador habla muy rápido. — *Samuel does not understand anything when the newsreader speaks very fast.*

Samuel **tampoco** ve películas románticas **nunca**. — *Samuel never watches romantic movies, either.*

B. The adjectives *algún* and *ningún*

Alguno/a/os/as and **ningún/ninguno/a** are adjectives that agree in gender and number with the noun they modify. **Alguno** and **ninguno** are shortened to **algún** and **ningún** when followed by a singular, masculine noun. We can use these forms as pronouns to replace a noun already referred to. In this case they match the gender and number of that noun.

Note for **Hablando de gramática:** The plural forms **ningunos/as** are only used with plural nouns that do not have a singular form (i.e., **gafas/lentes, pantalones, tijeras**, etc.): **Samuel no encuentra ningunas gafas que le queden bien.**

¿Quieres ver **algún** programa de televisión?	*Do you want to watch **any** program on TV?*
No, no me gusta ninguno.	*No, I don't like any (of them).*
¿Prefieres ver **alguna** de las películas que dan en el cine?	*Do you prefer to watch **any** of the movies they are now playing at the theater?*
Tampoco me gusta **ninguna** de las que están dando ahora.	*I don't like **any** of the ones playing now.*

8.2-06 ¿Qué hay en la tele? Lee el siguiente párrafo sobre Marcelo y Samuel.

Exercises labeled with an individual student icon in the **Hablando de gramática** section are intended to be assigned as homework.

Note for **8.2-6:** This is an input-output activity that makes students focus on form as they are focused on meaning.

Marcelo y Samuel están en casa viendo la televisión, pero hoy no hay nada interesante. A Marcelo no le gusta ningún programa. Además, a Samuel no le gustan ni las noticias ni las series de comedia en español. A veces hay comerciales muy graciosos en la televisión venezolana pero a Samuel no le parecen graciosos tampoco. Entiende algunas palabras, pero el problema es que no entiende ninguno de los chistes. Por fin encuentran la serie "Amigos". A Marcelo le encanta, y a Samuel también, porque conoce algunos episodios, recuerda los chistes y eso le ayuda a entender algo más.

Paso 1: Escribe todas las palabras indefinidas y negativas que hay en el párrafo. Si hay negación doble en la misma oración, escribe las dos palabras en la misma línea.

MODELO: 1. *no/nada*

2. no/ningún
3. no/ni... ni
4. no/tampoco
5. algunas
6. no/ninguno
7. también
8. algunos
9. algo

Paso 2: ¿Cierto o falso? Lee el párrafo otra vez y decide si las siguientes oraciones son **ciertas** o **falsas**. Si son falsas, escribe la información correcta usando palabras indefinidas o negativas.

MODELO: A Marcelo le gustan **todas** las películas románticas.
→ *Falso*; **No** *le gusta* **ninguna** *película romántica.*

C	F	
☑	☐	1. Hoy en la tele **no** hay **muchos** programas interesantes.
☐	☑	2. A Samuel **no** le gusta **ninguno** de los programas que ven.
☐	☑	3. Samuel entiende **todos** los chistes de los comerciales.
☑	☐	4. A veces encuentran **algún** programa que les gusta a los dos.
☐	☑	5. Al final[4] **no** encuentran **nada** para ver en la televisión.

Answers for **8.2-06**, **Paso 2:** 2. Falso; A Samuel le gusta algún programa. 3. Falso; No entiende ninguno de los chistes de los comerciales. 5. Falso; Al final encuentran algo.

[4] **al final:** at the end

Hulton Archive / Getty Images

EFE/ ARCHIVO/EPA/Newscom

▲ Ugly Betty *fue una serie de televisión (2006–2010) que se adaptó de una telenovela colombiana* Yo soy Betty la fea.

Use the PowerPoint slides found in the Book Companion Site and *WileyPLUS* to do this activity in class.

Note for **8.2-07:** In 2010 *Yo soy Betty, la fea,* became the most successful soap opera in history, as it entered the World Guiness Book of Records as the most watched TV soap opera of all times. It was watched in more than 100 countries and dubbed into 15 languages. It also inspired 22 adaptations all over the world.

Answers for **8.2-08:** Answers may vary.

8.2-07 Yo soy Betty, la fea Completa el siguiente párrafo sobre la telenovela colombiana con la forma adecuada de las palabras negativas o indefinidas. ¡Presta atención a la concordancia de los adjetivos!

ningún	**ninguno/a**	**nada**	**todo/a/os/as**
algún	**alguno/a**	**también**	

Beatriz Aurora Pinzón, también conocida como Betty, es muy inteligente y tiene una maestría en finanzas, pero no es linda y no se preocupa ____nada____$_1$ por su apariencia física. Betty no puede conseguir ____ninguna____$_2$ entrevista de trabajo porque sus fotos son tan feas que arruinan su impresionante currículum vitae. Finalmente consigue un puesto de secretaria en una empresa de modas, donde ____todos____$_3$ sus compañeros de trabajo guapos y perezosos la tratan muy mal porque no hay ____ningún____$_4$ otro empleado tan inteligente como ella. ____Algunos____$_5$ críticos afirman que *Betty la fea* tuvo tanto éxito porque antes ____ninguna____$_6$ telenovela tenía por protagonista a una muchacha "fea". Además, la telenovela retrata[5] de manera realista las luchas[6] de clase y raza en algunas zonas de América Latina. Sin embargo, al final, la telenovela termina como ____todas____$_7$ las otras. Betty se transforma en una guapa ejecutiva y se casa con el jefe de la empresa, **a** pesar de que[7] ella sabe que no es un príncipe azul.

Después de su éxito en Colombia, la telenovela tuvo mucho éxito en ____algunos____$_8$ países, como Estados Unidos, Alemania o Italia. ____También____$_9$ existen ____algunas____$_{10}$ adaptaciones de la telenovela, como la versión estadounidense *Ugly Betty.*

8.2-08 ¿Vemos los mismos programas?

Paso 1: Contesta las siguientes preguntas con información verdadera sobre ti y añade alguna explicación.

MODELO: ¿**Alguien** de tu familia ve los mismos programas que tú?
→ *No,* ***nadie*** *ve los mismos programas que yo.* o *Sí, mi hermana y yo vemos los mismos programas y a veces los vemos juntos/as.*

1. ¿Ves alguna telenovela? ¿Sabes el nombre de alguna telenovela popular ahora en Estados Unidos?
2. ¿Prefieres ver algún noticiero en particular?
3. Cuando ves el noticiero, ¿ves todas las noticias, o algunas no te interesan?
4. ¿Alguna vez vas al cine a ver películas extranjeras?
5. ¿Alguien que conoces trabaja en el cine o la televisión?
6. ¿Hay algo en especial de la programación que siempre ves?

Paso 2: Ahora, entrevista a un/a compañero/a de clase. Él/Ella también te va a hacer preguntas a ti. En general, ¿quién de los dos está mejor informado/a sobre la programación del cine y la televisión? ¿Tienen los mismos gustos?

[5]**retratar:** to portray [6]**lucha:** struggle [7]**a pesar de que:** despite the fact that

The suggested narration for **La pura verdad** can be found in the Appendix. Please use this narration to go over each of the frames with your students. You can also find this section (frames and narration) in the PowerPoint slides, found in the Book Companion Site and *WileyPLUS*.

LA PURA VERDAD II Viendo la telenovela

Samuel está de visita en la casa de Marcelo. Mientras Marcelo está ocupado, Samuel se sienta junto a la madre de Marcelo, que está mirando una telenovela.

Script for **8.2-09:** 1. **Vecina:** ¡Pues, te lo dije! ¿No te lo dije? La baronesa Inma se lo confesó al cura y ahora el cura se lo va a decir al detective.
2. **Doña Juanita:** Pues, el cura jamás se lo va a decir al detective, porque si se lo dice va a perder su profesión de cura. Y el detective va a estar contento de no saber la verdad porque él está secretamente enamorado de la baronesa Inma.
3. **Vecina:** Sí, el detective está enamorado de Inma. Él va a tener que decidir entre su esposa y la baronesa. Al final, no va a tener a ninguna de las dos. Ni la baronesa Inma, ni la esposa.

8.2-09 ¿Qué va a pasar en el próximo episodio? Doña Juanita y su vecina hablan por teléfono sobre qué va a pasar en el próximo episodio. Escucha qué dicen y selecciona la oración que mejor lo describe.

1. Sobre el secreto, la vecina piensa que...
   a. los esposos se lo van a decir al cura.
   b. el detective se lo va a decir a la policía.
   (c.) el cura se lo va a decir al detective.
2. Sobre qué va a pasar en el episodio de mañana, doña Juanita piensa que...
   a. el detective no está enamorado de nadie.
   (b.) el cura no va a decir nada.
   c. el detective no va a hablar nunca con el cura.
3. Sobre el detective, piensa que...
   a. no va a decidir nada.
   b. no quiere a ninguna de las dos mujeres.
   (c.) va a estar solo al final.

[8] **los demás:** the others

HABLANDO DE GRAMÁTICA II

WileyPLUS Go to *WileyPLUS* to review the grammar point with the help of the **Animated Grammar Tutorial**.

Note for **Hablando de gramática:** You may want to review direct and indirect object pronouns and do some of the activities in Chapter 5, Section 1 and Section 2. Mastering the use of object pronouns takes a long time and you should not expect your students to produce them spontaneously at the beginner level. English-speaking learners at the beginning level struggle with object pronouns and misinterpret them in comprehension. The approach taken in this book focuses first on comprehension and correct interpretation of sentences with pronouns. In fact, you may just want to focus only on comprehension and recognition of double object pronouns in your class without requiring production until subsequent courses after your students have reached a higher level of proficiency.

Direct and Indirect pronouns

Do you remember how to use direct and indirect object pronouns? Go back to Chapter 5 to review that content before learning this grammar point.

2. Avoiding repetition (II): Double object pronouns

In Chapter 5 you learned how to use direct and indirect object pronouns to avoid redundancy. Remember that you use direct object pronouns to replace the direct object of a sentence. The direct object receives the action of the verb and answers the questions *What?* or *Whom?*

¿Doña Juanita ve **esa telenovela**? — *Doña Juanita watches that soap opera?*
Sí, **la** ve todos los días. — *Yes, she watches it everyday.*

We use indirect object pronouns to replace the indirect object of a sentence. The indirect object answers the question *To whom?* or *For whom?*

¿**Me** pasas el control remoto, por favor? — *Can you pass the remote control to me, please?*

It is very common to use two pronouns together.

¿**Me** pasas **el control remoto**, por favor? — *Can you pass the remote to me, please?*
Sí, ahora **te lo** paso. — *Yes, I'll pass it to you right now.*

A. Order of pronouns

When the two object pronouns appear in the same sentence, they always appear together. The indirect object pronoun always preceeds the direct object pronoun. This is the opposite order in which these pronouns are placed in English.

	Indirect object pronoun	Direct object pronoun
(le) →	me te **se**	lo/la/los/las
(le) →	nos os **se**	

¿**Me** compras **la entrada**? — *Can you buy the ticket for me?*
Está bien, **te la** compro, pero la próxima vez **me la** compras tú a mí. — *Ok, I'll buy it for you, but next time you buy it for me.*

B. Placement of pronouns

As with single object pronouns, double pronouns are placed before a conjugated verb. If the sentence is negative, the pronouns are placed between the negative word and the verb:

¿**Me** pasas el **control remoto**? — *Can you pass me the remote control?*
No, no **te lo** paso porque no **lo** tengo. — *No, I won't pass it to you because I don't have it.*

When a verb phrase has an infinitive or a present participle (ending in **-ndo**), the pronouns may be attached to the end of these forms or they may be placed before the conjugated verb. If attached to the infinitive or to the participle, there is a written accent mark over the vowel that carries the stress.

¿Vas a comprar**me las entradas**? → ¿Vas a comprár**melas**?
¿**Me** vas a comprar **las entradas**? → ¿**Me las** vas a comprar?
Are you going to buy the tickets for me? → *Are you going to buy them for me?*

Estoy comprándo**telas** ahora. / **Te las** estoy comprando ahora.
I am buying them for you right now.

Note for **Hablando de gramática:** Because of English strict subject + verb + object word order, English speakers rely on word order and lexical meaning in order to interpret sentences and tend to ignore grammatical features such as verb endings or the personal **a**. Because object pronouns in Spanish precede the verb, students often interpret object pronouns as the subject. Thus, they may interpret a sentence like **Le compré las entradas** as *She/he bought the tickets* instead of *I bought the tickets for him/her*. Activities **8.2-10, 8.2-11,** and **8.2-12** forces students to focus on the verb form and the preposition **a** in order to be able to correctly interpret the sentence.

Exercises labeled with an individual student icon in the **Hablando de gramática** section are intended to be assigned as homework.

Suggestions for **8.2-10**: Do a whole-class check and direct their attention to the verb of each sentence. ***Invitó* es la forma de *él/ella*, ¿no? Entonces el que hace la acción es Marcelo, no yo. Marcelo me invita a mí**, etc. Remind them that subjects do not have to be explicit and that the word order is not always subject + verb + object in Spanish.

Suggestions for **8.2-11:** English native-speakers at the beginner level tend to ignore verb-endings and other functional words when reading for comprehension. Thus, they may interpret a sentence like **¿A quién le pasó el control remoto?** as *Who passed the remote?* Point out that, in order to disambiguate *who* does the action and *to whom* something is transferred, they have to pay attention to the preposition **a** before the noun phrase, and the difference between **¿Quién...?** and **¿A quién...?**

Answers for **8.2-11. Paso 1:** 1. yo (Samuel); 2. Marcelo; 3. doña Juanita; 4. yo (Samuel); 5. doña Juanita; 6. doña Juanita

C. le → se

The indirect object pronouns **le** and **les** change to **se** when followed by **lo, la, los, las.** This is *not* a reflexive **se**.

Por fin Samuel **le** pasó **los pañuelos**. *Finally Samuel passed the tissues to her.*	→	Por fin Samuel **se los** pasó. *Finally Samuel passed them to her.*
Doña Juanita les prometió que va a dejar **de ver la novela**. *Doña Juanita promised to them that she would stop watching the soap opera.*	→	Doña Juanita **se lo** prometió. *Doña Juanita promised it to them.*

D. Object pronouns with *decir*

Unlike in English, it is very common to use the pronoun **lo** with the verb **decir** when the direct object is implied (i.e., it is something already said or known):

¿No **te lo** dije? ¡Sí **te lo** dije! ¡Ella lo va a pagar!	*Didn't I tell (it to) you? Yes I told (it to) you! She is going to pay for it!*

E. Pronoun doubling

You may have noticed that in Spanish the indirect object pronoun often appears in the sentence at the same time as the indirect object itself. Given that **se/le/nos** can refer to both singular and plural indirect objects, it is often followed by a prepositional phrase with **a** to clarify who the indirect object is (if it is not clear from the context) or to add emphasis.

¿**Nos** prestas el carro **a Gloria y a mí** para ir al cine? ¿Cuándo **nos lo** puedes prestar?	*Would you lend me and Gloria the car to go to the movies? When can you lend it to us?*
Ya **se lo** dije **a doña Juanita**.	*I already told doña Juanita.*

8.2-10 ¿Cómo se interpreta? Lee las oraciones que aparecen a continuación y decide cuál es la traducción correcta. **¡OJO!** Presta atención a la forma del verbo para saber cuál es el sujeto. Después, compara tus respuestas con un/a compañero/a.

	A	B
1. Me invitó al cine Marcelo.	☑ *Marcelo invited me to the movies.*	☐ *I invited Marcelo to the movies.*
2. ¿La entrada? Nos la compró él.	☑ *The ticket? He bought it for us.*	☐ *The ticket? We bought it for him.*
3. No le di el dinero para comprarlas.	☐ *He didn't give me the money to buy them.*	☑ *I didn't give him the money to buy them.*
4. Te lo expliqué ayer.	☑ *I explained to you yesterday.*	☐ *You explained it to me yesterday.*
5. Nos acompañó Gloria.	☐ *We accompanied Gloria.*	☑ *Gloria accompanied us.*

8.2-11 ¿Qué pasó? Samuel recuerda lo que pasó en casa de Marcelo.

Paso 1: En las siguientes oraciones, identifica quién hace la acción del verbo en negrita: Marcelo, Samuel o doña Juanita.

1. Marcelo tenía el control remoto y yo **se lo pedí**.
2. Cuando encontramos un programa que nos gustaba a los dos, **me lo pasó**.
3. Cuando fui a casa de Marcelo, su madre me dijo: "Marcelo llega más tarde. ¿No **te lo dijo**?".
4. Doña Juanita lloraba y me pidió los pañuelos;[9] **se los di** inmediatamente.
5. Doña Juanita me dijo que la trama de la telenovela era muy complicada. **Me la contó** con todo detalle.
6. Después tomamos café. **Me lo sirvió** con unas galletitas muy ricas.

[9] **pañuelos:** tissues

Paso 2: Ahora, elige la respuesta basándote en las oraciones del **Paso 1**.

1. ¿Quién le pasó el control remoto?
   a. Se lo pasó a Marcelo.
   b. Se lo pasó Samuel.
   (c.) Se lo pasó Marcelo.
2. ¿A quién le pasó el control remoto?
   a. Se lo pasó a Marcelo.
   (b.) Se lo pasó a Samuel.
   c. Se lo pasó Samuel.
3. ¿Quién pidió los pañuelos?
   (a.) Se los pidió a Samuel doña Juanita.
   b. Se la pidió doña Juanita a Samuel.
   c. Se los pidió Samuel a doña Juanita.
4. ¿Qué pasó con las galletitas?
   a. Se las sirvió a doña Juanita.
   (b.) Se las sirvió doña Juanita.
   c. Se las sirvió Marcelo.

Suggestions for **8.2-12:** Remind your students that people can also be direct objects. The indirect object is usually translated with the preposition *for/to* someone, but the direct object is not: ***La* convencieron** (They convinced *her*) vs. ***Le* explicaron la situación** (They explained the situation *to her*).

Suggestions for **8.2-02, Paso 2:** In Spanish the most natural position for new or unknown information is at the end of the sentence: **¿Quién los invitó al cine? Los invitó Juan.** At this stage, however, do not go into detail and accept canonical *subject + verb + object* order from the students.

8.2-12 Una tarde en el cine Samuel nos cuenta cómo fue su tarde en el cine.

Paso 1: Combina las oraciones de la primera columna con la que corresponda de la segunda.

_f_ 1. Marcelo quería invitar a unos amigos al cine.
_g_ 2. Yo no sabía dónde estaba el cine y le pregunté a Marcelo.
_c_ 3. Marcelo dijo que no había que preocuparse por las entradas. Creo que va a comprarlas.
_a_ 4. Marcelo nos pidió nuestra opinión sobre las películas de la cartelera.
_b_ 5. Al final, decidimos ver una película en inglés con subtítulos en español.
_d_ 6. Durante la película, Gloria estaba un poco frustrada y hablé con ella.
_e_ 7. Yo era el único que entendía todos los chistes.

a. **Se la** dimos.
b. Gloria no quería ver esa, pero **la** convencimos.
c. **Nos las** compró él.
d. **Le** pregunté qué **le** pasaba.
e. **Se los** tuve que explicar a Marcelo y a Gloria porque los chistes son difíciles de entender.
f. **Nos lo** dijo a Gloria y a mí.
g. Marcelo **me lo** explicó.

Answers for **8.2-12, Paso 2:** 1. Se las compró Marcelo. / Marcelo se las compró. 2. Se lo explicó Marcelo. / Marcelo se lo explicó. 3. Se la dieron a Marcelo. 4. La convencieron Samuel y Marcelo. / Samuel y Marcelo la convencieron. 5. Se lo preguntó Marcelo. / Marcelo se lo preguntó. 6. Los entendió Marcelo. / Marcelo los entendió.

Paso 2: Ahora, contesta estas preguntas. Decide si debes usar el pronombre de objeto directo, el de objeto indirecto, o los dos.

MODELO: ¿Quién invitó <u>a Samuel y a Marcelo</u> al cine?
Marcelo los invitó o Los invitó Marcelo.

1. ¿Quién <u>les</u> compró <u>las entradas</u>?
2. ¿Quién le explicó <u>a Samuel</u> <u>cómo llegar al cine</u>?
3. ¿A quién <u>le</u> dieron Samuel y Gloria <u>su opinión sobre las películas</u>?
4. ¿Quiénes convencieron <u>a Gloria</u> de ver una película con subtítulos?
5. ¿Quién le preguntó <u>a Gloria</u> <u>por qué se sentía frustrada</u>?
6. ¿Quién entendió <u>todos los chistes</u> de la película?

OTRA PERSPECTIVA

Courtesy of Yolanda Jacqueline Peláez

Las telenovelas

Diferente

"Las telenovelas son muy populares en Venezuela. Una amiga de mi madre miraba cuatro telenovelas al día; dos durante la tarde y dos por la noche. En Venezuela, las telenovelas de la noche son las mejores y las más populares, mientras que en Estados Unidos solo hay telenovelas durante el día.

Las telenovelas son historias que duran uno o dos años. Cuando termina una, empieza otra con otro nombre, otros actores y otra historia. En Estados Unidos solo tienen un nombre, los actores mueren y regresan a la vida y algunas telenovelas nunca terminan: *Hospital general* empezó en 1963 y todavía continúa. ¿Por qué? Además, ¿por qué las llaman 'óperas de jabón'?".

Igual

"Tanto las telenovelas venezolanas como las de Estados Unidos son un poco adictivas y todas tienen elementos de intriga, traición y amor. Todas terminan cada episodio con algo chocante para que quieras ver el próximo episodio. Son todas muy melodramáticas, ¿no?".

Explícale a Yolanda

1. ¿Son populares las telenovelas en Estados Unidos?
2. ¿Por qué no tienen fin las novelas en Estados Unidos?
3. ¿Por qué las llaman "óperas de jabón"?

Possible answers for **Otra perspectiva:** 1. Ahora son menos populares que antes. La telenovela *Guiding Light* se canceló en 2009. 2. Las telenovelas en Estados Unidos tienen historias individuales que continúan con el mismo nombre. 3. Porque las primeras telenovelas tenían muchos comerciales de jabón.

MANOS A LA OBRA

8.2-13 ¿Y tú qué piensas?

Paso 1: Completa las siguientes oraciones con información sobre tus gustos.

1. Siempre veo...
2. Nunca veo...
3. Me gustan mucho...
4. No me gustan...
5. Los programas de... me parecen...
6. Las películas de... no me parecen...
7. Algunas series que me encantan son...
8. Una noticia de actualidad que me interesa es...

Paso 2: Comenta tus respuestas con un/a compañero/a. ¿Piensan igual?

MODELO: Estudiante 1: **Algunos** periódicos que leo son... *Últimas Noticias* y *El Universal*.

Estudiante 2: *¡Yo también! Siempre leo* Últimas Noticias *porque...*

o

*Yo no, no leo **ni*** Últimas Noticias ***ni*** El Universal *porque... Yo leo* El Nacional *porque sus artículos son...*

Suggestions for **8.2-13:** Students should use negative and indefinite words such as **siempre/nunca, también/tampoco, ninguno/ninguna, no... nada, ni... ni**, etc. Make sure students pay attention to the **gustar** structures and answer correctly (e.g., ***A mí* me gustan X** → ***A mí* también**. / ***A mí* no**, instead of **A mí me gustan X** → **Yo también**).

Answers for **8.2-13:** Answers may vary.

Paso 3: Entre los dos, escriban un pequeño párrafo para informar a la clase sobre aquellas opiniones en las que coinciden.

MODELO: *A nosotros dos nos encantan las series de... Tenemos la misma opinión sobre....*

Suggestions for **8.2-14:** Students should choose at least five items from the list and write or create different questions for each one. By now students should have enough knowledge and language skills to be creative and not repeat the question **¿Ves X?** for every item. Some suggestions are: **¿Te gustan....? ¿Qué piensas de...? ¿Cuál es tu X favorito? ¿Qué opinión tienes de...? ¿Qué te parece X? ¿Ves X con frecuencia?**, etc.

Answers for **8.2-14** and **8.2-15:** Answers may vary.

8.2-14 El cine y la televisión

Paso 1: Escribe por lo menos cinco preguntas con los siguientes términos.

MODELO: las telenovelas → *¿Ves telenovelas? ¿Qué telenovelas ves?*

1. programas de concursos
2. películas extranjeras
3. películas con subtítulos o dobladas
4. presentador/a de televisión
5. emisora de radio
6. efectos especiales
7. noticiero
8. canal de televisión
9. ¿?

Paso 2: Ahora, usa las preguntas para entrevistar a un/a compañero/a y saber más sobre sus gustos y opiniones sobre el cine y la televisión. ¿Coinciden en sus respuestas?

Suggestions for **8.2-15:** Have students describe these movies or other recent ones they have seen (La red social, El señor de los anillos, 21 gramos) in terms of the genre, plot, the cast, the awards it has received, etc. If they have not seen the movies shown, the day before, as homework, you can tell them to research the movies and watch trailers. This activity can be modified into a game if you divide the class in groups and you provide the movie descriptions for them to guess.

Use the PowerPoint slides found in the Book Companion Site and *WileyPLUS* to do this activity in class.

8.2-15 ¿Qué película es?

Clasifiquen las siguientes películas según su género. Después, relaten la trama y cuenten de qué trata con el mayor número de detalles posibles para que sus compañeros adivinen qué película es.

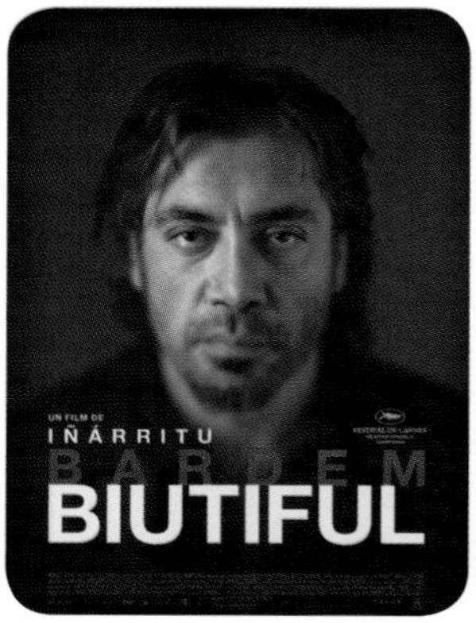

Ikiru Films/The Kobal Collection

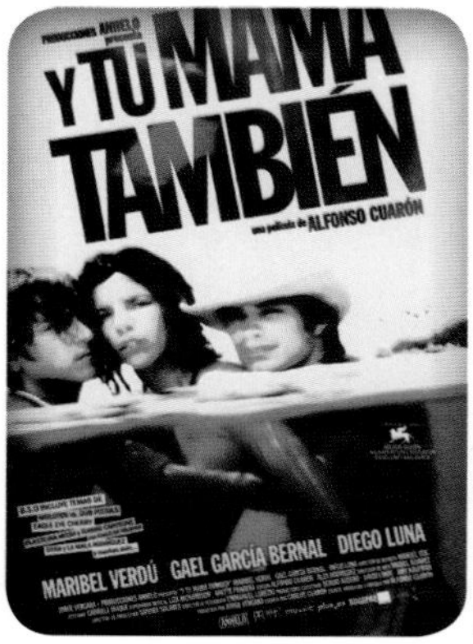

Anhelo Prod/Ifc Films/The Kobal Collection

Sogetel/Le Films Alain Sarde/The Kobal Collection

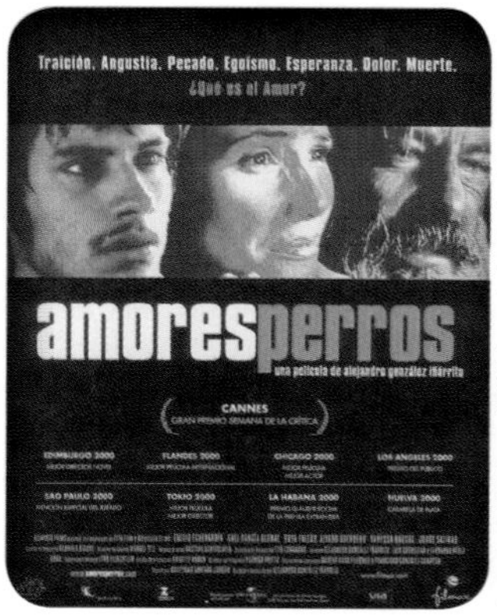

Agencia el Universal/El Universal de Mexico/Newscom

Focus Features/Photofest

Paramount/Miramax/The Kobal Collection

MODELO: *Es una película de suspenso que trata de... Ganó tres premios Óscar, uno al mejor actor, otro a la mejor actriz secundaria y otro a la mejor fotografía...*

8.2-16 ¡¿Debo hacer qué?! ¿Qué pasa en la oficina de un periódico? ¿Qué les pide el director a sus empleados?

Paso 1: En grupos de tres, escojan entre los personajes de **director, periodista** y **editor** y respondan a lo que dice cada uno.

MODELO: Director: *Vas a servir**me** el café todas las mañanas.*
Periodista: *Esa no es la tarea de un periodista. No voy a servírselo.*

1. Vas a buscar las mejores noticias.
2. Vas a mejorar la reputación del periódico.
3. Vas a mandar**le** los artículos al editor a tiempo.
4. Vas a escribir**le** los comunicados de prensa[10] a la dirección del periódico.
5. Vas a organizar**nos** las ruedas de prensa[11].
6. Vas a sacar las fotografías de las noticias.
7. Vas a diseñar las páginas del periódico.
8. Vas a editar**me** los *e-mails* para mi familia.
9. ¿?

Paso 2: Ahora, informen a la clase. ¿Cuáles son las reacciones del editor y del periodista? ¿Creen que van a tener una buena relación? ¿Por qué?

MODELO: *El director me dice que tengo que editar**le** los mensajes para su familia, pero yo digo que no **se los** voy a editar porque no me parece...*

Suggestion for **8.2-16:** This is a role-play with groups that should consist of three students who pretend to work for a newspaper. The director tells his employees what to do. The journalist and the editor can also tell each other what to do and agree on their tasks or not according to their job responsibilities. Roam around the room. Make sure they are speaking Spanish. As a follow-up, have the pairs report to the class and change the pronouns and verbs accordingly. Also encourage the use of **parecer** in their reaction statements. Do a whole-class check at the end of the activity in which the class decides which team will work better together.

Answers for **8.2-16** and **8.2-17:** Answers may vary.

8.2-17 Un concurso televisivo Con un grupo, vas a crear un programa de televisión de concursos sobre un tema de tu interés. Sigue los pasos y no olvides ser original.

Paso 1: Definan qué tipo de concurso televisivo quieren hacer (p. ej., programa tipo *El gran hermano...*). Informen a su profesor/a sobre el tema del concurso y trabajen en grupos pequeños con las personas interesadas en cada tema.

Paso 2: Escriban un párrafo para describir el programa respondiendo las siguientes preguntas:

- ¿Quién va a presentar el programa? ¿Alguien especial?
- ¿A qué personas se les permite participar (abuelos, niños, gente joven, etc.)?
- ¿Qué actividades hacen los participantes en el programa (siempre se los pone en parejas para...)?
- ¿Qué tipo de cosas (dinero, viajes, coches, etc.) les ofrece el presentador del concurso a los participantes?
- ¿En qué canal (cable, público, etc.) se ofrece el programa?
- ¿A qué audiencia le va a gustar el programa?
- ¿Qué aspecto del programa prepara a los participantes para la vida real?
- ¿En qué se diferencia tu concurso de otros concursos y por qué podría resultar interesante?

Escriban cuatro o cinco preguntas para el/la presentador/a con el objetivo de obtener información sobre los participantes y presentarlos al principio[12] del programa. Las preguntas tienen que estar relacionadas con el tema del programa. Los participantes deben contestar las preguntas.

MODELO: Un concurso relacionado con la música
Presentador/a: *¿Siempre vas a conciertos en tu tiempo libre?*
Participante: *Sí, siempre que tengo tiempo voy.*
Presentador/a: *¿Les pones canciones románticas a tus amigos/as?*
Participante: *Sí, se las pongo.*

Al terminar las preguntas, el/la presentador/a dice unas palabras para dar comienzo al concurso. **¡OJO!** Todos deben usar el vocabulario y la gramática estudiada en este capítulo (palabras indefinidas y negativas, y pronombres dobles).

Suggestions for **8.2-17, Paso 1:** Ask your students about different topics for the quiz show. Write down their ideas on the board and then group students according to the topic (music, dance, weight, cooking show. . .). Group your students, ideally in 3 or 4 (one presenter and 2 or 3 contestants), and ask them to select a leader for each group. The leader will be in charge of writing down the description of the quiz show (rules and background) with the help of his/her group. For the description they should respond to the questions and add more information if necessary, or be more original. Then, the group works on writing questions and answers for the quiz show. Remind them that they have to be original and include the words and grammar from the chapter. **Paso 3:** Ask for 4 or 5 persons to be part of the jury. The leader of each group reads the description and questions, and contestants answer. The jury take notes and remembers to take into account originality, use of vocabulary... and when all groups read their description they should write down their points (e.g., group 1 receives originality 3, vocabulary 4, grammar 2 = 9 points for group 1).

[10]**comunicado de prensa:** press release [11]**rueda de prensa:** press conference [12]**al principio:** at the beginning

Script for **8.2-18: Presta atención: *Ciudad Bendita***
Samuel: ¿Qué hora es, Marcelo?
Marcelo: Son casi las cuatro de la tarde y *Ciudad Bendita* va a empezar.
Samuel: ¿Qué es *Ciudad Bendita*? ¿Una película o una telenovela?
Marcelo: Una telenovela. Es muy interesante. ¡Mamá! ¡*Ciudad Bendita* va a empezar!
Mamá: ¡Ya voy!
Samuel: ¿Cuál es la trama de la telenovela?
Marcelo: Hay mucho que contar, pero para ser breve: Juan Lobo es un músico sin éxito que está enamorado de Bendita, pero Bendita no está enamorada de él. Ella lo considera su amigo y nada más. Juan Lobo intenta enamorarla, pero ella está enamorada de otro hombre. Es un amor no correspondido y...
Mamá: Cállense, cállense, que no oigo lo que dicen.
Samuel: Perdón, señora.
Marcelo: Te la sigo contando durante los comerciales.
Samuel: ¡Claro!

WileyPLUS Go to *WileyPLUS* and listen to **Presta atención**.

Answers for **8.1-18, Presta atención: *Ciudad Bendita:*** 1. C; 2. F. Marcelo llama solamente a su mamá; 3. F. Juan Lobo es un amigo de Bendita que está enamorado de ella.; 4. C; 5. C; 6. C; 7. F; Marcelo le dice a Samuel que le sigue contando la trama durante los comerciales.

Paso 3: Tu profesor/a va a escoger a cuatro estudiantes para que formen el jurado. Tu profesor/a también va a formar parte del jurado. Los grupos leen la descripción del concurso y las preguntas del presentador para conocer a los participantes. Los miembros del jurado anotan en un papel los puntos que le dan a cada grupo (4, muy bueno; 3, bueno; 2, regular; 1, muy regular). El jurado tiene que tener en cuenta los siguientes criterios:

1. la originalidad del concurso con la descripción y preguntas del presentador;
2. el uso del vocabulario del capítulo;
3. el uso de la gramática (los pronombres dobles y las palabras indefinidas y negativas) en el contenido del concurso.

El jurado no puede votar por su propio grupo. Cuando todos los grupos terminen de presentar la información sobre sus concursos, una persona del jurado va a contar los puntos para cada grupo. El grupo con más puntos gana.

8.2-18 Presta atención: *Ciudad Bendita* Samuel está en casa de Marcelo y va a empezar una telenovela. Escucha atentamente para saber más sobre la telenovela y la conversación entre Samuel y la familia de Marcelo. Después, decide si las siguientes afirmaciones son **ciertas** (C) o **falsas** (F). Corrige las respuestas falsas.

C	F	
☑	☐	1. Marcelo dice que son las cuatro de la tarde y la telenovela va a empezar.
☐	☑	2. Marcelo llama a su mamá y a su abuela.
☐	☑	3. Juan Lobo es el esposo de Bendita.
☑	☐	4. Juan Lobo es músico.
☑	☐	5. La mamá de Marcelo quiere ver la telenovela en silencio.
☑	☐	6. Samuel se disculpa.
☐	☑	7. Marcelo dice que le cuenta la trama al final del episodio.

8.2-19 Por escrito: La trama de una telenovela Tu abuelo no pudo ver el último episodio de su telenovela favorita. Como mañana es su cumpleaños, vas a escribir el resumen del episodio que no vio para dárselo de regalo sorpresa. Debes usar los pronombres de objeto directo e indirecto para no repetir los nombres de las personas y objetos mencionados.

MODELO: *En un capítulo de la telenovela* Ciudad Bendita *vemos a Juan Lobo que escribe una canción para Bendita.* ***Se la*** *escribe con mucho amor porque él está enamorada de ella...*

¡OJO!

More on replacing information
In a previous section of **¡OJO!** (Chapter 6, Section 2) you learned how to write a more cohesive writing by using direct object pronouns (**lo, la, etc.**) and demonstrative pronouns (**este, ese, etc.**) and by eliminating superfluous subject pronouns (**yo, tú, etc.**) whenever possible. Now, add to this list double object pronouns (**me lo, te la, se los**) to make your writing less redundant. When proofreading your composition, remember to double check that those pronouns agree in gender and number with the person or object they refer to.

PONTE EN MI LUGAR

Estrategias para conversar

Participating in a debate or conversation (I) When participating in a conversation, you can use different resources to ask for clarification.

✓ Due to lack of understanding:
—Lo siento, pero no entiendo la pregunta. *(I'm sorry, but I don't understand the question.)*
✓ For clarification or reformulation:
—¿Qué quiere/s decir? (*What do you mean?)*
—¿Podría/s explicar(me) eso con más detalle? (*Could you be more specific?)*
—¿Podría/s darme un ejemplo? (*Could you give me an example?)*
—¿Podría/s aclararme eso, por favor? (*Could you clarify that for me, please?)*
✓ To ensure you understood the speaker:
—Entonces, ¿para ti/usted...? *(So, in your opinion/for you. . .?)*
—¿Lo que quiere/s decir es que...? *(You mean that. . .?)*

Entrevista Un canal venezolano emite[13] programas deportivos, de opinión, de cine, además de películas, telenovelas y series extranjeras. Imagina que caminas por una calle de Caracas con un/a amigo/a venezolano/a y un/a presentador/a de un canal los quiere entrevistar sobre un tema específico. Uno de ustedes es el/la presentador/a y los otros dos estudiantes son los entrevistados. No olviden usar las **Estrategias para conversar.**

Presentador/a: Escoge un tema específico de abajo y pide información a la gente de la calle. Primero, explícales que te gustaría grabarlos para tu canal. Hazles preguntas interesantes. Al final de la entrevista, dales las gracias a los entrevistados.

¿Cómo presenta la televisión (en películas, telenovelas, series, etc.) los siguientes temas?

- la violencia
- la felicidad
- la fantasía
- la telebasura

Entrevistado/a 1: Dile al/a la presentador/a que le puedes contestar sus preguntas sin problema. Contéstalas con detalles. Al responder, piensa en lo que muestra la televisión y cómo es la realidad que vive la mayoría de la gente (venezolanos, estadounidenses, colombianos, etc.).

Entrevistado/a 2: Comenta la opinión de tu compañero/a. ¿Estás de acuerdo o en desacuerdo? ¿Por qué?

@Arroba@

WileyPLUS Go to *WileyPLUS* to find more **Arroba** activities.

Jorge Ramos Es un periodista y escritor mexicano y, según la revista *Time*, uno de los 25 hispanos más influyentes de Estados Unidos. Busca en Internet información sobre este periodista. Después, contesta estas preguntas para compartir la información con tus compañeros:

1. ¿En qué canal de televisión trabaja?
2. ¿A qué personajes entrevistó durante su carrera/recientemente?
3. ¿Qué libros ha escrito?
4. ¿Obtuvo algún premio por su trabajo? ¿Cuál/es?

Answer for **Arroba:** 1. Univisión 2. Answers may vary. 3. *Dying to Cross: The Worst Immigrant Tragedy in American History; A Country for All: An Immigrant Manifesto; The Other Face of America: Chronicles of the Immigrants Shaping Our Future,* among others. 4. Ha ganado ocho premios Emmy y el premio Maria Moors Cabot, entre otros.

[13]**emitir:** to broadcast

ASÍ ES LA VIDA

Answer for **Adivina, adivinador:** el televisor

Adivina, adivinador

Es como una caja grande
metida en la habitación
por la que salen curiosos
los de la programación.

Use the PowerPoint slides found in the Book Companion Site and *WileyPLUS* to do this activity in class.

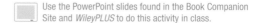

"¿Qué piensas del Canal de Panamá?"
Me parece que tiene una buena programación.

VER PARA CREER II: La belleza de Cartagena de Indias

WileyPLUS Go to *WileyPlus* to see this video and to find more video activities.

Go to *WileyPLUS* and the Book Companion Site to play the video in class. You can also find them in the PowerPoint slides.

Antes de ver

Contesta estas preguntas con ayuda de un/a compañero/a.

1. ¿Sabes algo sobre Colombia?
2. ¿Conoces algunos colombianos famosos? ¿Quiénes?
3. ¿Ves telenovelas? ¿Cómo se llaman algunas telenovelas conocidas?
4. ¿Te gusta el café? ¿Con cuánta frecuencia tomas café?

Después de ver

1. ¿Entendiste? Adam visita Cartagena de Indias con su amiga Jahira. Escucha el video y después selecciona la respuesta más adecuada.

1. ¿En qué año construyeron el teatro Adolfo Mejía?
   a. en 1311 b. en 1611 (c.) en 1911
2. ¿En qué lugar vieron una escultura de Fernando Botero?
   a. en la Torre del Reloj
   b. en el barrio Getsemaní
   (c.) en la Plaza de Santo Domingo
3. ¿En dónde se conocieron los padres de Jahira?
   a. en el Bazurto Social Club
   (b.) en el barrio Getsemaní
   c. en la universidad de Cartagena
4. ¿Qué le explica Jahira a Adam sobre la telenovela colombiana *Betty La Fea*?
   a. que se ven mucho en el cine y en todos los países
   (b.) que le gusta la trama, se relaciona con la protagonista
   c. que son muy populares en Colombia y son chistosas

2. Una visita a la ciudad ¿Qué ventajas puede tener Adam visitando la ciudad con su amiga colombiana? Menciona por lo menos tres. Answers may vary.

3. Enfoque cultural En Estados Unidos ¿se ven las telenovelas tanto como en Colombia? ¿Ven los hombres estadounidenses tantas telenovelas como los colombianos? Answers may vary.

AUTOPRUEBA

Answers for **Vocabulario I**: 1. b (el/la crítico/a no se asocia con el control remoto); 2. a (porque el /la reportero/a no actúa); 3. b (porque el/la periodista no dobla películas); 4. c (el actor representa, interpreta o actúa un papel para salir en una película; los técnicos son los que graban); 5. d (el/la presentador/a presenta las noticias, los concursos, los noticieros; los dibujos animados son programas que normalmente no tienen presentador/a)

VOCABULARIO

I. ¿A qué se dedican? Circula la palabra que menos se asocia con la profesión dada. Explica por qué seleccionaste esa palabra.

1. el/la crítico/a
   a. la trama — c. la película
   b. el control remoto — d. la actriz
2. el/la reportero/a
   a. interpretar — c. la emisora
   b. las noticias — d. informar
3. el/la periodista
   a. grabar — c. escribir
   b. doblar — d. informar
4. el actor
   a. representar — c. grabar
   b. interpretar — d. actuar
5. el/la presentador/a
   a. la actualidad — c. el noticiero
   b. el concurso — d. los dibujos animados

II. El cine y la televisión Empareja cada palabra con su definición o descripción.

__c__ 1. la trama
__d__ 2. la telenovela
__f__ 3. el espectador
__a__ 4. la revista
__g__ 5. el premio
__b__ 6. el protagonista
__e__ 7. el documental

a. una publicación periódica con artículos y a veces con fotos
b. el actor o actriz principal de una película
c. la secuencia de eventos de una película, una obra de teatro o una novela
d. historia que se narra por episodios por televisión
e. un tipo de película o programa
f. la persona que ve una obra de teatro, una película o un programa
g. es un regalo o recompensa que se da por hacer algo bien

GRAMÁTICA

I. Doña Juanita está muy negativa hoy Doña Juanita está de muy mal humor esta tarde. Escribe las respuestas a las preguntas de Marcelo con las expresiones negativas apropiadas.

1. ¿Quieres ver **algún** programa en especial?
2. ¿**Siempre** ves las noticias internacionales?
3. ¿Hay **algo** que te gusta de los noticieros?
4. ¿Vas a ir al cine con **alguien**?
5. ¿Qué quieres: alquilar un película o ir al cine?

II. Tomando café con doña Juanita Samuel le cuenta a Gloria cómo fue su tarde con doña Juanita. Recuerda **La pura verdad** y completa las siguientes oraciones con los pronombres de objeto directo e indirecto juntos.

MODELO: Cuando Marcelo me invitó a su casa, le llevé pasteles a su madre. *Se los* llevé porque ella es muy simpática.

1. Vi los pañuelos y __se los__ pasé a doña Juanita porque lloraba viendo la telenovela.
2. ¿El café? __me lo__ ofreció doña Juanita pero yo __se lo__ serví a ella.
3. ¿Las galletitas? __me las__ ofreció doña Juanita también. También me dio unas para ti y __te las__ traje.

CULTURA

Answers for **Cultura:** 1. las telenovelas; 2. Son más cortas y no solo se ven durante el día, sino que las mejores son por la noche. 3. Sí, ven muchas películas de todo el mundo. Les ponen subtítulos. Solo las películas para niños son dobladas.

1. ¿Qué tipo de programa de televisión es muy popular en Venezuela y Colombia?
2. ¿Qué diferencias hay entre esos programas y los de Estados Unidos?
3. ¿Ven muchas películas extranjeras en Venezuela y Colombia? ¿Cómo las entienden?

REDACCIÓN

Escribe la trama de una película que te gustó mucho.

- ¿Cómo se llamaba la película? ¿De dónde era?
- ¿Quiénes eran los actores principales?
- ¿De qué se trataba la película?
- ¿Cuál te pareció la mejor parte? ¿Y la peor? ¿Y la más interesante?
- ¿Te gustó cómo termina?

EN RESUMIDAS CUENTAS, AHORA PUEDO...

☐ hablar de cine, televisión y entretenimiento.
☐ expresar mi opinión.
☐ expresar negación.
☐ evitar la repetición de cosas y personas al expresarme.
☐ entender la popularidad de las telenovelas en Colombia y Venezuela.

Answers for **Gramática I:** 1. No, no quiero ver ningún programa en especial. 2. No, nunca las veo/ nunca veo las noticias internacionales. 3. No, no me gusta nada de los noticieros. 4. No, no voy a ir al cine con nadie. 5. No quiero ni alquilar una película ni ir al cine.

VOCABULARIO ESENCIAL

Sustantivos

la actualidad	*current affairs*
el anuncio/el comercial	*TV commercial*
el canal (de televisión)	*TV channel*
el concurso	*competition, contest*
los dibujos animados	*cartoons*
la emisora de radio	*radio station*
la entrada	*movie ticket*
el medio de comunicación	*media*
la noticia	*piece of news*
las noticias (internacionales, nacionales, locales)	*(international, national, local) news*
el noticiero	*news program*
la obra de teatro	*theater play*
la película (de acción, de animación, de suspenso, de terror, dramática, romántica)	*(action, animation, suspense, horror, drama, romance) movie*
el periódico	*newspaper*
el/la periodista	*journalist*
el personaje	*character*
el premio	*award*
el/la presentador/a (de televisión)	*newsreader, TV host(ess)*
la prensa	*press*
la programación	*programming, schedule*
el programa (de variedades)	*(variety) show*
el/la protagonista	*main character*
la revista	*magazine*
la telenovela	*soap opera*
la trama	*plot*

Cognados: actuar, la ciencia ficción, la comedia, el control remoto, el/la crítico/a (de cine/teatro), el documental, los efectos especiales, el entretenimiento, el episodio, el/la espectador/a, la radio, el/la reportero/a, la serie, los subtítulos

Adjetivos

aburrido/a	*boring, tedious*
actual	*current*
animado/a	*lively*
controvertido/a	*controversial*
emocionante	*exciting, thrilling*
entretenido/a	*entertaining*
gracioso/a	*funny*

Verbos

doblar	*to dub*
grabar	*to record*
representar/interpretar (un personaje)	*to play (the part of . . .)*
tratar(se) de	*to be about*

Cognados: actuar, informar

Palabras negativas e indefinidas

algo	*something, anything*
alguien	*someone, anyone*
algún, alguna/os/as	*some, any*
nada	*nothing, not anything*
nadie	*no one, nobody*
ni... ni	*neither. . . nor*
ningún, ninguna/os/as	*none, any*
nunca, jamás	*never*
o... o	*either. . . or*
siempre	*always*
también	*also*
tampoco	*neither, not either*
todo	*everything*
todo/a/os/as	*all*

Expresiones

¿De qué (se) trata?	*What is it about?*
¿Qué hay en la tele?	*What's on TV?*
tener éxito	*to be successful*

Capítulo

9 Nuestro planeta

VER PARA CREER I: Un paseo por Cotopaxi

Con ayuda de tu profesor/a, crea una lista de vocabulario que se relacione con los parques nacionales. Después, mira el video y contesta las preguntas.

1. ¿Dónde están las dos chicas?
2. ¿Cómo es la geografía en ese lugar?
3. ¿Hay algún lugar parecido en Estados Unidos?

Possible answers for **Ver para creer I:** 1. En medio de la naturaleza. En un parque nacional de Quito. 2. Hay montañas y volcanes. 3. El Parque Nacional Yellowstone de Wyoming y también en Montana y Idaho. Aunque los parques son muy diferentes, los dos tienen volcanes, aguas termales y animales salvajes.

Use the PowerPoint slides found in the Book Companion Site and *WileyPLUS* to watch the video in class.

Sección 1 La geografía y el clima

PALABRA POR PALABRA

- La geografía
- El tiempo

HABLANDO DE GRAMÁTICA

- Introduction to the subjunctive mood and formation of the present subjunctive
- Expressing obligation and giving advice: Present subjunctive with impersonal expressions and verbs of influence
- **Deber, tener,** and **hay que**
- Indirect object pronouns

CULTURA

- La altitud en Ecuador
- Las regiones y el clima

Sección 2 Los animales y el medio ambiente

PALABRA POR PALABRA

- Los animales
- El medio ambiente

HABLANDO DE GRAMÁTICA

- Expressing likes and dislikes: Verbs like **gustar**
- Expressing subjective reactions: Present subjunctive with verbs of emotion
- Expressing uncertainty: Present subjunctive with expressions of doubt
- Making comparisons: Superlatives and absolute superlatives

CULTURA

- Las hojas de coca
- Distintas perspectivas sobre ecología

Ecuador y Perú

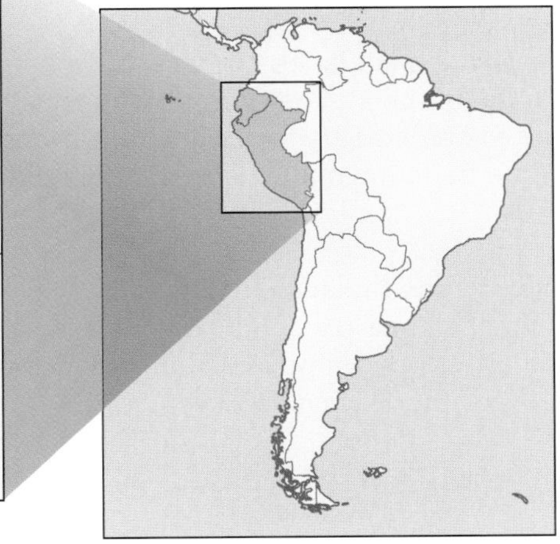

Trivia: Go to *WileyPLUS* to do the **Trivia** activities and find out how much you know about these countries!

Ver para creer I: Research in listening has suggested that successful listening is highly correlated with a learners' vocabulary size. In order to successfully cope with aural input, start by asking your students to generate a list of words related to national parks, geography, and animals, which are some of this chapter's themes. Help your students to create the list by asking them questions and writing down on the board their answers. Possible questions: **¿Qué parques nacionales conocen? ¿Cómo es la geografía de esos parques? ¿Hay montañas? ¿Hay volcanes? ¿Cómo es el clima? ¿Hay nieve en las montañas? Sí/No, hay montañas nevadas. ¿Cómo es el clima? ¿Qué animales vemos? ¿Hay venados? ¿Están en peligro de extinción? ¿Qué animales están en peligro de extinción? ¿Qué actividades pueden hacer en los parques nacionales?** The generated list will help learners to outweigh deficient vocabulary size and overcome listening problems.

Sección 1 **La geografía y el clima**

LEARNING OBJECTIVES

By the end of this section you will be able to:

- Talk about geography and climate
- Express obligation and advise
- Try to influence others to do something
- Get familiar with diverse climates and environments
- Practice using indirect object pronouns to say for whom something is done

Una imagen vale más que mil palabras

Courtesy of Brittany Schon, Shannon Mitchell and Lisa Nelson

▲ *Estas estudiantes caminan sobre la línea que divide el hemisferio norte y el hemisferio sur.*

¿Dónde están estas estudiantes: en el país de Ecuador o en la línea del ecuador?

¿Qué diferencias de geografía y clima esperas ver si estás en la latitud cero?

¿Sabes en qué latitud está el área donde vives?

Answers for **Una imagen vale más que mil palabras:** 1. Ambos. 2. El sol sale y se pone siempre más o menos a la misma hora: 6 a.m. y 6 p.m. Hay muy poca sombra al mediodía. 3. Answers may vary.

UNA PERSPECTIVA

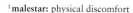

Courtesy of Emily Kuffner

Emily

La altura en Ecuador

Diferente

"Lógicamente, mientras más cerca una persona está de la línea del ecuador, más calor hace, pero no es así en Quito, la capital de Ecuador. ¡En Quito hace fresco todo el año! Claro, Quito está muy alto en las sierras y la temperatura no varía mucho. La temperatura máxima va de 19 a 20 grados centígrados (entre 66 y 68 grados Fahrenheit) y la mínima de 9 a 11 grados centígrados (entre 48 y 52 grados Fahrenheit).

Cuando fui a Quito constantemente tenía frío. También me afectó el 'soroche', que es un malestar[1] producido por la altitud. Quito está a 2.800 metros de altura (9.200 pies). Eso me pasó el primer día. El resto del tiempo la pasé muy bien".

Igual

"En Colorado hay varias ciudades que están a más de una milla de alto (una milla equivale a 5.280 pies). Los turistas y especialmente los atletas sienten inmediatamente los efectos de la altitud. Para evitar el soroche, hay que evitar hacer ejercicio y hay que beber mucha agua. En un día o dos, desaparecen los síntomas".

¿Qué piensas tú?

1. Ecuador tiene varias ciudades en la costa. ¿Qué tiempo crees que hace en la costa?
2. ¿Te sentiste mal alguna vez debido a la altitud? ¿Dónde? ¿Qué hiciste?
3. ¿Qué ciudades se conocen por su clima? Menciona algunas ciudades de EE.UU. y el tipo de clima que tienen.

Answers for **Una perspectiva**: 1. Hace calor en la costa. 2. Answers may vary. 3. Possible answers: En Chicago hace viento, en Phoenix hace calor, en Fargo hace frío, en Miami hay humedad, en Los Ángeles hace buen tiempo.

[1] **malestar:** physical discomfort

The suggested narration for **La pura verdad** can be found in the Appendix. Please use this narration to go over each of the frames with your students. You can also find this section (frames and narration) in the PowerPoint slides, found in the Book Companion Site and *WileyPLUS*.

LA PURA VERDAD I Visita a Ecuador

Tito va a Ecuador a visitar a un amigo. Su amigo ecuatoriano prometió llevarlo a muchos sitios.

1.

¡Bienvenido a Quito, mi pana!
Gracias. ¡Ay, hace frío!

2.

¿Adónde quieres ir primero? Ecuador tiene 4 regiones: la sierra, la costa, el oriente y el archipiélago de Colón.

3.

Esta es la región del oriente. Es muy tropical y hace mucho calor. Llueve casi todo el año.

4.
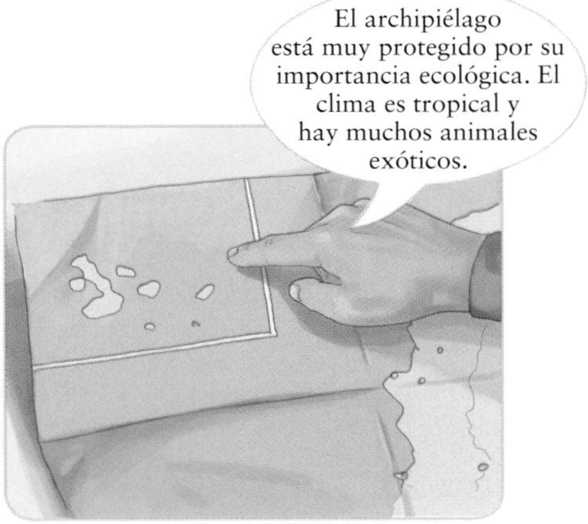

El archipiélago está muy protegido por su importancia ecológica. El clima es tropical y hay muchos animales exóticos.

5.

En la costa hace mucho calor. La temperatura es de 35 °C, o 95 °F. La gente de Guayaquil es muy fiestera. Nosotros somos más reservados y serios.

6.

¡La sierra es bacana! Ahora estamos en la estación seca, de mayo a noviembre. Allí hay 30 volcanes y seis están activos. Podemos subir al Cotopaxi y jugar en la nieve.

7.

¿Adónde quieres ir primero?
A Guayaquil, a la costa, donde hace sol, calor y hay mucha humedad.

9.1-01 ¡Viajes por el Ecuador! Escucha cómo la narración describe el lugar adonde van Tito y Jorge y decide qué pueden esperar ver y sentir allí.

1. a. una selva tropical (b.) una playa c. el río Amazonas
2. (a.) soroche otra vez b. mucho calor c. humedad
3. a. muchos hoteles b. nieve (c.) animales exóticos

Script for **9.1-01:** Tito tiene mucho frío y por eso deciden ir al día siguiente a Guayaquil, que está en la costa. ¿Qué pueden ver allí? 2. Dos días después, están cansados del clima tropical y deciden subir a un volcán activo que se llama Cotopaxi. ¿Qué pueden sentir allí? 3. La semana próxima, después de regresar del volcán, deciden ir a las islas Galápagos, o el archipiélago de Colón. ¿Qué pueden ver allí?

PALABRA POR PALABRA

Use the PowerPoint slides found in the Book Companion Site and *WileyPLUS* to do this section in class.

La geografía

el bosque	*forest*
la estación seca	*dry season*
la estación lluviosa	*rainy season*
el lago	*lake*
el nivel del mar	*sea level*
el paisaje	*landscape*
la selva tropical	*tropical forest*

Cognados: la altitud, la Amazonía, el cañón, el desierto, la humedad, la jungla

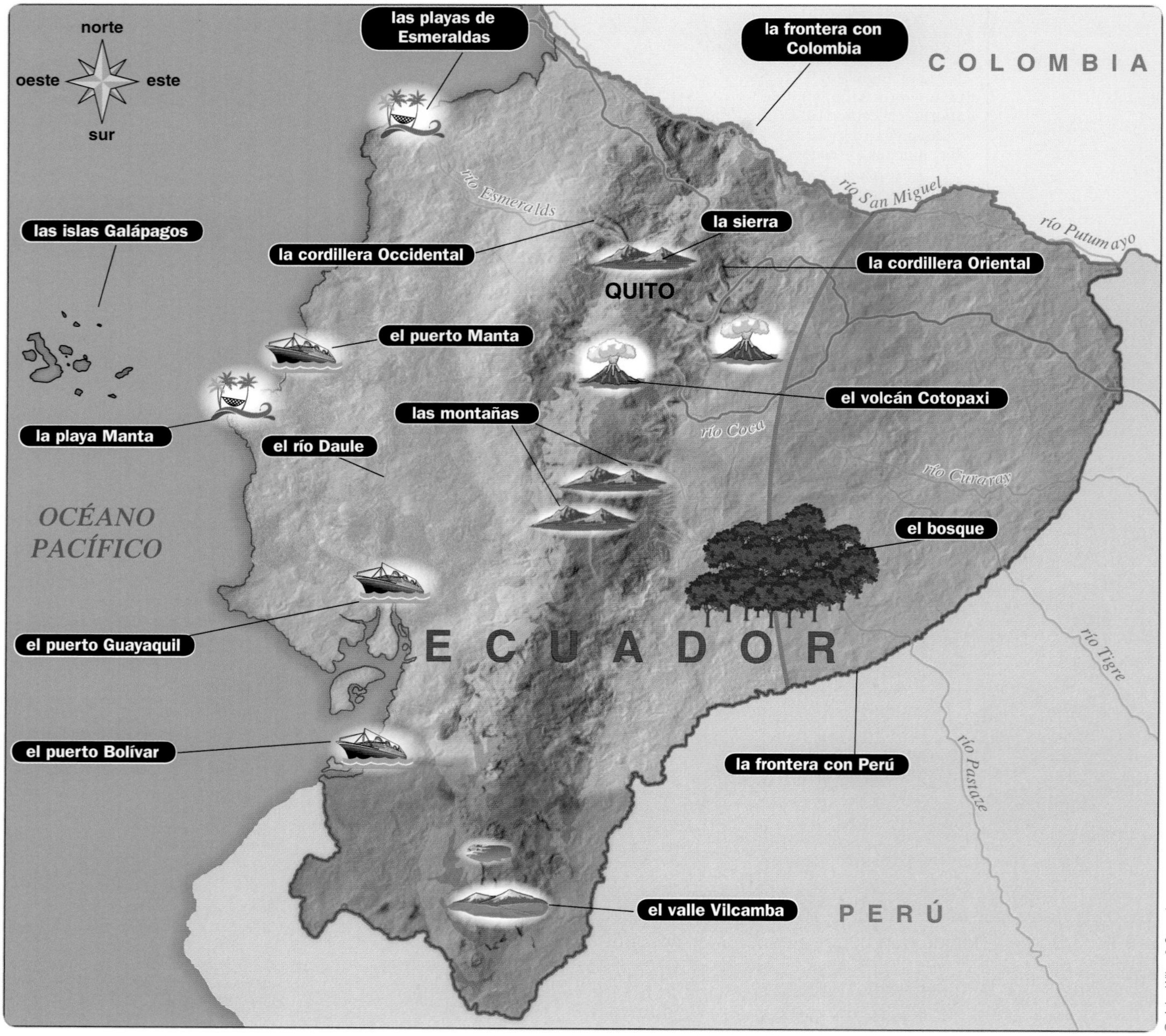

El tiempo

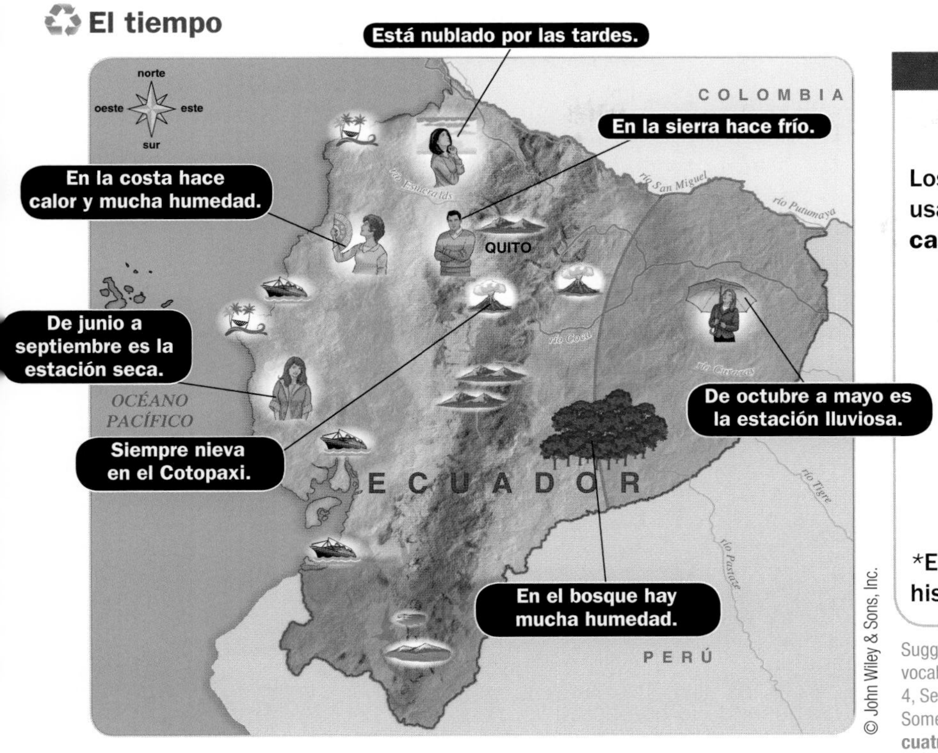
Está nublado por las tardes.
En la sierra hace frío.
En la costa hace calor y mucha humedad.
De junio a septiembre es la estación seca.
Siempre nieva en el Cotopaxi.
De octubre a mayo es la estación lluviosa.
En el bosque hay mucha humedad.
norte
oeste
este
sur
COLOMBIA
QUITO
OCÉANO PACÍFICO
ECUADOR
PERÚ
río San Miguel
río Putumayo
río Esmeraldas
río Coca
río Curaray
río Tigre
río Pastaza

¿Qué dicen los ecuatorianos?

Los ecuatorianos de la sierra (los serranos) usan mucho el diminutivo: amiguito, hijito, casita, ropita, mamita, etc.

***¡<u>Bacán</u>!**	*<u>Cool!</u>*
—Me invitó a cenar. —¡Qué <u>bacano</u>!	*He invited me to have dinner. What a <u>nice person</u>!*
Sale con un <u>pelado</u> muy simpático.	*She's going out with a very nice <u>guy</u>.*
***<u>No seas malito</u>, préstame tu carro.**	*<u>Don't be mean</u>, lend me your car.*

***Esta expresión también se usa en otros países hispanos.**

Suggestion for **Palabra por palabra:** Encourage your students to review the vocabulary related to the weather and the seasons already learned in Chapter 4, Section 2. Use the illustration in this page to activate background information. Some expressions that you can review with them are: **llueve/nieva; hace las cuatro estaciones (sol/calor/frío/mal/buen tiempo;primavera, verano, otoño, invierno); está nublado/hay tormenta.**

9.1-02 ¿De qué hablamos?

Paso 1: Lean las definiciones y busquen la palabra correspondiente en la sección **Palabra por palabra.** Después, escriban una oración con esa palabra que incluya un ejemplo real.

MODELO: Es una extensión de tierra con muchos árboles. → *<u>Bosque</u>. Cerca de mi casa, en San Francisco, hay un bosque impresionante de secuoyas que se llama Muir Woods.*

1. Es una montaña con forma de cono de la que sale lava. volcán
2. Es un accidente geográfico[2] provocado por un río que produce una depresión profunda. cañón
3. Es una corriente de agua que corre hacia el mar. río
4. Es el límite político y a veces también geográfico que separa un país de otro. frontera
5. Es una zona geográfica muy árida, caracterizada por la falta de agua y vegetación. desierto
6. Es una serie de montañas conectadas. cordillera
7. Es un lugar adonde llegan barcos grandes y donde pueden estacionarse. puerto
8. Es un terreno plano entre dos montañas. valle

Paso 2: Ahora, elijan tres palabras de la sección **Palabra por palabra** y escriban tres definiciones que van a leerle a la clase. ¡Atención! Recuerden que para definir siempre usamos el verbo **ser**.

MODELO: *Es un/a... (que)...*

Note for **9.1-02:** As explained in Chapter 4, Section 2, only **ser**, never **estar**, is followed by a noun (**Soy estudiante** and not **Estoy estudiante**). For this reason, **ser** is always used in definitions. Being able to define is a very important skill for students since it is a very useful communication strategy for unknown vocabulary (i.e., circumlocution). It is better if students write the definitions instead of thinking about them; this gives them time to plan and be more accurate in their production. After you have given them some time to write their definitions, you can have different pairs read them out loud to the class for the other students to guess. Alternatively, you can collect all the definitions and use them for a whole-class game or group competition.

Answers for **9.1-02, Paso 2:** Answers may vary.

[2]**accidente geográfico:** geographical feature

Answers for **9.1-03** and **9.1-05**: Answers may vary.

9.1-03 ¿Con qué frecuencia? Hablen sobre con qué frecuencia hacen las siguientes actividades dentro de su país.

MODELO: caminar por un cañón
Estudiante 1: *¿Con qué frecuencia caminas por un cañón?*
Estudiante 2: *Nunca camino por un cañón porque no vivo cerca de ninguno.*
Estudiante 1: *Yo tampoco.*

muchas veces | a veces | casi nunca | nunca

1. ir a la costa
2. cruzar una frontera
3. hacer senderismo por la selva tropical
4. escalar montañas
5. nadar en el mar
6. hacer esquí acuático en un lago
7. subir a un volcán
8. pescar en un río
9. pasear por un puerto

Suggestion for **9.1-03:** Pair up your students and ask them to complete this exercise by taking turns asking each other questions about how often they do various activities. Then check with the whole class. Expand, asking the name of the mountain or lake they go to or where it is, for example: **¿Está cerca de...? ¿Está al norte del país?** You can also do a human graph by writing the "frequency words" on the board and allowing students to stand in a line below one of them when you ask one of the questions.

El tiempo (el clima)

Do you remember how to talk about the weather?

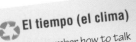

What are some expressions used to describe the weather?

In the section **Palabra por palabra** from Chapter 4, Section 2, you learned some expressions to describe the weather in Spanish. Please review that section before completing activity **9.1-04**.

Suggestion for **9.1-04**: You can have different students tell the places they have thought about and then have a whole-class discussion to see if everyone in the class knows what the weather is like in those places that the students discussed. Alternatively, you can collect a list of all the places they propose and use them for a whole-class game or group competition.

Suggested answers for **9.1-04:** As deduced from the pictures or as discussed in **La pura verdad:** 1. En Quito hace buen tiempo, pero no hace mucho calor. 2. En el volcán Cotopaxi nieva y hace mucho frío. 3. En la selva amazónica hace mucho calor y hay mucha humedad. 4. En Guayaquil hace mucho calor.

9.1-04 ¿Qué tiempo hace en...? RECYCLES the weather vocabulary.

Paso 1: Mirando las fotos y usando lo que aprendiste en **La pura verdad**, habla con un/a compañero/a sobre el tiempo que hace en estos lugares.

Photo Courtesy of Shelley Ackermann

▲ *Quito*

Christian Kober / Robert Harding World Imagery / Getty Images

▲ *Volcán Cotopaxi, en la región de la sierra*

Elena Kalistratova / Vetta / Getty Images

▲ *Selva amazónica ecuatoriana*

Education Images/UIG/ Getty Images

▲ *Guayaquil, en la costa*

Use the PowerPoint slides found in the Book Companion Site and *WileyPLUS* to do this activity in class.

Paso 2: Ahora, piensen en tres lugares o regiones geográficas del mundo. ¿Saben qué tiempo hace allí?

MODELO: el desierto del Sahara
→ *Hace muchísimo calor durante el día, pero hace frío durante la noche. Nunca llueve y el clima es muy seco.*

Suggestions for **9.1-05:** This activity may be done in pairs, with students guessing each other's famous geographical feature. Taking turns, they can guess as often as time permits. This can also be a whole-class activity. Ask for a volunteer to come to the front of the class. The rest of the students should ask questions and the student who guesses correctly should be the next person to go to the front. Tell your students to think about geographical features in Spanish-speaking countries if possible.

9.1-05 Adivina, adivinador... Piensa en una zona o accidente geográfico. Después, túrnense para adivinar en qué accidente geográfico pensó tu compañero/a. Las preguntas deben tener respuesta de Sí o No.

MODELO: Estudiante 1: *¿Está en el hemisferio norte?*
Estudiante 2: *No, está en el hemisferio sur.*
Estudiante 1: *¿Está en Ecuador?*
Estudiante 2: *No, está en la frontera de Perú y Bolivia.*
Estudiante 1: *¿Es una cordillera?*
Estudiante 2: *No, es un lago.*
Estudiante 1: *¡Es el lago Titicaca!*
Estudiante 2: *¡Sí, muy bien!*

HABLANDO DE GRAMÁTICA I

1. Introduction to the subjunctive mood and formation of the present subjunctive

WileyPLUS Go to *WileyPLUS* to review this grammar point with the help of the **Animated Grammar Tutorial** and the **Verb Conjugator**.

So far you have already studied a few verb tenses in Spanish such as the present, the preterit and the imperfect. These tenses correspond to what is called the *indicative mood*, and they are used to report events—to talk about facts and events as objective and part of reality.

Para evitar el soroche, **bebo** mucha agua. — *To avoid altitude sickness, I drink a lot of water.*
Jorge **toma** té de coca. — *Jorge drinks coca tea.*

The subjunctive mood, by contrast, is used to express emotional reactions, wishes, hopes, requests, doubts, and other subjective reactions to events and the actions of others.

Para evitar el soroche te recomiendo [que **bebas** mucha agua]. — *To avoid altitude sickness, I recommend [that you drink a lot of water].*
Jorge sugiere [que **tomes** té de coca]. — *Jorge suggests [that you take coca tea].*

The subjunctive also exists in English, though for the most part the forms of subjunctive and indicative forms coincide. Study the following examples:

Indicative	Subjunctive
I always **take** warm clothes when traveling.	He recommends that I **take** warm clothes when traveling.
She usually **arrives** on time.	It is urgent that she **arrive** on time (and not "that she arrives").

Subjunctive constructions are much more common in Spanish than in English, and the nuances expressed by the Spanish subjunctive may be translated with a variety of different constructions in English.

In Spanish, the subjunctive usually appears in a dependent clause introduced by **que**, which is used to connect two clauses, a main or independent clause and a subordinate or dependent clause. In the sentence *He recommends that I take warm clothes*, *He recommends* is the main clause (i.e., expresses a complete thought), and *that I take warm clothes* is the subordinate clause that cannot stand on its own.

In this and the following chapters, you will be introduced to different contexts and uses of the present subjunctive. For now, let's get familiar with the forms.

Forms of the present subjunctive

The forms of the present subjunctive are the same forms you already know for the formal commands. Drop the ending of the first person singular form in the present tense indicative (e.g., **-o** or **-oy** in the **yo** form) and add the opposite theme vowel. That is, verbs ending in **-ar** add **-e/n**, verbs ending in **-er**, **-ir**, add **-a/n**.

Formal command
Si viajan a Ecuador, **vayan** a la costa. — *If you travel to Ecuador, go to the coast.*

Present subjunctive
Si viajan a Ecuador, les sugiero que **vayan** a la costa. — *If you travel to Ecuador, I suggest that you go to the coast.*

Infinitive	*yo* form	Add opposite theme vowel	
visit**ar**	visit~~o~~	**-e**	visit**e**, visit**es**, visit**e**, visit**emos**, visit**éis**, visit**en**
beb**er**	beb~~o~~	**-a**	beb**a**, beb**as**, beb**a**, beb**amos**, beb**áis**, beb**an**
conoc**er***	conozc~~o~~	**-a**	conozc**a**, conozc**as**, conozc**a**, conozc**amos**, conozc**áis**, conozc**an**
consum**ir**	consum~~o~~	**-a**	consum**a**, consum**as**, consum**a**, consum**amos**, consum**áis**, consum**an**
sal**ir***	salg~~o~~	**-a**	salg**a**, salg**as**, salg**a**, salg**amos**, salg**áis**, salg**an**

*All verbs with irregular **yo** forms in the present indicative, follow the same pattern in the present subjunctive.

All verbs ending in **-car**, **-gar**, **-zar**, **-ger** and **-guir** undergo spelling changes in all forms.

Verbs ending in *-car, -gar, -zar, -ger, -guir*	
sacar (c > qu)	saque, saques, saque, saquemos, saquéis, saquen
llegar (g > gu)	llegue, llegues, llegue, lleguemos, lleguéis, lleguen
organizar (z > c)	organice, organices, organice, organicemos, organicéis, organicen
proteger (g > j)	proteja, protejas, proteja, protejamos, protejáis, protejan
seguir (gu > g)	siga, sigas, siga, sigamos, sigáis, sigan

There are six irregular verbs in the present subjunctive. You are already familiar with these conjugations, which are the same as for formal commands (see p. 283).

Irregular verbs in the present subjunctive	
dar	dé, des, dé, demos, deis, den
estar	esté, estés, esté, estemos, estéis, estén
haber	haya, hayas, haya, hayamos, hayáis, hayan
ir	vaya, vayas, vaya, vayamos, vayáis, vayan
saber	sepa, sepas, sepa, sepamos, sepáis, sepan
ser	sea, seas, sea, seamos, seáis, sean

Stem-changing verbs follow the same pattern as in the present indicative, but have an additional change in the **nosotros/as** and **vosotros/as** form.

Stem-changing verbs		
o > u, ue	dormir	duerma, duermas, duerma, durmamos, durmáis, duerman
e > i	servir	sirva, sirvas, sirva, sirvamos, sirváis, sirvan
e > ie, i	preferir	prefiera, prefieras, prefiera, prefiramos, prefiráis, prefieran

The present subjunctive of **haber** is **haya**.

No creo que **haya** problema en acampar allí. *I don't think it is a problem to camp there.*

9.1-06 Preparando el viaje Antes de viajar a Ecuador, Tito le escribe un mensaje a Jorge para pedirle consejos.

Lee el mensaje que Jorge le escribe a Tito con sus recomendaciones.

Jorge, ¡por fin saqué mi billete a Ecuador! ¿Qué me recomiendas que visite? ¿Sabes si tengo que sacar una visa[3] para viajar allí? ¿Y qué ropa llevo? ¡No seas malito y contéstame pronto, por fa!

¡Qué bien que <u>vengas</u> a Ecuador! ¿Cuándo vienes? Debido a[4] las diferentes zonas geográficas y a la variedad de climas que tiene Ecuador, te recomiendo que traigas un abrigo para la sierra y ropa ligera para la costa y la Amazonía. No, Ecuador no exige que los viajeros estadounidenses saquen una visa pero sí que tengan un pasaporte válido. Si vienes a Quito, es posible que te sientas mal durante los dos primeros días por el soroche. Te aconsejo[5] que bebas mucha agua y pruebes el té de coca. Ah, ¡y te sugiero que visites las islas Galápagos durante tu viaje! Si quieres voy contigo. Las reglas del parque nacional permiten que los viajeros acampen, pero tenemos que pedir permiso con anticipación. Si quieres que vayamos, es muy importante que pidamos el permiso ya. No creo que gastemos mucho dinero si no hacemos viajes organizados. ¿Quieres que investigue cuánto nos puede costar?

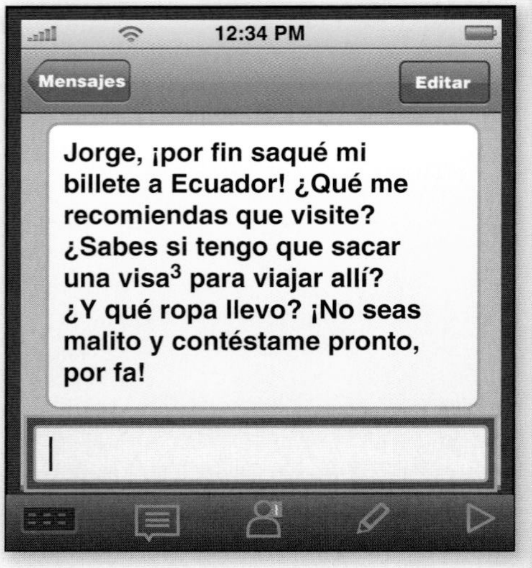

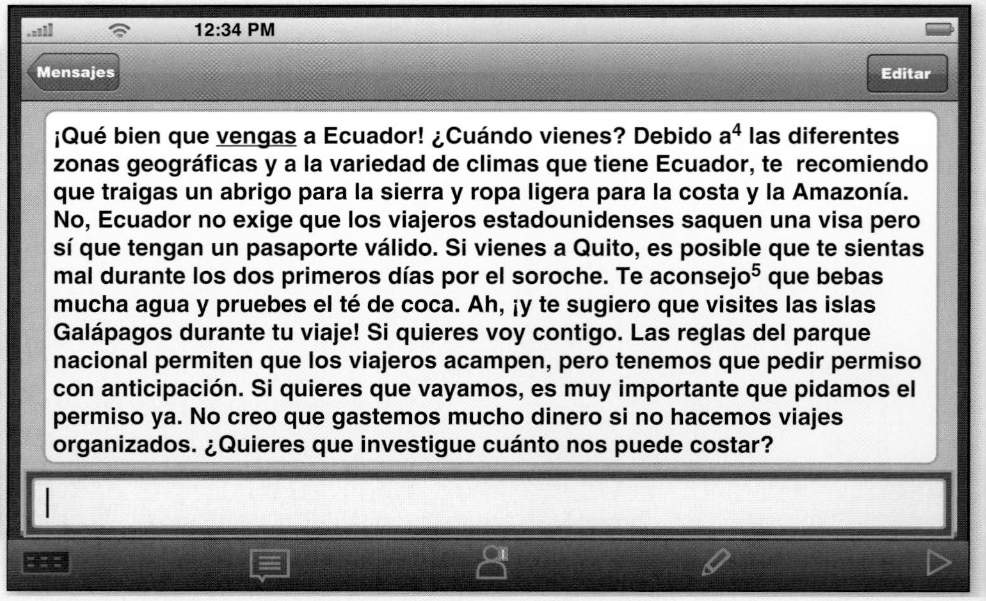

[3]**sacar una visa:** to obtain a visa [4]**debido a:** due to [5]**aconsejar:** to advise

Paso 1: Escribe todos los verbos que encuentres en el párrafo anterior (son trece en total) en presente de subjuntivo. ¡Atención! No todos los verbos están en el subjuntivo. Después, indica cuál es el infinitivo de cada verbo.

MODELO: 1. *vengas (venir)*

2. traigas (traer)	8. visites (visitar)
3. saquen (sacar)	9. acampen (acampar)
4. tengan (tener)	10. vayamos (ir)
5. sientas (sentir)	11. pidamos (pedir)
6. bebas (beber)	12. gastemos (gastar)
7. pruebes (probar)	13. investigue (investigar)

Note for **9.1-06:** This is an input activity that makes students focus on form while they are focused on meaning. To facilitate processing meaning, in **Paso 1** you can ask students who is the subject of each verb. Also, focus on the indirect object pronouns; students may confuse them with the subject, (e.g., they may misinterpret **te recomiendo** as *you recommend*).

Paso 2: ¿Cierto o falso? Ahora, lee el párrafo otra vez y decide si las siguientes oraciones son ciertas o falsas. Si son falsas, escribe la información correcta.

C	F	
☐	☑	1. No es seguro que Tito viaje a Ecuador.
☐	☑	2. Solo es necesario llevar ropa de verano.
☑	☐	3. Tito le dice a su amigo que no se preocupe por la visa.
☐	☑	4. Jorge no cree que las islas Galápagos sean un buen lugar para visitar.
☑	☐	5. Tito insiste en que pidan permiso para acampar.

Answers for **9.1-06, Paso 2:** 1. Falso: El amigo de Tito compró el billete. 2. Falso: Tito le recomienda que lleve un abrigo y ropa ligera. 3. Cierto. 4. Falso: Jorge le sugiere que visite las islas Galápagos. 5. Cierto.

9.1-07 ¿Quién lo dice?

Paso 1: Mira **La pura verdad I** y decide si las siguientes oraciones las dicen Tito **(T)** o Jorge **(J)**.

__T__ 1. ¡No puedo creer que haga frío en Ecuador! Pensaba que siempre hacía calor.
__J__ 2. Es posible que nieve en el Cocopaxi. Vamos a poder jugar con la nieve.
__J__ 3. Te sugiero que bebas té de coca.
__J__ 4. No es probable que te sientas mal durante más de dos días por el soroche.
__J__ 5. Estoy muy contento de que visites Ecuador.
__J__ 6. Es probable que veamos muchos animales exóticos en las islas Galápagos.
__T__ 7. Quiero que vayamos a Guayaquil.

Paso 2: Ahora, en cada oración identifica cuál es el verbo que está en presente de subjuntivo (hay uno en cada oración). Después, analiza otra vez las oraciones. ¿Cuál es la palabra que precede al verbo en subjuntivo en todas las oraciones?

Note for **9.1-07:** This activity makes students focus on meaning (**Paso 1**) as well as focus on form (**Paso 2**). To facilitate processing meaning, in **Paso 1** you can ask students who the subject is and what the infinitive of each verb is.

Answers for **9.1-07, Paso 2**: 1. haga; 2. nieve; 3. bebas; 4. te sientas; 5. visites; 6. veamos; 7. vayamos. In all these sentences the verb in the present subjuntive is introduced/preceded by **que**.

The suggested narration for **La pura verdad** can be found in the Appendix. Please use this narration to go over each of the frames with your students. You can also find this section (frames and narration) in the PowerPoint slides, found in the Book Companion Site and *WileyPLUS*.

LA PURA VERDAD II Escalar una montaña

Tito continúa visitando lugares nuevos con su amigo Jorge.

1.

Pues es importante que estés en buena forma. ¡Es la montaña más alta del mundo!
¿Sabes qué? ¡Quiero escalar el Chimborazo!

2.

Si se mide[6] desde el centro de la Tierra, el Chimborazo es la más alta. Si se miden desde el nivel del mar[7], es el Everest.
La montaña más alta del mundo es el Everest, ¿no?

3.

El Chimborazo es difícil de escalar. Es mejor que subas a la cima del volcán Cotopaxi. Cotopaxi es una palabra quechua que significa "dulce cuello de la luna".

4.

¡Es esencial que no nieve! Si nieva, no podemos subir.

5.

Es necesario que acampemos en Limpiopungo antes de subir mañana.

6.

¡Es preciso que haga buen tiempo mañana!

The suggested narration for **La pura verdad** can be found in the Appendix. Please use this narration to go over each of the frames with your students. You can also find this section (frames and narration) in the PowerPoint slides, found in the Book Companion Site and *WileyPLUS*.

Script for **9.1-08:** Jorge y Tito llegan en auto al Parque Nacional Cotopaxi. Al llegar, escuchan por la radio el pronóstico del tiempo. No son buenas noticias. Hay un 60% de posibilidades de precipitación. Si nieva, no van a poder subir. 2. Empieza a nevar un poco. Jorge y Tito saben que es importante que haga buen tiempo, pero continúan su viaje en carro hasta los 4.880 metros. Van a acampar y después van a decidir si continúan o no. 3. A la 1:00 de la mañana las condiciones son muy buenas y empiezan a subir a la cima del volcán. Llegan a la cima a las 10:00 de la mañana. Está un poco nublado, pero la vista es increíble y sacan muchas fotos para mostrárselas a sus amigos de Estados Unidos.

9.1-08 Escalar el Cotopaxi Escucha cómo la narración describe la subida al volcán Cotopaxi y selecciona las oraciones que describen qué fue lo que pasó.

1. Sobre el clima...
   a. ellos saben que es esencial que haga buen tiempo.
   b. Jorge y Tito saben que es preciso que llueva.
   c. la radio pronostica buen tiempo.
2. ¿Qué pasa ahora?
   a. Parece que va a llover. No pueden subir.
   b. Está nevando, pero no mucho.
   c. Parece que va a hacer buen tiempo.
3. Al final...
   a. les tomó nueve horas subir al volcán.
   b. Jorge y Tito no subieron porque estaba nublado.
   c. Jorge y Tito no sacaron fotos porque en la cima estaba muy nublado.

[6]**Si se mide:** if one measures [7]**nivel del mar:** sea level

HABLANDO DE GRAMÁTICA II

2. Expressing obligation and giving advice: Present subjunctive with impersonal expressions and verbs of influence

WileyPLUS Go to *WileyPLUS* to review this grammar point with the help of the **Animated Grammar Tutorial** and the **Verb Conjugator**.

Complex sentences have more than one clause (and have a conjugated verb in each clause). A clause that depends on another to have meaning is a subordinate clause.

Main clause	Subordinate clause
Sugiero *I suggest*	[que estudies mejor la geografía]. *[that you study geography better].*
Te aconsejo *I advise (to you)*	[que lo busques en Google™]. *[that you look it up on Google].*

The subjunctive mood is only used in some subordinate clauses, and never in main clauses. In this chapter you will learn how to recommend something and give advice, and how to express obligation with verbs of influence and impersonal generalizations that require the use of the subjunctive mood.

Deber, tener and *hay que*

In Chapter 4, Section 1, you learned how to express obligation using **tener que, deber** and the impersonal expression **hay que** + *infinitive.* Note that the subject of **deber** and **tener que** are the same as for the infinitive.

Debes llevar ropa abrigada porque va a hacer frío.
You should take warm clothes because it is going to be cold.

Tenemos que acampar en Limpiopungo.
We have to camp in Limpiopungo.

Hay que estar en muy buena forma para subir al Chimborazo.
One should be in very good shape in order to climb the Chimborazo.

When someone requests or asks that someone else do something, use a *verb of influence* + **que** + *a verb in the subjuntive form*:

expression of influence (indicative)	+ **que** +	*action requested* (subjunctive)
Jorge **recomienda**	**que**	(nosotros) **subamos** al Cotopaxi.

This sentence involves two different subjects: the subject of the main clause (the one expressing the request) is different from the subject of the subordinate clause (the one being requested).

The following verbs of influence require the use of the subjunctive when the subject of the main clause and the subject of the subordinate are different:

aconsejar	*to advise*	prohibir	*to prohibit*
insistir (en)	*to insist (on)*	recomendar (e > ie)	*to recommend*
pedir (e > i)	*to ask for, to request*	sugerir (e > ie)	*to suggest*
permitir	*to permit*		

Ecuador no **requiere que saques** una visa. — *Ecuador does not require that you get a visa.*

Jorge **insiste en que no vayamos** al Chimborazo. — *Jorge insists that we don't go to Chimborazo.*

En vez de eso **recomienda que subamos** el Cotopaxi. — *Instead, he recommends that we climb the Cotopaxi.*

Impersonal generalizations may also be used to express recommendations or obligation. When the advice is a general comment and not directed to a specific person, we use the infinitive construction:

	Adjective	Infinitive
Es	esencial/preciso/necesario/importante/mejor	**estar** en buena forma. **acampar** en Limpiolungo.
It's	*essential/necessary/important/better*	*to be in good shape.* *to camp in Limpiolungo.*

However, if the advice or recommendation is directed to a specific person, we use **que +** *subjunctive*.

	Adjective	que + *subjunctive*
Es	esencial/preciso/necesario/importante/mejor	**que estés** en buena forma. **que acampemos** en Limpiolungo.
It's	*essential/necessary/important/better*	*that you are in good shape.* *that we camp in Limpiolungo.*

Exercises labeled with an individual student icon in the **Hablando de gramática** section are intended to be assigned as homework.

Suggestion for **9.1-09, Paso 1:** To facilitate processing meaning, in the second column you can ask students to identify who is the subject of each verb by focusing on the verb form.

9.1-09 ¡Tengo que hacer la maleta[8]! RECYCLES expressions of obligation.

Paso 1: Tito está preparándose para su viaje a Ecuador. Antes de salir, está muy nervioso con todos los preparativos y le hace muchas preguntas a su hermano. Combina cada oración de la primera columna con la más apropiada de la segunda.

Tito dice:

_d_ 1. ¡Debo comprar una maleta nueva!
_b_ 2. Tengo que renovar el pasaporte.
_e_ 3. ¿Crees que hay que sacar una visa también?
_f_ 4. ¿Crees que debo llevar loción antimosquitos?
_g_ 5. Jorge insiste en que me quede en su casa.
_a_ 6. ¿Debo comprar una guía?
_c_ 7. ¡Estoy muy emocionado con mi viaje! ¿Me ayudas a hacer la maleta?

Su hermano le contesta:

a. Es mejor que busques información en Internet.
b. Antes de renovarlo, es necesario que te tomes unas fotos.
c. Tengo mucho que hacer. ¡Te prohíbo que sigas pidiéndome cosas!
d. Te recomiendo que compres una mochila grande.
e. Pues no sé, te aconsejo que mires la página de la embajada de Ecuador.
f. Te sugiero que no cargues demasiadas cosas. Seguro que lo puedes comprar allí.
g. Entonces te aconsejo que le lleves un regalo, ¿no?

Suggestion for **9.1-09, Paso 2:** Students can answer using the same structure as in the question, or they can use a different verb/expression from the list. Remind them to pay attention to whether they have to use a subordinate clause with a subjunctive form, or an infinitive. They should also pay attention to changing the verb forms and the indirect object pronouns in their answers. After they have a list of recommendations, have them pair up with someone who lives in their area and share their answers. It is possible that people from the same area have different answers due to different opinions, so they should justify their answers (e.g., **Es mejor que lleve una maleta con ruedas porque es más cómodo... pues yo pienso que es mejor que lleve una mochila grande porque hay lugares muy bonitos para acampar...** etc.).

Paso 2: Imagina que un/a amigo/a ecuatoriano/a viene de visita y mientras está preparando su viaje te hace muchas preguntas. ¿Qué le contestas? Utiliza en tus respuestas algunas expresiones o verbos de la lista.

MODELO: ¿Debo sacar una visa para entrar en Estados Unidos?
→ *No sé, **te sugiero que** te informes en la página web de la embajada de Estados Unidos en Ecuador.*

es mejor que	**aconsejar**	**tener que**
(no) es necesario que	**recomendar**	**deber**
es preciso que	**insistir**	

1. ¿Es mejor que lleve una mochila grande o una maleta con rueditas[9]?
2. ¿Tengo que llevar alguna documentación específica?
3. ¿Debo llevar algo en particular?
4. ¿Me puedo quedar en tu casa?
5. ¿Debo comprar una guía?
6. ¿Qué más me recomiendas que haga antes de ir?

Possible answers for **9.1-09, Paso 2:** 1. Es mejor que lleves... 2. Tienes que llevar el pasaporte. 3. Debes llevar... 4. Sí, insisto en que te quedes en mi casa. 5. (No) Es necesario que compres una guía porque... 6. Te recomiendo que...

Paso 3: Ahora, con un/a compañero/a compara tus recomendaciones. ¿Cuáles de ellas son similares?

[8]**hacer la maleta:** to pack (a suitcase) [9]**rueditas:** little wheels

Indirect object pronouns

In Chapter 5, Section 2, you learned that verbs whose meaning involve some kind of transfer (such as **dar**) or communication (like **decir**) are commonly used with indirect object pronouns. In the case of verbs that express communication, the indirect object indicates to whom something is being communicated.

Singular		Plural	
me	*to/for me*	**nos**	*to/for us*
te	*to/for you (familiar)*	**os**	*to/for you (familiar, Spain)*
le	*to/for you (formal), him, her*	**les**	*to/for you (formal), them*

Verbs of influence such as **aconsejar, pedir, recomendar,** or **sugerir** are also often used with indirect object pronouns since one advises, asks, recommends, or suggests something to someone else.

Te sugiero que saques un permiso con antelación. — *I suggest that you get a permit ahead of time.*

Nos aconsejan que estudiemos bien la zona antes de subir. — *They advise (**us**) that we study the area well before climbing.*

RECYCLES indirect object pronouns.

9.1-10 El programa de voluntarios del Parque Nacional Jorge conversa con su amiga Fanny sobre el programa de voluntarios. Indica cuál es la palabra correcta de las dos opciones.

Note for **9.1-10:** Because of its preverbal position, students tend to confuse object pronouns with the subject pronouns (e.g., they may interpret a sentence like **Le recomienda que visite el parque** as *He/She recommends that he visits the park* incorrectly assuming that **le=él/ella**). This activity forces them to focus on the meaning of the entire sentence and not just on the form of the verb that follows the object pronoun.

Jorge: Hola, Fanny, ¿ya te inscribiste[10] en el programa de voluntarios del parque que (te / **me**) recomendé?

Fanny: ¡Sí! (Me / **Te**) aconsejaste muy bien. Hice como (**te** / me) sugeriste. Ya fui a la primera reunión con el resto de los voluntarios. Hay una reunión una vez al mes. En esas reuniones la directora del programa (**le** / nos) da muchas recomendaciones.

Jorge: ¿Y qué (les / **le**) dice?

Fanny: Más que nada (nos / **le**) dice que (**prestamos** / prestemos) atención a los viajeros. No podemos permitir(**le** / les) que (toquen / **tocan**) o (**dan** / den) de comer a los animales. Tenemos que pedir(les / **le**) que no (**salen** / salgan) de las rutas establecidas. (**Nos** / Les) pedimos que (**respetan** / respeten) las reglas del parque.

Jorge: ¿Y por lo general los viajeros (**respeten** / respetan) las reglas?

Fanny: Sí, solo algunas veces (les / **nos**) decimos que no (tomen / **toman**) nada del parque, solo pueden tomar fotos.

Jorge: Bueno, pues qué bacán que estés haciendo ese trabajo.

Fanny: ¡Sí, estoy muy contenta!

[10] **inscribirse:** to sign up

OTRA PERSPECTIVA

Photo Courtesy of Fernando Aveiga

Las regiones y el clima

Diferente

"En Michigan hay cuatro estaciones en el año y en Ecuador dos: la estación lluviosa y la estación seca. En Michigan el clima cambia en un mismo lugar. En Ecuador el clima de un lugar es constante. Solo es diferente en otros lugares. En la sierra hace frío, en el valle central es primaveral y en la costa hace calor. ¡Qué interesante!, ¿no?".

"En la sierra, mucha gente tiene manchas rojizas[11] o color marrón en la cara. Es un efecto combinado del viento, el sol y el frío. A la gente que vive en Michigan no le pasa esto. ¿Por qué?"

Igual

"Estados Unidos es un país muy grande y, como Ecuador, tiene una geografía muy variada. Tiene montañas muy altas, desiertos, valles, playas, lagos, ríos y volcanes. Tiene clima frío, caluroso, húmedo y también tropical. Ecuador tiene la misma variedad geográfica y climática, pero todo esto en un país del tamaño del estado de Colorado. Increíble, ¿no?"

Explícale a Fernando

1. ¿Es normal quemarse con el sol[12] en invierno?
2. ¿Hay cuatro estaciones donde vives?
3. ¿Adónde vas si quieres ver nieve en verano? ¿Adónde vas si quieres disfrutar de la playa en invierno?

Possible answers for **Otra perspectiva:** 1. Al nivel del mar, no. En las montañas sí. 2. Answer may vary. 3. A una montaña muy alta. A un país tropical.

MANOS A LA OBRA

Answers for **9.1-11:** Answers may vary.

9.1-11 Una visita al Parque Nacional

Paso 1: Con un/a compañero/a, busquen en Internet información sobre el Parque Nacional de las islas Galápagos o lean la siguiente página informativa para los visitantes del parque. Después, hagan una lista de las recomendaciones que consideran más importantes.

Si usted está pensando en visitar las islas Galápagos, hagan algunas recomendaciones:

1. Es importante que...
2. Es preciso que...
3. Es necesario que...

Inicio · Islas Galápagos · RECOMENDACIONES PARA VISITAR GALAPAGOS

RECOMENDACIONES PARA VISITAR GALAPAGOS

Quienes visitan Galápagos tienen la oportunidad de proteger las islas... o hacerles daño. Para que su aporte sea positivo y ayude a conservar Galápagos, el Parque Nacional le pide que respete las siguientes reglas.

LAS REGLAS DEL PARQUE NACIONAL GALAPAGOS

1. Por su naturaleza única, las plantas, animales y rocas, deben permanecer en su sitio para no causar alteración alguna. No es permitido tomar nada de las islas, a excepción de fotos.
2. Cada isla del archipiélago es un lugar único por su flora, fauna y paisajes, cualquier introducción de organismos extraños como: animales, semillas, plantas e insectos causan serios problemas. Su colaboración es muy importante evitando que esto suceda.
3. Los animales de Galápagos no deben ser tocados ni acariciados para su seguridad y porque estos rápidamente pueden perder su docilidad y alterar su comportamiento.
4. La fauna endémica y nativa de Galápagos tiene su forma natural de alimentación, por lo tanto no se debe dar ningún tipo de alimento ya que les puede hacer daño.
5. Las aves marinas de Galápagos abandonan sus nidos si se las molesta o se las persigue, dejando caer sus huevos o polluelos al suelo, o dejándolos expuestos al sol; por lo cual, usted puede observar a las aves a una distancia de no menor a dos metros.
6. Para mantener a las islas en su mayor estado natural posible, está prohibido el ingreso de cualquier organismo vivo desde el continente e inclusive su traslado entre islas. Plantas semillas, insectos, plagas y enfermedades son peligrosos para el frágil ecosistema insular.
7. Los sitios de visita del Parque Nacional Galápagos, se encuentran marcados y señalados para garantizar su seguridad. Usted no debe salirse de los senderos.
8. La basura de cualquier tipo interfiere en los procesos naturales y le quita el encanto al paisaje único de las islas. No arroje basura en los sitios de visita, en el mar o en las cercanías de las islas, los lobos marinos sacan los tarros que se depositan en el fondo del mar y juegan con ellos hiriéndose sus narices; los plásticos pueden ser comidos por las tortugas marinas y morir por obstrucción del tubo digestivo.

[11] **manchas rojizas:** reddish spots or burns
[12] **quemarse:** get sunburn

Las autoridades del parque...

4. recomiendan a los viajeros que...
5. prohíben que...
6. permiten que...

Suggestion for **9.1-11, Paso 2:** Tell students to think about specific recommendations that will help identify which national park they have chosen, (e.g., **Le recomendamos que pase la noche en Flagstaff** (Colorado Canyon National Park)).

Paso 2: Piensen en un parque natural o nacional que conozcan los dos y escriban tres recomendaciones para un/a viajero/a. Sean lo más específicos posible.

Si usted está pensando en visitar _______________,

1. es mejor que...
2. es importante que...
3. es esencial que...

Después, presenten sus recomendaciones a la clase. El resto de la clase tiene que adivinar de qué parque natural o nacional se trata. ¿Qué pareja da las mejores recomendaciones?

Answers for **9.1-12:** Answers may vary.

9.1-12 ¿Cómo es tu compañero/a de viaje ideal?

Paso 1: Piensa en un lugar de Perú o Ecuador que te gustaría visitar. Tuviste una mala experiencia en el último viaje y ahora quieres encontrar a un/a compañero/a de viaje ideal. Escribe una lista de seis características que te gustaría encontrar en el/la compañero/a ideal.

MODELO: interesar(le) ir a la playa
→ *(No)* ***es necesario/esencial/preciso*** *que le* *<u>interese</u>* *ir a la playa porque vamos a ir a la montaña.*

Lugares posibles:

Marco Maccarini / Photodisc / Getty Images

▲ *Lago Titicaca (Perú)*

Kelly Cheng Travel Photography / Flickr / Getty Images

▲ *Machu Picchu (Perú)*

Courtesy of Elena Herrero

▲ *Parque Nacional Cotopaxi (Ecuador)*

Linda Whitwam /Dorling Kindersley / Getty Images

▲ *Cuzco (Perú)*

importar(le) usar el transporte público	levantarse tarde
gustar(le) acampar	llevar mucho equipaje
preferir alojarse en hoteles baratos o albergues	ser muy exigente[13]
fumar	ser delicado/a[14] con la comida
quejarse por todo	gustar(le) salir de fiesta

Suggestion for **9.1-12, Paso 2:** Tell students to use the list of suggestions and also include some of their own. After sharing their lists with their own group, they should decide if their requests coincide and if they could travel together as a group. If someone realizes that they wouldn't be good travel companions (e.g., someone who likes to go to bed early in a group where the rest of the classmates like to party at night), that person can look for a group that is a better fit.

Paso 2: En grupos pequeños, comenten sus listas. Digan qué lugar les gustaría visitar y qué es importante para ustedes en un/a compañero/a de viaje. Decidan si los miembros de su grupo pueden viajar juntos o no. Si crees que los miembros de tu grupo no son buenos compañeros, busca otro grupo mejor.

[13] **exigente:** demanding [14] **delicado/a:** picky

Suggestion for **9.1-13:** This is an activity that can be done on two different days. Have students do **Paso 1** on one day. They should get together and write a report based on the points provided. They could do **Paso 2** as homework. They should use their report to write a series of statements using the present subjunctive and indirect object pronouns. The following day in class, have them work in groups again to compare their statements. They should work together to rewrite their statements or correct them if necessary. **Paso 3:** When all groups are ready, have a representative from each group to come to the board and write their four or five statements. Decide which group does a better job convincing you of expanding their business in Ecuador. Variation: This activity may be done with other businesses. To make it more competitive, each group could decide on a different business and then try to convince the instructor that their business idea is the best one.

Answers for **9.1-13:** Answers may vary.

9.1-13 Excursiones en *jeeps* rosas Imaginen que trabajan para la empresa estadounidense *Pink Jeep Tours*, que ofrece servicios de excursiones guiadas en Arizona y Nevada, y que quieren ofrecer un servicio de excursiones guiadas para los turistas en *jeeps* de color rosa en Ecuador. Primero es importante que el dueño de la empresa comprenda la importancia de ofrecer sus servicios en Ecuador. Sigan los pasos para completar la actividad.

Paso 1: La clase se divide en grupos de cuatro. Todos los miembros del grupo tienen que aportar ideas y designar a un/a líder para escribir el informe. Para convencer a su jefe del negocio, tienen que escribir un informe con la siguiente información. Usen el vocabulario de **Palabra por palabra**.

1. Tipos de clima y geografía de Ecuador
2. Cuatro lugares (p. ej.: selva amazónica, Quito...) donde se van a ofrecer las excursiones
3. Descripción de la excursión (p. ej.: explorar la flora y la fauna de la selva amazónica)
4. Precios de cada excursión para adultos y niños
5. Beneficios para la empresa (p. ej.: ganancias, popularidad)

Paso 2: Ahora que tienen un informe sobre Ecuador y los tipos de excursiones que van a ofrecer a los turistas, tienen que mostrar al jefe (su profesor/a) que el negocio va a tener éxito. Su jefe está indeciso porque abrir el mismo negocio en Ecuador cuesta mucho dinero. Usen la lista de expresiones o verbos y no olviden incluir el pronombre de objeto indirecto cuando sea necesario.

MODELO: insistir
→ *Le insistimos que abra este negocio en Ecuador porque el clima caluroso y tropical en la selva amazónica atrae a turistas.*

es mejor que	**aconsejar**	**tener que**
(no) es necesario que	**recomendar**	**deber**
es preciso que	**insistir**	**pedir**

Paso 3: Cada grupo trata de convencer al/a la profesor/a de que las futuras excursiones organizadas son un buen negocio en Ecuador. El líder de cada grupo presenta la información al/a la profesor/a. Al final, su profesor/a va a decidir qué grupo lo/a convenció para abrir el negocio en Ecuador porque presentó mejor información.

WileyPLUS Go to *WileyPLUS* and listen to **Presta atención.**

Script for **9.1-14, Presta atención: Consejos para viajar**
En Ecuador y Perú hay muchísimas cosas para hacer. La geografía, como ya saben, es muy variada en estos países, así que hay actividades para todos los gustos. Por ejemplo, si les gusta el agua y el sol, les aconsejo que vean el lago Titicaca, que está entre Bolivia y Perú. En el lago Titicaca van a poder ver tres cosas. Primero, la belleza de los paisajes; segundo, algunos monumentos de la civilización inca; y finalmente, algunas tradiciones muy antiguas de los habitantes de la región, como, por ejemplo, las características construcciones. Además, el lago Titicaca es el lago navegable más alto del mundo. Las islas Galápagos es otro hermoso lugar que tienen que visitar si están en Ecuador y les interesa la vida marítima y terrestre. En estas islas hay que ver las famosas tortugas gigantes que se llaman galápagos. En Ecuador, además de haber islas, hay muchos volcanes activos por los que pueden hacer senderismo. Y bueno, si están en Perú y les gusta el senderismo, yo les aconsejo que sigan el Camino Inca durante un viaje de cuatro días. Al final de esa excursión van a llegar a Machu Picchu, la ciudad sagrada de los incas.

9.1-14 Presta atención: Consejos para viajar María José es guía de turismo y aconseja a unos estudiantes estadounidenses sobre actividades que pueden hacer durante un viaje por Ecuador y Perú. Escucha y selecciona la opción más adecuada.

1. María José aconseja ver el lago Titicaca...
   a. para aprender sobre la cultura inca.
   b. para poder hacer senderismo.
   c. para ver las famosas tortugas galápagos.
2. El lago Titicaca...
   a. está en Ecuador y es navegable.
   b. está entre Ecuador y Perú.
   c. está entre Bolivia y Perú y es navegable.
3. Si te gusta el sol, el agua y...
   a. los turistas, visita las islas Galápagos.
   b. los animales, visita las islas Galápagos.
   c. los incas, visita las islas Galápagos.
4. Hay tortugas gigantes...
   a. por todo Ecuador y Perú.
   b. en las islas Galápagos del Ecuador.
   c. en las Galápagos y el lago Titicaca.
5. El Camino Inca...
   a. está en Perú.
   b. está en Ecuador.
   c. está en los dos países.
6. Machu Picchu es...
   a. una ciudad de ruinas aztecas.
   b. una ciudad de ruinas incas.
   c. una ciudad del Ecuador.

¡OJO!

Reviewing your essay
Review vocabulary by checking spelling and agreement (gender and number) between articles and nouns, between nouns and all adjectives, and between subjects and verbs. Make sure that you are not using false cognates. Avoid repeating words. Instead, use synonyms, or you could also check if some words can be replaced by a direct or indirect object pronoun.

Try to include, if possible, new grammatical structures, and don't forget to make sure that every sentence has a conjugated verb and the correct verb forms.

9.1-15 **Por escrito: La selva amazónica** Trabajas para la oficina del programa de estudios en el extranjero de tu universidad. Recientemente visitaste la selva amazónica y tu jefa te pide que escribas un informe descriptivo sobre la jungla. Repasa la caja de **¡OJO!** para mejorar tu descripción.

PONTE EN MI LUGAR

Estrategias para conversar

Ways for participating in a debate or conversation (II) In Chapter 3, Section 1 you learned some phrases to express agreement (**Por supuesto, tienes razón,** and **estoy de acuerdo**) or disagreement (**No tienes razón, ni mucho menos, de ninguna manera** and **no estoy de acuerdo)** when giving your opinion. Sometimes you agree or disagree with your interlocutor, but want to offer an alternative to your interlocutor's opinion. Here are some useful expressions for providing other possibilities:

- Quizás *(+ subjunctive)* tengas razón, pero... — *You may be right, but . . .*
- A lo mejor *(+ indicative)* tienes razón, pero... — *Maybe you are right, but . . .*
- Puede que *(+ subjunctive)* esté equivocado, pero... — *Perhaps I am mistaken, but . . .*
- Es posible que *(+ subjunctive)* cambie de idea, pero... — *It is possible that I will change my mind, but . . .*

Las vacaciones Un/a amigo/a está indeciso/a sobre el país que quiere visitar en sus próximas vacaciones. Uno/a de ustedes debe ser la persona que va de vacaciones a Perú y el/a otro/a es el/a amigo/a que lo/a quiere convencer de que viaje a Ecuador. No olviden usar las **Estrategias para conversar**.

Amigo/a: Explícale a tu amigo/a que estás pensando viajar en tus próximas vacaciones a Perú. Infórmale sobre el número de días que tienes para viajar, tus actividades favoritas, los lugares que quieres visitar y el tipo de clima que te gusta.

Turista a Perú: Convence al turista de que viaje a Ecuador. Para convencerlo, infórmale sobre actividades diferentes que puede hacer en Ecuador, lugares donde puede quedarse a un precio económico e información sobre la cultura y la vida de los ecuatorianos.

WileyPLUS Go to *WileyPLUS* to find more **Arroba** activities.

@Arroba@

Proyecto global Imagina que tienes que hacer un proyecto global para tu clase de español. Escoge uno de los siguientes temas: música andina, las líneas de Nazca, Ingapirca, la cordillera de los Andes. Busca en Internet información sobre el tema que elegiste. Después de estudiar la información, escribe un resumen que incluya lo siguiente:

- tema escogido y dónde se encuentra;
- cómo es;
- por qué lo recomiendas;
- si quieres estudiar más sobre este tema y por qué.

ASÍ ES LA VIDA

Use the PowerPoint slides found in the Book Companion Site and *WileyPLUS* to do this section in class.

Expresión: "Año de nieves, año de bienes"

Fermín: Tenemos mucho trabajo este verano.
Ramón: Sí, ya sabes, **año de nieves, año de bienes.**
Fermín: Sí, tuvimos suerte con el tiempo.

¿Sabes qué significa el refrán? April showers bring May flowers.
¿Hay refranes o expresiones similares en inglés?

Adivina adivinador

En verano barbudo[15]
y en invierno desnudo[16],
¡esto es muy duro!
¿Qué es? un árbol

ENTÉRATE

Estrategias para leer

Thesis and development of an essay When reading an essay, you need to identify a topic and a thesis. The thesis is the focus of the text and what the essay is going to be about. In the first paragraph of the essay, the writer provides readers with some background about the topic and introduces a thesis. The background should describe why this topic is interesting and why he or she decided to write about. The conclusion of thesis is usually located in the last sentence of the paragraph. A good thesis needs to be creative and precise. The content of the essay will be based on the thesis. Once you have identified the thesis of a reading, look for details and reasons in the text that support it. In each paragraph you should find a reason supported by details, examples, and facts. The last paragraph in the text is a summary of the thesis. When reading **La Avenida de los Volcanes, Ecuador,** think about the thesis and the reasons that support it.

Answers for **Antes de leer:** Answers may vary.

Antes de leer

1. Actividades al aire libre Lee la siguiente lista y piensa en dos actividades para cada uno de los temas presentados.

MODELO: las montañas → *escalar montañas o hacer senderismo*

el bosque tropical	el volcán	la isla
la Amazonía	la playa	la sierra

[15]**barbudo:** with a beard [16]**desnudo:** naked

2. ¿Qué ves? Mira rápidamente el texto, el formato y el título. Contesta las siguientes preguntas:

- ¿De qué crees que va a tratar este texto?
- ¿Qué tipo de consejos crees que vas a leer aquí?
- ¿Quién crees que escribe el texto?

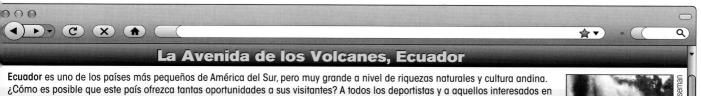

La Avenida de los Volcanes, Ecuador

Ecuador es uno de los países más pequeños de América del Sur, pero muy grande a nivel de riquezas naturales y cultura andina. ¿Cómo es posible que este país ofrezca tantas oportunidades a sus visitantes? A todos los deportistas y a aquellos interesados en la naturaleza y la geografía les recomiendo que disfruten de la ruta de los volcanes del Ecuador. Este país ofrece paisajes espectaculares gracias a su variada geografía y su rica biodiversidad.

Courtesy of Maria Buseman

Las cataratas[17] de Baños

En las montañas andinas se encuentra la muy conocida Avenida de los Volcanes, compuesta de volcanes activos y extintos. Esta ruta turística es ideal para hacer alpinismo o para observar el paisaje mientras se hace senderismo. El Cotopaxi, de una altura de 5.897 metros, es uno de los volcanes activos más altos del mundo, mientras que el Chimborazo es un volcán inactivo y se considera la montaña más alta de Ecuador, con una altura de 6.310 metros.

El volcán Cotopaxi a lo lejos

El volcán Tungurahua, que en quechua significa "garganta de fuego", es muy conocido por mantenerse activo desde el año 1999 hasta hoy día. Chacauco, Cusúa, Juive, Palictahu, Manzano y Baños son algunas zonas muy cercanas al volcán y por lo tanto en peligro. Los habitantes de esos lugares piensan que si ocurre un desastre, pueden perder sus casas, sus granjas o sus vidas. Sin embargo, para ellos es injusto tener que abandonar esas tierras porque ahí se criaron y vivieron toda su vida. No quieren ir a otro lugar porque la mayoría vive de la agricultura, la ganadería y el turismo. Además, hoy día hay **refugios** y la erupción del volcán, más que peligro, ofrece un espectáculo visual de fuego para los turistas. Baños es un ejemplo de este espectáculo. Les recomiendo a todos los turistas que visiten esta ciudad en busca de sus ricas aguas termales, su clima selvático con un promedio de 18 °C y sus tres miradores para ver salir el fuego del cráter del volcán. También, a dos horas y media de Baños está la ciudad de Puyo. Les aconsejo que hagan una parada en esta ciudad, porque está en las puertas del Amazonas y ofrece muchas oportunidades para hacer deportes de aventura. El Cayambe y el Antisana son otros volcanes activos que se consideran el tercer y el cuarto **pico** más altos del Ecuador. El Cotopaxi, el Chimborazo, el Tungurahua, el Cayambe y el Antisana son algunos de los volcanes que forman la Avenida de los Volcanes. Es importante que todos sepan que esta ruta ecológica se puede recorrer en vehículo, en bicicleta o caminando. A lo largo de la ruta hay lugares para dormir, descansar y admirar. ¿Qué más puede uno pedir?

shelters

peak

Courtesy of Maria Buseman

Deportes de aventura en Mindo

Isla Bartolomé en las islas Galápagos

Para terminar, solo decir que visiten este país mágico que está lleno de vida. Los volcanes, los pueblos pintorescos y la jungla amazónica son motivos suficientes para viajar hasta el corazón de los Andes. Ecuador tiene mucho que ofrecer a todos los turistas que buscan algo nuevo y original. Si no son personas interesadas en la montaña o la selva, tienen la opción de visitar las impresionantes islas Galápagos y la Costa del Sol de este país.

Después de leer

1. En el texto

1. Identifica la tesis. ¿Dónde está y cuál es?
2. Identifica en cada párrafo las ideas que apoyan[18] la tesis (una por párrafo sin incluir la introducción).
3. Identifica todos los adjetivos descriptivos que se usan en el texto anterior para describir el paisaje y la naturaleza de Ecuador de manera positiva.
4. Identifica las formas verbales que están en subjuntivo (seis en total). ¿A qué expresión o verbo le siguen?
5. Identifica seis conectores en el texto. ¿Conoces conectores similares o equivalentes? Consulta la caja de conectores de las **Estrategias para escribir en la siguiente página.**

Answers for **Después de leer: 1. En el texto** 1. La tesis: A todos los deportistas y a aquellos interesados en la naturaleza les recomiendo que disfruten de la ruta de los volcanes del Ecuador. Este país ofrece paisajes espectaculares gracias a su variada geografía y su rica biodiversidad. 2. En el segundo párrafo del cuerpo: ejemplos de deportes (alpinismo y senderismo) y ejemplos de naturaleza (los volcanes Chimborazo y Cotopaxi). En el tercer párrafo: el volcán Tungurahua con su erupción y pueblos cercanos como Baños y Puyo. En Puyo hay acceso a la selva amazónica para hacer deportes de aventura. También hay otros volcanes (Cayambe y Antisana) y se puede andar en bicicleta y caminar. En el último párrafo se menciona la variedad geográfica: selva, montaña, islas y la costa. 3. Grande, naturales, espectaculares, variada, rica ideal, visual, ricas, mágico, pintorescos, nuevo, original, impresionantes; otros adjetivos descriptivos que los estudiantes pueden seleccionar son: andina, activos, termales, selváticos y amazónica. 4. (Es posible que) ofrezca, (les recomiendo que) disfruten, (les recomiendo que) visiten, (les aconsejo que) hagan, (es importante que) sepan, y (solo decir que) visiten. "Solo decir que" significa "les aconsejo que". 5. Conectores: pero, mientras (2), por lo tanto, sin embargo, además, también, para terminar. Equivalentes de "por lo tanto": por eso, por esta razón. Equivalente de "para terminar": por último.

[17]**cataratas:** waterfalls [18]**apoyan:** support

2. ¿Entendiste? 1. Alpinismo, senderismo, bañarse en aguas termales y ciclismo. 2. El Cotopaxi, el Cayambe, el Antisana y el Tungurahua. El Tungurahua es peligroso porque está activo desde 1999. 3. Porque siempre han vivido allí y además viven de la agricultura, la ganadería y el turismo. 4. Baños ofrece aguas termales, buen clima y vistas a los volcanes. 5. la costa y las islas Galápagos; 6. Desde Puyo.

2. ¿Entendiste?

1. ¿Qué actividades deportivas se pueden hacer en la ruta de los volcanes?
2. ¿Qué volcanes están activos y cuál es peligroso?
3. ¿Por qué algunos ecuatorianos quieren seguir viviendo en zonas de peligro?
4. ¿Qué atractivos hay para los turistas en Baños?
5. Además de volcanes y selva, ¿qué otro tipo de geografía hay en Ecuador?

EXPANSIÓN:

Paso 1: Contesta las siguientes preguntas con ayuda de tu compañero/a.

1. ¿Lees blogs de viaje?
2. ¿Lees algún blog?
3. ¿Hay algún blog al que estás suscrito?
4. ¿Escribes algún blog? ¿De viajes o sobre qué?

Paso 2: Si escribes un blog, ¿Qué tipo de recomendaciones puedes hacer a las personas que escriben un blog?

MODELO: 1. Recomiendo que las entradas sean cortas.
2. Es mejor que…
3. Es importante que…
4. Les recomiendo que…

Paso 3. Ahora, recomienda a tus compañeros algunos blogs que conozcas y explica por qué los recomiendas.

MODELO: 1. Te sugiero que leas el Blog de María José porque da consejos para viajar a Ecuador.
2. Recomiendo que…
3. Te sugiero que…
4. Les pido que…

EN TUS PROPIAS PALABRAS

Estrategias para escribir

Connectors Connector words are used to connect ideas, details, or clauses in order to show a logical relationship between them. Combining ideas by using connectors also helps with the clarity, cohesion, and organization of writing. Let's review those that we have learned and learn a few more:

Putting ideas together:	**Adding information:**	**Contrasting ideas:**
primero (*first*), segundo (*second*), tercero (*third*) lo primero es (*the first thing is*), después (*next*), luego (*then, next*), a continuación (*next*) por último, finalmente (*finally, last*), al final (*at the end*), para terminar (*finally*)	además (*also, moreover, furthermore*) también (*also*)	no obstante (*however*) sin embargo (*nevertheless*) pero (*but*) aunque (*although*) en cambio/por otro lado (*on the other hand*) mientras (*while*) por el contrario (*contrary to, in contrast*)

Giving examples/ideas
por ejemplo (*for example*) es decir (*that is*) o sea (*that is*) tal/es como (*such as*) en otras palabras (*in other words*)

Emphasizing an statement:	**Expressing consequences:**	**Making general statements:**
de cualquier forma, de todos modos (*in any event/case*)	así (*so*) por eso/por lo tanto (*therefore, that is why, for that reason*) como consecuencia (*as a consequence*) por esta razón (*for this reason*)	en general (*in general*) generalmente (*generally*) como regla general (*as a general rule*)

Courtesy of Shelley Cheney Ackermann and Mark Ackermann

▲ *Tortugas galápagos*

Courtesy of Shelley Cheney Ackermann and Mark Ackermann

▲ *Lobos marinos descansando bajo el sol*

Courtesy of Shelley Cheney Ackermann and Mark Ackermann

▲ *Unos turistas buceando en las islas Galápagos*

Las islas Galápagos Imagínate que viajaste a Ecuador y quieres compartir tu experiencia. Vas a escribir un blog sobre las islas Galápagos. Investiga el tema en Internet. Después, convence a tus lectores de que es mejor visitar las islas Galápagos que cualquier otra parte de Ecuador. Sigue los siguientes pasos:

- Escribe una introducción explicando que vas a escribir sobre Ecuador y específicamente sobre las islas Galápagos. Explica por qué es mejor viajar a las islas Galápagos. No olvides incluir tu tesis al final del primer párrafo.
- Escribe uno o dos párrafos con información que apoye tu tesis con ejemplos y datos. Apóyate en estas u otras fotos de las islas Galápagos para describir el lugar.
- Introduce información para convencer a los lectores de que una visita a las islas Galápagos es una excelente opción. Añade adjetivos descriptivos de carácter positivo.
- Para terminar, escribe una conclusión explicando por qué ir a las Galápagos es una buena opción de viaje.
- No olvides usar conectores para organizar ideas y dar claridad y cohesión a cada párrafo del texto.

AUTOPRUEBA

VOCABULARIO

I. ¿De qué hablamos? Combina cada definición con la palabra que le corresponde.

___b___ 1. Es una zona de muchos árboles.
___e___ 2. Es un terreno plano entre las montañas.
___a___ 3. Es la selva tropical más grande del mundo.
___d___ 4. Es la orilla del mar.
___c___ 5. Es una extensión de tierra rodeada de agua.

a. la Amazonía
b. el bosque
c. una isla
d. la playa
e. el valle

GRAMÁTICA

I. Consejos para la clase de español Tus amigos quieren aprender español rápidamente. Observa las ilustraciones y dales consejos.

MODELO: Es necesario que *tomen clases de español.*

1. Es importante que...
2. Es mejor que...
3. Les recomiendo que...
4. Les aconsejo que...
5. Les sugiero que...
6. Es preciso que...

Answers for **Gramática I: Answers** may vary. Possible answers: 1. Es importante que estudies todos los días. 2. Es mejor que hagas todos los ejercicios de *WileyPLUS*. 3. Les recomiendo que lean el periódico en español. 4. Les aconsejo que vean la televisión en español. 5. Les sugiero que escuchen música o las noticias en español. 6. Es preciso que escriban mucho en español.

II. Consejos de viaje Después de estudiar el Capítulo 9, ahora eres un/a experto/a sobre Ecuador. Tienes un/a amigo/a que está preparando su viaje a Ecuador y te pide consejos. ¿Qué le dices? Contesta sus preguntas utilizando los siguientes verbos y expresiones. No olvides usar los pronombres de objeto indirecto con los verbos de influencia.

sugerir recomendar aconsejar es mejor...

MODELO: ¿Qué época del año es la ideal para visitar Ecuador? → *Te recomiendo que vayas durante la estación seca.*

1. ¿A qué parte de Ecuador me recomiendas que vaya?
2. ¿Qué me aconsejas que tome para calmar los efectos del soroche?
3. Tengo una maleta grande y una mochila de expedición. ¿Qué me sugieres que lleve?
4. ¿Qué excursiones puedo hacer?
5. ¿Qué ropa es la más adecuada para el viaje?

Possible answers for **Gramática II:** 1. Te recomiendo que vayas a la costa. 2. Te aconsejo que tomes té de coca. 3. Te sugiero que lleves una mochila. 4. Te recomiendo que visites la Avenida de los Volcanes. 5. Es mejor que lleves ropa abrigada y también ropa ligera.

CULTURA

1. Si vas a viajar a Ecuador, ¿debes llevar ropa de invierno o de verano? ¿Por qué?
2. ¿Qué es el archipiélago de Colón? ¿Por qué son famosas esas islas?
3. ¿Qué montañas importantes de Ecuador conoces?
4. ¿Qué es el soroche y cómo se puede aliviar?

Answers for **Cultura:** 1. Hay que llevar ropa para todo tipo de clima porque hace frío en la sierra (Quito) y hace calor en la costa. 2. Son las islas Galápagos. Por sus animales y plantas exóticos. 3. El Chimborazo y el volcán Cotopaxi. 4. El soroche es el mal de altura. Se alivia con un té de coca.

REDACCIÓN

Piensa en un lugar que has visitado o quieres visitar algún día. Describe la geografía y el clima del lugar. Recomiéndale al lector qué actividades se pueden hacer allí, qué ropa llevar, cuándo es mejor ir y cuándo no.

EN RESUMIDAS CUENTAS, AHORA PUEDO...

☐ hablar sobre la geografía de Ecuador.
☐ hablar sobre todo tipo de climas.
☐ dar recomendaciones.
☐ expresar obligación.
☐ practicar el uso del pronombre para evitar repeticiones.
☐ hablar sobre Perú y Ecuador y sus diferentes regiones.

VOCABULARIO ESENCIAL

Sustantivos

el bosque *forest*
la cordillera *mountain range*
la estación lluviosa/seca *(rainy/dry) season*
la frontera *border*
la isla *island*
el lago *lake*
la montaña *mountain*
el nivel del mar *sea level*
el paisaje *landscape*
la playa *beach*
el puerto *harbor*
el río *river*
la selva tropical *tropical forest*
la sierra *highlands*

Cognados: la altitud, la Amazonía, el cañón, la costa, el desierto, la geografía, la jungla, la humedad, el valle, el volcán

Adjetivos

preciso/a *necessary*

Cognados: esencial, importante, necesario/a

Verbos

acampar *to go camping*
aconsejar *to advise*
pedir (i) *to request*
sugerir (ie) *to suggest*

Cognados: insistir (en), permitir, prohibir, recomendar (ie)

LEARNING OBJECTIVES

By the end of this section you will be able to:

- Name different kinds of animals
- Discuss environmental problems
- Express subjective reactions and uncertainty
- Compare facts
- Express likes and dislikes
- Be acquainted with the consumption of coca leaves in Peru
- Express different perspectives on ecology

Answers for **Una imagen vale más que mil palabras:** 1. un pájaro; 2. crop circles; 3. Hay muchas teorías al respecto. Algunas de ellas, muy controversiales, dicen que fueron hechas por extraterrestres.

Una imagen vale más que mil palabras

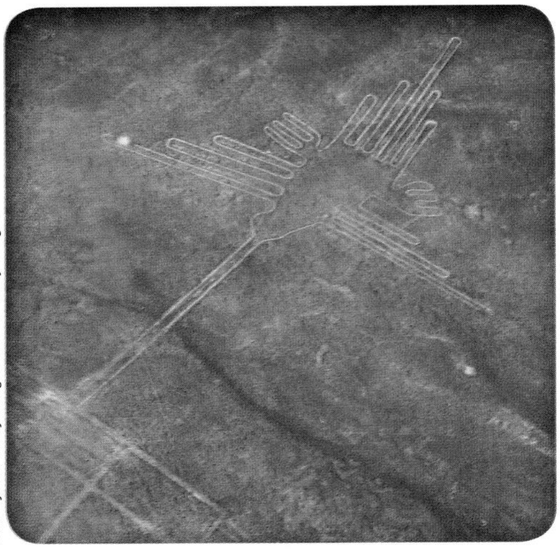

Jim Dyson/ Getty Images News / Getty Images

◀ *Las líneas de Nazca*

Estas son líneas vistas[1] desde un avión. ¿Qué forma de animal tienen estas líneas?

¿Hay algo similar en Estados Unidos?

¿Quién hizo las líneas? ¿Cuál es la teoría del origen de estas líneas?

UNA PERSPECTIVA

Photo Courtesy of Tracy Quan

La coca

Diferente

"Cuando fui a Perú, me sorprendió ver que se venden hojas de coca fresca en la calle, y que es legal. En mis paseos vi que había muchos productos de coca: refrescos de coca, té de coca, galletitas y hasta caramelos de coca. ¡Los niños pueden comprarlos! Me di cuenta[2] de que la coca es un estimulante muy suave, como la cafeína de los refrescos que tomamos en Estados Unidos. ¡No es una droga!".

© Bjorn Svensson / Alamy

▲ *Dulce de coca*

Igual

"El consumo[3] de café en Estados Unidos es similar al consumo de coca en Perú. El café es un estimulante suave, ¡excepto cuando tomas mucho! Hay helado con sabor a café, y hay dulces y chocolates que contienen café y que los niños pueden comprar. Muchos de nuestros refrescos también tienen cafeína".

Note for **Una perspectiva:** Coca leaves and coca products are as ubiquitous and mild as coffee is for us. Coca leaves have been part of the culture since before the Incas, and it is also part of the economy.

Answers for **Una perspectiva:** Answers may vary.

¿Qué piensas tú?

1. ¿Crees que debe prohibirse la coca? ¿Por qué?
2. Si algún día se desarrolla una droga basada en el café, ¿debería prohibirse el café en Estados Unidos?
3. ¿Probarías[4] algún producto con coca si vas al Perú? ¿Por qué?

[1] **vistas:** seen [2] **darse cuenta:** to realize [3] **consumo:** consumption [4] **probarías:** would you taste

The suggested narration for **La pura verdad** can be found in the Appendix. Please use this narration to go over each of the frames with your students. You can also find this section (frames and narration) in the PowerPoint slides, found in the Book Companion Site and *WileyPLUS*.

LA PURA VERDAD I Animales de Perú

Bruno es un fotógrafo que nos dice lo que vio en persona y a través de la cámara.

9.2-01 Animales que encuentra en Perú Bruno habla por Skype con sus hermanos sobre los animales exóticos que ve en Perú. Escucha y selecciona lo que describe.

1. Bruno describe...
   a. una alpaca. b. una tortuga. (c.) una rana.
2. Bruno describe...
   a. un cerdo. b. un conejo. (c.) un cuy.
3. Bruno comió...
   a. oveja. (b.) alpaca. c. llama.

[5] **hueso:** bone

Script for **9.2-01:** 1. ¡Hola chicos! ¿Cómo están? Llevo un mes en el Perú y tengo fotos muy, muy buenas. En una foto tengo a un animalito verde y azul, con dedos anaranjados y ojos grandes rojos. No camina, sino que salta. ¿Saben qué es? 2. Saqué muchas fotos de animales domésticos y salvajes. Uno especialmente me atrajo la atención. Es pequeñito, tiene pelo suave, las orejas son pequeñas. En Estados Unidos se usan como mascotas, pero en Perú las usan para comer. Son un plato popular en el Perú. 3. Oigan, ¡y adivinen qué comí la semana pasada! Pues, fui a un restaurante con unos amigos y bebí Inca-Cola. También pedí una carne muy buena. Los peruanos no solo comen la carne de este animal, también usan el pelo para hacer suéteres y ponchos muy suaves.

PALABRA POR PALABRA

Use the PowerPoint slides found in the Book Companion Site and *WileyPLUS* to do this section in class.

Los animales

Los animales domésticos

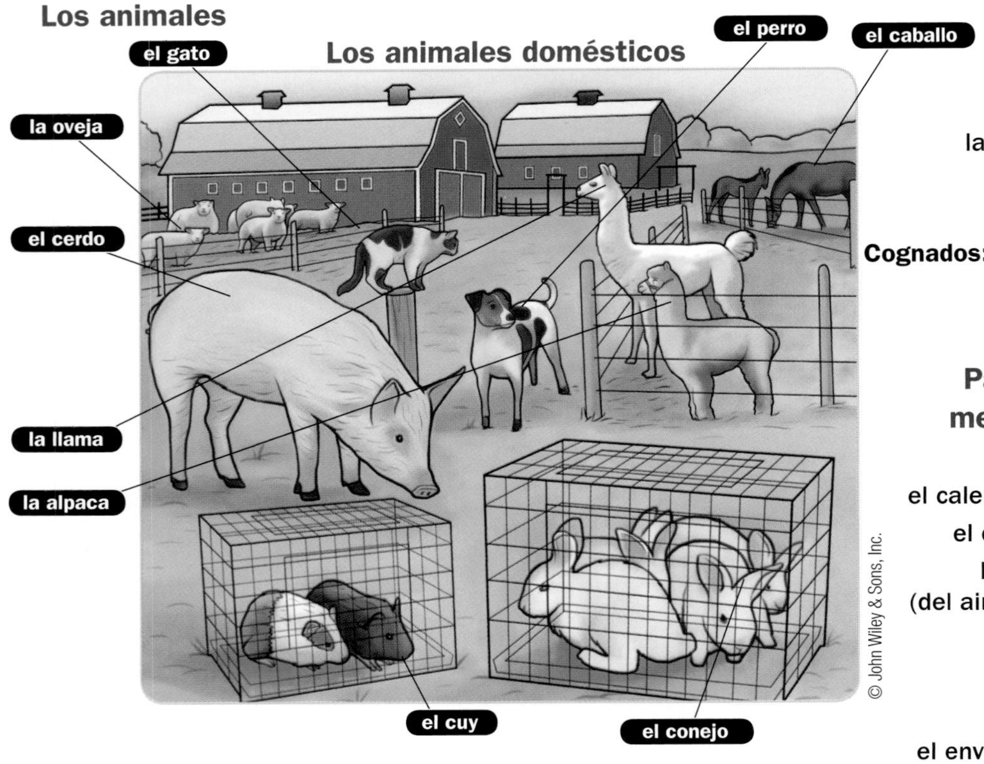

la araña *spider*
la mariposa *butterfly*
la rana *frog*
la tortuga *turtle*

Cognados: el delfín, el insecto, el mosquito

Los animales salvajes *Wild animals*

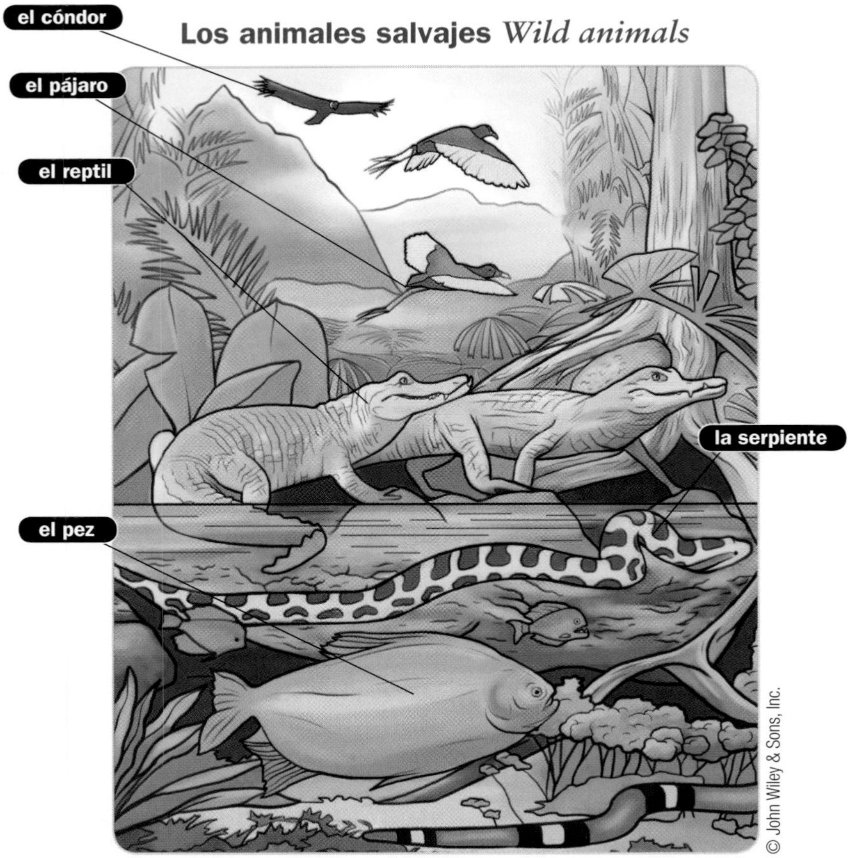

Para hablar del medio ambiente	***To talk about the environment***
la basura	*garbage*
el calentamiento global	*global warming*
el cambio climático	*climate change*
la contaminación (del aire, del agua, etc.)	*(air, water, etc.) pollution*
el derrame	*oil spill*
el desecho	*waste*
el/la ecologista	*environmentalist*
el envase (desechable)	*(disposable) container*
la escasez	*shortage*
el papel	*paper*
el petróleo	*oil*
el reciclaje	*recycling*
el recurso (natural)	*(natural) resource*
el vidrio	*glass*
ahorrar	*to save*
contaminar (el aire, el agua)	*to pollute (the air, the water)*
desarrollar	*to develop*
estar en peligro de extinción	*to be endangered*
tirar	*to throw away*

Cognados: conservar, consumir, la deforestación, la ecología, la energía (eléctrica, renovable...), el esmog, la especie, la fauna, el pesticida, el plástico, proteger, la reforestación, reciclar

¿Qué dicen los peruanos?

¿Me das un canceroso, por favor?	*Would you give me a cigarette, please?*
Voy a la fiesta de Manu de cajón.	*I'm absolutely going to Manu's party.*
Tengo ganas de tomarme una cholita.	*I feel like drinking a cholita (beer mixed with coca-cola).*
No para de lorear.	*He/She does not stop talking.* (loro = *parrot*)
Él es un zanahoria.	*He doesn't drink or smoke.*

9.2-02 ¿De qué hablamos?

Paso 1: Lean las definiciones y busquen la palabra correspondiente en la sección **Palabra por palabra**.

MODELO: Es un tipo de energía procedente de una fuente que se regenera automáticamente. → *La energía renovable.*

1. Es la modificación del clima con respecto al historial climático debido a causas humanas o naturales.
2. Es un proceso de tratamiento[6] de un producto usado para obtener un nuevo producto.
3. Es la alteración negativa del estado natural de la tierra, el agua o la atmósfera mediante la introducción de un agente externo.
4. Es el aumento de la temperatura de la atmósfera y los océanos.
5. Es un recipiente de plástico, cartón u otro material que sirve para contener y guardar un producto.
6. Es un tipo de insecto volador[7] que puede tener alas grandes de bonitos colores.

Paso 2: Ahora, elijan tres palabras de la sección **Palabra por palabra** y escriban tres definiciones para leerlas a la clase. ¡Atención! Recuerden que para definir siempre usamos el verbo *ser*.

MODELO: *Es un/a… (que)…*
Es el/la… que…

Note for **9.2-02:** As explained in Chapter 4, Section 2, only **ser**, never **estar**, is followed by a noun (**Soy estudiante** and not **Estoy estudiante**). For this reason, **ser** is always used in definitions. Being able to define is an important skill for students since it is a very useful communication strategy for unknown vocabulary (i.e., circumlocution). It is better if students write the definitions instead of thinking about them; this gives them time to plan ahead of time and be more accurate in their production. After you have given them some time to write their definitions, you can have different pairs read them out loud to the class for the other students to guess. Alternatively, you can collect all the definitions and use them for a whole-class game or group competition.

Answers for **9.2-02:** 1. el cambio climático; 2. reciclaje/reciclar; 3. contaminación/contaminar; 4. calentamiento global; 5. envase; 6. mariposa

9.2-03 Adivina, adivinador... Piensa en un animal. Después, túrnate con un/a compañero/a para adivinar en qué animal pensó cada uno. Las preguntas solo pueden tener respuestas del tipo Sí o No.

MODELO:
Estudiante 1: *¿Es un animal doméstico?*
Estudiante 2: *No, es un animal salvaje.*
Estudiante 1: *¿Vive en la selva?*
Estudiante 2: *No, vive en el mar.*
Estudiante 1: *¿Es inteligente y sociable?*
Estudiante 2: *Sí.*
Estudiante 1: *¡Ya sé, es el delfín!*
Estudiante 2: *¡Sí, muy bien!*

Suggestions for **9.2-03:** This activity may be done in pairs, with students guessing each other's animals. Taking turns, they can guess as many times as time permits. This can also be a whole-class activity. Ask for a volunteer to come to the front of the class. The rest of the students should ask questions and the student who guesses correctly should be the next person to come to the front.

Answers for **9.2-03:** Answers may vary.

[6] **tratamiento:** treatment [7] **volador:** flying

Suggestion for **Expresing likes and dislikes**: Have students generate a list of all verbs like **gustar** they remember. Then generate a list with the whole class and write it on the board. Students are probably familiar with more verbs than those listed in Chapter 5, Section 2. Other verbs like **gustar** you can go over: **dar miedo, asustar, preocupar,** etc.

Expressing likes and dislikes: Verbs like *gustar*

In Chapter 5, Section 2 you learned different verbs like **gustar** to express likes and dislikes. These verbs work like the verb *to seem* in English.

Me preocupa [la escasez de agua]. — *I worry about the water shortage.* (Lit., *The water shortage worries me.*)

Nos molestan [los mosquitos]. — *Mosquitoes bother us.*

As you already know, these verbs require the use of indirect object pronouns. The optional **a** + *pronoun/noun* is used to clarify or add emphasis.

A Bruno le fascina la vida salvaje. — *Bruno is fascinated with wildlife.* (Lit., *Wildlife fascinates Bruno.*)

¡Pues **a mí** no! Los mosquitos me molestan y las serpientes me dan miedo. — *It doesn't fascinate me! Mosquitoes bother me and snakes scare me.*

With a partner, generate a list of as many verbs like **gustar** as you remember. Then, go back to the section **Hablando de gramática II** in Chapter 5, Section 2, and see if you remembered all of them. Are there any other verbs like **gustar** you are familiar with?

RECYCLES expressing likes and dislikes.

Suggestion for **9.2-04:** Have your students stand up and ask each other these questions. Make sure they are answering in Spanish. Either require them to ask all ten questions or just five or six, depending on your available time, and give them a time limit. Remind your students that when asking questions to one particular classmate, they have to change the indirect object pronoun to the **te**, i.e., **¿A ti te gustan...?** When time is up, do a whole-class check: **¿A quién le aburre hablar de estos temas? Ah, a Rich le aburre, ¿no? ¿Por qué?** Make sure you are asking the students about the information gathered by them.

Answers for **9.2-04** and **9.2-05:** Answers may vary.

9.2-04 ¿Te gusta la vida salvaje? Levántate y hazles a tus compañeros las siguientes preguntas. Escribe el nombre del/de la compañero/a que conteste afirmativamente.

MODELO: Estudiante 1: *¿Te dan miedo las arañas?*
Estudiante 2: *Sí, ¡me dan mucho miedo! / No, no me dan miedo para nada.*

¿A quién de la clase...	Nombre del/la compañero/a
1. ...le encantan los perros?	________
2. ...le asustan las serpientes?	________
3. ...le fascinan los caballos?	________
4. ...le gusta reciclar y reutilizar materiales?	________
5. ...le encanta participar en reforestaciones?	________
6. ...le agrada tener peces en su casa?	________
7. ...le desagradan los delfines?	________
8. ...le interesa la ecología?	________
9. ...le molesta usar bolsas de plástico en el supermercado?	________
10. ...le aburre hablar de temas del medio ambiente?	________

9.2-05 ¿Qué problema es más serio para la supervivencia[8] del planeta?

Paso 1: Consideren los siguientes problemas ecológicos. Decidan cuál es el más serio, y ordenen la lista del 1 (más serio) al 10 (menos serio). Deben llegar a un consenso.

________ a. la contaminación del aire	________ f. la deforestación
________ b. la contaminación de los ríos y el mar	________ g. las especies en peligro de extinción
________ c. la contaminación acústica	________ h. la acumulación de desechos
________ d. la escasez de petróleo	________ i. el cambio climático
________ e. la escasez del agua	________ j. los residuos radioactivos

Suggestion for **9.2-05:** Have students order the list. Then, have a member of each group share with the rest of the class. Write down what each group has for number 1 and for number 10. Try to make the class reach a consensus about which environmental problem is more serious for the planet. For the follow-up, have each group decide whether they consider their group to be environmentally friendly.

Paso 2: Ahora, comenta con tus compañeros qué haces tú para remediar cada uno de estos problemas. En general, ¿creen que su grupo está preocupado por el medio ambiente? ¿Piensan que hacen suficiente? ¿Qué más pueden hacer que no hacen? Informen a la clase.

MODELO: *En general, a nosotros nos preocupan los problemas del medio ambiente, pero no hacemos mucho para solucionarlos. Por ejemplo, ninguno de nosotros...*

[8]**supervivencia:** *survival*

HABLANDO DE GRAMÁTICA I

1. Expressing subjective reactions: Present subjunctive with verbs of emotion

WileyPLUS Go to *WileyPLUS* to review this grammar point with the help of the **Animated Grammar Tutorial** and the **Verb Conjugator**.

We use the indicative mood when we want to declare (i.e., state as a fact) the event expressed by that verb. That is, we state that someone knows or assumes that something is real.

Hay mucha contaminación del aire en Lima. — *There is a lot of air pollution in Lima.*

Nunca **usamos** el transporte público. — *We never use public transportation.*

In Section 1, you learned that the subjunctive mood, in contrast, is used to express wishes, hopes, requests, doubts and other subjective reactions to the events expressed by that verb.

Me preocupa [que **haya** tanta contaminación del aire en Lima]. — *It is worrisome to me that there is so much pollution in Lima.*

Es una lástima [que no **usemos** el transporte público]. — *It is a pity that we don't use the public transportation.*

Notice that in these two sentences we are not stating the information in the subordinate clause as a fact. Rather, we are expressing an opinion or subjective reaction about an event, which is already accepted as real. Thus, we use the subjunctive mood in a subordinate clause that follows main clauses that express a subjective reaction.

Main clause (subjective reaction)	Subordinate clause (verb in subjunctive)
Me preocupa Me molesta Es una lástima/pena No es extraño Es terrible Siento	[que **haya** tanta contaminación del aire en Lima]. [que no **usemos** el transporte público].

The following verbs and phrases, among others, express subjective reactions and require the use of the subjunctive when followed by a subordinate clause:

Es...	*It is . . .*
increíble	*incredible*
sorprendente	*surprising*
terrible	*terrible*
extraño	*strange*

raro	*odd*
genial	*great*
maravilloso	*marvelous*
ridículo	*ridiculous*
una lástima/pena	*a pity/shame*

Es una lástima que used no pueda ir a Machu Pichu. — *It is a pity that you cannot go to Machu Pichu.*

Es sorprendente que coman cuy en las regiones andinas. — *It is surprising that they eat Guinea pigs in the Andean regions.*

alegrarse (de)	*to be glad*
sentir (e>ie)	*to feel sorry*
temer	*to fear, to be afraid*

Siento que en el Amazonas **haya** tantos derrames de petróleo. — *I feel sorry/bad that in the Amazon River there are so many oil spills.*

A. Infinitive or subjunctive?

When expressing subjective reactions, the subordinate verb can be a subjunctive form (introduced by **que**) or an infinitive.

	Infinitive	**Subjunctive**
	If the subject of the subordinate verb and the person referred to in the main clause are the same:	If the subject of the subordinate verb and the person referred to in the main clause are different:
Me/te/le/nos/les... gusta, alegra, encanta, preocupa molesta, importa, etc.	Me gusta reciclar. (a mí) = (yo)	Me encanta que recicles. (a mí) ≠ (tú)
	To make generalizations:	**To specify about:**
Es... bueno/malo increíble sorprendente terrible extraño raro genial maravilloso ridículo una lástima/pena etc.	Es bueno reciclar. (en general)	Es bueno que recicles. (tú específicamente)

B. Verbs like *gustar*

In Chapter 5, Section 2, you learned different verbs like **gustar** to express opinions, impressions, and emotions about something. These verbs work like the verb "to seem" in English. These verbs can also be used with subordinate clauses to express an opinion about a specific event.

[La actitud del gobierno] **me parece** inaceptable. **Me parece** inaceptable [la actitud del gobierno].	*The attitude of the government seems unacceptable (to me).*
Me parece inaceptable [que el gobierno no **haga** nada]. [Que el gobierno no **haga** nada] **me parece** inaceptable.	*I find it unacceptable that the government is not doing anything. (Lit., It seems unacceptable to me that . . .)*
[La actitud del gobierno] **nos importa**. **Nos importa** [la actitud del gobierno].	*The attitude of the government matters to us.*
Nos importa [que el gobierno no **haga** nada].	*It matters to us that the government is not doing anything. (Lit., The fact that the government is not doing anything matters to us.)*

9.2-06 Informe del viaje Durante su viaje a Perú, Bruno le escribe un mensaje a su supervisora para comentarle sus impresiones.

Exercises labeled with an individual student icon in the **Hablando de gramática** section are intended to be assigned as homework.

Su página web - Mensaje

Acciones Editar Ver Insertar Formato Instrumentos Ayudar

Responder | Responder a todos | Adelante

De: Bruno Sinibaldi <bsinibaldi@grupocrece.net> Enviado: Jue 03/05/2014 13:28
Para: Tatiana Sánchez Rojas <tsanchez@grupocrece.net>
Cc:
Asunto: Proyecto fotos de Perú

Hola, Tatiana:

¿Cómo está? Le escribo para confirmarle que hace varios días que estoy en Perú y que el proyecto va muy bien. Ya tengo muchas fotos para el reportaje. Me sorprende que toda la gente me ayude tanto. Les importa mucho que pueda hacer mi trabajo bien. Les preocupa que no tenga lo que necesito.
Las fotos que saqué en la selva son fantásticas. Tengo muchas fotos sobre el último derrame. Es una lástima que pase esto y es increíble que las autoridades no hagan nada para minimizar el problema, pero es bueno que haya tantas organizaciones limpiando la zona. Es sorprendente que vengan tantas personas de distintas zonas del país para ayudar a la población afectada.
Me encanta que confíe[9] en mí para este proyecto. Estoy disfrutando mucho. ¡Ayer comí cuy por primera vez! Es genial que esté conociendo tantas cosas nuevas. Ya pronto termino mi trabajo y vamos a hablar sobre los últimos detalles del proyecto. Me alegra que todo vaya bien por la oficina.
Le mando saludos,

Bruno

Paso 1: Primero, busca todos los verbos en el presente de subjuntivo que encuentres en el párrafo (son diez en total). Después, completa la lista indicando cuál es la cláusula principal y cuál es la cláusula subordinada.

	Cláusula principal:	**Cláusula subordinada:**
1.	*Me sorprende...*	*que toda la gente me ayude tanto.*
2.	Les importa mucho	que pueda hacer mi trabajo bien.
3.	Les preocupa	que no tenga lo que necesito.
4.	Es una lástima	que pase esto...
5.	es increíble	que las autoridades no hagan nada...
6.	es bueno	que haya tantas organizaciones limpiando la zona.
7.	Es sorprendente	que vengan tantas personas...
8.	Me encanta	que confíe en mí...
9.	Es genial	que esté conociendo...
10.	Me alegra	que todo vaya bien...

Note for **9.2-06:** This is an input activity that makes students focus on form while they are focused on meaning. First ask students to identify all subjunctive forms. To facilitate processing meaning, in **Paso 1** you can ask students who is the subject of each subordinate verb. Also focus on the indirect object pronouns; students may confuse them with the subject (e.g., they may misinterpret **me ayude** as *I help*). Also remind them that **haber (haya)** is an impersonal verb with no subject and it always appear in third person singular.

Paso 2: ¿Cierto o falso? Ahora, lee el mensaje otra vez y decide si las siguientes oraciones son ciertas o falsas. Si son falsas, escribe la información correcta.

C	F	
☐	☑	1. A Bruno le aburre el trabajo que tiene que hacer en Perú.
☐	☑	2. La gente con la que trabaja Bruno no lo ayuda mucho.
☑	☐	3. A Bruno le preocupa el derrame.
☐	☑	4. A Bruno le parece fantástica la respuesta de las autoridades.
☑	☐	5. Bruno sabe que las cosas van bien en la oficina.

Possible answers for **9.2-06, Paso 2:** 1. Falso: Bruno está muy contento. 2. Falso: Sí lo ayudan mucho, porque Bruno se sorprende de que lo ayuden tanto. 3. Cierto. 4. Falso: Él piensa que es increíble que no hagan nada. 5. Cierto.

[9] **confiar:** to trust

Note for **9.2-07:** Because of its preverbal position, students tend to confuse object pronouns with the subject pronouns (e.g., they may interpret a sentence like **Lo ayudan** as *He/She helps* incorrectly assuming that **lo=él/ella**). This activity forces them to focus on the meaning of the subordinate clause in order to choose the correct **gustar** type verb, and to focus on the verb forms in order to identify the correct subjunctive form in the subordinate clause.

9.2-07 ¿Qué sabes de Bruno? Beatriz, la jefa de la organización en la que trabaja Bruno, no sabe nada de él y le pregunta a Tatiana. Lee otra vez el mensaje de Bruno en 9.1-06 y después completa el diálogo con la opción correcta en cada caso.

Beatriz: ¡Hola, Tatiana! ¿Cómo estás? ¿Sabes algo de Bruno? Me (**encanta / preocupa**) que no (**tenemos / tengamos**) noticias de él.

Tatiana: ¡No te preocupes! Ayer recibí noticias de él. Hace varios días que está en Perú y todo va bien. Le (**molesta / sorprende**) que todas las personas con las que trabaja lo (**ayuden / ayude**) tanto, porque no sabía cómo iba a reaccionar la gente allí.

Beatriz: ¿De verdad? Si te soy sincera, me (**gusta / preocupa**) que las autoridades locales no (**quieren / quieran**) que los reporteros saquen fotos del derrame.

Tatiana: Todo lo contrario. Ya tiene muchas fotos. De hecho, a él le (**parece / importa**) increíble que tantas organizaciones ecológicas (**están / estén**) allí y les (**ofrezcan / ofrezca**) todos los permisos que necesitan.

Beatriz: ¡Me alegro! Ya sabes que me (**desagrada / importa**) mucho que este proyecto (**sale / salga**) bien.

Tatiana: Pues a Bruno le (**aburre / encanta**) que (**confiamos / confiemos**) en él para el proyecto y yo sé que va a hacer un trabajo excepcional.

Beatriz: ¡Genial! Ahora sí que estoy contenta por el resto del día.

Suggestion for **9.2-08**, **Paso 2**: Have each student classify their reactions as positive or negative. Then, they should share them with a partner and compare whether they are the same. As a follow-up, have a whole-class discussion. Did most pairs agree in their reactions? Did some pair not agree in any of their reactions to this news?

Possible answers for **9.2-08:** All answers for **Paso 1** require the use of the subjunctive in the subordinate clause. Answers may vary depending on their opinions. Possible answers: 1. afecte; 2. trabaje; 3. prohíba; 4. limpie; 5. ponga; 6. sea; 7. convierta. **Paso 2:** Answers may vary.

Use the PowerPoint slides found in the Book Companion Site and *WileyPLUS* to do this activity in class.

9.2-08 Y tú, ¿qué opinas?

Paso 1: Usa las expresiones de la lista para expresar tus opiniones o reacciones sobre las siguientes noticias. Recuerda usar el verbo de la cláusula subordinada en la forma apropiada del subjuntivo.

(no) me preocupa que...	**me alegra que...**	**es** ___increíble___ **que...**
me parece ___horrible___ **que...**	**es terrible/genial que...**	**siento que...**

1. La contaminación atmosférica también afecta a Quito.
2. El gobierno de Ecuador trabaja para eliminar 1.400 fuentes de contaminación ambiental antes del 2016.
3. Perú prohíbe el uso de animales salvajes en los circos.
4. *Petroecuador* limpia la selva amazónica afectada por el derrame de petróleo.
5. La provincia de Huaraz pone en marcha[10] programas de reciclaje y reforestación.
6. El cóndor andino es una especie en peligro de extinción.
7. Perú se convierte en el mayor proveedor[11] de energía limpia y renovable de América del Sur.

© Marcos Ferro/Aurora Open/Corbis

▲ *Ciudad de Huaraz, Perú*

Paso 2: Ahora, compara tus opiniones con las de un/a compañero/a. Para cada noticia, ¿es su reacción positiva o negativa? ¿Coinciden en algunas reacciones, en ninguna o en todas?

[10] **poner en marcha:** to start up [11] **proveedor:** supplier

The suggested narration for **La pura verdad** can be found in the Appendix. Please use this narration to go over each of the frames with your students. You can also find this section (frames and narration) in the PowerPoint slides, found in the Book Companion Site and *WileyPLUS*.

LA PURA VERDAD II Un pueblo de los Andes

Kenny trabaja para *Ingenieros sin fronteras* y va a un pueblito de los Andes con su amigo Rob.

1.

2.

3.

4.

5.

6.

9.2-09 ¿Qué creen que esté pasando? Escucha lo que les pasó a los ingenieros y decide cuál es la explicación más probable.

1. ¿Cuál es el problema?
   a. Es posible que la comida sea muy mala.
   (b.) Es probable que el plato tenga carne y él es vegetariano.
   c. Es posible que piense que es muy poca comida.
2. ¿Por qué entiende todo?
   a. Es posible que estén hablando en inglés.
   b. Es probable que estén hablando en quechua.
   (c.) Es posible que estén hablando en español.
3. ¿Qué le pasa?
   a. Es posible que Kenny quiera más comida.
   (b.) Es posible que Kenny esté triste porque le gustó mucho vivir allí y ahora tiene que irse.
   c. Es probable que piense que ellos fueron antipáticos.

Script for **9.2-09:** 1. Kenny es una persona muy amable y considerada. La comunidad del pueblito les ofrece a los dos una comida muy especial para celebrar el fin del proyecto. A los dos les gustó mucho trabajar allí y llegar a conocer algo de la cultura de la región. Kenny mira su plato y quiere comer, pero no puede. ¿Cuál es el problema? 2. Kenny les pregunta a unas niñas sobre la comida. Les pregunta: ¿Qué tipo de carne es? ¿Qué tienen las papas? Ellas contestan alegremente y para Rob es sorprendente que Kenny pueda entender todo. 3. Es el último día y los dos ingenieros caminan al carro y les dicen adiós a todos. Rob dice adiós muy contento. Kenny empieza a llorar. ¿Por qué?

HABLANDO DE GRAMÁTICA II

WileyPLUS Go to *WileyPLUS* to review this grammar point with the help of the **Animated Grammar Tutorial** and the **Verb Conjugator**.

2. Expressing uncertainty: Present subjunctive with expressions of doubt

As you already know, the indicative mood is used to report and to talk about facts and events as objective and a part of reality. Thus, we use the indicative mood when we want to declare (i.e., state as a fact) the event expressed by that verb: we make a statement about something that someone knows or assumes to be real.

Están hablando quechua.
They are speaking quechua.

Creo [que **están** hablando quechua].
I think [they are speaking quechua].

When we do not want to state or assume but want to express uncertainty or we are just considering a possibility about an event, the subjunctive is used in the subordinate clause:

Dudo/No creo/Es posible [que **estén** hablando quechua].
I doubt/I don't think/It's possible [that they are speaking quechua].

Thus, we use the indicative after main clauses that state or assume the veracity or reality of an event, and we use subjunctive after main clauses that express uncertainty and possibility, or to deny the occurrence an event.

Statements	**Indicative**
Está claro que... Es verdad/cierto que... No hay duda de que... Estoy seguro/a de que...	**están** muy contentos de estar allí.
Assumptions	**Indicative**
Creemos que... Pienso que... Me parece que... Es seguro que... Supongo que...	no **saben** dónde están.

Uncertainty/Negation	**Subjunctive**
No está claro que... No es verdad/cierto/seguro que... No creemos que... No pienso que... No me parece que... No estoy seguro/a de que...	**estén** muy contentos de estar allí.
Possibility	**Subjunctive**
(No) Es posible que... Quizás/Tal vez... *(maybe)* (No) Es probable que...	no **sepan** dónde están.

Exercises labeled with an individual student icon in the **Hablando de gramática** section are intended to be assigned as homework.

9.2-10 ¿Qué dicen? Mira otra vez la historia de Kenny y Rob en **La pura verdad II** y completa el diálogo.

Answers for **9.2-10**: 1. estamos; 2. sepamos; 3. es; 4. están; 5. sea; 6. hablan; 7. toma; 8. tome; 9. como/comemos; 10. voy

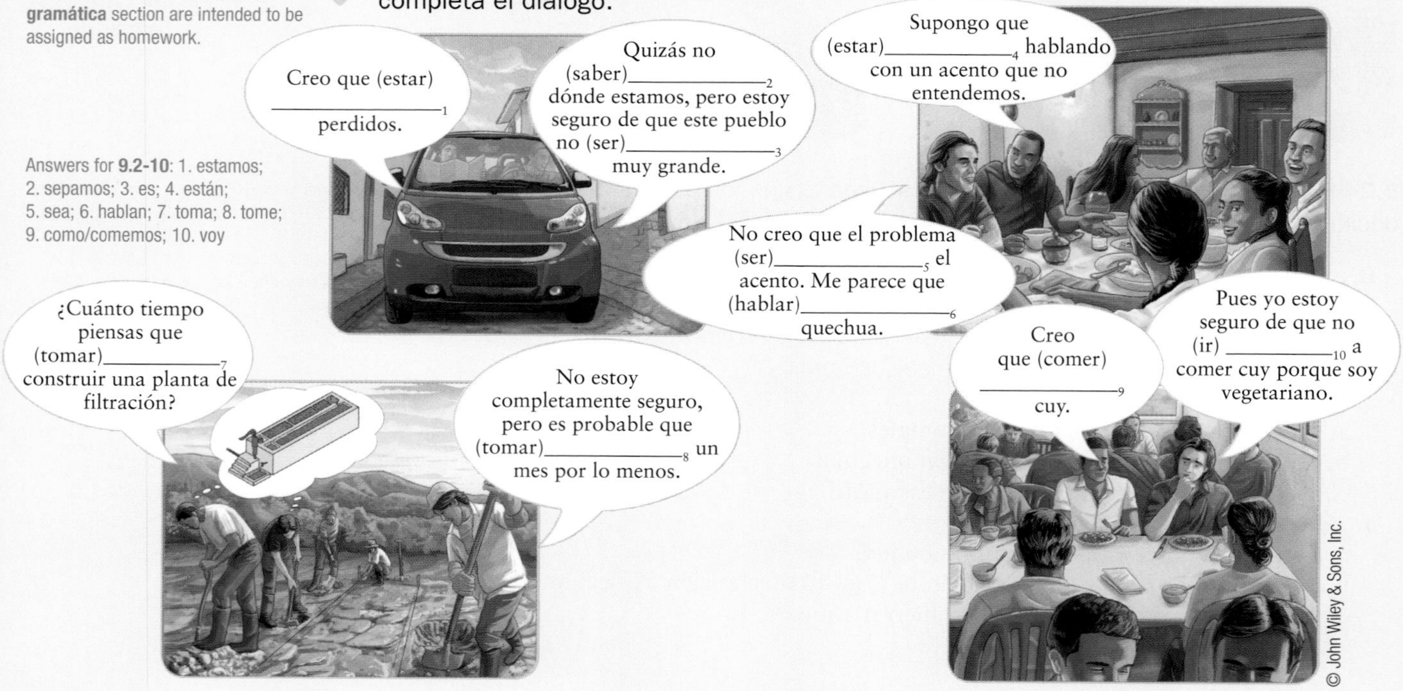

Creo que (estar) ________1 perdidos.
Quizás no (saber)________2 dónde estamos, pero estoy seguro de que este pueblo no (ser)________3 muy grande.
Supongo que (estar)________4 hablando con un acento que no entendemos.
No creo que el problema (ser)________5 el acento. Me parece que (hablar)________6 quechua.
¿Cuánto tiempo piensas que (tomar)________7 construir una planta de filtración?
No estoy completamente seguro, pero es probable que (tomar)________8 un mes por lo menos.
Creo que (comer) ________9 cuy.
Pues yo estoy seguro de que no (ir) ________10 a comer cuy porque soy vegetariano.

9.2-11 La presentación del proyecto Kenny y Rob regresan a Estados Unidos y dan una presentación sobre la construcción del sistema de filtración de agua en la sierra de Miraflores.

Paso 1: Lee la presentación de Kenny y Rob.

Rob: ... *el sistema de filtración lenta con arena* ___es___ *el sistema de tratamiento de agua más antiguo del mundo.* *Está* *considerado el mejor porque elimina la mayoría de las bacterias y residuos de pesticidas. Por ejemplo,* *tiene* *mayor eficacia que el sistema de filtración biológica. Además,* *purifica* *el agua sin contaminar el medio ambiente.*

Kenny: *Los habitantes del pueblo* *trabajan* *muy duro para conseguir agua potable. La construcción de esta planta los va a* *ayuda* *a solucionar la escasez de agua que....*

Paso 2: Ahora, completa los comentarios y preguntas de los asistentes a la presentación con la forma adecuada del subjuntivo o el indicativo de los verbos.

1. **Es verdad que** este sistema ___es___ el más antiguo del mundo. **Está claro que** ___está___ considerado el mejor y **no hay duda de que** ___elimina___ la mayoría de las bacterias y residuos.
2. Pues yo **dudo que** este sistema ___sea___ el más antiguo del mundo, y para mí **no está tan claro que** ___esté___ considerado el mejor. **¿Están ustedes seguros de que** ___elimina___ la mayoría de bacterias y residuos?
3. Yo estudio sistemas de filtración y **es cierto que** ___está___ considerado el mejor sistema de todos. **Estoy completamente seguro de que** ___purifica___ el agua sin contaminar el medio ambiente.
4. **Es posible que** no ___esté___ considerado el mejor sistema de todos, pero **no dudo que** ___tenga___ mayor eficacia que la filtración biológica.
5. Pues yo sé que **es verdad que** los habitantes del pueblo ___trabajan___ duro para conseguir agua potable[12], y **me parece maravilloso que** nosotros los ___ayudemos___ a solucionar la escasez.

[12] **agua potable:** drinking water

OTRA PERSPECTIVA

Courtesy of Myriam Gonzales-Smith

La basura y el reciclaje

Diferente

"La primera vez que fui de compras en Estados Unidos me llamó la atención que en las tiendas usaban muchas bolsas y envases. Me sorprendió mucho ver el exceso de bolsas plásticas en los supermercados y en los restaurantes de comida rápida. Muchas veces le ofrecen al cliente una doble bolsa plástica porque tienen miedo de que una sola se rompa. En Perú se usan menos bolsas y envoltorios[13]. Además, en Perú tienes que pagar extra por las botellas de soda o traer una botella vacía para reemplazar la nueva. ¡Las botellas son caras!"

Igual

"En Perú también hay mucha conciencia sobre la conservación del ambiente, la ecología, el reciclaje y la deforestación. Tenemos grupos que protestan contra la construcción de oleoductos[14], ya que los derrames accidentales pueden contaminar mucho la tierra".

Possible answers for **Otra perspectiva:** 1. En los restaurantes de comida rápida se usa mucha envoltura individual, las sodas que se compran en los supermercados vienen en latas más pequeñas, los almuerzos para niños tienen más plástico que comida, etc. 2. Greenpeace, la EPA (Agencia de Protección Ambiental), el Club Sierra, Earth first!, etc. 3. En California y Oregón la conservación del medio ambiente es más evidente. En otras áreas, en cambio, esa preocupación es menos evidente.

Explícale a Myriam

1. ¿Crees que se usan demasiado las bolsas plásticas en los supermercados y las tiendas de Estados Unidos? ¿Y en los restaurantes de comida rápida? ¿Por qué?
2. ¿Conoces grupos interesados por conservar el medio ambiente?
3. ¿Hay áreas en Estados Unidos donde la gente se interesa más sobre el medio ambiente y el reciclaje que en otras?

MANOS A LA OBRA

Note for **9.2-12:** These questions should encourage a lively discussion on environmental problems and all the daily activities that have an impact on the environment. Ask students to share what they've discussed during the interview and whether they consider themselves to be concerned with the environment. Explore whether their concern translates into specific actions to minimize specific problems. For example, you can discuss "food to go," which is very common in U.S. culture and which generates a lot of paper and plastic waste. Many places will serve food and drinks on paper or plastic even if the order is consumed on site. You can also make a cross-cultural comparison with other countries that you are familiar with. Serving food on paper and plastic is not so common in other countries (think coffee being served in paper cups), even though it is becoming increasingly more widespread. On the other hand, other countries may not have very good recycling programs.

Answers for **9.2-12:** Answers may vary.

9.2-12 ¿Respetas el medio ambiente?

Paso 1: Entrevista a un/a compañero/a sobre los siguientes temas medioambientales.

1. ¿Cuáles son los problemas medioambientales más serios en el área donde vives? ¿Crees que existe una solución para este problema? ¿Haces algo para reducir el impacto de este problema?
2. ¿Reciclas? ¿Hay buenos programas de reciclaje en tu comunidad? ¿Por qué?
3. ¿Haces algo para conservar los recursos naturales? ¿Andas en bicicleta o caminas para gastar menos gasolina? ¿Usas menos calefacción en invierno o menos aire acondicionado en verano? ¿Ahorras agua? ¿Cómo?
4. ¿Vas mucho a restaurantes y cafeterías donde usan envases desechables para la comida y las bebidas? ¿Usas estos envases desechables con frecuencia o prefieres evitarlos? ¿Llevas otros envases alternativos, como por ejemplo, una taza de metal?
5. ¿Conoces algún país hispanohablante? ¿Crees que en ese país son respetuosos con el medio ambiente? ¿Contaminan más o menos que en EE.UU.?
6. En general, ¿crees que eres respetuoso con el medio ambiente?

Paso 2: Después, escriban un pequeño informe. ¿En qué aspectos coinciden los dos? ¿En qué no coinciden?

MODELO: *Mi compañero/a ____________ y yo nos preocupamos por el medio ambiente. Sin embargo, pienso que ____________ es más activista que yo porque...*

Paso 3: Por último, compartan su informe con la clase. ¿Crees que tu compañero/a es respetuoso/a con el medio ambiente?

[13] **envoltorio:** wrapping, packaging [14] **oleoducto:** oil pipeline

9.2-13 El más... y el mejor

RECYCLES making comparisons.

Paso 1: Completa las oraciones con tus opiniones sobre los siguientes temas.

MODELO: El animal más desagradable de una ciudad *es la rata, porque siempre anda entre la basura.*

1. La comida más desagradable[15] o el animal más desagradable
2. El animal más hermoso de la selva
3. El animal doméstico más útil
4. El animal con mayor peligro de extinción
5. El recurso natural más amenazado
6. La peor manera de gastar agua
7. La mejor manera de reducir el consumo de envases desechables

Paso 2: Compara tus respuestas con las de un/a compañero/a. ¿Están de acuerdo? Si no están de acuerdo, intenten convencer al otro de su opinión usando las expresiones de la lista u otras parecidas. ¡Enfatiza tu opinión usando superlativos!

(no) creer que...	(no) está claro que...	es posible que...
(no) pensar que...	(no) es evidente que...	es probable que...
(no) dudo que...	(no) es verdad/cierto que...	quizás, tal vez...

MODELO: *No creo que la rata sea el animal más desagradable. Yo pienso que la cucaracha es el animal más desagradable. ¡Es asquerosísima!*[16] *Siempre vive en la basura también y además...*

Making comparisons: Superlatives and absolute superlatives

Do you remember how to express that something has the highest or lowest degree of a quality? And how do we express that something shows a very high degree of a quality without comparing it to others?

Ese es el problema más serio de todos. ¡Es un problema gravísimo!

Go back to section **Hablando de gramática I** in Chapter 3, Section 2, to review the formation of the superlative before doing activity **9.2-13**.

Suggestion for **9.2-13, Paso 2:** Make this a bigger activity by sharing with the whole class after students have discussed their opinions in pairs. Remind them about the use of the subjunctive or the indicative depending on whether they are making a statement/assumption, or negating/doubting/considering a possibility. Ask pairs that agree on one item to share it with the rest of the class. Are some opinions prevalent among the entire class?

Answers for **9.2-13** and **9.2-14:** Answers may vary.

Suggestion for **9.2-14:** Make sure that students are using the indicative and the subjunctive mood correctly. Remind them that with expressions of possibility and subjective opinions, the subjunctive is always used. With expressions of certainty/uncertainty, they have to think about which mood to use.

9.2-14 El candidato "verde"

Paso 1: Imagina que eres un/a candidato/a para alcalde[17] de tu ciudad. Escribe tres cosas que vas a hacer con respecto al medio ambiente si los ciudadanos te eligen.

MODELO: *Si me eligen, voy a prohibir las megafiestas universitarias en la playa porque producen muchísima basura y desechos. Contaminan la playa y cuesta mucho dinero limpiarla.*

Paso 2: En grupos de tres, interpreten los papeles del/de la candidato/a y dos periodistas. El/La candidato/a habla de lo que va a hacer. Los periodistas toman apuntes y cuando el/la candidato/a termina, hacen comentarios o preguntas. Usen las palabras de la lista:

Dudo que...	Me preocupa que...
No creo que usted...	Me parece que...
Es improbable que usted...	Es bueno que... pero...
(No) Estoy seguro de que usted...	Me alegro de que... pero...

MODELO:
Periodista 1: *Señor/a ______________, ¿qué propone usted para reducir el esmog urbano?*
Periodista 2: *Ese es un asunto muy serio. Voy a aumentar los impuestos de...*
Periodista 3: ***Es genial que usted** tome esas medidas, pero **es probable que** encuentre mucha oposición...*

Paso 3: Para terminar, dos grupos presentan su conferencia de prensa a la clase. El resto de la clase escucha las dos conferencias y al final vota por el mejor candidato.

[15] **desagradable:** disgusting [16] **asqueroso/a:** disgusting [17] **alcalde:** mayor

Suggestions for **9.2-15**: Divide the class in groups, four to five people per group. Each group needs to think about possible causes to a problem and ask a question related to that problem. Based on that question, Students respond to the question with answers that support their opinion of the problem—in favor of one solution or against it, for example. The person who asked the question has to ask another question with a possible solution to keep the conversation going. When students present their debate in class, ask your students another question in order to keep the debate going. Possible questions: **¿Es importante que haya un cambio de actitud en las personas sobre...? ¿Cómo se soluciona...? ¿Qué se puede hacer para...?**

Answers for **9.2-15:** Answers may vary.

9.2-15 Problemas y soluciones sobre el mundo

Paso 1: Piensen en cinco de los problemas ambientales más problemáticos a nivel global. Pueden mirar la lista de la actividad 9.2-05.

Paso 2: Ahora, expliquen las causas de estos problemas. Propongan soluciones a estos problemas usando el subjuntivo y el vocabulario de **Palabra por palabra**. Sean realistas en sus opiniones.

MODELO: la escasez de energía
Causa: *Creo que la gente consume demasiada energía. Está claro que mucha gente prefiere usar su auto en vez de usar el transporte público.*
Solución: *Es necesario que usemos más el transporte público y que desarrollemos energías renovables.*

Paso 3: Ahora, usen la información de **Paso 2** para preparar un debate. Cada grupo presenta un problema ecológico y explica su(s) causa(s), y los miembros de otros grupos presentan posibles soluciones al problema. No olviden usar las palabras del vocabulario y el subjuntivo. Su profesor/a puede añadir otra pregunta sobre el mismo tema, con el objetivo de que presenten otro argumento a favor y otro en contra.

MODELO:
Estudiante 1: *¿Qué puede hacer nuestra comunidad para terminar con* **la** *escasez de energía? Nuestra comunidad consume más energía eléctrica de la que necesita.*
Estudiante 2: *Es necesario que usemos más el transporte público.*
Estudiante 3: *No estamos de acuerdo. La energía es necesaria para la vida diaria. Es mejor que desarrollemos fuentes renovables de energía.*
Profesor/a: *¿Qué ventajas y desventajas tienen las energías renovables?*

WileyPLUS Go to *WileyPLUS* and listen to **Presta atención.**

Script for **9.2-16, Presta atención: Una charla del Ministro del Interior**
La ecología es un tema para preocuparse. Cada vez hay más problemas en el mundo y si seguimos consumiendo tanto petróleo, agua potable y energía eléctrica al ritmo que lo hacemos vamos a terminar con la vida en nuestro planeta. Es mi responsabilidad proteger el medio ambiente, así como conservar los parques naturales, pero necesito la ayuda de todos los ciudadanos. Es muy importante que todos hagan lo posible para evitar la contaminación. Para ello, les que pido que limiten el uso de sus carros ciertos días a la semana. Además, si es posible, usen el transporte público para que no tengamos que depender de tanto petróleo. Todos sabemos que el uso del transporte público o caminar al trabajo, la escuela u otros lugares, ayuda a que tengamos un cielo más azul y menos contaminado. Por mi parte, solamente puedo decirles que vamos a crear más leyes para proteger la naturaleza.

9.2-16 Presta atención: Una charla del Ministro del Interior[18] El Ministro del Interior de Estados Unidos presenta un plan para mejorar el medio ambiente. Escucha su presentación para saber más sobre estos problemas. Después, selecciona la respuesta correcta.

1. ¿Qué problemas menciona el Ministro del Interior?
   a. la deforestación y el uso de pesticidas
   b. un alto consumo de agua, energía eléctrica y pesticidas
   c. un alto consumo de agua, petróleo y electricidad
2. ¿Qué puede ocurrir si no resolvemos los problemas presentados por el ministro?
   a. Nuestro planeta va a mejorar día a día.
   b. La vida en el planeta va a desaparecer.
   c. Se van a reforestar los bosques.
3. ¿Por qué quiere el ministro que no se usen tanto los carros algunos días de la semana?
   a. Para evitar el tráfico cuando vayamos al trabajo.
   b. Para mejorar nuestra salud y usar menos petróleo.
   c. Para no usar tanto petróleo y tener un cielo sin contaminación.
4. ¿Por qué quiere crear leyes?
   a. porque es necesario proteger la naturaleza
   b. porque quiere conseguir más dinero
   c. porque no hay ninguna ley

9.2-17 Por escrito: La basura Trabajas para el periódico de tu universidad y escribes un artículo sobre el tema de la basura. Antes de empezar a escribir: (a) especifica el problema (dónde, cuándo, quién, cómo, etc.); (b) piensa en algunos ejemplos que apoyen tus opiniones; (c) convence a los estudiantes de tus ideas. Usa las sugerencias de **¡OJO!**. Puedes usar estas preguntas para comenzar con tu artículo:

- ¿Qué se hace con toda la basura?
- ¿Es bueno quemar[19] la basura?
- ¿Es preferible que se tire al mar?
- ¿Qué debe hacer la comunidad para solucionar el problema?

[18] **Ministro del Interior:** Secretary of the Interior [19] **quemar:** to burn

¡OJO!

Structuring and revising your writing

When writing an essay you should include an introduction, a body to develop the reasons to support the thesis presented in the introduction, and a conclusion restating your thesis. Then revise the grammar and vocabulary. Check the sentences and clauses that need subjunctive or indicative mood. Did you use the right expressions to use the subjunctive? Or are those expressions used with the indicative?

PONTE EN MI LUGAR

Un ecologista desilusionado Tienes un/a amigo/a que está desilusionado/a con la organización ecológica a la que pertenece. Decidan quién quiere ser el/la ecologista desilusionado/a y quién es el/la amigo/a que le da consejos e ideas. Después, lean atentamente las siguientes descripciones para poder representar la situación. No olviden usar las **Estrategias para conversar**.

Estudiante 1: Eres un/a ecologista. Uno de los objetivos de tu organización es reducir la contaminación y promover el reciclaje de desechos de plástico, vidrio y papel. No estás contento/a con la organización. Explícale a un/a compañero/a: (a) las actividades de la organización que te preocupan, o te importan; (b) qué es necesario/importante/mejor/bueno que la organización haga; (c) los beneficios de la organización para la comunidad; (d) todo el trabajo que hizo la organización.

Estudiante 2: Tu compañero/a pertenece a una organización ecológica. Escucha la información sobre la organización y ofrécele ayuda. Pregúntale sobre: (a) el número de miembros de la organización; (b) las funciones de cada miembro; (c) la situación económica; (d) el trabajo del presidente; (e) días, horas y lugar de las reuniones; (f) sugiere ideas para ayudar a lograr sus objetivos.

Estrategias para conversar

Ways for participating in a debate or conversation (III) In Chapter 8, Section 2, you have learned to use some questions or statements to participate in a conversation when clarification of the topic is needed (e.g., **¿Qué quiere decir? ¿Podría clarificar eso?**, etc.). If you need to further clarify things, use these expressions:

Lo que quiero decir es que... + *indicative*

What I mean is . . .

Yo no digo que... + *subjunctive*

I'm not saying that . . .

@Arroba@

WileyPLUS Go to *WileyPLUS* to find more **Arroba** activities.

Organizaciones ecologistas Explora en tu buscador favorito información sobre una organización ecologista que trabaje para proteger el Parque Nacional de las islas Galápagos. Escribe un pequeño resumen sobre los objetivos de la organización, cómo se financia, el tipo de trabajo que hacen y quiénes participan. Comenta tu investigación con un/a compañero/a y decidan qué organización es más efectiva para proteger el medio ambiente de las Galápagos.

Answers for **Arroba:** Answers may vary.

Suggestions for **Expresión:** Equivalent expression: **A caballo regalado no se le miran los dientes** = *Don't look a gift horse in the mouth.*

ASÍ ES LA VIDA

Use the PowerPoint slides found in the Book Companion Site and *WileyPLUS* to do this section in class.

Suggestion for **Expresión:** Have your students read the dialogue and come up with an English equivalent. You can also have the students role-play situations in which it would be appropriate to use this popular saying.

Expresión: "A caballo regalado no se le miran los dientes".

Ana: ¿Quieres unos tenis?
Ema: Sí, necesito unos tenis, pero ¿no los tienes en rojo?
Ana: No te quejes. **A caballo regalado no se le miran los dientes.**

¿Qué significa esta expresión?
¿Hay un equivalente en inglés? ¿Cuál es?

Adivina, adivinador

¿Cómo se llama,
se llama, se llama
el animal de carga
que viste de lana?

Answers for **Adivina adivinador:** la llama

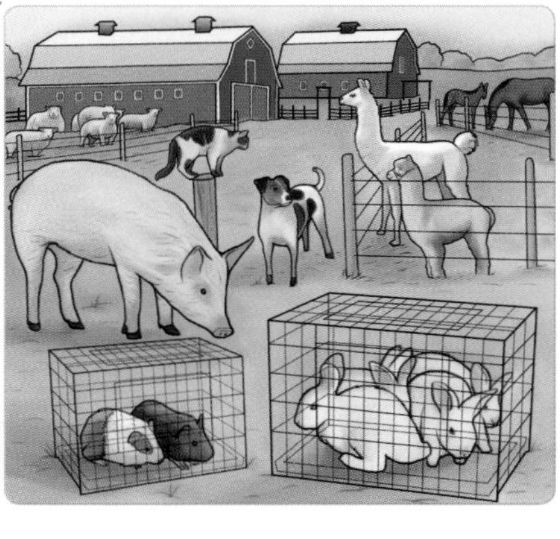

VER PARA CREER II: Un paseo por Cotopaxi

WileyPLUS Go to *WileyPLUS* to see this video and to find more video activities.

Go to *WileyPLUS* and the Book Companion Site to play the video in class. You can also find them in the PowerPoint slides.

Answers for **Antes de ver**: Answers may vary.

Antes de ver

Con ayuda de un/a compañero/a, responde estas preguntas.

1. ¿Conoces parques nacionales de tu país? ¿Quieres visitarlos?
2. ¿Qué volcanes activos o extintos conoces?
3. ¿Qué animales en peligro de extinción conoces?
4. ¿Cómo es la vegetación y la fauna de la Amazonía?

Después de ver

1. ¿Entendiste? Karen y su amiga María José visitan un lugar importante de Quito. Después de escuchar el video, responde las preguntas:

1. ¿Desde hace cuántos años vive Karen en Quito?
   a. Karen vive en Quito desde hace unos días.
   b. Karen vive en Quito desde hace una semana.
   (c.) Karen vive en Quito desde hace dos años.
2. ¿Qué significa "páramo" según María José?
   a. Es un refugio para los animales y la gente.
   (b.) Es un lugar donde hay un ecosistema.
   c. Es el interior de un volcán.
3. ¿Qué animal según María José está en peligro de extinción?
   a. Los cuyes están en peligro de extinción.
   b. Los loros están en peligro de extinción.
   (c.) Los cóndores están en peligro de extinción.
4. ¿Qué consejos le da María José a Karen para proteger a los animales en peligro de extinción?
   a. Le sugiere que alimente a los animales.
   (b.) Sugiere que se eduque a la gente.
   c. Le pide que los lleve a refugios nacionales.
5. ¿Qué actividad hace Karen al final del video?
   a. Ella monta en bicicleta.
   (b.) Ella monta a caballo.
   c. Ella hace *canopy*.

Answers for **Después de ver:** **2. Actividades en la Hacienda El Porvenir:** Answers may vary. **3. Enfoque cultural:** Answer may vary.

2. Actividades en la Hacienda El Porvenir Al final del recorrido por el Cotopaxi, Karen quiere saber más información sobre las actividades que se pueden practicar en la Hacienda El Porvenir. ¿Qué piensas del *canopy*? ¿Practicaste alguna vez esta actividad? ¿Dónde y cómo?

3. Enfoque cultural ¿Qué actividades de tu ciudad le recomiendas a un visitante? ¿Por qué?

Possible answers for **Gramática III:** 1. Me preocupa que la escasez de lluvia **afecte** a nuestra ciudad.; 2. Me molesta que la contaminación de los ríos **provoque**... 3. Me importa **intentar** reducir el uso de gasolina. 4. No me gusta que el gato andino **esté** en peligro de extinción. 5. Me gusta **reciclar** las bolsas de plástico.

AUTOPRUEBA

VOCABULARIO

I. ¿De qué hablamos? Lee las definiciones y busca la palabra correspondiente en la sección **Palabra por palabra.**

d 1. Es un animal que puede volar.
a 2. Es la posibilidad de desaparición de animales.
e 3. Es la acción de defender a una persona, animal o cosa de un peligro.
c 4. Es la acción de economizar o de no gastar algo.
b 5. Es un líquido que se extrae de la tierra para producir gasolina.

a. peligro de extinción
b. el petróleo
c. ahorrar
d. un pájaro
e. proteger

II. ¿Hay soluciones? Empareja cada problema con la solución más apropiada.

a 1. la deforestación
f 2. la contaminación del agua
e 3. tirar basura al suelo
c 4. la escasez de energía
b 5. la escasez de agua
d 6. tirar envases de plástico y vidrio a la basura

a. plantar árboles
b. ahorrar agua
c. conservar electricidad
d. poner contenedores de reciclaje en las calles
e. poner la basura en los contenedores
f. no tirar basura a los ríos o el mar

Possible answers for **Gramática I**: 1. Es una pena que las llamas no puedan vivir en las zonas tropicales. 2. Es extraño que el cuy tenga un sabor similar al pollo. 3. Es increíble que Machu Picchu esté muy alto en las montañas. 4. Es maravilloso que la llama y la alpaca produzcan lana de gran calidad.

GRAMÁTICA

I. Tus impresiones sobre Perú y Ecuador Aprendiste sobre estos países. ¿Cuáles son tus impresiones?

Es increíble/terrible/maravilloso/extraño/ sorprendente/raro/genial/una pena...

MODELO: La llama y la alpaca son animales autóctonos de América del Sur. → *Es sorprendente que la llama y la alpaca sean animales autóctonos de América del Sur.*

1. Las llamas no pueden vivir en zonas tropicales.
2. El cuy tiene un sabor similar al pollo.
3. Machu Picchu está situado a 2.430 metros (7.970 pies) sobre el nivel del mar.
4. La llama y la alpaca producen lana de gran calidad.

II. ¿Verdad o mentira? Decide si lo siguiente sobre Perú y Ecuador es cierto o falso.

(no) creo/pienso/dudo que...
(no) es cierto/verdad/probable que...

MODELO: Cuando están enojadas, las llamas escupen. → *Dudo que las llamas escupan. (Falso, sí escupen)*

Possible answers for **Gramática II**: 1. Es probable que Perú sea del tamaño de Alaska. (Es verdad). 2. Es cierto que es mundialmente famoso. (Es verdad). 3. Es verdad que los militares y los policías no pueden votar en las elecciones. (Es verdad). 4. Creo que la carne de llama se come. (Es verdad). 5. Es cierto que conejillo de Indias es otro nombre para el cuy. (Es verdad).

1. Perú es del tamaño de Alaska.
2. Un escritor peruano, Mario Vargas Llosa, es mundialmente famoso.
3. En Perú, ni los militares ni los policías pueden votar en las elecciones.
4. La carne de llama no se come.
5. Otro nombre para el cuy es conejillo de Indias.

III. ¿Qué reacción te producen las siguientes situaciones? Usa las expresiones de la lista para expresar tus opiniones. Usa las frases entre paréntesis y presta atención a si hay cambio de sujeto o no.

(no) me preocupa (que)... **(no) me importa (que)...**
me alegra (que)... **(no) me gusta (que)...**
(no) me molesta (que)...

1. La escasez de lluvia afecta a nuestra ciudad.
2. La contaminación de los ríos provoca la muerte de millones de peces al año.
3. Intento reducir el consumo de gasolina.
4. El gato andino está en peligro de extinción.
5. Reciclo las bolsas de plástico.

CULTURA

Decide si la oración es **Cierta** o **Falsa**. Si es falsa, corrígela.

	Cierto	Falso
1. El español es la lengua materna de todos los peruanos.	☐	☑
2. La llama es natural de la costa.	☐	☑
3. El cuy no es una mascota, se cría para comer.	☑	☐
4. Las líneas de Nazca se pueden ver desde un avión.	☑	☐
5. Hay cocaína disponible para todos.	☐	☑

REDACCIÓN

Piensa en algo que te llama la atención sobre el medio ambiente, la contaminación, la belleza de la naturaleza, etc. Escribe qué te sorprende, te interesa o sientes acerca de estos temas.

EN RESUMIDAS CUENTAS, AHORA PUEDO...

- ☐ expresar gustos y preferencias.
- ☐ hacer comparaciones.
- ☐ nombrar animales en español.
- ☐ hablar sobre problemas medioambientales.
- ☐ expresar emociones y dudas.
- ☐ opinar sobre problemas ecológicos.
- ☐ entender el papel de la coca en la cultura andina.

VOCABULARIO ESENCIAL

Sustantivos

la araña	*spider*
el animal (doméstico/ salvaje)	*(domestic/wild) animal*
la basura	*garbage*
el caballo	*horse*
el calentamiento global	*global warming*
el cambio climático	*climate change*
el/la cerdo/a	*pig*
el/la conejo/a	*rabbit*
la contaminación (del aire, del agua...)	*(air, water . . .) pollution*
el cuy	*guinea pig*
el derrame	*oil spill*
el desecho	*waste*
el/la ecologista	*environmentalist*
el envase (desechable)	*(disposable) container*
la escasez	*shortage*
el/la gato/a	*cat*
la mariposa	*butterfly*
el medio ambiente	*environment*
la oveja	*sheep*
el/la pájaro/a	*bird*
el papel	*paper*
el/la perro/a	*dog*
el petróleo	*oil*
el pez	*fish*
la rana	*frog*
el reciclaje	*recycling*
el recurso (natural)	*(natural) resource*
la serpiente	*snake*
la tortuga	*turtle*
el vidrio	*glass*

Cognados: la alpaca, el cóndor, la deforestación, el delfín, la ecología, la energía (eléctrica, renovable...), el esmog, la especie, la fauna, el insecto, la llama, el mosquito, el pesticida, el plástico, la reforestación, el reptil, la serpiente

Verbos

ahorrar	*to save*
contaminar (el aire, el agua)	*to pollute (the air, the water)*
desarrollar	*to develop*
tirar	*to throw away*

Cognados: conservar, consumir, proteger, reciclar

Expresiones

estar en peligro de extinción	*to be endangered*
quizás/tal vez	*maybe*

La salud y el bienestar

Use the PowerPoint slides found in the Book Companion Site and *WileyPLUS* to watch the video in class.

VER PARA CREER I: Mal de altura

Antes de ver el video, no te olvides de leer el título del capítulo para saber un poco sobre el posible tema del video. Conversa unos minutos con un/a compañero/a para compartir ideas sobre lo que esperas ver en este video. Después de ver y escuchar, contesta las preguntas.

1. ¿Dónde están los chicos del video?

2. ¿Qué le duele a un chico? Menciona una cosa.

3. ¿Qué viste en la segunda parte del video?

Suggestions for **Ver para creer I**: After students converse for a few minutes, ask the class what topic they think they will watch in the video. Ask them to keep in mind the country where this takes place. Tell them to notice which countries will be covered in this chapter. What do they understand about **la medicina alternativa**? If your students don't answer, don't worry because they will learn it in the chapter and they will see images in the video.

Answers for **Ver para creer I**: 1. en una cafetería y luego en un mercado; 2. Parece que le duele la cabeza. 3. puestos, productos y vendedores

Sección 1 La salud y la enfermedad

PALABRA POR PALABRA

- El cuerpo humano
- Los síntomas
- La salud: Los remedios y la enfermedad

HABLANDO DE GRAMÁTICA

- Giving instructions: Formal commands
- Expressing wants, desires, and hopes: Present subjunctive with verbs of volition
- Summary of the subjunctive mood

CULTURA

- La bebida preferida en Paraguay: el tereré
- La medicina alternativa

Sección 2 Medicina y estilos de vida

PALABRA POR PALABRA

- Los estados de ánimo
- Los profesionales de la salud
- La salud: Hábitos saludables y prevención

HABLANDO DE GRAMÁTICA

- Describing people: **Ser** and **estar** + adjective
- Giving advice: Impersonal expressions with subjunctive
- Giving instructions and advice: Informal commands
- Expressing qualities: **Lo** + adjective

CULTURA

- La espiritualidad
- Diferentes estilos de vida

Trivia: Go to *WileyPLUS* to do the **Trivia** activities and find out how much you know about these countries!

Bolivia y Paraguay

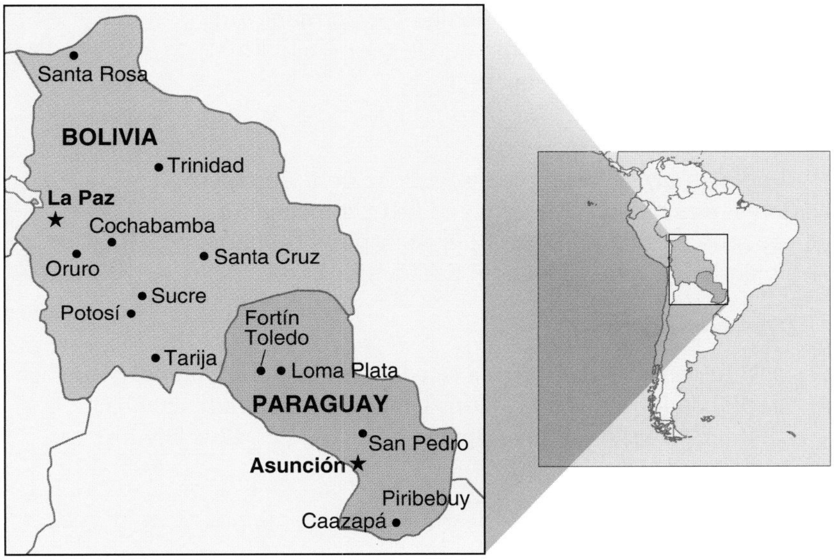

LEARNING OBJECTIVES

By the end of this section you will be able to:

- Discuss health issues and treatments
- Identify the different parts of the body
- Give instructions
- Express hopes and wishes
- Talk about alternative medicine
- Understand bilingualism in Paraguay

Answers for **Una imagen vale más que mil palabras:** 1. español y guaraní; 2. El 90% de la población de Paraguay habla guaraní aunque no sea de ascendencia indígena. 3. Navajo, dakota, lakota, yup'ik y cherokee son los más populares. El total de lenguas que se hablan en Estados Unidos (además del inglés) es alrededor de 300.

Note for **Una imagen vale más que mil palabras:** In many countries of the Americas, usually only the indigenous population speak the native language, but in Paraguay, Guarani was adopted by the general population and was declared, along with Spanish, the official language of Paraguay in 1992. Health professionals in Paraguay will most likely speak Guarani, while in Bolivia, very few professionals will speak the indigenous languages: Quechua or Aymara.

Una imagen vale más que mil palabras

© J- Montero/Demotix/Corbis

◀ *Los idiomas oficiales de Paraguay son el guaraní y el español.*

¿Reconoces los idiomas de este cartel?

¿Quiénes crees que hablan guaraní?

¿Se hablan idiomas indígenas en Estados Unidos? ¿Cuáles?

UNA PERSPECTIVA

Courtesy of Megan M. Mayzelle

La bebida preferida en Paraguay: el tereré

Diferente

"Cuando estuve en Paraguay vi que todos bebían una bebida con mucha cafeína llamada tereré. Es una hierba parecida al mate que se bebe en la Argentina, pero no se bebe con agua caliente, sino con agua muy fría. Se toma en una taza que se llama guampa que es como un termo decorado y se bebe con una bombilla[1]. Es una bebida que se comparte con los amigos o familiares y todos beben del mismo envase. Yo pensé en los gérmenes[2]. Si una persona está resfriada[3], todos nos vamos a enfermar, pero mis amigos me aseguraron que el tereré mata los gérmenes. ¡Hay que relajarse!"

Casi igual

"En Paraguay se bebe mucho la Coca-Cola. También tienen una bebida que se llama 'vino con coca' (o sea, que mezclan la Coca-Cola y el vino tinto) que es similar a los *wine coolers* de Estados Unidos".

Courtesy of Megan M. Mayzelle

▲ *¿Quieres tereré?*

Answers for **Una perspectiva:** 1. Se bebe café, té, refrescos con cafeína y muchas bebidas de energía que tienen mucha cafeína. 2. Sí, beben refrescos que contienen cafeína. 3. Answers may vary. Some soft drinks that are not popular in other countries are fruit punch and root beer.

¿Qué piensas tú?

1. ¿Qué bebidas con cafeína se beben en Estados Unidos? ¿Qué bebes tú?
2. ¿Beben los niños de Estados Unidos refrescos con cafeína?
3. ¿Qué refresco es muy popular y típico de Estados Unidos?

[1]**bombilla:** metal straw [2]**gérmenes:** germs [3]**estar resfriado/a:** to have a cold

LA PURA VERDAD I Un remedio alternativo

The suggested narration for **La pura verdad** can be found in the Appendix. Please use this narration to go over each of the frames with your students. You can also find this section (frames and narration) in the PowerPoint slides, found in the Book Companion Site and *WileyPLUS*.

Megan fue voluntaria en la organización del Cuerpo de Paz[4] y pasó un año en Paraguay.

1.

2.

¿Qué te duele? ¿Te duele el oído? ¿Te duele la cabeza? ¿Tienes fiebre? ¿Tienes escalofríos?

No me siento bien. Tengo dolor de estómago, náuseas y dolor de cabeza.

3.

¡Cola de caballo!

Este tereré te va a curar rápido. Le voy a poner un yuyo, que es una hierba que se llama cola de caballo.

4.

Tómalo todo. Te va a curar el dolor de estómago.

5.

6.

¡Me siento bien y tengo hambre!

© John Wiley & Sons, Inc.

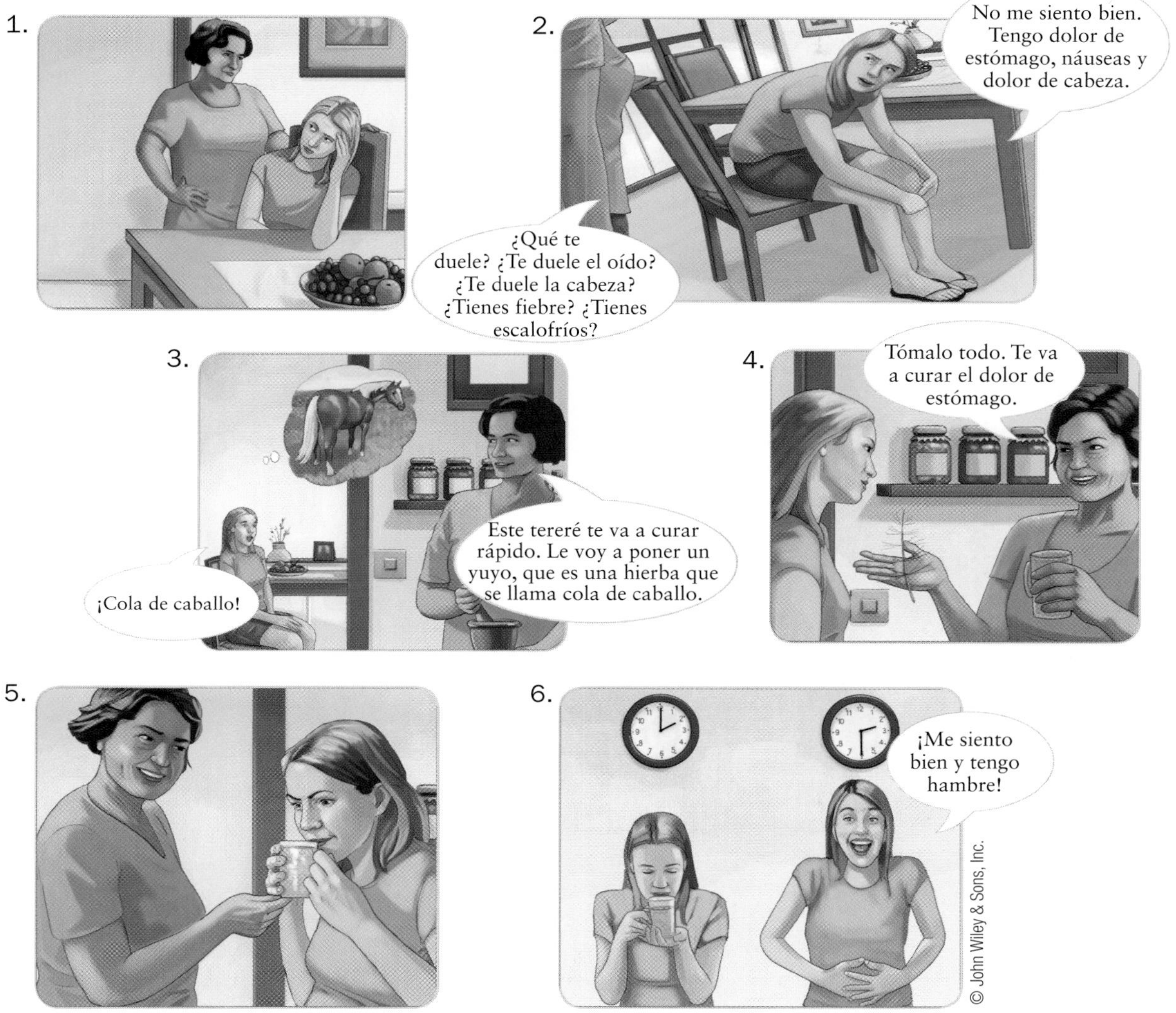

10.1-01 Otro tipo de medicina Escucha lo que le pasa a Megan después de unas semanas de estar trabajando en Paraguay. Consulta la tabla de hierbas cuando sea necesario.

1. Megan quiere saber más sobre la medicina tradicional. ¿Cierto o falso?
2. Cuando la amiga de Megan no quería comer, Megan le preparó un tereré y le añadió...

Hierbas	Usos
anís	para el resfriado
menta	es un calmante[5]
eucalipto	para el resfriado, para la tos
cola de caballo	para el dolor de estómago

3. Cuando la madre le prepara un tereré a Aníbal, le añade...

Answers for **10.1-01**: 1. Cierto. 2. cola de caballo 3. Possible answers: anís, menta, eucaplito.

Script for **10.1-01:** 1. Megan es una chica de Estados Unidos que siempre usaba medicina moderna. Ahora quiere aprender más sobre la medicina tradicional de Paraguay. Quiere estudiar las hierbas para curar enfermedades. 2. Unos días después, una compañera del Cuerpo de Paz no se sentía bien. No quería comer y le dolía el estómago. Megan consultó su lista de hierbas y le preparó un tereré. ¿Qué hierba le añadió? 3. El niño más pequeño de la casa, Aníbal, es muy activo. Tiene mucha energía, pero hoy tiene mucha tos. Su madre le prepara un tereré y le añade dos hierbas. ¿Qué hierbas le añade?

[4]**Cuerpo de Paz:** Peace Corps [5]**calmante:** painkiller, tranquilizer

PALABRA POR PALABRA

Use the PowerPoint slides found in the Book Companion Site and *WileyPLUS* to do this section in class.

El cuerpo humano *Human body*

Courtesy Megan M. Mayzelle

Las partes del cuerpo

In **Palabra por palabra** of Chapter 3, Section 1, you already learned some words to name parts of the head. Review that vocabulary before learning new words related to the human body.

Algunas partes internas

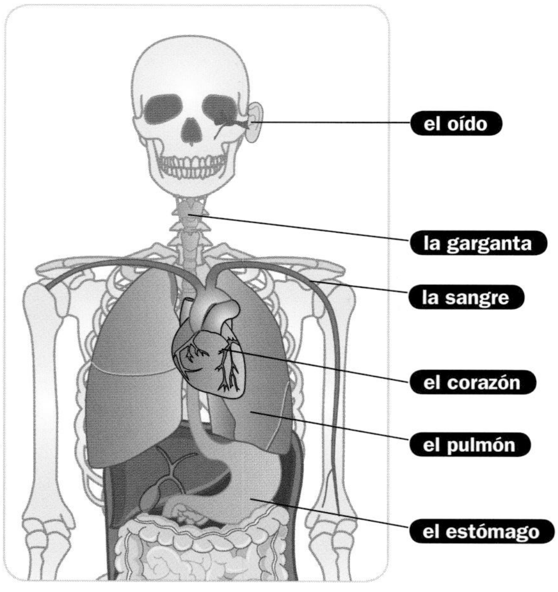

© John Wiley & Sons, Inc.

Los síntomas	***Symptoms***
estornudar	*to sneeze*
tener alergias	*to suffer from allergies*
tener comezón	*to have an itch*
tener dolor de (cabeza, estómago, oído)	*to have (a head, stomach, ear) ache*
tener escalofríos	*to have chills*
tener fiebre	*to have a fever*
tener mareos	*to feel dizzy*
tener migraña	*to have a migraine*
tener náuseas	*to feel nauseous*
tener tos/toser	*to have a cough*

La salud *Health*

curar	*to cure, to heal*
curarse	*to get well, to recover*
doler (ue)[6]	*to hurt*
enfermarse	*to get sick*
estar resfriado/a	*to have a cold*
mejorar	*to get better*
romperse un hueso	*to break a bone*
el seguro médico	*health insurance*
sentirse mal/bien	*to feel badly/well*
torcerse el tobillo	*to twist an ankle*
ponerle una inyección/vacuna a alguien	*to give somebody a shot/vaccine*

Adjetivos

congestionado/a	*congested*
débil	*weak*
enfermo/a	*sick*

Cognado: medicinal

Los remedios

la infusión/el té de hierbas	*herbal tea*
el jarabe para la tos	*cough syrup*

La enfermedad *Disease, illness*

el sida	*AIDS*
los gérmenes	*germs*
la gripe	*flu*
el malestar	*discomfort*
el resfriado	*cold*

Cognados: el antibiótico, la bronquitis, la cura, la diabetes, el diagnóstico, la infección, la medicina, la neumonía, el/la paciente, el tratamiento

El consultorio del médico

¿Qué dicen los paraguayos?

¿Quieres un <u>tereré</u>?	*Would you like a <u>tereré</u> (tea-like cold drink)?*
Le voy a añadir un <u>yuyo</u>.	*I am going to add a <u>medicinal herb</u>.*
Hablo <u>jopará</u>.	*I speak <u>Spanish with a lot of guaraní words</u>.*
<u>Nambrena</u>, no quiero hacer esto.	*<u>No</u>, I don't want to do this.*

10.1-02 ¿Qué me pasa, doctor? Estas personas van al médico porque no se sienten bien. Le explican sus síntomas al médico. ¿Qué les dice él? ¿Cuál es su diagnóstico?

__e__ 1. Doctor, estoy mareada, tengo náuseas y no tengo hambre.
__g__ 2. Me duele la cabeza, estoy congestionada y estornudo mucho.
__f__ 3. Estoy tosiendo mucho, me duele la garganta y también me es difícil respirar.
__a__ 4. Tengo fiebre, escalofríos, dolor de garganta y me siento muy débil[7].
__d__ 5. Tengo comezón en los ojos y estornudo mucho.
__c__ 6. Tengo sed y hambre excesivas, y me siento débil todo el tiempo.
__b__ 7. Me caí y me torcí el tobillo.

a. Tiene gripe.
b. Tiene el hueso roto.
c. Tiene diabetes.
d. Tiene alergia.
e. Está embarazada.
f. Tiene bronquitis.
g. Está resfriada.

[6]**Doler** is used as **gustar**, e.g., **Me/Te/Le/Nos/Les duele...** [7]**débil:** weak

Suggestions for **10.1-03:** It is better if students write the definitions instead of thinking about them; this gives them time to plan and be more accurate in their production. After you have given them some time to write their definitions, you can have different pairs read them out loud to the class for the other students to guess. Alternatively, you can collect all the definitions and use them for a whole-class game or group competition.

Answers for **10.1-03, Paso 1:** 1. antibiótico; 2. receta; 3. gripe; 4. rodilla; 5. jarabe; 6. neumonía; 7. huesos; 8. pastilla

10.1-03 ¿De qué hablamos?

Paso 1: Lean las definiciones y busquen la palabra correspondiente en la sección **Palabra por palabra.**

MODELO: Es una enfermedad contagiosa viral muy común que afecta a la nariz, la garganta y los pulmones.
→ *el resfriado*

1. Es una sustancia química que se usa para tratar infecciones.
2. Es la hoja de papel donde el médico prescribe medicamentos al paciente.
3. Es una enfermedad viral que provoca una infección en el sistema respiratorio y causa fiebre.
4. Es la articulación más grande del cuerpo humano que se encuentra en las piernas.
5. Es una medicina líquida que contiene azúcar y por lo menos un ingrediente activo y que se usa en el tratamiento de síntomas como la tos.
6. Es una enfermedad de los pulmones que viene acompañada de tos.
7. Son partes del cuerpo firmes, duras y resistentes, que forman el esqueleto.
8. Es un tipo de medicamento pequeño y de forma redonda que se traga[8] fácilmente.

Paso 2: Ahora, elijan tres palabras de la sección **Palabra por palabra** y escriban tres definiciones que van a leerle a la clase. ¡Atención! Recuerden que para definir siempre usamos el verbo *ser*.

MODELO: Es un/a... que...

Giving instructions: Formal commands In Chapter 7, Section 2, you learned how to use formal commands when giving instructions to people with whom you have a formal relationship—those you would normally address as **usted.** You can also use formal commands to give recommendations. As you know, formal command forms are the same as the third person of the present subjunctive. Study the following examples:

Subjunctive	Formal command
Le recomiendo **que tome** ibuprofeno. También quiero **que beba** muchos líquidos y **que descanse** mucho. *I recommend that you take ibuprofen. I also want you to drink a lot of liquids and to rest a lot.*	**Tome** ibuprofeno, **beba** muchos líquidos y **descanse** mucho. *Take ibuprofen, drink a lot of liquids, and rest a lot.*

If the forms of the formal commands coincide with the third person forms of the present subjunctive, what are the verbs that have irregular formal command forms?

Suggestions for **10.1-04:** As a follow-up you can ask students to go to the board and write more recommendations for each option. For which symptom/discomfort are there more recommendations?

10.1-04 ¿Qué recomienda el médico?
¿Qué le dice el médico a sus pacientes si tienen los siguientes síntomas? RECYCLES formal commands.

Paso 1: Indica la recomendación más apropiada para cada caso.

e 1. Tengo gripe.	a. Use eucalipto para respirar mejor.
g 2. Estoy mareado/a.	b. Vaya a la farmacia y compre un jarabe para la tos.
f 3. Estoy deprimido/a.	c. Prepare una infusión con anís, miel y limón y bébela despacio.
c 4. Me duele la garganta.	d. No coma grasas ni comidas picantes.
d 5. Tengo dolor de estómago.	e. Tome ibuprofeno cada 6 horas hasta que le baje la fiebre.
b 6. Estoy tosiendo mucho.	f. Vea a un psicólogo o a un psiquiatra.
a 7. Tengo la nariz congestionada.	g. Siéntese y respire aire fresco.

[8] **tragar:** to swallow

Paso 2: Ahora, para cada malestar, piensa con un/a compañero/a en dos recomendaciones más por lo menos.

MODELO: Estudiante 1: *Si tiene gripe,* ***descanse*** *mucho.*
Estudiante 2: *Sí, y también* ***beba*** *mucho líquido.*

Answers for **10.1-04, Paso 2:** Answers may vary.

Suggestions for **10.1-04, Paso 2:** Do a whole-class discussion for **Paso 2**. Survey the students. What are the most popular remedies? Do they often go to the doctor in these situations? Who do they talk to? Do they go to the pharmacy and take over-the-counter medicines? Do they know any traditional remedies for those symptons?

10.1-05 ¿Qué haces si...?

Paso 1: ¿Qué haces en estas situaciones? ¿Qué tomas, con quién hablas, adónde vas? Piensa en dos o tres cosas que haces habitualmente si estás en una de estas situaciones.

a. Estás bailando con tus amigos en una discoteca y pisas[9] mal. Te tuerces el tobillo y te duele muchísimo.
b. Te duele la garganta y estás congestionado/a. Te vas a la cama por la noche pero no puedes dormir porque no puedes respirar.
c. Comiste algo en un restaurante y no te sientes bien. Te duele mucho el estómago y tienes muchas náuseas.
d. Comiste algo en un restaurante de comida rápida y tienes que ir al baño muchas veces.
e. Te duelen el cuerpo y la cabeza, tienes fiebre y ganas de vomitar. Te sientes muy débil y estás solo/a en casa.
f. Te caíste y te rompiste un diente. No te duele, pero se ve muy feo.
g. Comiste algo que te provocó una reacción alérgica muy fuerte. Tienes mucha comezón y la piel muy roja.

Possible answers for **10.1-05:** Answers may vary.

Paso 2: En grupos, comenten sus respuestas. ¿Coincides con tus compañeros? Después, decidan qué es mejor hacer en estas situaciones.

MODELO: Estudiante 1: *Si estoy solo/a en casa y tengo fiebre y me siento muy mal, tomo unas pastillas de ibuprofeno y después llamo a mis padres.*
Estudiante 2: *Sí, eso es buena idea. Puedes tomar unas pastillas de ibuprofeno o aspirina. También llamo a mi madre cuando estoy enferma y ella me dice qué hacer.*

Paso 3: Ahora piensen en cada situación otra vez. ¿Conocen remedios naturales o tradicionales que puedan usar en cada situación? ¿Cuáles?

10.1-06 ¿Con qué frecuencia vas al médico?

10.1-06 ¿Con qué frecuencia vas al médico? Hablen sobre con qué frecuencia les ocurren o hacen las siguientes cosas.

MODELO: ir al consultorio del médico
Estudiante 1: *¿Con qué frecuencia vas al médico?*
Estudiante 2: *Casi nunca voy al médico porque casi nunca estoy enfermo.*
Estudiante 1: *Yo sí voy bastante. Tengo alergia y voy una vez cada seis meses para que me pongan una inyección.*

Suggestions for **10.1-06:** Pair up your students and ask them to complete this exercise taking turns in asking each other. Then, check with the whole class. Expand by asking the name of the products that they use, or what they do when they have those symptoms, for example: **¿Todos los años te pones una vacuna? Ah, sí, ¿la vacuna para la gripe, no? Eso está muy bien, yo casi nunca lo hago...** You can also do a human graph by writing the "frequency words" on the board and having students stand under the word that best applies to them when you ask one of the questions.

Answers for **10.1-06:** Answers may vary.

muchas veces | **a veces** | **casi nunca** | **nunca**

1. estar resfriado/a o tener gripe
2. tener dolor de cabeza
3. tener dolor de estómago
4. marearse
5. quedarse en casa por estar enfermo/a o sentirse mal
6. hacerse un examen médico general
7. tomar remedios naturales
8. tomar aspirinas u otro medicamento
9. ponerse una inyección o una vacuna
10. tomar antibióticos

[9] **pisar:** to step

HABLANDO DE GRAMÁTICA I

WileyPLUS Go to *WileyPLUS* to review this grammar point with the help of the **Animated Grammar Tutorial** and the **Verb Conjugator**.

1. Expressing wants, desires, and hopes: Present subjunctive with verbs of volition

As you already know, the indicative mood is used to talk about facts and events as objective and part of reality. We use the indicative mood when we declare (state as a fact) the content of the subordinate clause: We make a statement about something that someone knows or assumes it is real.

Carmen me dijo [que no **tengo** nada grave].	*Carmen told me [that I don't have anything serious].*
Carmen sabe [que este remedio **cura** el dolor de estómago].	*Carmen knows that [this remedy cures stomach aches].*

By contrast, when we talk about wishing that an event or situation were a certain way, we are not stating or assuming that situation or event is true. Rather, when we express a desire, want or wish, we are contemplating the possibility of an idea, since we are hoping that the event or situation (expressed in the subordinate clause) were true or becomes true.

Espero [que Carmen **tenga** razón y que no **sea** nada grave].	*I hope [that Carmen is right and that it is nothing serious].*
Ojalá [que este remedio me **cure** el dolor de estómago].	*Let's hope [that this remedy cures stomach aches].*

Thus, we use the subjunctive mood with the subordinate verb that follows main clauses that express a wish, want, or desire.

Main clause (expression of wish, want, or desire)	Subordinate clause (subjunctive verb)
Deseo Esperamos Ojalá Quieren	[que no **tengan** dolor de estómago]. [que Carmen **hable** primero con el médico].

The following verbs and phrases, among others, express wishes and require the use of the subjunctive when followed by a subordinate clause:

desear Deseo [que se **cure** de su enfermedad].
I wish [that he would recover (gets cured) from his illness].

esperar Esperamos [que te **mejores** pronto].
We hope [that you get well soon].

preferir Prefiero [que **pruebes** un remedio natural antes de tomar pastillas].
I prefer [that you try a natural remedy before taking pills].

ojalá[10] Ojalá [que me **vaya** bien con esta medicina].
Let's hope [that this medicine works well for me].

Infinitive or subjunctive?

When expressing wishes, the subordinate verb can be a subjunctive form (introduced by **que**) or an infinitive.

	Infinitive	Subjunctive
	If the subject of the subordinate verb and the person referred to in the main clause are the same:	If the subject of the subordinate verb and the person referred to in the main clause are different:
desear esperar querer preferir	<u>Espero</u> no <u>tener</u> dolor de estómago. (yo) = (yo)	<u>Espero</u> que no <u>tengas</u> dolor de estómago. (yo) ≠ (tú)

[10]**Ojalá** is an invariable expression derived from the Arabic *inchallah*, which literally means "God willing."

Exercises labeled with an individual student icon in the **Hablando de gramática** section are intended to be assigned as homework.

10.1-07 ¿Qué quieres que haga? Mira la historia de **La pura verdad I** y combina las oraciones de la primera columna con la más apropiada de la segunda.

<u>d</u> 1. Megan no se siente bien y quiere...

<u>f</u> 2. Carmen sabe que...

<u>e</u> 3. Carmen le dice a Megan que...

<u>b</u> 4. Carmen espera que...

<u>g</u> 5. Megan piensa: ¡Ojalá que...

<u>a</u> 6. Después de esa experiencia, Megan desea...

<u>c</u> 7. Megan quiere que...

a. aprender a usar las hierbas como remedios naturales.

b. Megan mejore después de tomar el tereré.

c. Carmen le enseñe todo lo que sabe sobre las hierbas medicinales.

d. dejar de tener escalofríos.

e. beba todo el tereré.

f. a Megan no le gusta mucho la bebida que le preparó.

g. el té de hierbas de Carmen me cure pronto el dolor de estómago!

10.1-08 El programa de voluntarios del centro de salud Megan conversa con su amiga Carmen sobre el programa de voluntarios. Indica cuál es la palabra correcta de las dos opciones.

Carmen: Megan, ¿ya empezaste a trabajar en el centro de salud?

Megan: ¡Sí! Me gusta mucho. Ojalá que me (acostumbre / acostumbrar) pronto al trabajo. Deseo que me (consideren / considerar) una buena voluntaria, porque quiero (ayude / ayudar) a la gente. Ya fui a la primera reunión con el resto de los voluntarios. Hay una reunión una vez al mes. En esas reuniones, la directora nos dice lo que esperan que (hacemos / hagamos).

Carmen: ¿Y qué les pide que (hagan / hacer)?

Megan: Pues algunos pacientes se sienten muy solos. Quieren que (conversemos / conversamos) con ellos, que (ayudamos / ayudemos) a las enfermeras y que (atendemos / atendamos[11]) a los familiares de los pacientes. Yo prefiero que los pacientes me (diga / digan) lo que necesitan, y entonces lo (hago / haga). Lo único que no (podemos / podamos) hacer es prestar atención médica porque todavía no somos doctores.

Carmen: Y los pacientes y el personal del centro, ¿están contentos con el trabajo de los voluntarios?

Megan: Pues espero que sí, porque quiero que (continúe / continúen) con ese programa.

10.1-09 Y tú, ¿qué esperas? Answers for **10.1-09:** Answers may vary.

Paso 1: Usa las expresiones de la lista para expresar tus deseos o reacciones sobre las siguientes noticias. Recuerda usar el verbo de la cláusula subordinada en la forma apropiada del subjuntivo.

Espero que...
Deseo que...
Prefiero que...
Ojalá que...

1. El presidente de la república anunció una ley contra la desnutrición

2. En Paraguay analizan medidas para combatir el dengue[12]

3. Intervienen farmacias que venden medicamentos sin receta

4. Paraguay pide acceso universal a los medicamentos

5. Comienza hoy la campaña anual de vacunación contra la gripe

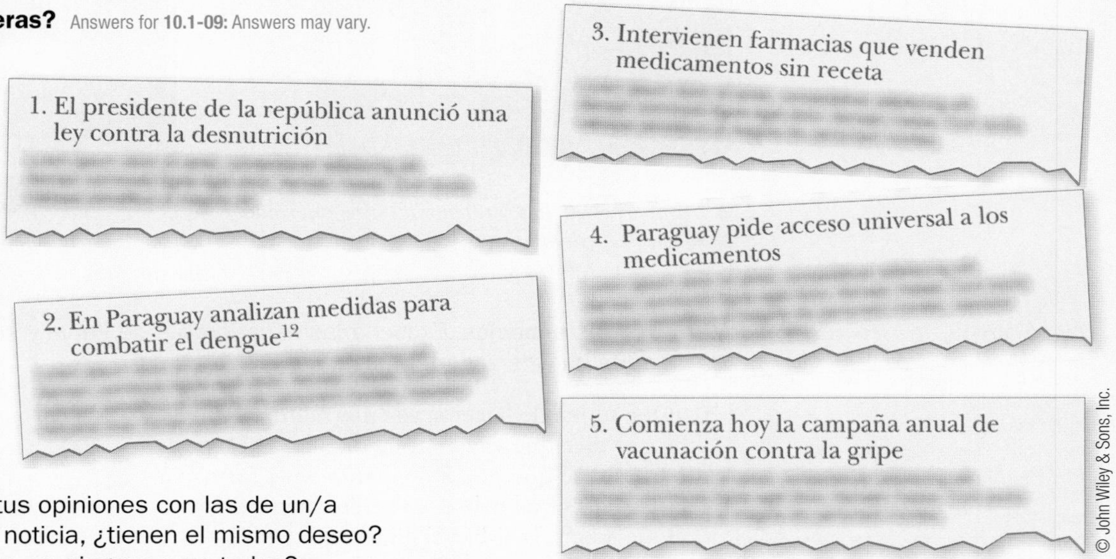

Paso 2: Ahora, compara tus opiniones con las de un/a compañero/a. Para cada noticia, ¿tienen el mismo deseo? ¿Coinciden en sus deseos, en ninguno o en todos?

MODELO: Alto riesgo de epidemia de dengue en tres zonas de Asunción
 Estudiante 1: *Espero que termine la epidemia de dengue en Asunción.*
 Estudiante 2: *Yo también. Además, espero que descubran pronto una vacuna.*

[11]**atender:** to assist, to help [12]Dengue fever, or breakbone fever, is a infectious tropical disease transmitted by a mosquito.

Note for **10.1-07:** This activity forces students to focus on both meaning and form. To facilitate processing meaning, in the second column you can ask students to identify who is the subject of each verb by focusing on the verb form. They should also focus on whether the main clause is followed by **que** + *subjunctive* or by an infinitive if both subjects are the same in both clauses. Remind them that an infinitive never follows **que**.

Note for **10.1-08:** This activity forces students to focus both on the meaning of the entire sentence and on formal features such as the subject of the verb and the presence of **que** in order to select the proper form of the verb in parenthesis. In order to process meaning, ask students which is the subject of each verb so that they do not confuse it with any object pronouns. Items 10 and 11 also make student focus on whether the verb is a main or a subordinate verb. Remind them that the subjunctive is never used in main clauses.

10.-1-09 Use the PowerPoint slides found in the Book Companion Site and *WileyPLUS* to do this activity in class.

Note for **10.1-09:** Give students time to plan and write their wishes for each piece of news before moving on to **Paso 2.** For **Paso 2,** have students compare their wishes with a partner and compare whether they agree. As a follow-up, have a whole-class discussion. Did most pairs react the same way to the news? Whose reactions were completely different?

The suggested narration for **La pura verdad** can be found in the Appendix. Please use this narration to go over each of the frames with your students. You can also find this section (frames and narration) in the PowerPoint slides, found in the Book Companion Site and *WileyPLUS*.

LA PURA VERDAD II El Cuerpo de Paz

Paula fue voluntaria en el Cuerpo de Paz y también fue a Paraguay. Nos muestra sus fotos, nos habla de sus experiencias y les da consejos a futuros voluntarios.

1. 

▲ *Trabajé en una escuela primaria.*

2. 

▲ *Yo nunca aprendí guaraní. ¡Pero espero que ustedes aprendan un poco de guaraní!*

3. 

▲ *Probé muchas comidas nuevas. Espero que prueben la comida local.*

4. 

▲ *No compartí tereré con mis amigos. Espero que ustedes compartan esta bebida con sus amigos.*

5. 

▲ *Probé la medicina tradicional. Si se enferman, prueben la medicina tradicional primero.*

6. 

▲ *Aprendí a cocinar platos paraguayos. ¡Ojalá que aprendan a cocinar algo de Paraguay!*

Script for **10.1-10:** 1. Si te enfermas y sabes qué tipo de medicina necesitas, puedes ir a una farmacia y pedir la medicina. Algunas veces dan las medicinas sin receta del médico. 2. Es importante que aprendan a decir unas palabras o frases en guaraní. En Paraguay, el idioma español es para la escuela, la televisión y los negocios. El guaraní es para hablar con amigos y con la familia. Es la lengua del corazón. 3. Les recomiendo que saquen muchas fotos y escriban sobre sus experiencias todos los días. Yo tuve una magnífica experiencia en Paraguay; nunca la voy a olvidar. Ojalá que su experiencia sea mejor que la mía.

10.1-10 Más consejos Escucha las experiencias de Paula y selecciona el consejo que les da a los nuevos voluntarios.

1. ¿Qué se puede hacer si se enferman?
   a. Les dice que vayan al médico con urgencia.
   (b.) Les dice que pidan medicina en la farmacia.
   c. Les dice que beban un tereré bien caliente.
2. ¿Qué aconseja sobre el guaraní?
   a. Quiere que aprendan guaraní porque es bueno para el corazón de los paraguayos.
   (b.) Quiere que aprendan guaraní porque es la lengua del corazón de los paraguayos.
   c. Quiere que aprendan guaraní para entender la televisión y los negocios.
3. ¿Qué dice sobre su experiencia en Paraguay?
   a. Espera que la experiencia de los nuevos voluntarios sea igual, buenísima.
   b. Dice que escriban todos los días porque van a olvidar mucho de Paraguay.
   (c.) Quiere que la experiencia de los nuevos voluntarios sea mejor que la suya.

HABLANDO DE GRAMÁTICA II

2. Summary of the subjunctive mood

WileyPLUS Go to *WileyPLUS* to review this grammar point with the help of the **Animated Grammar Tutorial** and the **Verb Conjugator**.

In Chapter 9 you were introduced to the forms and uses of the subjunctive mood. Let's review what you have learned so far:

- The subjunctive is used only in subordinate clauses, usually preceded by **que**.
- The subjunctive mood is used when we are not stating or assuming the veracity of the content in the subordinate clause.
- The subjunctive mood is used when the main clause expresses a request, an opinion, a subjective reaction, uncertainty, denial, possibility, a wish, or a hope.
- The subjunctive is used only when the subject of the main clause and the subject of the subordinate clause are different. If both clauses have the same subject, the infinitive form is used instead.

Indicative		Indicative
Main clause		Subordinate clause
1st subject = indicative Report State Assume	+ **que** +	2nd subject = indicative

Indicative		Subjunctive
Main clause		Subordinate clause
1st subject = indicative Influence Doubt Deny Consider possibility Express emotion, opinion Wish, want, desire	+ **que** +	2nd subject = subjunctive

Indicative	
Report/Statement/Assumption Dice que... Insiste en que... Pienso que... Creo que... Me parece que... Está claro que... Es evidente que... Es obvio que... No hay duda de que...	**tomas** demasiada azúcar.

Subjunctive	
Influence Dice que... Te aconsejo que... Te recomiendan que... Es mejor que... Es importante que...	no **tomes** tanta azúcar.
Doubt/Denial/Possibility No cree que... No pensamos que... No les parece que... Dudo que... Es posible que... Es probable que... Quizás...	**tomes** demasiada azúcar.
Emotion/Opinion Nos preocupa que... No me gusta que... No me importa que... Es increíble que... Es soprendente que... Es malo que... No es bueno que...	**tomes** tanta azúcar.
Wish/Want/Hope Quiero que... Desea que... Preferimos que... Esperan que... Ojalá que...	no **tomes** tanta azúcar.

Request or report?

With some verbs such as **decir** or **insistir** we can state or report information or we can ask someone to do something. As you already know, when we report or state information we use the indicative in the subordinate clause. If we are making a request, we use the subjunctive in the subordinate clause.

Report (indicative)	**Request, command** (subjunctive)
Me dijo [que **prepara** muchos remedios naturales]. *She told me [that she prepares many natural remedies.]*	Me dijo [que **prepare** este remedio natural]. *She told me [to prepare this natural remedy.]*
Insiste en [que nunca **tomamos** café con ella]. *She insists [that we never have coffee with her.]*	Insiste en [que **tomemos** café con ella]. *She insists [that we should have coffee with her.]*

Exercises labeled with an individual student icon in the **Hablando de gramática** section are intended to be assigned as homework.

Note for **10.1-11:** This is a review activity that helps students recognize that the Spanish subjunctive is not equivalent to one particular English construction. You will have to help them recognize which of the sentences are simple sentences (just one clause) or complex sentences that include a subordinate clause. Remind them that the subjunctive is only used in subordinate clauses. Thus, a sentence like #1 will never require the subjunctive. Work with them to help them realize that verbs like **querer** or **preferir** are only followed by an infinitive when the subject is the same for both verbs; otherwise it is always followed by **que** + *subjunctive.*

Answers for **10.1-11:** Only sentences 3 (request with **querer** followed by a subordinate clause), 5 (opinion, subjective reaction) and 6 (doubt) require the use of the subjunctive. Sentence 2 does not require the use of subjunctive since it is a report and the content of the subordinate clause is a statement of information. 1. ¿Qué quiere el médico? 2. El médico dice que no puede verme hoy. 3. El médico quiere que **vaya** a su oficina mañana. 4. Prefiero tomar una hierba medicinal antes que tomar una pastilla. 5. Es raro/extraño que le pidas consejo médico al farmacéutico. 6. Dudo que el médico/doctor me ponga una inyección.

10.1-11 ¿Cómo lo expresamos? De las siguientes oraciones, identifica cuáles requieren el uso del subjuntivo si las expresamos en español.

1. What does the doctor want?
2. The doctor says that he can't see me today.
3. The doctor wants me to go to his office tomorrow.
4. I prefer to take a medicinal herb before taking a pill.
5. It's strange that you ask the pharmacist for medical advice.
6. I doubt that the doctor will give me a shot.

Note for **10.1-12:** This is a challenging activity for students since they have to focus on a combination of features: (1) They have to focus on the meaning of the sentence and the verb form in order to determine if it is a declaration or a command. In declarations the verb form is in present indicative, in commands the verb is in the command form; (2) In the complex sentences, they have to decide whether the main clause is reporting or asking someone to do something in order to choose between indicative or subjunctive; (3) Depending on the sentence, students may have to change the verb form in the simple sentences to the **yo** form in the subordinate form.

10.1-12 ¿Qué te dijo el médico? Después de ir al médico, les cuentas a tus amigos lo que te dijo. Primero tienes que pensar si las siguientes oraciones del médico son afirmaciones (A) o mandatos (M). Después, pon el verbo en la forma correcta del indicativo si son afirmaciones, o en subjuntivo si son mandatos o peticiones.

El médico dice:

__(A)__ 1. "Tu nivel de colesterol en la sangre **es** muy alto". → Me dice que mi nivel de colesterol en la sangre ***es*** muy alto.

__(M)__ 2. "**Come** menos grasa". → Me dice que ***coma*** menos grasa.

__(A)__ 3. "**Tienes** una infección estomacal". → Me dice que __tengo__ una infección estomacal.

__(M)__ 4. "Cuando tengas comezón, **ponte** esta crema". → Me dice que __me ponga__ esta crema cuando tenga comezón.

__(A)__ 5. "Muchas veces los escalofríos **vienen** asociados con la fiebre". → Insiste en que muchas veces los escalofríos __vienen__ asociados con la fiebre.

__(A)__ 6. "Los antibióticos no **funcionan** contra las infecciones de oído causadas por un virus..." → Él sabe que los antibióticos no __funcionan__ contra las infecciones de oído causadas por un virus.

__(M)__ 7. "No **creas** que los antibióticos alivian todas las infecciones". → Me dice que no __crea__ que los antibióticos alivian todas las infecciones.

__(M)__ 8. "Cuando tengas dolor de garganta, **prepara** una infusión de miel, anís y limón". → Me dice que __prepare__ una infusión de miel, anís y limón para calmar el dolor de garganta.

Answers for **10.1-13, Paso 1:** 1. Ojalá que no me enferme nunca./Mis padres quieren que no me enferme nunca. 2. Espero.../Quiero.../Deseo.../Ojalá... 3. Ojalá.../Quiero.../Deseo... 4. No creo/Dudo/No es verdad.../Es una pena... 5. (No) Es necesario.../Es importante.../Es esencial... 6. Ojalá.../No creo.../Dudo.../Es posible.../(No) Es probable... 7. (No) Quiero... /(No) Me interesa.../Prefiero.../Deseo.../Es importante... **Paso 2:** Answers may vary.

Suggestions for **10.1-13:** Give students time to plan and complete the sentences in a way that is grammatically correct and that it applies to them. They have to focus on the verb form in the subordinate clause (infinitive, indicative or subjunctive) in order to decide what kind of main clause they can use. For **Paso 2**, have students compare their sentences with a partner and compare whether they agree in their reactions or if their sentences add to that of their partners. As a follow-up, have a whole-class discussion. Did most pairs agree in their reactions? Did some pair not agree in any of their reactions?

10.1-13 ¡Exprésate!

Paso 1: Completa las siguientes oraciones de manera correcta con una cláusula principal[13]. Complétalas de forma que se apliquen a ti. Puedes usar los verbos y las expresiones de la sección **Hablando de gramática II** o algunas de las expresiones que aprendiste en el Capítulo 9.

MODELO: ... no tener gripe este año. → *Espero* no tener gripe este año.

1. ... que no me **enferme** nunca.
2. ... que mi familia siempre **disfrute** de buena salud.
3. ... que el seguro médico **sea** más barato.
4. ... que yo **tenga** el colesterol alto.
5. ... que yo **cuide** más mi alimentación.
6. ... que **descubran** una vacuna contra el sida.
7. ... **conocer** más remedios naturales.

Paso 2: Ahora, compara tus opiniones con las de un/a compañero/a. ¿Tienen las mismas reacciones? ¿Coincidieron en algunas, en ninguna, en todas?

MODELO: Estudiante 1: *Espero no tener gripe este año.*
Estudiante 2: *Yo también. ¡Es un problema tener gripe!*

[13]**cláusula principal:** main clause

OTRA PERSPECTIVA

Courtesy of Orlando Rios Cabral

La medicina alternativa

Diferente

"Muchos de mis amigos aquí en Estados Unidos tienen seguro médico, van al médico cuando se enferman y compran las medicinas en el supermercado o en las farmacias. En mi casa, en Paraguay, si tengo dolor de garganta, hago gárgaras[14] con agua caliente y sal. Mis amigos compran Cepacol. Si tengo gripe, yo tomo una infusión de anís, limón y miel. Mis amigos compran NyQuil. No veo que se usen medicinas naturales. ¿Por qué?"

Igual

"Nosotros también vamos al médico cuando la medicina alternativa no funciona. Tenemos un sistema de salud pública que es muy barato, pero también tenemos muchos hospitales privados, como en Estados Unidos".

Explícale a Orlando

1. ¿Por qué usamos muy pocos remedios naturales en Estados Unidos?
2. ¿Usas tú algún remedio natural cuando te enfermas?
3. ¿Por qué no tenemos un sistema de salud pública en Estados Unidos?

Possible answers for **Otra perspectiva:** 1. Los médicos reciben mucha propaganda de las empresas farmacéuticas y eso es lo que recetan. Además, su entrenamiento es moderno, no tradicional. 2. Answers may vary. 3. En Estados Unidos, el cuidado médico no se considera un servicio social, sino una responsabilidad individual.

MANOS A LA OBRA

10.1-14 ¿Qué tal tu salud?

Paso 1: Entrevista a un/a compañero/a sobre los siguientes temas de salud.

1. ¿Cómo es tu salud en general? ¿Llevas una vida sana?
2. ¿Alguna vez te rompiste un hueso o te torciste un tobillo? ¿Qué te pasó? ¿Te dolió mucho?
3. ¿Cuándo fue la última vez que fuiste al médico? ¿Fue por algo grave[15] o fue un examen rutinario?
4. ¿Usas remedios naturales o siempre vas a la farmacia y compras medicinas sin receta para curar síntomas menos serios? ¿Qué remedios naturales conoces? ¿Qué medicinas compras sin receta?
5. ¿Alguna vez usaste alguna forma de medicina alternativa, como la acupuntura, la fitoterapia o la homeopatía? ¿Para qué? ¿Te sirvió?
6. ¿Crees que el gobierno de un país debe proveer seguro médico universal, o que es mejor que haya seguros médicos privados? ¿Por qué?

Paso 2: Después, escriban un pequeño informe. ¿En qué aspectos coinciden los dos? ¿En qué no coinciden?

MODELO: *Mi compañero/a y yo tenemos buena salud y llevamos una vida sana. Sin embargo, creo que a él le interesa más la medicina natural porque...*

Suggestions for **10.1-14:** These questions should bring about a lively discussion on health issues. Ask students to share what they've discussed during the interview and whether they consider that they have the same opinions or experiences about health and health care.

Answers for **10.1-14:** Answers may vary.

[14]**hacer gárgaras:** to gargle [15]**grave:** serious

Suggestions for **10.1-15:** This activity could be done in pairs, with students guessing each other's disease/illness. Taking turns, they can guess as many times as time permits. This can also be a whole-class activity. Ask for a volunteer to come to the front of the class. The rest of the students should ask questions and the student who guesses correctly should be the next person to come to the front. Follow-up: Find out who was the most knowledgeable student. Ask why he or she knows so much.

Use the PowerPoint slides found in the Book Companion Site and *WileyPLUS* to do this activity in class.

Suggestions for **10.1-16:** Have students think about their symptoms before they start the role-play. Then divide the class in half; one half of the class should be patients and the other half should be doctors. Pair up a doctor with a patient for students to work in pairs. The patients should describe their symptoms and the doctors should ask as many questions as possible. After the patients get a diagnosis and a treatment and they are clear about everything they have to do, have them look for another patient/doctor. After they have done the role-play twice, have them switch roles. As a follow-up, have a whole-class discussion to see if more than one student liked the same doctor, if they would recommend the doctors they have visited **(¿Recomiendas a ese médico?)** and if they are happy about their treatment.

Answers for **10.1-15** and **10.1-16:** Answers may vary.

Script for **10.1-17, Presta atención: En la tienda:** Michelle entra a una tienda de medicinas naturales porque no se siente bien. En la tienda, se queda sorprendida porque ve muchas hierbas con nombres diferentes y con información sobre cada una. Le atiende Rosa, una señora muy amable que sabe mucho de remedios naturales:

Rosa: ¡Hola!

Michelle: Hola, me duele mucho la espalda. Espero que pueda ayudarme. Realmente espero que no sea nada importante porque estoy muy preocupada. Es un dolor muy profundo.

Rosa: Sí, cómo no. ¿Es un dolor nuevo? ¿O le duele la espalda desde hace mucho tiempo? ¿Tuvo un accidente recientemente?

Michelle: No, no tuve ningún accidente. Es un dolor nuevo, reciente. Mi problema es que duermo en una cama muy vieja y cada día me levanto con dolor en la parte baja de la espalda.

Rosa: ¡Ah! Ahora comprendo. Pues para ese tipo de dolor espero que este remedio natural le sirva. Alguien tiene que ponérselo dándole un masaje. Póngase esta medicina natural tres veces al día, pero no olvide que siempre tienen que darle un masaje.

Michelle: Perfecto, voy a seguir sus instrucciones. Muchas gracias por su ayuda.

10.1-15 ¿Qué malestar tienes? Piensa en una enfermedad o malestar que conozcas. Describe los síntomas, lo que hay que hacer y lo que no hay que hacer. Túrnense para adivinar qué malestar es.

MODELO: Estudiante 1: *Cuando tienes esta enfermedad, tienes la nariz congestionada, no puedes respirar y también tienes tos y dolor de cabeza. Hay que tomar mucho líquido, como té de hierbas o caldo de pollo, y puedes tomar jarabe para la tos o pastillas de ibuprofeno para el dolor.*

Estudiante 2: *¡Un resfriado!*

10.1-16 En el consultorio del médico No te sientes bien y vas al médico. Con un/a compañero/a, representen los papeles de médico y paciente.

Paso 1: El paciente piensa en un malestar o enfermedad y en los síntomas relacionados. El médico piensa en las preguntas que le puede hacer al paciente.

Paso 2: El paciente le describe sus síntomas al médico y contesta sus preguntas. El médico hace todas las preguntas necesarias para poder diagnosticar la enfermedad y recomendar un tratamiento. El paciente le hace preguntas al médico para clarificar lo que debe o no debe hacer.

Diagnósticos	Recomendaciones
Gripe	Le recomiendo/aconsejo que...
Resfriado	Quiero que...
Infección de...	Debe/Tiene que...
Bronquitis	Es importante/necesario que...
Acidez de estómago[16]	
Diabetes	
Un hueso roto	
El tobillo torcido	
Neumonía	

MODELO:

Paciente: *Buenas tardes, doctor, no me siento muy bien. Estoy.../Me duele...*

Médico: *¿Qué le pasa?/¿Qué le duele?/¿Le duele...? Lo que usted tiene es... Primero... Después...*

Paciente: *¿Puedo...? ¿Debo...? ¿Es necesario que...? ¿Me recomienda que...?*

Paso 3: El paciente quiere comparar diagnósticos y tratamientos, y busca a otro médico para ver si le da algún diagnóstico y tratamiento diferente. Después decide qué médico le parece mejor. El paciente comenta sus impresiones con el resto de la clase para ver si a otros pacientes les gustó el mismo médico.

10.1-17 Presta atención: En la tienda Michelle está débil y quiere ir a una tienda de medicinas y remedios naturales. Escucha la conversación dos veces para saber qué necesita.

WileyPLUS Go to *WileyPLUS* and listen to **Presta atención**.

1. ¿Qué hay en la tienda a la que entra Michelle?
   a. Hay mucha gente.
   b. Hay muchas hierbas.
   c. Hay bebidas naturales.
2. ¿Qué le dice Michelle a la señora de la tienda? Le dice...
   a. que le duele la espalda.
   b. que le duelen los pies.
   c. que le duelen los ojos.

[16] **acidez de estómago:** heartburn

3. ¿Qué dice Michelle de su dolor? Dice que...
   a. el problema es su cama.
   b. le duele por la noche.
   c. quiere curarse inmediatamente.
4. ¿Qué quiere la señora que atiende a Michelle?
   a. Quiere saber si tomó algo para el dolor.
   b. Quiere saber qué hizo ayer.
   c. Quiere saber si tuvo un accidente.
5. ¿Qué le da la señora de la tienda a Michelle?
   a. Le da un pequeño masaje.
   b. Le da un remedio natural.
   c. Le da un jarabe para la tos.

10.1-18 Por escrito: En la universidad Un/a estudiante del primer año de universidad tiene problemas porque todo es muy diferente. No está comiendo bien, está subiendo de peso, no duerme bien, tiene problemas con las clases que está tomando y además no tiene amigos. En general, no lleva una vida tranquila y está desilusionado/a con su primer año en la universidad. Le contó sus problemas a un/a psicólogo/a de una revista para recibir consejo. Imagina que eres el/la psicólogo/a y contesta el mensaje del/de la estudiante. En tu mensaje, especifica los problemas del/de la estudiante y dale una solución explicándole lo que debe hacer. Usa expresiones para expresar tus deseos y opiniones y para influenciar al estudiante. No olvides usar la lista de conectores que preparaste.

¡OJO!

Connectors
With a partner, generate a list of connector words like the ones provided on Chapter 1, Section 1, **Estrategias para escribir**. Can you add some more connector words to the list?

Suggestions for **¡Ojo!:** Review connectors with your students by checking **Estrategias para escribir** in Chapter 1, Section 1, and Chapter 9, Section 1 and **¡Ojo!** in Chapter 2, Section 2.

PONTE EN MI LUGAR

Estrategias para conversar

Giving and reacting to news In Chapter 5, Section 2 you learned some expressions to keep a conversation flowing. In Chapter 9, Section 2 you also learned impersonal expressions to express an opinion. Now, try to use the following Spanish expressions to react to good and bad news and keep the conversation going:

Para dar malas noticias:

¿Sabes lo que pasó?	*Do you know what happened?*
Tengo malas noticias...	*I have bad news . . .*

Para reaccionar ante malas noticias:

¡Qué mala suerte!	*What bad luck!*
¡Qué lástima!/¡Qué pena!	*What a pity!*

Para dar buenas noticias:

Es sorprendente que + *subjunctive*	*It is surprising that . . .*
¡Qué maravilla que + *subjunctive*	*How wonderful that . . .*

En el hospital Un/a amigo/a sufrió un accidente y hay que ir a la sala de emergencia. Representen la situación. No olviden usar las **Estrategias para conversar**.

Estudiante 1: Llama a tu mejor amigo/a y dile que tienes que darle una mala noticia. Dile que su novio/a se rompió una pierna y se torció un tobillo en un accidente y que está en el hospital. Responde las preguntas de tu amigo/a.

Estudiante 2: Hazle preguntas a tu amigo/a sobre la salud de tu novio/a. Pídele información sobre el accidente y pregúntale en qué hospital está para ir a verlo/a lo antes posible.

@Arroba@

El salar de Uyuni
Explora en tu buscador favorito información sobre el salar de Uyuni para contestar estas preguntas: ¿Dónde está? ¿Qué metal produce el salar de Uyuni que se usa para tratar la bipolaridad? ¿Tiene otras funciones este metal? ¿Por qué es difícil extraer este metal del salar? Comparte la información que encuentres con tus compañeros.

WileyPLUS Go to *WileyPLUS* to find more **Arroba** activities.

Answers for **Arroba:** Answers may vary.

ASÍ ES LA VIDA

Use the PowerPoint slides found in the Book Companion Site and *WileyPLUS* to do this section in class.

Adivina, adivinador Answer for **Adivina, adivinador:** el pie

¿Qué parte del cuerpo es?

Solo tres letras tengo
pero tu peso sostengo.
Si me tratas con cuidado,
te llevaré a cualquier lado.

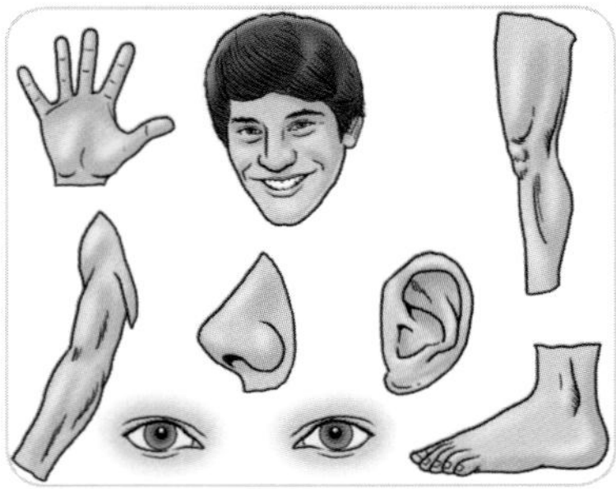

Expresión: Costar un ojo de la cara

Daniela: No me encuentro bien desde hace tres días y tengo que ir al médico.
Lola: ¿Y por qué no fuiste ayer?
Daniela: No tengo seguro médico y la consulta **cuesta un ojo de la cara.**

Answer for **Expresión** (*idiom*): to cost an arm and a leg

¿Sabes qué significa esta expresión?
¿Hay expresiones similares en inglés?

ENTÉRATE

Estrategias para leer

The journalistic report A news article in a newspaper is usually short. However, when the article is longer it may also incorporate a reporter's opinions about an issue or an event. In this type of text, the reporter may include anecdotes, descriptions, and quotations, among other things. The title provides the topic of the article and the first paragraph introduces the topic by catching the attention and interest of readers. In the first paragraph, the reporter usually tries to answer the key questions about the event or issue being covered—who, what, when, where, and why.

Now, read the title and the first paragraph from the reading. Then, scan the reading for the following information:

- Who has a problem?
- What kind of problem?
- When did this problem start?
- Where did this person go?
- Why did this person go to a specific place?

Antes de leer

Answers for **Antes de leer:** Answers may vary.

1. La salud Con ayuda de un/a compañero/a, contesta las preguntas:

1. ¿Tienes fe en la medicina moderna?
2. ¿Usas alguna forma de medicina alternativa, como la acupuntura, la medicina naturista o la homeopatía? Explica.
3. ¿Compras hierbas medicinales? ¿Dónde? ¿Para qué?
4. Cuando tienes gripe, ¿qué síntomas tienes?
5. ¿Conoces remedios para aliviar algunos síntomas (por ejemplo, el dolor de estómago)?
6. ¿Te enfermas fácilmente?

Llegan las noticias desde Bolivia

Médicos kallawayas en Bolivia

Luis Martínez nació con problemas respiratorios y tuvo que pasar mucho tiempo en el hospital con cuidados intensivos. Ningún tratamiento de los médicos de El Alto lo ayudaba a mejorar. Es más, los médicos no parecían saber la razón de su problema. Su madre, Trinidad, que estaba desesperada, decidió visitar a un médico kallawaya.

"Estas son las hierbas que tiene que usar para preparar el remedio. Espero que lo prepare todos los días y le aconsejo que siga bien los pasos para hacerlo. Le recomiendo que, una vez preparado, lo consuma enseguida", dijo Walter, el médico kallawaya. Y continuó diciendo: "Los malestares de su hijo tienen cura, pero es un proceso lento y tiene que tener **fe**. Sin fe, las ceremonias rituales no curan al enfermo". *faith*

La cultura kallawaya llega de La Paz, Bolivia. La medicina kallawaya consiste en la cura de diferentes males y enfermedades. Sus técnicas medicinales se basan en **creencias** que datan del periodo preincaico mediante una clasificación antigua de plantas, animales, minerales, ceremonias rituales y espirituales. La visión holística de la medicina kallawaya consiste en unir la fuerza divina, la naturaleza y el cuerpo físico. Según sus creencias, cuando se pierde la fuerza divina desaparece la fuerza del cuerpo y por tanto la persona se enferma. El kallawaya se comunica con el paciente para aprender sobre sus males y ayudarlo a recuperar esa unión mediante el mundo de los espíritus y los recursos de la naturaleza. *belief*

La medicina kallawaya es de tradición oral y se transmite de generación en generación. Los padres y abuelos pasan sus **conocimientos** rituales y prácticas médicas a los niños varones. La cultura kallawaya no solo mantiene su lengua propia sagrada "kallawaya" sino que también mantiene una reputación nacional e internacional. Así pues, en el 2003, la UNESCO proclamó la cultura kallawaya Obra Maestra del Patrimonio Oral e Intangible de la Humanidad. *knowledge*

La medicina tradicional se practica en todos los estratos sociales del país. Se encuentra en las ciudades, el campo y todos los lugares de Bolivia, e incluso está siendo industrializada. Esto es común porque los remedios son asequibles, mientras que los servicios de la medicina moderna no lo son. Además, en muchos pueblos bolivianos no hay médicos, enfermeros o clínicas adonde ir, por eso acuden a la medicina alternativa de los kallawayas. En otros lugares rurales sí hay médicos y servicios modernos, pero muchos bolivianos no **se fían** de ellos porque los ven foráneos a su cultura. *to trust (someone)*

Bolivia es un país rico en recursos, pero la mayoría de la población vive en la pobreza. Trinidad, la madre de Luis Martínez, vive en El Alto, la zona de los ricos. Trinidad, como mujer con dinero, llevó a su hijo Luis a clínicas privadas y a los mejores especialistas en medicina occidental. Sin embargo, la salud de su hijo no mejoraba con ningún tratamiento. Un día, una vecina le dijo: "Te recomiendo que lo lleves a un médico kallawaya. Creo que piensas que muchos de estos hombres no son sinceros, pero a mí me parece que lo son. Quizás piense así porque recibí un buen tratamiento con hierbas y rituales cuando perdí la **vista**. Luis necesita una buena salud y un buen tratamiento de un kallawaya. Realmente espero que no te demores en ir y que lo reciban pronto". *eyesight*

Hoy día, la medicina moderna ha controlado muchas enfermedades, pero no parece encontrar soluciones para enfermedades crónicas. Tanto los profesionales de la salud como los curanderos de Bolivia dicen que una combinación de ambas medicinas y tratamientos que sigan un enfoque holístico pueden ser la respuesta a diferentes tipos de males.

Después de leer

1. En el texto

1. Después de leer el texto con atención, escribe todas las oraciones que expresen recomendación, posibilidad, influencia, deseo y afirmación[17] (hay diez en total). Después, indica cuál es el verbo subordinado y si está en subjuntivo o indicativo.

   MODELO: 1. *Espero que lo prepare todos los días...* (esperanza; prepare)

   2. ______ 5. ______ 8. ______
   3. ______ 6. ______ 9. ______
   4. ______ 7. ______ 10. ______

2. Finalmente, indica cuál es el sujeto del verbo principal y el sujeto del verbo subordinado.

   MODELO: 1. *Espero que lo prepare todos los días...* Sujeto del verbo principal (Walter), sujeto del verbo subordinado (usted)

   2. ______ 5. ______ 8. ______
   3. ______ 6. ______ 9. ______
   4. ______ 7. ______ 10. ______

[17] **afirmación:** statement

Answers for **Después de leer:**
1. En el texto: *(Responses provided for the 1st and 2nd parts of the activity, together)* 1. Espero que lo prepare todos los días: esperanza; prepare; subjuntivo; sujeto del verbo principal (Walter), sujeto del verbo subordinado (usted). 2. Le aconsejo que siga...: consejo; siga; subjuntivo; sujeto del verbo principal (Walter), sujeto del verbo subordinado (usted). 3. Le recomiendo que... lo consuma: recomendación; consuma; subjuntivo; sujeto del verbo principal (Walter), sujeto del verbo subordinado (Luis, él). 4. Le digo que: afirmación; tienen; indicativo; sujeto del verbo principal (Walter), sujeto del verbo subordinado (los malestares). 5. Te recomiendo que lo lleves...: influencia; lleves; subjuntivo; sujeto del verbo principal (yo [habla la vecina]), sujeto del verbo subordinado (tú [la vecina se dirige a Trinidad]). 6. Creo que piensas: afirmación; piensas; indicativo; sujeto del verbo principal (yo [habla la vecina]), sujeto del verbo subordinado (tú). 7. Me parece que lo son: afirmación; son; indicativo; sujeto del verbo principal (a mí [habla la vecina]); sujeto del verbo subordinado (los médicos kallawayas). 8. Quizás piense: posibilidad; recibí; indicativo; sujeto del verbo principal (yo [habla la vecina]); sujeto del verbo subordinado (yo); 9. ...lo reciban pronto: deseo; subjuntivo; sujeto del verbo principal (yo [habla la vecina]), sujetos de los verbos subordinados (tú: esperes) y (los médicos kallawayas: reciban). 10. dicen que: influencia; pueden ser; indicativo; sujeto del verbo principal (los profesionales de la salud y los curanderos de Bolivia), sujeto del verbo subordinado (una combinación de ambas medicinas y tratamientos).

Answers for **Después de leer: 2. ¿Entendiste?:** 1. Su hijo Luis está muy enfermo y los médicos no parecen saber qué enfermedad tiene. 2. La medicina kallawaya usa plantas, animales, minerales y ceremonias rituales y espirituales. 3. La persona se enferma porque pierde la fuerza divina y el cuerpo pierde su fuerza ya que tiene que haber una unión de la fuerza divina, la naturaleza y el cuerpo físico. 4. Los hombres son los que tienen el conocimiento de la medicina kallawaya. 5. Es una medicina asequible; a veces no hay clínicas o médicos y enfermeros en lugares rurales; muchos bolivianos no se fían de la medicina occidental. 6. Una combinación de la medicina moderna con la alternativa.

3. Análisis: 1. Answers may vary. 2. una historia o hecho real; 3. Answer may vary (para que sus lectores presten atención; para atraer a los lectores). 4. Answer may vary. En el penúltimo párrafo: para retomar la historia con la que comenzó el texto, para tener una unión con la información presentada anteriormente (en el tercer, cuarto y quinto párrafo); para presentar evidencia de que la medicina kallawaya es una buena alternativa. 5. Answers may vary.

2. ¿Entendiste?

1. ¿Por qué Trinidad está desesperada?
2. ¿En qué creencias se basa o se funda la medicina kallawaya?
3. ¿Por qué se enferma una persona, según las creencias kallawayas?
4. ¿Qué parte de la población tiene conocimientos kallawayas?
5. Menciona tres razones por las que los bolivianos acuden a la medicina alternativa.
6. ¿Cuál puede ser la solución para encontrar cura a algunos males?

3. Análisis Contesta las siguientes preguntas con ayuda de un/a compañero/a.

1. ¿Te gusta escribir en tu tiempo libre? ¿Qué escribes?
2. ¿Qué tipo de introducción presenta el autor en el artículo?
3. ¿Por qué crees que usa ese tipo de introducción?
4. El autor comenta más de una vez el tema presentado en la introducción. ¿Cuándo y por qué vuelve a escribir sobre ese tema?
5. ¿Qué te gusta leer más, artículos o entrevistas? ¿Por qué?

EN TUS PROPIAS PALABRAS

Estrategias para escribir

The use of punctuation and capitalization in Spanish

1. In Spanish, question and exclamation marks are used at the beginning and at the end of a sentence.

¿...?	¿Entiendes?	*Do you understand?*
¡...!	¡Atención, por favor!	*Attention, please!*

2. In Spanish, lowercase letters are used to write the names of languages, nationalities, days of the week, months, and seasons.

El quechua, el aimara y el español son lenguas que se hablan en la comunidad boliviana.	*Quechua, Aymara, and Spanish are languages spoken in the Bolivian community.*

3. When quotation marks are used to quote direct speech, notice that when you use them in Spanish, the punctuation (such as periods and commas) goes outside of the quotation mark.

Walter dijo: "Toma esta bebida".	*Walter said "Take this drink."*

Una entrevista Imagínate que eres periodista y tienes que escribir una historia para la página web de un periódico. Elige una de las enfermedades mencionadas abajo. Imagina que vas a hacerle una entrevista a una persona que tiene una de estas enfermedades. Escribe una redacción en forma de artículo como el presentado en la lectura de **Entérate**. Informa a tus lectores sobre cuáles son sus problemas de salud, cómo comenzaron los síntomas, cuáles son los tratamientos médicos, qué tipo de medicina (moderna o alternativa) ayuda, cuánto dura la enfermedad y cómo se siente actualmente. Puedes usar comillas (" ") para destacar frases usadas por la persona entrevistada en tu redacción como en el punto número 3 de las **Estrategias para escribir**.

Temas: diabetes, gripe, neumonía, bronquitis, sida

En el primer párrafo intenta informar sobre las cinco preguntas presentadas en las **Estrategias para leer** (¿quién? ¿qué? ¿dónde? ¿cómo? ¿por qué?). Usa conectores para tener párrafos coherentes y organizados. Presta atención a la puntuación y al uso de letras mayúsculas y minúsculas.

AUTOPRUEBA

VOCABULARIO

I. Las partes del cuerpo Mira las actividades de la lista y selecciona la parte del cuerpo que no se usa para hacer la actividad.

1. Correr: la nariz, los pies, las rodillas, los tobillos
2. Nadar: los brazos, las piernas, la cabeza, los oídos
3. Bailar: la cabeza, los brazos, la garganta, las piernas
4. Tocar el piano: los dedos, los pies, los ojos, la boca
5. Conducir un auto: las manos, la espalda, los pies, los ojos

II. Las enfermedades Contesta las preguntas usando palabras del vocabulario.

1. ¿Qué parte del cuerpo te duele si tienes neumonía?
2. ¿Qué te duele cuando tienes migraña?
3. ¿Qué enfermedad sufres si tienes mucha azúcar en la sangre?
4. ¿Qué enfermedad contagiosa puede transmitirse sexualmente?

Answers for **Vocabulario II:** 1. los pulmones; 2. la cabeza; 3. la diabetes; 4. el sida

GRAMÁTICA

I. La gripe Un amigo de la clase de español tiene gripe. ¿Qué le aconsejas? Usa los verbos o expresiones de la lista.

recomendar aconsejar
es mejor/importante/bueno/necesario...

MODELO: quedarse en casa
→ *Te recomiendo que te quedes en casa.*

1. tomar una infusión de hierbas
2. descansar y tomar jarabe para la tos
3. hacer gárgaras si te duele la garganta
4. ir al consultorio del médico si tienes fiebre
5. beber mucho líquido

II. ¿Qué pasa? Una amiga está viajando por América Latina y no contesta tus *e-mails*. ¿Qué crees que pasa? Usa los verbos o expresiones de la lista.

ojalá querer esperar preferir desear

MODELO: Seguro que se está divirtiendo.
→ *Espero que se esté divirtiendo.*

Possible answers for **Gramática I:** 1. Te aconsejo que tomes una infusión de hierbas. 2. Te recomiendo que descanses y tomes jarabe para la tos. 3. Es mejor que hagas gárgaras si te duele la garganta. 4. Es importante que vayas al consultorio del médico si tienes fiebre. 5. Es necesario/importante que bebas muchos líquidos.

1. Seguro que no está enferma.
2. Seguro que me escribe en unos días.
3. Seguro que regresa pronto.
4. Seguro que me trae regalos de Paraguay.
5. Seguro que está pasando tiempo con nuevos amigos.

Possible answers for **Gramática II:** 1. Ojalá que no esté enferma. 2. Quiero que me escriba en unos días. 3. Prefiero que regrese pronto. 4. Espero que me traiga regalos de Paraguay. 5. Deseo que esté pasando tiempo con nuevos amigos.

CULTURA

Demuestra lo que aprendiste en este capítulo, seleccionando la mejor respuesta.

1. Una bebida muy típica de Paraguay es...
   a. la limonada
   b. el tereré
   c. el mate
2. La lengua indígena de Paraguay es...
   a. el quechua
   b. el aimara
   c. el guaraní
3. En Paraguay...
   a. la mayoría de la población es bilingüe.
   b. la minoría de la población es bilingüe.
   c. solo se habla español.
4. La medicina alternativa se usa...
   a. en Bolivia
   b. en Paraguay
   c. en Bolivia y Paraguay

REDACCIÓN

En este capítulo aprendiste sobre Bolivia y la medicina de los kallawayas. Escribe un párrafo sobre quién es este pueblo y qué tipo de medicina usan, qué hacen o qué tipo de tratamientos usan, dónde trabajan, y explica quiénes visitan a los médicos kallawayas y por qué.

EN RESUMIDAS CUENTAS, AHORA PUEDO...

- ☐ hablar sobre el cuerpo humano.
- ☐ describir síntomas y enfermedades.
- ☐ dar órdenes e indicaciones de manera formal.
- ☐ expresar deseos y esperanzas.
- ☐ entender la medicina alternativa.
- ☐ identificar las lenguas de Paraguay y Bolivia.

VOCABULARIO ESENCIAL

Sustantivos

el brazo	*arm*
el consultorio del médico	*doctor's office*
el corazón	*heart*
el cuerpo humano	*human body*
el dedo (de la mano/del pie)	*finger/toe*
la garganta	*throat*
el germen	*germ*
la gripe	*flu*
la enfermedad	*disease*
la espalda	*back*
el estómago	*stomach*
el jarabe para la tos	*cough syrup*
la infusión/el té de hierbas	*herbal tea*
el malestar	*discomfort*
la mano	*hand*
el medicamento	*medicine*
el oído	*(inner) ear*
la pastilla	*pills*
la pierna	*leg*
el pie	*foot*
el pulmón	*lung*
la receta	*prescription*
el resfriado	*cold*
la rodilla	*knee*
la salud	*health*
la sangre	*blood*
el seguro médico	*health insurance*
el sida	*AIDS*
el síntoma	*symptom*
el tobillo	*ankle*
la vacuna	*vaccine*

Cognados: el antibiótico, la bronquitis, la cura, la diabetes, el diagnóstico, la infección, la medicina, la neumonía, el/la paciente, el remedio, el tratamiento

Adjetivos

congestionado/a	*congested*
débil	*weak*
enfermo/a	*sick, ill*

Cognados: medicinal

Verbos

curar	*to cure, to heal*
curarse	*to get well, to recover*
enfermarse	*to get sick*
estornudar	*to sneeze*
doler (ue)	*to hurt*
mejorar	*to improve*

Expresiones

estar resfriado/a	*to have a cold*
ponerle una inyección/ vacuna a alguien	*to give somebody a shot/ vaccine*
romperse un hueso	*to break a bone*
sentirse mal/bien	*to feel badly/well*
tener alergias	*to suffer from allergies*
tener comezón	*to feel itchy*
tener dolor de (cabeza/ estómago/oído)	*to have (a head/stomach/ ear) ache*
tener escalofríos	*to have cold chills*
tener fiebre	*to have fever*
tener mareos	*to feel dizzy*
tener migraña	*to have a migraine*
tener náuseas	*to feel nauseous*
toser	*to cough*
torcerse el tobillo	*to twist an ankle*
¿Qué te duele?	*What hurts?*
¿Qué te pasa?	*What is the matter?*
Me duele...	*My . . . hurts*

LEARNING OBJECTIVES

By the end of this section you will be able to:

- Discuss emotional well-being
- Talk about healthy and unhealthy lifestyles
- Give and receive instructions and advice on health issues
- Describe people
- Express qualities
- Understand spirituality and lifestyles in Bolivia

Una imagen vale más que mil palabras

¿Cómo se puede saber si se tiene tuberculosis?

¿Tiene cura la tuberculosis? ¿Cuánto cuesta el tratamiento?

¿Por qué hablan de tuberculosis y discriminación al mismo tiempo?

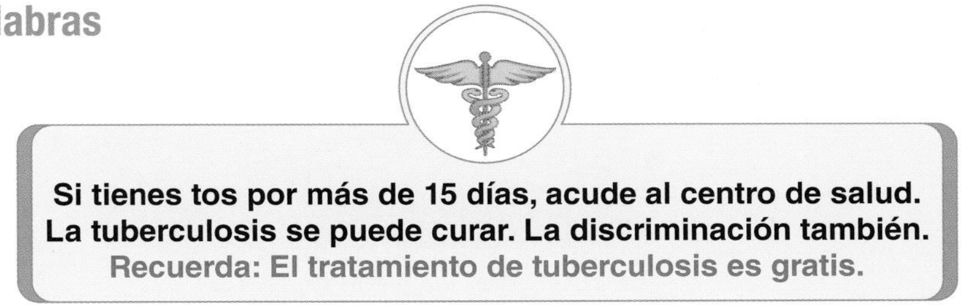

Si tienes tos por más de 15 días, acude al centro de salud.
La tuberculosis se puede curar. La discriminación también.
Recuerda: El tratamiento de tuberculosis es gratis.

▲ *Letrero del gobierno municipal de El Alto, Bolivia*

Answers for **Una imagen vale más que mil palabras:** 1. Si una persona tose por más de dos semanas, es probable que tenga tuberculosis. 2. Sí; es gratuito. 3. Quizás haya discriminación contra los enfermos porque son contagiosos.

UNA PERSPECTIVA

La espiritualidad en Bolivia

Kim

Diferente

"Pasé una Semana Santa[1] en Bolivia y nunca vi el lado comercial de la Semana Santa que hay en Estados Unidos, como los huevos o los conejitos de Pascua[2], ni las rebajas[3] de Pascua. Fue una semana de contemplación espiritual y personal. Había una devoción y tranquilidad que me inspiró.

También observé que para los bolivianos es muy habitual mencionar a Dios en conversaciones ordinarias y coloquiales. Oí mucho, por ejemplo: 'Mañana voy a visitarte, si Dios quiere, o Dios mediante, o si Dios lo permite'. Cuando preguntan '¿Cómo estás?', es muy común oír 'Muy bien, gracias a Dios'. El nombre *Jesús* para un niño también es común".

Igual

"Estados Unidos, como Bolivia o la gran mayoría de los países hispanohablantes, es un país muy espiritual. Nosotros también nos referimos a Dios de forma directa (*God bless you, thank God, God willing* o *for God's sake*) o indirecta (*¡OMG!, ¡TGIF!, gosh, oh my goodness*).

Además, también usamos nombres religiosos para llamar a las personas, como *Joseph, Mary* o *Christopher, Christina, Christian,* que vienen de la palabra *Cristo,* y muchos otros nombres que vienen de textos religiosos, como la Biblia".

¿Qué piensas tú?

1. ¿Qué tienen que ver los huevos y los conejos con la Pascua en Estados Unidos?
2. ¿Qué otro día feriado religioso tiene un componente muy comercial en Estados Unidos?
3. ¿Conoces ciudades que tienen nombres religiosos en español?

[1] **Semana Santa:** Holy week [2] **conejitos de Pascua:** Easter bunnies [3] **rebajas:** sales

Answers for **Una perspectiva**: 1. Se relacionan porque representan la primavera y la fertilidad que se celebra durante la Pascua. 2. La Navidad 3. Sacramento (holy sacrament), Los Ángeles, y muchas ciudades con nombres de santos, como San Antonio, San Francisco, San Diego, Santa Cruz, Santa Bárbara y San José.

The suggested narration for **La pura verdad** can be found in the Appendix. Please use this narration to go over each of the frames with your students. You can also find this section (frames and narration) in the PowerPoint slides, found in the Book Companion Site and *WileyPLUS*.

LA PURA VERDAD I La vida de voluntaria

Aída fue voluntaria del Cuerpo de Paz. Pasó un año en Bolivia.

1.

¡Tengo que estudiar muchísimo!

▲ *¿Está estresada o está deprimida?*

2.

¡Sí, y puedo vivir en la comunidad por un año!

▲ *Está muy animada.*

3.

¡No me gusta volar!
¡Qué viaje tan largo!

▲ *Está nerviosa.* ▲ *Está muy cansada.*

4.

No entiendo...

▲ *Están confundidos.*

5.

Esto cura la tos, un resfriado, alivia el estrés y te ayuda a calmarte.

▲ *Está enferma.*

6.

Me siento mejor.

▲ *Se siente relajada.*

Script for **10.2-1:** Aída pasó un año en Bolivia. Le gustó muchísimo y quiere volver algún día, pero al principio no estaba muy contenta. Miraba mucho las fotos de su familia y amigos en su teléfono. ¿Cómo se sentía? 2. En Bolivia trabajó en una clínica. Escribía la lista de síntomas de los pacientes y ayudaba a los médicos. Solo trabajaba seis horas al día, pero tenía que caminar mucho de la casa a la clínica y de la clínica a la casa. ¿Cómo se sentía al final del día? 3. La vida en Bolivia era muy diferente a su vida de estudiante en Estados Unidos. Había más tranquilidad y más sentido de comunidad. Cuando regresaba de trabajar se sentaba a hablar con tranquilidad con su familia boliviana. ¿Qué le gustaba hacer?

10.2-1 Los altibajos[4] de la vida en el extranjero Escucha las experiencias de Aída y decide cuál era su estado de ánimo.

1. ¿Cómo se sentía?
   a. Estaba nerviosa. (b.) Estaba deprimida. c. Estaba animada.
2. Al final del día,
   (a.) estaba cansada. b. estaba aburrida. c. estaba confundida.
3. ¿Qué le gustaba?
   a. Le gustaba estar débil. (b.) Le gustaba relajarse. c. Le gustaba estar animada.

[4] **altibajos:** ups and downs

PALABRA POR PALABRA

Use the PowerPoint slides found in the Book Companion Site and *WileyPLUS* to do this section in class.

Los estados de ánimo *Moods*

Los profesionales de la salud

el/la cirujano/a	*surgeon*
el/la enfermero/a	*nurse*
el/la oculista	*eye doctor*

Cognados: el/la cardiólogo/a, el/la dentista, el/la doctor/a, el/la farmacéutico/a, el/la psicólogo/a, el/la psiquiatra, el/la terapeuta

¿Qué dicen los bolivianos?

Susana es muy <u>chinchi</u>.	*Susana is very <u>immature</u>.*
Ten cuidado, hay un <u>paco</u> en cada esquina.	*Be careful, there is a <u>police officer</u> in every corner.*
Es un *<u>pelado</u> de 16 años.	*He is a 16-year-old <u>kid</u>.*
Me encantan las <u>pipocas</u>.	*I love <u>popcorn</u>.*

*Esta expresión también se usa en otros países hispanos.

Para hablar de la salud

el bienestar	*well-being*
el descanso	*rest*
engordar	*to gain on weight*
estar embarazada	*to be pregnant*
preocuparse (por)	*to worry (about)*
subir/bajar de peso	*to gain/lose weight*
tener estrés	*to suffer from stress*

Cognados: el análisis, el estrés

Hábitos saludables y prevención *Healthy habits and prevention*

adelgazar	*to lose weight*
calmarse	*calm down*
controlar (la ansiedad/el colesterol)	*control (your anxiety/cholesterol)*
cuidar(se)	*to take care (of oneself)*
descansar	*to rest*
estar a dieta/hacer dieta	*to be on a diet/to diet*
relajarse	*to relax*
reducir el consumo (de alcohol/grasa)	*to reduce (alcohol/fat) intake*
tener cuidado	*to be careful*

Cognados: meditar, prevenir

Answers for **10.2-02, Paso 1:** 1. el oculista; 2. el cirujano plástico; 3. el dentista; 4. el psiquiatra, el psicólogo; 5. el cardiólogo; 6. el farmacéutico; 7. el terapeuta; 8. el enfermero. **Paso 2:** Answers may vary.

10.2-02 ¿Qué le duele?

Paso 1: Estas personas tienen problemas de salud y necesitan ayuda profesional. ¿A qué especialista deben ver?

MODELO: Miriam tiene demasiado trabajo y la semana pasada tuvo un ataque de ansiedad. → *Miriam tiene que ver al psicólogo.*

1. A Adela le duele la cabeza cuando lee y ve la televisión.
2. Elena va a hacerse una operación cosmética.
3. A Mercedes se le rompió un diente.
4. Javier está muy deprimido y tiene fobia social.
5. Jorge Luis tuvo un ataque al corazón y está en el hospital.
6. Carlos tiene que ir a la farmacia y comprar el antibiótico que le recetó el médico.
7. María tiene que hacer terapia de rehabilitación física.
8. Francisco va al hospital a dar una muestra de sangre.

Paso 2: Comenta con un/a compañero/a: ¿Alguna vez tuviste que ver a alguno de estos especialistas? ¿Por qué? ¿Qué te pasó?

Answers for **10.2-03:** Answers may vary.

10.2-03 ¿Cómo te sientes?

Paso 1: Utiliza los adjetivos de la sección **Palabra por palabra** (*nervioso/a, emocionado/a, deprimido/a, etc.*) o los adverbios *bien/mal* para decir cómo te sientes en las siguientes situaciones.

MODELO: Tienes que escribir un ensayo sobre un tema que te interesa mucho. → *Estoy emocionado.*

1. Regresas de un viaje de avión intercontinental.
2. No puedes tomar una decisión sobre algo importante (comprar un auto, elegir una especialidad en la universidad, etc.).
3. Tus vecinos hacen demasiado ruido y no puedes dormir.
4. Tienes un examen muy difícil al día siguiente.
5. Después de tener un accidente de auto no sabes si el seguro lo va a pagar.
6. Te dicen que un buen amigo tiene una enfermedad grave.
7. Tienes muchas cosas que hacer y no puedes hacerlas todas.
8. Tienes que ir al cardiólogo para una revisión del corazón.

Paso 2: Ahora, entrevista a un/a compañero/a para ver si se siente como tú en esas situaciones. ¿Se sienten igual o hay mucha diferencia entre sus reacciones a la misma situación?

MODELO:
Estudiante 1: *¿Cómo te sientes después de un viaje en avión intercontinental?*
Estudiante 2: *¡Me siento contento porque fue una gran experiencia!*
Estudiante 1: *¿Sí? ¡Qué suerte! Yo me siento cansada.*

Describing people: *Ser* and *estar* + *adjective*

You already know that both **ser** and **estar** can be used with adjectives to describe people and things. Do you remember when to use one or the other? Go back to **Hablando de gramática II** in Chapter 4, Section 2, and try to explain the difference between these two sentences:

Aída es muy **distraída.** Siempre lo pierde todo.

Aída está muy **distraída** estos días. Creo que tiene problemas en casa.

We use **ser +** *adjective* when naming a characteristic that distinguishes that person from other persons. In the first sentence, Aída is pretty absent-minded if we compare her to other people. We use **estar +** *adjective* to describe a condition that distinguishes the person's current state from his or her usual state of being. Thus, in the second sentence, Aída is more distracted than usual, which means that she is not usually that way. Because English has only one equivalent to **ser/estar** (the verb *to be*), the subtleties of this difference are expressed with different adjectives or expressions in English.

Use **ser...** with adjectives to describe a characteristic.	Use **estar...** with adjectives to describe a condition or state.
Aída **es** muy aburrida. *Aída is very boring.* **Es** muy guapa. *She is very beautiful.*	Aída **está** muy aburrida. *Aída is very bored.* **Está** muy guapa. *She looks great.*

10.2-04 ¿Cómo eres? ¿Cómo estás? RECYCLES **ser** and **estar.**

Paso 1: Con los siguientes adjetivos, forma preguntas con *ser* y *estar* y entrevista a un/a compañero/a. ¡OJO! Algunos adjetivos son diferentes si los usas con *ser* o *estar*.

Answers for **10.2-04:** Answers may vary.

MODELO: serio/a
Estudiante 1: *En general, ¿eres una persona seria?*
Estudiante 2: *Pues sí, en general soy bastante seria. ¿Y tú?*
Estudiante 1: *Yo no, yo soy muy animado, aunque en la clase de español siempre estoy bastante serio.*

1. emocional
2. emocionado/a
3. irritable
4. irritado/a
5. alegre
6. distraído/a
7. tranquilo/a
8. nervioso/a

Paso 2: Compartan con la clase sus conclusiones sobre sus personalidades. ¿Cómo son ustedes? ¿Tienen características de personalidad similares o son muy diferentes? ¿Cómo se sienten estos días? ¿Tienen el mismo estado de ánimo?

Giving advice: Impersonal expressions with subjunctive

You already know a few different ways of giving advice. In Chapter 4, Section 1, you learned how to express obligation and advice with **tener que, deber** and **hay que** + *infinitive*. In Chapter 9, Section 1, you also learned how to make impersonal generalizations to express recommendations. When the advice is generic and not directed to a specific person, we use the infinitive:

	Infinitive
Es esencial/preciso/necesario/importante/mejor	**estar** en buena forma. **hacer** más ejercicio.

However, if the advice or recommendation is directed to a specific person or persons, we use **que** + *subjunctive*:

	Subjunctive
Es esencial/preciso/necesario/importante/mejor	**que estés** en buena forma. **que hagamos** más ejercicio.

Could you think of other impersonal expressions that you can use to express generalizations or recommendations?

RECYCLE impersonal expressions with subjunctive.

Suggestions for **10.2-05:** Generate a list with the whole class. Ask volunteers to come to the board and write their recommendations. Students should be using the second person singular form of the present subjunctive in their recommendations. Emphasize the use of this form since they will later learn the informal command form is the same as the second person singular of the present subjunctive. In their recommendations, encourage the use of the chapter vocabulary.

Answers for **10.2-05:** Answers may vary.

10.2-05 Recomendaciones para sentirse bien Después de los altibajos de su viaje a Bolivia y la dura vida de voluntaria, Aída quiere sentirse mejor.

Paso 1: Con un/a compañero/a, escriban todos los consejos que puedan para cada aspecto de su vida que Aída quiere mejorar.

Aída quiere...	Consejos:
adelgazar	Es importante...
estar más tranquila	Es mejor...
estar más fuerte	Es bueno...
estar menos distraída	Es necesario...
estar más animada	Es esencial...

Paso 2: Comparen sus consejos con otras parejas de la clase. ¿Quién tiene la lista más larga?

HABLANDO DE GRAMÁTICA I

1. Giving instructions and advice: Informal commands

WileyPLUS Go to *WileyPLUS* to review this grammar point with the help of the **Animated Grammar Tutorial** and the **Verb Conjugator.**

A. Afirmative informal commands

In Chapter 7, Section 2, you learned how to give instructions using formal commands. As you already know, in Spanish there are two sets of commands. Formal commands (**los mandatos formales**) are used when you want to give instructions or directions to people with whom you have a formal relationship—those you would normally address as **usted/ustedes.** In this section you will learn how to use informal commands, which are used with people that you would address as **tú.** You are already familiar with these forms since they are used in many of the direction lines of the activities in this book:

Compara tus respuestas con las de un/a compañero/a. — *Compare your answers with a partner.*

You already know that the form of the **usted** command and the present subjunctive forms for the third person singular (**él, ella, usted**) and plural (**ustedes**) are the same. For the informal commands (**los mandatos informales**) use the third person form of the present indicative. These will be the command form you use with people who you would normally address as **tú.**

	Third person present indicative	Affirmative *tú* command
descansar	Aída no **descansa** lo suficiente. *Aida doesn't rest enough.*	**Descansa** un poco. *Rest a little.*
beber	También **bebe** mucho café. *She also drinks a lot of coffee.*	**Bebe** más infusiones y menos café. *Drink herbal teas and less coffee.*
subir	Nunca **sube** de peso. *She never puts on weight.*	**Sube** de peso un poquito, estás demasiado delgada. *Gain a little weight; you are too thin.*

The following verbs have irregular command forms.

decir	➔	di	**Di** lo que piensas. Te vas a sentir mejor. *Say what you think. You'll feel better.*
hacer	➔	haz	**Haz** más ejercicio. *Do more exercise.*
ir	➔	ve	**Ve** a una clase de meditación. *Go to a meditation class.*
poner	➔	pon	**Pon** esta hierba en la infusión. *Put this herb in the tea.*
salir	➔	sal	**Sal** un poco más y diviértete. *Go out more and have fun.*
ser	➔	sé	¡**Sé** más disciplinado y no dejes trabajo para mañana! *Be more disciplined and do not leave work for tomorrow!*
tener	➔	ten	**Ten** más paciencia; es muy pronto para ver resultados. *Have more patience; it is early to see results.*
venir	➔	ven	**Ven** conmigo a la clase de yoga. Te va a gustar. *Come with me to the yoga class. You'll like it.*

Direct, indirect, and reflexive pronouns are attached at the end of the affirmative command forms.

Si estás nerviosa, **siéntate*** y respira profundamente. — *If you are nervous, sit down and breathe deeply.*

Si estás deprimida y quieres hablar con alguien, **llámame***. — *If you are depressed and you want to talk to someone, call me.*

*A written accent is added when the stress falls on the third-to-last syllable.

Use the PowerPoint slides found in the Book Companion Site and *WileyPLUS* to do this activity in class.

Exercises labeled with an individual student icon in the **Hablando de gramática** section are intended to be assigned as homework.

10.2-06 Consejos para reducir el estrés Lee este foro de recomendaciones para reducir el estrés.

INICIO | QUIÉNES SOMOS | CONTACTO | AVISO LEGAL | INICIAR SESIÓN

Salud y bienestar | Vivir sano | Actualidad | Enfermedades | Pruebas diagnósticas

Consejos para reducir el estrés

Aquí te ofrecemos unos consejos para prevenir o reducir el estrés.

DIETA Y EJERCICIO
- Lleva una dieta equilibrada, evitando las comidas pesadas que provocan digestiones lentas.
- Usa el tiempo para comer como momento de descanso.
- Controla el consumo de alcohol.
- Haz ejercicio todos los días.

DESCANSO
- Duerme lo suficiente, aproximadamente 7 u 8 horas diarias.
- Toma las vacaciones y los fines de semana como tiempo de ocio.
- Deja el trabajo en la oficina.

ORGANIZACIÓN
- Organiza tus tareas y establece horarios para no tener olvidos importantes.
- Planifica tus actividades con tiempo para no llegar tarde a tus citas[5] y obligaciones.
- Si no puedes hacerlo todo, selecciona las actividades más importantes.

TÉCNICAS DE CONTROL DE ANSIEDAD Y ESTRÉS
- Practica la relajación y la meditación, sobre todo si te sientes mal.
- Aprende a decir *no*.

VIDA SOCIAL
- Reconéctate con tus amigos.
- Todos los días dedica tiempo a hacer alguna actividad que te guste durante por lo menos una hora.
- Busca apoyo en tu familia o amigos.

Paso 1: Escribe todos los mandatos informales que hay en el texto (son dieciséis en total). ¡Atención! No todos los verbos del texto son mandatos. Después, indica cuál es el infinitivo de cada mandato.

Note for **10.2-06:** This is an input activity that makes students focus on form while they are focused on meaning. **Paso 2** makes the activiy meaningful; students have to process meaning in order to be able to provide their opinion. If you want to add an output phase, have students do **Paso 3.** You can collect their paragraphs and post them on the course management system you use. Have students comment on whether they think the recommendations from their peers are useful.

MODELO: 1. *lleva (llevar)*

2. usa *(usar)*	7. deja *(dejar)*	12. practica *(practicar)*
3. controla *(controlar)*	8. organiza *(organizar)*	13. aprende *(aprender)*
4. haz *(hacer)*	9. establece *(establecer)*	14. reconéctate *(reconectar)*
5. duerme *(dormir)*	10. planifica *(planificar)*	15. dedica *(dedicar)*
6. toma *(tomar)*	11. selecciona *(seleccionar)*	16. busca *(buscar)*

Paso 2: Comenta con un/a compañero/a. ¿Cuál de estos consejos sigues y cuáles no? ¿Crees que todos son consejos válidos, o crees que hay algunos más importantes que otros? Añadan dos consejos más a la lista.

Answers for **10.2-06 Paso 2:** Answers may vary.

MODELO: Estudiante 1: *¿Llevas una dieta equilibrada?*
Estudiante 2: *No mucho. Como mucha comida rápida porque es barata y no me gusta cocinar.*
Estudiante 3: *Puedes comer en restaurantes, pero busca opciones sanas. Come ensaladas o alimentos frescos y reduce el consumo de alimentos fritos.*

[5] **cita:** appointment

Paso 3: Ahora, escribe una pequeña entrada para un foro de recomendaciones de tu universidad. Recomienda qué deben hacer los nuevos estudiantes para combatir el estrés o la ansiedad del cambio de entorno. En tus recomendaciones, utiliza por lo menos seis de los siguientes verbos en la forma de mandato informal.

Answers for **10.2-06 Paso 3:** Answers may vary.

hacer ir salir ser tener sentirse relajarse descansar

B. Negative informal commands

Affirmative and negative informal commands are not the same. Negative informal commands are formed by dropping the ending of the first person singular form in the present tense indicative (e.g., **-o** or **-oy** in the **yo** form) and adding the opposite theme vowel + **s**. That is, verbs ending in **-ar** add **-es**, verbs ending in **-er**, **-ir**, add **-as**.

Infinitive	*yo* form	*tú* command	
descans**ar**	descans~~o~~	descans**es**	No **descanses** tanto. Luego te duele la cabeza si duermes mucho.
est**ar**	est~~oy~~	est**és**	No **estés*** triste. Todo tiene solución.
beb**er**	beb~~o~~	beb**as**	No **bebas** tanto café.
pon**er**(se)	pong~~o~~	pong**as**	No **pongas** tanta sal en la comida.
sub**ir**	sub~~o~~	sub**as**	No **subas** más de peso.
reduc**ir**	reduzc~~o~~	reduzc**as**	No **reduzcas** la cantidad de comida, solo la grasa.

Verbs ending in **-car, -gar, -zar** undergo a spelling change to **-qu, -gu, -c**, in order to maintain the original pronunciation.

Infinitive	*yo* form	*tú* command	ustedes
llegar	lleg~~o~~	llegu**e**	No **llegues** tarde. Eso provoca mucho estrés.
buscar	busc~~o~~	busqu**es**	No **busques** un psicólogo.
adelgazar	adelgaz~~o~~	adelgac**es**	No **adelgaces** más. Estás demasiado delgada.

Ir and **ser** have irregular forms.

ir ➔ no vayas — **No vayas** al cardiólogo todavía.
ser ➔ seas — No **seas** impaciente. Pronto vas a ver los resultados.

You may have noticed that all negative informal commands are identical to the second person singular (**tú**) form in the present subjunctive:

	Second person subjunctive	Negative *tú* command
descansar	No quiero [que **descanses** tanto]. *I don't want [you to rest so much.]*	**No descanses** tanto. *Do not rest so much.*
beber	Es posible [que **bebas** demasiado café]. *It is possible [that you drink too much coffee.]*	**No bebas** tanto café. *Do not drink so much coffee.*
subir	Es mejor [que no **subas** más de peso]. *It is better [that you don't put on more weight.]*	**No subas** más de peso. *Don't put on more weight.*

In negative command forms, the pronoun immediately precedes the verb.

No **te sientas** mal; es normal estar estresada al final del trimestre. — *Don't feel bad; it is normal to feel stressed at the end of the quarter.*

No **le pidas** consejo; él nunca se siente deprimido. — *Don't ask him for advice; he never feels depressed.*

*The command form of **estar** carries a written accent.

10.2-07 ¿Qué me recomiendas? Aída regresa a casa y su amiga, que también va a ir a Bolivia con el Cuerpo de Paz, le hace muchas preguntas. ¿Cuáles son los consejos de Aída? Escribe las respuestas en forma de mandato con los pronombres necesarios.

MODELO: ¿Debo llevar mis medicinas para el asma?
Sí, llévalas. Es posible que allí no las encuentres.

1. ¿Crees que es buena idea que yo vaya a Bolivia?
   ¡Por supuesto, ____ve____! Va a ser una experiencia maravillosa.
2. ¿Debo probar la comida local?
   ¡Pues claro! ____Pruébala____. ¡Es deliciosa!
3. ¿Y cómo me comunico con los pacientes del hospital?
   Pues ____comunícate____ con ellos en español.
4. ¿Tengo que estudiar quechua?
   No es obligatorio, pero ____estúdialo____, ¿por qué no?
5. ¿Es mejor vivir en una residencia o con una familia boliviana?
   No ____vivas____ en una residencia porque hay muchos estadounidenses. Con una familia vas a aprender mucho más.

Use the PowerPoint slides found in the Book Companion Site and *WileyPLUS* to do this activity in class.

10.2-08 Recomendaciones para Aída Vuelve a la historia de **La pura verdad I** y para cada estado de ánimo, dale un consejo de algo que Aída NO debe hacer y algo que SÍ debe hacer para sentirse mejor. Usa los verbos propuestos.

Suggestions for **10.2-08:** Have student refer back to the **La pura verdad** story. Vignettes are numbered so the numbers in the list refer to the vignettes in **La pura verdad.**

Answers to **10.2-08: Answers** may vary: 2. No te pongas más nerviosa; cálmate... 3. No pierdas la paciencia. Aprende la lengua indígena. 4. No te preocupes. Toma singani. 5. No te quedes en casa. Sal un poco.

MODELO: Viñeta 1: preocuparse, priorizar, hacer
→ *No te preocupes. Prioriza tus obligaciones y haz las tareas más importantes o difíciles primero.*

Viñeta 2: ponerse más nerviosa, calmarse
Viñeta 3: perder la paciencia, aprender
Viñeta 4: preocuparse, tomar
Viñeta 5: quedarse en casa, salir

The suggested narration for **La pura verdad** can be found in the Appendix. Please use this narration to go over each of the frames with your students. You can also find this section (frames and narration) in the PowerPoint slides, found in the Book Companion Site and *WileyPLUS*.

LA PURA VERDAD II Una experiencia emocionante

Alex y Linda viven en Bolivia. Nos dan consejos y nos cuentan su experiencia en bicicleta en la famosa Carretera de la Muerte.

1.

Es mejor que vayas con ▶ un buen grupo, que tengan todo el equipo necesario y que lleven bicicletas extras.

◀ Todos los años más de 200 personas mueren en esta carretera. ¡Es increíble que se use tanto!

2.

3.

Mis amigos piensan que estoy loco. Es posible...

4.

¡Si Dios quiere!
¡Ten cuidado! Nos vemos abajo.

5.

▲ *Lo bueno es la vista y la emoción de la velocidad.*

6.

▲ *Lo emocionante es el peligro y la posibilidad de perder la vida.*

10.2-09 ¿Qué hacer y qué no hacer en la Carretera de la Muerte? Escucha la experiencia que tuvo Alex y decide qué consejos debes seguir.

1. ¿Qué aconseja Alex que hagas que él no pudo hacer?
   a. que saques fotos al bajar a toda velocidad.
   b. que no te concentres en la carretera.
   (c.) que pares en la carretera y saques fotos.
2. ¿Qué aconseja Alex que hagas?
   (a.) que escuches al guía.
   b. que bebas menos singani.
   c. que no sigas las reglas.
3. ¿Qué aconseja que hagas después de la aventura?
   a. que tomes algo para el dolor.
   (b.) que te relajes en un hotel.
   c. que nades en la piscina.

Script for **10.2-09:** 1. Alex quería subir sus fotos de esta aventura en Facebook. Trajo su cámara, pero estaba tan concentrado en la carretera que nunca paró y ahora no tiene fotos. 2. Los guías del grupo les dicen a todos los ciclistas, las reglas y las precauciones. Una regla importante es que no deben beber alcohol. Un ciclista no escuchó y perdió el control de su bicicleta. 3. Al final de la aventura en la Carretera de la Muerte van a estar muy cansados y les van a doler los músculos. Es mejor que pasen la noche en un buen hotel. Van a necesitar tiempo para descansar y relajarse al lado de la piscina.

HABLANDO DE GRAMÁTICA II

2. Expressing qualities: *Lo* + adjective

To describe the general qualities or characteristics of something, use the neuter definite article **lo** + adjective (singular, masculine) + **es** when, followed by a noun or an infinitive.

Lo bueno es la vista y la emoción de la velocidad. — *What's good is the view and the excitement of speed.*
Lo emocionante es bajar la carretera tan rápido. — *The exciting part is going down the road so fast.*

Use **lo** + *adjective* + **son** when followed by a plural noun.

Lo interesante son los cambios de temperatura y estación. — *The temperature and season changes are the interesting part.*

Use **que** to introduce a subordinate clause.

Lo increíble es [que yo siempre hago este tipo de locuras]. — *What is incredible is [that I am always up for this type of crazy stuff.]*

Exercises labeled with an individual student icon in the **Hablando de gramática** section are intended to be assigned as homework.

10.2-10 ¡¿Y eso es lo bueno?! Completa el siguiente diálogo entre Alex y Linda mientras hacen planes para descender el camino de Yungas.

Alex: ¿Qué es ___lo___ atractivo de esta carretera?
Linda: Lo ___atractivo___ es que es la carretera más peligrosa del mundo.
Alex: ¡¿Y eso es bueno?!
Linda: Eh... pues no, lo bueno ___son___ las vistas y los contrastes de temperatura. Lo atractivo, lo bueno, lo emocionante ___son___ las curvas peligrosas, la emoción de la velocidad.
Alex: Puf... ¡ahora estoy nervioso! ¡Parece que lo mejor de esta aventura ___es___ llegar al destino con vida!
Linda: Sí, y lo peor es ___que___ si estás nervioso y tienes miedo, no lo vas a disfrutar. ¡Relájate! ¡Lo vamos a pasar bien!

Suggestions for **10.2-11:** Give students time to plan and write their opinions or reactions in **Paso 1** before moving on to **Paso 2**. For **Paso 2**, have students compare their reactions and opinions with a partner and compare whether they agree or not. As a follow-up, have a whole-class discussion. Did most pairs react the same way? Did some pairs have different opinions or thought of totally different aspects?

Answers for **10.2-11:** Answers may vary.

10.2-11 ¿Qué es lo mejor de todo esto?

Paso 1: Usa los siguientes adjetivos para describir una visita al médico o al dentista.

MODELO: bueno/malo → ***Lo bueno*** *de ir al médico es que puede curar tu enfermedad o malestar.* ***Lo malo*** *es que cuesta dinero.*

1. bueno/malo
2. peor/mejor
3. interesante/aburrido
4. normal/raro
5. fácil/difícil

Paso 2: Ahora, compara tus opiniones con las de un/a compañero/a. Para cada aspecto, ¿pensaron en lo mismo? ¿Coinciden en sus opiniones sobre lo bueno y lo malo de ir al médico?

MODELO: Estudiante 1: ***Lo bueno*** *de ir al médico es que te cura el dolor. ¡****Lo malo*** *es tener que pagar la consulta después!*
Estudiante 2: *Sí, es verdad. También* ***lo malo*** *es ¡que nunca sabes cuál va a ser el diagnóstico!*

OTRA PERSPECTIVA

Courtesy of Cindy Inusta

Diferentes estilos de vida

Diferente

"El ritmo de la vida en las grandes ciudades de Estados Unidos es mucho más rápido que en mi país, Bolivia. Aquí en Estados Unidos la gente está conectada electrónicamente y están continuamente revisando sus mensajes de Facebook, *e-mail o,* Twitter, y parece que siempre están texteando hasta cuando manejan. Siento que hay urgencia en la comunicación. Nosotros en Bolivia también estamos conectados, pero también hay tiempo para verse en persona y compartir el mate. Siento que hay más tranquilidad y que hay un mayor sentido de familia y comunidad. Creo que nos tomamos más tiempo para hablar y escuchar con paciencia. El ir y venir[6] de Estados Unidos es estresante algunas veces".

Igual

"En las ciudades grandes como La Paz también hay un ritmo más rápido porque hay más actividad en general, más gente y más tráfico. Para ir de un lugar a otro, el esfuerzo es mayor. También estamos conectados electrónicamente, seguimos tuits[7] y texteamos también, pero con menos frecuencia o urgencia".

Explícale a Cindy

1. ¿Son estresantes o divertidas las conexiones electrónicas?
2. ¿Cuáles son las ventajas y desventajas de tanta conexión?
3. ¿Sientes que compartes tiempo con frecuencia con tu familia o tus amigos?

Possible answers for **Otra perspectiva:** Answers may vary.

MANOS A LA OBRA

10.2-12 ¿Cómo te sientes?

Answers for **10.2-12:** Answers may vary.

Paso 1: Completa cada oración con información verdadera sobre ti.

1. Estoy irritado/a cuando...
2. Cuando estoy nervioso/a (no) tomo...
3. Cuando tengo estrés (no)...
4. Para relajarme...
5. La última vez que me sentí avergonzado/a fue cuando...
6. Cuando me siento triste...
7. Yo (no) sé controlar bien la ansiedad porque...
8. (No) Descanso lo suficiente porque...

Paso 2: Con las oraciones del **Paso 1**, forma preguntas y entrevista a un/a compañero/a.

MODELO: Cuando tengo estrés *no quiero hablar con nadie.*
→ *¿Te molesta hablar con la gente cuando tienes estrés?*

Paso 3: Ahora, escriban un pequeño informe. ¿En qué aspectos coinciden los dos? ¿En qué no coinciden?

MODELO: *Mi compañero/a y yo tenemos personalidades muy diferentes. Por ejemplo, yo estoy irritado si las cosas no me salen bien y, sin embargo, ella...*

Por último, informen a la clase. ¿Coinciden en todo, en algunas cosas o en nada? ¿En qué aspectos no coincide nadie?

Suggestions for **10.2-12, Paso 3:** In order for students to be ready to report, the planning phase (**escriban un pequeño informe**) is crucial. After student pairs have finished their paragraphs, have a whole-class discussion. Are there any practices that all the students have in common? Did they all react in the same way to the same situations?

[6] **el ir y venir:** hustle and bustle [7] **tuit:** a tweet, a post made on Twitter

Suggestions for **10.2-13:** Have your students stand up and ask each other these questions. Make sure that they are answering in Spanish. Either require them to ask all of the questions or just five or six, depending on how much time you have; set a time limit. Remind your students that when asking questions to a particular classmate, they have to change the verb to the **tú** form. When the time is up, do a whole-class check, making the students responsible for the information that has been gathered: **¿Quién de tus compañeros es distraído? ¿Sí? ¿Por qué? ¿Siempre se le olvida dónde pone las cosas?**

Answers for **10.2-13** and **10.2-14:** Answers may vary.

10.2-13 ¿Quién de la clase...? Levántate y hazles a tus compañeros las siguientes preguntas. Escribe el nombre de los compañeros que contesten afirmativamente.

MODELO: Estudiante 1: *¿Te pones rojo cuando estás avergonzado?*
Estudiante 2: *Sí, me pongo muy rojo/No, no me pongo rojo.*

¿Quién de la clase...	Nombre del/de la compañero/a
1. ... engorda cuando está estresado/a?	______________
2. ... medita o hace yoga?	______________
3. ... alguna vez se rompió un hueso?	______________
4. ... se vuelve loco/a en la temporada de exámenes?	______________
5. ... tiene problemas para relajarse antes de dormir?	______________
6. ... se pone rojo/a cuando está avergonzado/a?	______________
7. ... es muy distraído/a?	______________
8. ... se levanta contento/a por las mañanas?	______________
9. ... tiene una amiga que está embarazada?	______________

Suggestions for **10.2-14:** Bring to class advertisements related to health and wellness issues containing informal commands from Spanish language magazines or websites. You can post them on your course management system for students to see previous to coming to class the day you do this activity. You can post the best ads on your course site for other students to vote on different aspects: best slogan, best design, most creative, etc.

Use the PowerPoint slides found in the Book Companion Site and *WileyPLUS* to do this activity in class.

10.2-14 Anuncios de la salud y el bienestar Muchos anuncios usan mandatos informales para crear un mensaje más directo y más personal.

Paso 1: Inventen un anuncio sobre algún tema relacionado con la salud (cómo prevenir una enfermedad, la seguridad al manejar, un seguro médico, la Organización Mundial de Salud, etc.). Deben utilizar el vocabulario de este capítulo.

Paso 2: Presenten los anuncios a la clase. La clase va a votar por el anuncio más creativo, original y con el mejor eslogan.

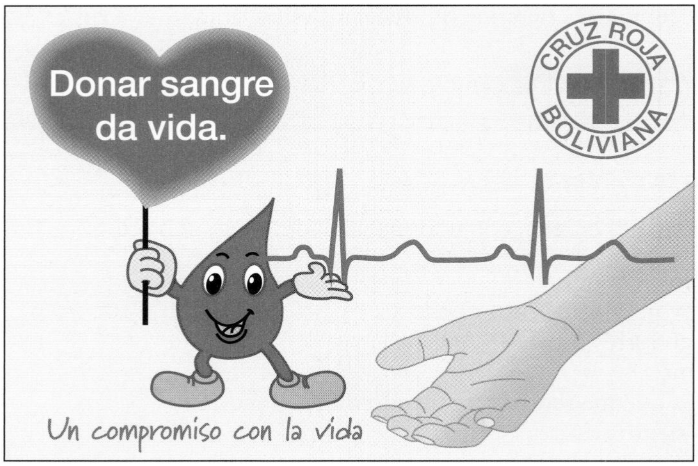

Script for **10.2-15, Presta atención: Hablando con una amiga:**
Marta: ¡Hola, Angélica! ¿Cómo estás?
Angélica: ¡No muy bien, Marta!
Marta: ¿Por qué? ¿Qué te duele, Angélica?
Angélica: No me duele nada... Estoy muy cansada desde hace unas semanas. Estoy subiendo de peso y como poquito. Estoy preocupada.
Marta: Pero, ¿estás a dieta?
Angélica: No, no estoy a dieta, pero no como, a veces tengo dolor de estómago. Tengo náuseas y estoy muy débil. Bebo singani para sentirme mejor.
Marta: ¡Tienes que ir al médico!
Angélica: Sí, ayer fui al hospital y me hicieron un análisis de sangre.
Marta: Lo siento tanto, Angélica. No sabía que tenías problemas de salud. Bueno, y ¿estás controlando el colesterol?
Angélica: Sí, el colesterol lo tengo bien y controlo el consumo de grasas.
Marta: ¿Crees que estás embarazada?
Angélica: Ay, pues no lo sé... Mañana recibo los resultados de los exámenes y análisis. Puede ser que esté embarazada. ¡Qué nerviosa estoy!
Marta: ¡Qué bien, Angélica! Llámame mañana cuando tengas el resultado de los análisis. Descansa. No estés estresada. Relájate.
Angélica: Bueno, te llamo mañana. ¡Hasta mañana, Marta!
Marta: ¡Hasta luego!

WileyPLUS Go to *WileyPLUS* and listen to **Presta atención.**

10.2-15 Presta atención: Hablando con una amiga Marta va para su trabajo y por la calle se encuentra a su amiga Angélica. Las dos hablan sobre la salud. Escucha el audio para saber qué le pasa a Angélica.

1. ¿Qué problemas tiene Angélica?
   a. Está a dieta porque quiere adelgazar.
   (b.) Está cansada y está subiendo de peso.
   c. Tiene el colesterol alto y está gorda.
2. Marta piensa que...
   (a.) Angélica está enferma.
   b. Angélica come mucho.
   c. Angélica se cuida poco.

3. ¿Por qué Angélica fue al hospital?
   a. Porque allí trabaja su amiga Marta.
   b. Porque le dolía la cabeza y el corazón.
   (c.) Porque tenía náuseas y estaba muy débil.
4. ¿Qué sospecha Angélica?
   (a.) Que está embarazada.
   b. Que tiene el colesterol muy alto.
   c. Que está enferma.
5. ¿Qué quiere Marta de Angélica?
   a. Quiere saber lo que piensa ella.
   (b.) Quiere que Angélica la llame mañana.
   c. Quiere que vaya al médico mañana.

10.2-16 Por escrito: Un informe de salud Escribe un informe sobre tu salud para enviarlo al director de un programa de estudios en el extranjero, o al entrenador de un equipo de un deporte (baloncesto, fútbol, vóleibol, etc.). Incluye: tu edad, las enfermedades que tuviste, tus hábitos actuales (buenos y malos) y cinco aspectos positivos y cinco negativos de tu condición física.

¡OJO!

Connectors
Let's review the box in **Estrategias para escribir** in Chapter 9, Section 1, with connector words.

PONTE EN MI LUGAR

Un accidente Después de sufrir un accidente de motocicleta, un/a paciente asiste a la consulta de un/a psicólogo/a. El/La paciente se siente bien físicamente, pero todavía necesita ayuda profesional. Decidan quién es el/la psicólogo/a y quién es el/la paciente. Usen las expresiones de las **Estrategias para conversar**.

Paciente: Da detalles del accidente de motocicleta y explícale a tu psicólogo/a que no tienes problemas físicos, pero que no te sientes bien emocionalmente. Explícale que necesitas ayuda porque desde el accidente no puedes usar ningún tipo de transporte y te dan mucho miedo las motocicletas.

Psicólogo/a: Escucha al paciente y pídele que te diga las actividades que normalmente hace (por ejemplo, deporte, hábitos de alimentación y bebida, actividades sociales, etc.). Después, explícale al paciente lo que debe hacer y hazle una serie de recomendaciones (por ejemplo, "*corre todos los días*"). Dile que esperas que haga todas las tareas de la lista. Haz una cita para la próxima semana.

Estrategias para conversar

Expressing satisfaction
In Chapter 10, Section 1, you learned a few expressions to react to good or bad news. Use these to express satisfaction or to praise someone:

¡Me alegro (de) que (+ *subjunctive)!*

¡Qué fabuloso que (+ *subjunctive)!*

¡Te felicito! Te alimentas muy bien.

ASÍ ES LA VIDA

Use the PowerPoint slides found in the Book Companion Site and *WileyPLUS* to do this section in class.

Adivina, adivinador

El farmacéutico y su hija,
el médico y su mujer
se comieron nueve huevos
y todos tocaron a tres.

¿Cómo puede ser? Answer for **Adivina, adivinador:** La mujer del médico es la hija del farmacéutico.

Chiste

Ya sé por qué engordo... Es el champú. En la botella dice "Para dar cuerpo y volumen". Desde mañana, empiezo a ducharme con el detergente para lavar platos, que dice "Elimina la grasa. Hasta la más difícil".

Answers for **Arroba**: Answers may vary. Operación Sonrisa es una fundación que en el año 2005 comenzó a trabajar en Asunción, Paraguay, con voluntarios que son anestesistas, enfermeros, cirujanos plásticos y dentistas que examinan y operan a niños con problemas en los labios, en los dientes y en la boca en general. Trabajan en el Hospital San Jorge, un hospital en Asunción. Este grupo va a los hospitales de otros países para enseñar nuevas técnicas (de operaciones de la cara) a los médicos de esos países.

@Arroba@

WileyPLUS Go to *WileyPLUS* to find more **Arroba** activities.

Operación Sonrisa Operación Sonrisa es una fundación que trabaja con voluntarios en muchos países latinoamericanos (Paraguay, Bolivia, Brasil, Colombia, etc.). Busca en Internet información sobre esta fundación y contesta estas preguntas: ¿Cuáles son las profesiones de los voluntarios que trabajan en la fundación? ¿En qué lugares trabajan? Comenta con tus compañeros la información que encontraste. Después, contesta estas preguntas: ¿Conoces algún grupo de voluntarios? ¿Qué hace ese grupo? ¿Te gustaría trabajar como voluntario/a en algún grupo?

WileyPLUS Go to *WileyPLUS* to see this video and to find more video activities.

Go to *WileyPLUS* and the Book Companion Site to play the video in class. You can also find them in the PowerPoint slides.

Answers for **Antes de ver:** Answers may vary.

VER PARA CREER II: Mal de altura

Antes de ver

Con ayuda de un/a compañero/a, responde estas preguntas.

1. ¿Con qué frecuencia te enfermas?
2. ¿Te gusta ir al médico o prefieres tomar medicamentos naturales? ¿Por qué?
3. ¿Qué haces cuando estás deprimido/a?
4. ¿Qué hierbas medicinales conoces o usas?

Después de ver

1. ¿Entendiste? Brian acaba de llegar a Bolivia y no se siente bien. Después de ver el video, responde las siguientes preguntas para saber más sobre la situación de Brian.

1. ¿Qué le dice Jorge a Brian en la cafetería?
   a. Levántate y salúdame.
   b. Llega a la hora.
   (c.) Ven, siéntate.
2. ¿Qué síntomas tiene Brian?
   a. Tiene ansiedad.
   b. Tiene estrés.
   (c.) Tiene mareos.
3. ¿Qué piensa Jorge que tiene su amigo Brian?
   a. Piensa que tiene dolor de estómago.
   (b.) Piensa que tiene mal de altura.
   c. Piensa que tiene dolor de espalda.
4. ¿Qué bebe Brian?
   a. Bebe agua.
   b. Bebe una coca.
   (c.) Bebe té de coca.
5. ¿Por qué van al Mercado de las Brujas?
   (a.) Para buscar un remedio para el mal de amores.
   b. Para comprar medicinas tradicionales de farmacia.
   c. Para encontrarse con Sofía, la novia de Brian.

2. Enfermo en el extranjero Si estás en un país extranjero y te enfermas, ¿qué haces?

Answers for **Después de ver:** 2 and 3. Answers may vary.

3. Enfoque cultural ¿Hay diferencias entre la visita de Brian y tus visitas al mercado? Explica.

AUTOPRUEBA

VOCABULARIO

I. En el consultorio de la Dra. Pascual Completa los consejos de la Dra. Pascual con una palabra o expresión del vocabulario de **Palabra por palabra**. Conjuga los verbos si es necesario.

MODELO: *Sr. López, es bueno hacer ejercicio, como por ejemplo, correr o practicar deportes.*

1. Sra. Cabello, usted está muy delgada. Tiene que ___subir de peso___ porque su peso es muy bajo.
2. Sra. Carrillo, usted tiene el colesterol muy alto y problemas del corazón. Debe visitar al ___cardiólogo___.
3. Sra. Pardo, es importante que vaya al ___oculista___. Tiene un problema con los ojos.
4. Sr. Rodríguez, usted bebe demasiado. Debe reducir ___el consumo de alcohol___.
5. Sra. Reina, el examen indica que usted ___está embarazada___ de tres meses.

II. De voluntaria Nina está en Paraguay trabajando como voluntaria en una escuela. Llama a su padre por teléfono para contarle unos problemitas. Completa el diálogo con las palabras de la caja. ¡Ojo! Hay más palabras de las que necesitas. No olvides conjugar los verbos y cambiar el género y número de los adjetivos.

nervioso/a	**descansar**	**meditar**
estresado/a	**calmarse**	**distraído/a**
engordar	**relajarse**	**bienestar**

Papá: ¿Cómo estás, hija?
Nina: No muy bien, papá. Estoy muy ___estresada___ 1 Tengo que cuidar a estos niños pequeños cada día. ¡No prestan atención! Están muy ___distraídos___ 2.
Papá: Ya sabes que es bueno ___meditar___ 3 para tener la mente tranquila.
Nina: Sí, papá, ya sé que el ejercicio es muy importante, pero no tengo tiempo. Además, como bebo mucho tereré para tener energía, también estoy ___nerviosa___ 4.
Papá: Bueno, hija, tienes que ___calmarte___ 5 y aprender a ___relajarte___ 6. No te olvides de ___descansar___ 7 al menos ocho horas al día. ¡Llámame pronto!
Nina: Sí, papá. ¡Hasta pronto!

GRAMÁTICA

I. ¿Qué le recomiendas? ¿Cuáles son los consejos que le das a un/a amigo/a que quiere llevar una vida más sana y tener menos estrés? Escribe tus respuestas con mandatos informales. Usa el pronombre de objeto directo cuando puedas.

MODELO: ¿Puedo comer las papas fritas que me gustan? → *No, no las comas.*

1. ¿Debo reducir el consumo de alcohol?
2. ¿Visito al terapeuta que me recomendaron?
3. ¿Tengo que controlar el colesterol?
4. ¿Puedo comer mi postre favorito todos los días?
5. ¿Puedo hacer el trabajo de la oficina en casa?
6. ¿Puedo trabajar los fines de semana?
7. ¿Cuántas horas debo dormir?

Answers for **Gramática I:** 1. Sí, redúcelo. 2. Sí, visítalo. 3. Sí, contrólalo. 4. No, no lo comas. 5. No, no lo hagas en tu casa. 6. No, no trabajes los fines de semana 7. Duerme ocho horas.

II. Lo mejor es... Usa los siguientes adjetivos para describir cómo es viajar al extranjero.

MODELO: bueno → ***Lo bueno*** *es que conoces lugares nuevos.*

1. malo Answers for Gramática II: Answers may vary.
2. mejor
3. emocionante
4. peor
5. estresante

CULTURA

¿Qué has aprendido de Bolivia? Decide si las oraciones son ciertas o falsas. Si son falsas, corrígelas.

1. Singani es una medicina.
2. La Carretera de la Muerte es una atracción turística.
3. En Bolivia nadie se conecta electrónicamente.

Answers for **Cultura:** 1. F: Es la bebida nacional. 2. C. 3. F: Muchos están conectados en la ciudad.

REDACCIÓN

Javi está deprimido porque su novia no quiere seguir la relación con él. No sabe qué hacer para recuperar el amor de su vida. No quiere comer, ni salir con sus amigos. Solo quiere dormir y mirar el Internet esperando un correo electrónico de su exnovia. Imagina que eres psicólogo/a. Escríbele un mensaje ofreciéndole ayuda y dándole consejos. Usa la gramática estudiada en este capítulo.

EN RESUMIDAS CUENTAS, AHORA PUEDO...

- ☐ identificar a los profesionales de la salud.
- ☐ hablar sobre el estado de ánimo y el bienestar.
- ☐ dar o recibir consejos e instrucciones sobre salud y estado emocional.
- ☐ usar **lo** + adjetivo para describir características sobre una situación.
- ☐ entender el sentido de espiritualidad de Bolivia y otros países hispanos.

VOCABULARIO ESENCIAL

Sustantivos

el bienestar *well-being*
el/la cirujano/a *surgeon*
el descanso *rest*
el/la enfermero/a *nurse*
el estado de ánimo *mood*
el/la oculista *eye doctor*

Cognados: el análisis, el/la cardiólogo/a, el/la dentista, el/la doctor/a, el estrés, el/la farmacéutico/a, el hábito, el/la psicólogo/a, el/la psiquiatra, el/la terapeuta

Verbos

adelgazar *to lose weight*
calmarse *to calm down*
cuidar (se) *to take care (of oneself)*
descansar *to rest*
engordar *to gain weight*
preocuparse (por) *to worry (about)*
relajarse *to relax*

Cognados: meditar, prevenir (ie)[8]

Adjetivos

avergonzado/a *embarrassed*
cansado/a *tired*
confundido/a *confused*
emocionado/a *excited*
deprimido/a *depressed*
distraído/a *distracted, absent-minded*
fuerte *strong*
loco/a *crazy*
tranquilo/a *calm*
triste *sad*

Cognados: animado/a, contento/a, estresado/a, irritado/a, nervioso/a

Otras expresiones

controlar (la ansiedad/el colesterol) *control (your anxiety/cholesterol)*
estar a dieta/hacer dieta *to diet/be on a diet*
estar embarazada *to be pregnant*
reducir (el consumo de alcohol/grasa) *reduce (your alcohol/fat intake)*
subir/bajar de peso *to gain/lose weight*
tener cuidado *to be careful*
tener estrés *to suffer from stress*

[8] **Prevenir** is conjugated like **venir.**

Capítulo 11 Un mundo global

Use the PowerPoint slides found in the Book Companion Site and *WileyPLUS* to watch the video in class.

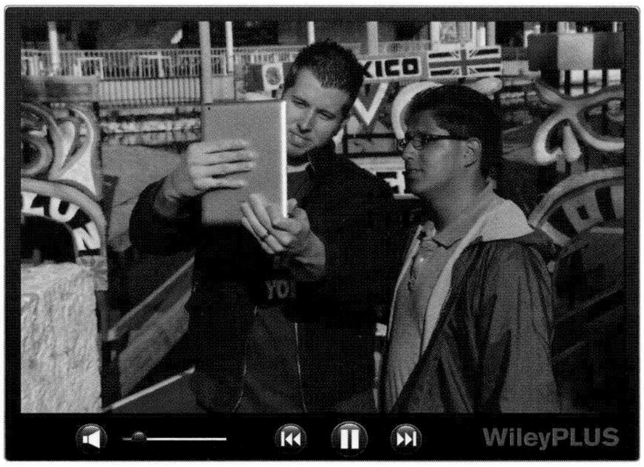

VER PARA CREER I: *Online* las 24 horas

Antes de mirar el video, conversa unos minutos con un/a compañero/a sobre la tecnología. Hablen sobre las razones para usar un teléfono inteligente o un celular parecido. Al ver el video, presta atención a lo que hacen los chicos con la tecnología. Después, contesta las preguntas.

1. ¿Dónde están los dos chicos?
2. ¿Qué tienen en las manos?
3. ¿Qué hacen los chicos con lo que tienen en las manos?

Answers for **Ver para creer I:** Answers may vary. Possible answers: 1. en un parque; 2. un celular, un teléfono inteligente; 3. hacen un video, hablan por teléfono...

Suggestions for **Ver para creer I**: After reviewing the answers with your students, ask them about their own lives. **¿Qué tipo de tecnología usas cuando haces turismo? ¿Hasta qué punto consideras importante la tecnología? ¿Puedes pasar un día sin usar tu celular?**

Sección 1 Redes

PALABRA POR PALABRA

- La tecnología

HABLANDO DE GRAMÁTICA

- Talking about the recent past: The present perfect tense
- Describing results: Participles used as adjectives
- Preterit vs. imperfect

CULTURA

- La tecnología como parte de nuestras vidas
- La función de los teléfonos móviles y los cibercafés

Sección 2 De vacaciones

PALABRA POR PALABRA

- En el aeropuerto
- En el hotel
- Los medios de transporte

HABLANDO DE GRAMÁTICA

- Double object pronouns
- Talking about pending actions: Subjunctive with temporal conjunctions
- Talking about the future: The future tense

CULTURA

- Formas de viajar
- Viajeros con conciencia

Guinea Ecuatorial

Go to *WileyPLUS* to do the **Trivia** activities and find out how much you know about this country!

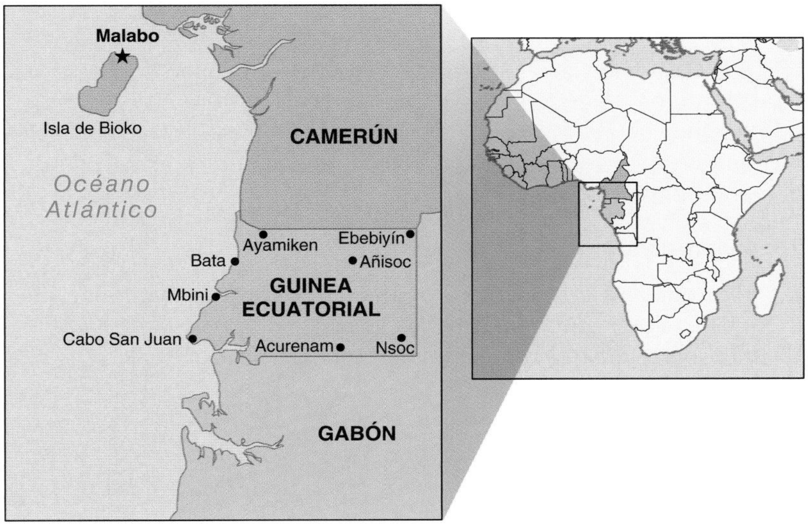

Sección 1 **Redes**

Roberto Soncin Gerometta / Lonely Planet Images / Getty Images

LEARNING OBJECTIVES

By the end of this section you will be able to:

- Discuss issues related to new technologies
- Talk about the use of new technologies in Spanish-speaking countries
- State what you and others have done and what has happened
- Describe the result of certain processes
- Convey different aspects of a narration

Una imagen vale más que mil palabras

¿Qué está haciendo esta chica?

En Chile hay 20 millones de usuarios de móvil, pero solo 3,5 millones que tienen teléfonos en su casa. ¿Por qué crees que ocurre esto?

¿Tienes un teléfono en casa o solo un móvil?

Answers for **Una imagen vale más que mil palabras:** 1. Está marcando un número de teléfono o texteando. 2. Es más barato para las empresas tener una torre para el móvil que una línea bajo tierra. El móvil da más flexibilidad. 3. Answers may vary.

UNA PERSPECTIVA

Courtesy of Juan Hernando Vázquez

Todos estamos conectados

Diferente

"Cuando viajo fuera de Estados Unidos, tengo que mantener la comunicación con mi familia y mi trabajo. Si no tengo mi computadora portátil, tengo que buscar cibercafés para usar el Internet y revisar mi *e-mail*. Ahora hay menos cibercafés porque hay *wifi* por todos lados, pero todavía se encuentran y son importantes en países como Guinea Ecuatorial. En cambio, no es fácil encontrar cibercafés en Estados Unidos".

AP Photo/Rebecca Blackwell

▲ *Un ciudadano de Guinea Ecuatorial hablando por teléfono móvil.*

Igual

"En mis viajes he visto[1] que todo el mundo está conectado. Muchas personas tienen computadoras, teléfonos inteligentes o móviles. Aun[2] en Guinea Ecuatorial, que es un país muy pobre, más del 60% de sus habitantes son usuarios de móvil. Muchos guineanos que viven en España se comunican por Internet con sus compatriotas. ¡Todo el mundo está conectado!".

¿Qué piensas tú?

1. ¿Por qué tenemos pocos cibercafés en Estados Unidos? ¿Por qué hay menos cibercafés en Europa y América Latina?
2. ¿Te sorprende que todo el mundo esté conectado? Explica por qué.

Possible answers for **Una perspectiva**: 1. Porque hay *wifi* en muchos lugares privados y públicos. 2. Answers may vary.

[1]**he visto:** I have seen [2]**aun:** even

LA PURA VERDAD I Viaje a Europa

The suggested narration for **La pura verdad** can be found in the Appendix. Please use this narration to go over each of the frames with your students. You can also find this section (frames and narration) in the PowerPoint slides, found in the Book Companion Site and *WileyPLUS*.

Abel es un estudiante de historia que estudió español en Estados Unidos. Esta es su primera visita a Europa.

1.

Tengo que cargar la batería.

2.

¿Me prestas tu computadora? La mía está en casa cargándose.

Script for **11.1-01:** 1. Abel escribe la contraseña otra vez, pero no puede entrar. Después de cuatro veces, el sitio web dice que no puede intentar entrar más veces. Tiene que esperar una hora. 2. Una hora después, está en su casa y su computadora funciona porque está cargada. Intenta buscar el sitio web para ver los resultados de su examen, pero ahora recuerda que no hay wifi en su casa. 3. Abel decide tratar de conectarse en un café cerca de su casa. Escribe su nombre de usuario. Escribe su contraseña y por fin entra al sitio web, pero no puede ver los resultados de su examen porque no recuerda su número de estudiante.

3.

Los resultados de mi examen están en línea. Aquí tienen wifi gratis.

4.

Nombre del usuario: arbravo33
Contraseña: "¿Soy guapo?_Si[3]"¿¿Error??

5.

Acuérdate de que el teclado de mi portátil es diferente al tuyo.

6.

11.1-01 ¡Más obstáculos! Escucha la siguiente la narración sobre los problemas de Abel. Decide si las siguientes oraciones son ciertas o falsas. Si son falsas, explica por qué.

	C	F
1. Abel no puede entrar al sitio web porque la computadora no funciona.	☐	☑
2. Abel no puede entrar al sitio web porque la batería no está cargada.	☐	☑
3. Abel puede entrar al sitio web pero olvidó su número de estudiante.	☑	☐

Answers for **11.1-01:** 1. F: La computadora funciona. El problema fue que escribió la contraseña mal cuatro veces. 2: F: La batería está cargada. El problema es que no hay *wifi* en su casa. 3: Cierto

[3]Note that written accents are not used in e-mail or website addresses and passwords.

PALABRA POR PALABRA

Use the PowerPoint slides found in the Book Companion Site and *WileyPLUS* to do this section in class.

La tecnología

Para hablar de tecnología

abrir una cuenta	*to set up an account*
adjuntar un archivo	*to attach a file*
apagar la computadora	*to turn off the computer*
descargar programas	*to download programs*
borrar lo que no quieres	*to delete what you don't want*
buscar una dirección de Internet	*to search for a URL*
cargar la batería	*to charge the battery*
chatear en línea	*to chat online*
colgar/poner videos en Internet	*to post videos on the Internet*
encender la computadora	*to turn on the computer*
enchufar la impresora	*to plug in the printer*
entrar a un sitio web	*to log in*
enviar mensajes electrónicos	*to send e-mails*
funcionar (la computadora, el aparato)	*to work (a computer, a device)*
grabar música	*to record music*
guardar los cambios	*to save changes*
imprimir documentos	*to print documents*
meter (el lápiz, el disco)	*to put in (the pen drive, the CD/DVD)*
navegar en la red	*to browse the net*
oprimir una tecla	*to press a key*
subir/cargar canciones	*to upload songs*
esperar que los aparatos funcionen	*to hope that devices work*

Cognados: chatear, conectar(se), (des)activar, textear

archivo (adjunto)	*(attached) document*
el cable	*wire*
carpetas	*folders*
el reproductor (de audio/video/música/DVD)	*(audio/video/music/DVD) player*
red social	*social*

Cognados: el adaptador, la batería, el blog, el celular, la conexión el documento, el *e-mail*, el monitor, el sitio web, la tableta, el virus, el wifi

¿Qué textean los hispanohablantes?

David, tq (te quiero)	*David, I love you.*
A2 (adiós)	*Goodbye.*
Pq (porque) no tengo $	*Because I don't have any money.*
Chatea conmigo, xfa (por favor)	*Chat with me, please.*
Q acs? (¿Qué haces?)	*What are you doing?*

11.1-02 ¿De qué hablamos?

Paso 1: Lean las definiciones y busquen la palabra correspondiente en la sección **Palabra por palabra.**

MODELO: Es un dispositivo[4] que transmite corriente eléctrica a una batería o pila. → *el cargador*

1. Es un directorio para clasificar o guardar los documentos en una computadora.
2. Es un aparato que sirve para contestar llamadas telefónicas y grabar mensajes de voz cuando una persona no puede contestar el teléfono.
3. Es una combinación de letras, números o caracteres secretos que controlan el acceso a un recurso tecnológico.
4. Es una máquina que está conectada a la computadora y que sirve para imprimir documentos.
5. Es un dispositivo que guarda, organiza y reproduce archivos de audio.
6. Es el componente de la computadora que guarda todos los programas y los archivos.

Paso 2: Ahora, elijan tres palabras de la sección **Palabra por palabra** y escriban tres definiciones para leerlas a la clase. ¡Atención! Recuerden que para definir siempre usamos el verbo *ser*.

MODELO: *Es un/a... (que)...*

Suggestion for **11.1-02:** It is better if students write the definitions instead of thinking about them; this gives them time to plan and be more accurate in their production. After you have given them some time to write their definitions, you can have different pairs of students read them out loud to the class for the other students to guess. Alternatively, you can collect all the definitions and use them for a whole-class game or group competition.

Answers for **11.1-02, Paso 1:** 1. carpeta; 2. contestador; 3. contraseña; 4. impresora; 5. reproductor de audio; 6. disco duro. **Paso 2:** Answers may vary.

11.1-03 ¿Con qué frecuencia usas estas tecnologías? Comenten con qué frecuencia hacen lo siguiente:

MODELO: cargar la batería de la computadora

Estudiante 1: *¿Con qué frecuencia cargas la batería de la computadora?*
Estudiante 2: *Siempre tengo la batería cargándose porque siempre uso la computadora en casa y siempre está enchufada.*
Estudiante 1: *Yo también la cargo siempre que puedo.*

1. mandar archivos adjuntos
2. descargar música o archivos de audio de Internet
3. chatear con amigos
4. enviar mensajes electrónicos
5. comunicarse con la familia por videoconferencia
6. imprimir documentos en casa
7. colgar videos en internet
8. publicar entradas en blogs o foros de internet

siempre
(muy) frecuentemente
(casi) todos los días
a veces
de vez en cuando
casi nunca
nunca

Suggestion for **11.1-03:** Pair up your students and ask them to complete this exercise by taking turns at asking each other questions. Then, check with the whole class. Expand by asking why and how they use those technologies; for example: **¿Publicas algo en un blog? ¿Es un blog que tú escribes o son blogs de otras personas? ¿Qué tipo de blogs son?** You can also do a human graph by writing the "frequency words" on the board and asking students to stand under one of them when you ask a question.

Answers for **11.1-03:** Answers may vary.

[4] **dispositivo:** device

11.1-04 ¿Qué haces si...?

Paso 1: ¿Qué haces cuando la tecnología no funciona? ¿Qué otros recursos utilizas? Piensa qué haces cuando estás en una de estas situaciones.

Answers for **11.1-04:** Answers may vary.

a. Estabas escribiendo una redacción para tu clase de español, pero no guardaste los cambios y borraste todo por error.
b. Estás en tu casa y vas a imprimir una redacción para entregar en tu clase de español al día siguiente, pero se va la luz[5].
c. Estás solo en la calle y tienes que comunicarte con un amigo, pero tu teléfono no tiene batería.
d. Vas a dar una presentación de PowerPoint en clase y tu lápiz de memoria donde tienes el archivo no funciona.
e. Quieres mandarle un video a un amigo, pero el archivo es muy grande y no puedes mandarlo por *e-mail*.
f. Es la mitad del trimestre y tu computadora deja de funcionar. La llevas a la tienda y te dicen que es muy vieja y ya no pueden repararla.

Suggestion for **11.1-04, Paso 2:** Do a whole-class discussion. Survey the students. What are the most popular alternatives? Do they always have a plan B? Are they hopeless if technology doesn't work?

Paso 2: En grupos, comenten sus respuestas. ¿Coincides con tus compañeros? ¿Alguna vez estuvieron en una situación problemática porque no funcionó la tecnología? ¿Dependen demasiado de la tecnología?

Suggestion for **11.1-05:** Have students break into pairs to order the list. Then, have a member of each pair share the pair's answers with the rest of the class. Note what each group has for number 1 and for number 10. Try to make the whole class reach a consensus about which item is the most necessary and which is the least necessary.

Use the PowerPoint slides found in the Book Companion Site and *WileyPLUS* to do this activity in class.

Answers for **11.1-05:** Answers may vary.

11.1-05 ¿Cuál es más necesario?

Paso 1: Con un/a compañero/a, considera los siguientes aparatos y avances informáticos. Decidan cuál es el más necesario y ordenen la lista con números del 1 (más necesario) al 10 (menos necesario).

_____ a. el contestador
_____ b. la impresora
_____ c. el adaptador
_____ d. el internet
_____ e. el *wifi*
_____ f. el reproductor de audio
_____ g. el teléfono inteligente
_____ h. el lápiz de memoria
_____ i. la computadora portátil
_____ j. las tabletas

Paso 2: Ahora, comparen sus respuestas con las de otros grupos de la clase. ¿Tienen todos la misma opinión? ¿Cuál está en el puesto número 1 para la mayoría de los grupos? ¿Y en el número 10?

[5]**se va la luz:** the power goes off

HABLANDO DE GRAMÁTICA I

1. Talking about the recent past: The present perfect tense

WileyPLUS Go to *WileyPLUS* to review this grammar point with the help of the **Animated Grammar Tutorial** and the **Verb Conjugator**.

The Spanish present perfect[6] is roughly equivalent to the English present perfect. We use the present perfect to talk about a past event, which is still relevant, or has consequences, in the present situation.

–¿Tienes tu computadora? –Sí, pero no **he cargado** la batería.	*–Do you have your computer?* *–Yes, but I haven't charged the battery.*
–¿Conoces este sistema operativo? –Sí, lo **he usado** todo el tiempo desde que salió.	*–Are you familiar with this operating system?* *–Yes, I have used it since it came out.*
–¿Está bien equipada tu universidad? –Sí, en los últimos cinco años **han equipado** todos los salones de clase con la última tecnología.	*–Is your university well equipped?* *–Yes, in the last five years it has equipped all classrooms with the latest technology.*

Form the present perfect with the present tense of **haber** + *the past participle*. In English, the past participle is the *-en* or *-ed* form of a verb (e.g., *I have eaten a lot*). In Spanish, the past participle is formed by dropping the infinitive ending and adding **-ado** (**-ar** verbs), or **-ido** (**-er** and **-ir** verbs).

	haber	**past participle**
(yo)	he	cargado encendido oprimido
(tú)	has	
(él, ella, usted)	ha	
(nosotros/as)	hemos	
(vosotros/as)	habéis	
(ellos, ellas, Uds.)	han	

The following verbs have irregular past participles:

abrir	**abierto**	morir	**muerto**
cubrir, descubrir	**cubierto, descubierto**	romper	**roto**
decir, contradecir	**dicho, contradicho**	poner	**puesto**
escribir	**escrito**	ver	**visto**
freír	**freído, frito**	volver, devolver	**vuelto, devuelto**
hacer, deshacer	**hecho, deshecho**	resolver	**resuelto**
imprimir	**imprimido, impreso**	satisfacer	**satisfecho**

Object and reflexive pronouns always precede the conjugated form of **haber**.

Le hemos comprado el último modelo de tableta.	*We've bought him the last tablet model.*
Ya **te he enviado** el archivo.	*I have already sent you the file.*
No **la han instalado** correctamente.	*They haven't installed it correctly.*

[6]In Spanish, the name for the present perfect tense is **pretérito perfecto**.

The following words usually accompany the present perfect since they make the action have a lasting effect until the present:

ya	*already*	**Ya** he comprado el teléfono que quería.
todavía, aún	*still*	**Todavía** no han podido reparar la computadora.
siempre	*always*	**Siempre** ha comprado los modelos de última generación.
nunca	*never*	**Nunca** he tenido interés por los aparatos electrónicos.

11.1-06 Las actividades de la clase

Exercises labeled with an individual student icon in the **Hablando de gramática** section are intended to be assigned as homework.

Paso 1: ¿Qué ha pasado en la clase de español durante este trimestre/semestre? Indica cuál es el sujeto de cada oración.

MODELO: Has corregido nuestros exámenes. → *tú, profesor/a*

yo
usted (profesor/a)
mi compañero/a
nosotros los estudiantes
mis compañeros y

1. Hemos aprendido a usar el teclado en español. nosotros
2. Ha asignado varios ejercicios de **Arroba** para hacer en casa. usted
3. Hemos entregado las tareas en línea por *WileyPLUS*. nosotros
4. Ha comparado sus respuestas conmigo. mi compañero/a
5. He escrito varias redacciones. yo
6. Hemos tenido varios exámenes. nosotros
7. Han trabajado en grupo conmigo. mis compañeros

Suggestion for **11.1-06, Paso 2:** After each pair has generated a list of at least three activities, have them share with the entire class. List any additional activity on the board and see how long the list gets.

Answers for **11.1-06, Paso 2:** Answers may vary.

Paso 2: Ahora, hagan una lista de por lo menos tres actividades más de la clase relacionadas con la tecnología.

MODELO: *Los estudiantes hemos impreso...*
La profesora ha hecho varias presentaciones sobre...

Comenten su lista con el resto de la clase. Si juntan todas las listas, ¿cuántas actividades han mencionado en total?

Suggestions for **11.1-07:** Assign **Paso 1** as homework and do **Paso 2** in class the following day. You can also compare their answers to yours to see if their answers as a whole differ from your answers as an instructor.

Answers for **11.1-07:** Answers may vary.

11.1-07 ¿Qué hiciste y qué has hecho?

Paso 1: Completa esta tabla con información sobre cosas que *hiciste* (o no) y que *has hecho* (o no) relacionadas con la tecnología.

MODELO: *El año pasado imprimí muchas tareas para mis clases, pero este año ya no he impreso tantas. La mayoría de las tareas las he entregado en línea.*

El año pasado...	Este año...
El mes pasado...	Este mes...
La semana pasada...	Esta semana...
Ayer por la mañana...	Esta mañana...

Paso 2: Compara tus respuestas con las de un/a compañero/a. ¿Hay algo que *sí hicieron* los dos pero que después *no han hecho* más?

The suggested narration for **La pura verdad** can be found in the Appendix. Please use this narration to go over each of the frames with your students. You can also find this section (frames and narration) in the PowerPoint slides, found in the Book Companion Site and *WileyPLUS*.

LA PURA VERDAD II Presentación en español

Leo es un estudiante de la Universidad Católica de Santiago de Chile. Va a dar una presentación en su clase de español.

1.
He terminado mi presentación y el archivo está en mi lápiz de memoria. ¡Fácil!
2.
La computadora está enchufada, está encendida… Ahora meto el lápiz… ¡Fácil!
3.
No puedo ver mi archivo. ¿Lo he metido bien? ¿Está roto? Voy a pedir ayuda…
4.
He esperado varios minutos y no veo el icono del lápiz de memoria. He revisado la compu. ¿He hecho algo mal?
5.
¡Sí!
El problema es que es un poco complicado activar el lápiz de memoria. Va a tomar tiempo. ¿Has puesto el archivo en línea?
6.
Lo sabía, fácil.
Pues ve a tu cuenta y así vas a poder abrir el archivo. Problema resuelto.

11.1-08 ¡Más problemas! Escucha los problemas de Leo. Decide cuál de las siguientes opciones describe mejor el problema.

1. ¿Cuál es el problema?
   a. No ha conectado la computadora al proyector.
   b. No ha dicho la palabra mágica *abracadabra*.
   c. No funciona el ratón.
2. ¿Qué ha pasado?
   a. Ha dicho *por favor*, pero no ha dicho *abracadabra*.
   b. Es posible que no haya electricidad.
   c. Ha cerrado su computadora.
3. ¿Cómo pudo continuar?
   a. Regresó la electricidad y continuó la presentación.
   b. Dio su presentación sin imágenes.
   c. La batería estaba cargada y mostró las imágenes en la pantalla de su computadora.

Script for **11.1-08:** 1. Leo por fin puede abrir el archivo, pero los estudiantes no pueden ver nada en la pantalla del salón de clase. Leo está seguro de que el proyector no está roto. ¿Cuál es el problema? 2. Leo conecta el proyector a la computadora, dice la palabra mágica, "por favor", empieza su presentación en frente de los estudiantes pero de repente, todas las luces se apagan. ¿Qué ha pasado? 3. Sin electricidad, Leo continuó su presentación porque la batería de la computadora estaba cargada. Tomó la computadora en sus brazos y les mostró las imágenes a sus compañeros caminando por el salón de clase.

HABLANDO DE GRAMÁTICA II

2. Describing results: Participles used as adjectives

The past participle is a verbal adjective (i.e., it is an adjective derived from a verb) that expresses the result of a process:

–¿**Ha enchufado** la computadora? –Sí, ya está **enchufada** y **conectada**.	*–Have you plugged in the computer?* *–Yes, it is plugged in and connected.*
–¿**Has impreso** tu redacción? –Sí, ya la tengo **impresa** y lista.	*–Have you printed out your composition?* *–Yes, I have it printed and ready.*

When used as an adjective, the participle always agrees in gender and number with the noun it refers to. These are some common constructions with the participle as an adjective:

Exercises labeled with an individual student icon in the **Hablando de gramática** section are intended to be assigned as homework.

Noun + participle	Los archivos **protegidos** con contraseña son más seguros. Eso es un problema **resuelto**.
Estar + *participle*	Todos los archivos están **protegidos** con contraseña. El problema está ya **resuelto**.
Tener + *participle*	Tengo los archivos **protegidos** con una contraseña. Ya tenemos **resuelto** ese problema.

Suggestion for **11.1-09:** As a follow-up, you can ask your students the following questions. They will have to use indicative or subjunctive when necessary. **1. ¿Qué ha hecho Leo después de terminar su presentación? 2. ¿Qué ha hecho después de enchufar y encender la computadora? 3. ¿Qué problema ha tenido Leo? 4. ¿Cómo ha solucionado el problema? 5. ¿Qué ha recordado al final?**

11.1-09 ¿Qué problema ha tenido hoy Leo? Observa de nuevo la historia de **La pura verdad II** y combina las oraciones de la primera columna con la que corresponda de la segunda.

__e__ 1. **He terminado** mi presentación.

__f__ 2. **He enchufado** y **encendido** la computadora.

__c__ 3. **He metido** el lápiz de memoria en el portal de conexión USB.

__a__ 4. ¿**He hecho** algo mal?

__b__ 5. Mientras tanto, algunos estudiantes ya **han llegado**.

__d__ 6. No hay que preocuparse, porque he **puesto** mi archivo en línea.

a. Todo estaba **preparado** y ahora algo no funciona.

b. Están todos **sentados** en sus mesas.

c. Pero la luz del lápiz no está **encendida**.

d. **He entrado** en mi cuenta y ¡problema **resuelto**!

e. Está **guardada** en mi lápiz de memoria.

f. También está **conectada** al proyector.

Preterit vs. Imperfect

You now know three different past tenses to talk about the past in Spanish: the present perfect, the preterit, and the imperfect. As you know, the preterit and the imperfect are usually used together to present actions and descriptions in a narration. Do you remember when each one is used? Go back to Chapter 8 to review the different uses of these two verb tenses.

RECYCLES preterit vs. imperfect.

11.1-10 ¿Qué le pasó a Leo? Completa el siguiente párrafo con la forma correcta del participio de los verbos de la lista. Decide si debes usar el pretérito o el imperfecto.

encender conectar solucionar preparar guardar

Leo (tenía/tuvo)$_1$ que hacer una presentación para su clase y (quiso/quería)$_2$ tener todo __conectado/preparado__$_3$ y __conectado/preparado__$_4$ antes de la clase. El día de la presentación, cuando Leo (entraba/entró)$_5$ en el salón todavía no (había/hubo)$_6$ nadie. (Tenía/tuvo)$_7$ la presentación __guardada__$_8$ en su lápiz de memoria. Primero (enchufaba/enchufó)$_9$ la computadora, después la (encendía/encendió)$_{10}$ y por último (metía/metió)$_{11}$ el lápiz en el puerto USB. Sin embargo, la luz del lápiz no (estaba/estuvo)$_{12}$ __encendida__$_{13}$. Los estudiantes y la profesora (llegaban/llegaron)$_{14}$. Entonces Leo (llamaba/llamó)$_{15}$ al técnico y le (ayudaba/ayudó)$_{16}$. Leo (encontró/encontraba)$_{17}$ una copia del archivo en línea. Así que de un momento a otro tuvo todo __solucionado__$_{18}$.

OTRA PERSPECTIVA

Alfi

Courtesy Alfida Deaza

¡Con o sin tecnología!

Diferente

"Soy estudiante de maestría en la República Dominicana. Tengo un poco de experiencia como maestra. He enseñado en una zona rural y sin tecnología, y en la ciudad, con tecnología. Ahora estoy en Estados Unidos continuando mis estudios. Veo que los profesores aquí son hábiles con todo tipo de tecnología, pero si algún equipo electrónico falla[7], es difícil para algunos continuar la clase. Para mí, no hay problema. Yo continúo felizmente con mi tiza".

Igual

"En la República Dominicana también estamos conectados al internet. Usamos las computadoras y el internet para mostrar videos, para llamar por Skype, para chatear, etc. También tenemos móviles y teléfonos inteligentes".

Explícale a Alfi

1. ¿Dependemos demasiado como sociedad de la tecnología? ¿Dependes tú mucho de la tecnología?
2. ¿Qué tipos de tecnología se usan en tus clases?
3. ¿Qué haces cuando no hay electricidad o internet? ¿Qué haces si se te pierde el móvil?

Answers for **Otra perspectiva:** Answers may vary.

MANOS A LA OBRA

11.1-11 ¿Qué has hecho últimamente?

Paso 1: Completa la primera columna con información verdadera sobre ti.

MODELO: hacer un curso muy útil → <u>He hecho</u> *un curso de programación.*

	Yo	El/La compañero/a...
1. hacer un curso muy útil		
2. reparar un aparato electrónico		
3. colgar un video en internet sobre...		
4. romper algo muy valioso		
5. ver una película extranjera		
6. resolver una situación difícil o un problema		

Suggestion for **11.1-11:** Assign **Paso 1** as homework. On the next class, have students do **Paso 2** and **Paso 3**. Walk around and make sure they are answering in Spanish. Either require them to ask all questions or just five or six, depending on your available time, and give them a time limit. Remind your students that when asking questions to one particular classmate, they have to change the verb to the **tú** form. When time is up, do a whole-class check: **¿Quién ha hecho un curso muy útil últimamente? ¿Ah, sí? ¿Y de qué era el curso?**

Paso 2: Levántate y haz preguntas a tus compañeros para averiguar si alguien ha hecho algo similar. Escribe el nombre del/de la compañero/a que conteste afirmativamente.

MODELO: Estudiante 1: *¿Has tomado un curso de programación?*
Estudiante 2: *No, no he tomado un curso de programación, pero he tomado un curso de ___________ que me ha gustado mucho.*

Answers for **11.1-11:** Answers may vary.

Paso 3: ¿Qué estudiante tiene un mayor número de compañeros en la lista? ¿Quién ha tenido experiencias similares a las tuyas?

MODELO: *Samuel y yo hemos tomado un curso de...*

[7]**fallar:** to fail

Suggestion for **11.1-12:** You should first model this activity with the entire class. Write three experiences on the board. Prepare the details for each, including the false one, beforehand. Tell students that two sentences are true and that one is false, and that they have to find out which one is the false one. Have the class ask three questions about each sentence. Survey the class about which sentence they think is false and then reveal the truth. Assign **Paso 1** for homework, including the details about the false sentence.

Answers for **11.1-12** and **11.1-13:** Answers may vary.

11.1-12 Lo que he hecho en mi vida

Paso 1: Escribe en un papel tres oraciones describiendo cosas que has hecho (y no has hecho). Piensa en actividades poco comunes. Dos de las oraciones deben ser ciertas y una falsa.

MODELO: *He viajado a Tailandia.*
He saltado desde un avión con paracaídas[8].
He ganado una computadora portátil en una rifa[9].

Paso 2: En grupos de cuatro personas, túrnense para leer sus oraciones. Los otros miembros del grupo deben hacer preguntas sobre esa experiencia. La persona que contesta tiene que inventar detalles para la experiencia falsa.

MODELO: *¿Cuándo viajaste a Tailandia? ¿Con quién fuiste?*

Paso 3: El grupo vota para adivinar cuáles de las experiencias son falsas y cada persona revela cuál es falsa y cuáles no lo son.

11.1-13 Hablando sobre tecnología

Use the PowerPoint slides found in the Book Companion Site and *WileyPLUS* to do this activity in class.

Paso 1: Hablen sobre las ventajas y desventajas de usar estos aparatos. Después, contesta estas preguntas: ¿Puedes sobrevivir sin estos aparatos tecnológicos? ¿Sí? ¿No? ¿Por qué?

	Ventaja	Desventaja
MODELO: el GPS:	*indica el camino*	*distrae a la gente*
1. la tableta:	______________	______________
2. el teléfono inteligente:	______________	______________
3. la red *wifi*:	______________	______________
4. la computadora pórtatil:	______________	______________

Paso 2: Camina por la clase y habla con tus compañeros sobre el último aparato tecnológico que has usado recientemente o en el pasado. Usa la lista para hacer preguntas.

redes sociales	**un teléfono inteligente**	**ser víctima de un virus informático**
el lápiz de memoria	**un libro electrónico**	**escribir un blog**
una tableta	**tener un virus**	**descargar música gratis**

MODELO: Estudiante 1: *¿Qué has usado recientemente?*
Estudiante 2: *He usado una tableta.*
Estudiante 1: *¿Has usado cámaras digitales?*
Estudiante 2: *Sí, siempre las uso./No, saco fotos con el teléfono.*

Suggestions for **11.1-13**, **Paso 3**: Challenge your students to talk more than just a sentence, giving an explanation "**porque**"... When the class responds, ask them why they think the statement is true or false. Ask the volunteer to explain and give more detail after the class has given an answer.

Paso 3: ¿Conoces bien a tus compañeros? Escribe una oración de algo que has hecho recientemente (puede ser verdad o mentira) y que se relacione con la tecnología. Tu profesor/a va a pedirles a algunos que lean sus oraciones delante de la clase. La clase debe adivinar si es verdad o mentira.

MODELO: Voluntario: *He usado Skype esta mañana para hablar con mi familia (porque la última vez que hablé con ellos fue el año pasado).*
Clase: *¡Es verdad! Él ha hablado varias veces de usar Skype para hablar con su familia. / ¡No, no es verdad! No has hablado con tu familia.*
Voluntario: *Sí, he hablado con mi familia.*
No, no he hablado con mi familia.

[8]**paracaídas:** parachute [9]**rifa:** raffle

11.1-14 Presta atención: Un estudiante de intercambio Juan Tomás es guineano y ahora estudia en la Universidad de Valladolid, en España, como estudiante de intercambio. Escucha con atención para saber qué opina Juan Tomás de su nueva universidad.

1. ¿A qué tipo de clases está acostumbrado Juan Tomás?
   a. a clases que se enseñan en un salón de clase
   b. a clases a distancia
   c. a clases de formato híbrido
2. ¿A qué clase asiste Juan Tomás?
   a. a una clase de español sobre ingeniería/para ingenieros
   b. a una clase de inglés enfocado en ingeniería
   c. a una clase de ingeniería a distancia
3. ¿Por qué Juan Tomás dice que a veces asiste a clase en pijama?
   a. Porque el formato del curso le permite asistir a clase desde su casa.
   b. Porque es un estudiante que trabaja como tutor corrigiendo exámenes.
   c. Porque su clase es a las ocho y no tiene mucho tiempo para cambiarse de ropa.
4. ¿Por qué la mochila de Juan Tomás no pesa mucho ahora?
   a. Porque no asiste a muchas clases.
   b. Porque tiene libros electrónicos.
   c. Porque no lleva su computadora.
5. ¿Para qué usa Luis Miguel la tableta?
   a. para estudiar, porque toma clases en línea
   b. para comprar libros y otros productos
   c. para estudiar, divertirse y estar en contacto con sus amigos

WileyPLUS Go to *WileyPLUS* and listen to **Presta atención.**

Script for **11.1-14, Presta atención: Un estudiante de intercambio**

Luis Miguel: ¡Hola, Juan Tomás! ¿Cómo va todo? ¿Qué tal las clases?
Juan Tomás: Muy bien, Luis Miguel. Estoy aprendiendo mucho en esta universidad. Estoy contento de tomar clases con un formato diferente.
Luis Miguel: ¿A qué te refieres?
Juan Tomás: En Guinea Ecuatorial siempre he tenido que asistir al aula para escuchar las explicaciones del profesor. Aquí, en Valladolid, tengo una clase de inglés para profesionales que se enfoca en la ingeniería y es superinteresante.
Luis Miguel: ¿En la Universidad Nacional de Guinea Ecuatorial no tienen ese tipo de clases?
Juan Tomás: Sí, sí tenemos inglés para profesionales pero no usamos tanta tecnología como se usa en la Universidad de Valladolid. La clase que tengo es híbrida, así que dos días a la semana voy a la facultad y los otros dos días tengo reuniones en línea con el profesor y mis compañeros con un programa que me permite asistir a clase desde mi casa. Imagínate: tengo la clase a las ocho y cuando estoy en casa a veces estoy en pijama.
Luis Miguel: ¡Ah, sí! La tecnología es estupenda, ¿verdad?
Juan Tomás: Sí, además, me he comprado una tableta y la uso mucho para estudiar, ya que he bajado los libros de texto que necesito para mis clases. También escucho *podcasts* en inglés. Mi mochila no pesa tanto como cuando estudiaba en la Universidad Nacional de Guinea Ecuatorial.
Luis Miguel: ¡Sí, yo también uso mi tableta para escuchar *podcasts* en inglés. También la uso para ver videos y, por supuesto, para estar en contacto con mis amigos.

11.1-15 Por escrito: Resumir información Hazle a un/a compañero/a estas preguntas y toma notas de sus respuestas. Después, escribe un resumen con la información que obtuviste y agrega una conclusión acerca de la posición de tu compañero/a con respecto a la tecnología: ¿está a favor o en contra?

- ¿Qué es una clase híbrida?
- ¿Cómo se diferencia una clase híbrida de una clase tradicional?
- ¿Has tenido oportunidad de tomar clases en línea o híbridas?
- ¿Cuánto tiempo has pasado hoy en el internet?
- ¿Qué has aprendido recientemente sobre la tecnología?
- ¿Consideras importante el internet para hacer tus tareas?

¡OJO!

Summarizing
In our daily lives, we share information we hear or see by summarizing. A good summary presents the main ideas in an organized and coherent manner by avoiding repetition or unimportant facts.

PONTE EN MI LUGAR

Estrategias para conversar

There are a few expressions that you can use *to complain about something*:

Quisiera hablar con usted/su supervisor sobre...	*I would like to talk with you/your supervisor about. . .*
Tengo una queja.	*I have a complaint.*

To acknowledge that you are doing your job:

Lo siento, pero hice lo que me pidió.	*I am sorry, but I did what you asked for.*
Solamente identifiqué el problema.	*I only identified the problem.*

To acknowledge that you understand the problem, but cannot help him:

Comprendo su frustración, pero no puedo ayudarlo.	*I understand your frustration, but I cannot help you.*
Lo siento, pero no puedo devolverle el dinero.	*Sorry, but I cannot give you back your money.*

Un negocio de reparaciones Formen parejas. Uno de ustedes usa la computadora todos los días para estudiar y para trabajar. Esta mañana la computadora no se ha encendido y hay que llevarla a una tienda de reparaciones. Decidan quién va a ser el empleado de la tienda y quién será el cliente con la computadora con problemas. Usen las expresiones de las **Estrategias para conversar**.

Cliente: Has descubierto un problema técnico en tu computadora. Has intentando reparar la computadora por tu cuenta, pero la pantalla sigue negra y no hay manera de repararla. La has llevado a una tienda de reparaciones, pero el resultado es que te han hecho pagar una cantidad de dinero para saber cuál es el problema de la computadora; además, te han hecho comprar una pieza nueva en otro negocio, pero tu computadora todavía no funciona. Habla con el empleado:

a. Cuando te salude el/la empleado/a, cuéntale que has pagado mucho dinero por la pieza que él o ella te recomendó.
b. El/La empleado/a te ha cobrado dinero por un diagnóstico que no tiene solución, así que exígele que te devuelva el dinero que has pagado por el diagnóstico.
c. Dile que tu computadora ahora funciona porque otra persona la ha arreglado sin necesidad de usar esa pieza tan cara que has comprado.
d. Insiste en que quieres que te devuelva tu dinero.

Empleado/a: Empieza la conversación saludando al cliente amablemente y diciéndole que te agrada verlo/a de nuevo. En la conversación...

a. Descríbele el diagnóstico que diste y la pieza que pediste.
b. Dile al cliente que primero tuviste que hacer un diagnóstico. Si el problema no tiene solución, no es tu culpa.
c. No puedes devolverle el dinero al cliente porque no compró la pieza en tu tienda y porque pasaste tres horas investigando el problema de la computadora.

Al final, lleguen a algún tipo de solución aceptable para los dos.

Suggestions for **Arroba:** Donato Ndongo es un escritor y periodista que nació en Guinea Ecuatorial. Actualmente vive en Murcia, España. Es importante porque escribe libros y obras sobre la literatura guineana escrita en español. Escribe relatos históricos, culturales, políticos y también novelas. Algunos de sus libros son *España en Guinea* (1998), *Las tinieblas de tu memoria negra* (1987, traducida al inglés y al francés) y *El metro* (2007). Mefe es una rapera de origen ecuatoguineano. *Tierra a la vista* (2012) y *Fuego* (2008) son dos de sus discos. Mefe vive en España.

@Arroba@

WileyPLUS Go to *WileyPLUS* to find more **Arroba** activities.

Personajes de Guinea Ecuatorial Busca en tu buscador favorito información sobre Donato Ndongo o Mefe para contestar estas preguntas: ¿Quién es? ¿Dónde vive? ¿En qué trabaja? ¿Por qué es importante en el mundo hispano? ¿Cómo se llaman algunas de sus obras? Comenta con tus compañeros la información que encuentres.

ASÍ ES LA VIDA

Answer for **Adivina, adivinador:** el teléfono

Adivina, adivinador

Llevo secretos a voces,
corriendo por esos mundos
y sin que nadie los oiga
los doy en unos segundos.
¿Quién soy?

Chiste

–¿Por qué se pone la computadora al lado de la ventana?
–Para tener Windows.

ENTÉRATE

Estrategias para leer

Spanish affixes: Learning new vocabulary Affixes are parts of words used to form new words. They can be added at the beginning of a word (as prefixes: ***anti*natural**) or at the end of the word (as suffixes: **librer*ía***). The meaning or the category of words can change by adding an affix, for example:

- An adjective can become an adverb by adding **-mente** (*-ly*) at the end of the word: **suave > suavemente; veloz > velozmente**
- An adjective can become a noun by adding **-idad: sincero > sinceridad**
- An adverb can become a verb: **lejos> a-lej-ar**
- A noun can become a verb by adding **-ar, -er, -ir: formato > formatear**
- A verb can become a noun by adding **-ción: presentar > presentación**

These are some Spanish prefixes that will help you expand your vocabulary. Can you guess the meaning of these words?

a-, an- (*opposite/toward/addition*): analfabeto, adentro, agrupar
ante- (*before*): anteponer
anti- (*against*): antiaéreo, antivirus
contra- (*opposite*): contradecir
des- (*no*): desleal, desobedecer, desigual
extra- (*more than*): extraordinario
in-, im-, i- (*no*): ilegal, incierto, imposible
entre-, inter- (*between, reciprocity*): interurbano, internacional
pos-, post- (*later*): posponer
super-, sobre-, supra- (*superior*): sobrenatural, supranacional
sub- (*inferiority, low, under*): subsuelo, subterráneo

Antes de leer

Answers for **Antes de leer:** Answers may vary.

1. La conexión virtual

1. ¿Qué opinas sobre el internet como medio social?
2. ¿Crees que todo el mundo usa el internet?
3. ¿Cuántas redes sociales conoces? ¿Las usas todas?
4. ¿Qué opinas sobre la amistad sin fronteras?

2. Predicciones sobre el texto

1. Lee el título y el subtítulo del texto. ¿Puedes predecir qué tema va a tratar? ¿Puedes adivinar la opinión de la autora?
2. ¿Qué te indica la foto? ¿Se relaciona la foto con el subtítulo de la lectura?
3. ¿Cómo se relaciona la foto con las dos primeras oraciones de la lectura?

Courtesy of María Belén Pardo Ballester

REDES SOCIALES: Ni son todos los que están, ni están todos los que son

Decía el filósofo griego Aristóteles que el ser humano no puede vivir solo y, si lo hace, acaba convirtiéndose en un dios o en una bestia. El deseo de vivir en sociedad es tan antiguo como la humanidad, aunque las formas han variado a través de la historia. Por eso, gracias al internet, el número de redes sociales ha crecido rápidamente en poco más de una década. Muchas personas se conectan con sus amigos y han hecho nuevas amistades, de manera virtual, creando así comunidades con intereses similares que comparten contenidos e interactúan.

Claro que, como ocurre con todos los cambios, mientras una importante parte del mundo felizmente se ha conectado, hay quien no quiere perder el contacto con el mundo tangible que lo rodea. ¿Y si todo ese universo de miradas que se cruzan y paseos que llevan a un encuentro casual y que han sido tradicionalmente el alimento del amor y la amistad, se pierden para siempre?

Internet user, web surfer
In fact

Afortunadamente, detrás de las pantallas hay personas, y aunque algunos mensajes de los **cibernautas** parecen las palabras de un robot, hay cosas que no cambian. Por ejemplo, lo que nos distingue como seres humanos es el instinto sociable; y eso no cambia en las comunidades virtuales. **De hecho**, la necesidad de asociarnos a grupos con intereses comunes es una de las razones del éxito de las redes sociales. Existen agrupaciones de educadores, médicos, madres de bebés, seguidores de un equipo de fútbol, estudiantes… El nombre de algunos sitios tales como *abuelos en la red.net, tuenti.com*... es suficiente para no entrar en ellos si "no estamos en la edad" o desconocemos sus "códigos lingüísticos".

average

A decir verdad, las relaciones que se crean en el ciberespacio reflejan el mundo real. Las personas que disfrutan de una vida social activa en la calle también es posible que sean muy sociables en el mundo virtual. Pero como me comenta un miembro de Twitter, "que tengas todo el mundo a tu disposición no significa que quieras o puedas conectarte con todo el mundo". De hecho, según datos de Facebook —la mayor de las redes sociales—, sus miembros establecen relaciones con un **promedio** de 120 contactos; sin embargo, realmente solo interactúan con unas siete o diez personas.

Lo que sí ha cambiado en la sociedad del siglo XXI es nuestro sistema de valores: el culto a los comportamientos permisivos, a la imagen, al consumismo, a la cultura como mercancía… son un hecho; pero también a la generosidad de compartir experiencias e ideas.

literacy

Conviene tener presente que para participar en la comunidad virtual se requiere un mínimo de **alfabetización** e infraestructura informática. Y eso solo incluye a una pequeña parte del planeta. Únicamente el 39% de la población mundial tiene acceso a internet. El resto no lo hace, bien porque no puede o porque no quiere.

El internet es un vehículo de comunicación muy útil, pero no el único. De modo que, lo mismo que los aviones no han erradicado a las bicicletas ni mucho menos a los pies, un correo electrónico siempre será una carta, aunque llegue antes.

Después de leer

Answers for **Después de leer, 1. En el texto**: 1. Answers may vary. Possible answers: social, humano, amistoso, comportarse, permitir, generoso, mundo. 2. Hay 12: humanidad, rápidamente, felizmente, tradicionalmente, afortunadamente, sociable, comunidades, comportamiento, permisivos, generosidad, únicamente, mundial

1. En el texto

1. Cambiando los sufijos, ¿qué otras palabras se relacionarían con **sociedad, humanidad, amistad, comportamiento, permisivo, generosidad, mundial?**
2. En el texto hay por lo menos diez sufijos. ¿Cuántos puedes encontrar?

2. ¿Entendiste?

1. El texto nos indica que…
   a. ahora la gente prefiere relacionarse virtualmente.
   b. la autora está a favor de la tecnología porque las personas han hecho muchas amistades en redes sociales como Twitter y Facebook.
   (c.) la tecnología ha cambiado la vida social de algunas personas, pero las personas siempre han vivido en sociedad sin necesidad de la tecnología.
2. ¿Por qué la gente se asocia a diferentes grupos virtuales?
   a. Porque en esos grupos están sus amigos o nuevos amigos y pueden conseguir trabajo.
   b. Porque todo el mundo lo hace y la población mundial cambia a lo largo de la historia.
   (c.) Porque tienen intereses comunes y quieren aprender algo sobre un tema y conocer gente nueva.
3. Un usuario de una red social afirmó que…
   (a.) puedes conocer a mucha gente en el mundo virtual, pero no tienes contacto con todos.
   b. si conoces a mucha gente en Facebook o Twitter, más vas a hablar diariamente con ellos.
   c. con el internet conocemos gente nueva y por tanto siempre interactuamos con ellos.

4. Cuando la autora introduce el avión, la bicicleta, la carta y el correo electrónico…
   a. nos indica que los avances tecnológicos no eliminan otros medios de comunicación tradicionales.
   b. quiere convencer al público de que el internet es un avance tecnológico que la mayoría de la población mundial usa diariamente para comunicarse.
   c. nos aclara que la población mundial sigue avanzado y ya no se aprecia el pasado.

EN TU PROPIAS PALABRAS

Estrategias para escribir

Reviewing the language of your written work After writing your essay, reread what you have written and make sure you have included the following:

1. New learned vocabulary and synonyms have been used to avoid repeated words.
2. New words with affixes have been used.
3. There are no spelling and agreement (gender and number) mistakes between nouns and their accompanying words (adjectives, articles, etc.)
4. If you translated from English into Spanish complex sentences, rewrite them and simplify them using structures you already know.
5. Direct and indirect object pronouns have been used to avoid repetition.
6. All sentences have conjugated verbs and verb forms are correct (i.e., there is subject-verb agreement).
7. The essay is not a list of sentences but a few organized and coherent paragraphs.

Las redes sociales Imagínate que te ha pasado algo usando una red social y lo vas a comentar en tu blog. Tu redacción debe centrarse en cómo se usa el internet para participar en las redes sociales. ¿Qué piensas sobre este tema? ¿Cuáles son las ventajas y cuáles las desventajas? En tu redacción, incluye una introducción en la que presentes tu opinión, un desarrollo y una conclusión. Considera las siguientes preguntas como guía. Después, repasa las **Estrategias para escribir**.

I. Introducción
- ¿Qué son las redes sociales?
- ¿Cuál es la tendencia entre los jóvenes?
- ¿Cuál es tu opinión sobre el tema?

II. Cuerpo
- ¿Por qué es importante usar las redes sociales virtuales?
- Incluye un ejemplo específico de alguna de tus experiencias.
- ¿En qué se diferencia tu opinión de la opinión de tus padres?
- ¿Podrías sobrevivir sin usar las redes sociales?

III. Conclusión
- ¿Por qué te gustan o disgustan las redes sociales?
- ¿Qué conclusión podrías sacar de todo lo que has comentado?

Courtesy Maria Belen Pardo Ballester

AUTOPRUEBA

VOCABULARIO

I. ¿De qué se trata? Relaciona estas palabras con su significado.

1. guardar	3. pantalla	5. carpeta
2. chatear	4. teclado	6. red social

__6__ a. Es una estructura social compuesta de personas conectadas por diferentes tipos de relaciones, como la amistad.
__4__ b. Es la parte de la computadora que tiene teclas y se usa para escribir.
__2__ c. Es la acción de comunicarse mediante mensajes electrónicos instantáneos.
__3__ d. Es la parte plana de un monitor que retransmite visualmente la información.
__1__ e. Es el acto de poner los documentos importantes en un lugar apropiado.
__5__ f. Es un lugar donde ponemos y organizamos los archivos de una computadora.

II. ¡Mi teléfono no funciona! Ana llama a su hermano para felicitarlo por su cumpleaños, pero tiene un problema cuando está hablando con él. Completa el siguiente texto con las palabras de la lista para saber más sobre el problema de Ana. ¡Ojo! Hay dos palabras que no tienes que usar.

carpeta enchufar móvil pantalla batería
roto/a cubierto/a encender chatear descargar

Hace unos días estaba hablando con mi hermano por el __móvil__ (1) cuando de repente la __batería__ (2) dejó de funcionar y la __pantalla__ (3) se puso negra. Me enfadé mucho, porque era su cumpleaños y hacía tiempo que no hablaba con él. Así que entré a casa y quise __enchufar__ (4) rápidamente el teléfono para volver a llamarlo, pero estaba __roto__ (5) porque no lo podía __encender__ (6). Así que llamé a mi hermano desde el teléfono de casa y le expliqué lo que me pasó. Por suerte, él dijo que le gusta __chatear__ (7) con sus amigos, y que también le gusta __descargar__ (8) música, *podcasts* y videos en su nuevo teléfono inteligente y que me regalaba su teléfono viejo.

Answers for **Gramática I:** 1. Ya han encendido la computadora. 2. Laura ya les ha dicho que se compren una cámara digital. 3. Ya se han puesto de acuerdo para llamar a una hora específica. 4. Ya ha calculado la diferencia de hora entre España y Estados Unidos. 5. Ya han oprimido la tecla de "video".

GRAMÁTICA

I. ¡A llamar por Skype! Laura está en Estados Unidos y se quiere comunicar por Skype con sus padres, que están en España. Cambia lo que *hay que hacer* a lo que *ha hecho*.

MODELO: Hay que abrir una cuenta.
→ *Ya he abierto una cuenta.*

1. Ellos tienen que encender la computadora.
2. Laura tiene que decirles que se compren una cámara digital.
3. Laura y sus padres tienen que ponerse de acuerdo para llamar a una hora específica.
4. Laura tiene que calcular la diferencia de hora entre España y Estados Unidos.
5. Sus padres tienen que oprimir la tecla de "video" para que Laura pueda verlos.

II. Una lista Dos amigas se van de vacaciones a Puerto Rico. Una le pregunta a la otra lo que ya está hecho. Responde a sus preguntas con el participio del verbo.

MODELO: ¿Hiciste las maletas?
→ *Ya están hechas.*

Answers for **Gramática II:** 1. Ya está hecha. 2. Ya está resuelto. 3. Ya está escrita. 4. Ya está cancelado. 5. Ya están impresas.

1. ¿Hiciste la reserva para el tour a Vieques?
2. ¿Resolviste el problema de la tarjeta de crédito?
3. ¿Escribiste la dirección del lugar adonde vamos?
4. ¿Cancelaste el viaje a Ponce?
5. ¿Imprimiste las tarjetas de embarque[10] del avión?

CULTURA

¿Qué has aprendido en esta sección? Contesta **Cierto (C)** o **Falso (F)**. Si las oraciones son falsas, corrígelas.

	C	F
1. Hay conexiones de internet incluso en los países poco desarrollados.	☑	☐
2. No hay ningún país de habla hispana en Asia ni en África.	☐	☑
3. La capital de Guinea Ecuatorial es Nairobi.	☐	☑
4. Los teclados son iguales en todo el mundo.	☐	☑
5. Las redes sociales ayudan a las personas a mantenerse en contacto.	☑	☐

Answers for **Cultura:** 1. Cierto 2. F: Guinea Ecuatorial está en Africa. 3. F: La capital es Malabo. 4. F: Muchos teclados son diferentes. 5. Cierto

REDACCIÓN

Cuéntale a un/a amigo/a el último problema tecnológico que tuviste. Puede ser un problema con tu celular, con tu computadora o con una contraseña. ¿Qué pasó? ¿Qué problemas causó? ¿Cómo resolviste el problema al final?

EN RESUMIDAS CUENTAS, AHORA PUEDO...

☐ hablar de asuntos relacionados con las nuevas tecnologías.

☐ comparar el uso de las nuevas tecnologías en países hispanohablantes.

☐ hablar de qué ha ocurrido recientemente.

☐ describir el resultado de algunos procesos.

☐ expresar diferentes aspectos en una narración.

[10] **tarjeta de embarque:** boarding pass

VOCABULARIO ESENCIAL

Sustantivos

el archivo (adjunto)	*(attached) file*
el buscador	*browser*
el cable	*wire*
el cargador	*charger*
la carpeta	*folder*
la computadora (portátil)	*(laptop) computer*
el contestador	*answering machine*
la contraseña	*password*
el disco duro/externo	*hard drive*
la impresora	*printer*
el lápiz de memoria	*(USB) flash/pen drive*
el móvil/celular	*cell phone*
el nombre del usuario	*username*
la página de inicio	*home page*
la pantalla	*screen*
el ratón	*mouse*
las redes sociales	*social networks*
el reproductor (de audio/video/música/DVD)	*(audio/video/music/DVD) player*
la tecla	*key*
el teclado	*keyboard*

Cognados: el adaptador, la batería, el blog, la cámara digital, la conexión, el *e-mail*, el documento, el icono, el monitor, el sitio web, la tableta, la tecnología, el virus, el *wifi*

Adjectives and participles

abierto/a	*open, opened*
contradicho	*contradicted*
cubierto/a	*covered*
descubierto/a	*discovered*
deshecho/a	*undone*
devuelto/a	*returned (an object)*
dicho/a	*said, told*
encendido/a	*(turned) on*
escrito/a	*written*
freído/frito	*fried*
hecho/a	*done*
imprimido/a, impreso/a	*printed*
muerto	*died*
puesto/a	*put, placed*
resuelto/a	*solved*
roto/a	*broken*
satisfecho/a	*satisfied*
visto/a	*seen*
vuelto	*returned (a person)*

Verbos

abrir una cuenta	*to set up an account*
adjuntar un archivo	*to attach a file*
apagar la computadora	*to turn off the computer*
borrar lo que no quieren	*to delete what they don't want*
buscar una dirección de internet	*to search for a URL*
cargar la batería	*to charge the battery*
chatear en línea	*to chat online*
colgar/poner videos en Internet	*to post videos on the internet*
descargar programas	*to download programs*
funcionar (la computadora, el aparato)	*to work (a computer, a device)*
encender la computadora	*to turn on the computer*
enchufar la impresora	*to plug in the printer*
entrar a un sitio web	*to log in*
enviar mensajes electrónicos	*to send e-mails*
grabar música	*to record music*
guardar los cambios	*to save changes*
imprimir documentos	*to print documents*
meter (el lápiz, el disco)	*to put in (the pen drive, the CD/DVD)*
navegar	*to browse*
navegar en la red	*to browse the net*
oprimir una tecla	*to press a key*
subir/cargar canciones	*to upload songs*
esperar que los aparatos funcionen	*to hope that devices work*

Cognados: chatear, conectar(se), (des)activar, textear

Expresiones

aún	*still*
todavía	*still*
ya	*already*

LEARNING OBJECTIVES

By the end of this section you will be able to:

- Make arrangements for a trip
- Practice using double object pronouns to avoid repetition
- Talk about pending actions
- Talk about events in the future
- Get familiar with different situations when traveling

Una imagen vale más que mil palabras...

© Steve Lupton/Corbis

¿Qué diferencias hay entre el dólar y el euro?

¿Cuál es la ventaja de tener billetes[1] de diferentes tamaños?

¿Recuerdas a cuánto está el cambio entre el dólar estadounidense y el euro?

Answers for **Una imagen vale más que mil palabras:** 1. En el sistema del euro hay monedas de dos euros y un euro. En Estados Unidos hay monedas de un dólar, pero no son comunes. El dólar es verde y todos los billetes son del mismo tamaño. El euro tiene varios colores y los billetes son de diferentes tamaños. 2. Es más fácil, incluso para una persona ciega, reconocer las diferentes denominaciones. 3. Answers may vary. 1€=$1.35 (2013)

UNA PERSPECTIVA

Claire

Courtesy of Claire Ihlendorf

El viaje es un poco más caro

Diferente

"El año pasado, mi hermano y yo viajamos juntos a varios países. Cuando llegamos al aeropuerto de Buenos Aires, en Argentina, hicimos cola[2] en inmigración, como todos los pasajeros, pero cuando llegamos, nos dijeron que los estadounidenses teníamos que ir a otra ventanilla[3] primero. Los otros pasajeros pasaban sin problemas, pero nosotros no. Fuimos a la otra ventanilla y nos dijeron que teníamos que pagar $131 por persona para entrar al país. '¿Por qué nosotros tenemos que pagar y ellos no?', preguntamos. Nos contestaron con una palabra: 'Reciprocidad'. ¿Qué es reciprocidad?".

Igual

"Nosotros no sabíamos que el gobierno de Estados Unidos les cobra a los argentinos (y no solo a los argentinos) para obtener una visa para entrar a Estados Unidos. Así que el gobierno argentino, al igual que el de otros países, como Chile, instituyó la ley de reciprocidad".

Answers for **Una perspectiva:** Answers may vary.

¿Qué piensas tú?

1. ¿Crees que la reciprocidad es justa o no? Explica tu respuesta.
2. ¿Crees que pagar este dinero afecta el turismo en estos países?
3. ¿Afectaría tu decisión de ir a Argentina?

[1] **billetes:** bills [2] **hacer cola:** to stand in line [3] **ventanilla (de inmigración):** (immigration) office/window

The suggested narration for **La pura verdad** can be found in the Appendix. Please use this narration to go over each of the frames with your students. You can also find this section (frames and narration) in the PowerPoint slides, found in the Book Companion Site and *WileyPLUS*.

LA PURA VERDAD I De vacaciones a Chile

Rubén y Lucas han estudiado mucho todo el año y ahora están planificando unas vacaciones en Chile.

1.
Aquí hay buenos paquetes de vacaciones para Chile. Este incluye vuelo de ida y vuelta y un hotel de tres estrellas.
Nos podemos quedar con mi amigo Claudio, así no tenemos que pagar el alojamiento.
2.
3.
Su atención, por favor. El vuelo #649 con destino a Santiago de Chile ha sido cancelado debido a problemas mecánicos. El próximo vuelo saldrá a las 10:00am, mañana jueves. Favor de acercarse al mostrador para recibir cupones para su alojamiento esta noche. Les agradecemos su paciencia. ¡Gracias!
Aquí está LAN, Líneas Aéreas Nacionales.
4.
¡Mira este baño! Nos dieron cupones para comer en el restaurante del hotel. No está mal la demora.
5.
Bienvenidos a bordo, señores pasajeros. La duración del vuelo será de 10 horas y treinta minutos.
6.
¿Dónde estás estacionado?
No tengo carro. Vamos en metro, pero en media hora llegamos a casa.

11.2-01 En Santiago de Chile Escucha cómo la narración describe qué pasa después de llegar al aeropuerto. Selecciona la opción más posible.

1. a. El servicio de metro de Santiago es muy lento.
   b. Había mucha gente con maletas grandes.
   (c.) Pudieron sentarse y llegar en 30 minutos.
2. a. Claudio vive en un hotel de cuatro estrellas.
   (b.) Claudio les explicó qué líneas del metro tomar.
   c. Claudio vive en un apartamento de una habitación.
3. a. Se quedan en un hotel de tres estrellas.
   (b.) Se quedan en un hotel por una noche.
   c. Deciden quedarse cerca de la playa por cuatro noches.

Script for **11.2-01:** 1. En la estación del metro había mucha gente y con maletas grandes fue un poco difícil entrar y salir del tren, pero los muchachos consiguieron asientos y en media hora llegaron. Es un sistema muy eficiente. 2. El apartamento de Claudio era mejor que un hotel de cuatro estrellas. Él les ofreció una habitación grande con televisión, baño y un buen armario. Por la ventana podían ver los Andes. También les mostró información sobre los mejores lugares que visitar en Santiago y las líneas del metro que debían tomar. 3. Rubén y Lucas la pasan fenomenal en Santiago y una semana después quieren ir a la ciudad de Valparaíso. Encuentran un hotel que no tiene baño privado, ni aire acondicionado, ni televisión, pero está cerca de la playa. Deciden quedarse una noche.

PALABRA POR PALABRA

Use the PowerPoint slides found in the Book Companion Site and *WileyPLUS* to do this section in class.

En el aeropuerto

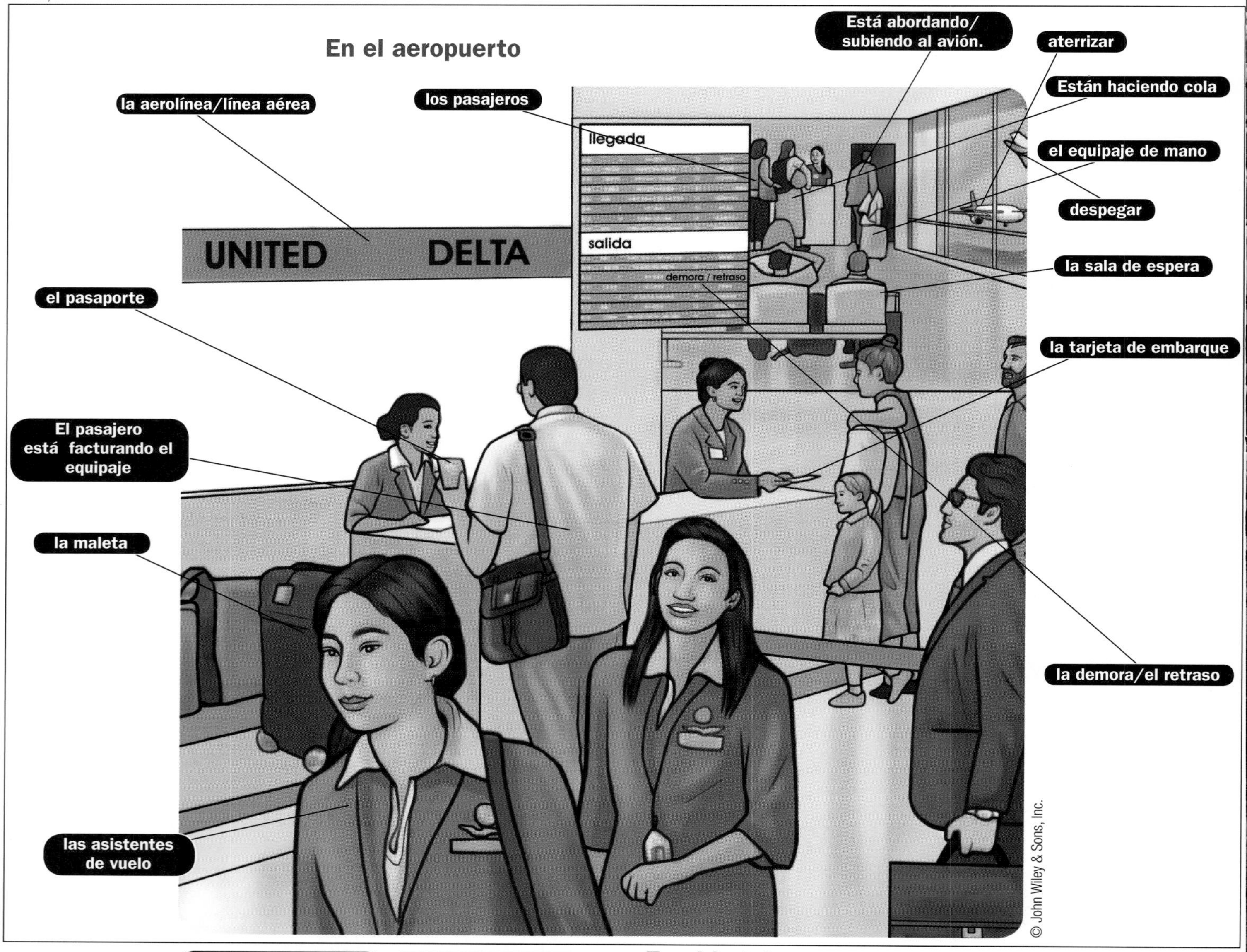

En el hotel

Los medios de transporte *Transportation means*

el barco	*the ship*
el crucero	*a sign announcing a cruise*
las líneas de metro	*subway lines*
el tren	*train*

Para hablar de los viajes

la aduana	*customs*
el alojamiento	*accommodations*
la clase turista	*coach (economy) class*
la estadía/estancia (en un hotel)	*(hotel) stay*
la habitación (sencilla, doble, triple)	*(single, double, triple) room*
el pasaje/billete (de ida/ de ida y vuelta)	*(one way/round trip) ticket*
pasar por seguridad	*to go through TSA area*
la primera clase	*first class/business class*
el vuelo (directo)	*(direct) flight*
hacer las maletas	*to pack*
ir al extranjero	*to go abroad*
pasar por la aduana	*to go through customs*
quedarse (en un hotel)	*to stay (in a hotel)*
retrasarse	*to be late*
volar	*to fly*

Transportation means

Do you remember the means of transportation that you studied in Chapter 4, Section 2?

¿Qué dicen los hispanohablantes?

Las pirámides me dejaron boquiabierto/a.	*The pyramids left me dumbfounded. (lit., with my mouth open)*
El largo viaje me ha dejado hecha polvo.	*The long trip left me spent. (lit., reduced to dust)*
Pagué el viaje con el sudor de mi frente.	*I paid for this trip with hard work. (lit., with the sweat of my brow)*
¡Que la/lo pases bien!	*Have fun!*
¡Que tengas un buen viaje!	*Have a good trip!*

11.2-02 ¿Qué va primero y qué va después?

Paso 1: Piensen en lo que pasa en un viaje, empezando con la planificación y los preparativos. Ordenen esta lista con números del 1 al 9, y después añadan tres más.

__4__ a. llegar al aeropuerto
__7__ b. abrocharse el cinturón de seguridad
__2__ c. reservar y comprar los billetes de avión
__5__ d. hacer cola
__9__ e. registrarse en la recepción del hotel
__8__ f. pasar por aduana
__6__ g. facturar las maletas
__1__ h. sacar el pasaporte
__3__ i. hacer las maletas
____ j. ...
____ k. ...
____ l. ...

Paso 2: Ahora, comenten con la clase sus respuestas incluyendo lo nuevo. ¿Cómo es de larga la lista generada entre toda la clase?

Suggestion for **11.2-02:** Have students complete their lists in pairs and then add a couple of items more. Then, have a member of each pair share with the rest of the class. Have a student secretary come to the board and add more items to the list as each couple reports. The entire class should work on ordering the new items. At the end, count how many more items the entire class could add to the list.

Answers for **11.2-02, Paso 2:** Answers may vary.

Suggestion for **11.2-02:** Answer the questions in the Exercise.

How to avoid repetition: Using the direct and indirect object pronouns at the same time

In Chapter 8, Section 2, you learned to use the direct and indirect object pronouns to avoid repeating elements of a sentence. Before reviewing the combined use of these pronouns, let's review how much you remember. Take a look at the following sentence:

El asistente de vuelo da la tarjeta de embarque a Lucas y a Rubén.

1. Identify the direct and indirect objects.
2. Which pronouns do you use to replace each object?
3. Can you rewrite the sentence using both pronouns?

Now go to Chapter 9, Section 1 to review the placement and order rules related to these pronouns before completing activity 11.2-03.

Suggestions for **11.2-03:** Students usually confuse **a quién** (*to whom*) vs. **quién** (*who*). Make sure students look at the verb ending and identify who the subject is before attempting to answer the question.

Answers for **11.2-03**: 1. Se la dan al asistente de vuelo. 2. Lo ponen en el compartimento superior. 3. Se lo da a Rubén. 4. Se lo pagan al empleado de inmigración. 5. Claudio se lo ofrece.

RECYCLES double object pronouns.

11.2-03 ¿Qué hacen con las maletas? Observa la historia de Lucas y Rubén y contesta las siguientes preguntas. Decide si debes usar el pronombre de objeto directo, el de objeto indirecto o los dos.

1. ¿A quién le dan la tarjeta de embarque?
2. ¿Dónde ponen el equipaje de mano?
3. ¿Qué hace Lucas con el maní que no le gusta?
4. ¿A quién le pagan el impuesto de reciprocidad?
5. ¿Quién les ofrece alojamiento en Santiago?

Suggestions for **11.2-04:** In order for students to be ready to report, the planning phase is crucial ("**escriban un pequeño informe**"). After each pair has finished its paragraph, have a whole-class discussion. Questions #3, 4, and 5 are good points of departure to make cultural comparisons of means of transport and public transport differences in the countries they have visited.

11.2-04 Mis experiencias en los viajes

Paso 1: Entrevista a un/a compañero/a para saber un poco sobre sus experiencias de viajes.

1. ¿Te gusta viajar en avión o tienes miedo de volar? ¿Por qué sí o por qué no?
2. ¿Alguna vez has sufrido una demora o retraso y perdiste un vuelo?
3. ¿Has tomado alguna vez un tren de alta velocidad? ¿Dónde?
4. ¿Has viajado en metro? ¿Qué metros conoces? ¿Cuál te ha gustado más?
5. ¿Alguna vez has viajado en barco o has hecho un crucero? ¿Adónde?

Answers for **11.2-04:** Answers may vary.

Paso 2: Después, escriban un pequeño informe. ¿En qué aspectos coinciden los dos? ¿En qué no coinciden?

MODELO: *Mi compañero/a tiene más experiencia que yo viajando en avión. El/Ella ha viajado a..., en cambio yo no he viajado nunca en avión. Sin embargo, los dos hemos ido a...*

Paso 3: Por último, informen a la clase. ¿Coinciden en todo, o en nada? ¿En qué aspecto no coincide nadie?

Answers for **11.2-05:** Answers may vary.

11.2-05 Buscando hotel Imagina que vas a ir de vacaciones a Dominical, en Costa Rica, y estás buscando alojamiento.

Paso 1: Indica la importancia que las siguientes características y servicios tienen para ti.

	Totalmente necesario	Importante	Preferible	No me importa
1. baño privado				
2. internet gratis				
3. desayuno incluido				
4. vistas al mar				
5. aire acondicionado				
6. servicio diario de limpieza de habitaciones				
7. piscina				
8. registrarse en el hotel a cualquier hora				

Paso 2: Comparen sus respuestas con otros compañeros. Decide quién es un/a buen/a compañero/a de viaje y con quién piensas que es mejor no viajar porque no tienen las mismas preferencias.

HABLANDO DE GRAMÁTICA I

1. Talking about pending actions: Subjunctive with temporal conjunctions

WileyPLUS Go to *WileyPLUS* to review this grammar point with the help of the **Animated Grammar Tutorial**.

The subjunctive is used after the following conjunctions of time only when the action is pending—that is, when it has not occurred yet. In contrast, if the action has been completed or is habitual, the indicative is used.

cuando	*when*	**hasta que**	*until*
después de que	*after*	**tan pronto como**	*as soon as*

The conjunction **antes de que** is always followed by the subjunctive, because it signals an action that has not yet occurred, even if the entire sequence of events takes place in the past.

	SUBJUNCTIVE **Pending action; yet to occur**	**INDICATIVE** **Completed or habitual action**
cuando	**Cuando lleguen** a la estación, tomen el metro. *When you arrive at the station, take the subway.*	**Cuando llegaron** a la estación, tomaron el metro. *When they arrived at the station, they took the subway.*
hasta que	Nos quedaremos con Mariana **hasta que pase** por seguridad. *We will stay with Mariana until she goes through security.*	Siempre nos quedamos con Mariana **hasta que pasa** por seguridad. *We always stay with Mariana until she goes through security.*
tan pronto como, en cuanto	Nos llamará **tan pronto como llegue** a la estación. *She will call us as soon as she arrives at the station.*	Siempre nos llama **tan pronto como llega** a la estación. *She calls us as soon as she arrives at the station.*
después de que	Nos iremos a casa **después de que ella facture** el equipaje. *We'll go home after she checks her luggage.*	Nos vamos a casa **después de que ella factura** el equipaje. *We go home after she checks the luggage.*
antes de que	Anunciarán la salida de tu vuelo **antes de que subas** al avión. *They will announce the departure of your flight before you board the plane.*	

As you already know, when the subject of the main clause and the subject of the subordinate clause are the same, the infinitive is used instead:

SUBJUNCTIVE **Change of subject**	**INFINITIVE** **No change of subject**
Nos quedaremos con él **hasta que pase** por seguridad.	Tiene que hacer cola **hasta pasar** por seguridad.
Nos iremos a casa **después de que él facture** el equipaje.	Pasaremos por seguridad **después de facturar** el equipaje.
Antes de que subas al avión te pedirán la tarjeta de embarque.	**Antes de subir** al avión tienes que mostrar la tarjeta de embarque.

Exercises labeled with an individual student icon in the **Hablando de gramática** section are intended to be assigned as homework.

11.2-06 ¿Qué planes tienen para el viaje? Cuando ya están en el metro de camino a casa, Claudio les pregunta a Lucas y Rubén sobre su viaje.

▲ *Cambio de guardia frente a la Casa de la Moneda, Santiago de Chile*

Eduardo Garcia / Photographer's Choice/ Getty Images

▲ *Valparaíso*

Danita Delimont / Gallo Images/ Getty Images

▲ *Viña del Mar*

B'Rob / Flickr/ Getty Images

Claudio: ¿Tuvieron un buen viaje?
Rubén: Tan pronto como subimos al avión, nos dormimos. Hasta Dallas tuvimos muy buen viaje. Cuando llegamos a Dallas nos dijeron que el vuelo a Santiago estaba cancelado. Tuvimos que pasar la noche en Dallas, pero no nos importó, porque nos alojaron en un hotel de cuatro estrellas. Nos dieron un regalo en la recepción del hotel. En cuanto lleguemos a tu casa te muestro las fotos del hotel.
Claudio: Pues qué suerte tuvieron. Así pudieron descansar antes de hacer el vuelo más largo de Dallas a Santiago. ¿Y qué planes tienen?
Lucas: Después de pasar unos días en Santiago, vamos a ir a Valparaíso. Pero antes de ir a Valparaíso tienes que decirnos qué lugares debemos visitar allí.
Rubén: Cuando volvamos de Valparaíso tal vez vayamos a Viña del Mar hasta que tengamos que regresar a Santiago para tomar el vuelo de vuelta a Estados Unidos.
Claudio: Entonces, ¿van a pasar alguna noche en mi casa después de visitar Valparaíso?
Lucas: Tan pronto como hagamos planes definitivos te lo decimos.
Claudio: Bien, hacemos eso entonces.

Paso 1: Escribe todas las conjunciones temporales que encuentres en el párrafo e indica si se escriben con infinitivo, subjuntivo o indicativo. Después, indica si la acción es una acción pendiente[4] (que no ha ocurrido todavía) o pasada (que ya ocurrió).

MODELO: 1. *tan pronto como subimos (indicativo, acción pasada)*

2. cuando llegamos (indicativo, acción pasada)
3. en cuanto lleguemos (subjuntivo, acción pendiente)
4. después de pasar (infinitivo, acción pendiente)
5. antes de ir (infinitivo, acción pendiente)
6. cuando volvamos (subjuntivo, acción pendiente)
7. hasta que tengamos (subjuntivo, acción pendiente)
8. después de visitar (infinitivo, acción pendiente)
9. tan pronto como hagamos (subjuntivo, acción pendiente)

[4] **pendiente:** pending

Paso 2: ¿Cierto o falso? Lee el párrafo otra vez y decide si las siguientes oraciones son ciertas o falsas. Si son falsas, escribe la información correcta.

Answers for **11.2-06, Paso 2:** 1. Cierto. 2. Falso: Tan pronto como llegan a Dallas ven que el vuelo a Santiago estaba cancelado. 3. Falso: Antes de que Claudio les dé información ya han decidido ir. 4. Falso: Rubén le muestra las fotos después de llegar. 5. Cierto.

C	F	
☑	☐	1. Cuando ven que había vuelos a Santiago a buen precio, deciden ir.
☐	☑	2. Tan pronto como llegan al aeropuerto de Dallas, tienen que tomar el avión a Santiago.
☐	☑	3. Después de que Claudio les da información sobre Valparaíso, Rubén y Lucas deciden ir.
☐	☑	4. Antes de llegar a casa de Claudio, Rubén le muestra las fotos.
☑	☐	5. Hasta que no regresen de Valparaíso no van a decidir qué día van a Viña.

11.2-07 El/La estudiante ideal

Suggestions for **11.2-07:** Assign **Paso 1** and **Paso 2** as homework. Do **Paso 3** the following day in class. Have a whole-class discussion to find out if there is someone who does all those things. **¿Alguien de ustedes descubrió que su compañero/a es el estudiante ideal? Si son el estudiante ideal, ¿piensan hacer las cosas de una forma diferente la próxima vez?**

Answers for **11.2-07:** Answers may vary.

Paso 1: ¿Eres el/la estudiante ideal? ¿Normalmente haces todas estas cosas? Lee las siguientes oraciones y selecciona las que son verdaderas para ti.

☐ 1. **En cuanto** termina la clase de español, estudio y hago la tarea para la clase siguiente.
☐ 2. **Cuando** tengo un examen, estudio durante toda la semana previa.
☐ 3. **Tan pronto como** el profesor devuelve un examen, lo reviso y corrijo mis errores.
☐ 4. Nunca empiezo a recoger[5] mis cosas **antes de que** termine la clase.
☐ 5. Nunca llego **después de que** el profesor empieza la clase.
☐ 6. Nunca salgo con mis amigos **hasta que** termino todas mis tareas.

Paso 2: Si alguna de esas afirmaciones no se aplica a ti, cámbiala proponiendo algún cambio para el futuro.

MODELO: 1. *Cuando termina la clase de español tengo una clase de matemáticas. Mañana, en cuanto termine la clase de matemáticas, voy a estudiar y hacer la tarea de español.*

Paso 3: Compara tus respuestas con las de un/a compañero/a. ¿Crees que tu compañero/a es el/la estudiante ideal? ¿Hacen las mismas cosas?

[5] **recoger:** to pick up

The suggested narration for **La pura verdad** can be found in the Appendix. Please use this narration to go over each of the frames with your students. You can also find this section (frames and narration) in the PowerPoint slides, found in the Book Companion Site and *WileyPLUS*.

LA PURA VERDAD II Vacaciones de primera

Tomás y Norma pasaron unas excelentes vacaciones en España y ahora una amiga les da instrucciones para ir de Barcelona al aeropuerto de Barajas, en Madrid.

1.

2.

3.

4.

5.

6.

Script for **11.2-08:** 1. Solo faltan unos minutos para que termine el viaje en primera clase. Antes de aterrizar, van a sacar muchas fotos porque piensan que nadie se lo va a creer. 2. Los asistentes de vuelo detienen a los pasajeros de la clase turista para que todos los pasajeros de primera clase salgan primero. Norma y Tomás se sienten privilegiados y claramente superiores. 3. Norma y Tomás ven la ventaja de salir del avión primero porque serán los primeros en la cola para pasar por inmigración. Detrás de ellos la cola es enorme.

11.2-08 ¡Ventajas de viajar en primera clase! Escucha cómo describe la narración lo que pasa al final del viaje. Decide si las oraciones son ciertas (C) o falsas (F). Si son falsas, corrígelas.

Answers for **11.2-08:** 1. Cierto 2. F: Los de primera clase saldrán primero. 3. F: No pasarán mucho tiempo en la cola porque salieron primero del avión.

	C	F
1. Norma y Tomás sacarán fotos de su viaje en primera clase.	☑	☐
2. Los pasajeros de primera clase esperan a que los de clase turista salgan primero.	☐	☑
3. La cola para pasar por inmigración es enorme. Norma y Tomás pasarán mucho tiempo en la cola.	☐	☑

HABLANDO DE GRAMÁTICA II

2. Talking about the future: The future tense

WileyPLUS Go to *WileyPLUS* to review this grammar point with the help of the **Animated Grammar Tutorial** and the **Verb Conjugator.**

There are three different ways to talk about the future in Spanish.

The present tense:	**Salimos** mañana.	*We are leaving/We leave tomorrow.*
Ir a + *infinitive*:	**Vamos a ir** a Costa Rica.	*We are going to Costa Rica.*
The future tense:	**Viajaremos** en tren.	*We will travel by train.*

In Chapter 2, Section 2, you learned how to talk about future plans using **ir a +** *infinitive*. In this section you will learn the simple future tense.

A. Forming the future tense

To form the future tense, add the following endings to the infinitive of the verb.

	volar	ver	subir
(yo)	volar**é**	ver**é**	subir**é**
(tú)	volar**ás**	ver**ás**	subir**ás**
(él, ella, Ud.)	volar**á**	ver**á**	subir**á**
(nosotros/as)	volar**emos**	ver**emos**	subir**emos**
(vosotros/as)	volar**éis**	ver**éis**	subir**éis**
(ellos, ellas, Uds.)	volar**án**	ver**án**	subir**án**

La duración del vuelo **será** de 10 horas y 30 minutos. — *The duration of the flight will be 10 hours and 30 minutes.*
Nos **quedaremos** en casa de mi amigo. — *We will stay at my friend's house.*

There are some irregular verbs in the future. These verbs have irregular future stems, but the endings are always regular.

Infinitivo	Raíz	
decir	**dir-**	
haber	**habr-**	
hacer	**har-**	-é
poder	**podr-**	-ás
poner	**pondr-**	-á
querer	**querr-**	-emos
saber	**sabr-**	-éis
salir	**saldr-**	-án
tener	**tendr-**	
venir	**vendr-**	

B. Uses of the future tense

We use the future tense to make predictions for a future time; that is, to express what will happen in the future or to ask someone to predict what may happen in the future:

–¿**Llegaremos** a tiempo? — *–Will we arrive on time?*
–Sí, **saldremos** temprano y ya **verás** cómo tenemos tiempo suficiente. — *–Yes, we'll leave early and you'll see that we'll have enough time.*

In addition to expressing what will happen, the future tense is also used to hypothesize about the present when we speculate or make assumptions of things that we are not totally certain about. Notice the English equivalents to this use of the future tense in Spanish.

–El vuelo se ha retrasado. ¿**Tendrá** problemas técnicos?	–*The flight has been delayed. I wonder if it has technical problems.*
–No te preocupes, probablemente **habrá** mucho tráfico.	–*Don't worry; I bet there is just a lot of traffic.*
–Me pregunto a qué hora **saldrá**.	–*I wonder what time the plane takes off.*

Exercises labeled with an individual student icon in the **Hablando de gramática** section are intended to be assigned as homework.

11.2-09 ¿Serán ricos? Leslie y Tab, los hijos de Norma y Tomás, hablan del regreso de sus padres.

Paso 1: Lee el diálogo e identifica todos los verbos en la forma del futuro.

Tab: ¿Qué sabes de papá y mamá?
Leslie: He hablado con ellos hace un par de horas. Estaban todavía en el aeropuerto de Barajas, en Madrid. Llegarán a San Francisco mañana por la mañana.
Tab: ¿Cómo vendrán a casa?
Leslie: Iré a buscarlos en el carro.
Tab: Cuando lleguen tendrán sueño y querrán dormir. Volar tantas horas será agotador[6].
Leslie: ¡No creas! Vuelan en primera clase. ¡Imagínate! Estarán ahora mismo en el avión.
Tab: ¡¿En primera clase?! Eso costará miles de dólares. ¿Serán ricos y nunca nos lo han dicho?
Leslie: Pues no sé... les preguntaremos cuando lleguen. Pero tendrán que mostrarme fotos o no les creeré.

Paso 2: Escribe todas las formas del futuro que encuentres en el párrafo (hay doce en total). Indica cuál es el sujeto y si se refiere a una *acción futura*, o a una *suposición*[7] o *conjetura* sobre el presente.

MODELO: 1. ***llegarán*** *(papá y mamá), acción futura*

2. vendrán (papá y mamá), acción futura
3. iré (yo, Leslie), acción futura
4. tendrán (papá y mamá), acción futura
5. querrán (papá y mamá), acción futura
6. será (el vuelo), suposición
7. estarán (papá y mamá), suposición
8. costará (eso, primera clase), suposición
9. serán (papá y mamá), conjetura
10. preguntaremos (nosotros, Leslie y Tab), acción futura
11. tendrán (papá y mamá), acción futura
12. creeré (yo, Leslie), acción futura

[6] **agotador:** exhausting [7] **suposición:** assumption

Paso 3: Después de que Norma habla por teléfono con Leslie, habla con Tomás sobre las ventajas de viajar en primera clase. Completa el diálogo con la forma correcta del futuro de los verbos de la lista.

preguntar salir volar creer poder dormir pensar ser tener hacer haber

Norma: Le he dicho a Leslie que ______________$_{1}$ en primera clase. Se ha quedado muy sorprendida pero no le he querido dar detalles.
Tomás: ¡Ja, ja! Leslie ______________$_{2}$ que somos ricos.
Norma: Cuando lleguemos a casa seguro que nuestros hijos nos ______________$_{3}$ cómo es que hemos viajado en primera.
Tomás: ¡En primera clase! ¡______________$_{4}$ la primera vez en mi vida! ______________$_{5}$ reclinar el asiento y ______________$_{6}$ mucho espacio. ______________$_{7}$ muy bien. ¡______________$_{8}$ los primeros y no ______________$_{9}$ cola al llegar al aeropuerto!
Norma: Bueno, ¡pues ______________$_{10}$ que sacar muchas fotos porque si no, nuestros hijos no nos ______________$_{11}$!

Answers to 11.2-09, Paso 3: 1) volaremos 2) pensará, 3) preguntarán, 4) Será, 5) podré/podremos, 6) tendré/tendremos, 7) dormiré/dormiremos, 8) Saldremos, 9) haremos, 10) habrá, 11) creerán

11.2-10 ¿Qué harás?

Paso 1: Completa las siguientes oraciones con información que se aplica a ti.

Answers for **11.2-10:** Answers may vary.

MODELO: Cuando termine el trimestre *iré de vacaciones al extranjero.*

1. Tan pronto como termine todos mis exámenes finales…
2. Cuando termine el trimestre/semestre…
3. El verano que viene…
4. En cuanto me gradúe…
5. Cuando tenga suficiente dinero…

Paso 2: Ahora, transforma las oraciones en preguntas y entrevista a un/a compañero/a.

MODELO: Estudiante 1: *¿Irás al extranjero cuando termine el trimestre?*
Estudiante 2: *No, creo que no tendré suficiente dinero para ir de vacaciones. Me quedaré unos días en casa de mis padres.*

Paso 3: Con la información que has recogido, escribe un pequeño párrafo sobre los dos.

MODELO: *Cuando termine el trimestre, Norma pasará unos días en casa de sus padres, pero yo... Tan pronto como terminemos con los exámenes finales, iremos a...*

OTRA PERSPECTIVA

Iris

Courtesy of Norma Lopez-Burton

¿Aprender otra lengua o no?

Diferente

"Cuando mi familia y yo planificamos un viaje, parte de los planes es aprender a comunicarnos en la lengua del país adonde vamos. Yo he viajado a Francia, Alemania, Brasil y Estados Unidos, y antes de ir, memorizo el mayor número de frases posibles en inglés, francés, alemán o portugués. Especialmente, me aseguro de saber bien cómo decir 'hola', 'por favor' y 'gracias' en esos idiomas. En general, a los turistas estadounidenses no les interesa aprender otra lengua. Siempre esperan que los otros hablen inglés. Creen que no hay necesidad de aprender porque todo el mundo habla inglés. ¿Por qué no aprender otro idioma?".

Igual

"Antes no entendía por qué los turistas querían ver las pirámides y a los indígenas nativos de mi país con sus trajes típicos. ¿Por qué no visitar las ciudades modernas y las universidades que son más parte de mi realidad? Entonces me di cuenta de que nosotros hacemos lo mismo cuando venimos a Estados Unidos. Además de las ciudades importantes, también queremos ver a los vaqueros y el Viejo Oeste".

Possible answers for **Otra perspectiva:**
1. Hay muchas personas que temen que más de un idioma divida al país.
2. Porque es la lengua franca de hoy en día. Hay mucha exportación de programas de televisión y películas estadounidenses.
3. Es una forma de acercarse y validar otras culturas. Hay estudios que demuestran que saber más de un idioma ayuda a desarrollar una mayor agilidad mental.

Explícale a Iris

1. ¿Por qué la mayoría de los estados han aprobado una ley que determina el uso del inglés solamente (*English only*) en asuntos oficiales?
2. ¿Por qué en el resto del mundo se aprende inglés?
3. ¿Por qué es importante poder comunicarse en más de un idioma?

MANOS A LA OBRA

Suggestion for **11.2-11:** Have your students stand up and ask each other these questions. Make sure they are answering in Spanish. Either require them to ask all of the questions or just five or six, depending on your available time, and give them a time limit. Remind your students that when asking questions to one particular classmate, they have to change the verb to the **tú** form. When time is up, do a whole-class check with the information that they gather. **¿Quién te dijo que hará un gran viaje? ¿Fue Stacy? ¿A dónde irá ella?**

Answers for **11.2-11:** Answers may vary.

11.2-11 Cuando me gradúe...

Paso 1: Levántate y hazles a tus compañeros las siguientes preguntas. Escribe el nombre del/de la compañero/a que conteste afirmativamente.

MODELO: Estudiante 1: *¿**Buscarás** trabajo?*
Estudiante 2: *Sí, claro, **buscaré** trabajo/No, no **buscaré** trabajo porque ya tengo uno, y bastante bueno.*

¿Quién de la clase cuando se gradúe...	Nombre del compañero/a
1. ... buscará trabajo?	________________
2. ... se mudará de ciudad?	________________
3. ... volverá a vivir con sus padres?	________________
4. ... dará una gran fiesta?	________________
5. ... hará un gran viaje?	________________
6. ... estudiará una maestría?	________________
7. ... hará una práctica de trabajo/empresa?	________________
8. ... seguirá estudiando español?	________________

Paso 2: Después, comenta tus resultados con la clase. ¿Quién piensas que tiene un plan mejor?

MODELO: *Pienso que el mejor plan es el de... porque...*

11.2-12 Adivina, adivinador

Paso 1: Formen grupos de cuatro. En su grupo, seleccionen a un/a compañero/a para que haga el papel de adivino/a y prediga el futuro de otro/a compañero/a del grupo. El/La adivino/a debe usar las siguientes frases:

cuando... tan pronto como... en cuanto... después/antes de (que)...

MODELO: *Cuando te gradúes crearás una aplicación para teléfonos inteligentes y te harás rico/a. Después de ganar mucho dinero...*

Paso 2: Por turnos, el/la adivino/a de cada grupo informará a la clase sobre el futuro de un miembro del grupo. El resto de la clase tiene que adivinar de qué estudiante se trata.

Suggestion for **11.2-12:** Encourage your students to predict the future based on identifiable characteristics of their classmates so that the rest of the class can guess whose future they are predicting.

Answers for **11.2-12:** Answers may vary.

11.2-13 Nuestro viaje con los compañeros de clase

Paso 1: Ahora que sabes tantas cosas de todos los países hispanohablantes, decide qué país quieres visitar. Prepara dos listas. En la lista 1, incluye tres lugares de interés y las actividades que quieres hacer allí. En la lista 2, incluye por lo menos tres cosas que tienes que hacer antes de salir de viaje.

Paso 2: Entre todos tus compañeros, busca a alguien que quiera viajar al mismo país que tú.

MODELO: Estudiante 1: *Yo quiero viajar a Costa Rica, ¿y tú?*
Estudiante 2: *Yo también quiero viajar a Costa Rica, o sea que podemos viajar juntos.*

Paso 3: Después de encontrar a tu/s compañero/s de viaje, comparen sus listas. Deben ponerse de acuerdo en los lugares que visitarán, las actividades que harán y en cómo prepararán su viaje.

MODELO: Para decidir adónde ir y qué hacer:

© John Wiley & Sons, Inc.

© nicolasboivin/iStockphoto

▲ *Laguna azul en el Parque Nacional Manuel Antonio*

Estudiante 1: *Podemos ir a la península de Nicoya, a la costa central del Pacífico y al bosque lluvioso de Monteverde.*
Estudiante 2: *Sí, en la costa central visitaremos el Parque Nacional Manuel Antonio...*

Para hacer los preparativos:
Estudiante 1: *Tenemos que buscar los billetes de avión.*
Estudiante 2: *Bien, tú buscarás los billetes. En cuanto decidamos en qué fechas ir, yo buscaré el alojamiento...*

Suggestion for **11.2-13:** You can have students do this activity over several class periods. They can do **Paso 1** as homework and have them do **Paso 2** and **Paso 3** in class the following day. They can prepare their presentation outside of class as a group project and present it on another day. They can prepare a PowerPoint presentation or post their trip plans on a classroom blog. For better results, put limits or condition on the kind of trip they have to plan (e.g., they should be traveling on a budget, they should plan a realistic trip, or you can provide them with a budget, etc.) Students will get more involved if they think this is a trip they can actually make. As a follow-up, the class can decide which is the best trip; maybe students will change their mind about their own trip and decide to take the trip with some other group.

Answers for **11.2-13:** Answers may vary.

Paso 4: Hagan una presentación en clase sobre su viaje. Incluyan la siguiente información:

- quiénes irán
- en qué fechas viajarán
- cuánto durará el viaje
- con qué aerolínea viajarán
- qué equipaje van a llevar
- qué harán antes de salir
- qué lugares visitarán
- dónde se alojarán
- etc.

MODELO: *Mis compañeros ________, ________ y yo iremos a Costa Rica. Saldremos de San Francisco el día... y volaremos a San José.*

WileyPLUS Go to *WileyPLUS* and listen to **Presta atención.**

Script for **11.2-14, Presta atención: En una fiesta**
Elena: Este año tengo muchos planes para viajar.
Cristina: ¡Ah, sí! ¿Adónde piensas ir?
Elena: Bueno, tengo itinerarios para tres viajes posibles.
Cristina: ¿Quieres hacer tres viajes este año?
Elena: Pues me gustaría hacer más viajes, pero tengo que ser realista, así que creo que solo puedo hacer tres viajes.
Cristina: ¿Adónde vas a ir en tu primer viaje?
Elena: Iré a Taxco, en México.
Cristina: Pero, ¿por qué? Si ya estuviste allí hace dos años.
Elena: Sí, lo sé, pero me gustó mucho y desde que estuve allí no dejo de pensar en el día en que pueda regresar. Ya sabes que hace dos años hice muchos amigos en Taxco.
Cristina: Sí, lo sé. También sé que conociste a un chico que era artista.
Elena: Pues sí. Me mandó un mensaje de texto el otro día y me invitó a su casa en diciembre.
Cristina: ¡Qué interesante! ¿Has comprado ya tu billete de avión?
Elena: Sí, llego al Aeropuerto Internacional de Cuernavaca. De Cuernavaca a Taxco voy en coche.
Cristina: Me alegra que vayas a ver a tu amigo. Y en tu segundo viaje, ¿adónde irás?
Elena: Iré a Guatemala y pasearé por las calles de Antigua. Ese viaje lo haré en las vacaciones de primavera. Y en el verano iré a Belice. ¿Quieres venir conmigo a Guatemala?
Cristina: Claro que sí. Me encanta la idea.

11.2-14 Presta atención: En una fiesta Unas amigas están en una fiesta y hablan sobre un viaje. Escucha su conversación y después contesta las preguntas:

1. ¿Por qué Elena no viajará más de tres veces en el año?
   a. Porque no tiene dinero y ya ha viajado mucho.
   b. Porque tiene mucho trabajo y no tiene tiempo.
   (c.) Porque es una persona realista y conoce su situación.
2. ¿Cuándo estuvo Elena en Taxco?
   a. Estuvo cuando era niña.
   b. Estuvo el verano pasado.
   (c.) Estuvo hace dos años.
3. ¿Por qué quiere volver a Taxco?
   (a.) Para visitar a sus amigos y a un artista.
   b. Porque le ofrecieron un trabajo de artista.
   c. Porque es un pueblo con mucho arte.
4. ¿Cómo llegará Elena de Cuernavaca a Taxco?
   a. Su amigo la busca en el aeropuerto.
   b. Irá en un avión pequeño.
   (c.) Irá en auto desde Cuernavaca.
5. ¿Con quién irá Elena a Guatemala?
   a. Irá con Roberto.
   (b.) Irá con Cristina.
   c. Irá sola.

11.2-15 Por escrito: Comprar en línea o en una agencia de viajes Actualmente, la mayoría de la gente compra sus pasajes en línea y cada vez hay menos agencias de viajes. Escribe un breve ensayo dando tu opinión al respecto. Puedes incluir algo sobre tus hábitos de viaje y ejemplos de experiencias propias o de tus amigos.

PONTE EN MI LUGAR

Estrategias para conversar

Sound like a native speaker Remember that in order to sound more like a native speaker there are some words or phrases you can use to fill awkward pauses or to buy time, such as **este**... (*uhmmm...*), **pues...** (*well...*), or **vamos a ver** (*let's see...*). Review the **Estrategias para conversar** in Chapter 7, Section 1 for more of these expressions.

Estudiar en el extranjero Ustedes van a estudiar en Valencia, España. Uno de los requisitos del programa es asistir a reuniones de orientación. Conversa con un/a compañero/a sobre las reuniones de orientación. Usen las **Estrategias para conversar** cuando puedan.

Estudiante 1: El jueves pasado no pudiste ir a la primera reunión de orientación del programa de verano en el extranjero. Durante la conversación:

a. Pregúntale sobre las cosas importantes que hicieron y que tú tendrás que hacer.
b. Pídele la información que presentaron en la reunión.
c. Pregúntale de qué hablarán en la próxima reunión.
d. Pregúntale si tomó notas sobre la información de la reunión.
e. Dale las gracias por su ayuda y dile que te ha sido muy útil.

Estudiante 2: Tu amigo/a no pudo ir a la primera reunión de orientación, así que tienes que pasarle la información. En la conversación:

a. Cuéntale lo que hiciste en la primera media hora y lo que él/ella tendrá que hacer en la próxima reunión: hacer una encuesta sobre la familia con la que quieren vivir; rellenar unos documentos sobre alimentación y enfermedades; y tomarse una foto para la tarjeta de estudiante.
b. Explícale que en la reunión se habló sobre las cosas que tienen que hacer los estudiantes: comprar el pasaje de avión; hacer o renovar el pasaporte; rellenar unos papeles para el visado; seleccionar los cursos que tomarán en el verano.
c. Dile que en la próxima reunión se hablará sobre el transporte y las costumbres en España (saludos, horario de comida, vida nocturna, etc.) y las familias de acogida.[8]
d. Dile que la información de la reunión está en la página web del programa. En la página hay unos documentos informativos y también un archivo de audio.
e. Pregúntale si necesita más información y después despídete.

¡OJO!

Improving your text
Review **Estrategias para escribir** in Chapter 11, Section 1 and Chapter 9, Section 1 to make sure you write a coherent and organized essay.

ASÍ ES LA VIDA

Use the PowerPoint slides found in the Book Companion Site and *WileyPLUS* to do this activity in class.

Chiste

Estaba un hombre haciendo cola para comprar un pasaje de avión. Como era la primera vez que compraba un pasaje y no estaba seguro de qué decir, se acercó a la muchacha que estaba delante de él para escuchar lo que pedía.

La chica dijo:
–Deme un pasaje para Florida, solo ida.

Entonces, al llegar el turno del hombre, este pidió:
–Deme un pasaje para Nueva York, solo York.

Adivina, adivinador

Soy pájaro sin nido
con las alas de metal,
las ruedas tengo de goma
y los ojitos de cristal.
¿Qué soy? un avión

@Arroba@

WileyPLUS Go to *WileyPLUS* to find more **Arroba** activities.

De viaje: Estadía gratis Hoy día, cada vez más jóvenes salen de sus ciudades o países en busca de viajes y aventuras. Explora en tu buscador preferido información sobre cómo viajar gratis o con poco dinero. Escribe un pequeño párrafo para comentar con tu clase la información que has encontrado. Estas preguntas te pueden ayudar: ¿Qué puedes hacer para conocer gente de otras culturas? ¿Qué alternativas hay para no gastar dinero en hoteles? ¿Quién te puede referir a personas de otras ciudades para visitar la ciudad sin necesidad de usar una guía turística?

Suggestions for **Arroba**: Read the questions with your students and ask them for their ideas. Suggest that they search for couchsurfing as an option for planning a trip.

[8] **familias de acogida:** host families

VER PARA CREER II: *Online* las 24 horas

WileyPLUS Go to *WileyPLUS* to see this video and to find more video activities.

Go to *WileyPLUS* and the Book Companion Site to play the video in class. You can also find them in the PowerPoint slides.

Answers for **Antes de ver:** Answers may vary.

Antes de ver

Con la ayuda de un/a compañero/a, responde estas preguntas para prepararte a ver el video.

1. ¿Qué aparatos electrónicos usas cuando vas de viaje?
2. ¿Qué redes sociales usas? ¿Por qué?
3. ¿Para qué tipo de actividades usas el internet con más frecuencia?
4. ¿Qué tipo de compras haces por internet?

Después de ver

1. ¿Entendiste? Daniel y Luis son amigos y están de vacaciones. Después de ver el video, contesta las preguntas para saber si comprendiste lo que van a hacer estos dos amigos durante sus vacaciones.

1. ¿Por qué está grabando Daniel?
   a. Porque quiere que sus amigos estadounidenses aprendan algo nuevo.
   b. Porque le encanta la tecnología y quiere tener un video con su amigo.
   c. Porque tiene que hacer un proyecto para una clase de civilización.
2. Según Luis...
   a. Xochimilco significa que hay muchos botes.
   b. Xochimilco significa lugar donde crecen las flores.
   c. Xochimilco significa lagos con islas pequeñas.
3. Según Luis, ¿quiénes construyeron islas sobre el lago?
   a. la civilización maya
   b. la civilización olmeca
   c. la civilización azteca
4. ¿Qué pasa cuando Luis y Daniel se están haciendo una foto?
   a. Una amiga llama a Luis por teléfono y está hablando con ella.
   b. Daniel se cae al agua.
   c. Luis canta con los mariachis.
5. ¿Dónde quiere quedarse Luis cuando esté en Costa Rica?
   a. en un hotel de dos estrellas que tiene piscina y habitaciones dobles
   b. en casa de Rocío porque se la ha recomendado un amigov
   c. en casa de su amigo porque está muy satisfecho con su gran casa
6. ¿Cómo quiere Daniel ir a Costa Rica?
   a. en un vuelo directo con una buena aerolínea
   b. en un vuelo directo que sea de ida y vuelta
   c. en un vuelo de ida y vuelta y que sea barato

Answers for **Después de ver:** 2. Answers may vary. 3. Possible answers: In the United States we didn't have the Aztec civilization and the **trajineras.** In the United States we also have piers, parks, and small boats to transport merchandise or people.

2. Tus próximos viajes en el extranjero ¿Adónde viajarás en el futuro? ¿Qué lugares visitarás? ¿Por qué? ¿Buscarás alojamiento en un hotel, un hostal, con una familia de acogida o en un programa de intercambio?

3. Enfoque cultural ¿Qué viste en el video de México que hay o no hay en Estados Unidos? Explica.

AUTOPRUEBA

Possible answers for **Gramática I**: 1. La facturaré. 2. Lo pondré en el compartimento superior. 3. Se la daré al/a la asistente de vuelo. 4. Nos lo abrocharemos. 5. Nos esperará Claudio.

VOCABULARIO

Answers for **Vocabulario I:** 1. la sala de espera; 2. el pasaporte; 3. el asiento; 4. los asistentes de vuelo; 5. la tarjeta de embarque

I. De viaje Contesta las preguntas usando el vocabulario del capítulo para saber si puedes comunicarte en español durante tu viaje.

1. ¿Cómo se llama el lugar del aeropuerto donde uno espera antes de subir al avión?
2. ¿Qué documento se presenta al pasar por inmigración cuando llegas a un país?
3. ¿Cómo se llama el lugar que te asignan en un avión?
4. ¿Quiénes sirven la comida y las bebidas en un avión?
5. ¿Qué documento te dan en el aeropuerto después de facturar las maletas?

II. De vacaciones Antonio volará el próximo verano a Chile para visitar a su novia. Completa el diálogo entre ellos con el vocabulario de la lista y conjuga los verbos cuando sea necesario.

línea aérea equipaje avión pasaje equipaje de mano metro clase turista maletas aeropuerto aterrizar

Antonio: ¡Hola, cariño! ¿Cómo estás?

Natalia: Bien, bien, pero te extraño[9].

Antonio: Sí, yo también. Por cierto, ¿sabes que he comprado el ___pasaje___ 1 para Chile?

Natalia: ¡Qué bien! Viajas en ___clase turista___ 2, ¿verdad?

Antonio: Pues la verdad es que voy a viajar en primera clase porque tenía muchas millas con mi ___línea aérea___ 3 favorita.

Natalia: ¡Qué suerte! ¿Vas a traer mucho ___equipaje___ 4?

Antonio: Sí, tengo dos ___maletas___ 5 y también voy a llevar un bolso pequeño como ___equipaje de mano___ 6.

Natalia: ¿Qué día vuelas?

Antonio: Llego a Santiago el lunes. El ___avión___ 7 ___aterriza___ 8 a las ocho de la mañana.

Natalia: ¡Oh, no! No puedo estar en el ___aeropuerto___ 9 el lunes porque tengo que trabajar. Vas a tener que venir a mi casa en el ___metro___ 10.

Antonio: No te preocupes, mi amor. Nos vemos pronto.

Natalia: Hasta pronto.

GRAMÁTICA

I. ¿Qué harás con la maleta? Contesta las preguntas que Rubén le hace a Lucas usando el futuro y los pronombres de objeto directo e indirecto cuando sea posible.

1. ¿Qué harás con la maleta?
2. ¿Dónde pondrás el equipaje de mano?
3. ¿A quién le darás la tarjeta de embarque?
4. ¿Qué haremos con el cinturón de seguridad?
5. ¿Quién nos esperará en el aeropuerto?

II. ¿Cuándo lo harás? Completa las respuestas de Lucas con la frase entre paréntesis. Decide si debes usar indicativo o subjuntivo.

1. ¿Cuándo compraste los billetes de avión? (decidir el lugar)
   Después de que nosotros... decidimos el lugar.
2. ¿Cuándo me enviarás la información del vuelo? (pagarme)
   Tan pronto como tú... me pagues.
3. ¿Cuándo reservaste el hotel? (darme el número de teléfono)
   En cuanto tú... me diste el número.
4. ¿Con cuánto tiempo antes de un viaje haces la maleta? (terminar todos los exámenes finales)
   Yo siempre la hago cuando... termino los exámenes finales.

CULTURA

Lee las siguientes oraciones y corrige las oraciones falsas.

	C	F
1. "Reciprocidad" es hacer amigos en otros países.	☐	☑
2. El metro es un sistema de trenes.	☑	☐
3. El AVE es un sistema de trenes de alta velocidad en España.	☑	☐
4. El euro es la moneda de España y de América Latina.	☐	☑

Answers for **Cultura:** 1. F: Es un dinero que tienes que pagar al llegar a ciertos países porque Estados Unidos también lo cobra. 2. Cierto 3. Cierto 4. F: Es la moneda de España y varios países europeos, pero no de América Latina.

REDACCIÓN

Piensa en un viaje memorable que hiciste. ¿Cuánto te costó? ¿Qué tipo de transporte usaste? ¿Con quién fuiste? ¿Tuviste problemas? ¿Hiciste amigos? ¿Cómo era el hotel? ¿Qué viste?

EN RESUMIDAS CUENTAS, AHORA PUEDO...

- ☐ hablar sobre viajes.
- ☐ entender ciertas situaciones a la hora de viajar.
- ☐ hablar sobre eventos futuros.
- ☐ hablar sobre hechos que aún no han sucedido.
- ☐ evitar la repetición.

[9] **te extraño:** I miss you

VOCABULARIO ESENCIAL

Sustantivos

la aduana	*customs*
la aerolínea/línea aérea	*airline*
el alojamiento	*accommodations*
el asiento (de pasillo/ ventana/del medio)	*(aisle/window/middle) seat*
el/la asistente de vuelo	*flight attendant*
el avión	*plane*
el barco	*ship*
el billete/pasaje (de ida/de ida y vuelta)	*(one-way/round-trip) ticket*
clase turista	*coach (economy class)*
el compartimento superior	*overhead compartment*
el crucero	*cruise*
la demora/el retraso	*delay*
el equipaje (de mano)	*(carry-on) luggage*
la estadía/estancia (en un hotel)	*(hotel) stay*
(dos, tres, cuatro) estrellas	*(two, three, four) stars*
la habitación (sencilla, doble, triple)	*(single, double, triple) room*
las líneas del metro	*subway lines*
la maleta	*suitcase*
los pasajeros	*passengers*
la piscina	*pool*
primera clase	*first class/business class*
la sala de espera	*waiting room*
la tarjeta de embarque	*boarding pass*
el tren	*train*
el vuelo (directo)	*(direct) flight*

Cognados: el aeropuerto, el hotel, el pasaporte, la recepción

Verbos y expresiones verbales

abordar/subir al avión	*to board (the plane)*
abrocharse el cinturón	*to fasten one's seatbelt*
aterrizar	*to land*
despegar	*to take off*
facturar el equipaje	*to check your luggage*
hacer cola	*to wait in line*
hacer las maletas	*to pack*
ir al extranjero	*to go abroad*
pasar por la aduana	*to go through customs*
pasar por seguridad	*to go through TSA area*
quedarse (en un hotel)	*to stay (in a hotel)*
registrarse	*to check in*
retrasarse	*to be late*
volar	*to fly*

Capítulo 12

Los hispanos en Estados Unidos

Use the PowerPoint slides found in the Book Companion Site and *WileyPLUS* to watch the video in class.

© John Wiley & Sons, Inc.

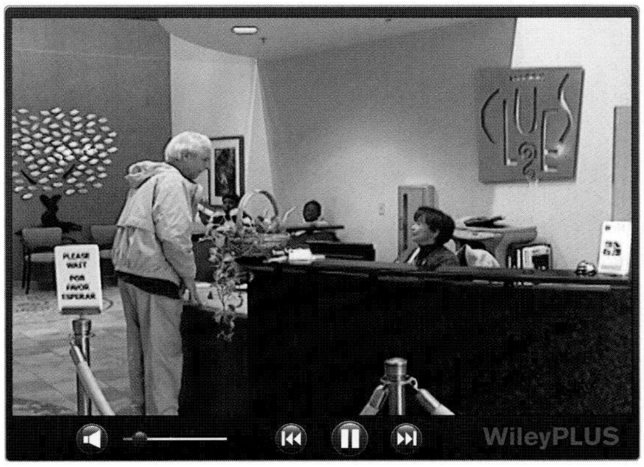

VER PARA CREER I: CLUES ayuda a inmigrantes

La inmigración no es un tema nuevo para ti. Con un/a compañero/a, intercambia opiniones sobre la inmigración. Después de ver el video, contesta las preguntas.

1. ¿Qué lugares has visto en el video?
2. ¿Qué palabras escuchaste o comprendiste?
3. ¿Qué tipo de gente has visto en el video?

Possible answers for **Ver para creer I**: 1. la ciudad, la calle, una oficina, un edificio, una clase, una universidad... 2. Answers may vary. 3. Hay inmigrantes de muchos países, ciudadanos de Estados Unidos, gente de diferentes razas.

Sección 1 — La inmigración

PALABRA POR PALABRA
- Más nacionalidades ♻
- La inmigración

HABLANDO DE GRAMÁTICA
- The indicative vs. the subjunctive ♻
- Expressing subjectivity in the past: Introduction to the imperfect subjunctive
- Discussing hypothetical situations: The conditional tense

CULTURA
- Distintas opiniones sobre la inmigración
- Los problemas que enfrentan los inmigrantes

Sección 2 — La comunidad hispana

PALABRA POR PALABRA
- La herencia cultural
- Los asuntos sociales y políticos

HABLANDO DE GRAMÁTICA
- Describing emotions and changes of state: The verbs **hacerse**, **volverse** and **ponerse.**
- Pronominal verbs ♻
- Describing objects or people: Subjunctive vs. indicative in adjective clauses

CULTURA
- Las contribuciones de los hispanos en EE. UU.
- Las distintas comunidades hispanas

🌐 Go to *WileyPLUS* to do the **Trivia** activities to find out how much you know about the United States.

Estados Unidos

© John Wiley & Sons, Inc.

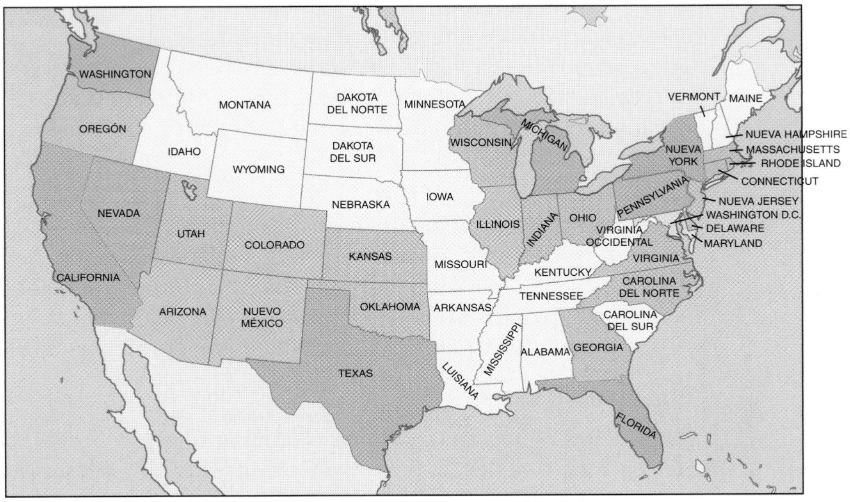

Población hispana en EE. UU. (miles de personas/habitantes)

☐ 0–100 ☐ 501–1.000 ☐ 101–250 ☐ 251–500 ☐ >1.000

LEARNING OBJECTIVES

By the end of this section you will be able to:

- Discuss issues related to immigration
- Understand the problems immigrants face
- Express hopes, wishes, uncertainty, and doubt
- Express subjective opinions about events in the past
- Consider possibilities and offer advice

Una imagen vale más que mil palabras

Answers for **Una imagen vale más que mil palabras:** 1. Hay excepciones, pero primero se necesita una tarjeta verde, o residencia permanente, luego la persona tiene que vivir en Estados Unidos por cinco años y finalmente solicitar la ciudadanía. 2. Answers may vary. 3. Data varies but the general consensus is "Europeans," since that is the dominant culture.

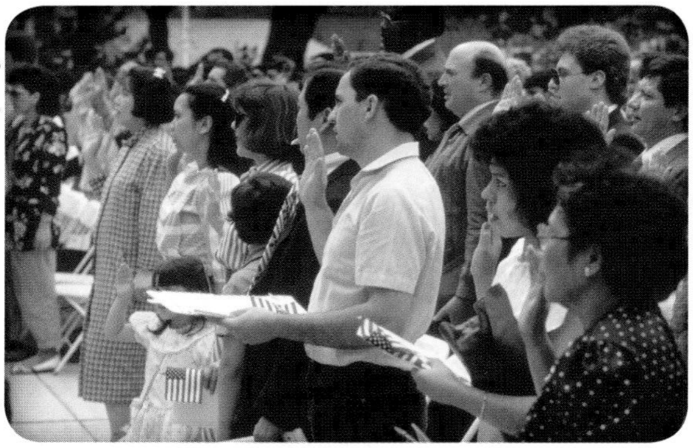

George Jones III / Photo Researchers / Getty Images

¿Sabes cuál es el proceso para obtener la ciudadanía en Estados Unidos?

¿Crees que Estados Unidos es como una "ensalada", es decir, una mezcla de distintos ingredientes?

¿Cuál es el grupo más grande que ha emigrado a Estados Unidos?

UNA PERSPECTIVA

Courtesy of Julie Wilhelm

El miedo al cambio

Diferente

© James Quine / Alamy

"He vivido en California por más de cuarenta años y he visto cómo la cultura hispana ha crecido y ha tenido una gran influencia en muchos aspectos de la vida en California. Como es natural, los humanos le tenemos miedo al cambio. Tenemos miedo de que esta nueva cultura vaya a dominar la nuestra. Pero no ha sido así. Muchos inmigrantes traen consigo su cultura y enriquecen[1] la nuestra, pero a la vez se asimilan y adquieren muchas de nuestras costumbres. Además, muchos de ellos contribuyen notablemente a mejorar nuestra sociedad. Los inmigrantes no significan un detrimento para nuestro pueblo, sino una inyección de vitalidad".

Igual

"Yo también soy un producto de la inmigración en Estados Unidos. Mis antepasados eran de Irlanda y Alemania. Seguramente, la sociedad en aquel tiempo también temió que los irlandeses y los alemanes fueran un detrimento para el país. Con el tiempo, todos nos asimilamos. Tenemos que aceptar que, a excepción de los indígenas americanos, todos los habitantes de Estados Unidos fuimos inmigrantes alguna vez".

Answers for **Una perspectiva**: Answers may vary.

¿Qué piensas tú?

1. ¿Cuál es la nacionalidad de tus antepasados?
2. ¿Qué aspectos de la cultura de tus antepasados conservas ahora o te habría gustado[2] conservar?
3. ¿Crees que la asimilación es importante para el país?

[1]**enriquecer:** enrich [2]**te habría gustado:** you would have liked

The suggested narration for **La pura verdad** can be found in the Appendix. Please use this narration to go over each of the frames with your students. You can also find this section (frames and narration) in the PowerPoint slides, found in the Book Companion Site and *WileyPLUS*.

LA PURA VERDAD I Historias de inmigrantes

Vivian, de Puerto Rico, nos cuenta cómo es su vida en EE. UU.

1.

Con tanto desempleo, tendré mejores oportunidades si continúo estudiando.

2.

▲ *Quiere estudiar en Texas porque tiene amigos allí.*

3.

Tengo que vivir aquí por un año para establecer la residencia legal en este estado y así pagar menos para estudiar.

4.

Aquí tengo que pagar más impuestos que en Puerto Rico.
RESTA

5.

Echo de menos la comida, la música y el acento puertorriqueño.
Pues no te quejes: yo no sé si un día tendré que volverme a México. Es una lucha diaria encontrar trabajo.

6.

¿Cómo estoy? Pues, mamá, estoy bien. Todo va bien.

12.1-01 ¡Problemas de inmigración! El amigo de Vivian le cuenta la historia de la inmigración en Texas y Vivian descubre que los mexicanos no siempre fueron los inmigrantes. Escucha la narración y selecciona la mejor respuesta.

1. En 1824, ¿quiénes eran los inmigrantes?
   a. los mexicanos b. los estadounidenses c. los texanos
2. En 1830…
   a. el gobierno mexicano logró detener la inmigración de Estados Unidos a México.
   b. el gobierno mexicano promovió la inmigración de Estados Unidos a México.
   c. el gobierno de México prohibió la inmigración de Estados Unidos.
3. ¿Qué pasó unos años después?
   a. La mayoría de origen estadounidense propuso la independencia de México.
   b. La mayoría de origen mexicano propuso deportar a los inmigrantes.
   c. La minoría de origen estadounidense propuso la independencia de México.

Script for **12.1-01:** 1. El gobierno mexicano en 1824 invitó a todo jefe de familia, fuera ciudadano mexicano o no, a vivir y trabajar la tierra en Texas. Llegaron inmigrantes de muchos países, pero la mayoría fue de Estados Unidos. 2. En 1830, el gobierno mexicano prohibió la inmigración de Estados Unidos a México, pero esto no paró a los miles de inmigrantes de Estados Unidos que cruzaron la frontera y establecieron residencia en México. 3. La prohibición de la inmigración no tuvo efecto y en 1834 los inmigrantes de Estados Unidos eran la mayoría en Texas en una proporción de cuatro a uno, con 30.000 personas de origen estadounidense y 7.800 mexicanos. Unos años más tarde, Texas demandó la independencia de México.

PALABRA POR PALABRA

Use the PowerPoint slides found in the Book Companion Site and *WileyPLUS* to do this section in class.

Nationalities

Remember: you can find the nationalities for the Spanish-speaking countries in Chapter 1, Section 1.

Más nacionalidades

Estas son las nacionalidades de los países vecinos a los países hispanohablantes.

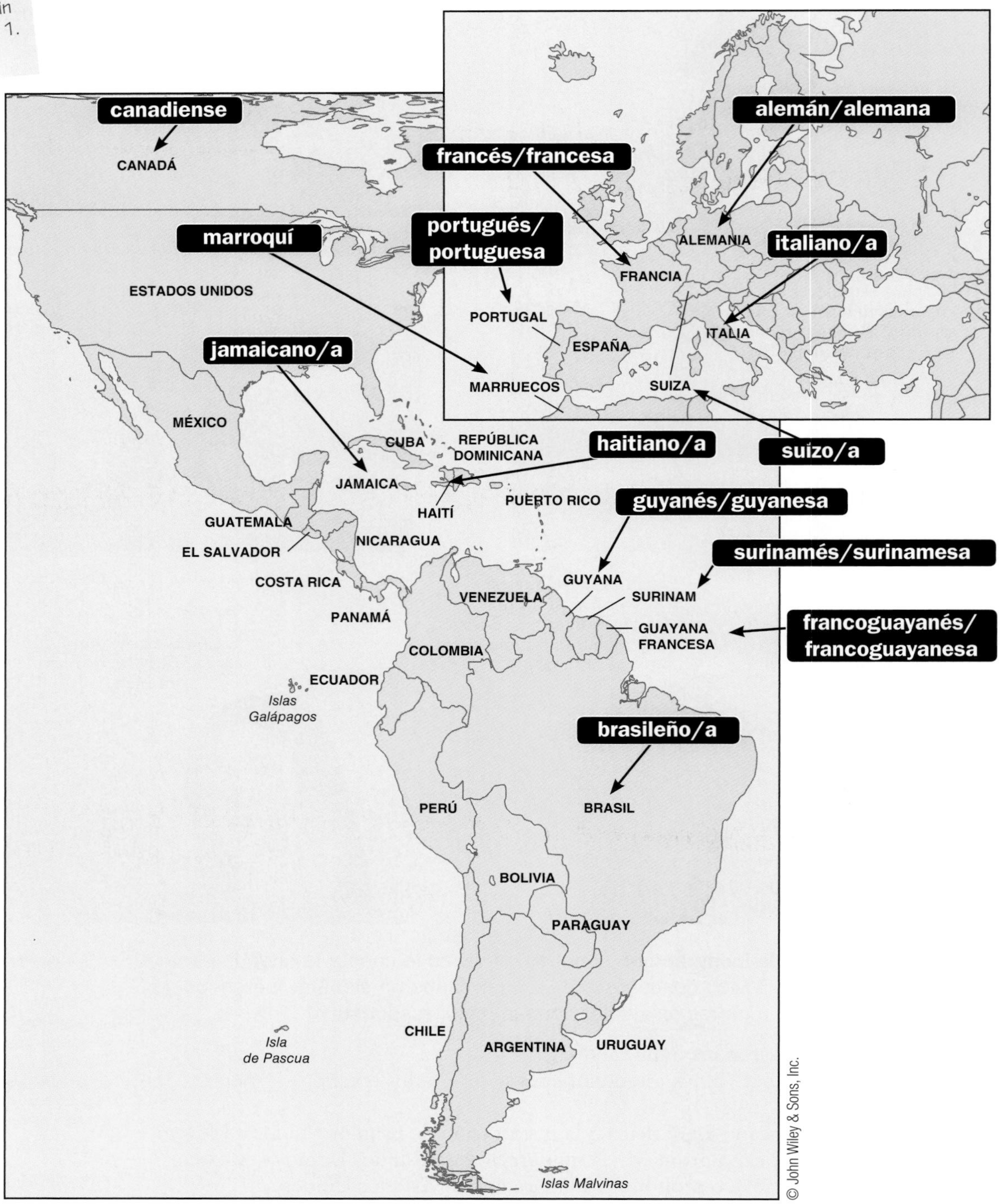

La inmigración

la (doble) ciudadanía	*(dual) citizenship*
el/la ciudadano/a	*citizen*
el (des)empleo	*(un)employment*
la (des)igualdad	*(in)equality*
la huelga	*strike*
los impuestos	*taxes*
el juramento a la bandera	*the pledge of allegiance*
la ley	*law*
la manifestación	*protest*
el permiso	*permit*
apoyar (una causa)	*to support (a cause)*
aprobar una ley	*to pass a law*
echar de menos	*to miss (something/someone)*
luchar por	*to fight for*

Cognados: la comunidad, la diversidad, el/la emigrante, emigrar, (i)legal, la (in)migración, el/la inmigrante, la marcha, la minoría, la nacionalidad, la oportunidad, el origen, el prejuicio, la protesta, el/la residente, la visa

12.1-02 ¿De qué hablamos?

Paso 1: Lee las definiciones y busca la palabra correspondiente en la sección **Palabra por palabra.**

MODELO: Es la línea divisoria entre dos países. → *la frontera*

1. Es un paro[3] voluntario de los trabajadores para mejorar su situación laboral. la huelga
2. Es el dinero que se paga al gobierno para financiar los gastos públicos. los impuestos
3. Reunión de personas que protestan por algo en la calle. la manifestación
4. Es una licencia o autorización para hacer algo. el permiso
5. Es una norma establecida por el gobierno que los ciudadanos deben cumplir. la ley
6. Es una opinión, generalmente negativa, sin una base real o conocimiento[4] suficiente. el prejuicio
7. Es la desproporción económica y social entre diferentes personas. la desigualdad

Paso 2: Ahora, elijan tres palabras de la sección **Palabra por palabra** y escriban tres definiciones para leerlas a la clase. ¡Atención! Recuerden que para definir siempre usamos el verbo *ser*.

MODELO: *Es un/una/el/la... (que)...*

¿Qué dicen los hispanohablantes de Estados Unidos?

Quiero aplicar para ser ciudadano. (en vez de[5] *solicitar*)	*I want to apply to become a citizen.*
La parada del Día de los Muertos me gustó mucho. (en vez de *desfile*)	*I really liked the Day of the Dead parade.*
Trabaja de paralegal en esa oficina. (en vez de *asistente legal*)	*He/She works as a paralegal at that office.*
Este dinero es para pagar la renta. (en vez del *alquiler*)	*This money is to pay the rent.*
Compró una van para transportar la mercancía. (en vez de *camioneta*)	*He/She bought a van to transport the merchandise.*

12.1-03 Palabras relacionadas

En grupos pequeños, piensen en todas las palabras que conocen relacionadas con los siguientes términos. Piensen en todo el vocabulario que ya conocen, no solo en el de esta sección. ¿Qué grupo sabe más palabras?

MODELO: documento → *documentar, documentación, documentado*

1. empleo
2. igual
3. permitir
4. ciudad
5. migrar
6. residencia

Possible answers for **12.1-03:** 1. desempleo, empleador, empleado, emplear; 2. igualdad, desigualdad, igualitario, igualmente; 3. permiso, permitido; 4. ciudadano, ciudadanía; 5. migración, inmigración, inmigrar, emigración, emigrar, emigrante, inmigrante; 6. residente, residencial

Suggestion for **12.1-03:** This activity helps students recognize word families and morphology, and how they can guess the meaning of many words, even if they have not studied them or seen them before. After most groups have finished, ask how many total words they have. You can make it a competition. Ask the group with the longest list to say the words out loud while you write them on the board. Then, ask other groups to contribute to the list. As a follow-up, you can ask students to classify all the words on the board into verbs, nouns, adjectives, and adverbs.

[3]**paro:** interrupción de trabajo [4]**conocimiento:** knowledge [5]**en vez de:** instead of

Answers for **12.1-04:** Answers may vary.

Suggestions for **12.1-04:** This activity can be done in pairs, with students guessing each other's nationalities. Taking turns, they can guess as many times as time permits. This can also be a whole-class activity. Ask for a volunteer to go to the front of the class. The rest of the students should ask him/her questions, and the student who guesses correctly should be the next person to go to the front. Tell your students to pretend to be from a Spanish-speaking country or from one of the countries presented in the chapter. They should ask as many questions as needed to be able to guess. Encourage them to ask questions related to the cultural information that they have learned in the course, such as **¿Cuál es la bebida más popular en tu país? (mate, tereré, café, etc.) ¿Cuál es un monumento muy representativo de tu país? ¿Hay alguna característica geográfica de tu país muy famosa en el resto del mundo? ¿Se habla algún otro idioma además del español? ¿Hay algún baile originario de tu país famoso en el resto del mundo?, etc.**

RECYCLES Spanish-speaking countries' nationalities.

12.1-04 Adivina, adivinador... ¿Cuál es mi nacionalidad? Imagina que eres un inmigrante o extranjero en EE. UU. Piensa en un país interesante (por ejemplo, un país hispanohablante), en tu país de origen o en el país de origen de tus antepasados[6]. Adopta esa nacionalidad. Después, en parejas, túrnense para adivinar cuál es la nacionalidad de su compañero/a.

MODELO: Estudiante 1: *¿Vienes de las Américas?*
Estudiante 2: *Sí, soy caribeño/a.*
Estudiante 1: *¿En tu país la lengua oficial es el español o el francés?*
Estudiante 2: *La lengua oficial es el español.*
Estudiante 1: *¿La capital es La Habana?*
Estudiante 2: *No, la capital es Santo Domingo.*
Estudiante 1: *¡Eres dominicano/a!*
Estudiante 2: *¡Sí, muy bien!*

The indicative vs. the subjunctive

In previous chapters, you have learned that the subjunctive appears in subordinate clauses (frequently introduced by **que**). However, the subjunctive is not always used in subordinate clauses. In many cases, the indicative is used instead. Therefore, every time you find a subordinate clause, you have to decide whether to use the indicative or the subjunctive.

With a classmate, write a list of situations or contexts where you would use the subjunctive in a subordinate clause. Do the same for the indicative. Afterward, still in pairs, try to determine whether the situations for each mood (subjunctive and indicative) have anything in common. Finally, review the chart in Chapter 10, Section 1 and compare your answers.

Suggestions for **12.1-05:** Students can generate a list in terms of the general function (e.g., hope) or in terms of specific expressions/verbs that trigger the use of subjunctive (e.g., **Espero que**...). After you have given students some time to generate a list, compile a list on the board of the students' answers. Overall, and as explained in Chapter 9, Sections 1 and 2, and Chapter 10, Section 1, the indicative is used when the speaker states or assumes to be true the information expressed in the subordinate verb.

Possible answers for **12.1-05, Paso 1:** 1. Ojalá que no aumente el desempleo... 2. Espero... /Quiero.../Deseo.../Ojalá... 3. Ojalá.../Quiero.../Deseo... 4. Es verdad.../Es cierto .../No hay duda... 5. Es verdad.../Es cierto.../No hay duda que los hispanos... 6. No creo.../Dudo.../Quiero.../Me gustaría.../Deseo... 7. No es verdad.../Es posible.../(No) es probable... **Paso 2:** Answers may vary.

Suggestion for **12.1-05, Paso 1:** Give students time to plan and complete the sentences in a way that is grammatically correct and that it applies to them. They have to focus on the verb form in the subordinate clause (infinitive, indicative, or subjunctive) in order to decide what kind of main clause they can use. **Paso 2:** Have students compare their sentences with a partner and compare whether they agree in their reactions or if their sentences add to that of their partners. As a follow-up, have a whole-class discussion. Did most pairs agree in their reactions? Is there a pair that did not agree in any of their reactions?

RECYCLES the indicative vs. the subjunctive.

12.1-05 ¿Qué piensas sobre estos asuntos[7] sociales?

Paso 1: Completa las siguientes oraciones de manera correcta con una cláusula principal (prestando atención al uso del indicativo o subjuntivo en la cláusula subordinada). Complétalas con información verdadera sobre ti. Puedes usar los verbos y las expresiones de la sección **Hablando de gramática II** del Capítulo 10, Sección 1.

MODELO: ... que nadie de mi familia **tenga** que emigrar por razones económicas.
→ *Espero* que nadie de mi familia **tenga** que emigrar por razones económicas.

1. ... que no **aumente** el desempleo.
2. ... que **haya** que continuar luchando con el propósito de...
3. ... que el gobierno **use** el dinero de los impuestos para...
4. ... que el español **es** el segundo idioma más hablado en EE. UU.
5. ... que los hispanos no **son** una minoría en algunos estados, como California.
6. ... **tener** doble ciudadanía algún día.
7. ... que yo **tenga** que emigrar a otro país para tener una vida mejor.

Paso 2: Ahora, compara tus opiniones con las de un/a compañero/a. ¿Son iguales? ¿Coincidieron en algunas, en ninguna, en todas?

MODELO: Estudiante 1: *Espero* que nadie de mi familia tenga que emigrar por razones económicas.
Estudiante 2: *Yo también.* ***Es una lástima que haya*** *personas en esa situación. ¡Debe ser muy difícil!*

[6]**antepasados:** ancestors [7]**asuntos:** issues

HABLANDO DE GRAMÁTICA I

1. Expressing subjectivity in the past: Introduction to the imperfect subjunctive

So far you have studied a few verb tenses in Spanish and also different moods, such as the indicative, the subjunctive, and the imperative (i.e., formal and informal commands). In this chapter you will be introduced to a new verb tense of the subjunctive mood, the imperfect subjunctive.

WileyPLUS Go to *WileyPLUS* to review this grammar point with the help of the **Animated Grammar Tutorial** and the **Verb Conjugator**.

Indicative	Subjunctive
Present	Present
Imperfect	Imperfect
Preterit	
Present Perfect	

This section of **Hablando de gramática** introduces the imperfect subjunctive for recognition only. Therefore, only the basic use of the imperfect subjunctive is introduced and students are not asked to produce the forms.

As you already know, we use the indicative mood when we want to declare that the event expressed by the verb is a fact. That is, we state that someone knows or assumes that it is real.

Vivian no **es** una inmigrante. *Vivian is not an immigrant.*

Sabemos que **es** ciudadana. *We know that she is a citizen.*

In Chapters 9 and 10 you learned that the subjunctive mood, in contrast, is used to express wishes, hopes, requests, doubts, and other subjective reactions.

No creo que **sea** una inmigrante. *I don't think she is an immigrant.*

Me alegra que **sea** ciudadana. *I'm happy that she is a citizen.*

A. Form of the imperfect (past) subjunctive

The imperfect subjunctive of *all* verbs is formed by dropping the **-on** ending from the third person plural (**ellos, ellas, ustedes**) form of the preterit and adding the following endings:

	emigrar (emigrar~~on~~)	**deber (debier~~on~~)**	**permitir (permitier~~on~~)**
(yo)	emigrar**a**	debier**a**	permitier**a**
(tú)	emigrar**as**	debier**as**	permitier**as**
(él, ella, Ud.)	emigrar**a**	debier**a**	permitier**a**
(nosotros/as)	emigrár**amos**	debiér**amos**	permitiér**amos**
(vosotros/as)	emigrar**ais**	debier**ais**	permitier**ais**
(ellos, ellas, Uds.)	emigrar**an**	debier**an**	permitier**an**

B. Use of the imperfect subjunctive

We use the imperfect subjunctive in cases in which we need to use the subjunctive, but when the subordinate verb refers to a past action.

	Indicative	Subjunctive
Sus padres **eran** puertorriqueños.	Supongo [que sus padres **eran** puertorriqueños]. *I assume [that her parents were Puerto Rican.]*	Dudo [que sus padres **fueran** puertorriqueños]. *I doubted [that her parents were Puerto Rican.]*
Sus padres no **dejaron** la isla.	Creo [que sus padres no **dejaron** la isla]. *I think [that her parents didn't leave the island.]*	No creo [que sus padres **dejaran** la isla]. *I don't think [that her parents left the island.]*

Exercises labeled with an individual student icon in the **Hablando de gramática** section are intended to be assigned as homework.

Note for **12.1-06:** This is an input activity that makes students focus on form while they are focused on meaning. To facilitate processing meaning, in **Paso 2** students are asked if the verbs in imperfect subjunctive refer to Vivian. For most verbs, the subject is omitted and students have to focus on the verb ending and the context to figure this out. Some are in the third person singular form (**hubiera tanta gente, la vida fuera tan difícil**) but do not refer to Vivian.

12.1-06 Cuando llegué a Texas

Paso 1: Vivian le cuenta a una amiga cómo fueron sus primeros meses en Texas. Lee el texto con atención.

Cuando terminé de estudiar en la UPR, decidí continuar estudiando. Es una lástima que no **pudiera** encontrar trabajo con el desempleo tan alto que había en Puerto Rico. Entonces unos amigos me aconsejaron que viniera a Texas. Me recomendaron que viviera aquí por un año antes de empezar a estudiar para obtener el permiso de residencia y me dijeron que trabajara con ellos en el restuarante. Cuando obtuviera la residencia, sería más barato ir a la universidad.

Al principio pensaba que iba a tener mejores oportunidades aquí. No pensaba que la vida fuera tan difícil para un ciudadano. Aunque tuviera la ciudadanía, a veces me sentía una ciudadana de segunda clase. También me sorprendió que hubiera tanta gente que no sabía que yo era ciudadana. En el restaurante me sorprendía que todos pensaran que yo era mexicana. ¡Para mí somos tan diferentes! La gente no creía que no me gustara la comida picante y muchas otras cosas que ellos asocian con la cultura hispana.

Answers for **12.1-06, Paso 2:** 2. me aconsejaron que viniera (V); 3. Me recomendaron que viviera (V); 4. me dijeron que trabajara (V); 5. Cuando obtuviera (V); 6. No pensaba que la vida fuera; 7. Aunque tuviera (V); 8. me sorprendió que hubiera; 9. me sorprendía que todos pensaran; 10. no creían que no me gustara (V)

Paso 2: Ahora, escribe todas las expresiones que incluyen un verbo subordinado en *imperfecto de subjuntivo* (hay diez en total). Después, indica cuáles de los verbos se refieren a Vivian (V).

MODELO: 1. *Es una lástima que no* ***pudiera...*** (V)

2. ______________________________
3. ______________________________
4. ______________________________
5. ______________________________
6. ______________________________
7. ______________________________
8. ______________________________
9. ______________________________
10. ______________________________

Possible answers for **12.1-07:** 1. Sí. 2. No. Para ella fue una lástima que no pudiera encontrar trabajo y quedarse en Puerto Rico. 3. Sí. Ella no pensaba que la vida fuera tan difícil para un ciudadano. 4. No. Le sorprende que muchas personas no lo supieran. 5. No. Para ella, son culturas muy diferentes.

12.1-07 ¿Qué piensa Vivian?

Ahora lee el párrafo otra vez y decide si Vivian opina o no lo siguiente. Si no opina de esa manera, escribe lo que sí opina.

Sí	No	
☑	☐	1. Me sorprendió que no supieran que yo soy puertorriqueña.
☐	☑	2. Fue una suerte poder venir a Texas.
☑	☐	3. Creía que la vida iba a ser más fácil como ciudadana de EE. UU.
☐	☑	4. Era lógico que muchas personas pensaran que yo no soy ciudadana.
☐	☑	5. Yo entendía que me confundieran con personas de otros países hispanos.

LA PURA VERDAD II Ciudadana estadounidense

The suggested narration for **La pura verdad** can be found in the Appendix. Please use this narration to go over each of the frames with your students. You can also find this section (frames and narration) in the PowerPoint slides, found in the Book Companion Site and *WileyPLUS*.

Elena es una periodista uruguaya que quiso quedarse en Estados Unidos. Este fue el proceso.

1.

Tengo una visa de periodista que me dura tres años. Voy a cubrir las reuniones de las Naciones Unidas para el periódico donde trabajo.

2.

Hace ya dos años que vivo aquí y cada día me gusta más este país.

3.

Para quedarme necesitaría la tarjeta verde. Y para conseguir la tarjeta verde, tendría que conseguir antes un trabajo estable.

▲ *Echa de menos a su familia, pero igual quiere quedarse.*

4.

Hace cinco años que conseguí la tarjeta verde. Ahora tengo que estudiar las respuestas a 200 preguntas para obtener la ciudadanía y hacer el juramento a la bandera. Ojalá que el examen no sea muy difícil.

5.

6.

¡Ahora puedo votar aquí!

© John Wiley & Sons, Inc.

12.1-08 ¡Cosas de inmigración! Escucha más datos interesantes sobre la inmigración y decide si las oraciones son **Ciertas** o **Falsas**. Si son falsas, ¿cuál es la información correcta?

C	F	
☐	☑	1. En caso de la muerte del presidente y el vicepresidente, la tercera persona en línea para gobernar el país sería el secretario de estado.
☐	☑	2. Elena estaba nerviosa porque tendría que pagar aproximadamente $700 para tomar el examen por segunda vez.
☐	☑	3. Para ser ciudadano español o uruguayo tendría que aprender bien el idioma y vivir en el país diez años.

Answers for **12.1-08:** F: Sería el líder de la cámara de representantes. F: Tiene que pagar $700 si no lo pasa dos veces. F: En España son 10 años y en Uruguay 5.

Script for **12.1-08:** 1. Una de las preguntas del examen de ciudadanía es: ¿Qué pasaría si el presidente y el vicepresidente murieran? ¿Quién sería presidente? ¿Sería el secretario de estado? Pues, no, sería el líder de la cámara de representantes. 2. Elena nos cuenta que estaba muy nerviosa cuando fue a tomar el examen. Tenía miedo de no aprobarlo. Tendría otra oportunidad de hacerlo por segunda vez pero después de eso tendría que pagar aproximadamente $700 para tomar el examen una tercera vez. 3. Un compañero de trabajo de Elena por curiosidad le preguntó si sabe qué tendría que hacer él si quisiera ser ciudadano uruguayo. Elena dijo que tendría que vivir en Uruguay 5 años sin interrupción y tendría que hablar y escribir bien el idioma español. Para ser ciudadano español, en cambio, debería vivir allí 10 años.

HABLANDO DE GRAMÁTICA II

WileyPLUS Go to *WileyPLUS* to review this grammar point with the help of the **Animated Grammar Tutorial** and the **Verb Conjugator**.

2. Discussing hypothetical situations: The conditional tense

When we talk about hypothetical circumstances, we use the conditional tense.

¿Por qué **emigrarías** a otro país? *Why would you emigrate to another country?*

A. Form of the conditional tense

As with the future tense, the conditional of regular verbs is formed by adding the following endings[8] to the infinitive:

Infinitive	emigrar	deber	permitir
(yo)	emigrar**ía**	deber**ía**	permitir**ía**
(tú)	emigrar**ías**	deber**ías**	permitir**ías**
(él, ella, Ud.)	emigrar**ía**	deber**ía**	permitir**ía**
(nosotros/as)	emigrar**íamos**	deber**íamos**	permitir**íamos**
(vosotros/as)	emigrar**íais**	deber**íais**	permitir**íais**
(ellos, ellas, Uds.)	emigrar**ían**	deber**ían**	permitir**ían**

Yo **iría** a esa manifestación porque... *I would go to that protest because...*

Verbs that have an irregular stem in the future tense also form the conditional with that same irregular stem and regular conditional endings.

Infinitive	Stem	
decir	**dir-**	
haber	**habr-**	
hacer	**har-**	-ía
poder	**podr-**	-ías
poner	**pondr-**	-ía
querer	**querr-**	-íamos
saber	**sabr-**	-íais
salir	**saldr-**	-ían
tener	**tendr-**	
venir	**vendr-**	

¿**Sabrías** explicarme de qué trata esa ley? *Would you explain to me what that law is about?*

The conditional of **hay** (*there is, there are*) is **habría** (*there would be*).

Si la economía del país fuera más fuerte, **habría** más inmigrantes. *If the country's economy were stronger, there would be more immigrants.*

B. Uses of the conditional

The conditional is used to express what would happen in a hypothetical situation. The hypothetical situations or circumstances are usually expressed in a subordinate clause introduced by **si** (*if*) followed by the imperfect subjunctive:

Subordinate clause	Main clause
Si + *imperfect subjunctive*	conditional
Si **quisieras** quedarte en EE. UU., *If you wanted to stay in the U.S.,*	¿qué **harías**? *what would you do?*
Si me quedara en EE. UU., *If I stayed in the U.S.,*	**trabajaría** como periodista en las Naciones Unidas. *I would work as a journalist for the United Nations.*

It is very often used to make polite or softened requests or suggestions. It is commonly used with verbs like **gustar, querer, preferir, poder**, etc.

¿**Podrías** ayudarme con este formulario? *Could you help me with this form?*
¿Me **darías** el teléfono de tu abogada? *Would you give me the phone number of your lawyer?*

[8]These endings are the same as the imperfect tense endings for **-er** and **-ir** verbs.

12.1-09 ¿Llamamos a Elena? Dos amigas de Elena hablan de ella.

Paso 1: Lee el diálogo y señala todas las formas del condicional.

Patricia: Oye, hace tiempo que no sé nada de Elena. <u>Podríamos</u> llamarla.
Cristina: ¡Sí! Pero deberíamos esperar porque en EE. UU. ahora es de noche.
Patricia: Si yo pudiera, también iría a Estados Unidos.
Cristina: ¿Has visitado Estados Unidos alguna vez? ¿De verdad irías allí a vivir?
Patricia: Bueno, si tuviera dinero suficiente por lo menos visitaría algunos lugares.
Cristina: Si yo fuera tú, le preguntaría a Elena si te puedes quedar en su casa unos días. Conocerías Nueva York y así sabrías si querrías vivir allí o no.
Patricia: ¡Tienes razón! ¿Podrías darme su dirección de *e-mail*?
Cristina: Yo le escribiría un mensaje por WhatsApp; así es más fácil.

Paso 2: Escribe todas las formas del condicional que encuentres en el párrafo (hay once en total). Después, indica quién es el sujeto del verbo, si Cristina, Patricia o las dos.

MODELO: 1. *Podríamos (las dos)*

Paso 3: Patricia está chateando con su amiga Elena para ver si puede pasar unos días con ella en su apartamento de Nueva York. Patricia quiere ser muy cortés[9]. Usa la forma apropiada del condicional del verbo más apropiado.

Exercises labeled with an individual student icon in the **Hablando de gramática** section are intended to be assigned as homework.

Use the PowerPoint slides found in the Book Companion Site and *WileyPLUS* to do this activity in class.

Answers for **12.1-09, Paso 2:** 2. deberíamos (las dos), 3. iría (Patricia), 4. irías (Patricia), 5. visitaría (Patricia), 6. preguntaría (Cristina), 7. Conocerías (Patricia), 8. sabrías (Patricia), 9. querrías (Patricia), 10. Podrías (Cristina), 11. escribiría (Cristina)

deber
importar
querer
preferir
poder
tener
quedarse
ir

Chateo

Patricia
Hola, Elena, me gustaría viajar a Estados Unidos y pasar unos días en la costa este. ¿ Podría $_1$ quedarme en tu casa?

Elena
Pues claro, Patricia, ¿cómo no?

Patricia
Y cuando esté allí, ¿te importaría $_2$ mostrarme la ciudad?

Elena
Pues, durante el día tengo que trabajar, pero por las noches sí podemos hacer cosas juntas. Deberías $_3$ hacer una lista de lo que quieres ver, ¡porque hay mucho!

Patricia
¿Y tú no irías $_4$ a visitar Filadelfia y Boston conmigo?

Elena
Mira, la verdad, preferiría $_5$ quedarme en Nueva York mientras tú viajas, porque yo tengo mucho trabajo estos próximos meses y no tendría $_6$ tiempo de hacer esos viajes contigo. ¿ Querrías $_7$ venir con Cristina?

Patricia
¿Y nos quedaríamos $_8$ las dos en tu casa?

Elena
Claro, mujer, ¡no hay problema!

12.1-10 ¿Qué harías? Answers for **12.1-10:** Answers may vary.

Paso 1: Completa las siguientes oraciones con información que se aplique a ti.

MODELO: Si tuviera que emigrar a otro país, *emigraría a un país hispanohablante porque ya hablo bastante bien español.*

1. Si mis condiciones laborales no fueran buenas...
2. Si en mi país no hubiera mucho desempleo...
3. Si fuera un inmigrante recién[10] llegado...
4. Si pudiera aprobar una nueva ley de inmigración...

Paso 2: Ahora, transforma las oraciones en preguntas y entrevista a un/a compañero/a.

MODELO: Estudiante 1: *¿Emigrarías a un país hispanohablante?*
Estudiante 2: *Bueno, depende. Iría a Chile o a Argentina, porque...*

Paso 3: Con la información que has recogido, compara lo que tú harías con lo que haría tu compañero/a. ¿Harían lo mismo? Escribe un pequeño párrafo sobre ustedes dos.

[9]**cortés:** polite [10]**recién:** recently

OTRA PERSPECTIVA

Courtesy of Teresa Pascual García

¡No todo el mundo quiere ir a Estados Unidos!

Diferente

"A Estados Unidos va mucha gente de muchos países del mundo escapando de una mala situación política o buscando mejorar su vida porque no encuentran trabajo en su país. Es muy difícil y triste tener que dejar a la familia y empezar otra vez en un lugar extraño, con un idioma y una cultura diferente. Si todos tuvieran un buen trabajo, pocas personas dejarían su país y su familia. Sin embargo, parece que en Estados Unidos se piensa que todo el mundo quiere, sueña y lógicamente preferiría vivir en Estados Unidos. ¿Por qué?".

Igual

"En todo el mundo hay migración de un lado y del otro. A España han venido personas que emigraban especialmente de América Latina, África y Europa del Este buscando mejores oportunidades. También hay estadounidenses que prefieren vivir en España. Muchos de nosotros también pensamos que como España no hay otro país".

Possible answers for **Otra perspectiva:** 1. Por lo general, en Estados Unidos hay más oportunidades de trabajo y sueldos más altos que en otros países. Además, puede haber más libertad de expresión que en algunos otros lados. El sistema político es estable. 2. Si hubiera buenas oportunidades económicas, muchos preferirían quedarse en su país. 3. A México, Canadá, Inglaterra, Alemania, Australia y España.

Explícale a Teresa

1. ¿Por qué la gente emigra a Estados Unidos?
2. ¿Crees que un hispanohablante preferiría vivir en Estados Unidos más que vivir en su país?
3. ¿A qué países van a vivir algunos estadounidenses?

MANOS A LA OBRA

12.1-11 Asuntos sociales

Suggestions for **12.1-11:** In order for students to be ready to report, the planning phase is crucial ("**escriban un pequeño informe**"). Divide students into pairs and have the pairs write paragraphs based on the questions in this exercise. Then have a whole-class discussion. Questions #3 and 4 are good points of departure to make cultural comparisons related to the different perspectives presented in the previous section **Una perspectiva**.

Answers for **12.1-11:** Answers may vary.

Paso 1: Entrevista a un/a compañero/a para saber un poco sobre su experiencia con estos asuntos sociales.

1. ¿Emigró alguien de tu familia a Estados Unidos? ¿Quién? ¿Qué sabes de su historia?
2. ¿Hay muchos inmigrantes en la ciudad en la que vives? ¿De dónde son?
3. ¿Tienes algún amigo que emigró de otro país a EE. UU.? ¿De dónde emigró? ¿Sabes si le gusta vivir en EE. UU. o si preferiría vivir en su país de origen?
4. ¿Conoces a alguna persona que haya emigrado a otro país? ¿Por qué razón? ¿Le gusta vivir en ese país o preferiría vivir en EE. UU.?
5. ¿Has participado en alguna manifestación alguna vez? ¿Por qué causa?
6. ¿Alguna vez has participado en una huelga? ¿Cuándo? ¿Por qué?
7. ¿Luchas por alguna causa? ¿Por cuál? ¿Qué haces para luchar por esa causa?

Paso 2: Después, escriban un pequeño informe. ¿En qué aspectos coinciden los dos? ¿En qué no coinciden?

MODELO: (Nombre del/de la compañero/a) *tiene más experiencia con personas de otros países que yo. Sus abuelos eran de Nicaragua y emigraron a Estados Unidos. Por eso conoce a muchos nicaragüenses. Sin embargo, los dos conocemos a personas que…*

Paso 3: Por último, presenten el informe a la clase. ¿En qué cosas coinciden? ¿En qué aspecto no coincide nadie?

12.1-12 Si las cosas fueran diferentes...

Paso 1: Levántate y hazles a tus compañeros las siguientes preguntas. Escribe el nombre del/de la compañero/a que conteste afirmativamente.

MODELO: Estudiante 1: *¿Te casarías con un inmigrante?*
Estudiante 2: *Sí, no tendría ningún problema.*

¿Quién de la clase... Compañero/a

1. ... cambiaría la ley de inmigración estadounidense? ________________
2. ... se iría a vivir a América Latina? ________________
3. ... preferiría vivir en Europa? ________________
4. ... emigraría a otro país por un sueldo más alto? ________________
5. ... participaría en una manifestación por los derechos de los inmigrantes? ________________
6. ... querría estudiar en otro país durante un año? ________________

Paso 2: Después, comparte tus resultados con la clase. ¿Fue fácil o difícil completar la actividad?

MODELO: *Parece que muchas personas preferirían... pero nadie...*

Suggestion for **12.1-12:** Have your students stand up and ask each other these questions. Make sure they are answering in Spanish. Remind your students that when asking questions to one particular classmate, they have to change the verb to the **tú** form. When time is up, do whole class check, making the students responsible for the information gathered. ¿Quién iría a vivir a América Latina? ¿Stacy? de verdad? ¿Por qué iría ella?

Answers for **12.1-12** and **12.1-13:** Answers may vary.

12.1-13 La diversidad en la clase de español

Seguro que en tu clase de español hay estudiantes de orígenes muy diversos. Vamos a conocernos todos un poco mejor.

Paso 1: Para conocer mejor a los compañeros de clase empieza por completar el siguiente formulario[11].

Nacionalidad: ________________
País de residencia: ________________
¿Tienes doble ciudadanía? Sí ☐ No ☐
Nacionalidad de tus padres: ________________
Nacionalidad de tus abuelos: ________________
Idiomas que hablas en casa, con tu familia: ________________
Otros idiomas que hablas: ________________
Países donde has vivido: ________________
Ciudad en la que resides: ________________
Mayores problemas sociales en esa ciudad: ________________
Causas que apoyas o por las que luchas: ________________
Marchas o manifestaciones en las que has participado: ________________

Paso 2: Comparen su formulario con el de dos o tres compañeros. ¿Con quién tienes más en común? ¿Con quién tienes más diferencias? ¿Hay algún estudiante en la clase que tenga el mismo origen que tú? ¿Lo sabías o ha sido una sorpresa?

Paso 3: Comenten los resultados de su grupo con la clase. ¿Cuántos estudiantes hay con nacionalidades diferentes? ¿Cuántos estudiantes hay con orígenes diferentes? ¿Alguien tiene doble ciudadanía? ¿Cuántos luchan por la misma causa? ¿Qué piensan? ¿Es la clase de español una comunidad diversa, o es por el contrario una comunidad bastante homogénea?

Suggestions for **12.1-13:** Students will really like this activity as they find out about each other. Students usually like to share and show off a diverse background whenever possible. In a whole-class discussion, try to generate a list of all the nationalities that students bring into the activity. Generate another list with all the causes they are actively involved in. Have students reach a consensus. **¿Hay mucha diversidad en la clase o no?**

Use the PowerPoint slides found in the Book Companion Site and *WileyPLUS* to do this activity in class.

[11] **formulario:** form

Answers for **12.1-14:** Answers may vary.

12.1-14 Un cambio de vida

Paso 1: Formen parejas. Pregúntense qué saben sobre sus familiares: ¿Hubo algún inmigrante en tu familia? ¿Quiénes eran, tus abuelos, padres, tíos? ¿Alguien de tu misma generación? ¿De dónde vinieron? ¿Qué hacían ellos allí? ¿Qué hacían antes de llegar a Estados Unidos? ¿Dónde se instalaron cuando llegaron? ¿En qué región? ¿Qué lengua hablaban en su lugar de origen? ¿Qué tradiciones o palabras aprendiste de ellos?

Paso 2: Ahora, imagínense que tienen que emigrar de su país por razones económicas, religiosas o políticas. ¿A qué país emigrarían? ¿Cómo emigrarían? ¿Por qué emigrarían a ese país? ¿Qué incentivos ofrece el país que seleccionaron? ¿Qué problemas tendrían que enfrentar allá? ¿Qué tipo de trabajo encontrarían en ese país?

Paso 3: Por último, comenta tus conclusiones con tu compañero/a: ¿Qué opinas? ¿Crees que es importante que haya diversidad en Estados Unidos? ¿Es importante que los inmigrantes que llegan a este país hablen inglés? ¿Qué esperas que el gobierno de tu país haga para que los inmigrantes se integren mejor en la sociedad?

WileyPLUS Go to *WileyPLUS* and listen to **Presta atención**.

Script for **12.1-15, Presta atención: Jorge Ramos**
Según la revista *Time,* Jorge Ramos es uno de los 25 hispanos más influyentes de Estados Unidos. Jorge Ramos es periodista y trabaja desde 1986 en el canal Univisión, en EE. UU. A lo largo de su vida, ha entrevistado a muchos líderes políticos, como Barack Obama, Bill y Hillary Clinton, George Bush, Fidel Castro, Hugo Chávez y también a escritores como Isabel Allende, quien tiene doble ciudadanía: la chilena y la estadounidense. También entrevistó a Carlos Fuentes y a Octavio Paz, dos grandes escritores mexicanos. Además de periodista, Jorge Ramos es escritor. Ha publicado más de diez libros en español, siete de los cuales se publicaron también en inglés. Ramos ha recibido muchos premios y reconocimientos. Por ejemplo, en 2010 y en 2011 ganó el Premio Internacional de Periodismo otorgado por el Club de Periodistas de México.

12.1-15 Presta atención: Jorge Ramos

Escucha la información sobre Jorge Ramos para saber por qué es tan famoso en Estados Unidos y selecciona la respuesta más adecuada.

Lawrence Lucier / FilmMagic / Getty Images

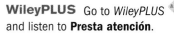

1. ¿Quién es Jorge Ramos?
   a. Es periodista y escritor.
   b. Es político y periodista.
   c. Es un escritor de *People en Español.*
   d. Es político y escritor.
2. ¿Qué reconocimiento le dio la revista *Time* a Jorge Ramos?
   a. Es uno de los diez latinos con más influencia en Estados Unidos.
   b. Es uno de los diez latinos más admirados en Estados Unidos.
   c. Es uno de los veinticinco hispanos más influyentes de Estados Unidos.
   d. Es uno de los veinticinco mexicanos más famosos de Estados Unidos.
3. ¿En qué canal trabaja Jorge Ramos?
   a. Trabaja en CNN.
   b. Trabaja en Univisión.
   c. Trabaja en Telemiami.
   d. Trabaja en ABC-7.
4. ¿A qué político o escritor ***no*** ha entrevistado Jorge Ramos?
   a. a Barack Obama
   b. a Isabel Allende
   c. a Hugo Chávez
   d. a Raúl Castro
5. ¿Qué premio ganó en el 2011?
   a. Ganó un premio Emmy.
   b. Ganó el premio David Brinkley.
   c. Ganó el premio Ron Brown del Comité Nacional de Trabajo Infantil.
   d. Ganó un premio internacional de periodismo.

12.1-16 Por escrito: Estudios en un país hispanoamericano Imagínate que estás llenando una solicitud para ingresar a un programa de maestría o de doctorado en una universidad hispanoamericana. Como eres extranjero/a, tienes que escribir un párrafo explicando por qué te interesan las oportunidades que ofrece estudiar en el país que seleccionaste y por qué no podrías desarrollar esos intereses en Estados Unidos. Cuando escribas, recuerda la sección **¡Ojo!**.

¡OJO!

Real-life goals
When writing a composition you *must have a real-life goal in mind.* That's why when writing you need to have a specific context, a purpose for writing, a reader in mind, and the right use of register, such as the use of **usted** or **tú** using a formal and an informal register.

PONTE EN MI LUGAR

Estrategias para conversar

Expressing courtesy As noted in **Hablando de gramática II**, the conditional is commonly used to make requests and suggestions in a more courteous manner.

Here are some examples:

¿**Podría** indicarme cómo llenar este formulario?	*Would/Could you tell me how to fill out this form?*
¿**Sería** tan amable de...?	*Would you be so kind as to...?*
Me **gustaría** saber cómo puedo llegar a...	*I would like to know how can I get to...*
¿Le **importaría** decirme qué camino tomar para...?	*Would you mind telling me which way I could take to...?*

Suggestions for **Ponte en mi lugar:** Ask students to write down the dialogue to be able to perform it in front of the class.

Perdido en Nueva York Un inmigrante recién llegado a la ciudad de Nueva York está buscando la plaza Union Square. Está perdido y no habla inglés. Le pide ayuda a un ciudadano que habla español. Decide si quieres ser el inmigrante perdido o la persona que le ofrece ayuda. Usa el condicional y las expresiones de **Estrategias para conversar** para tener una conversación cortés.

Inmigrante: Tienes muy mal sentido de orientación y no sabes llegar a Union Square. Hablas con una persona que camina por la calle:

- Saluda y pide ayuda en español porque no sabes hablar inglés.
- Pregunta dónde está la plaza.
- Explícale que no tienes mucha información sobre la plaza (solo sabes que al lado[12] de la plaza hay una librería).
- Explícale que tienes miedo de tomar un trasporte público y que te gustaría saber cómo llegar a pie.
- Dale las gracias por su ayuda y despídete.

Ciudadano: Caminas por la calle y de repente alguien te llama la atención porque necesita ayuda.

- Cuando empiece a hablar en español, dile que tiene suerte porque tú hablas español.
- Pregúntale el nombre de la plaza y cuando te lo diga, explícale que es grande y que necesitas saber si tiene que ir al lado sur, norte, este u oeste de la plaza.
- Después de aclarar el nombre y el lugar exacto, pregúntale si quiere ir caminando, en autobús o en metro.
- Después de darle instrucciones, saca un mapa de tu bolsa y dile que lo use si necesita ayuda.
- Despídete.

[12]**al lado:** next to

WileyPLUS Go to *WileyPLUS* to find more **Arroba** activities.

Answers for **Arroba:** Answers may vary.

@Arroba@

Espanglish ¿Sabes lo que significa *espanglish*? Busca información sobre este tema para responder las siguientes preguntas: ¿Qué es el *espanglish*? ¿Cuál es la causa del *espanglish*? ¿Has escuchado algunas expresiones o palabras en *espanglish*? ¿Cuáles? Comparte con un/a compañero/a la información que encuentres sobre el tema. Intercambien opiniones sobre el lugar que piensan que debería darse al *espanglish*: en la casa, en el trabajo, en la educación. Con un/a compañero/a, hagan una lista de palabras de *espanglish*. ¿Qué palabra es la más graciosa? ¿La más original? ¿La más extraña?

ASÍ ES LA VIDA

Use the PowerPoint slides found in the Book Companion Site and *WileyPLUS* to do this section in class.

Answers for **Adivina, adivinador:** 1. la bandera; 2. las leyes

Adivina, adivinador

Cada país me reconoce,
pues yo lo represento,
suelo estar[13] en las alturas,
bajo el sol y frente al viento…
¿Quién soy?

Todos las piden,
nadie las respeta.
Si quieres saber qué es,
espera.
¿Qué es?

ENTÉRATE

Estrategias para leer

Expository texts An expository text is a written piece in which the author presents information about a situation without giving us his or her opinion. In an expository text, an objective thesis is presented and it comes from information collected about a specific topic. In Chapter 9, Section 1, you have learned that the thesis is the focus of a text. You also need to know that the title, the thesis or main idea, and the information presented in the body of the text help readers to reach a conclusion.

Answers for **Antes de leer:** Answers may vary.

Antes de leer

1. Inmigrantes en Estados Unidos Contesta las preguntas con un/a compañero/a.

- ¿Conoces inmigrantes que vivan en Estados Unidos? ¿De dónde vienen? ¿Trabajan? ¿Dónde?
- ¿Qué lenguas se hablan en Estados Unidos?
- ¿Cómo es la población de Estados Unidos?

[13] **suelo estar:** I'm usually

El nuevo **rostro** de Estados Unidos

face

NACIONALIDAD	CENSO 2000	CENSO 2010	PORCENTAJE 2010
Mexicanos	20.640.711	31.798.258	63%
Puertorriqueños	3.406.178	4.623.716	9,2%
Cubanos	1.241.685	1.785.547	3,5%
Dominicanos	764.945	1.414.703	2,8%
Costarricences	68.588	126.418	0,3%
Guatemaltecos	372.487	1.044.209	2,1%
Hondureños	1.044.209	633.401	1,3%
Nicaragüenses	177.684	348.202	0,7%
Panameños	91.723	165.456	0,3%
Salvadoreños	655.165	1.648.968	3,3%
Argentinos	100.864	224.952	0,4%
Bolivianos	42.068	99.210	0,2%
Chilenos	68.849	126.810	0,3%
Colombianos	470.684	908.734	1,8%
Ecuatorianos	908.734	564.631	1,1%
Paraguayos	8.769	20.023	-
Peruanos	233.926	531.358	1,1%
Uruguayos	18.804	56.884	0,1%
Venezolanos	91.507	215.023	0,4%
Españoles	100.135	635.253	1,3%
Latinos sin especificar nacionalidad	6.111.665	3.452.403	6,8%
Total de latinos en EE. UU.	35.305.818 (12,5%)	50.477.594	16,3%
Total de población en EE. UU.	281.421.906 (100%)	308.745.538	100%

"Ni ustedes ni yo vamos a estar aquí, pero en unos 100 años habrá más latinos, más hispanos, que blancos anglosajones en Estados Unidos. De alguna forma, Estados Unidos se está latinizando; o sea, es una verdadera revolución demográfica lo que estamos viendo en este país".

Estas palabras del periodista mexicano Jorge Ramos, en una entrevista con la Cadena Ser, vienen de los datos del último censo en Estados Unidos: ya son más de 50 millones los hispanos que viven en este país. Esta cifra representa más del 16% de la población, con un **crecimiento** del 43% en la última década, lo que significa que la comunidad hispana va en aumento. Además, según los estudios del gobierno estadounidense, para el año 2050 los hispanos muy probablemente lleguen a ser más de 132 millones. En este país existen ciudades donde el español es la lengua materna más hablada. En Miami, por ejemplo, el 70% de la población habla español. Otras ciudades, incluso, están en alrededor del 95%, como Hialeah, también en la Florida.

increase, growth

Cada año llegan miles de personas al país en busca de una vida mejor (sobre todo habitantes de América Central, como los salvadoreños, hondureños, nicaragüenses, etc.). Aproximadamente el 60% de los latinos ha nacido en Estados Unidos. Cada vez tienen mayor presencia en los medios de comunicación, en las universidades o en las esferas de poder. Por ejemplo, el número de latinos que **cursa estudios superiores** casi se ha triplicado en los últimos 30 años, pasando del 4% al 11%. Otro dato: el 12,1% de los nuevos admitidos en 2011 en la Universidad de Harvard es de origen latino, una cifra récord que supera al 10,3% del año anterior.

to study for a college degree

Además, esta comunidad ha adquirido un gran poder político: los analistas calculan que ningún político podría llegar a ser presidente de Estados Unidos sin contar con al menos el 40% del voto latino. Muchos **alcaldes** ya lo saben: es el ejemplo de Michael Bloomberg, quien además de estudiar español todos los días, realizó una fuerte campaña electoral en español en el 2009 para renovar su cargo de alcalde de la ciudad de Nueva York, donde aproximadamente el 30% de la población es latina.

mayors

No hay duda de que el rostro de Estados Unidos está cambiando y se está haciendo más hispano.

Después de leer

1. En el texto

1. ¿Cuál es la tesis o idea principal del texto?
   a. Ni ustedes ni yo vamos a estar aquí... en Estados Unidos.
   (b.) De alguna forma, Estados Unidos se esá latinizando...
   c. ... para el año 2050... lleguen a ser más de 132 millones.
2. ¿Qué tipo de evidencia se presenta en el cuerpo del texto para apoyar la idea principal?
   (a.) porcentajes, estadísticas y ejemplos
   b. citas, ejemplos y diagramas
   c. historias vividas y fotos
3. ¿Es la última oración de la lectura la conclusión? ¿Por qué sí o por qué no?

Sí. La conclusión es corta, pero la información se relaciona con el título, la tesis y el cuerpo.

2. ¿Entendiste?

1. El texto nos indica que…
   a. la lengua oficial de Estados Unidos es el español.
   b. todos los inmigrantes son hispanos y cada vez hay menos.
   (c.) la comunidad hispana en Estados Unidos está aumentando.
2. El español…
   (a.) se habla más que el inglés en algunos lugares de Estados Unidos.
   b. es la lengua más hablada en todos los estados de Estados Unidos.
   c. se estudia cada vez más para poder relacionarse con los hispanos.
3. Muchos inmigrantes…
   a. que llegan a Estados Unidos saben cuál será su destino.
   (b.) vienen de América Central para tener una vida mejor.
   c. que vienen a Estados Unidos no hablan español.
4. Los políticos saben que…
   a. tendrán el voto de los hispanos si aumentan los impuestos.
   b. el inglés es la lengua oficial de las campañas electorales.
   (c.) necesitan el voto latino para poder ser elegidos.

EN TU PROPIAS PALABRAS

Estrategias para escribir

In your own words When writing an expository text, you need to inform or describe the topic or facts that you are presenting without stating your opinion in a direct way (e.g., **Pienso que**…: *I believe that*). In order to write in a more objective manner without including your opinion, review Chapter 7, Section 2, **Hablando de Gramática II: se impersonal** and **se pasivo**. Remember that these are ways to express things in an impersonal way in Spanish.

In your first paragraph, include the main idea without superfluous information. In the body of your essay, you need to have evidence, such as anecdotes, quotes, or examples of the topic you are presenting. In the conclusion, restate your main idea, using different words, or present a question to open up the topic to the readers.

Espanglish En la actividad de **Arroba** buscaste información sobre lo que es el *espanglish*. Ahora, escribe un ensayo exponiendo la información que encontraste. No olvides que no estás dando tu opinión sobre si el *espanglish* es bueno o malo, solamente vas a exponer el tema. Sigue las **Estrategias para escribir** para poder presentar un buen informe.

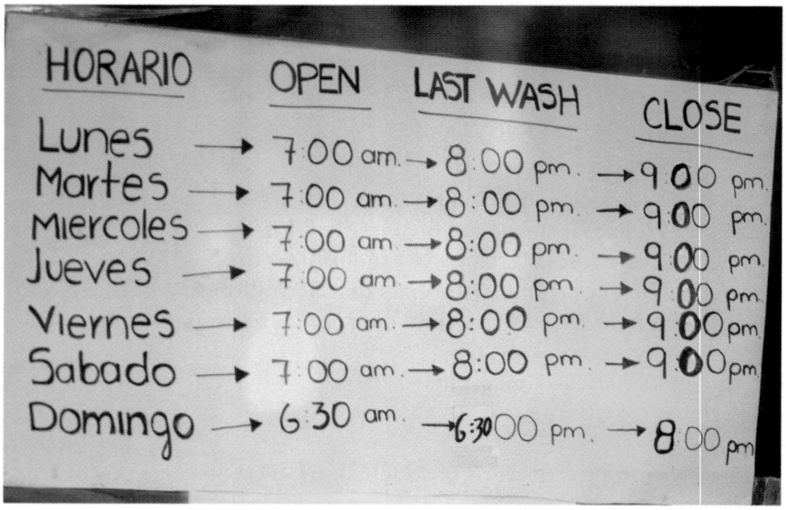

AUTOPRUEBA

VOCABULARIO

I. ¿Sabes lo que son? Relaciona estas palabras con su significado.

1. la huelga	3. los impuestos	5. la inmigración
2. marroquí	4. el empleo	6. la igualdad

__6__ a. Trato idéntico de todas las personas sin tener en cuenta, por ejemplo, la raza.
__1__ b. Situación en la que la gente deja de trabajar para protestar por malas condiciones de trabajo.
__4__ c. Es un trabajo, ocupación u oficio.
__2__ d. Una persona que tiene la nacionalidad de Marruecos.
__3__ e. Cantidad de dinero que se paga al estado para servicios públicos, como las carreteras.
__5__ f. Movimiento de población que se refiere a la llegada de personas a un país.

II. La vida de Miguel Completa el diálogo con las palabras de la lista. ¡Ojo! Hay más palabras de las que necesitas. Conjuga los verbos y pon atención a la concordancia de los adjetivos.

> **visa luchar por canadiense residente ciudadano/a echar de menos portugués/portuguesa juramento a la bandera**

Ana: ¿Eres de Portugal?
Tomás: Sí, soy __portugués__ (1), pero ya llevo muchos años en EE. UU.
Ana: ¡Ah, sí! Entonces, ¿eres __ciudadano__ (2) de EE. UU?
Tomás: Sí, hace como diez años que recité el __juramento a la bandera__ (3) de mi nuevo país, Estados Unidos.
Ana: ¿Y por qué viniste a Estados Unidos?
Tomás: Vine para no __echar de menos__ (4) a mi novia. Tuve que dejar mi país y __luchar por__ (5) salvar el amor de mi vida. Y tú, ¿cuándo llegaste al país? ¿Eres __residente__ (6) de Estados Unidos?
Ana: No, no lo soy. Llegué hace un año y tengo una __visa__ (7) de estudiante.

GRAMÁTICA

I. El recién llegado Samuel es un canadiense que llegó a México hace solo dos meses. Ayúdalo a hacer estas peticiones de manera más cortés. Usa el verbo más apropiado.

> **preferir importar traer poder decir**

1. Al camarero de un bar: "Un café, por favor". ¿Me __traería__ un café, por favor?
2. A una persona que está caminando por la calle: "¿Qué hora es?". ¿Me __diría__ qué hora es, por favor?
3. En el banco: "Quiero cambiar dólares a pesos". ¿ __Podría__ cambiarme estos dólares a pesos?
4. En el supermercado, a una persona que está delante: "No puedo pasar". ¿Le __importaría__ dejarme pasar, por favor?
5. En una tienda: "Esta camiseta me queda un poco pequeña. __Preferiría__ una talla más grande".

II. ¿Qué pasaría? Piensa qué pasaría o qué harías en estas situaciones. Completa las oraciones con un verbo diferente en cada una. Answers to **Gramática II:** Answers may vary.

1. Si yo fuera el presidente de Estados Unidos...
2. Si mi mejor amigo quisiera emigrar a otro país...
3. Si mis padres vivieran en otro país...
4. Si yo no pudiera estudiar en la universidad...
5. Si hubiera mucho desempleo en mi ciudad...

CULTURA

Lee las siguientes oraciones y decide si son Ciertas o Falsas. Si son falsas, corrígelas.

C	F	
☐	☑	1. Nunca ha habido emigración <u>de</u> Estados Unidos <u>a</u> México. Falso: Sí la hubo historicamente y todavía la hay.
☐	☑	2. Los inmigrantes, en general, están tan contentos de estar en Estados Unidos que no echan de menos su cultura. Falso: En general, los inmigrantes echan de menos su cultura de origen.
☑	☐	3. Para obtener la ciudadanía, muchos tienen que pasar un examen de 200 preguntas.

REDACCIÓN

Imagínate que por razones inevitables te ves obligado/a a emigrar a otro país.

- ¿A qué país irías? ¿Por qué?
- ¿Qué obstáculos crees que encontrarías?
- ¿Qué echarías de menos?

EN RESUMIDAS CUENTAS, AHORA PUEDO...

- ☐ hablar sobre temas de inmigración y nacionalidad.
- ☐ expresar subjetividad en el presente y el pasado.
- ☐ hablar de situaciones hipotéticas.
- ☐ hablar sobre los problemas que enfrentan los inmigrantes.

VOCABULARIO ESENCIAL

Sustantivos

el/la ciudadano/a *citizen*
el (des)empleo *(un)employment*
la (des)igualdad *(in)equality*
la (doble) ciudadanía *(dual) citizenship*
la huelga *strike*
los impuestos *taxes*
el juramento a la bandera *the pledge of allegiance*
la ley *law*
la manifestación *protest*
el permiso *permit*

Cognados: la comunidad, la diversidad, el/la emigrante, la (in)migración, el/la inmigrante, la marcha, la minoría, la nacionalidad, la oportunidad, el origen, el prejuicio, la protesta, el/la residente, la visa

Adjetivos

alemán/alemana *German*
brasileño/a *Brazilian*
canadiense *Canadian*
francés/francesa *French*
francoguayanés/ francoguayanesa *French Guianese*
guyanés/guyanesa *Guyanese*
haitiano/a *Haitian*
italiano/a *Italian*
jamaicano/a *Jamaican*
marroquí *Moroccan*
portugués/portuguesa *Portuguese*
suizo/a *Suisse*
surinamés/surinamesa *Surinamese*

Cognados: (i)legal

Verbos

apoyar (una causa) *to support (a cause)*
aprobar una ley *to pass a law*
echar de menos *to miss (something/ someone)*
luchar por *to fight for*

Cognados: emigrar

LEARNING OBJECTIVES

By the end of this section you will be able to:

- Discuss issues related to Hispanics in the United States
- Talk about changes in someone's life
- Talk about changes in emotional states
- Describe people or objects in detail

Una imagen vale más que mil palabras

¿Crees que es un chiste? ¿Cuál es el propósito de este letrero?

¿En qué otras áreas de Estados Unidos se concentran comunidades que hablan otro idioma?

¿Has visitado comunidades donde se habla principalmente español? ¿Dónde? ¿Las puedes describir?

Answers for **Una imagen vale más que mil palabras:** 1. Porque se escucha y se habla mucho español en Miami y quieren decirle al cliente angloparlante que no se preocupe, que también hablan inglés. 2. En lugares como los Chinatown de San Francisco, la ciudad de Nueva York y Chicago, Little Italy de Los Ángeles y de Nueva York, la Little Odessa de Brooklyn, etc. 3. Answers may vary.

AP Photo/Lynne Sladky

▲ *Letrero en una escuela en Miami*

UNA PERSPECTIVA

Courtesy of Chad Gasta

Un día sin inmigrantes

Diferente

"La percepción general en Estados Unidos es que los inmigrantes son una carga negativa para la economía del país. ¿Pero cómo sería un día sin inmigrantes en algunos estados como Texas, Arizona, California o Nuevo México o en ciudades como Los Ángeles o Nueva York? Muchos inmigrantes ilegales trabajan en la agricultura, en restaurantes, en construcción, en hoteles, etc. ¿Y qué tal los inmigrantes legales? Sin ellos perderíamos médicos, enfermeras, escritores, doctores, músicos, pilotos, soldados, maestros, artistas y un gran número de profesores universitarios, entre otras cosas. ¿Cómo sería un día sin todos ellos?".

Igual

"Los inmigrantes también pagan impuestos. No pagan impuestos federales o estatales, pero los pagan como consumidores y se les descuenta de su salario. Cada vez que compran algo —zapatos, televisores, ropa o alimentos—, pagan impuestos de ventas. Y cada vez que pagan el alquiler, ayudan a pagar los impuestos a la propiedad. A los inmigrantes que tienen la tarjeta verde se les deducen del sueldo impuestos federales y contribuciones a la seguridad social, como a cualquier ciudadano. De una forma u otra, los inmigrantes contribuyen enormemente a la economía del país".

¿Qué piensas tú?

1. ¿Conoces a algún inmigrante?
2. ¿Cómo cambiaría/sería tu vida si no hubiera inmigrantes?
3. ¿En qué trabajarías si tuvieras que emigrar a otro país?

Answers for **Una perspectiva:** Answers may vary.

LA PURA VERDAD I El activismo

The suggested narration for **La pura verdad** can be found in the Appendix. Please use this narration to go over each of the frames with your students. You can also find this section (frames and narration) in the PowerPoint slides, found in the Book Companion Site and *WileyPLUS*.

Iliana Suárez, estudiante universitaria, nos dice a quién admira.

1.

¿Quién es Dolores Huerta? Pues, es una mujer estadounidense, nacida en California, de ascendencia mexicana. Dolores es una persona muy destacada.

2.

"Pensé que sería mejor organizar a los trabajadores agrícolas que ser la maestra de sus hijos hambrientos."

3.

► *Dolores Huerta fundó, junto con César Chávez, la Unión de Trabajadores Agrícolas (UFW).*

4.

◄ *Dolores organizó muchas marchas y manifestaciones de carácter político.*

5.

► *También recibió numerosos premios por su tarea como activista.*

6.

Script for **12.2-01:** 1. El padre de Dolores Huerta era un trabajador agrícola mexicano y su madre, también de México, era muy activa en asuntos de la comunidad. 2. Dolores Huerta fundó la Unión de Trabajadores Agrícolas con al famoso activista César Chávez. Dolores Huerta tuvo una relación con Carlos Chávez, el hermano de César Chávez. Con él tuvo cuatro hijos. 3. Dolores Huerta ha recibido numerosos premios y honores de universidades como Princeton y Mills College, así como del presidente Obama por su dedicación a la causa laboral. Seis escuelas —en Texas, California y Colorado— llevan el nombre de Dolores Huerta.

12.2-01 Más datos sobre Dolores Huerta Escucha más información sobre Dolores Huerta y completa las siguientes oraciones.

1. Los padres de Dolores Huerta...
   a. eran chicanos.
   (b.) eran mexicanos.
   c. eran de Stockton.
2. Cuatro de los hijos de Dolores Huerta...
   (a.) son sobrinos del activista César Chávez.
   b. son hijos del activista César Chávez.
   c. son líderes de la Unión de Trabajadores.
3. Dolores Huerta...
   a. recibió premios de escuelas en Texas, Colorado y California.
   b. recibió un premio del presidente de México.
   (c.) recibió honores de varias universidades de Estados Unidos.

PALABRA POR PALABRA

Use the PowerPoint slides found in the Book Companion Site and *WileyPLUS* to do this section in class.

La herencia cultural *Cultural heritage*

▲ *Hay más de 50 millones de hispanos en Estados Unidos (según el censo de 2010). Estados Unidos es el tercer país con más hispanohablantes del mundo, después de México y España.*

Nuestra herencia

los antepasados/antecesores	*ancestors*
la ascendencia	*ancestry*
la demografía	*demographics*
el/la hispanohablante	*Spanish speaker*
la lengua materna	*mother language*
las raíces	*roots*
la raza	*race*

Cognados: bicultural, bilingüe, multicultural, multirracial

Los asuntos sociales y políticos

el/la activista destacado/a	*renown activist*
los derechos	*rights*
la jubilación	*retirement*
el nivel (de vida/ socioeconómico)	*(living/socioeconomic) standard*
el perfil	*profile*
el rechazo	*rejection*
el sindicato	*labor union*
el tema (controvertido)	*(controversial) issue, topic*
la vivienda	*housing*

Cognados: el activismo, la asimilación, la comunidad, la discriminación, las elecciones, la identidad cultural, la influencia, la (in)justicia, la (in)tolerancia, la organización (política/laboral), la política, la sociedad

integrarse	*to be accepted, to join a group*
prosperar	*to prosper, to thrive*
rechazar (z>c)	*to reject*
reconocer	*to recognize*
triunfar, tener éxito	*to succeed, to be successful*

12.2-02 ¿De qué hablamos?

Paso 1: Lee las definiciones y busca la palabra correspondiente en la sección **Palabra por palabra.**

MODELO: Es el grupo de la sociedad estadounidense que habla español como primera lengua o lengua materna. → *los hispanohablantes*

1. Es el idioma que aprendes de tus padres o en tu casa durante la infancia. la lengua materna
2. Es el conjunto de antecesores o antepasados de una persona. la ascendencia
3. Es el retiro del mundo laboral a causa de una edad avanzada establecida por la ley. la jubilación
4. Es una casa, apartamento o habitación donde viven las personas. la vivienda
5. Es una asociación de trabajadores creada para defender sus derechos laborales. el sindicato
6. Es el conjunto de características particulares de una persona o un grupo. el perfil
7. Es el conjunto de características, ideas, costumbres, circunstancias sociales y/o culturales que se transmiten de padres a hijos. la herencia
8. Es el resultado de no aceptar, no admitir o resistirse a algo o a alguien. el rechazo

ANSWERS FOR 12.2-02, PASO 2: ANSWERS MAY VARY.

Paso 2: Ahora, elijan tres palabras de la sección **Palabra por palabra** y escriban sus definiciones para leérselas a la clase. ¡Atención! Recuerden que para definir siempre usamos el verbo *ser*.

MODELO: *Es un/una/el/la… (que)…*
Es el proceso/la actividad de…

Suggestions for 12.2-03: After most groups have finished, ask how many words they have in total. You can make it competitive. Ask the group with the longest list to say the words out loud while you write them on the board. Then, ask other groups to contribute the list.

Possible answers for 12.2-03: 1. el líder laboral, el activista, la discriminación, la organización; 2. el rechazo, la intolerancia; 3. la raza, la ascendencia, la lengua materna; 4. antepasados, antecesores, herencia, lengua materna, identidad cultural; 5. el nivel socioeconómico, la jubilación, triunfar, la vivienda; 6. el nivel de vida, el nivel socioeconómico; 7. ascendencia, antepasados, lengua materna; 8. lengua materna, chicanos, mexicoamericanos, cubanoamericanos, hispanohablantes, etc.

12.2-03 Asociación de ideas ¿En cuántas palabras relacionadas con los siguientes conceptos pueden pensar? Hagan una lista. ¿Qué grupo sabe más palabras?

MODELO: la tolerancia → *la diversidad, la igualdad, la justicia social, el activismo, etc.*

1. el sindicato
2. la discriminación
3. la identidad cultural
4. la ascendencia
5. el nivel de vida
6. la jubilación
7. la herencia cultural
8. el bilingüismo

12.2-04 ¿Cómo es tu comunidad?

Paso 1: Entrevista a un/a compañero/a para saber un poco más sobre él/ella y su comunidad.

1. ¿Cuál es tu lengua materna? ¿Qué lengua hablas en tu casa?
2. ¿Conoces a alguien que tenga una lengua materna diferente del inglés?
3. ¿Tienes amigos hispanohablantes? ¿Son estadounidenses? ¿Cuál es su ascendencia?
4. ¿Formas parte de alguna organización política o laboral? ¿Admiras a algún activista destacado?
5. ¿Cómo es tu ciudad de origen? ¿Es multicultural o multirracial? ¿Cuáles son los grupos más numerosos?
6. ¿Crees que en tu ciudad/comunidad/grupo social se rechaza a ciertos grupos minoritarios?
7. ¿Qué entiendes por "asimilación"? ¿Crees que los hispanos de tu área están "asimilados"?
8. ¿Sabes lo que es la "hispanización"? ¿Crees que tu ciudad está "hispanizada"?

Paso 2: Después, escribe un breve informe sobre tu compañero/a. En la conclusión, resume si lleva un estilo de vida multicultural o si, por el contrario, su experiencia se concentra en una sola cultura.

MODELO: *Mi compañero/a tiene una experiencia de vida multicultural y diversa. Primero, él/ella habla inglés, pero su lengua materna es...*

Paso 3: Por último, informen a la clase. Después, como clase, decidan: ¿es su clase una clase diversa y multicultural, o forman ustedes una "comunidad" bastante homogénea?

12.2-05 ¿El país de las oportunidades?

Paso 1: Usando el vocabulario de **Palabra por palabra**, hagan una lista de lo mejor y lo peor que Estados Unidos ofrece a los extranjeros que vienen a vivir aquí. Elijan algunos de los siguientes temas sociales y díganle su opinión al resto del grupo.

MODELO: Estudiante 1: *Yo creo que en algunas zonas de Estados Unidos hay mucha diversidad racial y cultural, y para los inmigrantes es muy fácil comenzar una nueva vida.*
Estudiante 2: *Yo no estoy de acuerdo. Creo que en Estados Unidos todavía hay mucha intolerancia hacia otras culturas.*

1. la discriminación
2. la diversidad
3. la seguridad social
4. los impuestos
5. la (des)igualdad social
6. el nivel de vida
7. los derechos de los trabajadores
8. las oportunidades de prosperar o triunfar
9. el acceso a la educación
10. la (in)tolerancia hacia otras culturas

Paso 2: Elijan un tema sobre el que todos los miembros del grupo estén de acuerdo. Un/a secretario/a debe escribir los argumentos del grupo a favor o en contra.

Paso 3: Cada grupo presenta sus argumentos a la clase. Al final, entre todos decidan: ¿es fácil o difícil integrarse en Estados Unidos siendo extranjero o inmigrante?

Note for **12.2-04:** *Hispanicization* or *hispanization* refers to the process by which a place or person becomes influenced by Hispanic culture or a process of cultural and/or linguistic change in which something or someone non-Hispanic adopts Hispanic habits or traits. Hispanicization is illustrated by, but not limited to, the use or adoption of the Spanish language, production and consumption of Spanish or Latin American food, Spanish language songs, and participation in Hispanic festivals, holidays, and social events.

Suggestion for **12.2-04:** In order for students to be ready to report, the planning phase is crucial ("**escribe un pequeño informe**"). Divide students into pairs and have the pairs write a paragraph based on the questions in this exercise. Then have a whole-class discussion. Questions #7 and #8 are good points of departure to discuss the role of Spanish speakers and their cultures in the United States.

Answers for **12.2-04** and **12.2-05:** Answers may vary.

HABLANDO DE GRAMÁTICA I

WileyPLUS Go to *WileyPLUS* to review this grammar point with the help of the **Animated Grammar Tutorial** and the **Verb Conjugator.**

Exercises labeled with an individual student icon in the **Hablando de gramática** section are intended to be assigned as homework.

1. Describing emotions and changes of state: The verbs **hacerse, volverse** and **ponerse**

A. True reflexives

In Chapter 4, Section 1, you learned about reflexive events and reflexive pronouns. Reflexive events are those in which someone is acting on himself/herself. Reflexive events are signaled in Spanish by the use of reflexive pronouns. Compare these examples.

Nonreflexive	Reflexive
Ella tuvo que cuidar **a sus padres**, que eran ancianos. *She had to take care of her parents, who were elderly.*	Ella tiene que cuidar**se**, porque trabaja demasiado. *She has to take care of herself, because she works too much.*
Cuando yo **la** vi, no me pareció una anciana. *When I saw her, she didn't look elderly to me.*	Cuando **se** vio en el espejo dijo: "Parezco una anciana". *When she saw herself in the mirror she said, "I look like an old woman."*

B. Pronominal and change-of-state verbs

You also learned that some verbs usually take a reflexive pronoun even if the action is not truly reflexive (i.e., the subject is not acting on him/herself). These are called pronominal verbs (**verbos pronominales**) and are very common in Spanish.

Pronominal verbs

Some pronominal verbs, particularly when used in the preterit, express a change of state, condition, or emotion, and their meaning in English is equivalent to *to become/get + adjective*.

Cuando los niños se fueron, Dolores **se deprimió** muchísimo.
When the kids left, Dolores got really depressed.

Al ver cómo vivían los trabajadores, César Chávez **se preocupó** y decidió luchar junto a ellos.
When he saw how the workers lived, Cesar Chavez became worried and decided to fight at their side.

These are some pronominal verbs that you already know and some new ones:

aburrir(se)	*to get bored*	**irritar(se)**	*to get irritated*
alegrar(se)	*to become happy, to be glad*	**frustrar(se)**	*to get frustrated*
calmar(se)	*to become calm, to calm down*	**ofender(se)**	*to get offended, to get upset*
confundir(se)	*to get confused*	**preocupar(se)**	*to get worried, to worry*
deprimir(se)	*to get depressed*	**relajar(se)**	*to get relaxed, to relax*
enojar(se)	*to become angry, to get upset*	**tranquilizar(se)**	*to become calm, to calm down*

RECYCLES reflexive verbs with emotion.

Suggestion for **12.2-06, Paso 1:** Make sure that students write their questions to address the entire group. This is different from what they have done in previous activities. As a follow-up, ask each group who ended up being the most popular person with whom others would like to collaborate in a final project.

12.2-06 El compañero de equipo más compatible Ya conoces bastante a tus compañeros de clase y has tenido oportunidad de trabajar con algunos de ellos. Ahora es el momento de saber quién sería tu compañero/a ideal para trabajar en un proyecto de la comunidad.

Exercises labeled with an individual student icon in the **Hablando de gramática** section are intended to be assigned as homework.

Paso 1: Indica si las siguientes afirmaciones se te aplican o no.

	Sí	No
1. Me aburro cuando tengo que trabajar solo/a.	☐	☐
2. Me divierto mucho cuando trabajo con niños.	☐	☐
3. Me irrito cuando no tengo suficiente tiempo para estudiar.	☐	☐
4. Me frustro si no entiendo qué tengo que hacer.	☐	☐
5. Me preocupo por mis notas.	☐	☐

Answers for **12.2-06:** Answers may vary.

Ahora, transforma estas oraciones en preguntas.

Paso 2: En grupos de cuatro, túrnense para hacer las preguntas. Todos deben responder cada pregunta. Al final, cada miembro del grupo tiene que decidir quién sería la persona más compatible con quien trabajar en un proyecto final.

MODELO: Estudiante 1: *¿Se aburren cuando tienen que trabajar solos?*
Estudiante 2: *Yo no me aburro, a mí me gusta trabajar solo/a.*
Estudiante 3: *Yo sí me aburro; me divierte más trabajar en equipo.*

C. The verbs *ponerse*, *hacerse* and *volverse*

These verbs express a change of, emotion or condition in Spanish. **Ponerse** is used to express a spontaneous and nonpermanent change of mood.

ponerse... contento/a, feliz, de buen/mal humor, triste, nervioso/a, enfermo/a

Me puse muy **contenta** cuando supe que conocería a Dolores Huerta.	*I got very happy when I found out that I would meet Dolores Huerta.*
Se pone de mal humor cuando habla de temas controvertidos.	*He/she gets in a bad mood when he/she talks about controversial issues.*

Volverse is used to convey a more permanent change in character, personality, or behavior. It is more often used to talk about a negative change.

volverse... irritable, sensible, egoísta, autoritario/a, amigable, loco/a, radical, extremista, intolerante, (ir)responsable

Desde que es parte de esa organización, **se ha vuelto** muy **sensible**.	*Since he/she became part of that organization, he/she has become very sensitive.*
Te has vuelto muy **irritable** desde que trabajas en el sindicato.	*You've become very irritable since you began working for the union.*

Hacerse is used to express a personal, professional, or social development. It implies a gradual change, over a period of time, usually voluntary and effortful.

hacerse... mayor, viejo/a, rico/a, famoso/a, ciudadano/a, activista

Dolores Huerta **se hizo famosa** por luchar por los derechos de los trabajadores.	*Dolores Huerta became famous for fighting in favor of workers' rights.*
Después de 10 años, **me hice ciudadano.**	*After 10 years, I became a citizen.*

12.2-07 ¿Cómo te pones?

Paso 1: Usando *ponerse* + *adjetivo*, expresa cómo te sientes en estas situaciones.

1. cuando me va bien en un examen
2. cuando conozco a gente con quien puedo practicar español
3. cuando tengo mucho que estudiar
4. cuando no entiendo lo que dice el profesor
5. cuando intento decir algo y no sé cómo expresarlo

Paso 2: Entrevista a un/a compañero/a para ver si reacciona de la misma manera que tú. ¿Son parecidos o diferentes en su forma de reaccionar?

Answers for **12.2-7:** Answers may vary.

MODELO: *¿Te pones* ____________ *cuando conoces a gente que habla español?*

The suggested narration for **La pura verdad** can be found in the Appendix. Please use this narration to go over each of the frames with your students. You can also find this section (frames and narration) in the PowerPoint slides, found in the Book Companion Site and *WileyPLUS*.

LA PURA VERDAD II La vida de un poeta

Francisco X. Alarcón es un poeta y profesor chicano que enseña en la Universidad de California en Davis. En esta sección, el profesor Alarcón nos habla sobre su vida, su familia y su profesión.

1.

Nací en Estados Unidos. Soy estadounidense de segunda generación. Mi padre era obrero y mi madre era ama de casa.

2.

¡Las palabras son las llaves del universo!

3.
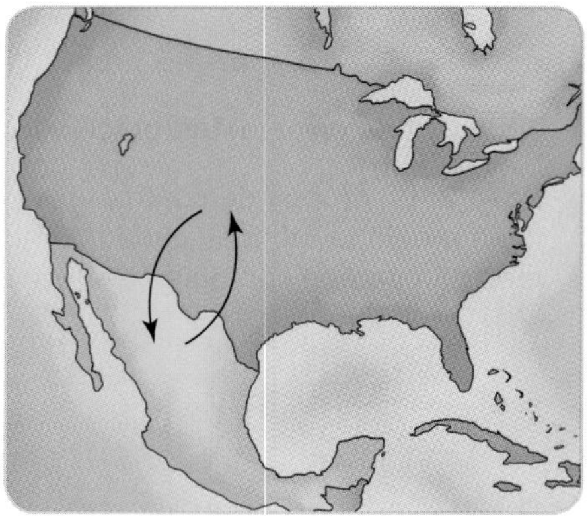

▲ *Francisco nació en Los Ángeles, pero creció en México. De niño iba y venía de México a Estados Unidos con frecuencia.*

4.

Arturo es arquitecto.
Betty es dentista.
Carlos es cura.
Estela es publicista.
José Antonio es urólogo.

5.

a que un programa de
añol para hispanohablantes
bueno, debe
tar con...

▲ *Francisco es profesor y ha escrito varios libros de poesía. Se ha hecho famoso con sus libros de poemas bilingües para niños.*

Script for **12.2-08:** 1. Francisco Alarcón es también el director del programa de español para hispanohablantes de su universidad. Este programa es para estudiantes que hablan español como lengua materna, pero que no recibieron instrucción formal en español y tienen dificultad para escribirlo. 2. Francisco Alarcón cree que es una lástima que los estudiantes se sientan mal por ser biculturales. En su programa, él les enseña a estar orgullosos de su lengua y su cultura. También enseña a escribir ensayos y poemas. 3. En los últimos años, Francisco Alarcón se ha dedicado a escribir libros para niños en inglés y español. Dice que hay 40 millones de latinos en Estados Unidos que son bilingües y se alegra de que muchos quieran conservar su conexión con el español.

12.2-08 Más datos sobre Francisco Alarcón Escucha más información sobre la vida de Francisco Alarcón. Luego, indica qué oración responde correctamente cada pregunta.

1. ¿A qué tipo de estudiantes está dirigido su programa?
   a. a aquellos estudiantes que han aprendido español como segunda lengua
   (b.) a aquellos estudiantes que no pueden escribir bien el español
   c. a aquellos estudiantes que han recibido instrucción formal en español
2. Francisco Alarcón...
   a. se alegra de que estén orgullosos de su cultura estadounidense.
   (b.) espera que aprendan a escribir ensayos y poemas.
   c. dice que es bueno aprender inglés primero.
3. Francisco Alarcón...
   (a.) escribe libros en inglés y español porque es bueno que los hispanos conserven la conexión con el español.
   b. escribe libros para enseñar español en la universidad.
   c. escribe libros que enseñan a sentirse orgullosos de hablar español.

HABLANDO DE GRAMÁTICA II

2. Describing objects or people: Subjunctive vs. indicative in adjective clauses

WileyPLUS Go to *WileyPLUS* to review this grammar point with the help of the **Animated Grammar Tutorial** and the **Verb Conjugator**.

In Chapters 9, 10, and 11, you learned about the subjunctive mood and how it is required in some subordinate clauses. In this section you will learn about adjective clauses (clauses that have the same function as an adjective).

Adjective	**Adjective clause**
Ese es un tema [muy controvertido].	*That is a [very controversial] issue.*
Ese es un tema [que causa mucha controversia].	*That is an issue [that causes a lot of controversy].*

When the adjective clause describes someone or something that we know for certain that exists and that we can identify, we use the indicative mood:

Es un poeta chicano [que **escribe** poemas bilingües].	*He's a Chicano poet [who writes bilingual poems].*
Estados Unidos es un país [que **tiene** mucha diversidad].	*The United States is a country [that has a lot of diversity].*

By contrast, when the adjective clause describes something or someone that is unknown, unspecified, or hypothetical, we use the subjunctive mood:

Queremos contratar a un poeta [que **escriba** poemas bilingües].	*We want to hire a poet [who writes bilingual poems].*
¿Conoces algún país [que **tenga** tanta diversidad como Estados Unidos]?	*Do you know of any country [that has as much diversity as the United States]?*

Following the same logic, when the adjective clause describes a nonexistent or negated antecedent, we use the subjunctive mood.

No queremos contratar a nadie [que **escriba** solo en inglés].	*We want to hire a poet [who writes bilingual poems].*
No conozco ningún país [que **tenga** tanta diversidad como Estados Unidos].	*I don't know of any country [that has as much diversity as the United States].*

12.2-09 El programa de español para hispanohablantes Francisco X. Alarcón, director del programa de español para hispanohablantes de la Universidad de California en Davis, enumera las características ideales de un programa de este tipo. Relaciona las dos columnas en la siguiente página para saber cuáles son esas características. Los elementos de las dos columnas completan la oración que comienza en el dibujo.

Exercises labeled with an individual student icon in the **Hablando de gramática** section are intended to be assigned as homework.

Use the PowerPoint slides found in the Book Companion Site and *WileyPLUS* to do this activity in class.

__d__ 1. profesores...
__f__ 2. un libro de texto...
__e__ 3. aulas y laboratorios de lengua...
__b__ 4. una universidad...
__g__ 5. un equipo de tutores...
__a__ 6. una comunidad...
__c__ 7. estudiantes...

a. que **apoye** nuestra labor.
b. donde **haya** un alto porcentaje de estudiantes hispanohablantes.
c. que **quieran** mejorar su español escrito y conectarse con sus raíces.
d. que **sepan** cuáles son las necesidades lingüísticas de los hispanohablantes en EE. UU.
e. que **estén** bien equipados.
f. que **sea** actual e interesante y que **tenga** buenos ejercicios.
g. que **estén** muy motivados.

Suggestion for **12.2-10:** In this activity, students have to decide whether indicative or subjunctive should be used, by focusing on the content of the passage. They have to decide if the adjective clause describes someone/something that the narrator knows or if it refers to something unspecified, unknown, or even nonexistent.

Suggestion for **12-2.10:** Encourage your students to find information about Francisco Alarcón on the Internet. Some interviews can be found on YouTube.

12.2-10 La familia de Francisco Alarcón

Paso 1: En una entrevista, Francisco Alarcón nos habla de cómo sus padres, que eran personas de origen humilde, prosperaron en Estados Unidos. Completa el texto de la entrevista con la forma apropiada del indicativo o del subjuntivo, según corresponda.

No conozco a nadie que ***representa/represente***$_1$ el sueño americano como mis padres. Ellos son unas personas extraordinarias. Mis padres, que en México ***eran/fueran***$_2$ campesinos[1], deciden emigrar a Estados Unidos. Aquí crían a sus siete hijos, que ahora ***son/sean***$_3$ profesionales. Todos nosotros, que ***somos/seamos***$_4$ la segunda generación, hemos prosperado. Mi hermano mayor, que ahora ***trabaja/trabaje***$_5$ como director general de un hospital, es cirujano[2]. Tengo otro hermano que ***es/sea***$_6$ arquitecto. Yo soy el que ***escribe/escriba***$_7$ poemas. Mi hermano Carlos es cura en una iglesia que ***tiene/tenga***$_8$ un área de influencia de unas 20.000 personas... No conozco ningún otro país donde ***es/sea***$_9$ posible llegar tan lejos viniendo de un origen humilde. Mi madre siempre nos decía: "Hagan aquello que ***quieren/quieran***$_{10}$ hacer, pero háganlo bien". Cuando escribo libros, no hay nada que me ***inspira/inspire***$_{11}$ más que la historia de mi familia.

Paso 2: Imagina que vas a entrevistar a Francisco Alarcón y que tienes que preparar algunas preguntas.

1. ¿Conoce a alguien que...?
2. ¿Ha vivido en algún lugar donde...?
3. ¿Ha escrito algún libro que...?
4. ¿Nos puede recomendar otros autores chicanos que...?
5. ¿Puede hablarnos de algún premio que...?

[1]**campesino/a:** peasant [2]**cirujano:** surgeon

OTRA PERSPECTIVA

Courtesy of Norma López-Burton

Los hispanos

Diferente

"Aquí en California muchas personas asumen que soy mexicana, pero yo soy de Puerto Rico. Lo comprendo, porque en California la mayoría de los hispanohablantes vienen del sur de la frontera. Comprendo que la gente crea que me gusta la comida picante (en Puerto Rico no comemos comida picante) o que hago tortillas en casa (en Puerto Rico casi ni se venden). Tampoco me molesta cuando la gente me pregunta: '¿Cómo obtuviste la ciudadanía?'. Los puertorriqueños somos ciudadanos estadounidenses. Pero lo que sí encuentro raro es que aquí nos clasifican a todos los que hablamos español como 'hispanos'. En nuestros respectivos países no nos referimos a nosotros mismos como 'hispanos'. Decimos que somos puertorriqueños, guatemaltecos, argentinos, bolivianos, etc. Cada país tiene una variedad lingüística y una cultura diferente. ¿Por qué nos clasifican a todos como hispanos sin distinguir entre los diferentes grupos?".

Igual

"Nosotros también clasificamos a las personas de China, Corea, Japón, Tailandia y Vietnam como 'asiáticas u orientales'. Y sin embargo, las personas de esos países también tienen idiomas y culturas diferentes. ¡Algunos hasta han sido enemigos! Pero aun así los catalogamos a todos con la misma etiqueta[3]. Y lo más curioso es que no llamamos 'asiáticas' a las personas de la India, ni de Pakistán, ni de Bangladés, ni de Irán, aunque son de Asia. Interesante, ¿no? ¿Por qué será?".

Explícale a Norma

1. ¿Por qué en Estados Unidos se llama "hispanos" a todos los que hablan español como lengua materna?
2. ¿Qué significan para ti las palabras "hispano" y "latino"? ¿Hay alguna diferencia entre ellas? ¿Cuál de las dos usas más?
3. ¿Crees que hay una clasificación para todos los que hablan inglés en el mundo? ¿Por qué?

Possible answers for **Otra perspectiva:** 1. Estadísticamente es más fácil estereotipar a un grupo que a 21. 2. Answers may vary. 3. No, creo que no la hay porque se reconoce que vienen de culturas diferentes.

Note for **Otra perspectiva:** El término *hispano* connota una relación con la antigua España (Hispania). El término *latino/a* remite al latín, la lengua de la que derivan todas las lenguas romances: el español, el catalán, el gallego, el italiano, el francés, el portugués, el rumano y todos sus dialectos.

MANOS A LA OBRA

12.2-11 ¿Cómo te sientes cuando...?

Paso 1: Selecciona tres de las siguientes situaciones. Escribe en una hoja aparte cómo te sientes en esas situaciones. Una de tus oraciones tiene que ser falsa.

MODELO: pensar en la jubilación → *Me aburro cuando pienso en la jubilación.*

1. pensar en la jubilación
2. usar estructuras nuevas en español
3. ver a personas ancianas con un mal nivel de vida
4. poder votar en las elecciones presidenciales
5. vivir en una sociedad...
6. leer libros sobre temas controvertidos

aburrirse
alegrarse
calmarse
confundirse
deprimirse
enojarse
irritarse
frustrarse
preocuparse
relajarse
tranquilizarse
ponerse (+ adjetivo)

[3] **etiqueta:** label

Answers for **12.2-11** and **12.2-12**: Answers may vary.

Paso 2: Léanles sus oraciones a los otros miembros del grupo. Ellos tienen que adivinar cuál es la reacción falsa y decir por qué.

MODELO: *Pienso que es falso que **te aburras** cuando **piensas** en la jubilación porque yo sé que tienes muchos planes para cuando dejes de trabajar.*

Paso 3: ¿Qué piensan? ¿Conocen bien a sus compañeros de grupo?

Suggestions for **12.2-12**: After most students have finished or have gone over most items, have a whole-class discussion and ask for students to volunteer their information. If no one has found a person for a particular category, ask the entire class: **¿Hay alguien en la clase que...? Sí, hay tres personas que.../No, no hay nadie que...**

At the end, have the class vote and reach a consensus: **¿Tenemos una clase diversa o no? ¿Qué piensan?**

Use the PowerPoint slides found in the Book Companion Site and *WileyPLUS* to do this activity in class.

12.2-12 Busca a alguien que...

Paso 1: ¿Es tu clase de español una comunidad diversa? ¡Continúa investigando! Habla con el mayor número de compañeros posible y busca a alguien que...

1. tenga ascendencia de otro país (especifica qué país).
2. pertenezca a una organización política (¿cuál?).
3. trabaje para un sindicato (¿cuál?).
4. tenga amigos hispanohablantes (¿de dónde son? ¿cómo se llaman?).
5. sea bilingüe (especifica qué idiomas habla).
6. proceda de una familia multirracial (¿de qué etnicidad?).
7. se confunda siempre que habla español (¿con quién?).
8. admire a algún activista social (¿quién?).
9. se sienta orgulloso/a de sus raíces (¿cuáles?).

MODELO: Estudiante 1: *¿Eres bilingüe?*
Estudiante 2: *Sí, soy bilingüe. Hablo* ____________ *y* ____________, *¿y tú?*

Paso 2: Después, informa a la clase. ¿Has encontrado a alguien para cada categoría?

MODELO: *No he encontrado a nadie que sea bilingüe.*
Si, he encontrado a dos personas que son bilingües. Se llaman...

Answers for **12.2-13:** Answers may vary.

12.2-13 Los famosos en Estados Unidos

Camina por la clase haciendo preguntas a tus compañeros y escribe el nombre de los estudiantes que contesten afirmativamente. Usa verbos pronominales en tus respuestas o *volverse/ponerse + adjetivo*.

Paso 1: ¿Cómo reaccionan tus compañeros cuando se habla sobre los siguientes temas?

MODELO: Estudiante 1: *¿Cómo reaccionas cuando alguien habla sobre los logros de los hispanos?*
Estudiante 2: *Me alegro muchísimo.*
Estudiante 1: (escribe) *Josh se alegra muchísimo cuando se habla sobre* los logros de los hispanos.

1. ______________ los logros de los hispanos.
2. ______________ la vida amorosa de los famosos.
3. ______________ la educación bilingüe de los profesionales destacados.
4. ______________ la vida bicultural que mencionan las letras de algunas canciones.
5. ______________ los deportistas hispanos se destacan.
6. ______________ no siempre algunos escritores dicen la verdad en sus artículos de opinión.
7. ______________ las viviendas de los famosos valen millones de dólares.
8. ______________ algunos comentaristas de la radio hacen comentarios negativos sobre los inmigrantes.

Paso 2: Ahora, comenta tus respuestas con el resto de la clase. En general, ¿reaccionan de manera similar ante estas situaciones? ¿Son ustedes una clase homogénea o diversa en cuanto a sus opiniones?

12.2-14 Nuestra organización Piensen en una organización estudiantil que quieran fundar. Debe ser una organización con una causa social o de ayuda a la comunidad.

Paso 1: Piensen en un nombre para su organización y una misión. Después, piensen en lo que puede hacer cada uno de ustedes en la organización.

MODELO: Estudiante 1: *Yo trabajo con muchas empresas y puedo buscar patrocinadores*[4].
Estudiante 2: *Yo soy muy buena con los números y puedo ser la tesorera.*
Estudiante 3: *Yo tengo experiencia en... y puedo...*

Paso 2: Escriban una descripción. Deben incluir el nombre de su organización, la misión, lo que ya tienen y lo que necesitan.

MODELO: *La organización estudiantil "Hermanas Unidas" tiene como misión (ayudar/favorecer/dar a conocer/luchar, etc)... y queremos llegar a personas que...*
Actualmente tenemos...
También contamos con varias personas que...
Necesitamos un traductor/representante/... que...
Buscamos un local donde reunirnos que...

Paso 3: Después de compartir sus descripciones y anuncios con la clase, el objetivo es encontrar lo que necesitan o están buscando entre las personas de la clase.

Paso 4: Cuando terminen de describir su organización y encuentren todo lo que necesitan y a las personas con el perfil que buscan, presenten su proyecto final a la clase.

Suggestions for **12.2-14**: This is an activity that you can do over a few days. On the first day, you can brainstorm in class what kinds of organizations students can find. List several options on the board. Then have students classify them according to which one of those options they would like to work with. You can work on **Paso 1** in class on day 1 and assign **Paso 2** for homework or do **Paso 2** in class the following day. You can also have student groups post their description on the course website or any other platform of your choice, and have all students in class indicate which organization is more appealing to them. On another day you can do **Paso 3**. Half of the group interview people interested in joining their organization and the other half are interviewed by members of another organization that they want to join. At the end of this process, all students in the class should belong to two different organizations: the one that they founded and the one that they joined later. For **Paso 4,** have the students in each complete organization present the community projects that they would like to undertake and why they believe these are needed.

Answers for **12.2-14:** Answers may vary.

12.2-15 Presta atención: El español en Estados Unidos Unas compañeras de trabajo están hablando sobre un artículo que habla del español en Estados Unidos. Escucha para saber de qué trata el artículo. Selecciona la respuesta más adecuada para cada pregunta.

1. Según el artículo que Flor está leyendo en el año 2050...
   a. en Estados Unidos habrá más de 130 millones de latinos.
   b. el número de hispanohablantes será diez veces el de ahora.
   c. la Real Academia Española dejará de aceptar nuevas palabras.
2. El número de hispanos que vivirá en Estados Unidos en el futuro...
   a. no necesariamente hablará inglés.
   b. no tiene por qué ser hispanohablante.
   c. hablará español de manera fluida.
3. Según Flor, el término...
   a. "hispano" se refiere a un latino que habla español en Estados Unidos.
   b. "hispanounidense" se refiere a un hispano que vive en Estados Unidos pero no necesariamente habla español.
   c. "latino" se refiere a un hispano que habla un español diferente al de su país.
4. ¿Qué sabemos de las palabras "bagel" y "pretzel" según la conversación de Marta y Flor?
   a. que son palabras que tienen una buena traducción al español
   b. que los hispanos siempre las traducen cuando las usan
   c. que la Real Academia Española las aceptará
5. ¿Qué piensa Flor de la palabra "aplicar" en lugar de "solicitar"?
   a. que si mucha gente la usa, la RAE la aceptará
   b. que la RAE acepta la palabra "solicitar" y no va a agregar otra
   c. que los hispanohablantes usan solamente las palabras aceptadas por la RAE

WileyPLUS Go to *WileyPLUS* and listen to **Presta atención**.

Script for 12.2-15, Presta atención: El español en Estados Unidos
Marta: Hola Flor. ¿Qué estás haciendo?
Flor: Estoy leyendo un artículo muy interesante sobre el español en Estados Unidos.
Marta: ¡Ah, sí! ¿Qué dice el artículo?
Flor: Pues habla del número de latinos que hay en Estados Unidos y dice que en el año 2050 seremos más de 130 millones.
Marta: ¿Y todos hablarán español? ¿Serán inmigrantes de América Latina?
Flor: El número de 130 millones se refiere a todos los hispanos, latinos o personas de ascendencia hispana, pero que no necesariamente hablarán español porque habrán nacido en Estados Unidos.
Marta: ¡Ah! O sea que no todos los hispanos o latinos que vivan en Estados Unidos serán hispanohablantes.
Flor: Exactamente. Entre los hispanos o latinos que viven en Estados desde hace muchos años, hay algunos que hablan español y hay otros que no lo hablan. El autor llama a todo ese grupo "hispanounidenses".
Marta: Me gusta el término "hispanounidense". ¿Qué más dice ese artículo?
Flor: Dice que la RAE, es decir, la Real Academia Española, aceptará pronto palabras que se usan en Estados Unidos, como, por ejemplo, "bagel" o "pretzel", porque son palabras que los hispanos de aquí usamos mucho, pero que no tienen traducción al español porque no son cosas tan populares o frecuentes en nuestros países.
Marta: Pues me pregunto si la RAE aceptará otras palabras que también se oyen mucho en Estados Unidos como "aplicar" en lugar de "solicitar un trabajo".
Flor: Pues yo creo que si las usa mucha gente, al final la Real Academia Española las aceptará.

[4]**patrocinador:** sponsor

¡OJO!

Structure your narration
In **Estrategias para escribir,** Chapter 8, Section 1, you learned that a narration has (a) an introduction, (b) the high point or climax of the story and (c) a conclusion. In your narration, remember also to check for agreement, verbal tenses, and the use of subjunctive.

12.2-16 Por escrito: Un profesional extranjero Escribe una narracción sobre un profesional extranjero que trabaje y viva en Estados Unidos.

- ¿Cómo se llama?
- ¿Cuál es su profesión?
- ¿Por qué lo/la admiras?
- ¿De qué país es?
- ¿Cómo llegó a Estados Unidos?
- ¿Cómo se sintió al llegar a este país?
- ¿Hoy día es una persona destacada en su profesión?
- ¿Qué quieres que haga por ti o por el mundo?

PONTE EN MI LUGAR

Estrategias para conversar

To talk about disappointments In Chapter 10, Section 2, you learned a few expressions to express satisfaction or to praise someone. In this section, you will learn a few more expressions to express disappointment and to respond to those comments of disappointment.

To express disappointment

Me confunde que... (+ *subjuntivo*)	*It confuses me that . . .*
Me irrito/irrité cuando (+ *indicativo*)...	*I get/got irritated when . . .*
Me ofendió cuando me dijo (+ *indicativo*)....	*I got upset when you said . . .*

To respond to expressions of disappointment

Cálmese/Cálmate, no quería deprimirlo/a/ deprimirte.	*Calm down, I didn't want you to get depressed.*
Perdone/Perdona mi ignorancia, pero me frustra...	*I am sorry about my ignorance, but I get frustrated . . .*
Por favor no se/te enoje/s, realmente pensaba que...	*Please don't get angry, I really thought that . . .*

Mentiras Un/a amigo/a se molesta porque su mejor amigo/a le ha mentido. Decidan quién será el/la amigo/a que no dice la verdad y quién será el/la amigo/a ofendido/a. Sigan las instrucciones. Usen las expresiones que aparecen en **Estrategias para conversar** para expresar decepción.

El/La amigo/a mentiroso/a: Estás en la universidad y vives con tus padres porque no puedes ni quieres pagar el alquiler de un apartamento. Pasas mucho tiempo en casa de tu amigo/a preparando tareas, proyectos y divirtiéndote. Tu amigo/a quiere ir a tu casa porque cuando lo/a conociste le dijiste que vivías con dos chicos/as. Conversas con él/ella y de nuevo te menciona que quiere que, para el próximo proyecto en equipo, trabajen los dos en tu casa. Buscas excusas para poder trabajar en la biblioteca o en algún otro lado. Quieres decirle la verdad, pero no sabes cómo. Cuando tu amigo/a te exprese su decepción, pídele disculpas y explícale que no sabías cómo decirle la verdad por un comentario que él/ella hizo cuando lo/la conociste por primera vez.

El/La amigo/a ofendido/a: Estás cansado/a de que tu mejor amigo/a pase todo el tiempo en tu apartamento y nunca te invite a su casa. Te enteras que él/ella vive con sus padres y estás molesto/a porque te ha mentido. Quieres darle una oportunidad para que se disculpe y te dé explicaciones. Dile que quieres hacer el proyecto de física en su casa porque en tu casa no hay electricidad. Cuando te dé una excusa para no trabajar en su casa y te diga la verdad, demuéstrale tu decepción por tener un/a amigo/a mentiroso/a. Habla con él/ella y dile lo que opinas de esa situación y de sus mentiras.

ASÍ ES LA VIDA

Expresión: Nadie es profeta en su tierra.

Periodista: Entonces, ¿nació en Bolivia? ¿Cuándo llegó a Estados Unidos?
Rodrigo Montes: Sí, exactamente, nací en Sucre y llegué aquí a finales de los años 80.
Periodista: ¡Usted es un comentarista exitoso en la radio de Estados Unidos! ¿Tenía el mismo éxito cuando vivía en Bolivia?
Rodrigo Montes: No, allí nadie me conocía. Ya sabes: **nadie es profeta en su tierra.**

¿Qué significa esta expresión?
¿Hay un equivalente en inglés? ¿Cuál es?

Suggestions for **Así es la vida**: Equivalent expression: No one is a prophet in his own land. Have your students read this dialogue and come up with an English equivalent. You can also have the students role-play situations in which it would be appropriate to use this popular saying.

Use the PowerPoint slides found in the Book Companion Site and *WileyPLUS* to do this section in class.

Expresión: Quien tiene boca, se equivoca.

John: Soy americano.
Miguel: Yo también soy americano.
John: ¿Tú? ¿Pero no eres guatemalteco?
Miguel: ¿Y Guatemala no está en América? Soy americano porque Guatemala está en el hemisferio norte del continente americano.
John: Perdón, **quien tiene boca, se equivoca.**

¿Qué significa esta expresión?
¿Hay un equivalente en inglés? ¿Cuál es?

Suggestions for **Así es la vida:** Equivalent expression: To err is human. Have your students read this dialogue and come up with an English equivalent. You can also have the students role-play situations in which it would be appropriate to use this popular saying.

WileyPLUS Go to *WileyPLUS* to find more **Arroba** activities.

Suggestion for **Arroba:** You may suggest the following celebrities for your students to look up information: Janet Murguía, Alexis Bledel, Sandra Cisneros, Ellen Ochoa, Rolando Hinojosa, Carlos Santana, Gustavo Santaolalla, Alexa Vega, Ricky Martin, Andy García, Christina Aguilera, Daphne Zuniga, Sofía Vergara, Sonia Sotomayor.

@Arroba@

Hispanos en Estados Unidos Busca en tu buscador favorito información sobre tres personas hispanas que vivan en Estados Unidos y que sean muy conocidas aquí. Escribe una pequeña biografía contestando las preguntas: ¿Dónde nacieron? ¿Por qué son famosas? ¿En qué trabajan? ¿Qué aportan a la cultura hispana y a Estados Unidos? ¿Son conocidas internacionalmente? ¿Tienen doble ciudadanía o solamente una? ¿Dónde viven? Comenta con tus compañeros la información.

Aquí hay algunas personas: Janet Murguía / Alexis Bledel / Sandra Cisneros / Ellen Ochoa / Rolando Hinojosa / Carlos Santana / Gustavo Santaolalla / Alexa Vega / Ricky Martín / Andy García / Christina Aguilera / Dagne Zuniga / Sofía Vergara

WileyPLUS Go to *WileyPLUS* to see this video and to find more video activities.

Go to *WileyPLUS* and the Book Companion Site to play the video in class. You can also find them in the PowerPoint slides.

Answers for **Antes de ver:** Answers may vary.

VER PARA CREER II: CLUES ayuda a inmigrantes

Antes de ver

1. ¿Conoces a algún hispano? ¿De dónde es? ¿Cuál es su nacionalidad?
2. ¿Nació aquí en Estados Unidos o llegó con su familia de otro país?
3. ¿Qué hizo cuando llegó por primera vez a Estados Unidos? ¿Estudió? ¿Trabajó?
4. ¿Qué le recomendarías a una persona que llega por primera vez a Estados Unidos?

Después de ver

1. ¿Entendiste? Después de ver el video sobre CLUES, selecciona las respuestas más adecuadas según el contenido del video.

1. ¿Qué significa CLUES?
   a. Cultura Latina Unida en la Sociedad
   b. Servicios Comunitarios para los Hispanos
   c. Comunidades Latinas Unidas en Servicio
2. ¿Qué servicios ofrece CLUES?
   a. Ofrece programas para buscar empleo y también ofrece clases de inglés.
   b. Ofrece clases de diferentes profesiones como, por ejemplo, para ser profesora.
   c. Ofrece cualquier clase que un hispano necesite para tener mejor educación.
3. ¿Qué le aconseja la directora de empleo, que se llama Erika Nicholson, al inmigrante que llega a Minnesota?
   a. Le aconseja que sea paciente con los estadounidenses.
   b. Le aconseja que se registre a clases de inglés.
   c. Le aconseja que busque empleo sin entrenamiento.
4. ¿De qué son los talleres que se ofrecen en CLUES?
   a. Talleres para saber hacer la carta de presentación y para tener una entrevista exitosa.
   b. Talleres para conseguir muchas entrevistas y tener un empleo que le interese al inmigrante.
   c. Talleres de temas diversos relacionados con el nivel de vida estadounidense.
5. ¿Por qué se reúne la mujer del final del video con su consejero de empleo?
   a. Porque quiere darle las gracias ya que ha conseguido un trabajo que le interesa.
   b. Porque quiere tomar clases de inglés y no sabe cómo comenzar.
   c. Porque quiere que la ayude a conseguir un trabajo que le guste hacer.

2. La integración en un país ¿Qué le recomendarías a una persona que emigra a tu país? ¿Qué necesita el inmigrante para integrarse rápidamente al país? ¿Por qué?

3. Enfoque cultural ¿Cómo te sentirías si tuvieras que emigrar a otro país? ¿Qué razones te llevarían a irte a vivir a otro país? Answers may vary.

AUTOPRUEBA

VOCABULARIO

Answers for **Vocabulario I**: 1. anciano/a; 2. hispanohablante; 3. jubilación; 4. chicano/mexicoamericano 5. bilingüe

I. ¿Sabes qué es? Lee las oraciones y escribe la palabra que define la oración.

1. Es una persona mayor con muchos años de edad.
2. Es una persona que habla español porque es su lengua materna.
3. Es cuando una persona deja de trabajar a cierta edad, como a los 60 o 65 años.
4. Es un ciudadano de Estados Unidos que tiene origen mexicano.
5. Es una persona que habla dos idiomas.

II. Conversación entre amigos Selecciona una palabra de la lista para completar el diálogo. ¡Ojo! Hay más palabras de las que necesitas.

elecciones sindicato demografía rechazar censo población triunfar

Víctor: ¿Sabes que según el ___censo___ (1) hay más de 50 millones de latinos que viven en Estados Unidos?
Marcos: No lo sabía. La ___demografía___ (2) latina demuestra el aumento de la ___población___ (3).
Víctor: Sí, tienes razón. Además, los hispanos juegan un rol importante en las ___elecciones___ (4) presidenciales por su activa participación.
Marcos: Sí, los demócratas y los republicanos saben que para ___triunfar___ (5), durante sus campañas deben comunicarse con los hispanos.
Víctor: Es verdad. El voto hispano ha sido decisivo en las últimas elecciones.

GRAMÁTICA

I. ¿Qué haces cuando...? Contesta las siguientes preguntas explicando qué haces en cada situación.

MODELO: ¿Qué haces cuando te sientes frustrado?
→ *Cuando me siento frustrado, hago algo para distraerme.*

¿Qué haces cuando...

Answers for **Gramática I**: 1. Cuando me enojo…; 2. Cuando me aburro…; 3. Cuando me ofendo…; 4. Cuando me siento cansado/a…; 5. Cuando me pongo enfermo…; 6. Cuando me alegro por…; 7. Cuando quiero relajarme…; 8. Cuando necesito tranquilizarme...

1. te enojas?
2. te aburres?
3. te ofendes?
4. te sientes cansado/a?
5. te pones enfermo/a?
6. te alegras por algo bueno?
7. quieres relajarte?
8. necesitas tranquilizarte?

II. Buscando un compañero de conversación Escribe la forma correcta del verbo entre paréntesis usando el *indicativo* o el *subjuntivo*.

Pedro: Jaime, estoy buscando una persona que (hablar) ___hable___ (1) bien español y que (querer) ___quiera___ (2) hacer un intercambio de conversación español/inglés con una amiga mía.
Jaime: Pues, tengo una amiga que (ser) ___es___ (3) cubana y que (poder) ___puede___ (4) ayudarte.
Pedro: ¡Qué bueno! Tiene que ser alguien que (saber) ___sepa___ (5) explicar bien la gramática y que (ser) ___sea___ (6) buena maestra. No quiero a alguien que no (tener) ___tenga___ (7) experiencia como profesor de lengua.
Jaime: ¡Mi amiga Lía es la persona perfecta!

CULTURA

1. ¿Quién es Dolores Huerta? ¿Por qué es tan conocida?
2. ¿Quién es Francisco Alarcón? ¿A qué se dedica?
3. ¿Cómo contribuyen los inmigrantes a la economía de Estados Unidos? Answers will vary.

REDACCIÓN

Entrevista a una persona bicultural que sea primera o segunda generación estadounidense. Escribe una biografía con esta información:

- Cuándo y dónde nació.
- De dónde son sus padres y sus antecesores.
- Qué trabajos tuvieron sus padres/sus antepasados.
- Qué idiomas habla en su casa.
- Qué costumbres conserva de sus padres o antepasados.
- Qué le gusta de su herencia cultural.

EN RESUMIDAS CUENTAS, AHORA PUEDO...

- ☐ hablar sobre temas relacionados con la política y la comunidad.
- ☐ describir emociones y cambios de estado usando verbos pronominales.
- ☐ describir objetos y personas usando cláusulas adjetivas.
- ☐ hablar de hispanos destacados.
- ☐ reconocer la contribución de los hispanos en EE. UU.

Answers for **Cultura:** 1. Es la fundadora, junto con César Chávez, de la Unión de Trabajadores Agrícolas. Es muy conocida por su activismo y su lucha en contra de la injusticia. 2. Francisco Alarcón es un profesor y poeta chicano. Ha escrito varios libros y ha recibido numerosos premios. 3. Todos los inmigrantes pagan impuestos al comprar los artículos que necesitan y al alquilar o comprar su vivienda u otras propiedades.

VOCABULARIO ESENCIAL

Sustantivos

el/la anciano/a	*elderly person*
los antepasados/ antecesores	*ancestors*
la ascendencia	*ancestry*
la demografía	*demographics*
los derechos	*rights*
la herencia	*inheritance*
el/la hispanohablante	*Spanish speaker*
la jubilación	*retirement*
la lengua materna	*mother language*
el nivel (de vida/ socioeconómico)	*(living/socioeconomic) standard*
las nuevas generaciones	*new generations*
el perfil	*profile*
las raíces	*roots*
la raza	*race*
el rechazo	*rejection*
el sindicato	*labor union*
el tema	*issue, topic*
la vivienda	*housing*

Cognados: el activismo, el/la activista, la asimilación, el bilingüismo, el censo, la comunidad, la discriminación, las elecciones, la identidad, la influencia, la (in)justicia, la (in)tolerancia, el/la líder, la organización, la política, la sociedad

Adjetivos

controvertido	*controversial*
destacado/a	*renown*

Cognados: bicultural, bilingüe, cubanoamericano/a, cultural, laboral, mexicoamericano/a, multicultural, multirracial, político/a, social

Verbos

integrarse	*to be accepted, to join a group*
prosperar	*to prosper, to thrive*
rechazar (z > c)	*to reject*
reconocer	*to recognize*
triunfar, tener éxito	*to succeed, to be successful*

Apéndice 1 Análisis grafológico

¿Cómo es la m?

Orgulloso, vanidoso, arrogante, diplomático.

Agresivo.

Simple, calmado.

Tímido.

Materialista, indiferente.

¿Cómo es la i?

Artista.

Alegre.

Fuerte.

Curioso, ambicioso.

Energético

Cuidadoso, tímido.

Creativo, imaginativo.

¿Cómo es la t?

Cuidadoso, trabajador.

Perezoso, flojo.

Entusiasta, ambicioso.

Testarudo, determinado.

Imaginativo.

Sensible.

Perseverante.

¿Cómo es la inclinación?

alfabeto Sociable, extrovertido.

alfabeto Introvertido, callado.

alfabeto Paciente, consistente.

¿Cómo es el tamaño? (*size*)

El libro de español Amistoso, sociable.

El libro de español Detallista (*details are important*), reservado.

Apéndice

2 Verbos

Regular Verbs: Simple Tenses

Infinitive Present Participle Past Participle	Indicative Present	 Imperfect	 Preterit	 Future	 Conditional	Subjunctive Present	 Imperfect	Imperative (commands)
hablar *to speak* hablando hablado	hablo hablas habla hablamos habláis hablan	hablaba hablabas hablaba hablábamos hablabais hablaban	hablé hablaste habló hablamos hablasteis hablaron	hablaré hablarás hablará hablaremos hablaréis hablarán	hablaría hablarías hablaría hablaríamos hablaríais hablarían	hable hables hable hablemos habléis hablen	hablara hablaras hablara habláramos hablarais hablaran	habla tú no hables hable Ud. hablen Uds. hablemos hablad no habléis
comer *to eat* comiendo comido	como comes come comemos coméis comen	comía comías comía comíamos comíais comían	comí comiste comió comimos comisteis comieron	comeré comerás comerá comeremos comeréis comerán	comería comerías comería comeríamos comeríais comerían	coma comas coma comamos comáis coman	comiera comieras comiera comiéramos comierais comieran	come tú no comas coma Ud. coman Uds. comamos comed no comáis
vivir *to live* viviendo vivido	vivo vives vive vivimos vivís viven	vivía vivías vivía vivíamos vivíais vivían	viví viviste vivió vivimos vivisteis vivieron	viviré vivirás vivirá viviremos viviréis vivirán	viviría vivirías viviría viviríamos viviríais vivirían	viva vivas viva vivamos viváis vivan	viviera vivieras viviera viviéramos vivierais vivieran	vive tú no vivas viva Ud. vivan Uds. vivamos vivid no viváis

Regular Verbs: Perfect Tenses

Indicative Present Perfect		Past Perfect		Future Perfect		Conditional Perfect		Subjunctive Present Perfect		Past Perfect	
he has ha hemos habéis han	hablado comido vivido	había habías había habíamos habíais habían	hablado comido vivido	habré habrás habrá habremos habréis habrán	hablado comido vivido	habría habrías habría habríamos habríais habrían	hablado comido vivido	haya hayas haya hayamos hayáis hayan	hablado comido vivido	hubiera hubieras hubiera hubiéramos hubierais hubieran	hablado comido vivido

Stem-changing *-ar* and *-er* Verbs: e → ie; o → ue

Present Participle Past Participle	Indicative					Subjunctive		Imperative (commands)
	Present	**Imperfect**	**Preterit**	**Future**	**Conditional**	**Present**	**Imperfect**	
pensar (ie) *to think* pensando pensado	**pienso** **piensas** **piensa** pensamos pensáis **piensan**	pensaba pensabas pensaba pensábamos pensabais pensaban	pensé pensaste pensó pensamos pensasteis pensaron	pensaré pensarás pensará pensaremos pensaréis pensarán	pensaría pensarías pensaría pensaríamos pensaríais pensarían	**piense** **pienses** **piense** pensemos penséis **piensen**	pensara pensaras pensara pensáramos pensarais pensaran	**piensa** tú no **pienses** **piense** Ud. **piensen** Uds. pensemos pensad no penséis
volver (ue) *to return* volviendo vuelto (irreg.)	**vuelvo** **vuelves** **vuelve** volvemos volvéis **vuelven**	volvía volvías volvía volvíamos volvíais volvían	volví volviste volvió volvimos volvisteis volvieron	volveré volverás volverá volveremos volveréis volverán	volvería volverías volvería volveríamos volveríais volverían	**vuelva** **vuelvas** **vuelva** volvamos volváis **vuelvan**	volviera volvieras volviera volviéramos volvierais volvieran	**vuelve** tú no **vuelvas** **vuelva** Ud. **vuelvan** Uds. volvamos volved no volváis

Other verbs of this type are:

e → ie: **atender, cerrar, despertarse, empezar, entender, nevar, pensar, perder, preferir, querer, recomendar, regar, sentarse**

o → ue: **acordarse de, acostarse, almorzar, colgar, costar, encontrar, jugar, mostrar, poder, probar, recordar, resolver, sonar, volar, volver**

Stem-changing *-ir* Verbs: e → ie, i; e → i, i; o → ue, u

Infinitive Present Participle Past Participle	Indicative					Subjunctive		Imperative (commands)
	Present	**Imperfect**	**Preterit**	**Future**	**Conditional**	**Present**	**Imperfect**	
sentir (ie, i) *to feel, regret* **sintiendo** sentido	**siento** **sientes** **siente** sentimos sentís **sienten**	sentía sentías sentía sentíamos sentíais sentían	sentí sentiste **sintió** sentimos sentisteis **sintieron**	sentiré sentirás sentirá sentiremos sentiréis sentirán	sentiría sentirías sentiría sentiríamos sentiríais sentirían	**sienta** **sientas** **sienta** **sintamos** **sintáis** **sientan**	**sintiera** **sintieras** **sintiera** **sintiéramos** **sintierais** **sintieran**	**siente** tú no **sientas** **sienta** Ud. **sientan** Uds. **sintamos** sentid no **sintáis**
pedir (i, i) *to ask (for)* **pidiendo** pedido	**pido** **pides** **pide** pedimos pedís **piden**	pedía pedías pedía pedíamos pedíais pedían	pedí pediste **pidió** pedimos pedisteis **pidieron**	pediré pedirás pedirá pediremos pediréis pedirán	pediría pedirías pediría pediríamos pediríais pedirían	**pida** **pidas** **pida** **pidamos** **pidáis** **pidan**	**pidiera** **pidieras** **pidiera** **pidiéramos** **pidierais** **pidieran**	**pide** tú no **pidas** **pida** Ud. **pidan** Uds. **pidamos** pedid no **pidáis**
dormir (ue, u) *to sleep* **durmiendo** dormido	**duermo** **duermes** **duerme** dormimos dormís **duermen**	dormía dormías dormía dormíamos dormíais dormían	dormí dormiste **durmió** dormimos dormisteis **durmieron**	dormiré dormirás dormirá dormiremos dormiréis dormirán	dormiría dormirías dormiría dormiríamos dormiríais dormirían	**duerma** **duermas** **duerma** **durmamos** **durmáis** **duerman**	**durmiera** **durmieras** **durmiera** **durmiéramos** **durmierais** **durmieran**	**duerme** tú no **duermas** **duerma** Ud. **duerman** Uds. **durmamos** dormid no **durmáis**

Other verbs of this type are:

e → ie, i: **divertirse, invertir, preferir, sentirse**

e → i, i: **conseguir, despedirse de, reírse, repetir, seguir, servir, teñirse, vestirse**

o → ue, u: **morir(se)**

Verbs with Spelling Changes

1. c → qu: tocar (model); also buscar, explicar, pescar, sacar

Infinitive Present Participle Past Participle	Indicative					Subjunctive		Imperative
	Present	Imperfect	Preterit	Future	Conditional	Present	Imperfect	(commands)
tocar	toco	tocaba	**toqué**	tocaré	tocaría	**toque**	tocara	toca tú
to play	tocas	tocabas	tocaste	tocarás	tocarías	**toques**	tocaras	no **toques**
(musical instrument),	toca	tocaba	tocó	tocará	tocaría	**toque**	tocara	**toque** Ud.
touch	tocamos	tocábamos	tocamos	tocaremos	tocaríamos	**toquemos**	tocáramos	**toquen** Uds.
tocando	tocáis	tocabais	tocasteis	tocaréis	tocaríais	**toquéis**	tocarais	**toquemos**
tocado	tocan	tocaban	tocaron	tocarán	tocarían	**toquen**	tocaran	tocad
								no **toquéis**

2. z → c: abrazar; also almorzar, cruzar, empezar (ie)

abrazar	abrazo	abrazaba	**abracé**	abrazaré	abrazaría	**abrace**	abrazara	abraza tú
to hug	abrazas	abrazabas	abrazaste	abrazarás	abrazarías	**abraces**	abrazaras	no **abraces**
abrazando	abraza	abrazaba	abrazó	abrazará	abrazaría	**abrace**	abrazara	**abrace** Ud.
abrazado	abrazamos	abrazábamos	abrazamos	abrazaremos	abrazaríamos	**abracemos**	abrazáramos	**abracen** Uds.
	abrazáis	abrazabais	abrazasteis	abrazaréis	abrazaríais	**abracéis**	abrazarais	**abracemos**
	abrazan	abrazaban	abrazaron	abrazarán	abrazarían	**abracen**	abrazaran	abrazad
								no **abracéis**

3. g → gu: pagar; also apagar, jugar (ue), llegar

pagar	pago	pagaba	**pagué**	pagaré	pagaría	**pague**	pagara	paga tú
to pay (for)	pagas	pagabas	pagaste	pagarás	pagarías	**pagues**	pagaras	no **pagues**
pagando	paga	pagaba	pagó	pagará	pagaría	**pague**	pagara	**pague** Ud.
pagado	pagamos	pagábamos	pagamos	pagaremos	pagaríamos	**paguemos**	pagáramos	**paguen** Uds.
	pagáis	pagabais	pagasteis	pagaréis	pagaríais	**paguéis**	pagarais	**paguemos**
	pagan	pagaban	pagaron	pagarán	pagarían	**paguen**	pagaran	pagad
								no **paguéis**

4. gu → g: seguir (i, i); also conseguir

seguir (i, i)	**sigo**	seguía	seguí	seguiré	seguiría	**siga**	siguiera	sigue tú
to follow	sigues	seguías	seguiste	seguirás	seguirías	**sigas**	siguieras	no **sigas**
siguiendo	sigue	seguía	siguió	seguirá	seguiría	**siga**	siguiera	**siga** Ud.
seguido	seguimos	seguíamos	seguimos	seguiremos	seguiríamos	**sigamos**	siguiéramos	**sigan** Uds.
	seguís	seguíais	seguisteis	seguiréis	seguiríais	**sigáis**	siguierais	**sigamos**
	siguen	seguían	siguieron	seguirán	seguirían	**sigan**	siguieran	seguid
								no **sigáis**

5. g → j: recoger; also escoger, proteger								
recoger *to pick up* recogiendo recogido	**recojo** recoges recoge recogemos recogéis recogen	recogía recogías recogía recogíamos recogíais recogían	recogí recogiste recogió recogimos recogisteis recogieron	recogeré recogerás recogerá recogeremos recogeréis recogerán	recogería recogerías recogería recogeríamos recogeríais recogerían	**recoja** **recojas** **recoja** **recojamos** **recojáis** **recojan**	recogiera recogieras recogiera recogiéramos recogierais recogieran	recoge tú no **recojas** **recoja** Ud. **recojan** Uds. **recojamos** recoged no **recojáis**
6. i → y: leer; also caer, oír. Verbs with additional i → y changes: construir; also destruir, contribuir								
leer *to read* **leyendo** leído	leo lees lee leemos leéis leen	leía leías leía leíamos leíais leían	leí leíste **leyó** leímos leísteis **leyeron**	leeré leerás leerá leeremos leeréis leerán	leería leerías leería leeríamos leeríais leerían	lea leas lea leamos leáis lean	**leyera** **leyeras** **leyera** **leyéramos** **leyerais** **leyeran**	lee tú no leas lea Ud. lean Uds. leamos leed no leáis
construir *to construct, build* **construyendo** construido	**construyo** **construyes** **construye** construimos construís **construyen**	construía construías construía construíamos construíais construían	construí construiste **construyó** construimos construisteis **construyeron**	construiré construirás construirá construire-mos construiréis construirán	construiría construirías construiría construiría-mos construiríais construirían	**construya** **construyas** **construya** **construyamos** **construyáis** **construyan**	**construyera** **construyeras** **construyera** **construyéramos** **construyerais** **construyeran**	**construye** tú no **construyas** **construya** Ud. **construyan** Uds. **construyamos** construid no **construyáis**

Irregular Verbs

Infinitive Present Participle Past Participle	Indicative					Subjunctive		
	Present	Imperfect	Preterit	Future	Conditional	Present	Imperfect	Imperative
caer *to fall* **cayendo** caído	**caigo** caes cae caemos caéis caen	caía caías caía caíamos caíais caían	caí caíste **cayó** caímos caísteis **cayeron**	caeré caerás caerá caeremos caeréis caerán	caería caerías caería caeríamos caeríais caerían	caiga caigas caiga caigamos caigáis caigan	cayera cayeras cayera cayéramos cayerais cayeran	cae tú no caigas caiga Ud. caigan Uds. caigamos caed no caigáis

conocer *to know, to be acquainted with* conociendo conocido	**conozco** conoces conoce conocemos conocéis conocen	conocía conocías conocía conocíamos conocíais conocían	conocí conociste conoció conocimos conocisteis conocieron	conoceré conocerás conocerá conoceremos conoceréis conocerán	conocería conocerías conocería conoceríamos conoceríais conocerían	conozca conozcas conozca conozcamos conozcáis conozcan	conociera conocieras conociera conociéramos conocierais conocieran	conoce tú no conozcas conozca Ud. conozcan Uds. conozcamos conoced no conozcáis
dar *to give* dando dado	**doy** das da damos dais dan	daba dabas daba dábamos dabais daban	**di** **diste** **dio** **dimos** **disteis** **dieron**	daré darás dará daremos daréis darán	daría darías daría daríamos daríais darían	**dé** **des** **dé** **demos** **deis** **den**	diera dieras diera diéramos dierais dieran	da tú no des dé Ud. den Uds. demos dad no déis
decir *to say, tell* **diciendo** **dicho**	**digo** **dices** **dice** decimos decís **dicen**	decía decías decía decíamos decíais decían	**dije** **dijiste** **dijo** **dijimos** **dijisteis** **dijeron**	**diré** **dirás** **dirá** **diremos** **diréis** **dirán**	**diría** **dirías** **diría** **diríamos** **diríais** **dirían**	diga digas diga digamos digáis digan	dijera dijeras dijera dijéramos dijerais dijeran	**di tú** no digas diga Ud. digan Uds. digamos decid no digáis
estar *to be* estando estado	**estoy** **estás** **está** **estamos** **estáis** **están**	estaba estabas estaba estábamos estabais estaban	**estuve** **estuviste** **estuvo** **estuvimos** **estuvisteis** **estuvieron**	estaré estarás estará estaremos estaréis estarán	estaría estarías estaría estaríamos estaríais estarían	**esté** **estés** **esté** **estemos** **estéis** **estén**	estuviera estuvieras estuviera estuviéramos estuvierais estuvieran	estés tú no estés esté Ud. estén Uds. estemos estad no estéis
haber *to have* habiendo habido	**he** **has** **ha** **hemos** habéis **han**	había habías había habíamos habíais habían	**hube** **hubiste** **hubo** **hubimos** **hubisteis** **hubieron**	**habré** **habrás** **habrá** **habremos** **habréis** **habrán**	**habría** **habrías** **habría** **habríamos** **habríais** **habrían**	**haya** **hayas** **haya** **hayamos** **hayáis** **hayan**	hubiera hubieras hubiera hubiéramos hubierais hubieran	
hacer *to do, make* haciendo **hecho**	**hago** haces hace hacemos hacéis hacen	hacía hacías hacía hacíamos hacíais hacían	**hice** **hiciste** **hizo** **hicimos** **hicisteis** **hicieron**	**haré** **harás** **hará** **haremos** **haréis** **harán**	**haría** **harías** **haría** **haríamos** **haríais** **harían**	haga hagas haga hagamos hagáis hagan	hiciera hicieras hiciera hiciéramos hicierais hicieran	**haz tú** no hagas haga Ud. hagan Uds. hagamos haced no hagáis

ir *to go* **yendo** ido	**voy** **vas** **va** **vamos** **vais** **van**	**iba** **ibas** **iba** **íbamos** **ibais** **iban**	**fui** **fuiste** **fue** **fuimos** **fuisteis** **fueron**	iré irás irá iremos iréis irán	iría irías iría iríamos iríais irían	**vaya** **vayas** **vaya** **vayamos** **vayáis** **vayan**	fuera fueras fuera fuéramos fuerais fueran	ve tú no vayas vaya Ud. vayan Uds. vayamos id no vayáis
oír *to hear* **oyendo** **oído**	**oigo** **oyes** **oye** **oímos** oís **oyen**	oía oías oía oíamos oíais oían	oí **oíste** **oyó** **oímos** **oísteis** **oyeron**	oiré oirás oirá oiremos oiréis oirán	oiría oirías oiría oiríamos oiríais oirían	oiga oigas oiga oigamos oigáis oigan	oyera oyeras oyera oyéramos oyerais oyeran	oye tú no oigas oiga Ud. oigan Uds. oigamos oíd no oigáis
poder (ue) *to be able, can* pudiendo podido	**puedo** **puedes** **puede** podemos podéis **pueden**	podía podías podía podíamos podíais podían	**pude** **pudiste** **pudo** **pudimos** **pudisteis** **pudieron**	**podré** **podrás** **podrá** **podremos** **podréis** **podrán**	**podría** **podrías** **podría** **podríamos** **podríais** **podrían**	pueda puedas pueda podamos podáis puedan	pudiera pudieras pudiera pudiéramos pudierais pudieran	puede tú pueda Ud. puedan Uds.
poner *to put, place* poniendo **puesto**	**pongo** pones pone ponemos ponéis ponen	ponía ponías ponía poníamos poníais ponían	**puse** **pusiste** **puso** **pusimos** **pusisteis** **pusieron**	**pondré** **pondrás** **pondrá** **pondremos** **pondréis** **pondrán**	**pondría** **pondrías** **pondría** **pondríamos** **pondríais** **pondrían**	ponga pongas ponga pongamos pongáis pongan	pusiera pusieras pusiera pusiéramos pusierais pusieran	**pon tú** no pongas ponga Ud. pongan Uds. pongamos poned no pongáis
querer (ie) *to wish, want, love* queriendo querido	**quiero** **quieres** **quiere** queremos queréis **quieren**	quería querías quería queríamos queríais querían	**quise** **quisiste** **quiso** **quisimos** **quisisteis** **quisieron**	**querré** **querrás** **querrá** **querremos** **querréis** **querrán**	**querría** **querrías** **querría** **querríamos** **querríais** **querrían**	quiera quieras quiera queramos queráis quieran	quisiera quisieras quisiera quisiéramos quisierais quisieran	quiere tú no quieras quiera Ud. quieran Uds. queramos quered no queráis

saber *to know* sabiendo sabido	**sé** **sabes** **sabe** **sabemos** **sabéis** **saben**	sabía sabías sabía sabíamos sabíais sabían	**supe** **supiste** **supo** **supimos** **supisteis** **supieron**	**sabré** **sabrás** **sabrá** **sabremos** **sabréis** **sabrán**	**sabría** **sabrías** **sabría** **sabríamos** **sabríais** **sabrían**	**sepa** **sepas** **sepa** **sepamos** **sepáis** **sepan**	supiera supieras supiera supiéramos supierais supieran	sabe tú no sepas sepa Ud. sepan Uds. sepamos sabed no sepáis
salir *to leave, go out* saliendo salido	**salgo** sales sale salimos salís salen salía	salías salía salíamos salíais salían	salí saliste salió salimos salisteis salieron	**saldré** **saldrás** **saldrá** **saldremos** **saldréis** **saldrán**	**saldría** **saldrías** **saldría** **saldríamos** **saldríais** **saldrían**	salga salgas salga salgamos salgáis salgan	saliera salieras saliera saliéramos salierais salieran	**sal tú** no salgas salga Ud. salgan Uds. salgamos salid no salgáis
ser *to be* siendo sido	**soy** **eres** **es** **somos** **sois** **son**	**era** **eras** **era** **éramos** **erais** **eran**	**fui** **fuiste** **fue** **fuimos** **fuisteis** **fueron**	seré serás será seremos seréis serán	sería serías sería seríamos seríais serían	**sea** **seas** **sea** **seamos** **seáis** **sean**	fuera fueras fuera fuéramos fuerais fueran	sé tú no seas sea Ud. sean Uds. seamos sed no seáis
tener *to have* teniendo tenido	**tengo** **tienes** **tiene** tenemos tenéis **tienen**	tenía tenías tenía teníamos teníais tenían	**tuve** **tuviste** **tuvo** **tuvimos** **tuvisteis** **tuvieron**	**tendré** **tendrás** **tendrá** **tendremos** **tendréis** **tendrán**	**tendría** **tendrías** **tendría** **tendríamos** **tendríais** **tendrían**	tenga tengas tenga tengamos tengáis tengan	tuviera tuvieras tuviera tuviéramos tuvierais tuvieran	**ten tú** no tengas tenga Ud. tengan Uds. tengamos tened no tengáis
traer *to bring* **trayendo** **traído**	**traigo** traes trae traemos traéis traen	traía traías traía traíamos traíais traían	**traje** **trajiste** **trajo** **trajimos** **trajisteis** **trajeron**	traeré traerás traerá traeremos traeréis traerán	traería traerías traería traeríamos traeríais traerían	traiga traigas traiga traigamos traigáis traigan	trajera trajeras trajera trajéramos trajerais trajeran	trae tú no traigas traiga Ud. traigan Uds. traigamos traed no traigáis

venir *to come* **viniendo** venido (also **prevenir**)	**vengo** **vienes** **viene** venimos venís **vienen**	venía venías venía veníamos veníais venían	**vine** **viniste** **vino** **vinimos** **vinisteis** **vinieron**	**vendré** **vendrás** **vendrá** **vendremos** **vendréis** **vendrán**	**vendría** **vendrías** **vendría** **vendríamos** **vendríais** **vendrían**	venga vengas venga vengamos vengáis vengan	viniera vinieras viniera viniéramos vinierais vinieran	**ven** tú no vengas venga Ud. vengan Uds. vengamos venid no vengáis
ver *to see* *viendo* **visto**	**veo** ves ve vemos veis ven	**veía** **veías** **veía** **veíamos** **veíais** **veían**	**vi** viste **vio** vimos visteis vieron	veré verás verá veremos veréis verán	vería verías vería veríamos veríais verían	vea veas vea veamos veáis vean	viera vieras viera viéramos vierais vieran	ve tú no veas vea Ud. vean Uds. veamos ved no veáis

Spanish-English Glossary

A

a. C. (antes de Cristo) *B.C. (Before Christ)* 6.1
abajo *down* 4.2
el/la abogado/a *lawyer* 4.1
abril *April* 1.2
el/la abuelo/a *grandfather/grandmother* 3.1
aburrido/a *boring, tedious* 8.2, 1.1
aburrir(se) *to get bored* 4.1
acampar *to go camping* 9.1
el aceite *oil* 7.2, 9.2
el acompañamiento *side dish* 7.2
aconsejar *to advise* 5.2, 9.1
acostar(se) *to lie down* 4.1
la actriz *actress* 6.2
actual *current* 8.2
la actualidad *current affairs* 8.2
el aderezo *dressing* 7.2
la aerolínea/línea aérea *airline* 11.2
el/la aeromozo/a *flight attendant* 4.1, 11.2
afeitar(se) *to shave (oneself)* 4.1
el/la aficionado/a *fan* 8.1
agosto *August* 1.2
(des) agradar *to (dis) please* 5.2
agradecer *to thank* 5.1
agregar *to add* 7.2
el agua (mineral/con gas) *(spring/sparkling) water* 7.2
ahí *there* 6.2
el/la ahijado/a *godson/goddaughter* 5.2
el ajedrez *chess* 8.1
el ajo *garlic* 7.1
la alfombra *rug* 3.2
el aliado *ally* 6.1
algo *something, anything* 8.2
alguien *someone, anyone* 8.2
algún, alguna/os/as *some, any* 8.2
allí/allá *over there* 6.2
almorzar (ue) *to have lunch* 3.1
alquilar *to rent* 3.2
el alimento *food* 7.1, 2.2
la almeja *clam* 7.1
el almuerzo *lunch* 7.1
amarillo/a *yellow* 2.2
amueblado/a *furnished* 3.2
añadir *to add* 7.2
anaranjado/a/naranja *orange* 2.2, 7.1
andar en patineta /monopatín *to skateboard* 8.1
el anillo *ring* 2.2, 5.2
animado/a *lively* 8.2
el animal (doméstico/salvaje) *(domestic/wild) animal* 9.2
animar *to enliven* 5.1, 8.1
animar (a un equipo) *to cheer (a team)* 8.1, 5.1
anoche *last night* 8.1
anteayer *the day before yesterday* 8.1
antiguo/a *old, ancient* 6.2
el anuncio/el comercial *TV commercial* 8.2
el apartamento *apartment* 3.2
el apodo *nickname* 3.1
aprender *to learn* 2.1
aquí *here* 6.2
la araña *spider* 9.2
el árbol *tree* 3.2
el archivo (adjunto) *(attached) file* 11.1
el arete/pendiente *earring* 2.2
argentino/a *Argentine* 1.1
arriba *up* 4.2
el armario/el ropero *closet* 3.2
el arquero *goalkeeper* 8.1
el arroz *rice* 7.1
la artesanía *arts and crafts* 2.2
el asado/la parrillada *BBQ* 7.1
asar *to roast, to grill* 7.2
el atletismo *track and field* 8.1
el auto/carro *car* 4.2
el autobús *bus* 2.1, 4.2
la autopista *highway* 4.2
el autorretrato *self portrait* 6.2
la avenida *avenue* 4.2
ayer *yesterday* 8.1
azul *blue* 2.2
azul (oscuro, claro, marino) *(dark, light, navy) blue* 6.2
el azulejo/el mosaico *tile* 3.2

B

bailar *to dance* 1.2, 5.1
el baile *dance* 5.1
bajo/a *short* 1.1
el bajo *bass* 5.1
el balón *(soccer, basket) ball* 8.1
el baloncesto *basketball* 8.1
bañar(se) *to bathe (oneself)* 4.1
el baño *bathroom* 3.2
barato/a *cheap, inexpensive* 2.2
el barco *ship* 11.2, 6.1
el barrio *neighborhood* 4.2, 3.2
Bastante bien. *Pretty well.* P
la basura *garbage* 9.2
el bautizo *baptism* 5.2
beber *to drink* 2.1
la bebida *drink* 7.2
el bienestar *well-being* 10.2
el billete/pasaje (de ida/de ida y vuelta) *(one way/round trip) ticket* 11.2
el/la bisabuelo/a *great grandfather/grandmother* 3.1
el/la bisnieto/a *great grandchild* 3.1
el bistec/bife *beef steak* 7.1
blanco/a *white, white (skin)* 1.1, 2.2
la boca *mouth* 3.1
la boda *wedding* 5.2
el bolígrafo *pen* P
boliviano/a *Bolivian* 1.1
el/la bombero/a *firefighter* 4.1
bonito/a *pretty* 3.2, 1.1
borrar lo que no quieren *to delete what they don´t want* 11.1
el bosque *forest* 9.1
brasileño/a *Brazilian* 12.1
el brazo *arm* 10.1
el brindis *the toast* 5.2
¡Buen provecho! *Enjoy your meal!* 7.2
Buenas noches. *Good evening./Good night.* P
Buenas tardes. *Good afternoon.* P
bueno/a *good* 1.1
Buenos días. *Good morning.* P
buscar una dirección de Internet *to search for a URL* 11.1
el buscador *browser* 11.1

C

caer bien/mal *to like/dislike someone/or not* 5.2
el caballero *groomsman* 5.2
el caballo *horse* 9.2
la cabeza *head* 3.1
el cable *wire* 11.1
el caldero *cast iron pot* 7.2
el calentamiento global *global warming* 9.2
calentar (>ie) *to heat up* 7.2
la calle *street* 4.2
la cama *bed* 3.2
calmarse *to calm down* 10.2
el/la camarero/a, mesero/a *waiter/waitress* 4.1
el camarón *shrimp* 7.1
el cambio climático *climate change* 9.2
la camisa *shirt* 2.2
caminar *to walk* 1.2
el campeonato *championship* 8.1
el campo de fútbol *soccer field* 8.1
el canal (de televisión) *TV channel* 8.2
la cancha *court* 8.1
la cacerola *pan* 7.2
la canción *song* 5.1
cansado/a *tired* 10.2
el/la cantante *singer* 5.1
cantar *to sing* 1.2, 5.1
la cara *face* 3.1
el cargador *charger* 11.1
cargar la batería *to charge the battery* 11.1
la carne (de vaca/res) *(beef) meat* 7.1
caro/a *expensive* 2.2
la carpeta *folder* 11.1

la carretera *road* 4.2
el carril *lane* 4.2
la carta de presentación *cover letter* 4.1
la carta de recomendación *letter of recommendation* 4.1
la carta/el menú *menu* 7.2
las cartas *cards* 8.1
el/la cartero/a *mail carrier* 4.1
la casa *house, home* 2.1, 3.2
casado/a *married* 3.1
casarse *to get married* 3.1
castaño/a *chestnut* 1.1
el castillo *castle* 6.2
catorce *fourteen* P
la cebolla *onion* 7.1
la cena *dinner* 7.1
cenar *to have dinner* 2.1
cepillar(se) *to brush (teeth or hair usually)* 4.1
cerca *near* 4.2
el/la cerdo/a *pig* 9.2
la cerveza *beer* 7.2
chatear en línea *to chat on line* 11.1
chileno/a *Chilean* 1.1
chistoso/a *funny* 1.1, 8.2
el chorizo *sausage* 7.1
la chuleta (de cerdo/puerco) *(pork) chop* 7.1
el churrasco *steak* 7.2
cien *one hundred* 2.2
cien mil *one hundred thousand* 3.2
ciento diez *one hundred and ten* 2.2
ciento uno *one hundred and one* 2.2
cinco *five* P
cincuenta *fifty* P
el cine *movie theatre* 4.2, 6.2
el cinturón *belt* 2.2
el/la cirujano/a *surgeon* 10.2
la ciudad *city* 4.2
la (doble) ciudadanía *(dual) citizenship* 12.1
la cocina *kitchen* 3.2
cocinar *to cook* 2.1
el/la cocinero/a *cook* 4.1
colgar/poner videos en Internet *to post videos on the Internet* 11.1
colombiano/a *Colombian* 1.1
color vino *burgundy* 6.2
color vivo *bright color* 6.2
el comedor *dining room* 3.2
comer *to eat* 2.1
la comida *food* 2.2, 7.1
la comida chatarra/basura *junk food* 7.2
¿Cómo está usted? *How are you? (formal)* P
¿Cómo estamos? *How are you doing?* P
¿Cómo estás? *How are you? (informal)* P
¿Cómo te llamas? *What´s your name? (informal)* P
la cómoda *dresser* 3.2
competir *to compete* 6.2
comprar *to buy* 2.2, 3.2
la computadora (portátil) *(laptop) computer* 11.1
el concurso *competition, contest* 8.2
el/la conejo/a *rabbit* 9.2
confundido/a *confused* 10.2
congestionado/a *congested* 10.1
el conjunto (musical) *(music) band* 5.1
conocer *to know or be familiar with* 5.1
conseguir *to get* 6.2
conseguir (un trabajo) *to get (a job)* 4.1
el/la conserje *janitor* 4.1
construir *to build* 6.2
el consultorio del médico *doctor's office* 10.1
contaminar (el aire, el agua) *to pollute (the air, the water)* 9.2
la contaminación (del aire, del agua...) *(air, water...) pollution* 9.2
contar (ue) *to count ; to tell, to narrate (e.g., a story)* 3.1, 5.2
el contestador *answering machine* 11.1
contestar *to answer* 5.2
contradicho/a *contradicted* 11.1
controlar (la ansiedad/ el colesterol) *control (your anxiety/cholesterol)* 10.2
la contraseña *password* 11.1
controvertido/a *controversial* 8.2, 12.2
la copa *wine glass* 7.2
el corazón *heart* 10.1
la cordillera *mountain range* 9.1
(la oficina de) correos *post office* 4.2
correr *to run* 1.2
cortar *to cut* 7.2, 4.1
corto/a *short (hair)* 1.1
costar (ue) *to cost* 3.1
costarricense *Costarican* 1.1
crear *to create* 6.2
¿Cuál es la fecha de hoy? *What is today's date?* 1.2
¿Cuándo es tu cumpleaños? *When is your birthday?* 1.2
¿Cuánto cuesta/cuestan...? *How much is/are . . . ?* 2.2
la cuadra *city block* 4.2
el cuadro *painting* 3.2, 6.2
cuarenta *forty* P
cuarto/a *fourth* 6.1
cuatro *four* P
cuatrocientos *four hundred* 2.2
cubano/a *Cuban* 1.1
el cubierto *cutlery* 7.2
cubierto/a *covered* 11.1
cubrir/tapar *to cover* 7.2
la cuchara *spoon* 7.2
el cuchillo *knife* 7.2
la cuenta *bill/check* 7.2
el cuerpo humano *human body* 10.1
cuidadoso/a *careful* 1.1
cuidar(se) *to take care (of oneself)* 10.2
el cumpleaños *birthday* 5.2
el/la cuñado/a *brother/sister-in-law* 3.1
el cura *priest* 5.2
curar *to cure, to heal* 10.1
curarse *to get well, to recover* 10.1
el currículum vítae *résumé* 4.1
el cuy *guinea pig* 9.2

D

d. C. (después de Cristo) *A.D.(in the year of our Lord)* 6.1
los dados *dice* 8.1
la dama *bridesmaid* 5.2
las damas *checkers* 8.1
dar *to give* 5.2
dar la vuelta *spin around* 5.1
de la mañana *in the morning* 2.1
de la noche *in the evening/at night* 2.1
de la tarde *in the afternoon* 2.1
de repente *suddenly* 8.1
deber *must, ought, should* 4.1
débil *weak* 10.1
décimo/a *tenth* 6.1
decir *to say* 5.2
el dedo (de la mano/del pie) *finger/toe* 10.1
¿De dónde eres? *Where are you from?* 1.1
delante (de) *in front (of)* 4.2
la demografía *demographics* 12.2
el/la dependiente *sales clerk* 4.1
deprimido/a *depressed* 10.2
el deporte (extremo/de riesgo) *(extreme) sport* 8.1
el/la deportista *athlete* 8.1
¿De qué (se) trata? *What is it about?* 8.2
¿De qué equipo eres? *What team do you support?* 8.1
a la derecha *to the right* 4.2
el derecho *law* 1.2, 12.1
los derechos *rights* 12.2
el derrame *oil spill* 9.2
derrotar *to defeat* 6.1
desarrollar *to develop* 9.2
desayunar *to have breakfast* 7.1
el desayuno *breakfast* 7.1
descansar *to rest* 10.2
el descanso *rest* 10.2
descargar programas *to download programs* 11.1
descubierto/a *discovered* 11.1
¿Desea/Desean algo de comer/tomar? *Would you like something to eat/drink?* 7.2
el desecho *waste* 9.2
deshecho/a *undone* 11.1
la despedida *farewell* P
la despedida de soltero/a *bachelor/bachelorette party* 5.2
despertar(se) (ie) *to wake up* 4.1
destacado/a *renown* 12.2
detrás (de) *behind* 4.2
devolver (ue) *to return (something)* 5.2
devuelto/a *returned (an object)* 11.1
el día de Año Nuevo *New Year´s Day* 5.2
el día de Año Viejo/la Nochevieja *New Year´s Eve* 5.2
el día de los Reyes Magos *Three Kings Day* 5.2
dibujar *to draw* 6.2
los dibujos animados *cartoons* 8.2
dicho/a *said, told* 11.1
diciembre *December* 1.2
la dictadura *dictatorship* 6.1
diecinueve *nineteen* P
dieciocho *eighteen* P
dieciséis *sixteen* P
diecisiete *seventeen* P
el diente *tooth* 3.1
diez *ten* P
diez mil *ten thousand* 2.2, 3.2
la dirección *address, direction* 4.2
el disco duro/externo *hard drive* 11.1
la discoteca *night club* 4.2

Disculpe, ¿cómo llego a...? *Excuse me, how do I get to. . . ?* 4.2
diseñar *to design* 6.2
el diseño *design* 1.2
distraído/a *distracted, absent-minded* 10.2
divertido/a *fun* 1.1
divertir(se) *to enjoy oneself* 4.1
doblar *to dub* 8.2
doce *twelve* P
doler (ue) *to hurt* 10.1
el domingo *Sunday* 1.2
dominicano/a *Dominican* 1.1
dorado/a *golden* 6.2
dormir (ue) *to sleep* 3.1, 1.2
dormir(se) (ue) *to fall asleep* 4.1
el dormitorio *bedroom* 3.2
dos *two* P
dos mil *two thousand* 2.2
dos millones *two millions* 3.2
doscientos *two hundred* 2.2
la ducha *shower* 3.2
duchar(se) *to take a shower* 4.1
dulce *sweet* 7.1
el durazno/melocotón (Esp.) *peach* 7.1

E

echar de menos *to miss (something/someone)* 12.1
el/la ecologista *environmentalist* 9.2
ecuatoguineano/a *Equatoguinean* 1.1
ecuatoriano/a *Ecuadorian* 1.1
la Edad Media/ Moderna *middle/modern ages* 6.1
el edificio *building* 3.2
la emisora (de radio) *(radio) station* 8.2
el empleo *employment* 4.1
el/la enfermero/a *nurse* 4.1, 10.2
el envase (desechable) *(disposable) container* 9.2
el equipaje (de mano) *(carry-on) luggage* 11.2
el equipo *team* 8.1
Él/ella es de piel/de pelo... *His/her skin/hair is . . .* 1.1
el/la entrenador/a *coach / trainer* 8.1
el/la escritor/a *writer* 4.1
el escritorio *desk* 3.2
el español *Spanish* 1.1, 1.2
el espejo *mirror* 3.2
el/la esposo/a *spouse* 3.1
el estacionamiento *parking lot* 4.2
el estado de ánimo *mood* 10.2
el estante *shelf* 3.2
el este *east* 4.2
el estómago *stomach* 10.1
Él/Ella tiene (el pelo/la piel) *He/She has ([type] hair/skin)* 1.1
elegir *to elect* 6.1, 6.2
elegir *to choose* 6.2, 6.1
emocionado/a *excited* 10.2
emocionante *exciting, thrilling* 8.2
la empanada (de carne, de queso, de marisco) *(meat, cheese, seafood) turnover* 7.2
empezar *to start* 2.1
la empresa *company (business)* 4.1
en frente (de) *in front (of)* 4.2
en punto *o'clock* 2.1
Encantado/a. *Nice to meet you.* P
encantar *to like a lot, to love something* 5.2
encender la computadora *to turn on the computer* 11.1
encendido/a *(turned) on* 11.1
enchufar la impresora *to plug in the printer* 11.1
encontrar (ue) *to find* 3.1
enero *January* 1.2
enfermarse *to get sick* 10.1
la enfermedad *disease* 10.1
la enfermería *nursing* 1.2
enfermo/a *sick, ill* 10.1
engordar *to gain weight* 10.2
enojar(se) *to become angry, to get upset* 4.1
la ensalada *salad* 7.2
entender (ie) *to understand* 3.1
la entrada *movie ticket* 8.2
entrar a un sitio web *to log in* 11.1
entre *in between* 4.2
entretenido/a *entertaining* 8.2
la entrevista (de trabajo) *(job) interview* 4.1
enviar *to send* 5.2
enviar mensajes electrónicos *to send emails* 11.1
la época *age or era* 6.1
Es de... *He/She is from . . .* 1.1
Es la / Son las... *It is...* 2.1
Es medianoche. *It's midnight.* 2.1
Es mediodía. *It's noon.* 2.1
la escasez *shortage* 9.2
escribir *to write* 2.1
escrito/a *written* 11.1
escuchar (música) *to listen (to music)* 1.2
la escuela (primaria/secundaria) *(elementary/high) school* 1.2
esculpir *to sculpt* 6.2
la espalda *back* 10.1
español/a *Spanish* 1.1, 1.2
esperar *to wait* 2.1
esperar que los aparatos funcionen *to hope that devices work* 11.1
la especia *spice* 7.2
la especialización *major, specialization* 1.2
esquiar *to ski* 1.2
la esquina *corner* 4.2
esta noche *tonight* 2.2
Está nublado. *It is cloudy.* 4.2
la estación lluviosa/seca *(rainy/dry) season* 9.1
la estadía/estancia (en un hotel) *(hotel) stay* 11.2
estadounidense *American* 1.1
estar *to be* 3.2
estar a dieta/hacer dieta *to diet/be on a diet* 10.2
estar embarazada *to be pregnant* 10.2
estar en peligro de extinción *to be endangered* 9.2
estar resfriado/a *to have a cold* 10.1
estornudar *to sneeze* 10.1
(dos, tres, cuatro) estrellas *(two, three, four) stars* 11.2
estudiar *to study* 1.2
la estufa *stove* 3.2
explicar *to explain* 5.2

F

facturar el equipaje *to check in your luggage* 11.2
la falda *skirt* 2.2
el familiar/pariente *relative* 3.1
fascinar *to love, to be fascinated by something* 5.2
febrero *February* 1.2
¡Felicidades! *Congratulations!* 5.2
¡Fenomenal! *Great!* P
la ficha *piece* 8.1
el fin de semana *the weekend* 1.2
el fin de semana/mes/año pasado *last weekend/month/year* 8.1
al final (de) *to the end (of)* 4.2
flaco/a *thin* 1.1
el flan *sweet custard* 7.2
la flor *flower* 2.2, 3.2
francés/francesa *French* 12.1
francoguayanés/francoguayanesa *French Guianese* 12.1
el fregadero *kitchen sink* 3.2
freído/a *fried* 11.1, 7.2
freír (i) *to fry* 7.2
la fresa/ la frutilla (Arg.) *strawberry* 7.1
el frijol *bean* 7.1
frito/a *fried* 7.2, 11.1
la frontera *border* 9.1
el fruto seco *nut* 7.1
la fuente *bowl* 7.2
fuerte *strong* 1.1, 10.2
funcionar (la computadora, el aparato) *to work (a computer, a device)* 11.1
fundar *to establish* 6.1
el fútbol *soccer* 8.1

G

la galleta/ galletita *cookie or cracker* 7.1
ganar *to win* 6.1, 8.1
ganar (dinero) *to earn, make (money)* 4.1
la garganta *throat* 10.1
el/la gato/a *cat* 9.2
el/la gemelo/a *identical twin* 3.1
el/la gerente *manager* 4.1
el germen *germ* 10.1
gobernar *to rule* 6.1
gordo/a *fat* 1.1
grabar *to record* 8.2
grabar música *to record music* 11.1
Gracias. *Thank you.* P
gracioso/a *funny* 1.1, 8.2
grande *big* 3.2
la grasa *fat* 7.1
graso/a *fat/fatty* 7.1
la gripe *flu* 10.1
gris *gray* 2.2
gritar *to shout* 5.1
guapo/a *pretty* 1.1, 3.2
guardar los cambios *to save changes* 11.1
guatemalteco/a *Guatemalan* 1.1
la guerra (civil) *(civil) war* 6.1
(No) Le gusta... *He/She (doesn't) like(s)...* 1.2
gustar *to like* 2.2
Gusto en conocerte. *Nice to meet you.* P
guyanés/guyanesa *Guyanese* 12.1

H

la habitación (sencilla, doble, triple) *(single, double, triple) room* 11.2
la habitación/el cuarto *room* 3.2
habitar *to inhabit* 6.1
hablar por teléfono (celular/móvil) *to talk on the (cell) phone* 1.2
Hace (mucho) calor. *It is (very) hot.* 4.2
Hace (mucho) viento. *It is (very) windy.* 4.2
Hace ___ grados F/C. *It is ___ degrees F/C.* 4.2
Hace buen/mal tiempo. *The weather is good/bad.* 4.2
Hace fresco. *It is cool.* 4.2
(No) Hace frío. *It is (not) cold.* 4.2
Hace sol. *It is sunny.* 4.2
hacer *to do, to make* 3.1
hacer cola *to wait in line* 11.2
hacer ejercicio *to exercise* 1.2
hacer esquí acuático *to water ski* 8.1
hacer las maletas *to pack* 11.2
hacer senderismo *to hike* 8.1
hacer snowboarding *to snowboard* 8.1
hacer una reservación/reserva *to book a table* 7.2
hacer yoga *to do yoga* 1.2
hacer/dar una fiesta (sorpresa) *to have/give a (surprise) party* 5.1
hacer/jugar (ue) a un deporte *to play/practice a sport* 8.1
haitiano/a *Haitian* 12.1
Hasta la vista. *See you soon. (Lit. Until I see you again)* P
Hasta luego. *See you later.* P
Hasta mañana. *See you tomorrow.* P
Hasta pronto. *See you soon.* P
hay *there is/there are* 3.2
Hay humedad. *It is humid.* 4.2
Hay niebla. *It is foggy.* 4.2
hay que *one must* 4.1
Hay tormenta. *It is stormy.* 4.2
Hay un huracán. *There is a hurricane.* 4.2
Hay... *There is... There are...* P
hecho/a *done* 11.1
el helado *ice -cream* 7.2
la herencia *inheritance* 12.2
el/la hermanastro/a *stepbrother/stepsister* 3.1
el/la hermano/a *brother/sister* 3.1
hervir (ie) *to boil* 7.2
el/la hijo/a *son/daughter* 3.1
el/la hispanohablante *Spanish speaker* 12.2
Hola. *Hi.* P
hondureño/a *Honduran* 1.1
hornear *to bake* 7.2
el horno *oven* 3.2
Hoy es... *Today is . . .* 1.2
la huelga *strike* 12.1
el huevo *egg* 7.1

I

la (des) igualdad *(in)equality* 12.1
la iglesia *church* 5.2
Igualmente. *Likewise.* P
importar *to care about something, to matter* 5.2
la impresora *printer* 11.1
imprimido/a, impreso/a *printed* 11.1
imprimir documentos *to print documents* 11.1
los impuestos *taxes* 12.1
la informática *computer science* 1.2
la infusión/el té de hierbas *herbal tea* 10.1
el/la ingeniero/a *engineer* 4.1
el inodoro *toilet* 3.2
integrarse *to be accepted, to join ato be accepted, to join a group* 12.2
invierno *winter* 1.2
ir *to go* 2.2, 7.2
ir al cine *to go to the movies* 1.2
ir al extranjero *to go abroad* 11.2
ir de compras *to go shopping* 1.2, 2.2
el/la invitado/a *guest* 5.2
la isla *island* 9.1
italiano/a *Italian* 12.1
a la izquierda *to the left* 4.2

J

jamaicano/a *Jamaican* 12.1
el jarabe para la tos *cough syrup* 10.1
el jardín *garden* 3.2
el/la jefe/a *boss* 4.1
la jubilación *retirement* 12.2
el juego *game* 8.1
el juego de mesa *(board) game* 8.1
el jueves *Thursday* 1.2
el juez de paz *justice of the peace* 5.2
el/la jugador/a *player* 8.1
jugar (al tenis) *to play (tennis)* 1.2
jugar (ue) *to play* 3.1
el jugo (de naranja) *(orange) juice* 7.1
julio *July* 1.2
junio *June* 1.2
el juramento a la bandera *the pledge of allegiance* 12.1
el juzgado *court house* 5.2

L

los labios *lips* 3.1
lacio/a *straight* 1.1
al lado (de) *next (to)* 4.2
el lago *lake* 9.1
la langosta *lobster* 7.1
el lápiz *pencil* P
el lápiz de memoria *(USB) flash/pen drive* 11.1
largo/a *long* 1.1
el lavabo/el lavamanos *bathroom sink* 3.2
el lavaplatos *dishwasher* 3.2
lavar (los platos) *to wash (the dishes)/to do the dishes* 2.1
lavar(se) *to wash (oneself)* 4.1
Le presento a... *I would like to introduce you to...* P
leer *to read* 1.2
la leche (de soja) *(soy) milk* 7.1
la lechuga *lettuce* 7.1
la legumbre *legume* 7.1
lejos *far* 4.2
la lengua materna *mother language* 12.2
levantar pesas *weight-lifting* 8.1
levantar(se) *to get (oneself) up* 4.1
la ley *law* 12.1, 1.2
el libro *book* P
el lienzo *canvas* 6.2
la liga *league* 8.1
limpiar *to clean* 4.1
las líneas del metro *subway lines* 11.2
listo/a *smart* 1.1
llegar (a) *to arrive (to)* 2.1
llegar a tiempo *to arrive/be on time* 2.1
llover *to rain* 4.2
Llueve (mucho). *It rains (a lot).* 4.2
la lluvia *rain* 4.2
loco/a *crazy* 10.2
luchar *to fight* 6.1
luchar por *to fight for* 12.1
el lugar *place* 4.2
luminoso/a *bright* 3.2
la luna de miel *honeymoon* 5.2
el lunes *Monday* 1.2
el lunes/martes... pasado *last Monday/Tuesday . . .* 8.1
la luz *light* 6.2

M

la madrastra *stepmother* 3.1
la madre *mother* 3.1
la madrina *maid of honor, godmother* 5.2
el/la maestro/a *teacher* 4.1
el maíz/choclo (Am. del S.) *corn* 7.1
el malestar *discomfort* 10.1
la maleta *suitcase* 11.2
malo/a *bad* 1.1
(pasado) mañana *(the day after) tomorrow* 2.2
mandar *to send* 5.2
el maní *peanut* 7.1
la manifestación *protest* 12.1
la mano *hand* 10.1
el mantel *tablecloth* 7.2
la mantequilla *butter* 7.1
la manzana *apple* 7.1
maquillar(se) *to put on makeup* 4.1
la mariposa *butterfly* 9.2
marrón/café *brown* 2.2
marroquí *Moroccan* 12.1
el martes *Tuesday* 1.2
marzo *March* 1.2
Más o menos. *So-so.* P
materno/a *mother's side* 3.1
mayo *May* 1.2
mayor *older* 3.2
Me duele... *My . . . hurts* 10.1
(No) Me gusta... *I (don't) like . . .* 1.2
Me llamo... *My name is...* P
¿Me podría traer...? *Could you bring me...?* 7.2
el medicamento *medicine* 10.1
el/la médico/a *doctor, physician* 4.1
el/la medio/a hermano/a *half brother/sister* 3.1
el medio ambiente *environment* 9.2
el medio de comunicación *media* 8.2
mejor *better* 3.2
mejorar *to improve* 10.1
menor *younger* 3.2

menos cuarto *a quarter to* 2.1
el mercado (al aire libre) *outdoors market* 2.2
merendar (e→ie) *to have an afternoon snack* 7.1
la merienda *afternoon snack* 7.1
el mes/año que viene, el próximo mes/año *next month/year* 2.2
la mesa *table* 3.2
el/la mesero/a, camarero/a, mozo/a *waiter, waitress* 7.2
la mesita *coffee table* 3.2
la mesita de noche *nightstand* 3.2
meter (el lápiz, el disco) *to put in (the pen drive, the CD/DVD)* 11.1
mexicano/a *Mexican* 1.1
mezclar *to mix* 7.2
la mezquita *mosque* 6.2
el microondas *microwave* 3.2
la miel *honey* 7.1
mientras *while* 8.1
el miércoles *Wednesday* 1.2
mil *one thousand* 2.2
mil cien *one thousand hundred* 2.2
mil ciento uno *one thousand one hundred and one* 2.2
mil uno *one thousand and one* 2.2
mirar/ver la televisión *to watch TV* 1.2
la mochila *backpack* P
molestar *to bother* 5.2
la montaña *mountain* 9.1
montar a caballo *horseback riding* 8.1
montar en bicicleta *to ride a bike* 8.1
moreno/a *black (skin or hair)* 1.1, 2.2
morir *to die* 6.2
la mostaza *mustard* 7.2
mostrar *to show* 5.2
el móvil/ celular *cell phone* 11.1
Mucho gusto. *Nice to meet you.* P
el mueble *furniture* 3.2
muerto/a *died, dead* 11.1
la mujer policía *police officer (f)* 4.1
el/la músico/a *musician* 5.1
Muy bien, gracias. *Very well, thank you.* P

N

nacer *to be born* 6.1
nada *nothing, not anything* 8.2
nadar *to swim* 1.2
nadie *no one, nobody* 8.2
la naranja/ toronja *orange* 7.1, 2.2
la nariz *nose* 3.1
la natación *swimming* 8.1
navegar (la red) *to browse (the net)* 11.1
la Navidad *Christmas* 5.2
los negocios *business* 1.2
negro/a *black (skin or hair)* 1.1, 2.2
nevar *to snow* 4.2
ni...ni *neither...or* 8.2
nicaragüense *Nicaraguan* 1.1
el/la nieto/a *grandson/granddaughter* 3.1
la nieve *snow* 4.2
el/la niñero/a *baby sitter* 4.1
ningún, ninguna/os/as *none, any* 8.2
el nivel (de vida/socioeconómico) *(living/socioeconomic) standard* 12.2
el nivel del mar *sea level* 9.1
No nieva. *It doesn't snow.* 4.2
la Nochebuena *Christmas Eve* 5.2
el nombre *name* P
el nombre del usuario *username* 11.1
el norte *north* 4.2
Nos vemos mañana. *See you tomorrow.* P
las noticias (internacionales, nacionales, locales) *(international, national, local) news* 8.2
el noticiero *news program* 8.2
la noticia *piece of news* 8.2
novecientos *nine hundred* 2.2
noveno/a *ninth* 6.1
noventa *ninety* 2.2
la novia *bride/ girlfriend* 5.2
noviembre *November* 1.2
el novio *groom/ boyfriend* 5.2
el/la novio/a *boyfriend/girlfriend* 3.1
los novios *newly weds/ boyfriend and girlfriend* 5.2
la nuera *daughter-in-law* 3.1
las nuevas generaciones *new generations* 12.2
nueve *nine* P
nunca, jamás *never* 8.2

O

o...o *either...or* 8.2
la obra (de teatro) *(theatre) play* 8.2
la obra de arte *work of art* 6.2
la obra maestra *master piece* 6.2
ochenta *eighty* 2.2
ocho *eight* P
ochocientos *eight hundred* 2.2
octavo/a *eighth* 6.1
octubre *October* 1.2
el/la oculista *eye doctor* 10.2
el oeste *west* 4.2
el oficio *job/trade* 4.1
ofrecer (zc) *to offer* 5.1, 5.2
el oído *(inner) ear* 10.1
oír *to hear* 3.1
el ojo *eye* 3.1
la olla *soup pot* 7.2
once *eleven* P
oprimir una tecla *to press a key* 11.1
ordenar/pedir *to order* 7.2
la oreja *ear* 3.1
el oro *gold* 2.2
otoño *fall* 1.2
la oveja *sheep* 9.2

P

el padrastro *stepfather* 3.1
el padre *father* 3.1
los padres *parents, fathers* 3.1
el padrino *bestman, godfather* 5.2
pagar la cuenta *pay the bill/check* 7.2
la página de inicio *home page* 11.1
el paisaje *landscape* 6.2, 9.1
el/la pájaro/a *bird* 9.2
el pan *bread* 7.1
panameño/a *Panamanian* 1.1
la pantalla *screen* 11.1
los pantalones *pants* 2.2
la papa/patata (Esp.) *potato* 7.1
el papel *paper* 9.2
el papel higiénico *toilet paper* 3.2
para llevar *to go* 2.2, 7.2
Para Ud, Q25. Buen precio... *For you, Q25. It's a good price...* 2.2
la parada de autobús *bus stop* 4.2
paraguayo/a *Paraguayan* 1.1
parecer, parecerse *to seem, to resemble* 5.1
parecerse *to look like* 3.1
la pareja *couple, partner* 5.1
el partido (de fútbol, de tenis, de baloncesto) *(soccer, tennis, basketball) match, game* 8.1
los pasajeros *passengers* 11.2
pasar por la aduana *to go through customs* 11.2
pasar por seguridad *to go through TSA area* 11.2
pasarlo/pasarla bien *to have a good time* 5.1
Pase, pase, adelante... *Come in, come in . . .* 2.2
pasear *to go for a walk* 2.1
el paso (de baile) *(dance) step* 5.1
el pastel *pie* 7.2
la pastilla *pills* 10.1
paterno/a *father's side* 3.1
patinar *to skate* 1.2
patinar en línea *line skating* 8.1
el patio *backyard* 3.2
el pavo *turkey* 7.1
pedir (i) *to request* 3.1, 9.1
peinar(se) *to comb (one's hair)* 4.1
pelar *to peel* 7.2
la película (de acción, de animación, de suspenso, de terror, dramática, romántica) *(action, animation, suspense, horror, drama, romance) movie* 8.2
pelirrojo/a *redhead* 1.1
el pelo *hair* 3.1
la pelota *ball* 8.1
el/la peluquero/a *hairdresser* 4.1
pensar (ie) *to think* 3.1
peor *worse* 3.2
pequeño/a *small* 3.2
la pera *pear* 7.1
perder (ie) *to lose* 3.1, 8.1
el perfil *profile* 12.2
el periódico *newspaper* 8.2
el/la periodista *journalist* 4.1
el permiso *permit* 12.1
el/la perro/a *dog* 9.2
el personaje *character* 8.2
peruano/a *Peruvian* 1.1
la pesca *fishing* 8.1
el pescado *fish* 7.1, 9.2
pescar *to go fishing* 8.1
el petróleo *oil* 7.2, 9.2
el pez *fish* 9.2, 7.1
picante *hoy* 7.1
picar *to snack, to dice* 7.1, 7.2
el pie *foot* 10.1
la pierna *leg* 10.1
la pimienta *pepper* 7.2
el pimiento *bell pepper* 7.1
la piña/el ananá (Am. del S.) *pineapple* 7.1
pintar *to paint* 1.2, 6.2
la pintura (al óleo) *(oil) painting* 6.2

la piscina *swimming pool* 3.2, 11.2
el piso *floor, story* 3.2
la pizarra *board* P, 8.1
la plata *silver* 2.2, 6.2
el plátano/la banana *banana* 7.1
plateado/a *silver* 6.2, 2.2
el plato *dish, plate* 7.2
el plato hondo *soup dish* 7.2
la playa *beach* 9.1
la plaza *square* 4.2
poder (ue) *to be able* 3.1
el poder *power* 6.1
el policía *police officer (m)* 4.1
el pollo *chicken* 7.1
poner *to put* 3.1
poner la mesa *to set the table* 7.2
poner una inyección/vacuna a alguien *to give somebody a shot/vaccine* 10.1
poner(se) *to put (something) on (oneself)* 4.1
Por favor *Please* P
por la mañana/tarde/noche *in the morning/ afternoon/evening* 2.2
portugués/portuguesa *Portuguese* 12.1
el postre *dessert* 7.2
la práctica en empresa *internship* 4.1
preciso/a *necessary* 9.1
preferir (ie) *to prefer* 3.1
preguntar *to ask* 5.2
la prensa *press* 8.2
preocuparse (por) *to worry (about)* 10.2
el/la presentador/a (de televisión) *newsreader, TV host(ess)* 8.2
prestar *to lend* 5.2
el precio *price* 3.2
el precio (fijo) *(fixed) price* 2.2
el premio *award* 8.2
primavera *spring* 1.2
el primer plato *first course/ appetizer* 7.2
el primer/segundo plato *first/main course* 7.2
primer(o)/a *first* 6.1
primera clase *first class/business class* 11.2
el/la primo/a *cousin* 3.1
probar (>ue) *to taste, to try (food)* 7.2
el/la profesor/a *teacher, instructor* 1.2, 4.1
el programa (de variedades) *(variety) show* 8.2
la programación *programming* 8.2
la propina *tip* 7.2
prosperar *to prosper, to thrive* 12.2
el/la protagonista *main character* 8.2
la puerta *door* 3.2
puertorriqueño/a *Puerto Rican* 1.1
Pues, ahí nomás *Well, hanging in there* P
el pueblo *town* 4.2
el puerto *harbor* 9.1
puesto/a *put, placed* 11.1
el puesto *job/position* 4.1
el pulmón *lung* 10.1
la pulsera *bracelet* 2.2
el pupitre *student desk* P
¡Pura vida! *Great! (Lit. Nothing but life.)* P

Q

¿Qué busca/desea? *What are you looking for?* 2.2
¿Qué clases tomas? *What classes do you take?* 1.2
quedarse (en un hotel) *to stay (in a hotel)* 11.2
¿Qué día es hoy? *What day is today?* 1.2
¿Qué hay en la tele? *What's on TV?* 8.2
¿A qué hora es...? *What time is . . . ?* 2.1
¿Qué hubo? *What´s up?* P
¿Qué llevas? *What are you wearing?* 2.2
Que la pases bien *Have a good time* P
¿Qué me cuentas? *What´s going on?* P
¿Qué quiere/s comer/beber? *What do you want to eat/drink?* 7.2
querer (ie) *to want* 3.1
¡Qué rico! *How delicious!* 7.2
el queso *cheese* 7.1
¿Qué tal? *How´s it going?* P
Que te diviertas *Have fun (i)* P
¿Qué te duele? *What hurts?* 10.1
¿Qué te gusta hacer? *What do you like to do?* 1.2
¿Qué te gusta llevar? *What do you like to wear?* 2.2
¿Qué te pasa? *What is the matter?* 10.1
¿Qué temperatura hace? *What's the temperature?* 4.2
Que tengas un buen fin de semana. *Have a good weekend. (i)* P
¿Qué tiempo hace? *What's the weather like?* 4.2
¿Qué trae...? *What comes with…?* 7.2
¡Que vivan los novios! *Cheers for the newlyweds!/Hooray for the happy couple!* 5.2
¿Quieres algo de tomar/picar? *Would you like something to drink/ a snack?* 7.1
¿Quieres bailar? *Do you want to dance?* 5.1
Quiero presentarle a... *I would like to introduce you to…(formal)* P
Quiero presentarte a... *I´d like you to meet… (informal)* P
la química *chemistry* 1.2
quince *fifteen* P
el/la quinceañero/a *15th birthday celebration* 5.2
quinientos *five hundred* 2.2
quinientos mil *five hundred thousand* 3.2
quinto/a *fifth* 6.1
quitar(se) *to take clothes off* 4.1
quizás/ tal vez *maybe* 9.2

R

las raíces *roots* 12.2
el ramo (de flores) *bouquet* 5.2
la rana *frog* 9.2
el ratón *mouse* 11.1
la raza *race* 12.2
rebajar *to reduce* 2.2
rechazar *to reject* 12.2
la receta *recipe* 7.1, 10.1
el rechazo *rejection* 12.2
el reciclaje *recycling* 9.2
reconocer *recognize* 5.1, 12.2
el recurso (natural) *(natural) resource* 9.2
las redes sociales *social networks* 11.1
reducir (el consumo de alcohol/grasa) *reduce (your alcohol/fat intake)* 10.2
la reina *queen* 6.1
el refresco *soft drink, soda* 7.2
regalar *to buy a present* 2.2, 5.2
el regalo *gift* 2.2, 5.2
regatear *to negotiate price* 2.2
registrarse *to check in* 11.2
regresar *to return* 2.1, 3.1
la reja *(ornamental) wrought iron* 3.2
relajarse *to relax* 10.2
el reloj *watch* 2.2
remover *to stir up* 7.2
repetir (i) *to repeat* 3.1, 6.2
representar/interpretar (un personaje) *to play (the part of…)* 8.2
el reproductor (de audio/video/música/ DVD) *(audio/video/music/DVD) player* 11.1
resuelto/a *solved* 11.1
retrasarse *to be late* 11.2
el retrato *portrait* 6.2
la revista *magazine* 8.2
el rey *king* 6.1
el río *river* 9.1
rizado/a *curly* 1.1
la rodilla *knee* 10.1
rojo/a *red* 2.2
romperse un hueso *to break a bone* 10.1
la ropa *clothing* 2.2
rosado/a *pink* 2.2
roto/a *broken* 11.1
rubio/a *blonde* 1.1

S

el sábado *Saturday* 1.2
saber *to know (a fact)* 5.1
la sal *salt* 7.2
la sala *the living room* 3.2
la sala de espera *waiting room* 11.2
salir *to leave, to go out with* 3.1
salir con amigos *to go out with friends* 1.2
¡Salud! *Cheers! (Lit. Health!)* 5.2
la salud *health* 10.1
saludable *healthy* 7.1
el saludo *greeting* P
salvadoreño/a *Salvadorian* 1.1
la sandía *watermelon* 7.1
la sangre *blood* 10.1
la sartén *frying pan* 7.2
satisfecho/a *satisfied* 11.1
seguir *to continue, follow* 4.2
seguir una receta *to follow a recipe* 7.2
segundo/a *second* 6.1
el segundo plato *main course/ entrée* 7.2
la seguridad *safety* 3.2
el seguro medico *health insurance* 10.1
seis *six* P
seiscientos *six hundred* 2.2
la selva *tropical tropical forest* 9.1
la semana pasada *last week* 8.1
la semana que viene, la próxima semana *next week* 2.2
el/la señor/a *Mr./Ms.* P
la señorita *miss* P
sentar(se) (ie) *to sit down* 4.1
sentir(se) (ie) *to feel* 4.1
sentirse mal/bien *to feel badly/well* 10.1
septiembre *September* 1.2

séptimo/a *seventh* 6.1
ser *to be* 1.1
ser aficionado/a (de...) *to be a fan (of . . .)* 8.1
la serpiente *snake* 9.2
la servilleta *napkin* 7.2
servir (i) *to serve* 3.1
sesenta *sixty* 2.2
setecientos *seven hundred* 2.2
setenta *seventy* 2.2
sexto/a *sixth* 6.1
el sida *AIDS* 10.1
siempre *always* 8.2
la sierra *highlands* 9.1
siete *seven* P
Siga por la derecha. *Continue on the right hand side.* 4.2
el siglo *century* 6.1
silbar *to whistle* 8.1
la silla *chair* 3.2
el sillón *armchair* 3.2
simpático/a *nice, likable* 1.1
el sindicato *labor union* 12.2
el síntoma *symptom* 10.1
el/la sobrino/a *nephew/niece* 3.1
solicitar (un trabajo) *to apply (for a job)* 4.1
la solicitud *application* 4.1
soltero/a *single* 3.1
el sombrero *hat* 2.2
la sopa (del día) *soup (of the day)* 7.2
Soy de... *My team is...* 8.1
subir/bajar de peso *to gain/lose weight* 10.2
subir/cargar canciones *to upload songs* 11.1
el/la suegro/a *father/mother-in-law* 3.1
el sueldo *salary/wage* 4.1
sugerir *to suggest* 6.2, 9.1
suizo/a *Suisse* 12.1
el sur *south* 4.2
surinamés/surinamesa *Surinamese* 12.1

T

el tablero *board* 8.1, P
tacaño/a *stingy* 1.1
también *also* 8.2
tampoco *neither, not either* 8.2
la tarjeta de embarque *boarding pass* 11.2
la taza *coffee cup* 7.2
el té *tea* 7.1
Te presento a... *I would like to introduce you to... (informal)* P
la tecla *key* 11.1
el teclado *keyboard* 11.1
el tejado *tiled roof* 3.2
la telenovela *soap opera* 8.2
el tema *issue, topic* 12.2
el tenedor *fork* 7.2
tener (ie) *to have* 3.1
tener (que) *to have (to)* 4.1
tener alergias *to suffer from allergies* 10.1
tener buena/mala suerte *to be lucky/unlucky* 3.1
tener calor *to be hot* 3.1
tener comezón *to feel itchy* 10.1
tener cuidado *to be careful* 10.2
tener dolor de (cabeza/estómago/oído) *to have (a head/stomach/ear) ache* 10.1
tener escalofríos *to have cold chills* 10.1
tener estrés *to suffer from stress* 10.2
tener éxito *to be successful* 8.2
tener fiebre *to have fever* 10.1
tener frío *to be cold* 3.1
tener ganas de... *to feel like . . .* 3.1
tener hambre *to be hungry* 3.1
tener mareos *to feel dizzy* 10.1
tener miedo *to be afraid* 3.1
tener migraña *to have a migraine* 10.1
tener náuseas *to feel nauseous* 10.1
tener razón *to be right* 3.1
tener sed *to be thirsty* 3.1
tener sueño *to be sleepy* 3.1
tener... años *to be. . . years old* 3.1
el tenis de mesa *ping-pong* 8.1
tercer(o)/a *third* 6.1
terminar *to finish* 2.1
testarudo/a *stubborn* 1.1
el/la testigo *witness* 5.2
el tiempo *weather* 4.2
el tiempo libre *free time* 1.2
la tina/la bañera *bathtub* 3.2
el/la tío/a *uncle/aunt* 3.1
tirar *to throw away* 9.2
tirar (el ramo) *to throw (the bouquet)* 5.2
el tobillo *ankle* 10.1
tocar un instrumento *to play an instrument* 1.2
el tocino *bacon* 7.1
todavía *still* 11.1
todo *everything* 8.2
todo/a/os/as *all* 8.2
tomar *to take / drink* 2.1
tonto/a *silly/not smart* 1.1
torcerse el tobillo *to twist an ankle* 10.1
la torre *tower* 6.2
la torta *cake* 7.2
la tortuga *turtle* 9.2
toser *to cough* 10.1
trabajar *to work* 2.1
el trabajo *job/work* 4.1
el trabajo social *social work* 1.2
traducir *to translate* 5.1
traer *to bring* 3.1
el traje *suit* 2.2
la trama *plot* 8.2
tranquilo/a *calm* 10.2
el tratado *treaty* 6.1
tratar(se) de *to be about* 8.2
trece *thirteen* P
treinta *thirty* P
el tren *train* 11.2
tres *three* P
trescientos *three hundred* 2.2
trigueño/a *dark-skinned* 1.1
triste *sad* 10.2
triunfar, tener éxito *to succeed, to be successful* 12.2
turquesa *turquoise* 6.2

U

la ubicación *location* 3.2
un día, una vez *one day, one time* 8.1
un millón *one million* 3.2
uno *one* P
uruguayo/a *Uruguayan* 1.1
la uva *grape* 7.1

V

la vacuna *vaccine* 10.1
vanidoso/a *vain* 1.1
el vaso *glass* 7.2, 9.2
el vecindario *neighborhood* 3.2, 4.2
el/la vecino/a *neighbor* 3.2
veinte *twenty* P
veintiuno *twenty-one* P
el/la vendedor/a *salesperson* 4.1
vender *to sell* 2.2
venezolano/a *Venezuelan* 1.1
la ventana *window* P, 3.2
venir *to come* 3.1
verano *summer* 1.2
verde *green* 2.2
verde (oliva, claro, oscuro) *green (olive, light, dark)* 6.2
la verdura *vegetables* 7.1
el vestido *dress* 2.2
vestir(se) (i) *to get dressed* 4.1
viajar *to travel* 1.2
el viaje *voyage* 6.1
el videojuego *videogame* 8.1
el vidrio *glass* 9.2, 7.2
el viento *wind* 4.2
el viernes *Friday* 1.2
el vinagre *vinegar* 7.2
el vino *wine* 7.2
el voleibol (de playa) *(beach) volleyball* 8.1
violeta/morado/a *purple* 2.2
visto/a *seen* 11.1
viudo/a *widow/widower* 3.1
la vivienda *housing* 3.2, 12.2
vivir *to live* 2.1
volar *to fly* 11.2
volver (ue) *to return* 3.1, 2.1
el vuelo (directo) *(direct) flight* 11.2
vuelto *returned (a person)* 11.1

Y

y cuarto *quarter past* 2.1
y media *thirty past* 2.1
ya *already* 8.1, 11.1
el yerno *son-in-law* 3.1

Z

la zanahoria *carrot* 7.1
las zapatillas de deporte/los tenis *tennis shoes* 2.2
los zapatos *shoes* 2.2

English-Spanish Glossary

A

a quarter to *menos cuarto* 2.1
A.D.(in the year of our Lord) *d. C. (después de Cristo)* 6.1
(action, animation, suspense, *la película (de acción,de horror, drama, romance)* **movie** *animación, desuspenso, de terror,dramática, romántica)* 8.2
(disposable) container *el envase (desechable)* 9.2
actress *la actriz* 6.2
address, direction *la dirección* 4.2
afternoon snack *la merienda* 7.1
age or era *la época* 6.1
AIDS *el sida* 10.1
(air, water...) pollution *la contaminación (del aire, del agua...)* 9.2
airline *la aerolínea/línea aérea* 11.2
all *todo/a/os/as* 8.2
ally *el aliado* 6.1
already *ya* 8.1, 11.1
also *también* 8.2
always *siempre* 8.2
American *estadounidense* 1.1
ankle *el tobillo* 10.1
answering machine *el contestador* 11.1
apartment *el apartamento* 3.2
apple *la manzana* 7.1
application *la solicitud* 4.1
April *abril* 1.2
Argentine *argentino/a* 1.1
arm *el brazo* 10.1
armchair *el sillón* 3.2
arts and crafts *la artesanía* 2.2
(attached) file *el archivo (adjunto)* 11.1
athlete *el/la deportista* 8.1
(audio/video/music/DVD) player *el reproductor (de audio/video/música/ DVD)* 11.1
August *agosto* 1.2
avenue *la avenida* 4.2
award *el premio* 8.2

B

B.C. (Before Christ) *a. C. (antes de Cristo)* 6.1
baby sitter *el/la niñero/a* 4.1
bachelor/bachelorette party *la despedida de soltero/a* 5.2
back *la espalda* 10.1
backpack *la mochila* P
backyard *el patio* 3.2
bacon *el tocino* 7.1
bad *malo/a* 1.1
ball *la pelota* 8.1
banana *el plátano/la banana* 7.1
baptism *el bautizo* 5.2
basketball *el baloncesto* 8.1
bass *el bajo* 5.1
bathroom *el baño* 3.2
bathroom sink *el lavabo/el lavamanos* 3.2
bathtub *la tina/la bañera* 3.2
BBQ *el asado/la parrillada* 7.1
beach *la playa* 9.1
(beach) volleyball *el voleibol (de playa)* 8.1
bean *el frijol* 7.1
bed *la cama* 3.2
bedroom *el dormitorio* 3.2
(beef) meat *la carne (de vaca/res)* 7.1
beef steak *el bistec/bife* 7.1
beer *la cerveza* 7.2
behind *detrás (de)* 4.2
bell pepper *el pimiento* 7.1
belt *el cinturón* 2.2
bestman, godfather *el padrino* 5.2
better *mejor* 3.2
big *grande* 3.2
bill/check *la cuenta* 7.2
bird *el/la pájaro/a* 9.2
birthday *el cumpleaños* 5.2
black *negro/a* 2.2, 1.1
black (skin or hair) *moreno/a, negro/a* 1.1, 2.2
blonde *rubio/a* 1.1
blood *la sangre* 10.1
blue *azul* 2.2
board *la pizarra, el tablero* P, 8.1
(board) game *el juego de mesa* 8.1
boarding pass *la tarjeta de embarque* 11.2
Bolivian *boliviano/a* 1.1
book *el libro*
border *la frontera* 9.1
boring, tedious *aburrido/a* 8.2, 1.1
boss *el/la jefe/a* 4.1
bouquet *el ramo (de flores)* 5.2
bowl *la fuente* 7.2
boyfriend/girlfriend *el/la novio/a* 3.1
bracelet *la pulsera* 2.2
Brazilian *brasileño/a* 12.1
bread *el pan* 7.1
breakfast *el desayuno* 7.1
bride/ girlfriend *la novia* 5.2
bridesmaid *la dama* 5.2
bright *luminoso/a* 3.2
bright color *color vivo* 6.2
broken *roto/a* 11.1
brother/sister *el/la hermano/a* 3.1
brother/sister-in-law *el/la cuñado/a* 3.1
brown *marrón/café* 2.2
browser *el buscador* 11.1
building *el edificio* 3.2
burgundy *color vino* 6.2
bus *el autobús* 2.1, 4.2
bus stop *la parada de autobús* 4.2
business *los negocios* 1.2
butter *la mantequilla* 7.1
butterfly *la mariposa* 9.2

C

cake *la torta* 7.2
calm *tranquilo/a* 10.2
canvas *el lienzo* 6.2
car *el auto/carro* 4.2
cards *las cartas* 8.1
careful *cuidadoso/a* 1.1
carrot *la zanahoria* 7.1
(carry-on) luggage *el equipaje (de mano)* 11.2
cartoons *los dibujos animados* 8.2
cast iron pot *el caldero* 7.2
castle *el castillo* 6.2
cat *el/la gato/a* 9.2
cell phone *el móvil/ celular* 11.1
century *el siglo* 6.1
chair *la silla* 3.2
championship *el campeonato* 8.1
character *el personaje* 8.2
charger *el cargador* 11.1
cheap, inexpensive *barato/a* 2.2
checkers *las damas* 8.1
Cheers! (Lit. Health!) *¡Salud!* 5.2
Cheers for the newlyweds!/Hooray for the happy couple! *¡Que vivan los novios!* 5.2
cheese *el queso* 7.1
chemistry *la química* 1.2
chess *el ajedrez* 8.1
chestnut *castaño/a* 1.1
chicken *el pollo* 7.1
Chilean *chileno/a* 1.1
Christmas *la Navidad* 5.2
Christmas Eve *la Nochebuena* 5.2
church *la iglesia* 5.2
city *la ciudad* 4.2
city block *la cuadra* 4.2
(civil) war *la guerra (civil)* 6.1
clam *la almeja* 7.1
climate change *el cambio climático* 9.2
closet *el armario/el ropero* 3.2
clothing *la ropa* 2.2
coach / trainer *el/la entrenador/a* 8.1
coffee cup *la taza* 7.2
coffee table *la mesita* 3.2
Colombian *colombiano/a* 1.1
Come in, come in, . . . *Pase, pase, adelante...* 2.2
company (business) *la empresa* 4.1
competition, contest *el concurso* 8.2
computer science *la informática* 1.2
confused *confundido/a* 10.2
congested *congestionado/a* 10.1
Congratulations! *¡Felicidades!* 5.2

Continue on the right hand side. *Siga por la derecha.* 4.2
contradicted *contradicho/a* 11.1
control (your anxiety/cholesterol) *controlar (la ansiedad/el colesterol)* 10.2
controversial *controvertido/a* 8.2, 12.2
cook *el/la cocinero/a* 4.1
cookie or cracker *la galleta/ galletita* 7.1
corn *el maíz/choclo (Am. del S.)* 7.1
corner *la esquina* 4.2
Costarican *costarricense* 1.1
cough syrup *el jarabe para la tos* 10.1
Could you bring me...? *¿Me podría traer...?* 7.2
couple, partner *la pareja* 5.1
court *la cancha* 8.1
court house *el juzgado* 5.2
cousin *el/la primo/a* 3.1
cover letter *la carta de presentación* 4.1
covered *cubierto/a* 11.1
crazy *loco/a* 10.2
Cuban *cubano/a* 1.1
curly *rizado/a* 1.1
current *actual* 8.2
current affairs *la actualidad* 8.2
cutlery *el cubierto* 7.2
dance *el baile* 5.1
dark-skinned *trigueño/a* 1.1
daughter-in-law *la nuera* 3.1

D

(dance) step *el paso (de baile)* 5.1
(dark, light, navy) blue *azul (oscuro, claro, marino)* 6.2
December *diciembre* 1.2
demographics *la demografía* 12.2
depressed *deprimido/a* 10.2
design *el diseño* 1.2
desk *el escritorio* 3.2
dessert *el postre* 7.2
dice *los dados* 8.1
dictatorship *la dictadura* 6.1
died, dead *muerto/a* 11.1
dining room *el comedor* 3.2
dinner *la cena* 7.1
(direct) flight *el vuelo (directo)* 11.2
discomfort *el malestar* 10.1
discovered *descubierto/a* 11.1
disease *la enfermedad* 10.1
dish, plate *el plato* 7.2
dishwasher *el lavaplatos* 3.2
distracted, absent-minded *distraído/a* 10.2
Do you want to dance? *¿Quieres bailar?* 5.1
doctor, physician *el/la médico/a* 4.1
doctor's office *el consultorio del médico* 10.1
dog *el/la perro/a* 9.2
(domestic/wild) animal *el animal (doméstico/salvaje)* 9.2
Dominican *dominicano/a* 1.1
done *hecho/a* 11.1
door *la puerta* 3.2
down *abajo* 4.2
dress *el vestido* 2.2
dresser *la cómoda* 3.2
dressing *el aderezo* 7.2
drink *la bebida* 7.2
(dual) citizenship *la (doble) ciudadanía* 12.1

E

ear *la oreja* 3.1
earring *el arete/pendiente* 2.2
east *el este* 4.2
Ecuadorian *ecuatoriano/a* 1.1
egg *el huevo* 7.1
eight *ocho* P
eight hundred *ochocientos* 2.2
eighteen *dieciocho* P
eighth *octavo/a* 6.1
eighty *ochenta* 2.2
either...or *o...o* 8.2
(elementary/high) school *la escuela (primaria/secundaria)* 1.2
eleven *once* P
employment *el empleo* 4.1
engineer *el/la ingeniero/a* 4.1
Enjoy your meal! *¡Buen provecho!* 7.2
entertaining *entretenido/a* 8.2
environment *el medio ambiente* 9.2
environmentalist *el/la ecologista* 9.2
Equatoguinean *ecuatoguineano/a* 1.1
everything *todo* 8.2
excited *emocionado/a* 10.2
exciting, thrilling *emocionante* 8.2
Excuse me, how do I get to. . . ? *Disculpe, ¿cómo llego a...?* 4.2
expensive *caro/a* 2.2
(extreme) sport *el deporte (extremo/de riesgo)* 8.1
eye *el ojo* 3.1
eye doctor *el/la oculista* 10.2

F

face *la cara* 3.1
fall *otoño* 1.2
fan *el/la aficionado/a* 8.1
far *lejos* 4.2
farewell *la despedida* P
fat *la grasa* 7.1
fat *gordo/a* 1.1
fat/fatty *graso/a* 7.1
father *el padre* 3.1
father/mother-in-law *el/la suegro/a* 3.1
father's side *paterno/a* 3.1
February *febrero* 1.2
fifteen *quince* P
15th birthday celebration *el/la quinceañero/a* 5.2
fifth *quinto/a* 6.1
fifty *cincuenta* P
finger/toe *el dedo (de la mano/del pie)* 10.1
firefighter *el/la bombero/a* 4.1
first *primer(o)/a* 6.1
first class/business class *primera clase* 11.2
first course/ appetizer *el primer plato* 7.2
first/main course *el primer/segundo plato* 7.2
fish *el pescado, el pez* 7.1, 9.2
fishing *la pesca* 8.1
five *cinco* P
five hundred *quinientos* 2.2
five hundred thousand *quinientos mil* 3.2
(fixed) price *el precio (fijo)* 2.2
flight attendant *el/la aeromozo/a* 4.1, 11.2
floor, story *el piso* 3.2
flower *la flor* 2.2, 3.2
flu *la gripe* 10.1
folder *la carpeta* 11.1
food *la comida, el alimento* 2.2, 7.1
foot *el pie* 10.1
For you, Q25. It's a good price... *Para Ud., Q25. Buen precio...* 2.2
forest *el bosque* 9.1
fork *el tenedor* 7.2
forty *cuarenta* P
four *cuatro* P
four hundred *cuatrocientos* 2.2
fourteen *catorce* P
fourth *cuarto/a* 6.1
free time *el tiempo libre* 1.2
French *francés/francesa* 12.1
French Guianese *francoguayanés/ francoguayanesa* 12.1
Friday *el viernes* 1.2
fried *frito/a, freído/a* 7.2, 11.1
frog *la rana* 9.2
frying pan *la sartén* 7.2
fun *divertido/a* 1.1
funny *chistoso/a, gracioso/a* 1.1, 8.2
furnished *amueblado/a* 3.2
furniture *el mueble* 3.2

G

game *el juego* 8.1
garbage *la basura* 9.2
garden *el jardín* 3.2
garlic *el ajo* 7.1
germ *el germen* 10.1
gift *el regalo* 2.2, 5.2
glass *el vaso, el vidrio* 7.2, 9.2
global warming *el calentamiento global* 9.2
goalkeeper *el arquero* 8.1
godson/goddaughter *el/la ahijado/a* 5.2
gold *el oro* 2.2
golden *dorado/a* 6.2
good *bueno/a* 1.1
Good afternoon. *Buenas tardes.* P
Good evening./Good night. *Buenas noches.* P
Good morning. *Buenos días.* P
grandfather/grandmother *el/la abuelo/a* 3.1
grandson/granddaughter *el/la nieto/a* 3.1
grape *la uva* 7.1
gray *gris* 2.2
great grandchild *el/la bisnieto/a* 3.1
great grandfather/grandmother *el/la bisabuelo/a* 3.1
Great! *¡Fenomenal!* P
Great! (Lit. Nothing but life.) *¡Pura vida!* P
green *verde* 2.2
green (olive, light, dark) *verde (oliva, claro, oscuro)* 6.2
greeting *el saludo* P

groom/ boyfriend *el novio* 5.2
groomsman *el caballero* 5.2
Guatemalan *guatemalteco/a* 1.1
guest *el/la invitado/a* 5.2
guinea pig *el cuy* 9.2
Guyanese *guyanés/guyanesa* 12.1

H

hair *el pelo* 3.1
hairdresser *el/la peluquero/a* 4.1
Haitian *haitiano/a* 12.1
half brother/sister *el/la medio/a hermano/a* 3.1
hand *la mano* 10.1
harbor *el puerto* 9.1
hard drive *el disco duro/externo* 11.1
hat *el sombrero* 2.2
Have a good time. *Que la pases bien.* P
Have a good weekend (i). *Que tengas un buen fin de semana.* P
Have fun (i). *Que te diviertas.* P
He/She (doesn't) like(s)... *(No) Le gusta...* 1.2
He/She has ([type] hair/skin) *Él/Ella tiene (el pelo/la piel)* 1.1
He/She is from . . . *Es de...* 1.1
head *la cabeza* 3.1
health *la salud* 10.1
health insurance *el seguro médico* 10.1
healthy *saludable* 7.1
heart *el corazón* 10.1
herbal tea *la infusión/el té de hierbas* 10.1
here *aquí* 6.2
Hi. *Hola.* P
highlands *la sierra* 9.1
highway *la autopista* 4.2
His/her skin/hair is . . . *Él/ella es de piel/de pelo...* 1.1
home page *la página de inicio* 11.1
Honduran *hondureño/a* 1.1
honey *la mile* 7.1
honeymoon *la luna de miel* 5.2
horse *el caballo* 9.2
horseback riding *montar a caballo* 8.1
(hotel) stay *la estadía/estancia (en un hotel)* 11.2
house, home *la casa* 2.1, 3.2
housing *la vivienda* 3.2, 12.2
How are you doing? *¿Cómo estamos?* P
How are you? (formal) *¿Cómo está usted?* P
How are you? (informal) *¿Cómo estás?* P
How delicious! *¡Qué rico!* 7.2
How much is/are . . . ? *¿Cuánto cuesta/cuestan...?* 2.2
How´s it going? *¿Qué tal?* P
hoy *picante* 7.1
human body *el cuerpo humano* 10.1

I

I (don't) like . . . *(No) Me gusta...* 1.2
I would like to introduce you to... *Le presento a...* P
I would like to introduce you to...(informal) *Te presento a...* P
I would like to introduce you to...(formal) *Quiero presentarle a...* P
I´d like you to meet... (informal) *Quiero presentarte a...* P
ice -cream *el helado* 7.2
identical twin *el/la gemelo/a* 3.1
in between *entre* 4.2
(in)equality *la (des)igualdad* 12.1
in front (of) *delante (de), en frente (de)* 4.2
in the afternoon *de la tarde* 2.1
in the evening/at night *de la noche* 2.1
in the morning *de la mañana* 2.1
in the morning/afternoon/evening *por la mañana/tarde/noche* 2.2
inheritance *la herencia* 12.2
(inner) ear *el oído* 10.1
(international, national, local) news *las noticias (internacionales, nacionales, locales)* 8.2
internship *la práctica en empresa* 4.1
island *la isla* 9.1
issue, topic *el tema* 12.2
It doesn't snow. *No nieva.* 4.2
It is... *Es la / Son las...* 2.1
It is (not) cold. *(No) Hace frío.* 4.2
It is (very) hot. *Hace (mucho) calor.* 4.2
It is (very) windy. *Hace (mucho) viento.* 4.2
It is ___ degrees F/C. *Hace ___ grados F/C.* 4.2
It is cloudy. *Está nublado.* 4.2
It is cool. *Hace fresco.* 4.2
It is foggy. *Hay niebla.* 4.2
It is humid. *Hay humedad.* 4.2
It is stormy. *Hay tormenta.* 4.2
It is sunny. *Hace sol.* 4.2
It rains (a lot). *Llueve (mucho).* 4.2
It's midnight. *Es medianoche.* 2.1
It's noon. *Es mediodía.* 2.1
Italian *italiano/a* 12.1

J

Jamaican *jamaicano/a* 12.1
janitor *el/la conserje* 4.1
January *enero* 1.2
(job) interview *la entrevista (de trabajo)* 4.1
job/position *el puesto* 4.1
job/trade *el oficio* 4.1
job/work *el trabajo* 4.1
journalist *el/la periodista* 8.2, 4.1
July *julio* 1.2
June *junio* 1.2
junk food *la comida chatarra/basura* 7.2
justice of the peace *el juez de paz* 5.2

K

key *la tecla* 11.1
keyboard *el teclado* 11.1
king *el rey* 6.1
kitchen *la cocina* 3.2
kitchen sink *el fregadero* 3.2
knee *la rodilla* 10.1
knife *el cuchillo* 7.2

L

labor union *el sindicato* 12.2
lake *el lago* 9.1
landscape *el paisaje* 6.2, 9.1
lane *el carril* 4.2
(laptop) computer *la computadora (portátil)* 11.1
last Monday/Tuesday . . . *el lunes/martes... pasado* 8.1
last night *anoche* 8.1
last week *la semana pasada* 8.1
last weekend/month/year *el fin de semana/mes/año pasado* 8.1
law *el derecho, la ley* 1.2, 12.1
lawyer *el/la abogado/a* 4.1
league *la liga* 8.1
leg *la pierna* 10.1
legume *la legumbre* 7.1
letter of recommendation *la carta de recomendación* 4.1
lettuce *la lechuga* 7.1
light *la luz* 6.2
Likewise. *Igualmente.* P
line skating *patinar en línea* 8.1
lips *los labios* 3.1
lively *animado/a* 8.2
(living/socioeconomic) standard *el nivel (de vida/socioeconómico)* 12.2
lobster *la langosta* 7.1
location *la ubicación* 3.2
long *largo/a* 1.1
lunch *el almuerzo* 7.1
lung *el pulmón* 10.1

M

magazine *la revista* 8.2
maid of honor, godmother *la madrina* 5.2
mail carrier *el/la cartero/a* 4.1
main character *el/la protagonista* 8.2
main course/ entrée *el segundo plato* 7.2
major, specialization *la especialización* 1.2
manager *el/la gerente* 4.1
March *marzo* 1.2
married *casado/a* 3.1
master piece *la obra maestra* 6.2
May *mayo* 1.2
maybe *quizás/ tal vez* 9.2
(meat, cheese, seafood) turnover *la empanada (de carne, de queso, de marisco)* 7.2
media *el medio de comunicación* 8.2
medicine *el medicamento* 10.1
menu *la carta/el menú* 7.2
Mexican *mexicano/a* 1.1
microwave *el microondas* 3.2
middle/modern ages *la Edad Media/Moderna* 6.1
mirror *el espejo* 3.2
miss *la señorita* P
Monday *el lunes* 1.2
mood *el estado de ánimo* 10.2
Moroccan *marroquí* 12.1
mosque *la mezquita* 6.2
mother *la madre* 3.1
mother language *la lengua materna* 12.2
mother's side *materno/a* 3.1

mountain *la montaña* 9.1
mountain range *la cordillera* 9.1
mouse *el ratón* 11.1
mouth *la boca* 3.1
movie theatre *el cine* 4.2, 6.2
movie ticket *la entrada* 8.2
Mr./Ms. *el/la señor/a* P
(music) band *el conjunto (musical)* 5.1
musician *el/la músico/a* 5.1
must, ought, should *deber* 4.1
mustard *la mostaza* 7.2
My . . . hurts *Me duele...* 10.1
My name is... *Me llamo...* P
My team is... *Soy de...* 8.1

N

name *el nombre* P
napkin *la servilleta* 7.2
(natural) resource *el recurso (natural)* 9.2
near *cerca* 4.2
necessary *preciso/a* 9.1
neighbor *el/la vecino/a* 3.2
neighborhood *el vecindario, el barrio* 3.2, 4.2
neither, not either *tampoco* 8.2
neither...or *ni...ni* 8.2
nephew/niece *el/la sobrino/a* 3.1
never *nunca, jamás* 8.2
new generations *las nuevas generaciones* 12.2
New Year´s Day *el día de Año Nuevo* 5.2
New Year´s Eve *el día de Año Viejo/la Nochevieja* 5.2
newly weds/ boyfriend and girlfriend *los novios* 5.2
news program *el noticiero* 8.2
newspaper *el periódico* 8.2
newsreader, TV host(ess) *el/la presentador/a (de televisión)* 8.2
next (to) *al lado (de)* 4.2
next month/year *el mes/año que viene, el próximo mes/año* 2.2
next week *la semana que viene, la próxima semana* 2.2
Nicaraguan *nicaragüense* 1.1
Nice to meet you. *Encantado/a. Gusto en conocerte. Mucho gusto.* P
nice, likable *simpático/a* 1.1
nickname *el apodo* 3.1
night club *la discoteca* 4.2
nightstand *la mesita de noche* 3.2
nine *nueve* P
nine hundred *novecientos* 2.2
nineteen *diecinueve* P
ninety *noventa* 2.2
ninth *noveno/a* 6.1
no one, nobody *nadie* 8.2
none, any *ningún, ninguna/os/as* 8.2
north *el norte* 4.2
nose *la nariz* 3.1
nothing, not anything *nada* 8.2
November *noviembre* 1.2
nurse *el/la enfermero/a* 4.1, 10.2
nursing *la enfermería* 1.2
nut *el fruto seco* 7.1

O

o'clock *en punto* 2.1
October *octubre* 1.2
oil *el aceite, el petróleo* 7.2, 9.2
(oil) painting *la pintura (al óleo)* 6.2
oil spill *el derrame* 9.2
old, ancient *antiguo/a* 6.2
older *mayor* 3.2
one *uno* P
one day, one time *un día, una vez* 8.1
one hundred *cien* 2.2
one hundred and one *ciento uno* 2.2
one hundred and ten *ciento diez* 2.2
one hundred thousand *cien mil* 3.2
one million *un millón* 3.2
one must *hay que* 4.1
one thousand *mil* 2.2
one thousand and one *mil uno* 2.2
one thousand hundred *mil cien* 2.2
one thousand one hundred and one *mil ciento uno* 2.2
(one way/round trip) ticket *el billete/pasaje (de ida/de ida y vuelta)* 11.2
onion *la cebolla* 7.1
orange *anaranjado/a/naranja, la naranja/toronja* 2.2, 7.1
(orange) juice *el jugo (de naranja)* 7.1
(ornamental) wrought iron *la reja* 3.2
outdoors market *el mercado (al aire libre)* 2.2
oven *el horno* 3.2
over there *allí/allá* 6.2

P

painting *el cuadro* 3.2, 6.2
pan *la cacerola* 7.2
Panamanian *panameño/a* 1.1
pants *los pantalones* 2.2
paper *el papel* 9.2
Paraguayan *paraguayo/a* 1.1
parents, fathers *los padres* 3.1
parking lot *el estacionamiento* 4.2
passengers *los pasajeros* 11.2
password *la contraseña* 11.1
pay the bill/check *pagar la cuenta* 7.2
peach *el durazno/melocotón (Esp.)* 7.1
peanut *el maní* 7.1
pear *la pera* 7.1
pen *el bolígrafo* P
pencil *el lápiz* P
pepper *la pimienta* 7.2
permit *el permiso* 12.1
Peruvian *peruano/a* 1.1
pie *el pastel* 7.2
piece *la ficha* 8.1
piece of news *la noticia* 8.2
pig *el/la cerdo/a* 9.2
pills *la pastilla* 10.1
pineapple *la piña/el ananá (Am. del S.)* 7.1
ping-pong *el tenis de mesa* 8.1
pink *rosado/a* 2.2
place *el lugar* 4.2
player *el/la jugador/a* 8.1
Please. *Por favor.* P
plot *la trama* 8.2
police officer (f) *la mujer policía* 4.1
police officer (m) *el policía* 4.1
pool *la piscina* 11.2, 3.2
portrait *el retrato* 6.2
Portuguese *portugués/portuguesa* 12.1
post office *(la oficina de) correos* 4.2
potato *la papa/patata (Esp.)* 7.1
power *el poder* 6.1
prescription *la receta* 10.1, 7.1
press *la prensa* 8.2
pretty *guapo/a, bonito/a* 1.1, 3.2
Pretty well. *Bastante bien.* P
price *el precio* 3.2
priest *el cura* 5.2
printed *imprimido/a, impreso/a* 11.1
printer *la impresora* 11.1
profile *el perfil* 12.2
programming *la programación* 8.2
protest *la manifestación* 12.1
Puerto Rican *puertorriqueño/a* 1.1
purple *violeta/morado/a* 2.2
put, placed *puesto/a* 11.1

Q

quarter past *y cuarto* 2.1
queen *la reina* 6.1

R

rabbit *el/la conejo/a* 9.2
race *la raza* 12.2
(radio) station *la emisora (de radio)* 8.2
rain *la lluvia* 4.2
(rainy/dry) season *la estación lluviosa/seca* 9.1
recipe *la receta* 7.1, 10.1
recognize *reconocer* 5.1
recycling *el reciclaje* 9.2
red *rojo/a* 2.2
redhead *pelirrojo/a* 1.1
reduce (your alcohol/fat intake) *reducir (el consumo de alcohol/grasa)* 10.2
rejection *el rechazo* 12.2
relative *el familiar/pariente* 3.1
renown *destacado/a* 12.2
rest *el descanso* 10.2
résumé *el currículum vítae* 4.1
retirement *la jubilación* 12.2
returned (a person) *vuelto* 11.1
returned (an object) *devuelto/a* 11.1
rice *el arroz* 7.1
rights *los derechos* 12.2
ring *el anillo* 2.2, 5.2
river *el río* 9.1
road *la carretera* 4.2
room *la habitación/el cuarto* 3.2
roots *las raíces* 12.2
rug *la alfombra* 3.2

S

sad *triste* 10.2
safety *la seguridad* 3.2
said, told *dicho/a* 11.1
salad *la ensalada* 7.2
salary, wage *el sueldo* 4.1
sales clerk *el/la dependiente* 4.1

salesperson *el/la vendedor/a* 4.1
salt *la sal* 7.2
Salvadorian *salvadoreño/a* 1.1
satisfied *satisfecho/a* 11.1
Saturday *el sábado* 1.2
sausage *el chorizo* 7.1
screen *la pantalla* 11.1
sea level *el nivel del mar* 9.1
second *segundo/a* 6.1
See you later. *Hasta luego.* P
See you soon. (Lit. Until I see you again) *Hasta la vista. Hasta pronto.* P
See you tomorrow. *Hasta mañana. Nos vemos mañana.* P
seen *visto/a* 11.1
self portrait *el autorretrato* 6.2
September *septiembre* 1.2
seven *siete* P
seven hundred *setecientos* 2.2
seventeen *diecisiete* P
seventh *séptimo/a* 6.1
seventy *setenta* 2.2
sheep *la oveja* 9.2
shelf *el estante* 3.2
ship *el barco* 11.2, 6.1
shirt *la camisa* 2.2
shoes *los zapatos* 2.2
short *bajo/a* 1.1
short (hair) *corto/a* 1.1
shortage *la escasez* 9.2
shower *la ducha* 3.2
shrimp *el camarón* 7.1
sick, ill *enfermo/a* 10.1
side dish *el acompañamiento* 7.2
silly/not smart *tonto/a* 1.1
silver *la plata, plateado/a* 2.2, 6.2
singer *el/la cantante* 5.1
single *soltero/a* 3.1
(single, double, triple) room *la habitación (sencilla, doble, triple)* 11.2
six *seis* P
six hundred *seiscientos* 2.2
sixteen *dieciséis* P
sixth *sexto/a* 6.1
sixty *sesenta* 2.2
skirt *la falda* 2.2
small *pequeño/a* 3.2
smart *listo/a* 1.1
snake *la serpiente* 9.2
snow *la nieve* 4.2
soap opera *la telenovela* 8.2
(soccer, basket) ball *el balón* 8.1
soccer *el fútbol* 8.1
soccer field *el campo de fútbol* 8.1
(soccer, tennis, basketball) match, game *el partido (de fútbol, de tenis, de baloncesto)* 8.1
social networks *las redes sociales* 11.1
social work *el trabajo social* 1.2
soft drink, soda *el refresco* 7.2
solved *resuelto/a* 11.1
some, any *algún, alguna/os/as* 8.2
someone, anyone *alguien* 8.2
something, anything *algo* 8.2
son/daughter *el/la hijo/a* 3.1
song *la canción* 5.1
son-in-law *el yerno* 3.1
So-so. *Más o menos.* P
soup (of the day) *la sopa (del día)* 7.2
soup dish *el plato hondo* 7.2
soup pot *la olla* 7.2
south *el sur* 4.2
(soy) milk *la leche (de soja)* 7.1
Spanish *español/a, el español* 1.1, 1.2
Spanish speaker *el/la hispanohablante* 12.2
spice *la especia* 7.2
spider *la araña* 9.2
spin around *dar la vuelta* 5.1
spoon *la cuchara* 7.2
spouse *el/la esposo/a* 3.1
spring *primavera* 1.2
(spring/sparkling) water *el agua (mineral/ con gas)* 7.2
square *la plaza* 4.2
steak *el churrasco* 7.2
stepbrother/stepsister *el/la hermanastro/a* 3.1
stepfather *el padrastro* 3.1
stepmother *la madrastra* 3.1
still *todavía* 11.1
stingy *tacaño/a* 1.1
stomach *el estómago* 10.1
stove *la estufa* 3.2
straight *lacio/a* 1.1
strawberry *la fresa/ la frutilla (Arg.)* 7.1
street *la calle* 4.2
strike *la huelga* 12.1
strong *fuerte* 1.1, 10.2
stubborn *testarudo/a* 1.1
student desk *el pupitre* P
subway lines *las líneas del metro* 11.2
suddenly *de repente* 8.1
Suisse *suizo/a* 12.1
suit *el traje* 2.2
suitcase *la maleta* 11.2
summer *verano* 1.2
Sunday *el domingo* 1.2
surgeon *el/la cirujano/a* 10.2
Surinamese *surinamés/surinamesa* 12.1
sweet *dulce* 7.1
sweet custard *el flan* 7.2
swimming *la natación* 8.1
swimming pool *la piscina* 3.2, 11.2
symptom *el síntoma* 10.1

T

table *la mesa* 3.2
tablecloth *el mantel* 7.2
taxes *los impuestos* 12.1
tea *el té* 7.1
teacher *el/la maestro/a* 4.1
teacher, instructor *el/la profesor/a* 1.2, 4.1
team *el equipo* 8.1
ten *diez* P
ten thousand *diez mil* 2.2, 3.2
tennis shoes *las zapatillas de deporte/los tenis* 2.2
tenth *décimo/a* 6.1
Thank you. *Gracias.* P
(the day after) tomorrow *(pasado) mañana* 2.2
the day before yesterday *anteayer* 8.1
the living room *la sala* 3.2
the pledge of allegiance *el juramento a la bandera* 12.1
the toast *el brindis* 5.2
The weather is good/bad. *Hace buen/mal tiempo.* 4.2
the weekend *el fin de semana* 1.2
(theatre) play *la obra (de teatro)* 8.2
there *ahí* 6.2
There is a hurricane. *Hay un huracán.* 4.2
there is/there are *hay* 3.2
There is… There are… *Hay...* P
thin *flaco/a* 1.1
third *tercer(o)/a* 6.1
thirteen *trece* P
thirty *treinta* P
thirty past *y media* 2.1
three *tres* P
three hundred *trescientos* 2.2
Three Kings Day *el día de los Reyes Magos* 5.2
throat *la garganta* 10.1
Thursday *el jueves* 1.2
tile *el azulejo/el mosaico* 3.2
tiled roof *el tejado* 3.2
tip *la propina* 7.2
tired *cansado/a* 10.2
to (dis)please *(des)agradar* 5.2
to add *agregar, añadir* 7.2
to advise *aconsejar* 5.2, 9.1
to answer *contestar* 5.2
to apply (for a job) *solicitar (un trabajo)* 4.1
to arrive (to) *llegar (a)* 2.1
to arrive/be on time *llegar a tiempo* 2.1
to ask *preguntar* 5.2
to ask for *pedir (i)* 3.1
to bake *hornear* 7.2
to bathe (oneself) *bañar(se)* 4.1
to be *ser, estar* 1.1, 3.2
to be a fan (of . . .) *ser aficionado/a (de…)* 8.1
to be able *poder (ue)* 3.1
to be about *tratar(se) de* 8.2
to be accepted, to join ato be accepted, to join a group *integrarse* 12.2
to be afraid *tener miedo* 3.1
to be born *nacer* 6.1
to be careful *tener cuidado* 10.2
to be cold *tener frío* 3.1
to be endangered *estar en peligro de extinción* 9.2
to be hot *tener calor* 3.1
to be hungry *tener hambre* 3.1
to be late *retrasarse* 11.2
to be lucky/unlucky *tener buena/mala suerte* 3.1
to be pregnant *estar embarazada* 10.2
to be right *tener razón* 3.1
to be sleepy *tener sueño* 3.1
to be successful *tener éxito* 8.2
to be thirsty *tener sed* 3.1
to be. . . years old *tener... años* 3.1
to become angry, to get upset *enojar(se)* 4.1
to boil *hervir (>ie)* 7.2
to book a table *hacer una reservación/ reserva* 7.2
to bother *molestar* 5.2

to break a bone *romperse un hueso* 10.1
to bring *traer* 3.1
to browse (the net) *navegar (la red)* 11.1
to brush (teeth or hair usually) *cepillar(se)* 4.1
to build *construir* 6.2
to buy *comprar* 2.2, 3.2
to buy *comprar* 3.2, 2.2
to buy a present *regalar* 2.2, 5.2
to calm down *calmarse* 10.2
to care about something, to matter *importar* 5.2
to charge the battery *cargar la batería* 11.1
to chat on line *chatear en línea* 11.1
to check in *registrarse* 11.2
to check in your luggage *facturar el equipaje* 11.2
to cheer (a team) *animar (a un equipo)* 8.1, 5.1
to choose *elegir* 6.2, 6.1
to clean *limpiar* 4.1
to comb (one's hair) *peinar(se)* 4.1
to come *venir* 3.1
to compete *competir* 6.2
to continue, follow *seguir* 4.2
to cook *cocinar* 2.1
to cost *costar (ue)* 3.1
to cough *toser* 10.1
to count *contar (ue)* 3.1, 5.2
to cover *cubrir/tapar* 7.2
to create *crear* 6.2
to cure, to heal *curar* 10.1
to cut *cortar* 7.2, 4.12
to dance *bailar* 1.2, 5.1
to defeat *derrotar* 6.1
to delete what they don´t want *borrar lo que no quieren* 11.1
to design *diseñar* 6.2
to develop *desarrollar* 9.2
to dice *picar* 7.2
to die *morir* 6.2
to diet/be on a diet *estar a dieta/hacer dieta* 10.2
to do yoga *hacer yoga* 1.2
to do, to make *hacer* 3.1
to download programs *descargar programas* 11.1
to draw *dibujar* 6.2
to drink *beber* 2.1
to dub *doblar* 8.2
to earn, make (money) *ganar (dinero)* 4.1
to eat *comer* 2.1
to elect *elegir* 6.1, 6.2
to enjoy oneself *divertir(se)* 4.1
to enliven *animar* 5.1, 8.1
to establish *fundar* 6.1
to exercise *hacer ejercicio* 1.2
to explain *explicar* 5.2
to fall asleep *dormir(se) (ue)* 4.1
to feel *sentir(se) (ie)* 4.1
to feel badly/well *sentirse mal/bien* 10.1
to feel dizzy *tener mareos* 10.1
to feel itchy *tener comezón* 10.1
to feel like . . . *tener ganas de...* 3.1
to feel nauseous *tener náuseas* 10.1
to fight *luchar* 6.1
to fight for *luchar por* 12.1
to find *encontrar (ue)* 3.1
to finish *terminar* 2.1
to fly *volar* 11.2
to follow a recipe *seguir una receta* 7.2
to fry *freír (>i)* 7.2
to gain weight *engordar* 10.2
to gain/lose weight *subir/bajar de peso* 10.2
to get *conseguir* 6.2
to get (a job) *conseguir (un trabajo)* 4.1
to get (oneself) up *levantar(se)* 4.1
to get bored *aburrir(se)* 4.1
to get dressed *vestir(se) (i)* 4.1
to get married *casarse* 3.1
to get sick *enfermarse* 10.1
to get well, to recover *curarse* 10.1
to give *dar* 5.2
to give (as a gift) *regalar* 5.2, 2.2
to give somebody a shot/vaccine *poner una inyección/vacuna a alguien* 10.1
to go *ir, para llevar* 2.2, 7.2
to go abroad *ir al extranjero* 11.2
to go camping *acampar* 9.1
to go fishing *pescar* 8.1
to go for a walk *pasear* 2.1
to go out with friends *salir con amigos* 1.2
to go shopping *ir de compras* 1.2, 2.2
to go through customs *pasar por la aduana* 11.2
to go through TSA area *pasar por seguridad* 11.2
to go to the movies *ir al cine* 1.2
to have *tener (ie)* 3.1
to have (a head/stomach/ear) ache *tener dolor de (cabeza/estómago/oído)* 10.1
to have (to) *tener (que)* 4.1
to have a cold *estar resfriado/a* 10.1
to have a good time *pasarlo/pasarla bien* 5.1
to have a migraine *tener migraña* 10.1
to have an afternoon snack *merendar (e→ie)* 7.1
to have breakfast *desayunar* 7.1
to have cold chills *tener escalofríos* 10.1
to have dinner *cenar* 2.1
to have fever *tener fiebre* 10.1
to have lunch *almorzar (ue)* 3.1
to have/give a (surprise) party *hacer/dar una fiesta (sorpresa)* 5.1
to hear *oír* 3.1
to heat up *calentar (>ie)* 7.2
to hike *hacer senderismo* 8.1
to hope that devices work *esperar que los aparatos funcionen* 11.1
to hurt *doler (ue)* 10.1
to improve *mejorar* 10.1
to inhabit *habitar* 6.1
to know (a fact) *saber* 5.1
to know or be familiar with *conocer* 5.1
to learn *aprender* 2.1
to leave, to go out with *salir* 3.1
to lend *prestar* 5.2
to lie down *acostar(se)* 4.1
to like *gustar* 2.2
to like a lot, to love something *encantar* 5.2
to like/dislike someone/or not *caer bien/mal* 5.2
to listen (to music) *escuchar (música)* 1.2
to live *vivir* 2.1
to log in *entrar a un sitio web* 11.1
to look like *parecerse* 3.1
to lose *perder (ie)* 3.1, 8.1
to love, to be fascinated by something *fascinar* 5.2
to miss (something/someone) *echar de menos* 12.1
to mix *mezclar* 7.2
to negotiate price *regatear* 2.2
to offer *ofrecer (zc)* 5.2
to order *ordenar/pedir* 7.2
to pack *hacer las maletas* 11.2
to paint *pintar* 1.2, 6.2
to peel *pelar* 7.2
to play *jugar (ue)* 3.1
to play (tennis) *jugar (al tenis)* 1.2
to play (the part of…) *representar/interpretar (un personaje)* 8.2
to play an instrument *tocar un instrumento* 1.2
to play/practice a sport *hacer/jugar (ue) a un deporte* 8.1
to plug in the printer *enchufar la impresora* 11.1
to pollute (the air, the water) *contaminar (el aire, el agua)* 9.2
to post videos on the Internet *colgar/poner videos en Internet* 11.1
to prefer *preferir (ie)* 3.1
to press a key *oprimir una tecla* 11.1
to print documents *imprimir documentos* 11.1
to prosper, to thrive *prosperar* 12.2
to put *poner* 3.1
to put (something) on (oneself) *poner(se)* 4.1
to put in (the pen drive, the CD/DVD) *meter (el lápiz, el disco)* 11.1
to put on makeup *maquillar(se)* 4.1
to rain *llover* 4.2
to read *leer* 1.2
to recognize *reconocer* 12.2
to record *grabar* 8.2
to record music *grabar música* 11.1
to reduce *rebajar* 2.2
to reject *rechazar (z > c)* 12.2
to relax *relajarse* 10.2
to rent *alquilar* 3.2
to repeat *repetir (i)* 3.1, 6.2
to request *pedir (i)* 9.1
to rest *descansar* 10.2
to return *regresar, volver (ue)* 2.1, 3.1
to return (something) *devolver (ue)* 5.2
to ride a bike *montar en bicicleta* 8.1
to roast, to grill *asar* 7.2
to rule *gobernar* 6.1
to run *correr* 1.2
to save changes *guardar los cambios* 11.1
to say *decir* 5.2
to sculpt *esculpir* 6.2
to search for a URL *buscar una dirección de Internet* 11.1
to seem, to resemble *parecer, parecerse* 5.1
to sell *vender* 2.2
to send *enviar, mandar* 5.2

to send emails *enviar mensajes electrónicos* 11.1
to serve *servir (i)* 3.1
to set the table *poner la mesa* 7.2
to shave (oneself) *afeitar(se)* 4.1
to shout *gritar* 5.1
to show *mostrar* 5.2
to sing *cantar* 1.2, 5.1
to sit down *sentar(se) (ie)* 4.1
to skate *patinar* 1.2
to skateboard *andar en patineta/monopatín* 8.1
to ski *esquiar* 1.2
to sleep *dormir (ue)* 1.2, 3.1
to snack *picar* 7.1
to sneeze *estornudar* 10.1
to snow *nevar* 4.2
to snowboard *hacer snowboarding* 8.1
to start *empezar* 2.1
to stay (in a hotel) *quedarse (en un hotel)* 11.2
to stir up *remover* 7.2
to study *estudiar* 1.2
to succeed, to be successful *triunfar, tener éxito* 12.2
to suffer from allergies *tener alergias* 10.1
to suffer from stress *tener estrés* 10.2
to suggest *sugerir* 6.2, 9.1
to suggest *sugerir (ie)* 9.1, 6.2
to swim *nadar* 1.2
to take / drink *tomar* 2.1
to take a shower *duchar(se)* 4.1
to take care (of oneself) *cuidar(se)* 10.2
to take clothes off *quitar(se)* 4.1
to talk on the (cell) phone *hablar por teléfono (celular/móvil)* 1.2
to taste, to try (food) *probar (>ue)* 7.2
to tell, to narrate (e.g., a story) *contar (ue)* 5.2, 3.1
to thank *agradecer* 5.1
to the end (of) *al final (de)* 4.2
to the left *a la izquierda* 4.2
to the right *a la derecha* 4.2
to think *pensar (ie)* 3.1
to throw (the bouquet) *tirar (el ramo)* 5.2
to throw away *tirar* 9.2
to translate *traducir* 5.1
to travel *viajar* 1.2
to turn on the computer *encender la computadora* 11.1
to twist an ankle *torcerse el tobillo* 10.1
to understand *entender (ie)* 3.1
to upload songs *subir/cargar canciones* 11.1
to wait *esperar* 2.1
to wait in line *hacer cola* 11.2
to wake up *despertar(se) (ie)* 4.1
to walk *caminar* 1.2
to want *querer (ie)* 3.1
to wash (oneself) *lavar(se)* 4.1
to wash (the dishes)/to do the dishes *lavar (los platos)* 2.1
to watch TV *mirar/ver la televisión* 1.2
to water ski *hacer esquí acuático* 8.1
to whistle *silbar* 8.1
to win *ganar* 6.1, 8.1
to work *trabajar* 2.1
to work (a computer, a device) *funcionar (la computadora, el aparato)* 11.1
to worry (about) *preocuparse (por)* 10.2
to write *escribir* 2.1
Today is . . . *Hoy es...* 1.2
toilet *el inodoro* 3.2
toilet paper *el papel higiénico* 3.2
tonight *esta noche* 2.2
tooth *el diente* 3.1
tower *la torre* 6.2
town *el pueblo* 4.2
track and field *el atletismo* 8.1
train *el tren* 11.2
treaty *el tratado* 6.1
tree *el árbol* 3.2
tropical forest *la selva tropical* 9.1
Tuesday *el martes* 1.2
turkey *el pavo* 7.1
(turned) on *encendido/a* 11.1
turquoise *turquesa* 6.2
turtle *la tortuga* 9.2
TV channel *el canal (de televisión)* 8.2
TV commercial *el anuncio/el comercial* 8.2
twelve *doce* P
twenty *veinte* P
twenty-one *veintiuno* P
two *dos* P
two hundred *doscientos* 2.2
two millions *dos millones* 3.2
two thousand *dos mil* 2.2
(two, three, four) stars *(dos, tres, cuatro) estrellas* 11.2

U

uncle/aunt *el/la tío/a* 3.1
undone *deshecho/a* 11.1
up *arriba* 4.2
Uruguayan *uruguayo/a* 1.1
(USB) flash/pen drive *el lápiz de memoria* 11.1
username *el nombre del usuario* 11.1

V

(variety) show *el programa (de variedades)* 8.2
vaccine *la vacuna* 10.1
vain *vanidoso/a* 1.1
vegetables *la verdura* 7.1
Venezuelan *venezolano/a* 1.1
Very well, thank you. *Muy bien, gracias.* P
videogame *el videojuego* 8.1
vinegar *el vinagre* 7.2
voyage *el viaje* 6.1

W

waiter, waitress *el/la mesero/a, camarero/a, mozo/a* 4.1, 7.2
waiting room *la sala de espera* 11.2
waste *el desecho* 9.2
watch *el reloj* 2.2
watermelon *la sandía* 7.1
weak *débil* 10.1
weather *el tiempo* 4.2
wedding *la boda* 5.2
Wednesday *el miércoles* 1.2
weight-lifting *levantar pesas* 8.1
Well, hanging in there. *Pues, ahí nomás.* P
well-being *el bienestar* 10.2
west *el oeste* 4.2
What are you looking for? *¿Qué busca/desea?* 2.2
What are you wearing? *¿Qué llevas?* 2.2
What comes with...? *¿Qué trae...?* 7.2
What classes do you take? *¿Qué clases tomas?* 1.2
What day is today? *¿Qué día es hoy?* 1.2
What do you like to do? *¿Qué te gusta hacer?* 1.2
What do you like to wear? *¿Qué te gusta llevar?* 2.2
What do you want to eat/drink? *¿Qué quiere/s comer/beber?* 7.2
What hurts? *¿Qué te duele?* 10.1
What is it about? *¿De qué (se) trata?* 8.2
What is the matter? *¿Qué te pasa?* 10.1
What is today's date? *¿Cuál es la fecha de hoy?* 1.2
What team do you support? *¿De qué equipo eres?* 8.1
What time is . . . ? *¿A qué hora es...?* 2.1
What time is it? *¿Qué hora es?* 2.1
What´s going on? *¿Qué me cuentas?* P
What´s up? *¿Qué hubo?* P
What´s your name? (informal) *¿Cómo te llamas?* P
What's on TV? *¿Qué hay en la tele?* 8.2
What's the temperature? *¿Qué temperatura hace?* 4.2
What's the weather like? *¿Qué tiempo hace?* 4.2
When is your birthday? *¿Cuándo es tu cumpleaños?* 1.2
Where are you from? *¿De dónde eres?* 1.1
while *mientras* 8.1
white *blanco/a* 2.2, 1.1
white (skin) *blanco/a* 1.1, 2.2
widow/widower *viudo/a* 3.1
wind *el viento* 4.2
window *la ventana* P, 3.2
wine *el vino* 7.2
wine glass *la copa* 7.2
winter *invierno* 1.2
wire *el cable* 11.1
witness *el/la testigo* 5.2
work of art *la obra de arte* 6.2
worse *peor* 3.2
Would you like something to drink/ a snack? *¿Quieres algo de tomar/picar?* 7.1
Would you like something to eat/drink? *¿Desea/Desean algo de comer/tomar?* 7.2
writer *el/la escritor/a* 4.1
written *escrito/a* 11.1

Y

yellow *amarillo/a* 2.2
yesterday *ayer* 8.1
younger *menor* 3.2

Cognates

Capítulo preliminar

la actividad
la calculadora
el diccionario
el/la estudiante
la fotografía
la lección
el mapa
el papel
el problema
el/la profesor/a
el tema
la universidad

Capítulo 1

la antropología
el arte
atlético/a
atractivo/a
la biología
las ciencias políticas
el comercio
las comunicaciones
conservador/a
creativo/a
curioso/a
(des)organizado/a
la economía
la educación (física)
entusiasta
la estadística
estudioso/a
expresivo/a
extrovertido/a
las finanzas
flexible
el francés
generoso/a
hipócrita
la historia
idealista
(im)paciente
(in)dependiente
la ingeniería
el inglés
inteligente
interesante
introvertido/a
(ir)responsable
liberal
la literatura
las matemáticas
la medicina
modesto/a
la música
optimista
pesimista
popular
la psicología
las relaciones internacionales
religioso/a
romántico/a
sentimental
serio/a
sincero/a
sociable
la sociología
talentoso/a
el teatro
tímido/a

Capítulo 2

la actividad
la blusa
la bota
el color
conversar
costar (ue)
la familia
insistir
practicar
responder
visitar

Capítulo 3

el aire acondicionado
el balcón
el bidé
el centro
la computadora
la cortina
divorciado/a
la familia
el garaje
la lámpara
la mamá
el papá
el refrigerador
la relación
separado/a
el sofá
el televisor/la televisión
la terraza
la zona

Capítulo 4

el aeropuerto
el/la arquitecto/a
el/la artista
el/la atleta
el autobús
el banco
el bar
el/la candidato/a
el/la chofer
el/la dentista
el/la electricista
la estación
la farmacia
el hospital
el hotel
el kilómetro
la milla
el/la mecánico/a
el museo
el/la piloto
la profesión
el/la profesor/a
el/la programador/a de computadoras
el/la recepcionista
el punto de referencia
el restaurante
el/la secretario/a
el supermercado
el taxi
el teatro

Capítulo 5

(des)aparecer
la bachata
la banda
el banquete
el bolero
los bongós
celebrar
la celebración
la ceremonia
el chachachá
el concierto
las congas
la cumbia
el funeral
el grupo
la guitarra
el instrumento
invitar
el mambo
las maracas
el merengue
el micrófono
la música
la percusión
el piano
producir
la recepción
el reguetón
el ritmo
la salsa
el saxofón
los timbales
el trombón
la trompeta

Capítulo 6

abstracto/a
el actor
el arco
el/la arquitecto/a
la arquitectura
el arte
el/la artista
atacar
barroco/a
la basílica
la catedral
el cine
colonial
la conquista
conquistar
la constitución
contemporáneo/a
la democracia
el/la dictador/a
el/la directora/a
el/la enemigo/a
el/la escultor/a
la escultura
establecer
la estatua
el estilo
explorar
la fachada
la fotografía
gótico/a
la historia
el imperio
la independencia
invadir
la invasión
el/la líder
la literatura
medieval
moderno/a
la monarquía
el monumento
el/la pintor/a
romano/a
terminar

Capítulo 7

el brócoli
el café
el calamar
el cereal
la coliflor
la dieta
la espinaca
la fruta
el limón
el mango
la mayonesa
la pasta
preparar
el restaurante
el salmón
el tomate
el yogur

Capítulo 8

actuar
el bate
el béisbol
el ciclismo
la ciencia ficción
la comedia
el control remoto
el/la crítico/a (de cine/teatro)
el documental
los efectos especiales
el entretenimiento
el episodio
el/la espectador/a
el estadio
el golf
el hockey
informar
la radio
el/la reportero/a
el rugby
la serie
los subtítulos
el tenis

Capítulo 9

la alpaca
la altitud
la Amazonía
el cañón
el cóndor
conservar
consumir
la costa
la deforestación
el delfín
el desierto
la ecología
la energía (eléctrica, renovable,...)
esencial
el esmog
la especie
la fauna
la geografía
la humedad
importante
el insecto
insistir (en)
la jungla
la llama
necesario/a
el mosquito
permitir
el pesticida
el plástico
prohibir
proteger
reciclar
recomendar (ie)
la reforestación
el reptil
la serpiente
el valle
el volcán

Capítulo 10

el análisis
animado/a
el antibiótico
la bronquitis
el/la cardiólogo/a
contento/a
la cura
el/la dentista
la diabetes
el diagnóstico
el/la doctor/a
el estrés
estresado/a
el/la farmacéutico/a
el hábito
la infección
irritado/a
la medicina
medicinal
meditar
nervioso/a
la neumonía
el/la paciente
prevenir (ie)
el/la psicólogo/a
el/la psiquiatra
el remedio
el/la terapeuta
el tratamiento

Capítulo 11

(des)activar
el adaptador
el aeropuerto
la batería
el blog
la cámara digital
chatear
conectar(se)
la conexión
el e-mail
el documento
el hotel
el icono
el monitor
el pasaporte
la recepción
el sitio web
la tableta
la tecnología
textear
el virus
el *wifi*

Capítulo 12

el activismo
el/la activista
la asimilación
bicultural
bilingüe
el bilingüismo
el censo
la comunidad
cubanoamericano/a
cultural
la discriminación
la diversidad
las elecciones
el/la emigrante
emigrar
la identidad
el/la inmigrante
la influencia
la (in) justicia
laboral
(i)legal
mexicanoamericano/a
la (in)migración
multicultural
multirracial
político/a
social
la (in)tolerancia
el/la líder
la marcha
la minoría
la nacionalidad
la oportunidad
la organización
el origen
la política
el prejuicio
la protesta
el/la residente
la sociedad
la visa

Índice